포사이트

THE OPTIMIST'S TELESCOPE

미래를 꿰뚫어보는 힘

포사이트
FORESIGHT

비나 벤카타라만 지음
이경식 옮김

Ṅ더난출판

미래를 위해 대양을 건너셨던
나의 부모님께 이 책을 바친다.

"대부분의 사람은 미래를 과거가 되고 난 다음에야 바라본다. 《포사이트》는 이 패턴을 바꾸자고 말한다. 우리 시대에 중요한 주제를 매혹적으로 서술한 근래 보기 드문 수작이다. 이 책에서 저자는 강력한 이야기 구조와 최첨단의 행동과학 이론 그리고 놀라울 정도로 현장감이 넘치는 풍부한 경험을 멋지게 버무렸다."

– 애덤 그랜트 (Adam Grant), 《오리지널스(Originals)》의 저자

"저자의 현명한 통찰력은 눈이 휘둥그레질 정도다. 개인의 삶은 물론이고 조직과 사회가 미래를 보다 선명하고 전략적으로 바라보는 방법을 제시한다."

– 아리아나 허핑턴(Arianna Huffington), 〈허핑턴포스트(Huffington Post)〉 창립자

"저자는 개인과 지역 공동체가 지구를 위해 보다 나은 의사결정을 할 수 있는 방법을 명쾌하게 밝힌다. 고대 철학자부터 하이테크 기업의 경영자에 이르기까지 다양한 뜻밖의 인물들을 소개하면서, 포사이트의 과학을 우리 모두가 사용할 수 있는 실용적인 조언으로 뽑아낸다. 이 시대에 꼭 필요한 소중한 책이다."

– 앤마리 슬로터(Ann-Marie Slaughter), 《슈퍼우먼은 없다(Unfinished Business)》의 저자

"《포사이트》는 우아하면서도 중요한 책이다. 비나 벤카타라만은 위대한 일을 성취한 사람들의 풍부한 이야기들과 개인과 사회가 발전을 이룰 수 있는 방법에 대한 예리한 인식을 가지고 있다. 변화를 일으키는 방법과 세상을 보다 더 나은 곳으로 만들 방법을 제시한다. 저자는 이 지구가 간절하게 필요로 하는 훌륭한 어머니다."

– 에롤 모리스(Errol Morris), 아카데미상 수상 영화감독이자 《코끼리가 숨어 있다》의 저자

"《포사이트》에서 비나 벤카타라만은 근시안이 발생시키는 놀랍고 두려운 다양한 사례를 보여주면서, 지구 시민으로서 우리가 해결해야 할 거대한 도전 과제들을 수행할 통찰력이 넘치는 실천 방안들을 제시한다."

– 이토 조이치(伊藤穰一), MIT 미디어랩 책임자

"이 책은 단기적인 인센티브가 장기적인 목표를 훼손하는 온갖 잘못된 문화와 관행을 소개한다. 그렇지만 암울한 비관주의는 아니다. 잘못을 고칠 수 있도록 저자가 훌륭한 해결책을 제시하기 때문이다. 지속가능한 미래를 만드는 포사이트와 현재의 보상을 조화롭게 어울리게 하는 온갖 도구들을 제시한다."

– 루이스 하이드(Lewis Hyde), 《선물(Gift)》의 저자

"《포사이트》는 당신이 인생에서 마주치거나 인류가 이 역사적인 순간에 맞닥뜨린 가장 중대한 의사결정들에 대해 도움을 줄 것이다. 모든 사람에게 반드시 필요한 책이다."
– 게리 넬(Gary Knell), 내셔널지오그래픽 파트너스(National Geographic Partners) 회장

"깊이 있고 매력적이다. 사람들과 조직이 근시안적인 계획들로부터 벗어날 수 있도록 돕는 책이다."
– 〈뉴욕타임스(New York Times)〉

"미래를 준비하지 않을 때 일어날 일들을 생생하게 묘사하는 이 책은 지금 우리가 해야만 하는 일들을 알려준다."
– 〈워싱턴포스트(Washington Post)〉

"사람들이 이 책을 통해 자신의 운명을 통제하고 더 나은 미래를 꿈꾸게 될 것이다."
– 〈파이낸셜타임스(Financial Times)〉

"개인과 기업, 정부와 지역 사회가 더 나은 계획을 세울 수 있는 모든 방법을 알려준다. 저자는 또한 우리 모두가 '더 나은 선조가 되는 방법'에 대해 아름답게 이야기한다."
– 〈그리스트(Grist)〉

"이 책의 저자는 장기적인 관점이 없다면, 시간은 결코 우리의 편이 아니라는 것을 경고한다."
– 〈커커스리뷰(Kirkus Review)〉

"사고를 자극하는 독창적인 이 책은 신중하고 현명한 의사결정을 돕는다. 단기적인 평가에 연연하지 않고 미래를 위해 더 많은 것을 준비하고 싶은 사람들에게 유용한 도구가 될 것이다."
– 〈퍼블리셔스위클리(Publishers Weekly)〉

"장기 전략 설정에 매우 유용한 책이다. 비즈니스맨, 경영자, 사회학자, 철학자 등 다양한 사람들의 사례와 견해를 접할 수 있다. 강력하게 추천한다."
– 〈라이브러리저널(Library Journal)〉

"미래를 계획하려면 이상과 현실을 함께 반영하고, 측정 가능한 요소와 측정할 수 없는 것까지 고려해야 한다. 상황마다 다르기 때문에《포사이트》에서처럼 실제적인 시나리오를 많이 검토하는 것이 좋다. 이 책은 스포츠에서 스타 선수만 계속 기용하거나, 의사들이 쉽게 항생제를 처방하거나, 기업들이 단기 사업에만 투자하게 되는 과정을 보여주면서 근시안을 탈피해 미래를 위한 포사이트를 키울 수 있는 방법을 알려준다."
– 〈콜럼버스먼슬리(Columbus Monthly)〉

여러 해 전 어느 여름날 아침, 허드슨밸리로 하이킹을 떠난 적이 있다. 뉴욕 시 바로 북쪽의 허드슨강을 따라 늘어선 넓은 목초지와 숲이 우거진 구릉들이 이어지는 곳이었다. 오솔길을 따라서 가다 보니 목초지가 나왔는데, 거기에서 매 한 마리가 내 머리 위로 높이 날아오르는 게 보였다. 오솔길은 폭포 옆으로 이어졌다. 폭포의 양쪽 절벽은 양치식물로 덮여 있었다.

다음날 나는 집이 있는 워싱턴 DC로 돌아왔다. 그런데 한쪽 다리 뒷부분에 붉은 발진이 생긴 것을 그제야 알게 됐다. 무척 가려웠고 가운데 부분이 불룩하게 솟았는데, 아무래도 벌레에 물린 것 같았다.

나는 그 부분을 스마트폰 카메라로 찍어두고는 나중에 의사에게 진료를 받아봐야겠다고 마음에 새겨뒀다. 당시에 나는 하루에 16시간씩 일하고 있었고 늘 수면 부족 상태에 시달리며 마감시한에 쫓기는 생활을 하고 있었다. 바보 같은 소리라고 할지 모르겠지만 딱 1시간만 빼서 병원에 갈 여유도 없었다. 그렇게 몇 주가 지났고 그 발진은 내 피부에서 그리고 내 기억에서 사라졌다.

그런데 8개월이 지났을 때였다. 한쪽 무릎이 커다란 포도송이만큼 부풀어 올랐다. 완치까지 수개월이 걸리는 '라임병(Lyme disease, 진드기가 옮기는 세균성 감염증-옮긴이)'이라는 고약한 병에 걸리고 말았음을 그제야 알았다. 나는 목발을 짚는 신세로 보스턴에서 아주 끔찍한 겨울을 보냈다. 완쾌 판정을 받을 때까지 날마다 내 손으로 직접 정맥 주사를 놓아서 수액을 주입했다. 그날 숲에서 진드기가 나를 물어 생긴 상처는 누가 봐도 알 수 있는 흔적을 남겼다. 게다가 사실 나는 이 질병이 흔하다는 사실도 잘 알고 있었다. 그 일이 있기 여러 해 전에 나는 과학 저널리스트 자격으로 라임병 확산에 대한 기사를 썼었으며, 허드슨밸리 인근의 여러 카운티가 미국에서 라임병 발생률이 가장 높다는 것도 인지하고 있었다.

그런데 왜 나는 내 피부에 뚜렷하던 그 경고 신호를 무시하고 말았을까? 왜 그런 선택을 했을까? 지긋지긋하던 병에서 회복된 뒤에도 그 의문은 내 머릿속을 떠나지 않았다. 비록 조금 성가시긴 했겠지만 진드기에게 물린 자국을 발견한 후에 곧바로 병원에 가서 적절한 치료를 받기만 했어도 여러 달 동안 당해야 했던 그 고통과 불편함 그리고 무릎에 발생한 영구적인 손상을 피할 수 있었다. 아니면 진드기에게 물리기 전에 해충의 접근을 막아줄 옷을 입는다든가 하는 예방을 할 수도 있었지만, 나는 그렇게 하지도 않았다.

라임병에 관해 알기는 많이 알았어도 설마 내가 그 병에 걸릴 줄은 몰랐다. 그런 하이킹은 수백 번이나 했지만 그 어떤 종류의 감염병은 말할 것도 없고 단 한 번도 진드기에게 물린 적이 없었기 때문이다. 10

대와 20대 시절에 나는 야외활동에 관한 한 무모하기 짝이 없는 청년이었다. 바다 옆 깎아지른 절벽에서 바다로 뛰어들거나 나무에 기어오르거나 가파른 바위 면을 기어오르는 일 등은 내게 아무것도 아니었다. 나는 무적의 강철 인간이라는 착각의 병을 앓고 있었던 것이다.

그런데 알고 보니 이런 실수를 저지른 사람은 나뿐만이 아니다. 또한 그런 터무니없는 실수를 하고 뼈아프게 후회하는 사람도 나 혼자만이 아니다. 언젠가는 결국 마음을 찢어놓을 게 분명한 사람과는 아예 데이트를 하지 말라고, 10대 운전자에게 과속하지 말라고 애를 써봤던 사람이라면 그런 행동 패턴을 잘 안다. 그것은 인간 행동에서 나타나는 정말 흥미로운 결함이다. 똑똑한 사람들조차 누가 봐도 경고의 신호가 명백한데도 무모하고 경솔한 의사결정을 내린다.

이런 수수께끼 같은 행동을 나는 개인적인 활동에서뿐만 아니라 일에서도 심심찮게 목격한다. 지난 15년 동안 나는 머지않은 미래에 도사리고 있는 이런저런 위협들에 대해서 사람들에게 경고하려고 노력해왔다. 저널리스트로 활동하면서 나는 저수지의 물이 말라붙을 때 유행병과 '들불병(Wildfire disease, 식물에 발생하는 세균병의 일종으로 잎이 마치 들에 불이 붙듯 말라죽은 것처럼 보인다고 해서 붙여진 명칭-옮긴이)'이 다가오니 주의하라는 내용의 기사들을 썼었다. 지금 나는 MIT에서 학생들에게 자신이 해야 할 일을 수행하는 방법을 가르친다. 구체적으로 말하면 미래와 관련된 문제들에서 한결 나은 의사결정을 내리도록 도움을 줄 목적으로 과학적인 정보를 나눠주는 일을 하고 있다.

나는 2013년 백악관에 들어가서 일했는데, 우리가 다뤘던 일들은 일의 성격상 잘못될 경우에 치러야 할 대가가 특히 컸다. 내게 주어진 일은 미래에 닥칠 해수면 상승과 치명적인 열파 그리고 끈질기게 지속되는 가뭄과 재앙적인 홍수에 대비해야 한다고 각 도시의 시장들과 기업의 리더들 그리고 주택 소유자들을 설득하는 것이었다.

이 일을 하면서 나는 자주 실패했다. 사람들이 올바른 행동을 취하는 데까지 나아가도록 설득하지 못했던 것이다. 나는 동일한 지점에서 몇 번이나 발이 걸려 더는 앞으로 나아가지 못했다. 길이 막힐 걸 뻔히 알면서도 교통체증의 지옥 속으로 뛰어드는 꼴이었다. 나와 마찬가지로 대부분의 사람들은 어떤 의사결정을 내릴 때 먼 미래에 나타날 결과에 대해서는 그다지 많은 생각을 하지 않았다. 가족은 지금 당장 부담해야 할 담보대출금 상환액수가 얼마 되지 않는다는 이유만으로 덜컥 대출을 끼고 주택을 구입했으며, 식품 회사 이사들은 나중에 닥칠 가뭄으로부터 농장을 보호하는 데 투자하기보다는 주주들이 단기적으로 누릴 수 있는 이익을 극대화하는 데 집중했다. 물론 정치인들도 마찬가지였다. 멀리 10년을 내다보면서 자신의 도시 또는 자신의 지역구를 지키는 일보다는 당장 이듬해 재선에 성공하는 데 더 많은 에너지를 쏟았다.

하지만 나는 이들을 비난할 수 없었다. 왜냐하면 그들이 내린 의사결정은 그 의사결정이 내려지는 시점에서 보면 흠잡을 데가 없었기 때문이다. 더욱이 경고 신호에 주의를 기울이지 않는다는 부분에 관해서는 나 또한 그 사람들에 비해 조금도 낫지 않음을 잘 알았기 때문이다.

지난 수십 년 동안 나는 많은 자치단체와 지역 공동체들이 가혹한 대가를 치르고서야, 즉 위기에 고스란히 노출된 상태로 그 시점을 통과한 뒤에야 비로소 위기에 대해 학습하는 모습을 지켜봤다. 남아프리카공화국의 케이프타운과 캘리포니아에 심각한 가뭄이 덮쳤을 때, 휴스턴과 인도의 뭄바이를 홍수가 덮쳤을 때, 지역 주민들과 지도자들은 예측이 가능했던 재난을 피하지 못한 채 미래의 결과를 무시한 대가를 치러야 했다. 이는 단지 경고에 주의를 기울이느냐 마느냐 차원의 문제가 아니라, 사람과 기업 그리고 자치단체가 날마다 자신들이 내리는 의사결정이 가져다줄 미래의 결과를 깊이 고려할 능력을 갖고 있느냐 없느냐 차원의 문제다.

우리는 지금 우리 자신과 미래 세대를 위해 미래와 관련된 현명한 선택을 해야 할 필요성이 과거 그 어느 때보다도 절실한 시대에 살고 있다. 지금 우리의 기대수명은 우리 할아버지 세대에 비해서 훨씬 더 길다. 우리가 상상하고 또 계획을 세운 은퇴 이후 계획을 무색하게 만들 정도로 우리의 수명은 늘어나고 있다. 우리는 인간 배아의 특성을 편집할 수 있고 인공지능 기계를 만들 수 있는 여러 도구들을 갖고 있다. 이런 기술들은 앞으로 다가올 세대들에게 어떤 것이 인간적인지를 재규정할 것이다. 또한 지금 우리는 다음 세기의 지구 기상 패턴들의 양상을 여러 가지 방식으로 재설정하고 있는데, 이런 우리의 행동이 어쩌면 농작물을 파괴하고 해안 도시들이 바닷물에 잠기도록 만들고 수백만 명의 생명을 앗아갈 수도 있다. 치명적인 유행병을 예방하기 위해 또는 최악의 기후 변화를 멈추기 위해 우리는 우리 자신의 미래 및 우리와 시간적으로 멀지 않은 세대의 미래에 일어날 것에 훨씬 더 많은 가치를 설정해야 한다.

나는 우리가 살고 있는 이 시대를 '무모하고 경솔한 시대(Reckless Age)'라고 부른다. 그러나 이는 우리가 우리 선조들보다 특히 더 사악하거나 허약해서가 아니다. 자칫 잘못하다간 잃어버릴지도 모르는 것이 과거 그 어느 때보다도 크고 많아져서, 우리 문명이 미래를 멀리 내다볼 필요성이 과거 그 어느 때보다도 커졌기 때문이다. 화성 표면에 기계를 올려다놓고 온갖 새로운 종족을 만들어낼 힘을 가진 전세계 70억 명의 인구는, 과거에 유례를 찾아볼 수 없을 만큼 거대한 규모로, 그리고 지구와 인류에 지속적인 충격을 주면서 인류의 미래를 완전히 새로운 모습으로 바꿔놓을 수 있다. 동시에 우리는 방사능 폐기물의 반감기와 관련된 것이든, 오늘 저질러지는 오염이 내일 산호초를 죽이는 문제든 간에 과거와는 비교할 수 없을 정도로 많은 지식을 갖고 있다. 이는 재해에 대한 경고 신호를 우리 선조들보다 더 정확하게 감지할 수 있는 능력과 우리가 내리는 선택의 유산이 무엇인지 명확히 알아볼 수 있는 능력이 있다는 뜻이기도 하다.

반면 고대 도시 폼페이에서 죽은 사람은 칙술루브 운석(Chicxulub impactor) 때문에 멸종된 공룡에 비해 위험 앞에서 그다지 더 많이 현명하지는 않았다고 말할 수 있다(약 6,500만 년 전 직경 10킬로미터의 운석이 초속 15킬로미터의 속도로 지구와 충돌하면서 화산 폭발, 지진, 쓰나미가 연쇄적으로 발생했는데, 이 충격의 흔적으로 멕시코 유카탄 반도의 칙술루브에 직경 약 185킬로미터, 깊이 약 20킬로미터의 크레이터가 남아 있다-옮긴이). 어떤 사람이 재앙이 다가오는 것을 알지 못했을 때는 그 사람을 두고 무모하다거나 경솔하다고 할 수는 없을 것이다. 그저 불운했다는 말을 할 수 있을 뿐이다.

우리는 너 나 할 것 없이 모두 일상생활에서 사람들이 근시안적인 의사결정을 내리는 것을 숱하게 목격하며 살아간다. 어떤 유권자는 투표일에 투표장에 나가서 줄을 서는 것보다 빨래하는 일이 더 급해 보인다는 이유로 투표를 하지 않는다. 그리고는 나중에 자신의 소중한 투표권을 행사하지 않은 것을 후회한다. 의사는 통증을 호소하는 환자에게 즉각적인 통증 완화 효과를 주기 위해 진통제를 처방하지만, 이 처방은 머지않아 환자에게 '오피오이드(opioid, 마약성 진통제-옮긴이)' 중독을 안겨준다. 어떤 유부녀는 수십 년 뒤 후회하게 될 바람을 피우며, 기업의 경영진은 신제품 개발 비용을 아끼다가 결국 회사가 망하는 꼴을 보고 만다. 또 어떤 사람은 연안사주(바다의 파도가 작용해서 해안선과 거의 평행으로 형성되는, 모래와 자갈로 이뤄진 좁고 긴 퇴적 지형-옮긴이) 위에 꿈같이 멋진 집을 짓지만, 몇 년 지나지 않아 그 집은 파도에 쓸려 흔적도 없이 사라지고 만다.

하지만 무엇보다도 골치가 아픈 것은 사회 속에서 우리가 내리는 온갖 '무모하고 경솔한 결정'이다. 재앙에 대한 조기 경보는 무시되다가 결국 손을 쓸 수 없는 지경을 맞는다. 2014년에 있었던 '에볼라 바이러스(Ebola virus)'가 안겨준 재앙이 그랬고 2007년 미국에서 있었던 서브프라임 모기지 사태가 그랬다. 가장 부유한 나라들에서 사는 사람들은 미래에 대한 저축을 가난하게 살았던 과거 세대들에 비해 적게 한다. 커져만 가는 주식시장 수익이 투자자들을 살살 꼬드겨서 미래의 세계 경제가 정체될 가능성과 추세를 외면하게 만든다. 외교 정책의 원칙을 그럴듯하게 포장하고 위조하는 사람이 미국 대통령에 당선될 수 있다. 부분적이긴 하겠지만, 금세 사라지고 말 아무것도 아닌 모욕들이 뉴스를 만들어내고 이 뉴스가 반복해서 재생산되면서 우리의 관심을 끌기 때문이다.

이런 것들을 그저 운명이려니 하고 받아들이는 것, 즉 그런 '근시안'은 인간의 본성에, 우리 경제에, 그리고 우리 사회에 절망적일 정도로 깊이 녹아 있어서 어쩔 수 없다는 냉소적인 견해에 동의하는 편이 오히려 그럴듯하게 보인다. 그러나 이런 냉소적인 견해는 우리의 잠재력을 심각할 정도로 과소평가하며 책임 방기에 너무나도 쉽게 면죄부를 준다. 그 냉소적인 견해는 미래를 앞질러 생각하는 게 불가능하다는 잘못된 전제를 토대로 한다. 그렇지만 때로 사람과 기업과 자치단체는 위기를 회피하고 미래를 위해 행동한다는 사실 또한 우리는 잘 알고 있다. 이들은 역사를 통틀어 그래왔고 심지어 지금도 그렇게 하고 있다. 문명은 피라미드와 대운하를 건설했으며 오존층 파괴를 중단했고 핵전쟁에 따른 인류 종말을 막았다. 사회는 가난한 세대를 교육해왔으며 소아마비를 근절했고 인간을 달에 착륙시켰다. 다른 사람들은 바라보지 못했던 미래 통찰을 이 사람들이 할 수 있게 만들었던 것은 무엇일까?

이 질문에 대한 호기심을 따라간 결과가 바로 이 책이다. 나는 지금까지 7년 동안 지혜가 무모함을 이기게 해주는 것이 무엇인지, 우리의 생물학적 프로그래밍, 우리의 환경, 우리의 문화가 수행하는 역할이 무엇인지, 그리고 우리의 각 자치단체와 기업과 사회에서 어떤 변화가 가능할 수 있을지 조사했다. 나는 이 궁금증을 갖고 허름한 술집, 도시의 위원회 회의장, 오래된 숲, 가족이 모인 자리, 전세계의 외국 대표단을 찾아갔고 또 만났다. 나는 캔자스의 농장, 월스트리트의 기업, 실리콘밸리에 있는 가상현실 실험실, 멕시코의 어촌 마을, 일본 후쿠시마에 있는 방사능 오염 지역도 찾아갔다.

나는 이 책을 쓰기 위해 내 경우와 비슷한 딜레마에 맞닥뜨린 사람들을 지금까지 줄곧 만나왔다. 예를 들면 다음과 같은 사람들이다. 치명적인 슈퍼박테리아가 나타나지 못하도록 예방하는 작업에 매달리고 있는 의사, 비록 지금 당장은 손실을 보고 있지만 미래의 수익 전망을 다듬어가고 있는 투자자, 무모하고 경솔한 부동산 개발에 맞서서 투쟁하는 지역 공동체의 지도자, 어렴풋이 모습을 드러내기 시작하는 테러 공격을 경고하는 경찰관, 제2의 '더스트볼(Dust Bowl, 모래 바람이 자주 발생하는 북미 대륙의 로키 산맥 동쪽의 산록 분지로, 지형이 사발 모양을 한 대초원 지대-옮긴이)'이 생기는 것을 막으려고 애쓰는 농부 등. 이 사람들은 모두 나처럼 사람들이 위험 경고에 너무 늦지 않게 대응할 수 있게 도우려고 애써왔다. 그런데 이 사람들 대부분은 자신이 감당할 수 있는 것보다 규모가 큰 어떤 것을 하고자 한다. 즉, 다른 사람들과 미래에 태어날 사람들을 위해 미래를 지금보다 더 낫게 만들려고 한다. 그리고 이들이 거둔 성공과 실패에는 세상 사람들이 곱씹어봐야 할 이런저런 교훈이 담겨 있다.

그 과정을 통해 나는 또한 온갖 다양한 분야에서 발견되고 확인된 사실들을 긁어모았으며, 고고학, 토지사용법, 공학, 경제학, 진화생물학을 망라하는 다양한 학문 분야의 전문가들을 만났다. 예컨대 사회운동의 대부에서부터 인공지능 전문가에 이르기까지, 시계 제조공에서 미국 국방장관에 이르기까지 다양한 사람들과 인터뷰했다. 그러면서 나는 오늘날의 선도적인 사상가들이 믿고 있는 것들과 미래에 나타날 결과를 보다 잘 예측할 방법에 대해 과학과 역사가 우리에게 이야기하는 것들을 이해하려고 노력해왔다.

내가 발견한 사실은 내가 (그리고 대부분의 사람들이) 무모함 또는 경솔함에 대해 생각해왔던 방식이 틀렸다는 점이다. 우리가 믿는 것들은 인간 본성에서 언제든지 나타나는 필연적인 것이며, 사회는 우리가 마주치는 하나의 선택일 뿐이다. 플라톤의 동굴 비유에 나오는 죄수들의 경우와 마찬가지로(이 죄수들은 자신들을 묶고 있는 사슬 때문에 촛불로 인해 벽에 비춰진 그림자의 진짜 실체가 무엇인지 알아보지 못하고 그 그림자가 실재한다고 믿는다) 우리가 서 있는 우리 자신의 자리가 가능한 것에 대한 우리의 견해를 구속해왔다. 하지만 이제는 동굴 바깥으로 나가는 길을 찾아야 할 시점이 됐다.

우리가 개인적·집단적으로 갖고 있긴 하지만 미처 개발되지 않은 '어떤 힘'에 관해 내가 지금까지 연구한 내용을 이제 공유하고자 한다. 우리의 미래를 위기에 몰아넣을 무모하고 경솔한 의사결정이 내려지지 않도록 막는 것, 이것이 내가 이 책을 쓴 궁극적인 목적이다.

마주한다고 해서 모든 것이 바뀔 수 있는 건 아니지만,
마주하기 전에는 아무것도 바뀌지 않는다.
–제임스 볼드윈

그건 미래의 내게 해당되는 문제야.
나는 그 친구를 부러워하지 않아.
–호머 심슨

차례

이 책에 쏟아진 찬사 • 6
책을 시작하며 • 10
참고자료에 관하여 • 23

서론 **미래와 관련된 곤란한 문제** • 24
현재의 만족과 미래의 결과 | 예측에 매달리지만 준비하지 않는 사람들 | 운명도 선택의
결과다 | 단기적인 성과냐, 장기적인 효과냐

제1부 · 개인과 가족

제1장 **과거와 미래의 유령들** • 42
수많은 가능성과 결정 | 베수비우스산의 폭발을 예견할 수 없었을까 | 예측만 해서는 미
래는 바뀌지 않는다 | 미래의 내 모습을 상상하는 것 | 자연재해가 자주 일어나는 곳에
사는 사람들 | 잘못된 미래 위험도 계산 | 마음의 시간여행 | 상상이 구체적일수록 미래
가 실현돼 | 가상현실 속에서 무모해지기 | 의식과 행사를 통해 그려보는 미래 | 기나긴
시간을 설정해보는 방법

제2장 **계기판만 바라보는 운전** • 86
목표를 잃어버리는 경우 | 소액금융의 몰락 | 비제이 마하잔의 노력 | 거대한 거품 | 미래
의 소득보다 현재의 손실 회피 | 수치에 가려진 위험 | 성장에 대한 기대 | 솔론의 지혜 |
소음을 제거하라 | 보이지 않는 진짜 위협

제3장 **지금 당장의 욕망** • 122
마시멜로 테스트의 진실 | 복권과 저축, 충동과 열망 | 반짝이 폭탄 접근법 | 기다리며 참
을 수 없는 이유 | 멀리 떨어져 바라보는 포커꾼 | 포사이트를 기르는 반문화적인 행동 |
편견을 꺾는 조건 전술 | 잘못된 의사결정 예측하기

제2부 · 기업과 조직

제4장 손쉬운 미봉책 · 168

기업과 조직의 무모한 의사결정 | 슈퍼박테리아와의 싸움 | 항생제 남용 | 의사결정을 바꾸는 상황 압박 | 성급한 결정을 보류하는 장치 | 나쁜 처방을 줄이는 3가지 방법 | 프랭클린의 문화 설계 | 몬테소리 교육의 환경 설계 | 선택 설계를 통한 미래 대비

제5장 어떤 조감도 · 208

근시안을 탈피할 수 있을까 | 이글캐피털의 포사이트 | 수치 목표의 함정 | 단기 목표 달성에 목을 매는 기업 | 장기적 관점을 가진 기업 | 미래의 사건이 이미 발생한 것처럼 | 신호와 소음을 구별하는 북극성 전술 | 포사이트를 장려하는 조직 문화 | 아마존이 미래를 준비하는 철학 | 인공지능과 경쟁할 수 있는 힘 | 멕시코만 붉돔 어장 관리 | 기업을 근시안에 가두는 주식시장

제6장 반짝이 폭탄 · 262

한 해 농사만 생각하는 농부들 | 아주 오래도록 살아남는 방법 | 다년생 곡물 기르기 | NBA 감독의 포사이트 | 장기 전략과 단기 보상 | 도요타의 장기 프로젝트 | 신약 개발을 지원하는 방법

제3부 · 자치단체와 사회

제7장 지옥 또는 최고 수위 · 294

살아남는 문명의 조건 | 홍수 범람지에 추진된 개발 사업 | 호미로 막을 것을 가래로 막는 원인 | 버로스 가문의 포사이트 | 근시안을 유발하는 정치적 압력 | 탐욕에 맞선 정치가 | 눈앞의 이익에 좌우되는 정치인의 의사결정 | 외부 압력을 견디게 하는 장치 설정 |

그린 다이아몬드를 저지한 스미스와 애덤스 | 미래를 위한 공공의 이익 추구

제8장 역사의 교훈 • 338
예견됐던 뮌헨올림픽 테러 | 위험을 알고도 방치한 후쿠시마 원전 사고 | 미래를 위한 역사의 교훈 | 쓰나미와 허리케인의 기억 | 가상 시나리오가 주는 효과 | 게임을 통한 의사결정 연습

제9장 살아있는 군중 • 378
후세를 위한 경고 | 100만 년을 내다봐야 할 핵폐기물 처리 | 미래의 가치를 시장수익률로 따질 수 있을까 | 어떤 결정도 미래 세대를 고려해야 | 가보, 물려받은 것을 물려줄 의무 | 랍스터잡이 마을의 유산과 지혜 | 사회의 가보는 미래 세대와 공평하게 공유해야 | 선택권도 미래에 물려줄 수 있도록

결론 낙관주의자의 망원경이 필요한 시대 • 420
무모하고 경솔한 시대에 거는 기대 | 위협과 기회를 평가하고 미래를 대비할 때 | 포사이트를 기르는 5가지 방법

감사의 말 • 433
주 • 441
찾아보기 • 474

참고자료에 관하여

■ ■ ■ ■ ■ ■ ■ ■ ■ ■ ■ ■

그 어떤 단 하나의 증거 유형도 진리에 대한 독점권을 가질 수는 없다. 이 책에서 나는 여러 유형의 참고자료와 많은 사람들 및 기관들을 인용하며 또 이들에 의존한다. 무작위대조군들과 자연실험들을 통해 확인된 연구 성과, 사람들 및 각 자치단체와 공동체의 관행, 시인들과 철학자들의 지혜 등이 내가 의존한 참고자료들이다. 나는 현장 취재 보고, 동료 평가 방식의 검증, 전문가의 의견, 역사적 선례, 고대인들의 직관 등을 갖고 진리를 튼튼하게 세우고자 한다.

행동과학 연구 분야라는 범주 안에서 나는 충분히 많이 연구된 것임을 확인하고 또 확실하게 동의하는 경우에만 특정 논문을 언급할 것이다. 그렇지 않은 경우에는 본문이나 주를 통해 독자가 판단할 수 있도록 따로 경고한다.

본문 서술 방식으로는 관행적인 스토리텔링 방식을 택한다. 비록 이 책에서 내가 하는 그 어떤 단 하나의 이야기도 궁극적이거나 보편적인 진리가 될 수는 없겠지만, 내가 하는 모든 이야기는 "우리는 누구인가?", "우리가 맞닥뜨린 것은 무엇인가?"라는 질문과 관련해 여러 중요한 측면들을 드러낼 것이라고 믿는다.

:: 현재의 만족과 미래의 결과

이런 상황을 한번 가정해보자. 여러분은 오늘 슈퍼마켓에 간다. 슈퍼마켓에 가서 먼저 농산물 코너로 간다. 그곳은 선의의 땅이다. 어쩌면 여러분은 바나나, 오렌지, 채소를 고를 수도 있다. 이런 것들은 방금 샤워를 마쳤을 때와 같은 느낌 또는 노숙자에게 쉼터를 제공했을 때와 같은 느낌을 주는 식료품이다. 이때 여러분은 마치 올바른 시민이 된 듯한 기분, 도덕적으로 뿌듯한 기분에 사로잡힌다.

그런데 식료품 매장 안으로 더 깊이 걸어 들어가 7번 통로에 이르면 악마적으로 매력적인 감자칩 봉지가 보인다. 의사는 여러분에게 이런 음식은 피하라고 경고했었다. 그렇지만 여러분은 그 과자를 꼭 먹고 싶다. 과자 봉지를 바라보는 것만으로도 감자칩의 달고 짠맛을 음미할 수 있고 또 그 과자가 입 안에서 바삭거리는 식감을 느낄 수 있다.

여러분은 7번 통로에서 군침을 흘리기 시작한다. 이 과자가 미래의 여러분에게 최상의 선택은 아닐지 몰라도 지금 당장은 과자를 원한다. 결국 여러분은 감자칩 한 봉지를 카트에 담는다.

이렇게 몇 개의 물품을 더 집어서 카트에 담은 뒤에 여러분은 계산대 앞에 선다. 그때 계산원 뒤에 놓인 복권이 눈에 들어온다. 사실 여러분은 올해에는 잔돈을 모아서 저축액을 늘려보겠다는 계획을 세웠었다. 그러나 즉석에서 긁는 복권은 기껏해야 2달러밖에 되지 않는다. 여러분은 이런 생각이 든다.

'혹시 알아? 1등에 당첨될지도 몰라. 기분이 어쩐지 그럴 것 같네.'

이런 마음에 여러분은 그 복권을 몇 장 산다. 미래에 여러분은 이행동을 후회할지 모르지만, 지금 당장으로서는 그 작은 사치에 구미가 당긴다. 마지막으로 여러분은 계산원에게 대금을 지불하고 집으로 돌아온다.

날마다 우리는 누구나 모두 지금 당장 바라는 것과 우리에게 (그리고 또 남들에게) 장기적으로 가장 좋은 것 사이에서 하나를 선택해야 하는 온갖 의사결정에 직면한다. 오늘 하루 바깥에서 돈을 펑펑 쓰면서 멋지게 외식을 할까 아니면 갑자기 돈이 필요할 때를 대비해 그 돈을 아껴둘까. 추운 날 아침에 자전거를 타고 출근할까 아니면 자동차를 운전해서 출근할까. 식품을 담았던 플라스틱 용기를 재활용 봉투에 넣을까 아니면 그냥 쓰레기통에 넣을까. 이런 것들을 우리는 판단하고 결정한다. 우리가 선택하는 것들은 우리가 얼마나 절박한 마음인지 아니면 질려서 넌더리를 내는 마음인지, 얼마나 마음이 급한 상태인지 또는 평온한 상태인지, 얼마나 지친 상태에 있는지 아니면 활기찬 상태에 있는지, 얼마나 낙관적인 상태인지에 따라서 그때그때 달라진다. 슈퍼마켓에 갈 때만 해도 그렇다. 어떤 때는 욕망에 잘 저항하지만 어떤 때는 그 욕망에 마구 탐닉하기도 한다. 가끔씩은 이 세상에 내일은 없다는 마음으로 초콜릿을 마구 먹어대는 것도 중요하다고 나는 생각한다.

현재와 미래 사이에 놓여 있는 어떤 선택들은 초콜릿에 대한 내 선택과 마찬가지로 사소하다. 이런 선택은 내 생명을 좌우하지도 않으며, 내 궁극적인 행복에 아무런 영향도 주지 않는다. 이런 선택을 놓고 무모하다고 말할 수는 없다. 설령 나중에 그 선택을 후회하더라도 말이다. 그런 선택은 우리가 인간이기 때문에 충분히 있을 수 있는 것들이다.

하지만 그렇지 않은 선택들이 있는데, 바로 이런 게 문제가 된다. 어쩌면 여러분은 내년에 여행을 가고 싶을 수 있다. 갑작스럽게 큰돈이 들어갈 일이 생길 수 있으므로 다른 때보다도 더 절약을 해야 할 수도 있다. 그렇지만 여러분은 충동구매에 따른 지출을 멈출 수 없다. 또는 새로운 언어를 배우거나 나중에 성공의 중요한 발판으로 삼고자 학위를 따려고 공부를 더 열심히 할 수도 있다. 지금 당장의 고통과 불편을 피하려고 미래에 우리가 열망하는 것을 희생하는 일이 우리에게는 심심찮게 일어난다. 딱 하루 운동을 빼먹는다든가 하는 것과 같이 그하나만으로는 대세에 지장이 없는 선택들조차도 결국 쌓이고 쌓이면 심장발작과 같은 무서운 결과를 낳을 수 있다. 소셜 미디어에 무심코 올린 사소한 글 하나가 자신의 경력이나 명성에 영원히 지워지지 않는 상처로 남을 수 있는 것처럼 말이다.

오늘 우리가 내리는 의사결정이 미래의 우리 경험을 결정할 수 있다. 이런 일은 개인에게서뿐만 아니라 기업과 자치단체 그리고 국가라는 전체 사회에서도 마찬가지다. 현재의 선택은 앞으로 다가올 것의 형태를 결정하는 힘을 갖고 있다. 이 힘은 내가 전세계에서 만난 사람들이 하는 이야기들 속에서 그리고 역사의 연대기 속에서 파문을 일으킨다. 예를 들어보자. 어떤 포커 도박사가 수십만 달러를 따려고 위험을 계산했지만 그의 아버지는 가족이 모아둔 돈을 몽땅 경마로 날려버렸다. 텍사스의 어부들은 자신들이 내린 결정으로 멕시코만의 붉돔을 거의 멸종 위기로 몰아넣었다가 어렵게 다시 복원시켰다.

보안 요원들은 뮌헨올림픽에서 자행된 테러 공격에서 선수들을 보호하지 못했다. 1,000년을 지켜온 표지석들이 현대의 쓰나미 파괴로부터 일본의 여러 마을을 보호했다. 미시시피의 어떤 사람은 허리케인이 닥쳤을 때 피난을 가지 않았다가 죽을 뻔했지만 집의 지붕에 매달려 가까스로 살아남았다. 오리건의 어떤 교사는 유색인종 학생들에게만 유독 반사적으로 차별적인 처벌을 주지 않으려고 스스로를 훈련시켰다. 고대의 어떤 철학자는 고대 도시 폼페이의 주민들에게 이 도시는 안전하니까 대피할 필요가 없다는 말을 해서 그들을 안심시켰다. 쿠바 미사일 위기를 무사히 넘겨 핵전쟁을 막은 사람들도 있다.

사회 차원에서 내려진 의사결정들은 가장 긴 유산을 남긴다. 예컨대 중동 지역에 1년생 작물을 재배하기로 했던 고대인의 선택은 미국 더스트볼에 영향을 미쳐 현재 전세계에서 비옥한 토지가 유실되는 상황이 전개될 조건을 마련했다. 미국의 주간 고속도로 체계가 구축됨에 따라서 사람들의 여행 및 출퇴근 방식을 바꿨으며, 고등학교 무상교육은 20세기 미국 경제성장 속에서 정착됐다.

:: 예측에 매달리지만 준비하지 않는 사람들

이 책은 우리가 개인 차원과 집단 차원에서 내리는 의사결정들, 즉 자신 및 다른 사람들의 삶에 엄청난 결과를 초래하며 나중에 우리가 후회할 수도 있고 찬양할 수도 있는 의사결정들에 관해 다룬다. 그 가운데서도 특히 무모하고 경솔한 의사결정, 다시 말해 미래의 기회나 위험을 명백하게 예고하는 신호들을 무시하는 의사결정에 초점을 맞춘다. 이런 의사결정을 여러 다양한 맥락 속에서 면밀하게 탐구함으로써 나는 우리가 보다 더 현명한 선택을 할 수 있도록 돕는 아직 '개발되지 않은 힘'이 우리에게 있음을 확인할 것이다.

개인이 혼자 하는 것이든 집단으로 하는 것이든 간에 의사결정에는 정보와 판단이 개입된다. 미래에 대한 똑똑한 선택을 하는 판단을 나는 미래에 대한 통찰, 즉 '포사이트(foresight)'라고 부른다. 이 포사이트를 실천한다는 것은 트로이의 멸망을 예언했다는 신화 속의 예언자 카산드라(Cassandra)가 했던 방식대로 미래를 바라보는 것과는 다르다. 카산드라의 신통한 예지력을 흉내 내고자 (또는 적어도 미래를 보다 더 정확하게 예측하려고) 수없이 많은 연구 프로젝트가 진행됐고 수없이 많은 책이 동원됐다. 그러나 우리가 미래에 대한 의사결정을 내리는 데 필요한 판단력을 개발하는 데 도움이 된 것은 지금까지 거의 없다시피 했다. 포사이트를 실천한다는 것은 우리 앞에 놓여 있는 것들에 대해 우리가 알고 있는 사안들(또한 동시에 우리가 알지 못하는 것들)을 평가해 각각의 가중치를 결정함으로써 단지 현재의 우리뿐 아니라 미래의 우리(또는 미래 세대들)를 위해서도 최상의 선택을 하는 것이다. 이는 내일로 예정돼 있는 축구 경기 때 비가 올 것임을 안다는 것과 실제로 그 경기를 보러 갈 때 우산을 들고 가는 것 사이의 차이다.

이 책에서 나는 미래에 빚어질 결과들에 대한 정보를 근거로 많은 의사결정이 내려지고 있지만 그 근거 정보 가운데서 실제로 유익한 정보는 없다는 사실을 주장한다. 우리는 정확한 미래를 알려고 매우 열심히 노력하지만 그 많은 가능성들에 대한 준비는 거의 하지 않는다. 그 결과 무모함과 경솔함에 따른 재앙을 고스란히 덮어쓴다. 미래에 대한 대비라는 점에서 보면 완벽한 실패다. 경로를 올바르게 수정하려면 포사이트를 갈고닦을 필요가 있다.

오늘날 많은 사람들은 미래를 염두에 두고 미래를 위해 행동하고자 하지만 실제 실천은 이런 마음을 따라가지 못한다. 우리는 과거를 문자 메시지 하나가 오가는 짧은 순간으로 생각하며, 이 과거가 자기 인생에서 장기적으로는 시간이라는 복잡한 직물을 구성하는 한 땀으로서의 의미를 가지길 바란다. 우리는 미래 세대의 눈에 올바르다고 비춰질 일을 하고자 하며, 미래 세대가 우리를 존경의 눈으로 바라봐주길 바란다. 적어도 경멸받고 싶어 하지는 않는다. 만일 우리가 포사이트를 개발해 시간을 앞질러서 생각할 수 있다면 우리는 보다 더 부유하고 보다 더 건강하게 살며 또 가족을 위험으로부터 보다 더 잘 보호하게 될 것이다. 기업은 보다 더 많은 수익을 기록할 것이고, 자치단체들은 번영할 것이며, 문명은 예측 가능한 재앙을 피할 수 있을 것이다. 우리는 번영을 위해 심지어 숲과 강과 바다를 지금보다 더 잘 가꾸고 관리할 수 있다.

그렇지만 오늘날 사람들은 일상적인 삶에서든 인류의 지고지순한 노력들에서든지 간에 각각의 미래의 결과들이 갖는 의미의 가중치를 계산하는 데 애를 먹고 있다. 미래로 미뤄진 보상을 위해 현재를 희생하기는 어려운 한편, 현재 할 수 있는 사치가 설령 나중에 재앙이 되더라도 이 사치에 탐닉하기란 쉽다. 우리가 내린 결정의 결과가 나타나기까지의 시간이 멀면 멀수록 지혜를 발휘하기는 그만큼 더 어렵다.

미래를 위해 행동하는 것이 우리가 우리 자신을 위할 때, 지금 당장에는 그다지 많은 희생을 요구하지 않을 때 이런 행동은 매우 쉽다. 하루에 두세 번씩 양치질을 하는 수고는 치아 질병을 예방하기 위해 지금 지불할 수 있는 아주 작은 비용이다. 몇 년에 한 번씩 유언장을 새로 써두는 것은 지금 여러분이 갖고 있는 시간 가운데서 아주 작은 부분밖에 필요로 하지 않지만, 가족에 대한 근심을 염두에 두면 이런 번거로움은 아무것도 아니다. 시간과 돈을 많이 갖고 있을수록 미래를 계획하기는 그만큼 더 쉽다. 예를 들어 건강보험을 들 수도 있고 아이가 하는 숙제를 도울 수도 있다. 여러분이 하는 선택이 보다 나은 결과를 가져다줄 수 있을 것이라는 확신과 이 선택에 대한 통제력을 여러분이 보다 많이 갖고 있을수록 여러분이 미래를 위한 행동을 실천할 가능성은 그만큼 더 높아진다.

우리가 어떤 것을 기대할 때, 예컨대 친구와 함께 소풍을 간다든지 휴가 여행을 간다든지 결혼식 준비를 한다든지 할 때, 대부분의 사람들은 그 미래를 한결 더 쉽게 상상한다. 우리는 그 유쾌한 순간의 자기 모습을 보고 싶어 한다. 그래서 우리는 그 순간의 자기 모습을 이리 보고 저리 보며 시시콜콜 따진다. 하지만 썩 내키지 않는 어떤 것을 생각할 때, 이를테면 소득 신고, 노화, 해수면 상승, 난민 유입 등과 같은 문제를 생각할 때 우리는 대부분 그 미래를 놓고 이리 보고 저리 보려고 하지 않는다. 설령 그 문제를 진득하게 바라보더라도 우리는 그것을 흔히 골치 아픈 것 또는 지긋지긋한 것으로만 생각한다. 그런 일이 자신에게 닥치지 않으면 좋겠다는 마음을 갖고 있기 때문이다.

언젠가 닥칠 게 분명한 지진에 대비하려고, 산업의 미래 먹을거리를 개발하고 그와 관련된 미래의 발명품에 투자하려고, 물고기의 남획을 예방하려고 사회적 차원에서 당장 어떤 희생을 해야 하는 문제들이 있다. 이런 문제에 부닥칠 때 미래를 선택하기란 어렵다. 우리의 미래 자아를 위해 행동한다는 것은 충분히 어려울 수 있다. 미래의 이웃이나 자치단체나 국가 또는 지구를 위해 행동하는 것이 불가능해 보일 수도 있다. 우리가 그 이상적인 것을 열망하더라도 그렇다. 반면 이와는 대조적으로 지금 당장의 어떤 위협에 대응하는 것은 훨씬 더 쉽다. 이런 점을 염두에 두면 1만 명의 사망자를 낸 2014년의 에볼라 바이러스 재앙을 전세계의 여러 나라들이 예방하지 못한 이유도 쉽게 이해할 수 있다. 참고로 에볼라 바이러스의 예방 백신을 개발하고 관련 시설을 마련하는 데 수백만 달러밖에 들지 않았지만, 나중에 이 재앙이 발발한 뒤에 대처하는 데는 그보다 훨씬 많은 사회적 비용이 들었다.

그렇다면 미래를 보다 낫게 만들고자 하는 기대를 우리가 모두 분명히 갖고 있음에도 불구하고 미래를 위한 행동을 실천하는 게 그토록 어려운 이유는 정확하게 무엇일까? 우선 우리는 미래를 만질 수도 없고 들을 수도 없으며 냄새를 맡을 수도 없다. 미래는 마음속에서 떠올려야만 하는 어떤 관념이지 우리가 감각기관들을 동원해서 인지할 수 있는 구체적인 실체가 아니다. 이에 비해 지금 당장 원하는 것은 대개 하나의 갈망으로서 우리가 감각적으로 느낄 수 있다.

우리가 감각을 갖고 받아들이는 유혹은 우리 내면에서 일종의 정서적 열기에 의해서 연소된다고 스탠퍼드대학교의 저명한 심리학자 월터 미셸(Walter Mischel) 교수는 주장했다. 빵집에 진열된 신선한 도넛의 냄새를 맡는 것이나 주유소 계산대에 놓여 있는 화려한 색깔의 즉석 복권들은 미래의 결과를 따지기 어렵게 만드는 어떤 강렬한 감정을 만들어낸다. 물론 그런 유혹에서 멀리 떨어진 보다 더 냉정한 순간에서라면 미래를 위해 지금 당장의 만족을 포기하는 쪽을 선택하겠지만 말이다.

미래에 놓여 있는 것들(중년이나 노년에서의 건강 상태, 재정적인 안정성, 미래에 보다 더 깨끗한 물과 더 안전한 치안을 누리게 될 어떤 자치단체 등)은 모호하고 아무 말이 없으며 확정적이지 않다. 식료품 코너에 놓여 있는 감자칩이 줄 수 있는 확실한 만족은 갖고 있지 않다. 오늘 뭔가를 포기할 때 내일 우리가 원하는 게 우리 손에 들어올 것이 확실한 경우는 거의 없다.

미래의 자아가 현재의 자신에게 낯설다는 점도 도움이 되지 않기는 마찬가지다. 대부분의 사람들은 다음 주 화요일 저녁 메뉴로 자신이 무엇을 원할지 알지 못한다. 이럴진대 10년 뒤에 자신이 무엇을 원하게 될지 어떻게 정확하게 알겠는가? 미래 세대는 한층 낯설다. 우리는 지금 눈이 어지러울 정도로 팽팽 돌아가는 사회적인 변화를 경험하고 있다. 이 변화를 가능하게 해주는 기술 발전은 미래의 모습을 도저히 알아차릴 수 없게 만든다. 1960년대에 미래학자 앨빈 토플러는 이런 추세 및 이 추세가 사람들의 통찰에 미치는 부정적인 효과를 예측하면서 '미래의 충격(future shock)'이라고 불렀다. 우리가 지금 소통하고 여행하고 일하는 방식에서 한층 크고 많은 격변을 경험하고 있으며 이로 인해 그 부정적 효과의 병폐들은 21세기에 들어 누그러지기는커녕 그때보다 더 심각해졌다.

오늘의 세상에 살면서 당장 내일이 아니라 수십 년 뒤의 세상을 위한 의사결정을 내린다는 것이 추상적으로 느껴질 수 있다. 심지어 쓸모없다고 느껴질 수도 있다.

:: **운명도 선택의 결과다**

오랜 세월 동안 사상가들은 왜 인간이 어떤 의사결정을 내릴 때 미래의 자아를 내팽개치는지, 심지어 가능성이 높은 결과들에 대한 어떤 지식을 갖고 있을 때조차도 그렇게 하는지에 관한 문제를 놓고 심사숙고해왔다. 아리스토텔레스는 인간 의지의 약점인 '아크라시아(akrasia)'가 작동해서 사람들은 의미의 생생함을 가질 수 없게 된다고 썼다. 그렇지만 그는 또한 탐닉에 저항함으로써 완벽함을 추구하는 것은 터무니없다고 생각했다. 탐닉은 때때로 자양물과 즐거움을 가져다주기 때문이다. 균형을 유지하는 좋은 방법은 오랜 시간에 걸친 연습 과정을 통해서 성급한 결정을 피하는 것이라고 그는 생각했다.

수렵채집자들이던 우리 조상들은 생존을 위해 즉각적인 충동에 의존했다. 사나운 짐승을 피할 때도 그랬고 사냥감을 포착할 때도 그랬다. 어떤 인류학자들은 인간이 어쩌면 나중의 결과는 아예 생각하지도 않은 채 현재의 기회를 포착하는 것만 선호하는 기질을 유전자적으로 물려받았을지도 모른다고 주장해왔다. 충동은 지금도 여전히 우리의 목숨을 구해준다. 예컨대 화재가 난 건물에서 도망칠 때나 빠른 속도로 지나가는 자동차를 몸을 홱 돌려서 피할 때 그렇다. 하지만 이런 충동은 우리가 비상금을 따로 모으려 할 때나 다음에 또 발생할 수 있는 들불병에 농부들이 대비하게 할 때는 도움이 되지 않는다.

무모하고 경솔한 의사결정은 사람들이 이른바 '시스템-1'로 불리는 반사적인 사고방식으로 초기 설정돼 있기 때문에 나타난다고 오늘날의 심리학자들은 말한다. 합리적이고 신중한 '시스템-2' 사고방식은 뇌에 보다 많은 부담을 주며, 따라서 한층 드물게만 작동한다고 노벨상 수상자인 인지과학자 대니얼 카너먼(Daniel Kahneman)은 주장한다. 신경과학자들은 인간의 즉각적인 충동이 미래에 대한 조심스러움을 무시하는 것은 모두 두려움과 같은 감정들에 대한 우리의 반응을 통제하는 대뇌의 강력한 변연계(limbic system) 때문이라고 지적한다.

기원전 380년에 플라톤은 《프로타고라스(Protagoras)》에서 어리석음으로 이어지는 것은 잘못 계산된 미래의 즐거움과 고통이라고 썼다. 1920년에 영국 경제학자 아서 세실 피구(Arthur Cecil Pigou)도 비슷한 견해를 밝혔는데, 그는 미래에 일어날 일에 대해 인간이 갖는 편향된 견해를 '결함이 있는 망원경'이라고 불렀다. 오늘날의 경제학자들은 먼 미래의 가치보다 가까운 미래의 가치를 우선시하는 이런 의사결정 패턴을 '과도한 가치 폄훼 효과(hyperbolic discounting)' 또는 '현재 중시 편향(present bias)'이라고 부른다. 하버드대학교의 심리학자 대니얼 길버트(Daniel Gilbert)가 수행했던 연구는 사람들이 멀리 앞에 놓인 대상을 응시하긴 하지만 그 대상을 정확하게 측정하지 않는다는 사실을 입증했다. 그는 미래에 대한 우리의 견해가 왜곡되고 마는데, 이렇게 되는 여러 이유들 가운데 하나는 우리가 미래의 특이한 사건들(예를 들면 직장에서의 승진)이 행복에 미치는 충격을 과대평가하는 반면 사소한 사건들이 축적돼 행복에 미치는 충격은 과소평가하기 때문이다.

이들 사상가 각각은 사람들이 무모하고 경솔한 의사결정을 내리는 이유를 세상 사람들이 이해하도록 도움을 줬지만, 그들이 우리에게 해준 말은 경로를 바로잡는 과제만 놓고 보면 충분하지 않다. 그러나 그런 전문가들과 폭넓은 대중 사이의 전화 통화라는 게임 속에서 무모함은 인간 본성의 고정된 특성 가운데 하나라는 오해가 발생했다. 이런 믿음은 문화와 조직과 사회의 역할을 무시한다. 아울러 우리 인간 스스로가 무모함에 영향을 줄 수 있고 또 심지어 이를 다스릴 수 있다는 최근에 축적된 연구 결과까지도 무시한다. 인간은 단순한 생물학적 프로그래밍 이상의 존재다. 우리는 의식적인 판단과 결정을 통해 슈퍼마켓 계산대 앞에서 하는 행동에서부터 법률을 제정하는 방법에 이르는 온갖 종류의 자기 행동을 바꿀 수 있다. 어쩔 수 없는 운명으로 보이는 것도 따지고 보면 그 운명을 선택한 결과일 뿐이다.

:: 단기적인 성과냐, 장기적인 효과냐
우리 사회를 지배하는 문화가 멀리 미래를 내다보려는 우리의 열망을 가로막는다. 우리는 지금 어쩌다 보니 당장의 만족감, 당장의 수익, 모든 문제에 대한 신속한 미봉책을 기대하게 됐다. 오늘날 기업이 내거는 슬로건은 소비자의 열망과 충족 사이에 존재하는 간극을 줄이려는 것이며, 이는 보다 많은 돈과 재능을 끌어 모으려는 하나의 명분이다. 검색엔진들은 우리가 검색어를 다 입력하기도 전에 벌써 우리 질문은 어떠어떠한 것이라고 예상한다. 내가 기차에서 역의 플랫폼으로 한 발을 내려놓자마자 내 눈에는 차량 공유 서비스 기업 우버의 홍보 문구가 들어온다.

"좋은 일은 기다리기를 거부하는 사람들에게만 찾아옵니다."

긴급성과 편리성은 크고 작은 의사결정을 내리는 독재자다. 우리가 사는 시대에서 우리가 지금 당장 뭔가를 수행하는 데 필요한 것 때문에 우리의 미래 자아와 우리 사회의 미래는 찬밥 신세가 돼서 멀리 밀려난다. 우리의 메일 수신함과 문자 수신함은 즉각적인 답변을 요구하는 메시지들로 가득 차 있다. 우리는 자신과 타인을 우리가 즉각적으로 수행한 것들로 잣대 삼아 평가한다. 영업 목표를 달성하는 것도 그렇고, 경기에 이기는 것도 그렇고, 시험 점수를 잘 받는 것도 그렇다. 우리가 분 단위로 업데이트되는 뉴스와 친구들이 끊임없이 쏟아내는 소셜 미디어 메시지를 빨아들일 때, 우리의 주의력은 온통 그렇게 늘어나는 것들에만 초점이 맞춰진다. 이렇게 우리는 장기간에 걸쳐서 자신이 하고자 하는 것들을 시야에서 놓쳐버리면서 미래를 무시하고 만다. 그렇게 무시해도 되니까. 적어도 지금 당장에는.

그런데 굳이 이렇게 돼야 할 이유는 없다. 이웃, 자치단체, 기업, 국가라는 단위로 묶여서 함께하는 사람들의 전통은 혼자서는 쉽게 할 수 없는 어떤 것을 집단 속에서 서로 도우려는 필요성에서 비롯된다. 집단 속에서 우리는 상품과 기술을 거래하고, 폭력을 제지하고 범죄를 처벌하며, 청소년을 교육하고, 통화를 규제하며, 배고픈 사람들에게 음식을 제공한다. 문화적 규범과 제도적 규칙은 사람들에게 자신의 이익을 좇아 행동하면서도 공동선에 기여하도록 권고한다. 비슷한 맥락에서 우리가 경고 신호에 주의를 기울이고 미뤄진 결과를 평가하는 데 도움을 주는 방향으로 기업과 자치단체 그리고 국가가 설계돼 있다면 각각의 개인은 미래에 대해 보다 나은 결정을 내릴 수 있다.

하지만 문제는 오늘날 기업과 자치단체를 비롯한 사회라는 총체적인 단위들이 우리가 멀리 내다보기 어렵게 만들고 있다는 데 있다. 우리의 문화와 기업과 자치단체 속에서 우리 스스로 만들어낸 조건들이 우리가 미래를 예측하는 데 오히려 방해가 되는 쪽으로 작용한다. 근시안을 예방할 수 있는 것이 오히려 우리를 빠뜨리는 함정이 되고, 우리는 온갖 즉각적인 관심사들에 파묻혀서 정신을 차리지 못한다.

직장과 학교는 즉각적인 결과를 선호하며 이런 결과를 낸 사람에게 보상을 해준다. 장기적인 차원에서 나타나는 효과는 안중에 없고 당해분기의 수익이나 방금 치른 시험의 성적만 중요하게 여길 뿐이다. 주식시장과 선거는 미래에 이뤄질 성장이나 성공보다는 당장의 수익과 승리만 중요하게 여긴다. 무엇이든 신속하게 대체될 수 있도록 하는 요건은 법률로 성문화되기도 하며(예를 들면 선거 주기), 또한 이는 소비자 제품 설계자들에 의해 빠른 속도로 낡은 것이 돼버리는 물건으로 제작돼 실현되기도 한다. 재앙이 한 차례 쓸고 지나가면 정부는 주민에게 미리 재앙에 대비하도록 하는 일은 하지도 않는다. 같은 자리에 이전과 똑같은 건물을 짓기만 하면 그만이다. 정책 입안자들이 어떤 의사결정을 할 때 미래 세대를 염두에 두지 않는 행태는 이미 당연한 것이 돼버렸다.

과학 분야 저술가인 스티븐 존슨(Steven Johnson)은 사람들이 역사를 이어오면서 장기적인 의사결정을 내리는 실력이 점점 늘어났다고 주장한다. 그러나 나는 이 견해에 동의하지 않는다. 우리가 사는 시대에서 뽑을 수 있는 선험적인 증거들(기업의 자사주 매입에서부터 결국 실패로 끝나버린 기후 관련 대응 행동에 이르기까지)만 놓고 보더라도 우리가 직면하고 있는 온갖 도전들에 우리는 지금 점점 더 나쁘게 대응하고 있음이 드러난다. 물론 예외적인 경우가 있긴 하지만 말이다. 존슨은 예측 분야에서의 진보를 우리가 과거 세대보다 더 많이 미래를 계획한다는 증거로 바라본다. 뒤에 이어지는 제1장에서 살펴보겠지만, '예측(prediction)'과 '포사이트(foresight)'는 전혀 다르다. 내가 존슨과 의견이 갈리는 지점은 우리에게는 우리가 마음대로 다룰 수 있는 도구들이 주어져 있다는 사실이다. 존슨과 다르게 나는 그 도구들이 아직 널리 퍼져 있지 않으며, 또한 그가 주장하는 것보다 훨씬 더 많은 변화가 '우리', 즉 '하나의 사회이자 문화로서의 우리'에게 요구된다고 바라본다.

우리가 이룩한 진보와 발전에 박수를 보내기 전에 우리는 우리 자신의 모습을 '과거의 문명과 죽이 맞는 어떤 사회에 살고 있는 사람들'로 분명하게 파악해야 한다. 비록 현재의 사회가 과거에 비해 규모가 훨씬 더 크고 또한 걸려 있는 자산의 규모도 훨씬 더 크지만 말이다. 지리학자이자 베스트셀러 《총, 균, 쇠(Guns, Germs, and Steel)》의 저자이기도 한 재레드 다이아몬드(Jared Diamond)는 절정의 영향력을 발휘하는 지점에 도달한 뒤 빠른 속도로 붕괴하는 여러 문명을 연구했다. 이스터섬의 폴리네시아 주민들에서부터 그린란드의 바이킹 식민주의자들과 미국 남서부의 고대 푸에블로인들에 이르는, 역사 속에서 패망의 길을 걸었던 여러 사회의 공통점은 미래에 빚어질 결과들에 대한 경고 신호에 관심을 기울이지 못한 것이라고 그는 주장한다. 역사를 통틀어 나쁜 선택들, 이를테면 땅에서 나무를 모두 베어내는 선택이나 다양한 자원을 가진 다른 집단과의 문화 교류를 회피하는 등의 선택들은 그런 선택을 한 사회를 붕괴시켰다. 인구 성장과 기술 발전이 예측의 통찰을 넘어설 때는 아무리 위대한 문명이더라도 여지없이 무너지고 말았다.

현재를 살아가는 사람들은 이런 종류의 재앙을 피해나가는 문제에 관한 한 결코 무력하지 않다. 비록 미래가 우리에게 무엇을 가져다줄지 우리는 지금 정확히 알지 못하지만, 실패한 여러 문명이 걸어갔던 운명을 피하기 위해 적어도 어떤 선택을 할 수는 있다. 우리는 미래에 대비해서 나중에 후회를 덜할 수 있도록 기업과 자치단체와 사회에서뿐만 아니라 우리 자신의 삶 속에서 어떤 단계를 밟아나갈 수 있다. 우리는 새로운 문화 규범을 만들어낼 수 있으며, 보다 나은 환경을 설계할 수 있고, 또 최상의 제도적 실천을 활성화할 수 있다.

뒤에 이어질 여러 장에서 나는 우리가 이런 일을 하지 못하도록 발목을 붙잡고 있는 여러 오해들을 파헤쳐 지금까지와 다르게 우리가 무엇을 할 수 있는지 지적하려고 한다. 우리의 탐구는 개인과 가족에서 시작해서(제1부), 기업과 조직으로 눈을 돌린 뒤(제2부), 마지막으로 자치단체와 사회로 이어진다(제3부). 각각의 장은 미래에 대한 통찰, 즉 포사이트를 되찾기 위한 전략을 제시하며, 이 전략을 획득하는 데 사용할 수 있는 기법들을 담아낸다.

아울러 나는 많은 의사결정 과정에서 우리가 어떻게 판단보다 정보 수집을 더 중요하게 여기게 됐는지에 관해서도 살펴볼 것이다. 나는 개인, 기업, 자치단체, 사회가 좋은 예측을 손에 들고 있으면서도 어떤 과정에서 무모하고 경솔한 의사결정을 내리게 되는지, 즉각적인 결과를 측정하는 과정이 어떤 식으로 관점과 인내를 희생시키는지 보여줄 것이다. 나는 역사 속에서 너무 많은 것을 학습하는 어리석음을, 그리고 또 이것까지도 무시하는 어리석음을 파헤칠 것이다. 나는 최후의 심판이라는 여러 예언들에서 탄생한 마비 상태를 극복하는 여러 방안을, 현대의 기업과 정치 분야에서 저질러지는 관행들에 의해서 탄생하고 자라난 근시안을 바로잡을 수 있는 여러 가지 방안을 탐구할 것이다.

이 책을 읽어나가면서 여러분이 발견하게 될 사실은 미래를 위한 행동과 관련한 가장 중요한 통찰들은 통상적이지 않은 여러 장소와 지금까지 간과됐던 여러 전문적인 분야에서 비롯된다는 점이다. 이 책에 담긴 여러 교훈은 여의사들로 구성된 자문 팀, 카메룬의 유아를 연구한 어떤 논문, 고대 아테네의 어느 정치인의 자발적인 추방, 몰락한 금융계 영웅의 부활, 8만 년이나 된 어느 나무 군락의 생존 전략, 일본 신사의 개축, 전문 도박사 세계의 전문 용어 등에서 나온다. 열일곱 살의 이글 스카우트(Eagle Scout, 21개 이상의 공훈 배지를 받은 보이스카우트 단원-옮긴이)와 미국 연방 정부를 상대로 소송을 제기한 10대 소송인과 같은 청소년들 그리고 80대 농부들과 죽은 지 오래된 시인들과 같은 노인들의 노력과 성과에서도 많은 것을 배울 수 있다. 여러분이 기대해도 좋은 것은 유명한 사람들의 미래를 바라보는 천리안만은 아니라는 점이다. 우리 주위의 평범한 사람들도 뛰어난 포사이트를 가지고 있으며, 그들로부터 포사이트를 충분히 배울 수 있을 것이다.

THE

OPTIMIST'S

TELESCOPE

제1부

개인과 가족

THE INDIVIDUAL AND THE FAMILY

우리가 가야 하는 도로가 그렇듯이 우리 앞에 놓인 미래는 수없이 많은 가능성을 향해 열려 있다. 완벽한 정보나 지식을 갖고 있지 않은 채 우리는 의식적으로든 무의식적으로든 어떤 결정을 내리고, 그런 다음에 우리는 출발한다. 우리 인생의 여행길에서는 계기판만 바라보거나 시야에 들어오는 도로만 바라보는 것은 현명하지 않다. 또한 도로 표지판을 바라보거나 음성안내가 지시하는 대로 잠자코 따르는 것만으로도 충분하지 않다. 자기 앞에 무엇이 나타날지 상상하면서 미래의 자아를 위해 행동할 필요가 있다. 그 도로의 전체적인 상태와 상황 그리고 그 도로를 주행하고자 하는 자신의 방식을 머릿속에서 떠올릴 필요가 있다.

제1장 | 과거와 미래의 유령들

상상력이 힘이다

> 이승의 우리는
> 활짝 핀 꽃을 바라보면서
> 지옥의 지붕 위를 걸어간다.
> **—고바야시 잇사(일본 에도 시대의 시인)**

:: 수많은 가능성과 결정

공동묘지를 관통해서 걸어가다 보면 그 어느 때보다도 마음이 평온해진다. 묘비명을 바라보노라면 어느 날이든 간에 마지막 순간이 어김없이 다가오고 말리라는 사실이 냉혹하게 상기되기 때문이다.

최근에 나는 매사추세츠의 케임브리지에 있는 마운트오번 공동묘지에 갔었다. 제멋대로 뻗어 있는 그 묘지에서 나는 헨리 워즈워스 롱펠로와 로버트 크릴리라는 두 시인과 찬양받는 발명가 버크민스터 풀러(Buckminster Fuller)의 무덤을 봤다. 수백 년이나 된 너도밤나무들이 우뚝 서서 내려다보는 가운데 야생 칠면조들이 문학계 거인들의 무덤 위를 제멋대로 활보하고 있었다.

그러나 무엇보다 내 눈에 두드러졌던 것은 묘비에 새겨진 글이 너무나도 간단하다는 사실이었다. 이름과 태어난 해 그리고 그 뒤에 열려 있는 줄표가 달려 있었다. 모든 무덤은 사망자가 발생한 고속도로 교통사고를 바라보는 사람처럼 자신의 마지막 순간을 생각하게 만든다. 자기 이름이 새겨진 묘비는 거절할 수 있는 초대장이 아니라 무조건 따라야만 하는 명령 그 이상임이 분명하다.

자신이 죽기 전에 자신에게 닥쳐올 자기 인생의 많은 것들, 즉 자기 앞에 놓여 있긴 하지만 마지막 순간은 아닌 것들을 손에 들고 지금 당장 자기 앞에 놓인 어떤 것을 똑바로 바라보는 경우는 매우 드물다. 우리는 자신의 살아있는 미래를 정면으로 제대로 바라보지 않는다. 게다가 자주 그런다.

하지만 운전을 하다 보면 유용한 비유를 느낄 수 있다. 묘비명에 새겨진 식각에서 떠올린, 태어난 해와 사망한 해 사이의 줄표로서의 도로. 운전자의 시야 전방에 이어져 있는 도로는 다름 아닌 미래다. 도로 저 멀리에 무엇이 있는지 머릿속에 그려보면서 그 도로를 멀리까지 자주 바라보려면 무엇이 필요할까? 과연 우리는 아무런 공포심도 느끼지 않은 채 단지 어떤 선택의 문제로만 생각하면서 그렇게 할 수 있을까?

실제로 자동차를 타고 도로를 달리면서 통찰력을 발휘하려면 지도나 GPS 외에도 많은 것들이 필요하다. 급커브와 갈림길 그리고 낙석을 경고하는 도로 표지판뿐만 아니라 그 이상이 필요하다.

다음과 같은 도로가 있다고 치자. 눈이 핑핑 돌 정도로 급커브가 이어지는 도로다. 게다가 깎아지른 절벽의 허리를 타고 구불구불 이어지며, 그 절벽 아래에는 시퍼런 바다가 있다. 그런데 우리는 이 길에 오르기 전에 몇 가지 선택과 맞닥뜨린다. 낮 시간에 갈 것인가, 밤 시간에 갈 것인가. 폭풍우가 몰아치는 가운데 이를 뚫고 갈 것인가, 기상이 좋아지길 기다렸다가 갈 것인가. 연료를 가득 채우고 타이어 공기

압을 점검하고 출발할 것인가, 그냥 출발할 것인가. 친구를 태우고 갈 것인가, 혼자 갈 것인가. 우리 각자가 선택하는 것들은 자신이 소중하게 여기는 것이 무엇인지, 위험을 받아들이는 태도가 어떤 것인지에 따라 달라진다. 그리고 우리는 데이터를 모을 필요가 있다. 도로 조건, 주유소, 경로 중간 중간에 있는 관심 장소나 볼거리들 등과 관련된 데이터를 모아야 한다. 그렇지만 아무리 많은 정보를 모으더라도 우리 앞에 놓여 있는 도로에 대한 모든 것을 다 알 수는 없다. 음주운전자가 있을 수도 있고, 철없는 아이가 갑자기 도로를 횡단할 수도 있으며, 서식지를 옮기는 새 떼가 시야를 가릴 수도 있고, 어린 시절의 추억을 떠올리는 아름다운 풍경이 기다리고 있을 수도 있다.

우리가 가야 하는 도로가 그렇듯이 우리 앞에 놓인 미래는 수없이 많은 가능성을 향해 열려 있다. 완벽한 정보나 지식을 갖고 있지 않은 채 우리는 의식적으로든 무의식적으로든 어떤 결정을 내리고, 그런 다음에 우리는 출발한다. 우리 인생의 여행길에서는 계기판만 바라보거나 시야에 들어오는 도로만 바라보는 것은 현명하지 않다. 또한 도로 표지판을 바라보거나 음성안내가 지시하는 대로 잠자코 따르는 것만으로도 충분하지 않다. 자기 앞에 무엇이 나타날지 상상하면서 미래의 자아를 위해 행동할 필요가 있다. 그 도로의 전체적인 상태와 상황 그리고 그 도로를 주행하고자 하는 자신의 방식을 머릿속에서 떠올릴 필요가 있다.

:: 베수비우스산의 폭발을 예견할 수 없었을까

로마의 해군 제독이 막 점심식사를 마쳤을 때였다.[1] 이상한 검은 구름이 동쪽 산 위로 뭉게뭉게 피어오르는 것을 제독의 여동생이 봤다. 대(大) 플리니우스로 불렸던 그는 다름 아닌 가이우스 플리니우스 세쿤

두스(Gaius Plinius Secundus)였는데, 일찍이 호기심으로 똘똘 뭉친 인물이었다. 한가로운 시간에는 식물들과 새들과 곤충들을 자세하게 관찰하고 그 각각에 이름을 붙여주던 사람이었다. 말하자면 현대 박물학의 고대 선구자였던 셈이다. 산을 덮은 검은 구름이 하늘로까지 점점 퍼지자 그는 함대에 출동 명령을 내렸다. 조금 더 가까이 다가가서 관찰하고 싶었던 것이다.

그러나 플리니우스를 태운 배가 서기 79년의 그날에 미세눔의 항구를 떠나려 할 때, 한 사람이 급히 달려와 그의 앞에 섰다.

"어서 와서 우리를 도와주십시오!"

베수비우스산 위로 뜨거운 연기가 피어오르는 광경을 보고 달려온 폼페이 주민이었다. 그는 두려움에 떨고 있었다.

화산은 곧 불덩이를 토해냈고, 주변 산등성이를 화산재와 돌로 홍수처럼 뒤덮었다. 하늘에서는 재와 돌이 비처럼 쏟아졌으며 대기에는 유황 냄새가 진동했다. 주택들은 흔들리다가 무너졌다. 도로는 불쏘시개로 쓰려고 구긴 종잇장처럼 바스러졌다. 사람들은 베개를 식탁 냅킨으로 머리에 묶고 마구 내달렸다. 하늘에서 쏟아지는 바위를 막기에는 터무니없이 허술한 차림이었다.

지금까지 보존된 화산재의 층들로 판단하건대, 바쿠스 축제가 나폴리만 연안을 따라 이어진 곳에서 진행되고 있었는데 화산 폭발이 그 축제를 깨버렸다. 고고학자들은 폐허 속에서 부서진 만찬용 접시들, 매춘부들과 검투사들과 아이들의 유골을 찾아냈다. 남근상들은 쓸모없는 부적처럼 도처에서 나타났다. 프레스코 벽화로, 도로에 새겨진 음각으로, 또 모자이크 조각으로.

대 플리니우스는 공황에 빠진 폼페이 주민들을 구하려다 죽었다. 이름이 같은 그의 조카 소(小) 플리니우스는 이 아비규환의 재앙에서 살아남아 훗날 기록으로 남겼다. 그런데 그가 살아남은 것은 미래에 대한 통찰이 아니라 순전히 우연 덕분이었다. 삼촌을 따라나서지 않고 숙제를 마저 해야겠다는 선택을 했던 것이다.

하지만 서기 19년의 그 끔찍한 화산 폭발은 고대 도시 폼페이가 맞았던 첫 번째 재앙이 아니었다. 사람들이 일반적으로 하는 설명에서 흔히 간과된 점이 있는데, 그 일이 일어나기 17년 전에 이탈리아의 캄파냐 지역에 심각한 지진이 일어났다는 사실이다. 이 지진으로 건물들이 무너져 내렸으며 양 100마리가 죽었다. 신을 묘사한 조각상들도 부서졌다. 게다가 베수비우스 화산 폭발이 있기 몇 주 전부터 땅이 흔들렸다. 그런데 이 여진(餘震)의 불길한 예감을 사람들은 심각하게 받아들이지 않았다. 폼페이 주민들 가운데 위험이 임박했을지도 모른다고 의심한 사람은 별로 없었다. 어쨌거나 이런 사실은 적어도 플리니우스의 조카가 25년 뒤 로마의 역사가이자 정치가 타키투스에게 보낸 편지에 분명히 적혀 있다.

고대 로마에서 자연재해는 신들의 분노로 널리 인식됐다. 이런 인식은 그 시대의 철학자들이 몰아내려고 애썼던 믿음이기도 했다. 당시에 가장 존경받던 철학자는 세네카였는데, 그는 야수와 같은 황제 네로의 개인교사이자 자문관이었다. 폼페이와 그 인근의 헤르쿨라네움에서 지진이 일어난 직후인 서기 62년에 세네카는 지진에 대한 글을 남겼는데, 지진은 지하의 동굴에 압축된 채로 갇혀 있던 공기가 바위를 깨고 나오며 갑자기 분출되는 과정에서 발생한다고 결론 내렸다.[2] 대 플리니우스도 이 견해에 동의했다. 지진의 원인은 의심할 것도 없이 바람이라고 했던 것이다.

세네카는 지진이 일어난 뒤에 주민들을 안심시키려고 다음과 같이 썼다.

"모든 장소는 동일한 조건을 갖추고 있는데, 만약 아직까지 한 번도 지진이 일어나지 않은 장소가 있다면, 그 장소에서는 언제든 지진이 일어날 수 있다. 캄파냐를 버리고 떠난 사람들 그리고 재앙이 일어난 뒤에 그곳을 떠나면서 다시는 돌아오지 않을 것이라고 말한 사람들이 하는 말을 귀담아 듣지 말라."

이처럼 세네카는 사람들에게 그냥 가만히 있으라고 조언했다. 언제 어디에서 지진이 일어날지 마음을 졸이며 걱정하지 말라고도 했다. 아무리 노력을 한다고 해도 지진을 예측할 수 없다는 게 그 이유였다. 당시의 지식 수준을 고려한다면 우리는 세네카의 이런 심드렁한 태도를 용서할 수 있다. 그로부터 수십 년 뒤 베수비우스산이 용암을 뿜을 때 죽어갔던 수천 명의 주민이 저질렀던 실수를 그러려니 하고 받아들이듯이 말이다. 그들은 그 재앙이 자신에게 다가오는 것을 바라보지 않았다.

그들이 살던 시대에서는 자연재해에 대해서 그 누가 아무리 논리적인 설명을 하더라도 그것을 과학적인 가설이라기보다는 노인이 한밤중에 지껄이는 헛소리로밖에 듣지 않았을 것이다. 고대 폼페이의 주민들은 우리가 지금 갖고 있는 지식을 갖고 있지 않았다. 주변이 평지임에도 유독 혼자 우뚝 솟은 산은 화산이라는 지식, 앞서 있었던 여러 차례의 지진은 위험한 지진대를 알리는 것이며 연달아 이어지는 미진은 화산 폭발이 임박했음을 알리는 전조라는 지식 말이다.

그러나 만약 폼페이의 현명한 사람들이 베수비우스산이 곧 폭발할 것임을 알고 있었다면 어떻게 됐을까? 만약 철학자 세네카가 사람들을 안심시키는 대신에 아름다운 나폴리만이 거주지로는 너무 위험하다고 경고했다면 어떤 일이 일어났을지 한번 상상해보자. 또는 대 플리니우스가 그 끔찍한 재해에 맞닥뜨린 다음에야 허둥지둥하지 않고 미리 예방책을 마련해 주민 대피 계획을 세워뒀더라면 어떻게 됐을까? 그랬다면 주민들은 재해를 피할 수 있었을까?

우리는 이 질문에 대한 답을 구하지는 못할 것이다. 하지만 위험에 대한 지식을 미리 안다는 것만으로는 사람들로 하여금 자신의 미래나 자기 가족을 위해 행동하도록 설득하기에는 부족하다. 심지어 오늘날에도 이런 사정은 달라지지 않는다.

:: 예측만 해서는 미래는 바뀌지 않는다

사람들은 오래 전부터 미래를 예측할 방법을 알고자 노력해왔다. 도로 저 멀리 앞에 무엇이 놓여 있는지 알고자 하는 탐색은 인류 역사가 처음 기록된 시점만큼이나 까마득하게 올라간다. 계절의 변화에 따라 달라지는 천체의 운행 패턴을 추적하던 사람들로까지 거슬러 올라갈 것이다. 방법은 선험적인 것, 이를테면 밤하늘의 별들의 위치나 지평선의 일출 위치를 관찰하는 것에서 신비로운 것, 예컨대 갑골문자를 해석하거나 예언자가 말한 수수께끼를 푸는 것으로 바뀌어왔다. 고대 로마인은 다가오는 재앙의 신호를 일상 속에서 찾았다.[3] 닭이 사료 먹기를 거부하지나 않는지, 신을 조각한 상들이 땀을 흘리지 않는지, 오늘날 천문학자들이 극광(aurora, 오로라)이라고 부르는 현상, 즉 밤하늘이 붉게 타오르지 않는지 등을 살폈다. 이와 비슷한 양태는 오늘날에도 비슷하게 이어지고 있다. 월드컵 경기 결과를 예측하는 문어, 운명을 읽는 손금, 포춘 쿠키, 타로 카드 등이 그런 사례다.

우리는 지금도 여전히 고대인과 마찬가지로 미래를 제한된 시야로밖에 보지 못한다. 그러나 지금 우리는 자연재해를 과거 그 어느 때보다도 잘 예측하는 시대에 살고 있다. 비록 선거 결과와 스포츠 경기 결과는 여전히 너무도 많이 빗나가긴 하지만 말이다. 어쩌면 우리는 지진이나 홍수 또는 해수 범람이 일어나는 정확한 시간을 일별 단위나 주별 단위로 알지 못할 수 있다. 그렇지만 적어도 특정 지역에 닥칠 미래의 여러 위험에 대해서는 과거 세대들에 비해 훨씬 더 많이 안다.

우리 시대는 판구조론(plate tectonics, 지구 표면이 여러 개의 판으로 이뤄져 있고, 이들의 움직임으로 화산활동 및 지진 등이 일어난다는 이론-옮긴이), 지구 표면 유동설, 과거의 화산 폭발 및 폭풍우에 대한 기록 등에 대한 지식을 자랑한다. 지진 활동을 감시하는 기관이 있으며, 한 번씩 재해가 덮칠 때마다 개선되는 쓰나미 조기경보 체계도 보유하고 있다. 그렇기 때문에 우리는 모든 장소가 동일하게 위험하다고 봤던 세네카처럼 운명주의자가 되지 않아도 된다.

야구장을 찾은 팬들을 화나게 만들고 헤어스타일을 망친 사람들로부터 툭하면 비난의 대상이 되곤 하는 기상 예측도 불과 50년 만에 놀랄 만큼 정확해졌다.[4] 19세기에는 신문들이 기상청의 예측을 점성술사의 예측과 비교하곤 했는데, 오히려 점성술사가 더 큰 신뢰를 받았다. 하지만 지금은 1시간 단위로 스마트폰에 업데이트되는 기상 예보를 마치 신이 직접 전하는 복음이라도 되는 듯이 여기며 매달린다.

오늘날 우리가 갖고 있는 신뢰받는 예측 도구들, 다시 말해 여러 세대에 걸친 실험을 통해 검증된 개념, 광범위한 지역과 오랜 시간에 걸쳐 축적된 데이터, 자연 현상을 정밀하게 관찰하는 기구, 지식의 덩굴손이 세계의 구석구석까지 뻗어갔다가 다시 돌아올 정도로 끝없이 뻗어나가는 지식은 계몽주의의 여파 덕분에 나타날 수 있었다. 우리는 우리 시대의 정교한 기술 및 한층 풍성해진 지식으로 무장하고 고대 도시 폼페이의 희생자들을 생각할 때 동정심을 느끼는 경향이 있다.

21세기에 우리는 예측에 대한 새로운 강박의 시대로 접어들었다. 이는 부분적으로는 데이터 분석 분야에서 일어난 혁명 덕분인데, 이

혁명은 엔지니어들이 상상하던 규모를 훌쩍 뛰어넘는 연산 능력의 비약적인 발전, 그리고 지구의 사실상 모든 곳과 가까운 우주를 관찰하는 지진 감시부대 체계라고 할 수 있는 전세계 수십억 개 기관들이 수집하는 수조 개의 데이터 측정점에 의해서 가능할 수 있었다.

기계학습, 즉 과거의 패턴들을 학습해 미래의 추세를 추정하는 컴퓨팅 능력의 발전이 예측에 대해 우리가 갖고 있는 욕구를 채워주고 있다. 사람들은 현재 이런 도구들을 사용해 특정 고객이 어떤 제품을 구매할지, 인플루엔자의 확산이 어떻게 전개될지, 한 도시에 정전 사태가 발생할 때 어떤 구역에서 범죄가 가장 많이 발생할지, 기름 유출이 바다를 어떻게 오염시킬지 등을 예측한다. 우리 시대에 예측의 초점은 흔히 임박한 미래에 맞춰진다. 예를 들면 다음 차례의 히트곡은 무엇일지, 소비자가 특정 웹사이트를 방문했을 때 어떤 광고가 방문자들의 관심을 가장 잘 사로잡을지 하는 것들이다. 기상 예보 앱의 최근 추세는 10일 또는 2주일 뒤에 날이 맑을지가 아니라 1시간 뒤에 비가 올지 안 올지를 보다 더 정확히 예측하는 데 있다.

그런데 심지어 이런 과학적인 예측도 본질적으로는 완벽할 수 없다. 과거의 추세들에 의존해 알 수 없는 미래를 예측하기 때문이다. 그렇다고는 하나 이것만으로도 시류에 편승하는 떠들썩한 행사로 수십억 달러의 투자금을 끌어들이고 기업과 정부의 관심을 사로잡기에 충분하다.

미래에 대한 강력한 예측은 물론 가치가 있다. 하지만 우리가 그 예측을 활용할 때만 그렇다. 사람들이 예측을 그저 듣기만 할 뿐 이를 활용해 미래에 대비하지는 않는다는 사실, 즉 화산 피해가 미칠 수 있는 범위 바깥으로 이주하지 않는다는 사실은 역설이다. 요컨대 좋은 예측은 좋은 미래의 통찰과 동일하지 않다는 말이다.

:: 미래의 내 모습을 상상하는 것

내 경험으로 보면 틀니를 끼고 있는 내 모습을 상상하는 것보다 상어의 공격을 받고 죽는 내 모습을 상상하는 게 더 쉽다. 나이가 들어간다는 사실을 생각하면 두려운 느낌이 든다. 이런 생각이 들 때 나는 이메일을 확인하고 잡동사니들을 모아둔 벽장을 새로 정리하곤 한다. 늙은 상태는 내가 지금까지 경험했던 것이 아니다. 그러므로 내 과거에 일어났던 이런저런 일들은 미래의 나를 떠올리는 데 도움을 주기에는 한계가 있다. 그러나 내 성별과 내 가족력을 전제로 한다면 언젠가는 나도 틀림없이 노인이 돼 있을 것임을 나는 안다. 그렇다. 나는 늙을 것이다. 아주 많이 늙어 있을 것이다. 강력한 역사적 데이터를 기반으로 한 상당히 믿을 만한 예측을 나는 지금 당장 손에 쥐고 있다. 그런데 내가 지금 갖고 있지 않은 것은 이 예측을 사용할 미래에 관한 통찰이다. 포사이트가 없는 것이다.

나는 지금까지 여러 해째 내 노년 시대의 경험을 구체화해줄 의사결정들을 내리려고 애써왔다. 아이를 가질지 말지, 저축은 어떻게 할지, 투자는 어떻게 할지 등이 그런 것들이다. 어떤 사람들은 내가 내 미래를 위한 중심적인 어떤 특정 선택들을 의도적으로 회피해왔다고 말할지도 모른다. 이런 고충을 경험하는 사람은 나뿐만이 아니다. 24개국 출신의 수백 명을 대상으로 진행한 2006년의 설문조사에 따르면, 대부분의 사람들은 비록 그들이 현재보다 미래를 더 많이 걱정하고 있음에도 불구하고 현재로부터 15년을 넘어서는 시점의 미래를 생각하지 않는다.[5] 그들의 상상 속에서 미래는 현재 시점에서 15년에서 20년 사이의 어떤 시점에서부터 점점 어두워진다.

인류는 7,000세대 넘게 이어지는 기간 동안 지구에서 어슬렁거리며 살아왔으며, 이 역사 속 많은 기간 동안 40세를 전후로 자신이 죽을 것이라고 생각하며 살았다. 그런데 지난 200년 동안 의학이 발달하면서 유아사망률이 줄어들고 전염병에 걸려도 완쾌됨에 따라 인간의 평균수명은 꾸준히 늘어났다. 오늘날 갓 태어난 아기의 기대수명은 전세계적으로 70세가 넘고 선진국을 기준으로 하면 80세가 넘는다. 2100년에 선진국에서 태어나는 아기의 기대수명은 100세 이상으로 늘어날 것이다.[6]

이는 대부분의 인류에게 희소식이다. 하지만 우리 인간의 정신은 늘어난 수명에 맞게 진화하지 못했다. 오늘날의 사람들 특히 젊은 사람들이 나이가 들어간다는 사실을 구체적인 현실로 상상하는 게 드문 이유이기도 하다.

인구 노령화 현상에 따라 부양자와 저축액 그리고 은퇴 계획이 점점 더 많이 필요하게 되는 사회에서는 노년을 상상하지 못한다는 사실이 꽤 심각한 위협 요소다. 미래의 자기 모습을 가늠할 수 없다면 지금 살아있는 젊은 세대는 자기 앞에 놓인 그 긴 여생에 대한 계획을 어떻게 세울 수 있을까? 미국, 캐나다, 독일, 일본 등에서는 기대수명이 늘어났지만 개인의 저축률은 최근 수십 년 사이 감소했다. 아주 적은 돈밖에 벌지 못해 여윳돈을 거의 갖고 있지 않은 사람들이 주로 지불하는 돈으로 전체 상금 수십억 달러가 조성되는 미국의 복권을 잠깐만 생각해도 사람들이 적게 벌기 때문에 조금밖에 저축하지 못한다는 발상이 허위임을 알 수 있다. 사람들은 복권을 사면서 가까운 미래에 거금을 손에 넣는다는 환상을 즐기는데, 이런 착각은 카지노에서 잭팟(jackpot)을 터뜨린 사람들과 관련된 온갖 뉴스과 복권에 당첨돼 따르는 작은 돈들이 만들어내는 환상이다. 반면 단기적인 미래에 대한 이 같은 환상과 대조적으로 우리는 손자손녀들과 놀아주면서 병과 싸워야 하는 장기적인 미래에 대해서는 백일몽을 잘 꾸지 않는 경향이 있다.

여러 해 전, 현재 캘리포니아대학교 로스앤젤레스 캠퍼스 교수로 있는 경제학자 할 허시필드(Hal Hershfield)가 청년이 자기 미래를 위해 저금을 하도록 유도하는 일에 관심을 가졌다. '만약 노년기를 상상 속에서 감각적으로 경험할 수 있도록 해주는 어떤 프로그램을 만들어 내면 어떨까?' 하는 생각을 했던 것이다. 그래서 허시필드는 가상현실 설계자와 협력해 주름진 얼굴에 대머리가 진행돼 머리선이 자꾸 위로 올라가며 머리카락도 백발로 변하는 노인의 모습을 재현하는 아바타 프로그램을 개발했다.[7] 가상현실을 체험하는 공간에서 자신의 아바타를 보는 것은 시간여행의 거울을 들여다보는 일이었다. 이 거울 속에서 늙은 자아는 현재 자신의 모습을 그대로 흉내 내고 있었다. 이 실험의 목적은 실험에 참가한 대학생들이 미래의 자신이 하게 될 일상의 경험을 상상하도록 하는 것이었다.

허시필드의 제안을 받아 나도 '에이징 부스(Aging Booth)'라는 이름의 스마트폰 앱에 내 사진을 제공했다. 상대적으로 기초적인 기술인 이 앱은 주어진 사진 속 얼굴을 노년의 나이로 조작해주는 것이었는데, 비록 움직이면서 몸짓까지 나오는 아바타는 아니더라도 내 늙은 모습의 이미지를 내 눈으로 봤을 때 내게 어떤 반응이 나타날지 궁금했다. 얼굴이 크게 나오는 셀카를 사무실에서 찍어 올릴까 하는 생각도 잠시 했다가, 그래도 몸 전체가 나오는 사진이 좋겠다고 생각했다. 그래서 오리건에 있는 어떤 폭포 앞에서 찍은 제법 괜찮아 보이는 사진으로 골라 에이징 부스에 적용했다.

그런데 이렇게 해서 나온 내 노년의 모습은 한편으로는 끔찍하면서도 다른 한편으로는 마음이 놓였다. 이미지를 보는 순간 최근의 〈스타트렉(Star Trek)〉 영화에서 스팍(Spock)이 늙은 자신을 만나는 장면

이 떠올랐다. 늙은 스퐉이 수백 년 동안 우주를 헤매다가 수백 년 전의 젊은 자신을 만나 그에게 결정적으로 중요한 정보를 전해주는 장면이었다. 노년의 이미지에서 내 눈은 푹 꺼진 채로 더욱 커져 보였으며 이마와 턱에는 굵은 주름들이 박혀 있었다. 낯이 익으면서도 낯선 얼굴이었다. 그때 나는 만약 내가 진짜로 늙은 나를 만난다면 그 사람이 내게 전해줄 지혜는 무엇일까 하는 생각을 했다. 사진을 보면서 나는 아주 짧은 순간 늙은 나를 구체화했다. 그 얼굴은 나처럼 느껴졌다. 심지어 내가 정말 80대까지 살아서 그렇게 성숙할 수 있다면 그 얼굴로 늙어 있으면 좋겠다는 생각까지 했다. 상상은 계속 이어졌고 내 미래 자아에 대한 연민의 마음도 커져갔다. 그러다 보니 어느 순간엔가 상상 속의 미래가 갑자기 한층 현실적으로 느껴졌다. 그 미래를 나는 개인적인 차원에서 느꼈고, 또 내 얼굴에서 그 미래가 구현돼 있음을 봤기 때문이다.

허시필드는 이 실험을 통해 노인의 얼굴을 한 자신과 대면한 적이 있는 대학생들은 자신의 가상현실 아바타를 만난 적이 없는 학생들에 비해 은퇴 이후 삶에 대비하는 저축을 더 적극적으로 하더라는 사실을 알게 됐다. 이들은 자기가 아닌 다른 노인의 사진을 본 대학생들보다도 그런 경향이 더 높았으며, 또 이미 저금을 하고 있던 대학생 집단에 비해서도 은퇴 이후의 삶에 대해 더욱 구체적인 관심을 보이면서 더 많이 저축하는 경향을 보였다.

허시필드의 연구는 사람들로 하여금 자신이 아직 경험하지 못한 것 또는 더는 기억하고 있지 않은 것을 더 잘 상상할 수 있도록 돕고자하는 새로운 노력들 가운데 하나다. 가상현실 프로그램은 부자들에게 아주 잠깐 동안이긴 하지만 노숙자 생활을 경험하게 한다든지, 알츠하이머 환자들이 어린 시절에 살던 집을 걸어 다니게 한다든지, 프로운동선수들이 미식축구 경기장이나 농구 코트에서 특정 상대와 맞붙는 상황을 경험하게 해서 대비시킨다든지 하는 것으로 현재 활용되고 있다.

저술가이자 심리치료사인 메를 봄바르디에리(Merle Bombardieri)는 이와 비슷하지만 방식으로 부부의 가족계획을 돕고 있다. 그는 부부에게 75세가 돼서 흔들의자에 앉아 있는 자신의 모습을 상상하라고 한 다음 자식을 낳을 경우와 그렇지 않을 경우의 여러 가지 인생 경로들을 제시해 각 경로의 결과들을 살펴보게 함으로써 가장 적게 후회할 경로를 선택하도록 유도한다.

이 도구들에 대해 내가 발견한 흥미로운 사실은 이런 것들이 과거나 현재 또는 미래에 대한 사실을 전달하는 데만 초점을 맞추는 것은 아니라는 점이다. 이 도구들은 전혀 다른 어떤 시간이나 상황 또는 맥락에 대한 경험을 흉내 내려고 한다. 내 노년 모습을 본 그 순간부터 이상하게도 나는 내 미래의 자아를 무시하기가 한층 어려워졌다. 그 이유를 나는 나중에야 깨달았다.

∷ 자연재해가 자주 일어나는 곳에 사는 사람들

할 허시필드의 실험에서 피실험자 대학생들이 자신의 가상현실 아바타에게 반응한 방식은 오늘날 사람들이 허리케인 예측에 반응하는 방식과 매우 뚜렷하게 대비된다. 열대성 폭풍은 자연재해 예측 분야에서 우리 시대의 과학적 기술 수준을 가장 잘 확인할 수 있는 전형적인 자연 현상이다. 크리스토퍼 콜럼버스가 15세기에 서인도제도를 탐험할 때, 심지어 영국의 선원들이 대영제국을 건설하던 18세기에도 허리케인은 선단을 갑자기 덮쳐서 쓸어버리곤 했다. 1900년에 미국 역사상 최악의 허리케인이 텍사스의 갤버스턴을 파괴할 때, 당시 선도적이던 국립기상청 예보관들은 이 도시의 주민들에게 단 한 차례의 경고도 하지 못했다.

　오늘날 기상학자들은 허리케인의 육지 상륙지점을 반경 약 97킬로미터로 지도에 표시할 수 있으며, 열대성 폭풍의 피해를 입을 수도 있는 해당 지역 주민들이 충분히 대피할 수 있도록 이 폭풍우의 이동 경로를 72시간 전에 발표한다.[8] 이렇게 해서 사람들은 폭풍이 언제 자신이 사는 지역을 덮칠지 며칠 전에 미리 알 수 있다.

　그렇지만 재앙을 가져올 수도 있는 심각한 예측에 사람들이 대응하는 방식에서 이런 기술 발전의 한계가 고스란히 드러난다. 펜실베이니아대학교 와튼스쿨의 경제학자 하워드 쿤로이더(Howard Kunreuther)와 로버트 마이어(Robert Meyer)는 치명적인 폭풍, 예컨대 뉴욕 지역을 강타한 허리케인 샌디나 멕시코만 연안 지역을 쓸어버린 카트리나가 다가온다는 예보를 들었을 때에도 지역 주민 대부분은 생수를 구입하는 것 말고는 별다른 조치를 취하지 않았다는 사실을 지적한다.[9] 사람들은 그 예보를 듣고도 자기 집의 취약한 부분을 손본다거나 벽을 방수포로 덮는다거나 하는 대비조차 하지 않았다. 심지어 바다와 가까운 곳에 사는 사람들의 모습이 그랬다. 허리케인의 피해를 자주 입는 지역에 사는 사람들 대다수가 보험에 들어 있지도 않았다. 미래에 대한 정보가 아무리 좋더라도 좋은 판단까지 보장하지는 않는다. 지금까지 사람들이 보여주고 있는 모습이 그렇다.

　허리케인에 따른 피해 규모는 해가 갈수록 가파르게 상승한다. 과거 10년 동안 미국에서 발생한 허리케인 피해 규모는 수천 억 달러다. 전세계를 기준으로 할 때 피해 비용은 연간 260억 달러에서 21세기 말까지 1,090억 달러로 상승할 전망이다.[10] 이처럼 피해 비용이 가파르게 상승하는 이유 중 하나는 사람들이 허리케인이 지나갈 가능성이 높은 경로에 계속해서 집과 공장을 짓기 때문이다. 또 다른 이유는 해안가에 사는 사람들이 이런 심각한 허리케인에 전혀 대비를 하지 않는다는 점이다. 심지어 허리케인이 빠른 속도로 다가오고 있을 때조차도 대비를 하지 않는다.

우리가 대비를 잘하지 못하는 것은 허리케인만이 아니다. 미국에서는 지진이나 홍수나 해수 범람의 피해 가능성이 높은 가구들 가운데 그런 재해 때문에 입을 수도 있는 재산 손실을 줄여줄 구체적인 행동을 하는 가구의 비율은 겨우 10퍼센트밖에 되지 않는다.[11] 그런데 이런 문제는 미국에만 국한되지 않는다. 전세계에서도 마찬가지다. 1960년부터 2011년까지 전세계에서 커다란 자연재해로부터 발생한 피해의 60퍼센트 이상은 보험에 가입돼 있지 않은 피해였다. 이런 모습은 선진국에서나 후진국에서나 똑같이 나타났다. 소득이 높은 나라들에서도 같은 기간 동안에 지진과 쓰나미 그리고 홍수로 인해 발생한 피해 중 겨우 절반만이 보험 혜택을 받을 수 있었다.[12]

오늘 우리가 하는 선택이 내일 일어날 소위 자연재해의 형태를 결정한다. 콜로라도대학교 볼더 캠퍼스에 있는 자연재해센터를 지휘했던 재해 전문가 데니스 밀레티(Dennis Mileti)는 흔히 '신이 하는 행동'이라고 여겨지는 것들을 사람들이 만들어낸다고 말한다. 그의 견해에 따르면 자연이 지진이나 허리케인의 위협을 제기하는 게 맞긴 하지만 진정한 재앙은 어떻게 대비를 하고 또 주거지를 어디로 삼을 것인가 하는 문제에 대한 인간의 형편없는 의사결정 때문이다. 2017년에 칵테일을 마시던 자리에서 그는 내게 이렇게 말했다.[13]

"거기에다 신을 왜 갖다 붙인답니까? 신은 그 재앙과 아무런 상관이 없는데 말이죠."

사람들이 미래의 위협에 준비하지 못하는 이유가 미래에 대한 지식이 부족하기 때문이라는 발상은 흔한 오해다. 허리케인 카트리나가 미시시피를 강타했을 때 해안가에 있던 자기 집 지붕에 고립돼 있다가 구조된 생존자가 있었다. 나는 그 모습을 바라보면서 자연재해와 관련해 우리가 해결해야 할 문제는 인식상의 문제가 아님을, 심지어 우리가 동원할 수 있는 자원과 관련된 문제가 아님을 확실히 깨달았다.

제이 세가라(Jay Segarra)는 미국 미시시피주 남동부에 위치한 도시 빌럭 소재 키슬러 공군기지 병원에서 폐 관련 약을 다루는 책임자였는데, 존경받는 의사인 동시에 해류에 조예가 깊은 전문가였다.[14] 그러나 세가라는 지역 역사상 최악으로 꼽힐 허리케인이 덮칠 것이라는 경고를 무시하고 말았다. 그는 예전의 경험을 토대로 발전기와 손전등만 있으면 아무런 문제가 없을 것이라고 믿었다. 보험에도 들지 않았다. 2005년의 이 역사적인 재해 이후에도 세가라는 자기 집을 원래 있던 그 자리에 다시 지었는데, 멕시코만의 바다에서 축구 경기장 하나 정도의 거리밖에 떨어져 있지 않은 곳이었다.

세가라는 사람들에게 보상을 해주는 방식에 문제가 있다고 역설한다. "해안가에 사는 사람들은 정부가 국민의 세금을 퍼부어 피해 보상을 해준다는 사실을 잘 알고 있거든요."

그는 이렇게 말하면서 재해가 휩쓸고 간 마을들에 쏟아 붓는 구호 기금을 언급했다. 만일 자신을 포함해 지역 주민들이 보험에 가입하라는 요구를 받았다면, 재해로 입은 손해를 스스로 감당하도록 했다면, 해안가에 바짝 붙여 집을 짓는 일을 애초부터 금지했다면 이야기는 완전히 달라졌을 것이라고 강조했다.

"그랬다면 취약한 위치에 집을 짓고 살지는 않았겠죠."

재해를 당한 사람들을 구제해주고 다른 곳에서 살도록 유도하는 대신 피해를 입은 그 자리에 다시 집을 짓도록 지원하는 정부의 이런저런 구호 프로그램들이 사람들로 하여금 미래에 대한 대비를 소홀하게 하도록 만든 셈이다. 더욱이 대부분의 재해 경고에는 가난한 사람들이 생필품을 사거나 안전한 곳으로 피난할 수 있도록 하는 충분한 자원이 동반되지 않는다. 무모하고 경솔한 의사결정을 순전히 개인이나 한 가족의 잘못으로만 돌릴 수는 없다는 얘기다. 게다가 미국 문화는 미래의 운명에 대한 근거 없는 낙관주의를 무한정 풀어놓는다. 수평선 저 멀리서 다가오는 폭풍우를 망원경으로 바라보게 만들지 않고 그저 쾌청한 날씨 속에서 모든 게 다 잘될 것이라고만 믿게 만든다(자치단체와 사회가 이런 관행과 규범을 바꿀 수 있는데, 이와 관련된 여러 가지 방안에 대해서는 제3부에서 자세하게 다룰 것이다). 물론 우리가 미래에 대한 통찰, 포사이트를 갖고 있기만 한다면 재해에 대비하기 위해 우리가 개인 차원에서 할 수 있는 일들은 여전히 많다.

제이 세가라로서는 재해에 따로 대비할 아무런 이유가 없었다. 허리케인 카트리나가 시속 160킬로미터(초속 약 44미터)로 덮쳐 지붕 위에서 채광창을 죽기 살기로 붙잡고 매달린 채로 끔찍한 하루를 보낼 거라는 사실을, 가족의 소중한 사진 앨범들과 1890년에 파리에서 제작된 아버지의 명품 바이올린이 물살에 떠내려가리라는 사실을 상상조차 하지 못했기 때문이다. 그는 이런 일들이 일어나리라고 상상했다면 아마도 중요한 물건들을 챙겨 대피했을 것이라고 말했다.

세가라로서는 쉽게 풀 수 없었던 어려운 문제였다. 그 수수께끼는 다름 아닌 미래를 바라본다는 것과 정확히 예측한다는 것 그리고 미래를 상상한다는 것은 전혀 다르다는 사실이었다.

:: 잘못된 미래 위험도 계산

기업의 이사들에게 가뭄과 혹서에 대비해야 한다는 사실을 설득하려고 애쓸 때마다 나는 미래에 대한 그럴듯하고 믿을 만한 예측들로 무장한다. 그러나 기업의 리더들은 제이 세가라와 마찬가지로 자신과 자신의 기업이 그와 같은 예측 시나리오 속에 놓이는 것 자체를 쉽게 받아들이지 못한다. 미래에 대비하지 않는 단기적인 차원에서 오히려 그 기업들은 많은 수익을 내고 있었다. 그들은 심각하고 비용이 많이 드는 미래의 여러 위협에 대해서는 지속적인 관심을 가지려고 하지 않았다. 나로서는 이런 모습들이 수수께끼였다. 이들의 무사안일주의를 설명할 수 있는 과학이 있다. 바로 '위험 인지(risk perception)'를 다루는 과학이다.

사람들은 흔히 미래와 관련해 자신이 듣고 싶어 하는 것들과 일치하는 정보는 받아들이고 그렇지 않은 정보는 걸러내는 경향이 있다.[15] 우리는 자신의 수명과 성공 가능성 그리고 결혼 생활의 지속성에 대해서 과대평가한다. 이는 일종의 현실 부정이다. 예측했던 어떤 재앙이 빗나가거나 피해 수준이 예상보다 낮을 때 자신에게 나쁜 일은 아무것도 일어나지 않을 것이라는 기대감이 강화된다. 설령 과거의 그 경험이나 사례가 현실을 정확하게 반영하지 않은 것이더라도 마찬가지다. 우리는 미래를 경고하는 예측자들을 양치기 소년으로밖에 바라보지 않는다.

이런 유형의 맹목적인 낙관주의는 우리가 미래 위험에 대비하는 계획을 세우려 할 때 우리를 마비시킬 수 있다. 예컨대 2012년 허리케인 시즌 때 로버트 마이어와 그의 동료들은 루이지애나와 뉴욕에 사는 사람들이 허리케인 아이작과 샌디 각각에 대한 예측에 어떻게 반응하는지 실시간으로 조사했다. 그리고 바람과 폭풍 해일로 제기되는 위협에 대한 강력한 경고에도 불구하고 사람들이 자신의 재산과 주택이 입게 될 잠재적인 피해를 잘못 계산한다는 사실을 발견했다. 심지어 해수 범람 위험이 매우 높은 지역에 거주하는 것이 얼마나 위험한지 경험을 통해 잘 알고 있는데도 그랬다. 사람들은 또한 정전 상태를 견딜 수 있는 시간도 잘못 계산했다. 상대적으로 적은 수의 가구만이 피난 계획을 세우거나 발전기를 구입하거나 폭풍우에 대비해 덧창을 달았는데, 덧창을 이미 마련해두고도 달지 않은 가구들이 매우 많았다. 전체 가구 가운데 물과 바람에 견딜 수 있도록 집을 손본 가구의 비율은 극히 작았다.

절반 가까이는 보험에 들지도 않았다. 특히 뉴욕시에서는 자동차가 물에 잠길 가능성을 생각한 사람이 거의 없었다. 생명을 위협할 수도 있는 홍수가 주택을 덮칠 것이라는 보도가 온갖 매체를 통해 광범위하게 전달됐고 폭풍우가 육지에 상륙하던 시점의 TV 뉴스 시청률이 기록을 경신할 정도로 높았는데도 그랬다.

확률을 현실적으로 따지기보다 '심리적 지름길(mental shortcut, 유용성 편향, 일상생활 중에 나타나는 수많은 결과가 얼마나 친숙한지에 기초해 그 확률을 추정하는 경험의 법칙-옮긴이)'과 직감에 의존해 의사결정을 내리는 것은 인간의 본성이다. 이 점에 관한 한 고대 로마인과 오늘날의 우리가 다르지 않을 것이다. 보다 나은 예측에 그렇게나 많은 자원을 투자했음에도 불구하고 미래에 대한 올바른 의사결정을 추동하는 데까지는 나아가지 못할 수밖에 없는 이유를 바로 이런 사고 패턴들이 설명해준다는 사실을 나는 지금까지의 연구와 학습을 통해 깨달았다. 설령 대 플리니우스나 세네카가 현대의 여러 예측 도구들을 갖고 있었더라도 두 사람은 폼페이의 파멸을 막지 못했을 것이다.

사람들이 가장 진지하게 받아들이는 위협은 자신이 가장 생생하게 상상할 수 있는 위협이라는 사실은 이미 밝혀져 있다. 1950년대와 1960년대의 공항에서는 많은 승객들이 비행기 탑승 직전에 사고 보험에 가입했다.[16] 이처럼 보험사들은 비행기 추락으로 사망할 수 있는 위험이 임박해 있음을 알리고 이를 충분히 상상할 수 있는 현장 보험 상품을 팔아서 짭짤한 수익을 올렸다. 스위스의 경제학자 헬가 페르-두다(Helga Fehr-Duda)와 에른스트 페르(Ernst Fehr)는 이런 현장 판매와 다르게 전세계 사람들이 지난 50년 동안에 걸쳐 자연재해 관련 보험을 구매하지 않은 현상을 나란히 놓고 대조했다.

존경받는 영화감독 빔 벤더스(Wim Wenders)가 사람들의 관심을 사로잡는 것이 무엇인지 묘사하는 강연을 들은 적이 있는데, 이때 그는 '시각적인 것의 독점'이라는 게 있다고 말했다.[17] 대니얼 카너먼과 같은 행동경제학자들은 인간이 수행하는 인지상의 이 왜곡된 패턴을 '가용성 편향(availability bias, 자기 의도와 무관하게 주변의 영향을 받아 편향되는 현상-옮긴이)'이라고 부르며, 사람들이 미래의 위험을 잘못 계산하는 데 이 편향이 기여한다고 지적한다.[18] 카너먼은 또한 테러 공격처럼 전혀 일어날 것 같지 않은 사건들에 대한 공포나 복권 당첨과 같은 비현실적인 미래 희망이 이런 것들과 관련된 미래의 시나리오 이미지들을 머릿속에 쉽게 떠올릴 수 있다는 사실에 의해 더욱 강화된다는 점을 지적한다.

미래에 대한 어떤 예측 시나리오가 보다 더 다채로운 색깔들로 구체적일 때, 그 시나리오는 실제로 그 시나리오대로 미래가 전개될지의 여부와는 상관없이 한층 그럴듯하게 느껴진다. 그러나 반대로 그 시나리오에 감각적인 요소가 부족할 때는 그 시나리오대로 미래가 전개될 가능성은 낮거나 아예 없다고 느껴진다. 카너먼은 사람들에게 내년에 캘리포니아에서 지진이 일어날 가능성과 내년에 북아메리카의 어떤 곳에서 재앙적인 홍수가 일어날 가능성 중 어느 쪽이 크다고 예상하는지 물을 경우 대부분이 전자를 선택한다는 사실을 확인했다. 사람들이 이런 선택을 한 이유는 단 하나다. 캘리포니아가 북아메리카보다 지리적으로 더 구체적이기 때문이다.

테러리스트의 음모를 다룬 영화나 복권 당첨자를 다룬 미디어 기사들이 우리의 시선을 매우 드문 어떤 것으로 유도할 수 있다. 상어가 해수욕장에 나타나서 사람을 공격하는 일이 욕실에서 미끄러지는 상황이나 노화의 현실에 맞닥뜨리는 일보다 가능성이 더 높아 보일 수 있다. 사람들은 자신이 복권 당첨의 주인공이 될 수도 있다고 믿으며, 다른 한편으로는 도무지 이해할 수 없는 현상인 해수면 상승의 가능성을 과소평가한다.

자연재해가 발생한 직후에는 관련 보도가 마구 쏟아지고 이런 것들이 사람들로 하여금 보다 더 많은 준비를 하게 만든다. 폭풍우나 지진이 일어난 직후에는 해당 지역 주민들이 관련 보험에 더 많이 가입하는 경향이 있다. 하지만 미디어의 관심과 보도는 재해가 일어난 직후에 반짝 하다가 금세 사라진다. 이런 사건들은 흔히 낯설게 마련이다. 멀리 다른 곳에 있는 다른 사람들에게만 일어날 사건이지 자신에게는 전혀 일어날 것 같지 않다는 말이다. 그리고 아무 일도 없이 여러 해가 지나면 과거에 재앙이 발생했던 지역에 사는 사람들도 보험을 해지한다. 자신이 보험 가입이 가장 필요한 사람인데도 말이다.

다가오는 폭풍우에 대한 예측은 여기에 대비를 하지 않았을 때 나타날 수 있는 결과의 구체적인 모습들을 우리에게 상기시키지 않는 게 일반적이다. 단지 다가오는 폭풍우의 궤적만 알려주는 데 그치지 않고 과거에 주민들에게 안겼던 피해를 생생하게 보여주는 사진이나 동영상을 함께 제시할 경우에는 이 예측이 실제로 사람들에게 도움을 줄 수 있다.

:: 마음의 시간여행

구체적인 상상과 결부되지 않은 예측은 미래의 위협에 주의를 기울이는 데 그다지 도움이 되지 않는다. 만일 우리가 특정하게 설정된 어떤 목적에 복무하는 상상력을 불러일으키지 못한다면 과학적인 예측 분야에서 우리가 이룬 혁명적인 발전은 아무런 쓸모가 없을 수 있다. 게다가 예측할 수 없는 위협일 때는 미래에 대한 눈을 상당히 멀리 확장하지 않는 한 그 위협에 대비할 계획을 세우지 못하고 갈팡질팡하고 말 것이다.

내가 내 미래 자아의 늙은 모습을 바라보면서 그랬던 것처럼, 사람들이 미래를 구체적으로 상상할 때 우리는 모든 인간이 갖고 있는 여러 능력에 의존할 수 있다. 이럴 때 비로소 예측은 해독과 습득이 가능해진다. 사람들이 자신이 가는 길 저 앞에 놓여 있는 길을 머릿속으로 상상할 수 있는 이유와 관련해서 과학자들은 흥미로운 여러 가지 사실들을 확인했다.

인간이 미래를 놓고 이런저런 생각을 한다는 사실 자체가 기적적인 일이다. 인간을 제외한 대부분의 동물은 미래에 나타날 수 있는 결과들을 놓고 어떤 생각이나 기대도 하지 않은 채로 자신이 하는 어떤 것에든(만일 그런 기회가 주어지면 언제든) 몰두하는 것처럼 보인다. 우리 인간은 우리 앞의 미래에 놓인 것을 감각기관을 갖고는 인지할 수 없으므로 상상력을 발동한다.

어떤 진화심리학자들은 미래를 상상하는 능력이야말로 인간과 동물을 구분하는 특성이며, 인간이 자신보다 더 빠르고 강한 동물계의 온갖 짐승들을 지배할 수 있었던 특성이라고 믿는다. 호주 퀸즐랜드대학교의 토머스 서든도프(Thomas Suddendorf)는 인간이 미래의 여러 가능성에 대해 창조적으로 생각하는 능력을 갖게 된 기원을 연구해왔다. 그는 인간이 다른 동물과 다른 점은 아직 일어나지 않은 이런저런 시나리오들을 만들어내고 그 안에 자신을 위치시키는 능력을 갖고 있다는 점이라고 믿는다. 이 능력은 서로 관심을 끌고자 경쟁하는 온갖 유혹들에 우리가 끊임없이 맞닥뜨린다는 점에 비춰보면 대단한 능력이 아닐 수 없다. 미래의 어떤 일을 시뮬레이션하는 것은 나중에 방해 요소로 작용할 적들을 제압하는 데 도움이 될 여러 전투 전략들을 짜는 데 확실히 유용하다. 역사 속에서 우리 인간이 다른 동물들을 제압하고 우뚝 선 까닭은 우리가 그들보다 더 빨리 달리거나 힘이 더 셌기 때문이 아니다.

최근 여러 해 동안 서던도프를 포함한 여러 학자들은 인간이 미래에 일어날 일들을 자신이 가진 기억에 의존해 (최소한 부분적으로라도) 예측하는 능력, 즉 과거에 있었던 여러 일들을 상상 속에서 재배열하는 능력이라는 개념을 꾸준하게 발전시켜왔다. 이것이 어떻게 작동하는지 알려면 나중에 자신에게 일어나면 좋겠다고 기대하는 어떤 순간에 놓여 있는 자기 자신을 상상하면 된다. 어쩌면 웨딩드레스를 입은 딸과 함께 결혼식장 통로를 걸어가는 것일 수도 있고, 졸업식장에서 사각모를 허공에 던지는 것일 수도 있다. 어쩌면 맨 처음 해보는 스쿠버다이빙일 수도 있고, 로마 광장에 발을 들여놓는 것일 수도 있다. 마치 여러분 마음의 스크린에 영화 장면이 투사되는 것처럼, 여러분은 이런 이미지를 머릿속에 떠올릴 수 있다. 심지어 새들이 지저귀는 소리나 사람들의 박수 소리를 희미하게 들을 수도 있다.

방금 여러분이 해본 것이 인지과학자들이 말하는 '마음의 시간여행(mental time travel)'인데, 기억을 이용해 자신의 마음을 미래의 어느 순간으로 이동시키는 것이다.[19] 이처럼 자기 생각을 투사할 때 과거에 있었던 일들(예컨대 어릴 때 경험한 것, 영화나 사진으로 본 것, 다른 사람이 한 이야기에서 들은 것 등)의 이미지나 감각적인 세부 사항들이 새롭게 개조된다. 미래의 어떤 순간에 놓여 있는 자신을 보려고 할 때 굳이 그것과 똑같은 과거의 순간들을 경험하지 않아도 된다.

《거울나라의 앨리스(Through the Looking-Glass and What Alice Found There)》에서 작가 루이스 캐럴이 묘사하는 거울 너머 환상 세계의 화이트퀸은 앨리스에게 자신은 오직 미래만 기억한다고, 다음 주에 무슨 일이 일어날지만 안다고 말한다. 어떤 점에서 보면 미래를 기억하는 것은 사실 우리 모두가 하는 일이다. 우리가 아직 살아보지 않은 어떤 것을 예상하려고 미래를 앞서서 생각한다는 것은 과거에 일어났던 일들의 기억(단지 어떤 사실들이나 기술들만 기억하는 것만이 아니라 감각들까지도 소환하는 능력)에 의존해야 한다는 뜻이다. 우리는 이것을 할 수 있다. 설사 우리가 과거를 자신의 승리들과 패배들에 대한 신뢰할 수 없는 목격자처럼 왜곡하더라도 말이다.

하버드대학교의 심리학자 대니얼 샥터(Daniel Schacter)는 내게 심각한 기억상실증 환자는 일반적으로 과거나 미래에 일어났거나 일어날 일들을 머릿속에 정리할 수 없다고 말했다. 작년에 친구 결혼식에 참석했던 장면 또는 다음 주에 있을 어떤 결혼식에 참석할 장면을 떠올려보라고 해도 이 환자들의 머릿속은 그저 멍할 뿐이다. 샥터의 견해에 따르면 이런 모습이야말로 인간이 가까운 미래에 어떤 위협이나 기회가 놓여 있을지 상상하는 생존 기술을 습득하기 위해 과거에 있었던 여러 장면들을 기억하게 되는 방향으로 진화했음을 보여주는 증거다. 기억이라는 기능은 우리가 기억의 불완전한 소환 능력을 갖고 있는 이유(예를 들어 범죄 현장의 목격자가 범죄 용의자를 엉뚱한 사람으로 지목한다든가 7년 전의 어떤 디너파티에서 일어난 일을 두고 부부가 싸움을 벌인다든가 하는 일이 일어나는 이유)를 설명해줄 수 있을지도 모른다. 미래를 위해 과거를 재조직할 때 중요한 것은 요지와 뼈대이지 구체적인 세부사항은 아니다.

마음의 시간여행은 특정한 습관들의 도움을 받는다. 사람은 자기 마음이 몽상의 길을 정처 없이 떠돌도록 내버려둔다. 적어도 웨즐리 대학교의 심리학자 트레이시 글리슨(Tracy Gleason)은 그렇게 믿는다. 이렇게 떠도는 마음은 보다 더 자유롭게 과거에 있었던 일들을 재조합하거나 여기에서 뭔가를 얻어낼 수 있다.

글리슨은 어린이의 상상력을 연구하고 있는데, 많은 유명 작가들이 어린 시절에 상상 속의 친구들을 갖고 있었다고 말했다. 2016년의 어느 날이었고, 그녀는 내게 가족과 함께 가기로 계획하고 있다는 콜로라도 캠핑 여행 이야기를 해줬다. 그녀와 그녀의 가족은 캠핑을 열렬하게 좋아하는 사람들은 아니다. 사실 그녀의 남편은 대자연 속에서 잠을 잔다는 생각 자체를 끔찍하게 여겼다. 아무튼 그녀는 그 여행을 준비하기 위해 하루 종일 마음의 산책을 하면서 자기 가족이 맞닥뜨릴 시련이나 경험하게 될 모험을 상상했다.

'커피는 어떻게 마시지? 그렇지, 휴대용 커피메이커를 꼭 챙겨야지. 캠핑장까지 가는 동안 차 안에서 아이들은 뭘 하지? 뒷자리에서 갖고 놀 거리를 몇 가지 준비할 필요가 있겠어. 곰을 만나게 되면 어떡하지?'

그녀는 이런 문제들을 떠올리는 동시에 또 이런 것들을 해결할 계획도 세워야 했다. 현대적인 예측자처럼 알고리듬을 갖고 미래를 예측하기보다는, 마음을 편하게 내려놓으면 놓을수록 좋은 자유로운 형식의 시나리오 생성 과정에 몰두했다. 목표는 위험과 기회 모두를 포함하는 미래의 사건들을 머릿속에 창의적으로 떠올리는 것이었다.[20]

글리슨은 어떤 사람들에게는 이처럼 미래를 상상할 때 끔찍한 불안이 유도돼서 모든 게 잘못될 것만 같은 걱정에 휩싸일 수도 있음을 인정한다. 그러나 마음의 시간여행 과정에서 관건은 미래에 나타나는 그 문제들을 해결할 능력을 갖고 있는 자신의 모습을 바라보려고 노력하는 것이다. 즉, 끔찍할 수도 있는 어떤 것을 생산적인 것으로 바꿔놓는 한 가지 방법은 미래에 일어나는 일을 성공적으로 처리하는 자신의 모습을 상상하는 것이다.

이런 점은 다가오는 어떤 지진이나 폭풍우 속에서 우리에게 일어날 수 있는 것뿐만 아니라 우리가 맞닥뜨리는 것이 무엇이든 간에 그 모든 것을 (우리가 미래의 그 순간에서 취할 수 있는 이런저런 행동을 통해) 성공적으로 처리할 방법까지도 함께 상상하는 것이 도움이 될 수 있음을 암시한다. 재앙과 관련된 예측을 할 때는 자기가 그 재앙의 희생자가 됐다는 느낌에 사로잡힐 수도 있지만, 그런 예측을 바탕으로 한 다음에 그 상황에서 할 수 있는 어떤 행동을 통찰할 때 우리는 자신이 펼쳐내는 이야기 속에서 영웅이 되는 느낌을 가질 수도 있다.

마음이 자유롭게 돌아다닐 때, 다시 말해 몽상을 할 때 우리는 주어진 어떤 순간이 요구하는 것과 전혀 관련이 없는 어떤 것을 생각하기도 한다. 사람들이 백일몽을 꿀 때 생각하는 내용을 연구하는 심리학자 벤저민 베어드(Benjamin Baird)는 사람들이 미래에 대해 생각할 때 주로 즉흥적인 온갖 생각들을 하고 있음을 확인했다. 이는 미래의 여러 상황에 대한 계획을 세우는 데 도움을 주고자 하는 무의식적인 활동이다. 몽상은 우리가 긴급한 과제에서 벗어나도록 할 수도 있지만 여러 가지 가능성을 탐구할 수 있게도 해준다.

:: 상상이 구체적일수록 미래가 실현돼

우리가 미래를 성공적으로 상상할 때 미래는 현재의 우리 감각 속에서 생생하게 살아난다. 심지어 현재 시점에서 우리가 취하는 선택에 동기를 부여할 수도 있다. 지난 10년 동안에 여러 연구 논문들은 사람들에게 특정한 미래 사건들에 대한 상세한 장면들을 떠올리라고 할 때 알코올 중독자에게는 술을 사려는 충동이 억제되며, 10대 청소년에게는 자제력이 촉진되고 정크 푸드 구매가 억제되며, 비만이나 과체중으로 근심이 많은 사람이 푸드 코트에 있을 때 이 사람이 될 수 있으면 보다 더 건강하고 보다 더 열량이 낮은 음식을 선택하게 만드는 효과가 나타난다는 사실을 확인했다.[21] 충격적인 미래나 매력적인 미래를 구체적인 사항들까지 꼼꼼하게 바라볼 때, 이런 행동이 가져다주는 느낌 때문에 현재의 우리가 취하는 선택이 달라질 수 있다.

상상 속의 미래는 또한 나중에 손에 넣을 것을 위해 지금의 고통을 참고 견딜 수 있도록 우리를 든든하게 받쳐줄 수도 있다. 예를 들어 졸업식을 머릿속에 떠올릴 때 이 풍경은 마지막 시험을 준비하고 또 치를 때의 힘든 고통을 이겨내는 데 도움이 될 수 있다. 이 힘은 또한 범죄 행위에 이용될 수도 있는데, 과거에 독재자들은 현재 힘든 고통을 당하고 있는 사람들의 마음이 편안하게 유지될 수 있도록 이 사람들의 머릿속에 그려지는 장밋빛 미래(이를테면 모든 고통과 수고에서 해방되는 여생)를 최대한 이용했다.

사회운동들 역시 동기부여를 강화하는 상상력의 힘에 의존해왔다. 2017년에 나는 하버드대학교 케네디스쿨의 사회학 교수 마샬 간즈(Marshall Ganz)를 만나러 갔다.[22] 간즈는 내가 대학원에 다닐 때 지도교수였으며, 전세계 수천 명의 활동가들이 스승으로 여기는 인물이기도 하다. 그는 사회 정의를 추구하는 운동의 내적 체계를 연구하고 있다. 간즈는 미래에 대한 상상은 사람들이 어려움에 부딪히더라도 계속 앞으로 나아가도록 고무하기 때문에 사회운동이 성공하는 데는 이

것이 결정적으로 중요하다고 믿는다. 또한 그는 이를 직접 경험하기도 했다.

간즈는 서던캘리포니아에서 랍비인 아버지와 교사인 어머니 사이에서 성장했다. 젊은 대학생이던 그는 1964년 여름에 오늘날 '프리덤 서머(Freedom Summer)'로 알려져 있는 운동이 진행되던 기간 동안에 흑인을 투표자로 등록시키는 활동을 하고자 미시시피로 갔다(당시 미시시피는 미국 내에서도 인종차별이 가장 심하던 주였고, 미국 전역에서 700명이 넘는 대학생들이 자원해 미시시피 주로 향하는 버스에 올랐다-옮긴이). 그런데 그는 사람들이 기본적인 인권을 누리면서 살아가도록 돕는 일의 정당성을 확인하고는 자퇴해 전업 활동가가 됐다.

얼마 뒤 그는 캘리포니아의 농장노동자조합(United Farm Workers, UFW) 운동에 합류해 세자르 차베스(Cesar Chavez, 미국의 노동운동 지도자-옮긴이) 휘하에서 핵심 전략가로 활동했다. 그리고 28년 뒤 그는 복학해서 학부 과정을 마쳤으며, 20세기의 결정적인 사회운동을 수십 년 동안 직접 두루 경험한 후 박사 학위도 받았다. 그는 이렇게 말했다.

"미래 전망은 자기 머리에 생생하게 떠오를 정도로 충분히 구체적이어야만 합니다. 농장노동자운동에서 중요한 목표는 뇌물을 주지 않고도 자유롭게 화장실에 가는 것과 의료지원을 받는 것이었습니다."

미국 민권운동에서 가장 성공했던 그 운동은 활동가들에게 구체적으로 상상된 미래를 제시함으로써 그들에게 동기를 부여했다고 그는 말한다. 이때 상상된 미래는 흑인이 식당이나 버스에서 백인을 신경 쓰지 않고 자기 앉고 싶은 자리에 앉을 수 있는 모습이었다. 이런 장면들은 어떤 특정한 날에 실현될 것이라고 예견되지는 않았지만, 파업과 시위를 벌이는 짧은 기간 동안 물리적인 시련과 폭력을 견뎌낼 수 있도록 사람들에게 동기를 부여했다.

마틴 루터 킹 주니어(Martin Luther King Jr.)는 가족과 함께 TV 드라마 〈스타트렉〉을 보곤 했다. 그 이유 가운데 하나는 이 드라마가 가상의 미래를 묘사하는데, 이 미래 세상에서 흑인 여성 우후라(Uhura) 대위의 서열이 우주선에서 4위로 묘사되고 있었기 때문이다. 전미유색인종촉진동맹(National Association for the Advancement of Colored People, NAACP)의 어떤 모금 행사장에서 그는 우후라 역을 연기한 배우 니셸 니콜스에게 "똑똑한 흑인 여성이 다른 인종의 남성들과 평등하게 묘사된다는 사실이 민권운동에 생기를 불어넣음으로써 운동과 시위에 참여하는 사람들이 현재 겪고 있는 희생이 궁극적으로 커다란 진보를 가져다줄 것"이라고 말했다. 성서에 나오는 '약속의 땅'에 대한 시각적인 묘사와 전망 역시 현재와는 전혀 다른 미래를 향해 이주하던 이스라엘 민족의 발걸음을 한결 가볍게 해줬다.

미래를 상상 속에서 어떤 이미지로 떠올려보는 것은 자신이 기울이는 노력의 대가를 한 번도 누려볼 가망이 없는 사람에게조차도 강력한 동기를 불어넣을 수 있다. 수많은 민권운동 활동가들은 미국에서 최초의 흑인 대통령이 탄생하는 것을 보기 전에 사망했다. 비슷한 맥락으로 80대 접어든 한 무리의 퇴직 미국항공우주국(NASA) 과학자들이 미래 인간이 화성에서 숨을 쉬는 데 도움을 주겠다면서 현장에서 일하고 있는데, 이 목표가 달성됐을 때 이 과학자들은 이미 세상을 떠나고 없을 것이다.[23] 이 과학자들 이야기를 처음 들었을 때 나는 경외감으로 몸을 떨었다. 왜냐하면 그때까지 나는 내 수명이 어디까지일지 머릿속으로 한 번도 그려보지 않았기 때문이다. 내 앞에 놓인 길은 우주 공간에서 그 과학자들이 바라보는 것보다 내게는 훨씬 더 깜깜하게 보였다.

미래에 일어날 일들을 시뮬레이션하는 인간의 재능은 비록 우리의 동물 형제들에 비하면 매우 인상적이긴 해도 우리가 사는 세상이 요구하는 것에 비하면 거의 사용되지 않는다고 볼 수 있는 수준이며, 게다가 이 재능은 제한을 받고 있다. 우리 시대에 일상적인 모습이 그렇듯이 늘 바로 앞에 놓인 것에만 초점을 맞추다 보면 마음이 자유롭게 산책을 하도록 해서 미래의 장면들을 머릿속에 지어내는 일은 어려워진다.

우리는 과거와는 전혀 다른 미래에 충분할 정도로 살지 않고 있으며, 또 언제나 그렇지만 과거의 경험은 (베수비우스산 화산 폭발의 전조로 나타났던 지진이 그랬듯) 미래를 떠올리기에 충분하지 않다.

:: 가상현실 속에서 무모해지기

찰스 디킨스(Charles Dickens)의 유명한 소설《크리스마스 캐럴(A Christmas Carol)》에서 주인공 스크루지 영감은 미래의 크리스마스 유령의 방문을 받은 뒤에야 비로소 현재와 같은 행동을 계속 이어갈 때 얼마나 끔찍한 결과가 빚어질지 온전히 깨닫는다. 스크루지는 상상 속에서 과거 및 미래에서도 살아봐야 한다. 자기 집 울타리 바깥의 현재도 살아봐야 한다. 과거와 미래 그리고 현재를 안내한 세 유령이 그를 바꿔놓는다. 그리고 그는 처음으로 자기 재산을 가난한 사람들에게 기꺼이 나눠준다.

미래를 상상하는 능력을 북돋우려면 우선 자신의 유령들을 찾을 필요가 있다. 우리에게는 우리가 아직 해보지 않은 경험을 하는 데 도움이 되는 연습과 각종 도구가 필요하다. 우리 앞에 놓인 길을 더 멀리까지 바라볼 여러 가지 방법이 우리에게 필요하다는 말이다.

미래의 늙은 가상현실 아바타를 사용하는 할 허시필드의 연구에 대해 배운 뒤에 나는 그 상상력을 보조할 수 있는 여러 기술에 대해 더 알아봤다. 스탠퍼드대학교 가상인간상호작용연구소(Virtual Human Interaction Lab)의 창립자이자 연구자인 제러미 베일런슨(Jeremy Bailenson)은 인간이 슈퍼맨처럼 도시 위로 날아다니면서 이타적인 행동을 경험하거나 자신의 강력한 힘을 느끼기도 하고, 화석연료를 소비한다는 것이 어떤 것인지 감각적으로 체험하기 위해 날마다 하는 샤워의 물을 데우는 데 필요한 분량의 석탄을 가상적으로 먹기도 하며, 자신의 몸이 다른 인종의 몸으로 바뀌는 경험을 할 수 있는 시뮬레이션 환경을 개발하고 있다.[24]

2016년에 나는 이 체험을 할 수 있는 방에 들어가서 헤드셋을 착용했다. 그러자 나는 순식간에 어떤 공장의 창고로 이동해 있었다. 나는 폭이 30센티미터가 될까 말까 한 목재 판자 위에 서 있었는데, 이 판자 아래로는 깊이가 족히 30미터나 돼 보이는 커다란 구덩이가 파여 있었다. 나는 그 판자 위를 걸었다. 그런데 이 체험을 진행하는 사람이 내게 그 구덩이로 뛰어내릴 수 있겠는지 물었다. 나는 망설였다. 실제 현실에서는 그보다 더 높은 절벽에서도 뛰어내리긴 했지만 그때는 아래가 물이었다.

그 체험이 실제 현실이 아님을 나는 논리적으로는 알고 있었지만, 내 몸은 내 의지를 따라주지 않았다. 다리가 후들거렸고 심장은 마구 쿵쾅거렸다. 그러다가 나는 내 의지의 모든 힘을 다해서 판자에서 뛰어내렸다. 나는 실제로 높은 곳에서 뛰어내린 것처럼 휘청거리면서 바닥에 '착지'했다. 나중에 들은 얘기로는 그 체험을 한 사람이 수천 명이 되는데, 그 가운데서 뛰어내리길 포기한 사람이 3분의 1이나 된다고 했다. 그만큼 그 체험이 생생했기 때문이다. 그 이야기를 듣고 나니까 내가 그렇게 무서워했다는 사실이 크게 부끄러운 일은 아니라는 생각이 들었다.

판자에서 웅덩이로 뛰어내린 다음에 나는 형형색색의 물고기들로 활기가 넘치는 어떤 산호초에서 마치 스쿠버다이빙을 하듯이 수영을 했다. 그런데 갑자기 시간이 빠르게 흐르더니 이 산호초에는 살아있는 물고기는 한 마리도 없었고 산호초도 모두 죽어 있었다. 인간이 지금처럼 이산화탄소를 대기에 계속 뿜어댄 바람에 바다의 수온이 높아지고 산성화가 가속화된 2100년의 산호초였다.

그리고 마지막으로 또 다른 체험을 했다. 이번에는 내 몸이 다른 사람의 몸으로 바뀌는 체험이었다. 야한 옷을 입은 금발의 풍만한 여성이 돼봤고, 늙은 백인 남성이 돼봤으며, 정장을 입은 어떤 노인에게 욕설을 듣는 흑인 여성이 돼봤다. 세 경우에 모두 나는 내가 전혀 예상하지 않았던 방식으로 깜짝 놀랐다. 생각만으로 하는 실험이나 기계 장치들을 이용해서 경험하는 놀라운 순간들보다 이 체험이 더 강렬하게 느껴졌다. 흑인 여성이 돼서 욕설을 들을 때와 금발의 풍만한 여성으로 거리를 걸을 때 슬픔, 공포, 좌절, 자부심, 모욕감 등의 온갖 감정들이 분출됐다. 늙은 백인 남성이 됐을 때는 어쩐지 강력한 권력을 쥐고 흔드는 존재가 된 듯한 느낌이 들었다. 그 사람들이 돼서 그 사람으로 사는 게 진정으로 어떤 것인지 안다고 말할 수는 없지만, 예전보다는 거기에 훨씬 더 가깝게 다가선 것만은 분명하다.

이런 체험이 시뮬레이션 환경임을 분명히 알고 있는데도 불구하고 현실처럼 생생하게 느껴졌던 이유 중 하나는 소리와 진동 때문이었다. 이런 것들이 내가 바라보는 대상의 이미지와 내가 하는 행동에 소리와 진동을 추가해서 그 체험을 현실성을 한층 높였던 것이다. 베일 런슨과 그의 동료들은 이를 '촉감 피드백(haptic feedback)'이라고 부른다. 내가 구덩이로 뛰어내릴 때 판자가 흔들렸는데, 이는 내 발 밑에 놓인 '버트키커(buttkicker)'라는 이름의 스피커들 때문이었다. 이 스피커가 내 손목과 발목에 연결된 센서로 촉발된 윙윙거리는 소리를 전달했다. 또한 바닥에 깔린 강철판은 파이프가 물을 유도해서 이동시키듯 진동을 유도했다.

그 기술이 내가 팔로알토의 어떤 칙칙한 컨퍼런스 룸에 있는 카펫 바닥에 서 있는 게 아니라 창고의 검은 구덩이 아래로 떨어지거나 열대의 바다에서 헤엄을 친다는 사실로 내 뇌를 설득했다. 베일런슨은 일련의 실험을 통해 현재와 미래라는 두 종류의 산호초 바다에서 수영하는 가상의 체험을 한 사람들은 해양 산성화의 위험을 책으로 읽은 사람들보다 전세계의 바다가 맞닥뜨리고 있는 위험에 보다 더 큰 관심을 가진다는 사실을 입증했다. 전자 집단의 관심은 환경 변화의 위험을 다른 영화를 본 사람들의 관심보다 더 오래 지속됐다. 이런 결과가 나온 것은 전자 집단이 정서적이고 신체적인 측면에서 영향을 받는 체험을 했기 때문이라고, 그래서 이 체험이 그들의 기억에 잠재적으로 각인됐기 때문이라고 베일런슨은 믿었다.

물론 이런 기술들이 사람들이 내리는 판단 및 의사결정에 어느 정도로 영향을 주는지는 분명하지 않다. 그러나 이 도구들은 이미 상업적으로도 사용되고 있다. 월트디즈니이미지니어링(Walt Disney Imagineering)의 전 대표이자 기술 및 설계 회사 어플라이드마인즈(Applied Minds)의 CEO인 브랜 페렌(Bran Ferren)은 우주복처럼 생긴 에이징 슈트(aging suit, 노화복)을 발명했다. 이 옷을 입으면 백내장 환자처럼 시야가 흐려지고 근력도 저하되며, 관절은 마치 관절염 환자처럼 딱딱하게 굳는다. 이 옷은 노인이 아닌 사람이 노인으로 사는 게 어떤 것인지 체험하도록 고안됐다. 노인 돌봄 보험을 판매하는 보험사는 잠재적인 고객이 노년에 접하게 되는 장기적인 위험에 대한 관심을 유발해 상품을 팔기 위한 목적으로 이 옷을 이용한다. 미국프로농구(NBA) 소속 구단 골든스테이트 워리어스(Golden State Warriors)는 샌프란시스코만 지역에서 보내는 미래의 삶을 가상현실로 체험하게 하는 접근법이 주효한 덕분에 NBA 스타인 케빈 듀란트를 영입할수 있었다. 미국프로미식축구연맹(NFL) 소속의 여러 구단도 가상현실환경을 사용해서 선수들이 상대 팀에 따라서 다양한 전술을 수행하는경험을 쌓고 있다. 이 시뮬레이션 환경에서 선수들은 운동장에서 할수 있는 것을 훌쩍 뛰어넘는 다양한 매치업 및 상황을 체험한다.

가상현실 도구들은 또한 허리케인이나 테러 공격과 같은 여러 재앙현장에서 활동하게 될 응급구조요원들이 어떻게 하면 신속한 대응을할 수 있을지 훈련하는 데도 사용된다. 이라크에 있는 의료진은 전투중에 환자들을 치료 우선순위에 따라 분류하는 방법을 배우고 있으며, 구급대원들 역시 보스턴마라톤 폭탄 테러 사건처럼 대량의 사상자가 발생하는 현장에서 빚어지는 다양한 상황에 대응하는 방법을 가상현실로 배우고 있다.

연구자들은 높은 품질의 시뮬레이션들을 실행하면서 사람들로부터생체정보를 수집했는데, 이 정보를 바탕으로 사람들이 생생한 경험을할 때 맥박이 빨라지고 아드레날린이 분출하며 혈압이 오르내리는 등의 반응을 보이는 일이 흔히 일어난다는 사실을 확인했다. 이런 의미에서 가상현실은 미래에 일어날 수 있는 다양한 시나리오에 대한 상상력을 촉발하는 것 이상의 일을 한다고도 볼 수 있다. 즉, 가상현실속에서는 신체가 미래를 느낄 수도 있다는 말이다.

이 기술들은 사람들이 자연재해의 미래 위험을 일상적으로 상상하는 데 도움이 되도록 널리 활용되는 게 마땅하다. 다행히 가상현실 장비의 가격이 떨어지고 시뮬레이션 프로그램을 만드는 일이 점점 수월해짐에 따라 이런 도구들이 예측이나 경고를 한결 쉽게 해주는 상상력 보조물로도 장차 얼마든지 사용될 수 있다. 베일런슨은 바로 이런 일이 가능하도록 하기 위해 노력중인데, 이와 관련해서 다음과 같이 말했다.

"가상현실에서 경험하는 재앙에는 아무런 비용도 들지 않습니다. 사상자도 전혀 발생하지 않고요."

각 도시는 다양한 시뮬레이션을 만들어 도로에 물이 넘칠 때 자동차의 시동이 꺼져버린다거나 폭풍우가 닥칠 때 덧문으로 집을 보호하지 않을 때 집이 훨씬 더 큰 피해를 입는다는 사실을 시민들이 깨닫는 데 도움을 줄 수 있다. 마을 단위의 각 공동체는 심지어 단층대나 해안가에 집을 짓거나 집을 사기 전에 그곳에 재앙이 닥치는 구체적인 상황을 상상하게 하는 데 가상현실을 활용할 수 있다.

내가 이런 도구들에 관심을 갖게 된 것은 그것들이 만병통치약이어서가 아니다. 단지 지금 당장의 즉각적인 만족이 아니라 미래의 상상력을 위해 기술을 설계하는 것이 가능함을 보여준다는 사실 때문이다. 새로운 기술들이 미래를 머릿속에 떠올리는 우리의 힘을 환하게 밝혀준다. 마치 우리 마음의 극장에 있는 빔 프로젝터에 불이 켜지는 것처럼. 버추얼 디자이너 아납 제인(Anab Jain)은 런던 소재의 기업 슈퍼플럭스(Superflux)의 창업자인데, 그녀는 아랍에미리트공화국의 정부 및 기업 지도자들을 대상으로 두바이나 아부다비와 같은 혼잡한 도시의 도로들에 자동차가 지금보다 훨씬 적어지게 만들 어떤 시나리오를 검토하도록 설득하려고 애를 먹었던 때의 이야기를 들려줬다.[25]

처음에는 그녀의 제안에 다들 시큰둥했다. 심지어 어떤 사람은 그녀가 제시한 여러 도시의 모델을 보고 이렇게 비꼬았다.

"미래에 사람들이 자동차를 몰고 다니지 않고 대중교통을 이용할 거라는 사실을 상상할 수가 없는데요. 내 아들에게 앞으로는 자동차를 몰고 다니지 말라고 말할 수 있는 근거가 없어요. 적어도 나로서는 말이죠."

그 순간 제인은 그 지도자들에게 유독한 냄새가 나는 공기를 담은 병을 내놓았다. 그 공기는 2030년의 오염된 도시의 공기를 시뮬레이션한 것으로 그녀가 실험실에서 만든 것이었다. 다음날 그 지도자들은 재생에너지 분야에 투자하겠다고 발표했다.

:: 의식과 행사를 통해 그려보는 미래

미래를 상상하는 데는 정교한 기술의 참신함이 필요하지 않다. 가상현실 헤드셋이나 화학 연구실이 없더라도 사람들은 얼마든지 미래를 머릿속에 떠올릴 수 있다. 스크루지도 유령을 그렇게 불렀다.

단순한 어떤 제안만으로도 특정한 유령들을 불러낼 수 있다. 예를 들어 프린스턴대학교의 경제학자 엘크 웨버(Elke Weber)는 수백 명을 대상으로 한 설문조사에서 미래 세대가 자신을 어떻게 기억해주길 원하는지 물었다. 그리고 답변을 분석한 결과 이런 질문을 받은 사람들은 기부와 기후 변화에 이르는 여러 쟁점들과 관련된 미래의 자기 행동에 대해 보다 현명한 의사결정을 내린다는 것을 확인했다.[26] 독일의 연구자들도 실험을 통해 비슷한 연구 결과를 확인했다. 21세기에 보다 더 뜨거워진 지구에서 살고 있는 어떤 가상의 여성의 일상적인 생활을 아주 구체적인 부분까지 상상하라고 피실험자들에게 요구했을 때 피실험자들은 그 여성이 놓여 있는 곤궁한 처지를 슬라이드 쇼로만 봤던 사람들에 비해서 기후 변화에 대해 더욱 큰 관심을 보였다.[27] 연구자들이 피실험자들에게 요구했던 이런 과정은 가상의 연민을 촉발하는 과정이라고 말할 수 있다.

이런 연구 결과를 바탕으로 대학원생 두 명이 매사추세츠에서 2015년에 어떤 프로젝트 하나를 시작했다. 사람들이 미래에 대해 갖는 상상을 증폭하겠다는 것이 이 프로젝트의 목적이었다. 경제학자들이기도 하고 어머니들이기도 한 트리샤 슈럼(Trisha Shrum)과 질 쿠비트(Jill Kubit)는 기후 변화 및 그것이 자기 아이들에게 미치는 충격에 특히 관심을 갖고 있었다. 그러나 미래에 대한 그런 추상적인 관심들을 모든 사람이 경험하는 일상적인 것으로 만들기는 어렵다는 사실을 두 사람은 깨달았다. 그래서 그들은 '디어투모로우(DearTomorrow)' 프로젝트를 시작했다. 전세계 사람들에게 아이들, 손자손녀, 또는 미래의 자신에게 사적이거나 공적인 편지를 쓰고 50년이 지난 뒤에 이 편지를 공개하자는 운동이었다. 이들의 목표는 미래 문제에 대한 관심을 널리 확대하자는 것이었고, 이런 노력으로 두 사람은 여러 개의 상을 받았다.

지금으로부터 50년 뒤에 그 편지를 받을 사람은 (특히 그 사람이 지금 어린아이라면) 사람들이 현재의 자기 관심사라는 배를 정박해둘 수 있는 미래의 닻이다. 미래의 누군가에게 편지를 쓰는 행위는 미래에 대한 상상력을 구체적인 방식으로 투사하는 것으로, 현재 이뤄지는 여러 선택들의 잠재적인 결과들을 선명하게 드러낸다. 슈럼과 쿠비트는 이런 편지 쓰기가 사람들이 현재 시점에서 취하는 선택과 행동에 영향을 주어서 그것들을 바꿔놓는지의 여부를 연구할 계획을 갖고 있다. 나는 최근에 이들의 기법을 빌려 내 개인적인 목적에 사용했다. 30년 뒤 미래의 내게 편지를 쓴 것이다. 이 편지에서 나는 현재 시점에서 내가 했던 다양한 의사결정들의 결과를 상상해 묘사했다. 이는 늙은 내 모습의 사진을 바라보는 것보다 훨씬 더 강렬한 경험이었다.

가족 사이에서도 우리는 어떤 의례 또는 형식을 빌려 미래를 함께 상상해볼 수 있다. 여러 해 전에 있었던 일인데, 시애틀을 기반으로 하는 기업가인 마이클 헵(Michael Hebb)은 자신의 40세 생일 때 관에 누운 모습으로 가족에게 나타났다. 알츠하이머를 앓던 아버지를 10대 시절에 잃었던 헵은 살아있을 때 자녀들을 포함해 여러 사람들을 불러다놓고 자신의 죽음에 대해 이런저런 이야기를 나누는 것을 듣고자 했으며, 다른 사람들도 각자 자신들이 살아있을 동안에 자신들의 죽음과 관련해 바라는 게 있다면 드러내고 공유할 수 있기를 바랐다. 묘비명을 바라보는 것은 혼자서 하는 행위인데, 헵은 자신의 죽음을 놓고 사람들이 그렇게 하길 바라지 않았다. 이를테면 헵은 노화와 죽음이라는 피할 수 없는 미래에 대해 사람들이 함께 모여서 이야기를 나눌 수 있는 어떤 자리를 마련한 셈이었다.

그는 이런 디너파티를 진행하는 구체적인 방법과 각본을 무료로 배포했는데, 여기에는 엉뚱하고 기발한 요소도 들어 있고 진지한 요소도 들어 있다. 현재까지 수십 개 나라에서 10만 명 이상이 이 디너파티를 연 것으로 추정된다. 헵은 이 운동을 '저녁식사와 함께하는 죽음(Death Over Dinner)'이라고 부른다.[28] 내가 아는 어떤 사람도 이와 비슷한 의식을 친구들과 함께 치른다. 1년에 한 번 있는 이 의식에 참여하는 사람은 각자 자신의 부고 기사를 쓴 다음에 이를 다른 사람들 앞에서 큰 소리로 읽는다. 이는 묘비명에 적혀 있는 탄생연도와 사망연도 사이의 줄표에 자기 자신을 투사하는 연례행사인 셈이다.

:: 기나긴 시간을 설정해보는 방법

어떤 사람들에게는 자기 미래를 상상하는 것이 매우 단순하게 보일 수도 있다. 또는 심지어 자기 아이들의 노년 삶까지도 그렇게 보일 수 있다. 진정으로 야심에 찬 사람들에게는 멀리 있는 미래, 즉 일상적인 사색을 훌쩍 뛰어넘어 저 멀리 있는 것을 현재로 소환하는 것 역시 가능하다.

텍사스 남부 지역에 있는 치후아후안사막은 반갑지 않게도 자꾸만 면적이 넓어지고 있다. 그런데 이 사막에 한 사람의 생애를 훌쩍 뛰어넘을 정도로 먼 미래로까지 상상력의 지평을 확장할 목적으로 존재하는 어떤 유령이 있다. 세계에서 가장 발전한 기술의 어떤 부분을 강화한 엔지니어이기도 한 환경운동가 대니 힐리스(Danny Hillis)가 이 유령을 현재에 소환하고 있다.[29]

힐리스는 MIT에서 박사 과정을 밟고 있던 1980년대 초에 세계에서 가장 빠른 컴퓨터 가운데 하나를 발명했다. '커넥션 머신(Connection Machine)'이라고 불린 병렬 슈퍼컴퓨터는 복수의 연산을 동시적으로 수행할 수 있었는데, 그는 이 컴퓨터를 인공지능 구축을 위한 도구로 빚어냈다. 그의 회사 슬로건은 "우리는 우리를 자랑스러워하게 될 기계를 만든다"였다. 이와 비슷한 기술은 현재 인간의 뇌에 있는 신경회로들을 모방하며 복잡한 기상 패턴들을 예측하는 슈퍼컴퓨터에서 사용되고 있다. 1990년대에 힐리스는 디즈니에 취직해 브랜 페렌과 함께 이미지니어링 분야를 지휘했으며, 전세계의 멀티미디어 테마파크 놀이기구 및 박물관 전시를 고안했다.

힐리스는 우주 시대를 배경으로 하는 SF(과학소설) 시대에 성장했다. 그때의 SF는 우주에 대한 미래의 탐구 및 기술적인 온갖 위업들에 대한 유토피아적인 전망으로 가득 차 있었다. 그러나 1990년대에 들어섰을 때 그는 사람들이 미래에 대해 더는 생각하거나 꿈을 꾸지 않는다고 느끼기 시작했다.

"밀레니엄이 사람들에게 일종의 장벽이 돼버렸습니다. 사람들은 2000년 이후의 미래에 대해서는 아예 생각을 하지 않았죠."

어느 여름날에 자신의 집 뒷마당에서 나와 인터뷰를 할 때 그가 한 말이다. 그는 자기 인생의 한 해 한 해가 지나가면서 자신의 미래가 한 해씩 점점 쪼그라들고 있다고 느꼈다. 그는 시간을 초월하는 보다 더 큰 어떤 의미를 느끼고 싶었고, 자신의 상상력에 날개를 달아주고 싶었다. 그래서 자기 마음을 멀리 미래로 실어 보낼 어떤 것을 만들겠다는 꿈을 꾸기 시작했다. 그 꿈은 과거에 단 한 번도 시도되지 않았던 어떤 위업을 이루겠다는 꿈이었다. 그가 갖고 있던 생각은 앞으로 1만 년 동안 돌아갈 거대한 시계를 만드는 것이었다.

'만 년 시계'로 불리는 이 거대한 시계는 판타지로 시작했지만 지금은 실제로 만들어지고 있다. 이 사업의 후원자로 나선 아마존 창업자 제프 베조스(Jeff Bezos)가 소유한 텍사스의 한 부지인 약 150미터 높이의 석회암 절벽 위에서 이 시계를 제작 중이다. 계곡 숲에서는 날카로운 가시가 있는 선인장류와 명아주과 관목들이 빽빽하게 자라고 있으며, 야트막한 산들이 들쭉날쭉 날카로운 바위산 위로 솟아 있는데, 그 바위산으로 접근할 수 있는 길은 아무데도 없다. 힐리스의 마음속에 있는 사막 기후가 그 시계가 무시와 방치의 오랜 시간 이후까지 살아남을 가능성을 만들어내고 있다. 이 시계는 매력이라고는 찾아볼 수 없는 드넓은 사유지 안에 감춰져 있어 사람들의 시야에서 보이지 않지만, 그래도 상관은 없다.

힐리스와 광부들 그리고 포도주 저장고 설계자들로 구성된 이상한 팀은 시계의 부속품들이 돌아갈 공간을 마련하려고 폭발물을 동원해 절벽에 터널을 뚫었다. 자동 다이아몬드 시추기가 계단 365개를 만들었는데, 1년을 상징하는 이 계단은 시계로 내려가는 통로다.

이 시계는 힐리스의 슈퍼컴퓨터를 비롯한 다른 어떤 발명품보다 훨씬 더 느리고 또 훨씬 더 오래 작동할 것이다. 또 이 시계에 들어가는 베어링은 세라믹으로 만들어질 것이고 유리창들은 사파이어로 만들어질 것이다. 이 시계는 슈퍼컴퓨터의 속도를 규정하는 1,000분의 1초 단위가 아니라 1년, 100년 그리고 1,000년 단위로 시간을 측정할 것이다(이 시계는 1년에 한 번 똑딱 소리를 내며 바늘이 움직이고, 100년마다 한 번씩 종이 울리며, 1,000년 만에 한 번씩 뻐꾸기가 나오는 것으로 설계돼 있다–옮긴이).

또한 이 시계의 추는 낮과 밤의 기온 차이를 이용해 생산된 전력으로 작동할 것이다(이 시계는 해마다 하지 때 열리게 돼 있는 구멍을 통해 들어오는 햇빛에 의해 1년이라는 시간이 지났음이 확인될 것이다). 힐리스는 나중에 미래의 방문객들이 이 시계를 언제 찾아오든 간에 그날의 날짜와 시간을 천체의 정렬, 즉 지구에서 보이는 밤하늘 별들의 위치, 태양의 위치 그리고 달의 여러 가지 변해가는 모양과 위치로 알아볼 수 있도록 설정하고 있다.

힐리스는 이 시계를 만드는 일이 먼 미래에 대해 생각할 핑곗거리가 된다는 사실을 깨달았다. 1만 년이라는 긴 세월 동안 작동할 수 있게 하려면 어떻게 해야 할지 온갖 세세한 것들을 놓고 생각하는 행위 자체가 그 시계가 살아있을 1만 년 동안 지구에 어떤 변화가 일어날지 상상하는 것이 된다. 예컨대 1만 년이라는 그 기간 동안에 지구에서는 태양을 뒤덮어버릴 정도로 강력한 화산 폭발이 일어날 수도 있다. 그래서 시계추는 100년 동안 암흑의 시간이 이어지더라도 아무런 문제도 없이 작동할 수 있을 정도로 충분히 많은 에너지를 저장할 수 있어야 한다. 사람들의 언어도 바뀔 게 분명하므로 힐리스와 그의 협력자들은 미래의 방문자들을 위한 언어 해독기가 될 이른바 '로제타 디스크(Rosetta disk)'를 만들어 지구 곳곳에 남겨두기로 했다. 힐리스로서는 이 시계를 생각함으로써 기후 변화와 같은 추상적인 여러 문제들을 보다 현실적으로 느낄 수 있었다. 그는 지구에서 장차 전개될 여러 가지 변화를 이겨낼 구체적인 어떤 것, 물질로서 존재하는 어떤 것을 만들고 있다. 비록 지구에 나타날 그 변화를 자기 자신은 물론이고 자기 아이들까지도 목격하지 못할 게 분명함에도 불구하고.

시계라는 이 발상은 힐리스에게서 이 얘기를 들은 사람들을 단번에 사로잡았다. 그 가운데는 미래학자이며 기술 분야의 어른이자 스승으로 일컬어지는 스튜어트 브랜드(Stewart Brand)와 음악가이자 멀티미디어 예술가인 브라이언 이노(Brian Eno)도 포함돼 있었다. 힐리스의 시계 발상에 매료된 사람들은 앞으로 긴 시간 동안 이 시계의 관리를 감독할 롱나우재단(Long Now Foundation)을 만들었으며 8,000명이 넘는 열광적인 지지자가 이 재단에 이름을 올렸다. 앞으로 다가올 1만 년 세월에 대한 총체적인 상상력에 몰두하는 롱나우 회원들은 일종의 하위문화 또는 (어떤 회원이 내게 일러줬듯이) '미래를 생각하는 사람들을 위한 후원 모임'이다. 어떤 사람은 "앞으로 1만 년 동안이나 이어질 수 있는 법률적은 틀을 어떻게 만들까?"라고 묻고, 다른 사람들은 기후 문제를 곰곰이 생각하거나 공학 관련 문제들에 초점을 맞춰 몰두한다. 이 시계는 이 시계를 중심으로 모인 사람들이 '도무지 알 수 없는 어떤 것들'을 머릿속에 그릴 수 있게 해준다.

전세계에는 이들 말고도 먼 미래를 위한 상상력의 닻을 내리고 있는 집단이 많이 있다. 독일 할버슈타트에서는 성 부차르디(St. Burchardi) 성당의 파이프 오르간이 존 케이지(John Cage)가 작곡한 〈가능한 한 느리게(As Slow as Possible)〉를 전체 연주 시간만 639년이 걸리는 느린 속도로 연주하도록 설계했다.[30] 2001년 9월 5일 연주가 시작된 이 곡은 2640년 9월 5일에 연주가 끝난다. 곡이 연주되는 동안 음이 계속 이어질 수 있도록 음이 바뀌는 구간에 파이프들을 보태고 빼게 된다. 최근 음이 바뀐 때는 2013년 10월 5일이며 다음 음이 바뀌는 날짜는 2020년 9월 5일이다. 어떤 점에서 보면 이 오르간으로 연주되는 음악은 세대와 세대를 이어주는 일종의 협력 작업이며, 또한 시간이 계속 흘러가는 동안에 기계를 포함해 연주와 관련된 여러 가지 것들, 즉 제도들과 기구들을 유지·보수하는 작업으로의 초대이기도 하다(연주 장소를 할버슈타트로 정한 이유도 현대적 의미의 파이프 오르간 탄생이 1361년 그곳에서 이뤄졌기 때문-옮긴이).

이런 기이한 실험들은 1977년에 혹시나 있을지도 모를 외계인과 통신을 할 목적으로 우주로 쏘아올린 무인 우주선 보이저 1호를 생각나게 한다.[31] 이 우주선에는 어린아이의 웃음소리, 코끼리가 동료를 부르는 울음소리, 나바호족(Navajo, 북미 인디언 부족 중 규모가 가장 큰 부족-옮긴이)의 노래, 바흐의 협주곡들, 제트전투기 등의 소리를 담은 황금 레코드가 탑재됐다. 또한 인간의 생식 기관, 산에 오르는 사람, 타지마할 등의 사진도 실려 있었다. 전세계 사람들은 멀리 있는 다른 행성들에 있을지도 모를 생명체와 접촉하려고 지구에서 보낸 물건들을 보고 전율했다.

이런 노력을 이끌어낸 천문학자 칼 세이건(Carl Sagan)은 이 프로젝트의 장대한 목표는 "지구에 사는 사람들을 위해 인류와 인간의 문명을 정확히 무엇이라고 규정하는 데 도움을 주는 것"이라고 말했다. 오늘날 1만 년 시계와 오르간을 놓고 벌이는 실험은 그것들이 목표로 하는 시간을 끝내 다 채우든 그렇지 못하든 간에 지금 여기에 있는 사람들이 멀리 떨어져 있는 미래를 머릿속에 떠올리면서 자기 자신을 장대한 시간의 흐름 속 어느 한 부분을 차지하고 있는 존재로 바라보는 데 강한 영감을 제공한다.

* * *

설령 사막에다 거대한 시계를 만들 자금이나 의지가 없더라도, 우리 각 개인은 미래의 자기 자신이나 자손들에게 편지를 쓰는 것이든 자신의 부고 기사를 작성하는 것이든 아니면 자신이 살아있을 시간을 훌쩍 뛰어 넘어 죽은 뒤에도 지구상에 오래 남아 있을 어떤 것을 만드는 것이든 간에, 미래를 보다 더 잘 상상할 수 있는 여러 가지 방법들을 찾아낼 수 있을 것이다. 그 단계들은 이웃에 나무 한 그루를 심거나 책을 도서관에 기증하거나 다년생 식물로 가꿔진 어떤 정원을 바라보는 것처럼 아주 단순한 것일 수도 있다.

하지만 이렇게 단순한 것들도 미래에 대한 우리의 상상력을 모두 담을 수 있을 정도로 강력한 실천 과정이 될 수 있다. 우리는 또한 자신의 마음을 자유롭게 풀어놓아서 미래로 보다 자주 정처 없이 걸어 들어가게 할 수 있다. 이럴 때 어떤 일들이 일어날 가능성은 (그 일이 좋은 것이든 나쁜 것이든) 우리에게 한층 현실적으로 부각된다. 대부분의 사람들은 깨어 있는 시간을 들여서 날마다 그런 것들을 수행할 여유가 없겠지만 그래도 일정 분량의 시간, 이를테면 1개월에 하루나 1주일에 1시간을 떼어 미래의 자아에게 할애할 수 있다. 우리는 심지어 미래의 에피소드들이 마치 기억이나 되는 것처럼 머릿속에 떠올림으로써, 그 속에서 어떤 행동을 하는 자기 모습을 바라봄으로써, 덤불을 헤쳐서 돌파함으로써, 고개를 들어 자신이 가는 길 저 끝을 응시할 수도 있다.

우리가 맞닥뜨린 시련의 본질은, 설사 우리가 미래를 상상하는 힘을 가졌더라도 이것만으로는 현재의 상황이 요구하는 여러 가지 것들을 극복하기 어렵다는 데 있다.

무엇이 중요한지 따지기

게가 바위 사이에 난 작은 웅덩이에게 물었다.
"다시 바짝 말려줘?"
그러자 웅덩이가 대답했다.
"뭐, 그래야겠지. 만족할 줄 모르는 바다를
네가 하루에 두 번씩 만족하게 해줘야 한다면 말이야"

―시릴 코널리(작가), 《불안한 무덤(The Unquiet Grave)》

:: 목표을 잃어버리는 경우

내가 아는 한 친구는 어쩌다 보니 보행횟수를 세는 열병에 걸렸다. 그
녀는 직장에서 실시하는 팀별 피트니스 경쟁 프로그램에 참여하고 있
었는데, 그렇게라도 하면 조금은 더 건강해지는 습관이 붙지 않을까
하는 기대를 하면서 나름대로 열심히 했다. 회사에서는 이 프로그램
에 참여하는 팀에게 팀별로 스마트워치 핏비트(Fitbit)를 나눠줬다. 몸
에 착용하는(wearable) 이 전자기기는 까다로운 여교사처럼 사용자가
아주 작은 움직임만 보여도 쉬지 않고 추적하며 잔소리를 해댔다.

그러던 어느 날이었다. 매사추세츠 케임브리지에 있는 기술 허브
켄달스퀘어(바이오·의약 전문 연구단지-옮긴이)에서 우연히 그 친구를
만났다. 나는 운동 잘하고 있느냐고 물었다. 그녀는 자기 팀이 다른 팀
에 뒤처져 있다는 사실을 알고는 날마다 걷는 경로에 짧은 오후 산책

코스를 추가했다고 대답했다. 그러면서 하는 말이 보행횟수를 늘리기 위해 걷다 보면 맛있는 빵을 파는 가게 앞을 지나게 되는데, 이 빵집에서 패스트리 한두 개를 사서는 회사로 돌아오는 길에 걸신들린 듯 먹어치운다고 했다.

그러다 보니 그 경쟁 프로그램에 참여한 뒤로 오히려 몸무게가 늘었단다. 그런데 역설적이게도 자기 팀은 선두로 치고 나갔다고 했다. 애초에 시작은 살을 빼고 건강해지는 게 목표였는데, 이 목표가 변질돼 보행횟수 자체가 목표가 돼버린 것이다. 보행횟수는 건강에 대한 환상을 부추기는 데 기여했다. 비록 그 친구는 설탕으로 범벅이 된 패스트리를 날마다 먹고 살이 더 찌는 결과가 빚어지긴 했지만 말이다.

오늘날 우리는 자기 생활의 거의 모든 측면을 실시간으로 추적하고 개선하고 발전 사항을 끊임없이 측정할 수 있게 해주는 온갖 센서들과 장치들에 파묻혀서 살다시피 한다. 온갖 기술들은 데이터를 요구한다. 따라서 21세기의 화석연료 및 전기 사용량도 그만큼 늘어난다. 운동선수들은 휴식 시간 때의 심박동수를 기록한다. 증권사의 상품거래자들은 기상 예보에서 작은 규모의 등락을 감지한다. 스스로 불행하다고 느끼는 사람은 순간순간 바뀌는 기분의 변화를 추적한다. 부모는 자기 아이의 수면 습관과 기저귀 습도를 모니터링한다.

2020년까지 지구상에는 수백억 개의 센서가 설치돼 사람들이 하는 더 많은 일상 행동을 하나하나 쪼개고 측정할 것이다.[1] 디지털 측정자가 도처에 놓임으로써 우리는 대상을 훨씬 더 자주 더 정확하게 측정할 수 있게 된다. 그러나 기술은 기본적으로 보다 더 작은 단위의 측정으로 나아가는 어떤 긴 문화적 추세의 속도를 그저 가속화해줄 뿐이다. 작가 댄 폴크(Dan Falk)는 셰익스피어 시대에 한 순간은 한 시간을 뜻할 수 있었다고 말했고, 음유시인 바드(Bard)는 글을 쓰면서 단

한 번도 초 단위를 언급한 적이 없다고 지적했다. 영시의 아버지로 일컬어지는 초서(Chaucer)에게는 1분이라는 시간 길이에 대한 개념이 없었다고도 했다.[2]

측정이 많이 이뤄지는 현상의 좋은 점은 우리가 지금 어디에 서 있는지 알게 해준다는 것이다. 우리가 수집하는 데이터는 부지런한 경비원처럼 우리가 진보의 길에서 벗어나고 있는지 아닌지 알려준다. 예를 들어 체온계는 해열제를 언제 먹어야 할지 또는 지금 당장 응급실로 달려가야 할지 일러준다. 측정은 또한 우리에게 버겁게 느껴지는 목표를 향해 조금씩 더 가깝게 다다가고 있음을 알려주기도 한다. 만보기를 휴대하고 다니면서 보행횟수를 셀 때는 운동을 더 많이 해야겠다는 동기가 부여된다. 우리는 주가수익률을 따지고 페이지뷰를 계산하고 시험 점수를 분석해 조금이라도 더 많은 돈을 벌고 구독자를 조금이라도 더 확보하고 또 자신이 원하는 대학교에 입학하고자, 즉 인생의 게임에서 이기겠다는 열망으로 그 수치들을 개선하기 위해 노력할 수 있다. 데이터를 보다 많이 모으면 모을수록 우리는 그 온갖 측정치, 이를테면 우리가 최상으로 측정할 수 있는 것들을 반영하는 근거리 목표물을 훗날 이루게 될 성공의 전조나 실패의 조짐으로 바라보면서 여기에 보다 더 많이 의존하게 된다. 이 모든 데이터와 여기에 들이는 노력이 자신에게 도움이 되면 됐지 해가 되지는 않는 것 같다. 얼핏 그렇게 보인다. 그런데 정말 그럴까?

∷ 소액금융의 몰락

비제이 마하잔(Vijay Mahajan)은 "무엇이 잘못됐을까?"라는 긴급한 의문을 품은 채 2011년 벽두에 인도 전역을 순례하는 80일간의 여행을 시작했다. 더 구체적으로 말하면 마하잔은 자신이 살아왔던 지난 30

년이 낭비가 아니었을까 하는 생각에 사로잡혀 있었다. 그는 그때까지 걸어온 인생 가운데서 많은 시간을 가난한 사람에게 봉사하는 일과 가난의 고리를 끊어버릴 목적으로 산업을 일으키는 일에 바쳤다. 그런 그가 지금은 마하트마 간디가 1930년대 말과 1940년대 초에 인도의 평화적인 혁명을 계획했던 곳인 인도 중부의 마을공동체 세바그람 아쉬람(Sevagram Ashram, 아쉬람은 힌두교도들이 수행하며 거주하는 곳을 일컫는 말-옮긴이)에 서 있었다. 제멋대로 뻗은 망고나무들과 무화과나무들이 뜰과 기도하는 마당에 그림자를 드리웠다. 그곳은 사실 마하잔이 과거에 한 번 방문했던 곳이다. 이상주의자 청년 시절이던 30년 전의 일이며, 또한 문제의 그 사건들이 그를 산산이 부숴놓기 한참 전의 일이다.

마하잔은 여행 첫날에 이미 지쳐서 비틀거리는 걸음걸이로 대나무와 야자나무로 지붕을 인 오두막에 다다랐다. 그 오두막은 간디가 전 세계에서 자신을 만나러 온 방문자들을 맞이하던 곳이었다. 오두막으로 들어서는 대문에는 간디가 중요하게 여기며 경계했던 7개의 사회적인 죄악 가운데 하나인 "도덕성 없는 상거래(Commerce without morality)"라는 글귀가 새겨져 있었다.

그 순례를 하기 한참 전에 마하잔은 인도에서 시골의 가난한 사람들과 도시의 빈민가 거주민들에게 적은 돈을 빌려주는 인도의 초기 조직들 가운데 하나를 설립했었다. '소액금융(microcredit)'이라는 명칭으로 불리는 이 서비스는 가난한 사람들이 가축을 사거나 상대적으로 적은 돈을 갖고 자영업을 시작할 수 있도록 대출을 해주는데, 대출금이 100달러밖에 되지 않을 때도 적지 않았다.

그 뒤 수십 년 동안 인도 사람들은 전세계적으로도 소액금융의 혜택을 가장 많이 봤다. 마하잔이 세운 것과 비슷한 소액 대출기관들은 전통적인 은행의 문턱을 넘기 힘들었던 수백만 명에게 돈을 빌려줬다. 그는 인도의 소액금융산업이 붐을 일으키도록 이끌면서 이 산업의 대의를 공개적으로 또 전세계적으로 주창한 개척자로 널리 칭송받았다. 그래서 2002년에는 슈밥재단(다보스 세계경제포럼의 창립자 클라우스 슈밥이 설립한 재단-옮긴이)이 마하잔을 전세계 60명의 탁월한 사회적 기업가 가운데 한 명으로 선정하기도 했다. 2009년에는 〈비즈니스 위크(Business Week)〉가 그를 인도에서 가장 영향력이 높은 50명 가운데 한 사람으로 선정했다.[3]

그러나 2010년 가을, 한때 구원자로 칭송을 받았던 소액금융산업과 이 산업을 주창했던 사람들이 악당으로 매도됐다. 인도 남동부에 위치한 안드라프라데시에서 주민들의 자살 행렬이 줄을 잇고 있었던 것이다. 안드라프라데시는 콜롬비아 전체 인구와 맞먹을 정도로 인구가 많은 주였다. 이곳의 주민들은 소액대출자들이 소액금융기관의 직원들로부터 괴롭힘을 당했다는 온갖 이야기를 전했다. 이런 괴롭힘을 당한 끝에 수백 명이 빌린 돈을 갚을 수 없다는 부끄러움과 절망감을 호소하며 스스로 목숨을 끊었다. 그러자 주 정부가 무분별한 돈벌이 행태를 비난하고 나섰다. 그 자살 사건들은 주 정부가 마하잔의 회사를 포함한 민간 금융업체들을 추방하는 조치의 명분이 됐고, 결국 소액금융의 빚은 갚지 않아도 된다는 주 정부 법률까지 제정됐다.

나는 내 부모의 고향인 나라에서 이런 위기가 전개되는 과정을 뉴스 보도를 통해 꼼꼼하게 지켜봤다. 그것은 두 말 할 필요도 없는 비극이었다. 적어도 내게는 그렇게 보였고 마음이 무척 불편했다. 소액금융이라는 서비스는 가장 기본적이지만 늘 무시되고 마는 가난한 사람들의 금융 분야 신용을 채워줌으로써 그들을 도울 수 있는 획기적인 방법이라는 생각을 갖고 있었기 때문에 더욱 그랬다. 그런 사건이 일어나고 여러 해가 지난 뒤에 나는 그때 일어났던 일들을 보다 더 자세히 알아보려고 나섰다. 비제이 마하잔을 만난 것도 그래서였다.

마하잔은 그 위기가 발생했던 시점에 인도의 선도적인 소액금융기관들은 대출 사업의 압도적으로 많은 부분을 안드라프라데시에 집중했었다고 말했다. 그리고 소액금융기관에서 빌린 돈은 갚지 않아도 된다는 주 정부의 대응으로 마하잔의 회사 BASIX는 거의 무너졌으며, 인도 전체의 소액금융산업도 크게 휘청거렸다. BASIX는 100만 명이 넘는 신용 고객을 잃었으며 마하잔은 9,000명이나 되는 직원을 해고할 수밖에 없었는데, 이들은 대부분 현장에서 대출 담당자로 일하던 직원이었다. 그는 자신이 생각하고 있던 농촌 개발의 모델은 다른 개인 소액금융업자들이 갖고 있던 모델과 다르다고 늘 생각해왔었지만, 결국 그런 사실은 그다지 중요하지 않았다. 그는 다른 소액금융업자들과 함께 그 주에서 그리고 인도라는 나라 전체에서 지워지다시피 했다. BASIX는 4억 5,000만 달러가 넘는 빚을 졌다.

바로 그 시점에 마하잔은 자신이 지금까지 기울인 노력이 가난한 사람들에게 이득을 준 것보다 해를 끼친 게 더 많지 않았을까 하는 생각을 하기 시작했다.

'나와 내가 일으킨 산업은 성공가도를 달리고 있었는데, 도대체 무엇 때문에 그 높은 곳에서 단번에 바닥으로 추락할 수 있단 말인가?'

2011년 1월, 마하트마 간디 피살 63주년 추념일에 마하잔은 '쇼드 야트라(Shodh Yatra)', 즉 진리를 찾아나서는 여행을 시작했다. 그는 일기에 이렇게 썼다.

"진짜는 사람들이 자기 입으로 직접 말하는 것이다."

그 뒤 여러 달 동안 그는 5,000킬로미터 가깝게 걸었다. 이렇게 걸으면서 고대의 여러 성지, 길가에 있는 재활용 물품 창고, 꽃을 파는 길거리 좌판, 맹인용 전화 부스 등을 찾고 살폈다. 그는 이면도로를 걷기도 하고 자동차를 타고 지나가기도 했다. 시골 마을과 농장 그리고 도시의 빈민가를 두루 방문했다. 자기 나라의 가난한 사람들이 자신에게 가르쳐야 했던 것을 배우기 위해서였다.

:: 비제이 마하잔의 노력

비제이 마하잔은 그의 나이 57세에 이 여행을 시작했다. 여행을 하는 동안 희끗희끗한 수염이 얼굴의 절반을 덮었고 이마도 점점 넓어졌다. 순례를 할 때는 배 부분을 꽉 조이면서도 끝단이 무릎까지 내려오는 면 소재의 헐렁한 셔츠인 쿠르타를 입었다.

마하잔은 말을 할 때 유창하면서도 신중했으며 또한 상대방의 주의력을 사로잡는 강렬한 존재감을 갖고 있었다. 기업가로서 그는 특이한 방식으로 상대방으로부터 공감을 얻어낸다. 그는 금융 모델을 분석하면서도 마치 윌리엄 예이츠(William Yeats)나 위스턴 오든(Wystan Auden)의 시를 분석할 때처럼 평온하고 상대방에게 편안함 마음을 불러일으킨다. 그와 처음 이야기를 나눈 게 2016년이었는데, 그때 나는 많은 사람들이 부정이나 자기합리화를 선택했던 상황에서 그가 보여줬던 자기반성에 깊은 감명을 받았다. 그런데 사실 그는 그 위기가 안드라프라데시를 강타하기 전에 조기 은퇴를 생각하고 있었다. 하지만 그 위기가 터지고 난 뒤에는 그냥 그렇게 물러날 수는 없다고 느꼈다.

마하잔은 1954년 푸네에서 태어났다. 인도 서부에 있는 이 도시는 에메랄드빛의 구릉들을 두고 있고 대학교가 많아서 '동방의 옥스퍼드'라는 별명을 갖고 있었다. 아버지는 인도군 장교였고 그는 넷째 아들이었다. 세 형들은 모두 아버지를 따라 군인이 됐다. 그의 부모가 인도의 중산층 계급에 속해 있었기 때문에 그는 영어를 사용하는 학교에 다녔다. 마하라자(과거 인도 왕국의 왕을 일컫는 말-옮긴이)들의 유산인 인도의 장엄한 왕궁들의 고향이자 인도 서북부 라자스탄의 주도인 자이푸르에 있는 성 사비에르(St. Xavier) 학교에서 예수회교도들과 함께 공부했다. 그는 기술 분야에 관심을 갖고 있으면서 영시와 문학을 무척 좋아했으며, 일찌감치 뛰어난 학생으로 인정받아서 엘리트들만 갈 수 있었던 인도공과대학 델리 캠퍼스에 입학했다.

1970년대에 그는 성인의 나이로 접어들었다. 인도의 1970년대는 격동의 시기였다. 학생 활동가들이 (인도 북서부 지역) 구자라트에서 식품 가격 인상에 저항했으며 (인도 북동부 지역) 비하르에서는 정부의 부패에 항의하는 운동이 대대적으로 전개했다. 인디라 간디 수상이 이끌던 정부는 이런 사회운동이 확산되자 진압에 나서면서 시민적인 자유를 억압하는 한편 정부에 반대하는 진영의 지도자들을 체포했다. 마하잔은 이런 혼란 속에서 청년들이 가난한 사람과 힘없는 사람을 대변해 싸우는 과정을 통해 지도자로 떠오르는 것을 봤다. 그리고 그는 자신의 인생을 가난한 사람과 힘없는 사람을 위하는 대의에 바치고 싶다는 자기 내면의 열망을 서서히 의식했다.

그렇지만 여러 해 동안 마하잔은 망설이고 또 망설였다. 민간 산업 분야에서 보다 안정적이고 돈벌이가 되는 일에 더 많이 이끌렸으며, 경영학 분야에서 학위를 받고 싶다는 열망에 사로잡혀 있었기 때문이다. 그는 과거를 돌아보면서 그때의 자신을 장 폴 사르트르의 연작 소설《자유로 가는 길(Les Chemins de la Liberte)》 3부작의 주인공인 마튜에 비유했는데, 마튜는 처음에는 제2차 대전 당시의 유럽 반파시즘 저항운동에 투신하는 대신 칭찬받을 만한 이데올로기면 충분하다는 편리한 믿음에 안주했던 인물이다. 그러나 그 뒤에 곧 마하잔은 가난하고 힘없는 사람들에게 헌신하겠다는 이상을 위해서는 행동으로 실천

해야만 한다는 사실을 깨달았다. 대학원에 다니면서 장차 아내가 될 사비타를 만났고, 이 만남은 그의 운명을 결정했다. 그녀는 공공의 이익을 위해 일해야 한다고 그를 격려했던 것이다.

대학원을 막 졸업한 시점이던 1980년대 초에 마하잔은 가난한 사람의 편에 서서 일을 하는 인생 경력을 처음 시작했다. 비영리단체이던 '사르바 세바 농장연합(Association for Sarva Seva Farms)'이 그를 채용해 인도 북동부 지역인 비하르의 시골 외곽에 배치했다. 그에게 맡겨진 일은 비노바 바베(Vinoba Bhave)의 유산을 기반으로 했다. 바베는 1950년대와 1960년대에 마하트마 간디가 인도 전역을 누비면서 부유한 지주들에게 자기 소유의 땅 일부를 가난한 사람들에게 떼어주라고 설득하고 다닐 때 그를 따라다니며 보좌하던 인물이다. 이 부단(Bhoodan, 토지 헌납) 운동의 결과로 240만 에이커가 넘는 토지를 가난한 사람들이 나눠받아 경작할 수 있게 됐다. 하지만 비하르를 포함한 인도의 많은 지역들에서 그렇게 헌납된 땅이 심지어 1980년대까지도 수익을 내지 못하는 땅으로 남아 있었다. 이런 상황에서 마하잔은 농민들과 말 그대로 손에 손을 잡고 함께 땅을 평탄하게 고르고 바위와 자갈을 제거하면서 물을 댈 수 있도록 고랑을 팠다.

그러나 마하잔은 곧 가난한 사람들이 떠안고 있는 문제들에 봉착했다. 이 문제들은 황무지나 다름없는 땅을 농사지을 수 있도록 만드는 것보다 더 힘들고 뿌리 깊었다. 가난한 농민들이 때로는 기업가적인 야심을 가지기도 했지만 기업을 설립하고 운영하는 법을 전혀 몰랐고 그런 훈련도 전혀 받은 적이 없었다. 또한 돈을 은행에 저축하거나 신용을 확보하는 따위의 형식 절차에 대한 지식도 전혀 갖고 있지 않았다. 그로부터 여러 해가 지난 뒤에 마하잔은 농민들이 자기 사업을 시작할 수 있게 도울 목적으로 전문가들(이들 가운데는 기업가, 의사, 수의

사 등이 포함돼 있었다)을 채용해 비영리단체를 설립했다. 그는 지역의 은행들을 찾아다니면서 가난한 농민이 농장이나 소규모 자영업을 시작할 수 있도록 자금을 대출해달라고 설득했지만 씨알도 먹히지 않았다. 전통적인 개념의 은행으로서는 담보도 없고 신용도 없는 사람에게 돈을 빌려줄 수 없었던 것이다.

그러다가 1994년에 마하잔은 무하마드 유누스(Muhammad Yunus)가 방글라데시에서 하고 있던 일을 들었다. 경제학 교수이던 유누스는 1970년대에 방글라데시를 휩쓸었던 기근의 결과를 목격하고는 사재를 털어 가난한 여성들에게 소액의 자금을 빌려주기 시작했다. 그런데 어느 시점에 그는 소액의 자금을 빌려줄 때 이 돈을 빌린 여성들이 대나무 가구를 만들어 파는 사업을 키워나갈 수 있다는 것을, 이 사람들은 제때에 빌린 돈을 갚는다는 사실을 깨달았다. 작은 돌파구를 확인한 그는 직접 은행을 설립했다. 바로 그라민은행이었다. 이 은행은 가난한 사람들과 기업가들에게 폭넓은 영향을 줬고, 그 뒤로 비슷한 은행들이 전세계에서 마구 생겨났다. 그리고 유누스는 2006년에 노벨 평화상을 받았다.[4]

마하잔은 유누스의 활동에 고무돼서 인도에서도 가난한 사람들에게 돈을 빌려주는 기관을 만들어야겠다고 결심했다. 그리고 1996년에 BASIX를 설립했다. BASIX가 자금을 마련하기 위한 첫 번째 대출은 힘겹게 이뤄졌다. 그는 인도준비은행이 여러 은행들로 하여금 자신의 회사에 대출하도록 설득해야 했다. 그래야 그 돈을 가난한 고객들에게 빌려줄 수 있었기 때문이었다. 그는 또한 자선가들의 기부와 외국 원조도 받아내야 했다. 자신을 비롯한 공동 설립자들로서는 그 대출 사업을 독자적으로 수행하기에 충분한 자금을 갖고 있지 못했다.

다행히 노력은 보답으로 돌아왔다. 다른 대출업자들도 인도의 소액금융 시장에 발을 들여놓기 시작한 것이다. 사람들이 빌려간 돈을 갚음에 따라서 자본의 규모는 점점 커졌고, 보다 더 많은 사람들에게 신용대출을 해줄 수 있게 됐다.

하지만 언제까지고 운영자금을 기부자들에게 구걸하고 다닐 수는 없었다. 2000년대 초에 마하잔은 이런 방식에 한계가 있음을 알게 됐다. 그리고 수익을 추구하는 소액금융 기업을 자신이 추구하는 보다 폭넓은 사회적 과제와 결합했을 때 나타날 수 있는 잠재력에 주목했다. 그래서 그는 BASIX를 소액금융 서비스를 제공하는 영리회사를 거느리는 지주회사로 전환하고 그 영리회사는 외국인의 지분 투자를 받아들일 수 있게 했다.[5] 이 영리회사는 수익이 덜 나는 다른 사업을 지원했다. 홍수 보험과 작물 보험, 가축 예방주사, 경영 훈련, 저축 프로그램 등과 같은 이런 사업들을 BASIX도 농촌의 가난한 사람들에게 제공했다.

:: 거대한 거품

인도에 가본 사람이라면 누구나 선명한 색깔들과 강렬한 냄새들 그리고 귀를 먹먹하게 만드는 음악 소리에 감각기관들이 무차별 난타당하는 경험을 했을 것이다. 오토릭샤마다 마리골드 화환이 걸려 있다. 강황의 노란 흔적으로 얼룩덜룩한 황소가 도로를 횡단할 때마다 모든 차량은 멈춰 선다. 길거리 좌판 주방에서 나는 매운 냄새는 디젤 차량의 매연과 함께 콧속에서 퍼진다. 차량 스피커에서는 방그라(bhangra, 인도 전통 음악과 서구 대중음악이 합쳐진 댄스 음악-옮긴이)가 천둥처럼 울려 퍼진다.

그런데 갈 때마다 느끼는 것이지만 인도에서 내게 가장 강렬한 인상을 주는 건 빈곤의 압도적인 존재감이다. 나와 똑같은 생김새의 아이들이 나를 향해 두 손을 모아서 벌리고 있는 모습은 내 어린 시절의 기억과 겹쳐지며 그 속에 영원히 각인된다. 인도에서 가난은 수천 년 동안 세대에서 세대로 마치 저주처럼 이어져 내려왔다. 인도 역사 가운데 많은 시간 동안 인도에서 가장 가난한 사람들은 은행에 접근할 기회가 부족했다. 돈을 저축하거나 투자하거나 공식적인 기관으로부터 빌리는 게 쉽지 않았던 것이다. 그 바람에 이들이 해결해야 하는 가난의 뿌리는 더욱 깊어졌다. 어떤 가난한 사람이 병원에 치료비를 내야 한다거나 가족이 먹을 식품을 사야 하지만, 갖고 있는 돈도 없고 당장 그 돈이 나올 구멍도 없을 때 이들은 지역에 있는 전당포나 힘깨나 쓰는 사람을 찾을 수밖에 없는데, 이들은 이자율이나 대출금 회수 방법에 관해 아무런 규제도 받지 않는다.

인도 정부는 오래 전부터 이 문제를 해결하려고 노력해왔으나 그 노력은 그저 그런 수준밖에 되지 않았다. 가난한 사람들을 위한 신용협동조합을 만들겠다는 노력의 기원은 인도가 영국의 식민지이던 시절까지 거슬러 올라간다. 인도가 독립한 뒤에 인도의 은행들은 중앙 정부의 통제 아래에서 보다 많은 농촌 사람들이 참여할 수 있는 신용협동조합 프로그램들을 확대했다.

1980년대에 인도의 농촌 여성들은 신용을 확보하려고, 다시 말해 가계비용을 충당하는 데 도움이 되는 돈을 마련하려고 비영리단체 및 정부의 도움을 받아서 '자조 모임(self-help group)'으로 일컬어지는 협동조합들을 만들기 시작했다.[6] 이 조직은 대개 한 마을에 사는 여성 10명에서 20명 사이로 구성됐으며, 이들은 정기적으로 모임을 가졌고 부채 상환을 서로 도움으로써 채무자가 안고 있는 위험을 그나마 줄이고자 했다. 인도 정부는 가난한 사람들에게 우선권을 주는 여러 정책을 들고 나와 이 여성 집단들을 지원하기 시작했으며, 이들을 전국

규모의 은행 및 국제개발은행들과 연결시켰다. 그래도 농촌의 많은 가난한 사람들은 이 제도 아래에서 공식적인 대출의 혜택을 누리지 못했다.

그런데 그라민은행에 고무돼서 BASIX와 같은 소액금융기관이 인도에서 갑자기 늘어날 때 그 기관들은 영리를 추구하지 않는 조직이었다. 그랬기 때문에 자조 모임들은 이런 소액금융기관의 자연스러운 사업 대상이자 동맹자가 됐다. 연구자들이 지금까지 이미 여러 차례 확인한 바로는 개발도상국의 여성들은 대개 자기 사업을 시작해서 생활비를 벌길 원한다. 또한 이들은 자신이 번 돈을 다시 가계나 자신이 하는 사업에 재투자함으로써 가족이 빈곤의 사슬을 끊는 데 보탬이 되고자 한다. 자조 모임의 회원들은 돈을 빌릴 때 자신에게 어떤 의무가 주어지는지 잘 알았고, 그래서 서로 연대보증 관계를 맺었다.

인도, 특히 그중에서도 안드라프라데시에서 소액금융산업은 빠르게 성장했으며, 2010년의 그 위기 직전 최고조에 도달했다. 영리기업들이던 인도의 주요 소액금융업체들은 미국을 포함한 해외로부터 민간 벤처자본 투자자들을 끌어 모았다. 그 결과 2008년 4월부터 2010년 7월 사이 무려 5억 달러나 되는 돈이 이 부문의 시장으로 유입됐다.[7] 소액금융업체들은 엄청나게 높은 수익을 약속하면서 투자자들을 끌어들였다. 97퍼센트를 상회하는 부채상환율이 투자의 안정성을 담보했다.[8] 또한 대출자가 점점 늘어나는 추세도 이 부문 사업의 성장성을 예고했다.

2008년과 2009년에 인도의 상위 10대 소액금융업체는 평균 35퍼센트를 상회하는 자기자본 수익률을 기록했다.[9] 이 가운데 몇몇 업체는 자기 회사의 주식이 거래됨으로써 보다 많은 자본 투자를 이끌어내겠다는 계획 아래 주식시장 상장을 시도하기도 했다. 주식시장에서 회사의 가치가 높아지면 높아질수록 그만큼 더 많은 투자금이 들어올 것이기 때문이었다. 여러 회사들은 기업공개 과정에서 평가되는 회사의 추정가치를 띄우려고 포트폴리오 내에서 비용은 늘이지 않고 대출 건수를 늘리는 방법을 모색했다. 그런데 이렇게 하기 위한 가장 손쉬운 방법은 자신이 이미 많은 대출자를 확보하고 있으며 따라서 잠재적인 대출 고객의 대출을 담당하는 직원이 많이 배치돼 있는 지역에서의 대출 규모를 늘리는 것이었다. 그런 지역의 가장 대표적인 곳이 다름 아닌 안드라프라데시였다.

그 뜨거운 열기 속에서 소액금융업체의 많은 직원들(이들은 가난한 농촌 마을 출신의 청년들이었다)은 최대한 많은 대출 계약을 성사시키고자 경쟁적으로 바쁘게 뛰어다녔다. 회사 차원에서는 특정한 어떤 주에 가장 높은 실적을 올린 직원에게 봉급 100퍼센트 인상, 오토바이와 TV 등을 상품으로 주겠다면서 직원들을 독려했다. 이 회사들은 여성의 자조 모임을 특히 주의 깊게 바라봤고, 직원들은 단기목표를 달성해야겠다는 의지에 불탔다. 마치 스마트워치 핏비트를 차고 다니면서 열심히 걸었고 목표도 달성했지만, 몸무게는 오히려 늘어나고 말았던 누구처럼.

2009년에 안드라프라데시의 인구는 인도 전체 인구의 7퍼센트밖에 되지 않았지만 인도 전체의 소액금융 규모 가운데 30퍼센트가 이곳에 집중돼 있었다. 그런데 2010년이 되면 안드라프라데시에 약 600만 명의 대출자가 900만 건의 대출을 하고 있게 된다.[10] 이는 복수의 소액금융업체로부터 돈을 빌린 사람이 많다는 뜻이었다.

당시 가장 빠르고 가장 공격적으로 성장하던 인도의 소액금융업체는 SKS였다.[11] 이 회사의 설립자인 비크람 아쿨라는 천재적인 청년 사업가로 언론에서 자주 다뤄지던 인물이었다. 그는 37세에 이미 〈타임

(Time)〉으로부터 '세계에서 가장 영향력이 있는 100인' 가운데 한 명으로 선정됐으며, 미국과 인도의 주요 언론들로부터 주목을 받으면서 마하잔과 마찬가지로 전세계 소액금융산업의 선도적인 인물로 부각되고 있었다.

소액금융산업 부문의 위기가 닥치기 직전에 아쿨라는 자신의 회사를 주식시장에 상장시켰다. 그리고 여러 벤처투자사들로부터 자기자본 형태로 1억 5,000만 달러가 넘는 돈을 투자받았다. 그 투자사들 가운데는 미국의 세콰이어캐피털(Sequoia Capital)과 샌드스톤캐피털(Sandstone Capital)도 포함돼 있었다. 그 투자사들은 그때까지 놀라운 수익률의 단맛을 봤고, 앞으로도 상당한 수익이 발생할 것이라고 기대했기 때문에 그런 투자를 했다.

2008년 4월과 2010년 3월 사이에 SKS는 400만 건의 대출을 추가했는데, 이는 직원 한 명당 488건의 대출 계약을 성사시켰다는 뜻이었다. 그런데 대출 담당 직원 한 명이 이렇게나 많은 사람에게 돈을 빌려주기로 하면서 과연 그 사람 각각이 대출을 받을 자격이 있는지 또는 나중에 돈을 갚을 수 있기나 한지 따져본다는 것은 불가능하다. 즉, 그런 사항을 따져보지도 않은 채 마구잡이로 대출자를 끌어 모아서 계약을 성사시켰다는 얘기다. 더욱이 그 위기가 터지기 불과 몇 달 전인 2010년 7월에 SKS는 기업공개를 하고 주식시장에 상장됐다. 이때 이 회사의 가치는 15억 달러로 평가됐는데, 이 금액은 그 해에 기록한 수익의 40배나 됐다.

아쿨라는 인도에서 그리고 소액금융산업 부문에서 논쟁의 여지가 많은 인물이다.[12] 그는 한때 인도의 가난한 사람들에게 돈을 빌려주는 사업을 놓고 "이 산업은 오로지 탐욕에 의해서만 추동될 수 있다"는 말을 했다. 그를 비판하는 사람들은 자기들끼리 은밀하게 그를 고든 게코라는 영화 속의 어떤 캐릭터에 비유했다. 마이클 더글러스가 연기했던 이 캐릭터는 올리버 스톤 감독의 1987년 영화 〈월스트리트 (Wall Street)〉에서 "보다 더 나은 세상을 위해서라면 탐욕도 좋은 것이다"라고 말했다.[13]

나는 이 책의 원고를 쓰는 데 도움이 될 수 있겠다는 생각으로 아쿨라와 인터뷰를 하려고 시도했다. 하지만 몇 차례 이메일을 주고받긴 했지만 그는 나와 대화를 나누는 것은 피하는 눈치였다. 내가 아는 어떤 지인의 말로는 소액금융산업 부문에 발생했던 위기 때 언론으로부터 혹독하게 두들겨 맞은 뒤로는 좀처럼 인터뷰에 응하지 않는다고 했는데, 충분히 그럴 만하다고 나는 이해한다.

방글라데시의 그라민은행의 창업자이며 현대 소액금융운동의 창시자인 무하마드 유누스는 가난한 사람을 대상으로 봉사를 하면서 거대한 수익을 챙기는 아쿨라의 모델을 공개적으로 비판했다. 1990년대와 2000년대 초에 전세계의 소액금융업체들이 영리회사로 바뀔 때 유누스는 이 회사들이 가난한 사람을 돕는다는 핵심적인 과제에서 결국에는 벗어날지도 모른다고 염려했다.[14] 그는 2009년에 〈포브스인디아 (Forbes India)〉와 인터뷰하면서 소액금융업체들이 "가면을 뒤집어쓰고 위장한 상어떼"라는 말로 경고했다. 또한 그 위기가 발생하기 전인 2010년의 어떤 모임에서도 아쿨라를 공개적으로 언급했다. 그러나 영리를 추구하는 회사라는 이 모델은 소액금융이야말로 기업가를 돕는 것이라고 바라봤던 실리콘밸리의 영향력 있는 투자자들을 사로잡았다. 그들로서는 기업가를 돕는다는 사업방식이 세상을 구하는 방식으로서 자신들이 생각하고 있던 신념과 일치했기 때문이다. 비록 그들이 갖고 있는 신념이 가난한 사람들이 돈을 빌릴 수밖에 없는 이유의 실체와 언제나 일치하지는 않았음에도 불구하고 말이다.

소액금융 부문에 있던 모든 사람의 눈이 그 기간 동안에 미친 듯이 성장하는 인도에 고정됐다. 미국국제개발처(USAID)와 악시온(ACCION, 1961년 라틴아메리카 도시들의 극심한 빈곤을 해결하기 위해 설립돼 1973년 브라질에서 첫 지원을 시작한 소액금융기관-옮긴이)에서 25년 넘게 소액금융 프로그램을 이끌었던 이 분야의 전문가인 엘리자베스 라인(Elisabeth Rhyne)은 2000년대 후반에 열렸던 모든 국제개발 관련 컨퍼런스에서 소액금융 분야에 몸담고 있던 사람들은 인도에서의 그 놀라운 수치들을 놓고, 다시 말해 얼마나 많은 가난한 사람들이 도움을 받고 있는지를 놓고 이야기했다고 회상한다. 또 소액금융업체들이 잠재적인 위험을 간과했으며, 대출 관련 정책을 책임지고 있던 인도의 은행 당국자들 및 전세계의 많은 소액금융 관련 단체나 조직들도 마찬가지였다고 말한다.[15]

그렇지만 인도의 회사들이 기업공개 움직임을 보이자 전세계 소액금융산업 내부의 몇몇 사람들 사이에서 조용한 토론이 서서히 목소리를 키워가기 시작했다. 이 토론에서의 쟁점은 "인도에서의 소액대출 건수가 무섭게 증가하는 것이 가난한 사람들의 충족되지 못한 결핍이 그토록 광대하기 때문일까?" 아니면 "뭔가 다른 일이 일어나고 있는 것은 아닐까?" 하는 것이었다.

∷ 미래의 소득보다 현재의 손실 회피

단기적인 목표를 달성하는 것은 집착이 될 수도 있다. 우리는 흔히 이런 목표를 우리가 쉽게 측정할 수 있는 어떤 단위로써 설정한다. 그리고 이 수치가 객관적이라고 믿는다. "숫자는 거짓말을 하지 않는다"는 말을 하면서 말이다. 그렇게 우리는 이 수치를 놓고서 실패하고 있는지 또는 성공하고 있는지를 판단한다.

우리는 단기적인 데이터 수치들에 의존하는 경향이 있는데, 이 수치들은 우리가 바로 눈앞에서 볼 수 있는 것에 맞춰서 조정된 것이기 때문이다. 다시 말하면 이 수치들은 가용성 편향, 즉 자기가 감각적으로 인지하는 것을 가장 중요하게 여기는 경향을 강화한다. 하지만 때로 근접 측정치들이 우리를 노골적으로 속이기도 한다. 2014년 겨울을 워싱턴 DC에서 보내는 동안에 나는 기상학자들이 '극소용돌이(polar vortex, 북극이나 남극 등 극지방의 대류권 상층부부터 성층권까지에 걸쳐 형성되는 강한 저기압 소용돌이-옮긴이)'[16]라고 명명한 것에서 발생한 차가운 북극풍의 기록적인 추위에 몸을 떨었다. 그러나 그렇게 춥던 날들의 아침 온도계는 그런 전반적인 추세를 잘못 해석하게 만들었다. 모든 것들을 감안할 때 그때가 지구상에서 가장 따뜻한 해였다는 것이다. 그 이듬해에는 미국에서 유가가 일시적으로 하락해 이때 미국인은 줄을 지어 SUV 차량 구매에 나섰지만, 유가가 다시 제자리로 돌아갔을 때 사람들은 높은 차량유지비를 감수해야 했다.[17]

비슷한 이유로 어떤 사람이 우편으로 2,000달러짜리 수표를 정부로부터 받을 때 이 사람은 2017년 12월에 미국에서 의결된 것과 같은 조세정책이 마치 좋은 발상인 것처럼 느낄 수 있다. 설령 실제로는 그 정책 때문에 중산층이 주택을 구입하거나, 부채를 청산하거나, 또는 대학교에 진학하는 일이 훨씬 더 어려워지더라도, 즉 미래에 훨씬 더 큰 재산상의 불이익을 당하더라도 말이다. 그런데 이 일로 인해 대중적인 분노가 일어나는 일은 거의 없기 때문에 정치인들은 비난과 처벌을 교묘하게 모면한다. 우리가 올해 받는 그 2,000달러짜리 수표는 (그리고 우리 은행 잔고에서의 작은 증가분은) 우리가 세제개혁 때문에 경험하게 될 궁극적인 전체 손실액에 비해 한층 두드러지고 중요하게 우리 눈에 비친다. 단 하나의 데이터 수치나 우리가 즉각적으로 파악할 수 있는 코앞의 것들을 합한 수치에 눈이 흐려지지 않은 채 보다 큰 흐름과 추세를 포착하기란 매우 어렵다. 현재 갖고 있는 것에 주목할 때 미래 위협에 대한 판단은 흐려진다.

우리가 선택하는 숫자상의 목표는 우리의 관점뿐만 아니라 우리의 행동까지도 규정한다. "모든 일은 평가(측정)될 때 비로소 종결된다"는 속담은 오늘날 "우리는 우리가 측정할 수 있는 모든 것을 실행한다"로 뒤집혀야 한다. 나는 이 문제를 '계기판만 바라보는 운전'이라고 부르는데, 왜냐하면 우리는 운전을 할 때 자신이 모는 자동차가 절벽을 향해 달려가는지 어떤지 전혀 알지 못한 채 오로지 계기판의 속도와 연료 잔량만 바라보면서 앞으로 달려가기 때문이다. 이런 현상을 현재를 중시하고 미래를 무시하도록 충동질하는 인간의 본성 때문에 일어나는 일이라고만 말할 수는 없다. 사실 이는 우리가 사용하려고 선택하는 도구들, 우리가 앞으로 나아가고 있음을 일러주는 표면적인 차원의 여러 측정치들 때문에 일어나는 일이다. 이 통찰을 뒤집어 말하면 우리는 우리 나름대로 주체성을 갖고 어떤 선택이든 할 수 있다는 것이 된다.

뉴욕시의 택시 운전사들을 대상으로 한 일련의 연구를 통해 숫자로 나타나는 수치들이 모든 의사결정에서 결정적으로 중요하게 작용한다는 사실이 확인됐다. 택시 운전사들은 대개 월간 수입 목표나 연간 수입 목표를 설정한다. 그러나 여러 연구조사를 통해 드러난 사실은 주어진 어떤 특정한 날에 대부분의 운전사들은 그날 확인한 여러 수치들을 토대로 어떤 행동을 선택한다는 점이다. 심지어 장기적인 목표에 충실한 운전사까지도 그랬다. 경제학자들로 구성된 한 연구 팀은 비가 오던 어떤 날에 하루 수익 목표치를 달성한 택시 운전사는 (그런 날은 사람들이 택시를 많이 타기 때문에 몇 시간 더 일하면 평소보다 더 많은 돈을 벌 수 있음에도 불구하고) 몇 시간 일찍 영업을 중단하고 집으로 돌아간다는 사실을 발견했다. 날씨가 맑은 날에는 (오히려 이런 날에 일찍 영업을 중단하는 게 이치에 맞음에도 불구하고) 평소보다 더 오랜 시간을 들여서 손님을 찾아 여기저기 돌아다니느라 시간과 연료를 낭비한다는 사실도 발견했다. 이 운전사들의 선택을 결정하는 것은 미래에 대한 확실한 목표가 아니라 당일의 모호한 목표다. 그날 하루의 목표치를 달성했다는 인식이 그 시간 이후로 영업을 중단하는 선택을 하게 만든다. 요컨대 그 인식은 미래의 결과를 무시하는 선택을 강화하는 어떤 성취감을 만들어낸다.[18]

즉각적이고 순간적인 것에 쉽게 동요되는 모습은 어리석어 보인다. 하지만 사람들이 가까운 목표라는 미끼를 쉽게 덥석 무는 이유 중 하나는 당장의 손실을 회피하려는 인간의 본성에 있다. 대부분의 사람들에게는 뭔가를 갈망하고 획득할 때 느끼는 행복감의 무게보다 뭔가를 잃어버리거나 놓칠 때 느끼는 상실감의 무게가 더 크다.

아무리 사소한 것이라도 뭔가를 잃어버렸을 때는 쉽게 주체할 수 없는 불편한 감정이 든다. 돈을 잃어버렸다거나 어떤 목표를 달성하지 못한 것은 구체적인 손실 이상의 의미로 받아들여진다. 이럴 때 우리는 자신이 기대했던 것과 어긋나는 적나라한 실체에 직면하게 된다. 뭔가를 잃어버리게 되면 자기가 기대한 만큼 잘하지 못한다는 생각 또는 피할 수 있었던 실수를 저질렀다는 생각을 곱씹게 되고, 그 결과 이 과정의 정서적인 고통에 피할 수 없이 사로잡힌다. 목표를 달성하지 못한다는 것은 어쩌면 가파른 산을 올라갈 때 사용하는 로프를 놓쳐버린 채 중력에 자신의 몸을 내맡길 수밖에 없는 상황과도 같기 때문에 우리는 그 목표를 놓치지 않으려고 애쓴다.

대니얼 카너먼은 우리가 갖고 있는 손실 회피의 성향은 인류 진화의 초기 단계에서 뿌리내린 것이라고 주장한다. 그는 수렵채집자 단계에 있던 우리 조상은 맹수를 피하려고 어떤 위협에든 긴급하게 대응했으며, 이렇게 해서 무사히 살아남고 재생산에 성공한 사람들은 자신의 특성을 유전자를 통해 후대에 넘겨줬다고 자신의 저서《생각에 관한 생각(Thinking, Fast and Slow)》에 썼다.[19] 그 결과 오늘날의 현대 인류는 이익을 추구하는 것에 대해서보다도 손실로부터 자기 자신을 보호하겠다는 충동을 보다 더 많이 물려받게 됐다. 카너먼은 오랜 세월 협력자로 함께 연구 작업을 했던 아모스 트버스키(Amos Tversky)와 함께했던 일련의 실험을 통해, 당장의 손실에 대한 예측이 장기적인 차원의 이득이나 손실에 대한 어떤 견해보다 사람들이 내리는 의사결정에 훨씬 더 많이 영향을 준다는 사실을 입증했다. 이는 사람들이 단기적인 희생(또는 손실의 신호)을 미래의 기회나 위험에 대한 신호와 다르게 지나칠 정도로 중시한다는 뜻이다. 그래서 하루 목표치를 달성하지 못하고 있는 택시 운전사는 아마도 이런 손실의 느낌을 피하는 방향으로 어떤 선택을 한다.

:: 수치에 가려진 위험

안드라프라데시에서 위기가 폭발하기까지 1년 넘게 남아 있던 시점인 2009년의 어느 날, 〈월스트리트저널(Wall Street Journal)〉 표지 기사는 인도와 유럽 그리고 미국에 있는 소액금융 관계자들의 여러 목소리를 실었는데, 이들은 이 지역에 신용위기가 팽배했다고 경고했다.[20]

인도공과대학 출신의 한 전문가는 대출업자들이 특정 지역들을 대출로 '융단 폭격'하고 있다고 말했다. 1억 달러의 투자자금을 관리하던 펀드 매니저는 거품이 형성되고 있다는 두려움을 표시했다. 저널리스트인 케타키 고칼레(Ketaki Gokhale)는 여러 군데에서 돈을 빌렸지만 그 돈을 갚을 수 없어 쩔쩔 매는 인도 여성들에 관한 기사를 여러 차례 썼다.[21] 그 가운데 어떤 기사는 아홉 군데의 소액금융업체에게 돈을 빌렸으나 원리금을 제때 갚지 못한 바람에 공개적으로 망신을 당했다고 호소한 여성을 소개했다. 또 어떤 사람들은 1개월 수입이 9달러밖에 되지 않는데도 소액대출을 받으라는 제안을 받았다고 했다.

고칼레는 빌린 돈을 갖고 사업을 시작하는 게 아니라 우유를 사고 외상값을 갚고 친척 결혼식에 축의금을 내는 여성들을 목격했다. 이 경우 빌린 돈은 이 여성들의 소득을 높여주는 쪽으로 기능하지 못하고 좋지 않은 재정 상태에 그저 일회용 반창고를 붙이는 식으로만 작용될 뿐이었다. 더욱이 높은 이자 때문에 대출은 이 여성들을 가난의 늪 속으로 더욱 깊게 밀어 넣었다.

소액금융산업의 상담자로서 이 산업의 긍정적인 측면을 지지하는 대니얼 로자스(Daniel Rozas)는 사업 관행이 바뀌지 않을 경우 인도의 소액금융산업에 신용 거품이 심각하게 형성될 것이라고 경고했다.[22] 로자스가 천리안의 통찰력을 갖고 있었던 것은 아니다. 내부자 정보나 특별한 데이터를 갖고 있지도 않았다. 단지 그는 소액금융업체들이 안드라프라데시에서 모든 게 아무런 문제도 없이 잘될 것이라는 신호로 받아들였던 높은 부채상환율이라는 수치 너머를 바라봤을 뿐이다.

로자스는 미국인으로 벨기에 브뤼셀에 거주하고 있었는데, 나는 그와 2016년에 전화로 이야기를 나눴다. 그는 내게 2009년 기준으로 볼 때 안드라프라데시의 역량(인구 및 다른 변수들을 고려할 때의 잠재적인 대출자들의 수)이 감당할 수 있는 위험 수준을 이미 넘어선 상태였다고 말했다. 그는 당시에 몇 가지 거칠고 단순한 계산을 한 끝에 사람들이 부채를 상환할 수 있는 상황이 전혀 아니었다고 결론 내렸다. 사람들이 대출금을 기반으로 새로운 사업을 시작해 소득을 창출하는 게 아니라, 소액금융업체의 영업 직원들이 공격적인 영업 활동에 편승해 더 많은 대출을 하고 있었다고도 말했다. 돈을 빌린 사람들이 새로 돈을 빌려 높은 이자가 붙은 기존의 원리금을 갚는 돌려막기를 더 이상 할 수 없을 정도로 신용이 떨어질 경우 그 가정은 도저히 갚을 수 없는 빚더미에 눌려 압사당하고 돈을 빌려준 회사도 쓰러진다.

로자스는 브뤼셀로 가기 전에 모기지 대출 전문 금융사인 패니메이에서 일했는데, 이곳에서 그는 2007년에 미국 모기지 시장이라는 배가 침몰할 때 그 배의 맨 앞자리에 앉아 있었다. 이 시장이 무너지면서 연쇄반응으로 1930년대의 대공황 이후 가장 끔찍했던 글로벌 금융위기가 터졌다.

그 처음 시작은 이랬다. 주택시장은 월스트리트 자금의 유입으로 거품이 한껏 부풀어 올랐고, 그 덕분에 모기지 금융사들에 의한 맹렬하고도 폭발적인 대출이 가능했다. 그런데 모기지 금융사들 가운데 몇 곳은 약탈적인 상품을 통해 대출자들에게 정기적으로 재융자(돈을 새로 빌려 먼저 빌린 것을 갚는 것-옮긴이)를 요구했다. 이는 대출자들의 미납금이 시간이 경과함에 따라서 점점 더 늘어나게 만들었다.

한편 리먼브라더스나 베어스턴즈와 같은 회사들은 고위험 대출들을 묶어 파생상품으로 만들어서 자기가 무엇을 하는지도 모르는 투자자들에게 팔았다. 한편 신용기관들은 그 투자를 위험하다고 평가했어야 했는데 그렇게 하지 않았다. 주택시장이 과포화 상태가 된 바람에 주택 소유자들이 집을 팔지도 못하고 대출금을 갚지도 못하는 사면초가에 빠지자 금융 체계 전체가 도미노처럼 무너졌다. 패니메이는 전체 포트폴리오 안에서 순수한 서브프라임 모기지를 상대적으로 적게 갖고 있었는데도 불구하고 호황기의 시장에서 밀려나지 않으려는 생각에 위험한 대출을 해줬었다. 거품이 꺼질 때 패니메이는 무너졌으며, 프레디맥과 함께 미국인 납세자들이 낸 돈으로 긴급 구제됐다.

"나는 솔직히 그 숫자들에 관심이 간다."

로저스가 안드라프라데시에 대해 2009년에 썼던 어떤 논평 속의 구절이다. 그때 이미 그는 안드라프라데시에서의 소액금융 대출이 광적으로 성장한 것은 대출자들이 자신이 감당할 수 없을 정도로 많은 대출을 한 결과라고 확신에 가깝게 믿었다.

"공개적인 차원에서 접근할 수 있는 데이터를 찾고자 한다면, 이것이야말로 가장 강력한 거품의 증거가 아닐까 생각한다."

또한 그는 이미 빚을 안고 있는 인도 남부 지역의 가난한 사람들 사이에서 소액금융의 부채를 계속해서 더 늘려나간다는 것은 "해당 부문의 장기적인 금융 건전성뿐 아니라 더 중요하게는 자신들이 봉사하고자 하는 바로 그 가난한 사람들에게 돌아갈 장기적 이득까지도 자신들의 누리고자 하는 단기 수익의 뒷전으로 밀어내는 행위가 된다"고 경고했다.

:: 성장에 대한 기대

한편 비크람 아쿨라는 신용위기 경고를 강력하게 부정하고 나섰다.[23] 2009년에 아쿨라는 〈하버드비즈니스리뷰(Harvard Business Review)〉에 대한 논평 및 〈월스트리트저널〉 편집자에게 보내는 공개 서한에서 소액금융 부문의 거품이 인도에서 곧 꺼질 것이라고 경고하는 사람들의 주장을 일축했다.

그는 자신이 해당 산업의 건전성과 안정성의 핵심 신호들이라고 판단하는 몇 가지를 제시했다. 그 첫째가 높은 부채상환율이었다. 자신의 회사에서 이 상환율은 99퍼센트였으며, 인도의 소액금융산업 전체로 봐도 98퍼센트에 육박하는 수준이었던 것이다. 이 수치들로만 보면 이 부문의 빠른 성장은 앞으로도 계속 이어질 것이 분명했다.

너무 많은 사람들이 여러 군데에서 대출을 한다는 지적에 대해서도 아쿨라는 다시 한번 더 부채상환율을 들이밀었다. 그러면서 야심에 차 있고 동기부여가 강력하게 돼 있는 기업가들이 복수의 소액금융업체로부터 돈을 빌렸지만 이는 어디까지나 자기 사업을 키우려는 목적에서 비롯된 것이며, 또한 이들의 부채상환율 역시 매우 높다고 분석한 연구 논문을 제시하면서 "도대체 뭐가 문제냐"며 반박했다.

그러나 로자스는 그 논문과 부채상환율 수치를 보다 깊이 들여다본 뒤 그것은 2009년에 전개되고 있는 상황에는 적용될 수 없으며 인도에서 소액금융산업이 빠르게 성장하던 시기 이전의 초기 단계에서만 적용됐음을 발견했다. 인도에서 여러 건의 대출을 동시에 받은 사람이 예전처럼 소수의 기업가들이 아니라 일반인들이 압도적으로 많았던 것이다. 그들 가운데 많은 사람들은 대출금을 사업을 시작하는 데 쓰지 않고 가족의 치료비나 식료품비, 즉 '생활비'로 쓰고 있었다.

충격의 붕괴는 마치 거대한 파도처럼 서서히, 그러나 강력하게 다가왔다.[24] 표면 아래에서는 압력이 이미 여러 달째 차곡차곡 축적되고 있었다. 대출자들은 여러 곳에서 갚지도 못할 대출을 했다. 안드라프라데시 전역에는 이웃 주민이나 대부업체 직원들로부터 빚 독촉에 시달린 사람들이 스스로 목숨을 끊는 일이 점점 잦아졌다. 정부는 계속 이어지는 주민 자살 상황을 심각하게 받아들여서 사설 대부업체들을 추방했으며, 채무자가 빚을 갚지 않아도 되도록 법률적인 조치를 취했다. 이는 '붕괴의 방아쇠'를 당긴 셈이 됐다. 소액금융 부문에 속해 있던 모든 회사들을 쓸어버리고 그때까지 남아 있던 회사들을 깊은 빚더미 속으로 몰아넣었다.

아쿨라를 동정하는 사람들은 그가 자신이 경험한 너무나도 거대한 성공 때문에 길을 잃어버렸다고 말한다. 또한 사업의 장기적 생존 능력이나 가난한 사람들에게 돈을 빌려줌으로써 봉사하는 사업의 미래에는 조금의 관심도 없고, 그저 회사가 주식시장에 상장될 때 얻을 수 있는 높은 수익에만 관심 있던 투자자들로부터 자금을 투자받은 데서 비롯된 압박감이 그가 길을 잃어버리는 과정에서 작용했다고도 말한다.

나도 아쿨라로서는 거품이 최고조에 다다랐던 지점에서 해당 산업이 감당할 수 없을 정도로 너무 빠른 속도로 성장하고 있다고 말하기는 (설사 그것이 사실이라고 판단했더라도) 어려웠을 것이라고 생각한다. 어떤 회사의 이사회든 간에 성장 속도를 늦춰야 한다는, 또는 기업을 공개할 때 회사의 자산가치가 극대화돼서는 안 된다는 말을 듣고 싶어 하지는 않을 것이다. 이런 발언을 하는 CEO는 당연히 해고 대상이 된다. 그러니 시티그룹의 전 CEO인 척 프린스가 〈파이낸셜타임스(Financial Times)〉 기자에게 했던 저 악명 높은 말처럼 아쿨라는 "음악이 연주되는 동안에는 일어서서 계속 춤을 춰야" 했을 것이다.[25]

나는 시장의 총체적인 붕괴라는 지경으로까지 사태가 전개되는 과정에서 아쿨라가 보여줬던 태도가 너무나 뻔뻔했다고 느낀다는 사람들 여러 명과 이야기를 나눠봤는데, 이들 가운데는 아쿨라가 처한 제약, 다시 말해 투자한 사람들이 갖고 있던 매우 높은 수준의 기대치를 충족시켜야 한다는 압박감을 모른 체한 사람들도 포함돼 있었다. 내가 그들에게 본인은 왜 그때 갖고 있던 회의적인 의견을 적극적으로 제시하고 목소리를 높이지 않았느냐고 물었을 때 그들은 당시 모두 관련 수치들이 좋아 보였기 때문에 아쿨라를 공개적으로 비판하기가 어려웠다고 대답했다.

그 수치들 때문에 임박한 위험이 눈에 보이지 않도록 숨겨졌던 것이다.[26]

:: 솔론의 지혜

고대 그리스의 역사학자 헤로도토스는 솔론(Solon)이 했던 현명한 발언에 대해 언급했다.[27] 솔론은 기원전 594년에 아테네의 수석 집정관으로 선출됐으며, 그 뒤에는 신변을 담보로 한 빚을 갚지 않았다는 이유로 채무자를 노예로 삼는 관행을 금지하거나 평민에게 참정권을 부여하는 등의 개혁 조치를 단행했다. 이런 개혁 조치를 실행한 뒤에 솔론은 자발적으로 아테네를 떠났다. 그는 오늘날의 터키인 사르디스로 가서 크로소스(Croesus) 왕을 만났다.

헤로도토스에 따르면 허영심이 많은 이 왕은 자신을 찾아온 손님 솔론에게 왕궁을 보여주고는 자신의 재산 규모가 얼마나 되는지 가늠해보게 했다. 그런 다음 그 현명한 사내에게 세상에서 가장 행복한 사람을 지목해보라고 했다. 자신이 가장 행복한 사람이라고 말해주길 바라는 일종의 유도심문인 셈이었다.

그런데 솔론은 그 왕을 가장 행복한 사람으로 지목하지 않았다. 그 때문에 왕이 분노했음은 말할 것도 없다. 솔론은 어떤 전투에서 영웅적으로 싸우다가 전사한 텔루스(Tellus)라는 아테네 사람이 가장 행복한 사람이라고 말했다. 솔론은 텔루스가 세상에서 가장 행복한 사람이 될 수 있었던 까닭을 그가 손자손녀들이 장성할 때까지 오래 살았고 죽은 후에도 살아있을 때 세운 공적으로 널리 추앙을 받고 있기 때문이라고 설명했다. 그러고는 왕에게 한 사람의 전체 인생 가운데 주어진 어떤 시간에 평가된 재산의 측정치는 그의 인생 전체가 얼마나 충실했던가를 평가할 수 있는 참된 측정치가 아니라고 말했다. 아울러 솔론은 사람은 평균적으로 2만 6,250일을 살아가는데, 불행은 이 많은 날 중 어떤 날에도 닥칠 수 있다고 경고했다. 아닌 게 아니라 크로소스 왕에게 그 불행이 닥치고 마는데, 그는 어느 날 갑자기 자신의 아들과 왕국을 잃고 만다.

그로부터 200년도 더 지난 시점에 솔론의 이 지혜가 아리스토텔레스를 통해 다시 나타났다.[28] 아리스토텔레스는 윤리에 관한 저서에서 인생을 평가하는 잣대는 소소한 증가분이 아니라 전체의 합계가 돼야 한다고, 즉 장기적인 관점에서 인생을 평가해야 한다고 주장했던 것이다. 만일 우리가 지금 당장 취득하는 것으로만 스스로를 평가한다면, 외국어를 배우는 일이든 자식을 키우는 일이든 간에 장기간에 걸쳐서 열매를 맺는 일은 끈기를 갖고 하지 않게 될 것이다. 또한 인생의 큰 그림을 보지 못할 것이며, 우리가 내리는 결정들이 장기간에 걸쳐서 펼쳐지는 과정 속에서 찾을 수 있는 보다 큰 의미를 놓치고 말 것이다.

그런데 이런 통찰을 대부분의 사람들은 예나 지금이나 변함없이 놓치는 것 같다. 토마스 만(Thomas Mann)은 1920년대에 《마의 산(Der Zauberberg)》이라는 소설을 쓰면서 지나치게 잦은 평가의 허영을 성찰했던 것 같다. 이 소설의 배경은 스위스 알프스의 깊은 산중에 있는 베르크호프 요양원이다. 이 요양원에서 사회와 격리된 채 살아가는 환자들은 의료진들로부터 하루에 네 차례 7분씩 자기 체온을 측정하라는 지시를 받고 있다. 체온을 재고 또 확인하는 일은 하루의 일상에 박자가 되며, 체온 측정 보고 카드는 환자들에게 하나의 성취물이 된다.

그러는 한편 똑같은 환자들은 거기에서 달이 가는지도 해가 가는지도 잊어버린 채 살아가는데, 그렇게 시간은 제1차 대전 발발 시점으로 점점 다가간다. 체온 측정이라는 행동은 환자에게 자신이 환자라는 인식을 강화해주는 듯 보이고, 체온계는 건강한 사람은 가질 자격이 없는 병약자만의 명예의 배지처럼 인식된다. 소설의 주인공인 한스 카스토르프(Hans Castorp)가 그 요양원을 떠나겠다고 제안할 때 그는 의사에게 체온 측정 차트를 근거로 판단해 자신이 앞으로 건강할지 묻는다. 그러자 의사는 애초부터 체온 측정은 아무런 의미가 없었던 것이라고, 체온 데이터는 환자의 건강 상태에 대해 아무런 정보도 주지 않는다고 털어놓는다. 갈등에 휘말려 있는 사회와 격리돼 있다는 허위의 안심 장치로 작동하던 체온 측정은 요양소에서 환자들이 그저 시간을 알차게 보내는 하나의 방편일 뿐이었다.[29]

:: 소음을 제거하라

'나는 근시안적인 선택을 할 거야'라고 생각하는 사람은 아무도 없다. 사실 우리는 자주 근거리 목표를 놓고 자신을 측정하곤 한다. 왜냐하면 현재의 결정에 동반될 미래의 결과들을 평가할 때 그렇게 하는 것이 실제로 도움이 될 것이라고 믿기 때문이다. 우리는 지금 당장 자신이 하고 있는 것을 측정하고 평가하는데, 그것은 지금 자신이 어디에 서 있는지 알고 싶기 때문이다. 그도 그럴 것이 아는 게 없다는 사실에서 비롯되는 불안감은 엄청나게 커질 수 있다. 사람이나 조직이나 사회는 흔히 어떤 측정치를 취한다. 그 이유는 그 측정치가 보다 깊은 미래의 결과를 반영하는 어떤 대용물이라고 믿기 때문이다. 온갖 문제의 원인이 되는 것은 바로 우리가 우리의 시선을 그 측정치에 갖다 붙이는 방식이다. 근시안이 되지 않도록 저항할 수 있는 한 가지 방법은 우리가 전체의 큰 그림을 온전하게 바라보지 못하게 되는 결과를 빚어내는 단기 측정치들의 소음을 제거하는 것이다.

시카고의 헤지 펀드 투자자인 앤 디아스(Anne Dias)가 언젠가 내게 단기 측정치들의 소음을 제거하는 자기만의 방식을 이야기한 적이 있다.[30] 자신의 포트폴리오 이익과 손실을 자주 들여다보는 투자자가 그렇지 않은 투자자에 비해 수익률이 떨어진다는 사실을 디아스는 알고 있었다. 손실 회피 충동에 사로잡힌 투자자는 장기적으로 훨씬 더 가치가 있는 종목임에도 불구하고 일시적인 주가 하락 상황에서 공황에 사로잡혀 성급하게 매도 판단을 내리고 만다. 캘리포니아대학교의 경제학자 브래드 바버(Brad Barber)와 테런스 오딘(Terrance Odean)은 이 현상을 연구한 끝에 수천 명의 투자자들이 당장의 즉각적인 손실을 회피하고자 하는 충동에 사로잡힌 나머지 팔아야 할 고평가된 종목의 주식은 보유하고 보유해야 할 저평가된 종목의 주식은 팔아치운다는 사실을 확인했다.[31] 주식 투자의 귀재로 일컬어지는 수십억 달러의 자산가 워런 버핏(Warren Buffett)도 자신이 활발한 투자 활동을 하고 있을 때보다도 아무것도 하지 않고 잠을 자고 있을 때 투자 수익이 더 많이 발생하는 경우가 흔하다고 말한 바 있다.

디아스는 자신의 투자 포트폴리오를 너무 자주 들여다보지 않도록 스스로 강제하는 장치를 마련하기로 마음먹었다. 상한과 하한을 지정해두고 이 지점을 넘어설 때만 자신에게 말해달라고 직원에게 지시했다. 손실 회피 충동에 사로잡혀 성급한 판단을 하지 않도록 하는 안전판을 마련한 셈이었다. 요컨대 그녀는 현재 자신이 내리는 어떤 의사결정을 갖고 자신의 미래 자아를 인내심에 묶어둔 것이다.

소음을 제거하는 것은 우리가 누구나 생활 속에서 할 수 있는 일이다. 특히 중요한 의사결정을 내릴 때는 더욱 그렇다. 예컨대 주택을 구입할 때 우리는 당장 지불해야 하는 돈보다는 그 집에서 살게 될 수십년 동안에 감당하게 될 잠재적인 비용에 더 많이 초점을 맞춘다. 연비등급이 낮은 자동차를 구입할 때 우리는 단지 올해의 유가만을 근거로 한 유지 비용이 아니라, 앞으로 이어질 여러 해 동안의 유가 전망을 근거로 한 유지비를 따진다. 장기 프로젝트를 진행할 때는 이메일 수신함이나 소셜 미디어를 자주 들여다보지 않는 것이 좋다. 이렇게 할 때 그날그날의 커뮤니케이션에서 자신이 얼마나 앞서가는지 뒤처지는지가 아니라 자신이 설정한 장기적 목표로 다가가는 자신이 그 과정에서 얼마나 많은 일을 했는지를 통해 스스로를 평가할 수 있게 된다.

우리도 디아스와 마찬가지로 선견지명이 있는 순간들, 즉 포사이트를 발휘할 수 있는 순간들의 자기 자신을 스스로 하기를 바라거나 피하기를 바라는 미래의 행동들에 묶어둘 수 있다. 이렇게 할 때 우리는 어떤 목표를 달성하지 못하거나 달성하지 못할 것 같은 순간에 과잉된 어떤 행동을 하지 못하도록, 다시 말해 단 하나의 수치 때문에 판단을 그르치지 않도록 스스로를 차단할 수 있다. 이런 예방의 여러 기법들은 미리 정한 규칙을 어길 때 벌칙을 적시해 자기 스스로와 맺는 계약의 형태를 띨 수도 있다.

또는 자신이 하루나 1주일 동안에 얼마나 많은 성취를 이뤘는지 알 필요가 있다고 느낄 때, 그렇게 해서 동기를 부여받을 필요가 있다고 느낄 때, 성취와 관련되는 수치를 단 하나만이 아니라 여러 개를 동시에 놓고 살피는 방법도 있다. 이를테면 만보기로 측정되는 보행횟수뿐 아니라 월별 몸무게의 증감, 섭취하고 소모하는 주 단위의 열량, 힘과 체형에 대한 본인의 느낌, 빨리 또 오래 걸을 수 있는 능력 등을 함께 따져보는 것이다. 어떤 측정치에서 학습한 것을 바탕으로 행동할 수 있도록 그때까지 기다릴 수도 있으며, 대응을 전혀 하지 않는 경우의 선택권을 자기 자신에게 상기시킬 수도 있다.

:: 보이지 않는 진짜 위협

인도에서 소액금융의 붐이 이어지는 동안에 부채상환율이라는 널리 알려져 있던 지표는 어떤 허위의 이야기를 해대고 있었던 셈이다. 그 지표는 해당 산업의 건전성이나 안드라프라데시의 미래 전망을 측정한 게 아니었다. 가난한 사람의 생활 개선을 측정한 게 아니었다는 뜻이다. 그 높은 상환율은 비제이 마하잔 앞에 환상 하나를 만들어냈다. 그 환상은 마하잔의 회사와 그가 속한 소액금융산업 부문, 그의 명성, 돈을 빌리는 가난한 가족들을 향하는 위협이 선명하게 보이지 않도록 가려버렸다.

그러나 마하잔이 그 문제들을 조금도 알지 못했던 것은 아니다. 위기가 터지기 전에 그는 소액금융산업 부문의 관행에 고삐를 조일 필요가 있다는 생각을 했었다. 안드라프라데시에서 붕괴가 일어나기 1년도 되지 않던 시점에 그는 44개의 소액금융업체들이 함께하는 네트워크를 시작했다. 그리고 그는 이 소액금융기관 네트워크의 의장직을 맡아서 대출자의 자격을 규정하는 규범을 설정했다. 이 규범에는 한 사람의 대출자가 4건 이상의 대출을 받지 못하도록 하는 규정도 포함돼 있었다.

하지만 모든 업체가 다 이 규범을 지킨 게 아니었으며, 게다가 규범이 강제적인 것도 아니었다. 비록 그가 막후에서 리더십을 발휘했음에도 불구하고, 어쨌거나 그는 2010년 초에 안드라프라데시에서 신용 거품이 형성되고 있다고 믿지 않는다고 공개적으로 말하고 말았다.

마하잔과 업계의 다른 리더들이 의존했고 결국에는 신용위기라는 파국으로 그들을 이끌고 말았던 부채상환율이라는 수치는 성장이 계속 이어질 것이라는, 그 성장에는 한계가 없고 뒷걸음질도 없을 것이라는 잘못된 믿음을 계속 키웠다. 투자 및 사업 자체의 건전성을 더욱 다지겠다는 좋은 의도에도 불구하고 그들은 그 수치의 환상에 넘어가서 결국 커다란 손해를 보고 말았다.

대출 건수가 계속 늘어난다는 사실에 초점을 맞춘 업계 리더들과 투자자들의 근시안 때문에 (내 지인이 보행횟수에 초점을 맞췄을 때와 마찬가지로) 맹점이 형성됐다. 이런 수치들이 어떻게 해서 업계의 리더들과 투자자들을 잘못된 길로 이끌게 됐을까? 마하잔으로서는 이 질문에 대한 대답이 인도 전역의 순례 여행을 마치고 나서야 비로소 선명해졌다.

여행의 종착지인 안드라프라데시에 도착했을 때 마하잔은 민간 소액금융업체들의 대부 영업이 주에서 금지된 지금의 상태에서 무엇을 할 것인지 과거 소액금융업체로부터 돈을 빌렸던 사람들에게 물었다.[32] 그는 오토릭샤의 중고 부품 매매를 하고 있으며 예전에 소액금융업체에 빚을 지고 있다가 탕감 받은 한 남성과 이야기를 나눴다. 또 여성 자조 모임 사람들을 만나서 위기가 터지기 전에 그들이 어떤 일들을 경험했는지 들었다.

자조 모임은 신뢰성을 자체 내에 확보하고 있는 구조였다. 이 모임에 속한 사람들의 부채는 서로가 연대보증을 지고 있기 때문에, 구성원들은 빚을 갚지 않고 나자빠지지 않도록 서로를 격려하고 응원했다. 어떤 사람이 부채의 무게를 견디지 못하고 쓰러지면 다른 사람들이 기꺼이 일시적으로 그 부담을 대신 졌다. 이런 구조 덕분에 유연성이 확보됐다. 하지만 이 때문에 각 개인이 갖고 있는 부채상환 능력이 가려지는 효과도 발생했음을 마하잔은 깨달았다. 그는 자조 모임 회원 가운데서 정해진 날짜에 원리금을 갚지 못하고 심지어 자녀들까지 제대로 돌보지 못해 손가락질을 받았던 여성에 관한 이야기를 들었다. 많은 여성들이 사업자금으로 쓰려고 돈을 빌린 게 아니라 가족의 치료비를 마련하거나 흉작 때 생활비를 충당하려고 돈을 빌렸다는 사실을 알았다. 그들은 빚 독촉에 시달리자 아무런 소득도 창출하지 못하는 상황에서 다른 대부업체들로부터 더 많은 돈을 빌려 기존 빚을 갚았다. 이런 돌려막기 패턴은 아무리 많은 대출이 이뤄져서 기존 부채를 소멸시키더라도, 다시 말해 아무리 부채상환율이 높더라도, 결코 정상적으로 유지될 수 없었다.

마하잔은 자신이 나무만 보고 숲을 보지 못했음을 알게 됐다. 이런 모습은 크로소스 왕과 다를 게 없었다. 마하잔은 순례 여행을 통해 비로소 올바른 관점을 얻었다. 마하잔은 여러 달이 걸린 여행을 안드라 프라데시에 있는 포참팔리 마을에서 끝냈는데, 이 마을은 앞서 언급했듯이 60년 전에 간디의 제자이자 종교 지도자인 비노바 바베가 토지헌납운동을 벌였던 곳이었다. 이 마을은 또한 이카트(ikat) 기법으로 만든 사리(sari, 인도 여성들의 민속 의상으로 제단을 하지 않은 직사각형의 화려한 천-옮긴이)가 특산품으로 유명한데, 실에 홀치기 염색법으로 무늬를 내고 이 실로 옷을 짜면 나중에 특이한 문양이 나타난다.

마하잔은 토지헌납운동을 역사상 가장 위대하고 평화로운 토지개혁 운동이라고 생각했다. 이 운동으로 가난한 농민이 자신들이 소작농으로 일했던 수백만 에이커 땅에 대한 정당한 소유권자가 될 수 있었다.

마을 사람들이 하는 말을 듣고 또 연구자들이 마을 사람들의 자살에 대해 발견한 사실을 들은 뒤에 마하잔은 사람들에게 잠시 조용히 해달라고 요청했다. 그런 다음 소액금융업체들로부터 돈을 빌린 일이 발단이 돼 자살까지 선택한 사람들의 가족에게 업체들이 당연히 책임을 지고 배상해야 한다고 말했다. 그는 가난한 사람들을 위하는 일에 다시 헌신하기로 결심하고 자신의 회사 및 업계에 개혁을 제안했다. 대출을 신청하는 각 개인의 상환 능력을 철저하게 조사하는 것을 포함하는 이 개혁이야말로 미래에 발생할 어리석음을 차단해줄 것이라고 그는 믿었다.

우리는 자기 생애에 일어날 수도 있는 모든 것을 다 예측해 맞힐 수는 없다. 누구나 재앙을 피하고 싶어 한다. 그러나 우리에게 일어나는 일 가운데는 불운한 것들도 있다. 우리가 피할 수 없는 것들이 절벽을 향해 곧바로 질주한다. 자기 삶의 의미와 자신이 하는 일의 진척을 찬찬히 살핀다면 우리는 솔론이 했던 조언과 마하잔이 경험했던 성공과 몰락의 교훈에 주의를 기울이게 된다.[33]

어떤 특정한 시점에 사람들은 자신이 잘하고 있다거나 못하고 있다는 판단을 내리고 싶은 마음이 드는데, 이는 자신이 어디쯤 와 있는지 측정할 방법이 너무도 많이 있기 때문이다. 1개월이나 2개월에 한 번씩 정기적으로 성찰하고 평가하는 것이 이런 문제를 해결할 수 있는 하나의 방법이다. 우리는 설령 단기적인 목표를 거의 달성한 시점이더라도 자신이 놓치고 있을지도 모르는 것에 대해 자주 의문을 제기할 수 있다. 내가 아는 어떤 사람들은 비록 중요하지만 긴급하지 않은 것들의 목록을 1개월에 한 번씩 정리해 자택이나 사무실의 눈에 잘 띄는 곳에 붙여둔다. 또한 어떤 사람들은 목표를 달성하거나 달성하지 못하는 것에 크게 신경 쓰지 않기로 작정하고 살아가는데, 이 또한 자신에게 중요한 것을 무모하게 무시해버리는 실수를 저지르지 않기 위한 하나의 위험 회피 방법이다.

우리는 자기 자신에게 인생이 끝나는 마지막 순간이 아니라 평소 정기적으로 스스로에게 질문을 던짐으로써 미래와의 연결을 보다 깊게 이어갈 수 있다. 그 질문은 다음과 같은 것들이 될 것이다.

"내가 후대에 남기고 싶은 궁극적인 유산이 무엇이면 좋을까?"

"인생 여정의 종착점에 다다르기 전까지 내가 진정으로 끝내고 싶은 일은 무엇일까?"

"나는 과연 사람들이 무엇을 기억해주길 바라고 있을까?"

"그것을 달성하기 위해 나는 얼마나 다가갔을까?"

"인생이라는 게임에서 나는 지금까지 얼마나 많은 점수를 따놓았을까?"

즉각적 만족의 문화에 나타난 균열들

> 걸어야 할 때를 알고,
> 뛰어야 할 때를 알아라.

–돈 슐리츠 작사·작곡, 〈도박사(The Gambler)〉〈케니 로저스 노래〉

:: 마시멜로 테스트의 진실

잘못된 신화 하나가 대중문화에 스며들어 있다. 미래를 앞질러 생각하는 것은 오로지 천부적인 재능을 가진 사람들만이 할 수 있는 영역이라는 발상이 바로 그것이다. 인간의 행동을 이런 관점에서 바라보면 사람들이 무모하고 경솔한 결정을 내리거나 내리지 않는 것은 오직 그 사람이 천부적으로 타고난 능력에 달린 셈이 된다. 이런 전제가 성립한다면 어떤 잘못된 일이 일어나더라도 문화와 사회에는 책임이 돌아가지 않으며, 기업과 자치단체의 경우도 마찬가지다.

만일 여러분이 이런 관점을 가진다면 쉽게 무력감을 느끼고 말 것이다. 모든 게 인간 본성에 달렸다면 굳이 미래에 대한 보다 나은 포사이트를 얻으려고 힘들게 노력하고 훈련할 필요가 없으니까 말이다.

이런 오해는 당장의 만족을 뒤로 미룰 수 있는 어린아이의 능력을 검증하는 저 유명한 '마시멜로 테스트(Marshmallow Test)'로까지 거슬러 올라간다. 이 테스트 실험은 월터 미셸(Walter Mischel)이 1960년대에 처음 실시했다.[1]

지금은 널리 알려져 있는 이 실험에서 미셸은 스탠퍼드대학교 부설 유치원 빙너스스쿨(Bing Nursery School)의 600명이 넘는 아이들에게 다음 2가지 가운데 하나를 선택하라고 했다. 하나는 자신이 좋아하는 과자(마시멜로, 쿠키, 민트, 프레첼) 하나를 지금 당장 먹는 것이고, 또 하나는 선생님이 돌아올 때까지 20분 동안 먹지 않고 참았다가 선생님이 오면 그 과자를 2개 먹는 것이었다.

수십 년 뒤에 미셸은 과자 먹기를 미뤘던 아이들은 나중에 커서 SAT 점수를 상대적으로 높게 받았고 또 보다 높은 학위를 받더라는 사실을 확인했다. 그리고 이 아이들은 20분이라는 시간을 참지 못했던 아이들에 비해 비만이나 약물 중독에 빠지게 되는 가능성도 적었다. 미셸이 이 결과를 발표했을 때 많은 논평가들이 어린 시절의 자제력이야말로 인생 성공의 중요한 지표라고 선전하면서 세간의 이목을 끌었다.

끈기 있게 참고 기다림으로써 마시멜로 테스트를 '통과'하는 것이 인기 있는 어린이 TV 프로그램 〈세서미 스트리트(Sesame Street)〉의 소재가 되기도 했다. 어떤 동기부여 전문가는 2009년에 "마시멜로를 먹지 마라"라는 제목의 테드(TED) 강연을 했고, 초등학생들은 이 글귀가 박힌 티셔츠를 입었다. 이 연구 결과를 많은 주요 언론사들도 앞다퉈 다뤘다. 그런데 기사들 중 많은 것들이 어린 시절의 기다리는 습관과 나중에 거두게 되는 성공 사이의 상관성을, 의지력이 소수의 사람들에게만 선천적으로 프로그래밍돼 있다는 발상과 혼동했다. 마시멜로 테스트를 통과한 아이들과 그렇지 못한 아이들이라는 섣부른 조기 분류는 자기 아이의 인생이 장차 어떻게 될 것인가 하는 의문에 대한 즉각적인 대답을 찾고자 하던 부모들의 심리와 잘 맞아떨어졌다.

그러나 초기 마시멜로 실험의 뒤를 이은 일련의 후속 연구들은 인간이 자기 충동을 통제하는 방식과 관련해 환경과 문화가 중요하다는 한층 심도 깊은 이야기를 전한다.[2] 예를 들어 로체스터대학교의 연구자들이 수행했던 실험 결과는 만족을 뒤로 유예하는 아이의 능력은 선천적인 게 아니라 자신이 놓여 있는 환경에 적응하려고 선택한 행동일 뿐이라는 사실을 입증했다.

2012년 인지과학자 셀레스트 키드(Celeste Kidd)와 홀리 팔메리(Holly Palmeri) 그리고 리처드 애슬린(Richar Aslin)은 미셸의 마시멜로 실험을 뒤틀어 색다르게 접근했다. 이들은 한 집단의 아이들에게는 믿을 수 있는 조건을 제시하고 다른 집단의 아이들에게는 전혀 믿을 수 없는 조건을 제시했다. '믿을 수 없는 조건'의 집단에 속한 아이들은 이 실험이 시작되기 전에 멋진 스티커와 예쁜 크레용을 주겠다는 약속을 받았지만, 이 약속이 이행되지 않는 것을 경험한 상태였다. 이와는 달리 '믿을 수 있는 조건'의 집단에 속한 아이들은 약속이 이행되는 경험을 한 상태였다.

실험 결과 약속이 충실하게 이행되는 경험을 한 아이들은 보다 더 나은 대가를 위해 더 오래 기다렸으며, 즉각적인 보상을 선택한 아이들은 미래의 약속을 믿지 않거나 최소한 매우 불확실한 것으로 판단하고 그런 선택을 한다는 사실이 확인됐다. 이 실험의 결과로 보면 특정 아이들이 다른 아이들에 비해 참을성이나 자제력이 반드시 더 많다고만 이야기할 수는 없다. 오히려 아이들은 주어진 조건 또는 자신에게 약속을 한 어른들 및 보상 약속을 신뢰하는 수준에 따라 거기에 맞는 선택을 한다고 볼 수 있다. 환경에 따라서 다른 결과가 나타난다는 얘기다. 이때 환경이란 단지 아이의 성격이나 미래 보상에 대해 갖고 있는 정보의 양을 지칭하지 않는다. 미셸의 마시멜로 테스트에서 인내심을 발휘했던 아이들의 인생에서 실제로 중요하게 작용했던 것은, 그 아이들이 천부적으로 타고난 능력이 아니라 그 아이들을 둘러싼 삶의 환경이 아니었을까?

이런 원리가 사람들이 일상적인 생활 속에서 내리는 의사결정에도 작동하는 것을 볼 수 있다. 지금 당장 몇 년 동안 신을 수 있는 좋은 신발을 구입할 돈을 갖고 있지 않은 사람은 자신이 놓여 있는 환경 때문에 겨우 석 달밖에 신을 수 없는 싸구려 신발을 산다. 시간이 지나고 나면 결국 더 좋은 신발을 사는 것보다 더 많은 돈을 쓰게 될 것임을 알면서도 그와 같은 선택을 한다. 아니면 시간에 쫓기고 있어서 그렇게 멀리까지 생각할 여유가 없는데 마침 신발 할인점 앞으로 지나다가 그 신발이 눈에 띄어 샀을 수도 있다. 그런 상황이라면 그 사람에게 싸구려 신발이 아닌 더 좋은 신발을 사는 것이 돈이나 그 밖의 자원을 더 절약하는 것이라고 알려주더라도 그 사람은 자신의 결정을 바꾸지 않을 것이다. 하지만 그 사람이 놓인 환경 또는 자기 환경에 대한 그 사람의 인지 내용이 바뀌면 결정도 바뀔 수 있다.

문화도 환경만큼이나 의사결정에 영향을 줄 수 있다. 독일의 심리학자 베티나 램(Bettina Lamm)은 200명에 가까운 어린이를 대상으로 독자적인 버전의 마시멜로 실험을 했는데, 카메룬의 자급자족 농민의 4세 아이들은 독일 아이들에 비해 월등하게 높은 비율로 마시멜로 테스트를 통과한다는 사실을 확인했다(카메룬의 아이들은 자신이 좋아하는 과자의 보상을 기다리는 동안에 별로 칭얼거리거나 짜증을 내지도 않았으며, 당장의 유혹에 저항하면서도 거의 평소와 다름없는 마음 상태를 유지했다).[3] 램은 이 두 나라의 아이들을 생후 3개월부터 추적했는데, 2007년의 이 마시멜로 테스트는 서구 문화권에 속하지 않는 아이들을 대상으로는 공식적으로 처음 이뤄진 것이었다.

카메룬 아이들은 70퍼센트가 자기들이 좋아하는 도넛 2개를 받으려고 기다렸지만 독일 아이들 중 자신이 좋아하는 과자를 더 받으려고 기다린 아이들의 비율이 채 30퍼센트도 되지 않는 이유를 램은 정확하게 파악하지는 못했다. 그 이전에 이뤄진 여러 연구들도 미국 어린이들 가운데 3분의 1 미만만 더 많은 보상을 얻으려고 기다렸다는 사실을 확인했다. 그런데 이후 램과 그녀의 동료들은 카메룬의 엄마들은 완전히 다른 관습과 기대치를 갖고 아이들을 대한다는 사실을 관찰을 통해 발견했다. 이 엄마들은 아이들에게서 존중을 기대했으며, 자기 아이가 보내는 욕구나 결핍의 어떤 신호에 대응해 그 아이를 독일 엄마들만큼 자주 보살피지 않았다. 카메룬의 엄마들은 신생아가 울기도 전에 곧바로 젖을 먹였다. 아이가 세상 속으로 들어갈 때 부정적인 감정을 표현할 필요가 없도록 엄마가 미리 조치를 취하는 것이라고 램은 해석했다. 거의 옥수수와 콩밖에 먹지 못하고 진흙 벽돌로 지은 집에서 성장하는 카메룬의 아이들은 가족 농장에서 일을 하며 어린 동생들을 돌보는 것을 당연하게 여겼다.

이 발견 사실은 문화적인 가치와 관습도 사람들이 즉각적인 충동에 대응하는 방식을 상당한 수준으로 바꿔놓을 수 있다는 전망을 제기한다. 비록 카메룬의 아이들이 마시멜로 테스트에 참여한 독일이나 미국 아이들에 비해 평균적으로 훨씬 가난하지만, 이들의 문화가 미래의 보상을 중요하게 여기도록 동기를 부여했을 수도 있다.

하지만 콜로라도대학교 볼더 캠퍼스의 연구자들이 2018년에 발표한 또 다른 마시멜로 테스트 논문은 또래 집단 아이들이 갖고 있는 규범이 이 집단에 속한 아이가 미래의 보상을 인내심을 갖고 기다리는

지의 여부에 강한 영향을 준다고 주장한다.[4] 한 아이에게 그가 똑같은 색깔의 티셔츠를 같이 입는 또래 집단의 구성원이라고 이야기해준 다음 다른 아이들이 인내심을 발휘하면서 기다리는 모습의 사진이나 영상을 보여줄 때, 이런 행위가 그 아이가 당장의 유혹을 참지 못하고 마시멜로를 먹을지 아니면 보다 더 많은 미래의 보상을 기대하면 참을지 선택하는 데 영향을 준다는 것이다.

이와 대조적으로 성별이나 인종 등과 같은 생물학적인 특징과 인내심을 발휘하는 능력과의 연관성을 찾으려는 실험들이 있었지만, 설득력이 있는 결과는 나오지 않았다. 한 집단의 문화적 규범이 그 집단에 속한 구성원의 미래관을 형성한다는 한층 강력한 증거, 각기 다른 지역에 살면서 각각 다른 직업과 이념을 갖고 있는 사람들에게서 볼 수 있는 차이를 이 규범이 설명해준다는 증거만 확인할 수 있을 뿐이었다.

그래도 이런 연구에서 하나의 발상을 추론할 수 있다. 주어진 조건이나 문화적 규범에 따라 사람은 미래와 관련이 있는 행동을 얼마든지 바꿀 수 있다는 발상이다. 이런 인식은 매우 중요한데, 왜냐하면 우리 자신이나 다른 사람들이 포사이트를 발휘할 수 있는 올바른 조건을 만들어낼 선택권을 우리에게 제시하기 때문이다. 이는 사람들이 각자 가지고 있는 의지력에 그저 의존만 하는 것과는 전혀 다른 경로를 우리에게 제공한다.

이 같은 발상은 마시멜로 테스트를 어떤 아이가 장차 인생에서 성공할지 실패할지를 예측하는 하나의 조짐으로만 바라봤던 사람들에 의해 지금까지 간과돼왔다. 마시멜로 테스트의 창안자인 월터 미셸은 보상을 뒤로 미루는 능력은 한 개인의 본성에 각인돼 있다는 잘못된 믿음을 불식하려고 생애의 마지막 몇 년 동안에도 학자로서 할 수 있는 노력을 다했다(월터 미셸은 2018년에 타계했다-옮긴이).

마시멜로 테스트의 잘못된 신화의 가면을 벗기는 것은 한층 중요한 어떤 결론으로 이어진다. 사람들은 천성적인 운명에 따라서 어차피 무모하고 경솔한 결정을 내릴 수밖에 없는 게 아니라는 결론, 미래를 내다볼 수 있게 해주는 문화적인 관행과 규범을 배우기만 하면 누구든 무모하고 경솔한 결정을 얼마든지 피할 수 있다는 결론이다.

:: 복권과 저축, 충동과 열망

미래를 대비하며 돈을 모으려고 할 때 사람들은 흔히 딜레마에 맞닥뜨린다. 장기적으로는 저축이 자신에게 좋긴 하지만, 저축을 하려면 지금 당장 자신이 바라거나 자신에게 필요한 것을 살 수 있는 돈을 단기적으로 희생해야 한다.

나는 티모시 플레이크(Timothy Flacke)에게 이 까다로운 문제를 해결하는 방법을 알고 있는지 물었다.[5] 플레이크는 미국의 빈곤층 및 중산층이 경제적으로 빚을 지고 살지 않도록 돕는 일을 거의 20년 가까운 세월 동안 해온 사람이며, 보스턴의 비영리 단체인 커먼웰스(Commonwealth)의 사무총장이다. 내 질문에 그는 이렇게 대답했다.

"사람들은 저축이 매우 기민하고 똑똑한 행위임을 인식하고 있습니다. 저축에 매우 큰 관심을 갖고 있기도 하고요. 그렇지만 사실 그건 정말 어려운 일입니다."

한 가족에게서 그들이 바라는 내용과 그들이 실제로 하는 행동이 일치하지 않을 때 파괴적인 결과가 빚어질 수 있다. 어떤 가족이 저축을 전혀 하지 않는 어떤 가족에게 통상적인 규모를 훌쩍 넘어서는 지출이 필요한 일이 갑자기 생길 때 이 가족을 위기를 맞는다. 2015년에 연방준비제도이사회(Fed)가 미국인 수천 명을 대상으로 저축 습관을 묻는 설문조사를 했는데, 급하게 400달러를 써야 할 일이 생길 때 이

돈을 마련할 여유가 없는 가족이 무려 46퍼센트나 됐다.[6]

절망적인 상태에 놓인 사람들은 흔히 지금 당장의 필요성에 초점을 맞춘다. 이 사람들로서는 이럴 수밖에 없는 충분한 이유가 있다. 전 세계의 가난한 사람들이 내리는 의사결정을 면밀히 연구해오고 있는 행동과학자 센딜 멀레이너선(Sendhil Mullainathan)과 엘다 샤퍼(Eldar Shafir)는 시간이나 주의력이나 돈의 결핍은 사람들로 하여금 현재에 집중하게 만들며, 자기 자신의 미래를 담보로 잡혀서 돈을 빌리게 만든다고 주장한다.[7] 이런 행동을 두고 비이성적이라고 말할 수 있으며, 어떤 경제학자들은 실제로 그렇게 주장하기도 한다. 그러나 가난에 찌든 사람으로서는 현재에 초점을 맞추는 것이 의사결정을 하기에는 어쩔 수 없이 가장 실용적인 방법일 수 있다. 이 두 사람은 공저《결핍의 경제학(Scarcity)》에서 이자가 높아 자신을 빈곤의 구렁텅이로 점점 더 깊게 밀어 넣을 수도 있는 페이데이론(Payday Loan, 월급날에 대출금을 갚는 조건으로 돈을 빌리는 고금리 단기 대출 상품) 서비스를 가난한 사람들이 굳이 받을 수밖에 없는 이유를 설명한다.

급히 병원으로 달려갈 때 다른 중요한 목표들이 별로 중요하게 여겨지지 않는 것과 마찬가지로 페이데이론의 장기적인 경제학 따위는 지금 당장은 전혀 중요하지 않다. 페이데이론이 그토록 매력적인 이유는 급한 불을 끌 수 있기 때문이다. 페이데이론의 가장 큰 장점은 그 불을 빠르고 효과적으로 꺼준다는 점이다. 하지만 이 불이 조만간에 다시 더 크게 나타난다는 최악의 단점은 지금 당장이라는 시점에서는 잘 보이지 않는다.

멀레이너선과 샤퍼는 한 논문에서 인도의 사탕수수 농부들을 대상으로 인지 테스트를 진행했다. 한 번은 수확을 하기 전에 했고 또 한

번은 수확을 하고 난 뒤, 즉 주머니에 돈이 두둑할 때 했다. 그런데 똑같은 농부들이었는데도 돈이 부족할 때보다 돈을 많이 갖고 있을 때 충동을 조절하는 능력을 더 많이 발휘했다. 가난할 때 무모해 보일 수 있는 사람이라도 경제적인 여유가 넘칠 때는 똑똑하고 장기적인 전략을 갖고 있는 것처럼 보일 수 있다. 이런저런 자원이 결핍돼 있는 사람이 흔히 현재에 대해 일종의 '터널 시야(tunnel vision, 긴 터널 안에 들어가면 오로지 멀리서 빛을 발하는 출구만 보이고 주변의 모든 사물은 깜깜하게 보이지 않는 현상-옮긴이)'에 사로잡힌다는 사실을 알면, 소액금융위기 때 채무불이행 상태로 빠져버린 수많은 인도 여성들이 미래에 이익이 되는 방향으로 행동하지 않고 빚을 계속 쌓아가다가 결국 헤어나지 못할 빚더미에 깔리고 마는 이유를 쉽게 이해할 수 있다. 가난한 가족일수록 허리케인 예측과 이에 따른 대비를 잘하지 못하는 이유 역시 이해할 수 있다.

빈두 아난스(Bindu Ananth)는 인도 첸나이에 본부를 둔 드바라트러스트(Dvara Trust)의 회장이다.[8] 드바라트러스트는 가난한 사람들에게 투자 교육과 보험에서부터 저축과 대출에 이르는 다양한 금융 서비스를 제공하는 민간 기관이다. 이곳에서 발표한 연구조사 보고서에 따르면 가난한 사람들의 상환율이 매우 높으며 이들 대부분은 부채상환 일을 잘 지킨다(돌려막기를 해서 그렇지). 아난스는 기업과 정부 그리고 지원 기관이 대출을 가난한 사람들의 금전 문제를 해결하는 만병통치약으로 생각하고 여기에 지나칠 정도로 의존하는 것은 문제라고 말한다.

"만약 어떤 사람이 건강이 나빠져서 병원에 가서 치료를 받아야 한다면, 높은 이자를 주고 돈을 빌리는 행위가 단기적으로는 그 사람에게 도움이 되겠지만 그 돈을 갚아야 한다는 장기적인 관점에서는 그렇지 않습니다. 가난한 사람들은 저축해둔 돈도 없고 보험의 혜택을 받을 수도 없으므로, 즉 다른 선택권이 전혀 주어져 있지 않기 때문에 어쩔 수 없이 대출에 목을 맬 수밖에 없는데, 이런 일이 너무 자주 생긴다는 게 문제입니다."

그렇다면 여기에서 제기되는 질문은 "가진 게 거의 없다시피 한 사람들이 저축을 할 수 있도록 과연 어떻게 도울 수 있을까?" 하는 것이다.

플레이크와 그의 동료들은 가난한 사람들의 저축 및 대출 습관들과 (최소한 미국에서는) 어긋나 보이는 어떤 추세 하나를 발견했다. 그것은 높은 복권 구매 비율이다. 미국인을 대상으로 한 어떤 설문조사 결과를 보면 저소득 계층의 38퍼센트(미국인 전체의 21퍼센트)가 복권에 당첨되는 것이 목돈을 모을 수 있는 가장 현실적인 길이라고 느낀다. 이들은 도저히 가망이 없어 보이는 '한탕'에 대한 환상을 갖고 있으며, 이 한탕만 성공하면 자신들이 안고 있는 재정적인 근심거리 따위는 단번에 해결될 거라는 비현실적인 꿈을 꾼다. 한편 미국 저소득층 가구 가운데 3분의 1 미만만 정기적으로 저축을 하는데, 이 집단도 소득에 비해 터무니없이 많은 돈을 복권을 사는 데 지출한다.

복권은 저축, 적어도 언제든 쉽게 현금을 되돌려받을 수 있게 해주는 저축에서는 찾아볼 수 없는 매력을 갖고 있음을 플레이크는 깨달았다. 복권은 장기적인 보상을 기다리기보다는 지금 당장 큰돈을 손에 넣을 수 있다는 가능성을 안겨준다. 복권 당첨은 즉각적인 매력이며 어떤 가능성에 대한 환상을 심어준다. 로또뿐만 아니라 긁는 복권 역시 1달러나 2달러의 적은 돈이지만 어떤 보상의 경험을 제공함으로써 자신에게 행운이 올 수 있으며 한 번 더 도전해야만 할 것 같은 기분에 사로잡히게 만든다.

2009년에 미시간신용조합리그(Michigan Credit Union League)는 플레이크 및 커먼웰스와의 공동작업을 통해 복권이 갖고 있는 속성들을 이용해 사람들이 저축을 할 수 있도록 유도하기로 했다.[9] 이들은 은행 계좌에 저축을 하는 사람들에게 매달 일종의 경품을 제시했다. 저축을 하는 사람은 이자를 받을 수 있을 뿐 아니라 운이 좋으면 최고 10만 달러의 래플(raffle, 특정 프로젝트 기관의 기금 모금을 위한 복권-옮긴이)에 당첨될 가능성도 함께 누릴 수 있도록 한 것이다. 이 시도는 크게 성공했다. 7만 명이 넘는 사람들이 800만 달러가 넘는 돈으로 새롭게 저축 계좌를 만들었기 때문이다. 이 결과를 보고 이 제도를 만든 사람들조차 깜짝 놀랐다. 금융위기가 터진 직후였던 터라 많은 중산층 및 빈곤층에 속한 사람들이 실직하는 등의 타격을 입었음에도 불구하고 사람들이 미래를 대비해 새롭게 저축을 시작했기 때문이다. 경품 복권이라는 이 장치는 높은 이자율보다 더 인기가 좋은 저축 옵션임이 입증됐다.

이 경품 복권 아이디어를 낸 사람은 커먼웰스의 창립자이자 지금은 옥스퍼드대학교 사이드 경영대학원 학장인 피터 투파노(Peter Tufano)였다.[10] 투파노는 영국에서 할증금부채권(premium bonds)이 성공을 거둔 과정을 연구했는데, 이 채권은 복권과 저축의 혼성체였다. 영국 정부는 이 할증금부채권을 1956년에 저축을 장려할 목적으로 출시했다. 그 뒤로 70년 동안 영국 국민 가운데 이 채권에 가입한 사람의 비율은 특정 시점을 기준으로 할 때 최소 22퍼센트에서 최대 40퍼센트까지 된다. 이 채권이 정부가 발행한 다른 여러 채권들보다 보장 수익률이 상대적으로 낮긴 하지만 사람들은 이 채권에 기꺼이 가입했다. 1개월에 한 번씩 결정되는 복권 당첨자 명단에 자기 이름이 올라갈 수도 있다는 기대감 때문이었다. 투파노의 연구조사 결과 경품을 내세운 이런 저축 상품에 가입하는 사람은 전형적으로 다른 곳에 저축할 것을 여기에 저축하는 게 아니라 도박에 쓸 돈을 여기에 저축한다는 사실이 확인됐다.

이런 저축 상품에 가입할 때는 진짜 복권을 살 때와 다르게 초기 투자금을 잃을 위험이 전혀 없다. 이 저축 상품에 가입한 사람은 복권에 당첨되지 않더라도 자신이 저축한 돈에 붙을 이자 가운데의 일부분만 잃을 뿐이며, 그럼에도 불구하고 '한탕'의 대박이나 소소한 현금 경품의 수혜자가 될 기회는 여전히 남아 있다. 즉, 복권을 사긴 하지만 돈을 잃을 가능성은 전혀 없다는 말이다. 하지만 사실 이들은 불우할지도 모를 미래에 대비해 저축을 하는 것일 뿐이다.

2009년 이전에는 미국의 많은 주에서 경품과 연계된 저축 상품은 불법이었다. 복권 및 게임에 관해 주 정부가 정한 제한 때문이었다. 그러나 2009년에 미시간에서 이런 상품이 건전한 성공을 거두자 저축을 장려하는 경우에는 은행이나 신용조합이 출시하는 상품에 대해서는 여러 주에서 예외를 적용하기 시작했다. 그리고 2014년에 연방 하원은 연방 정부 차원에서도 이와 비슷한 예외조항을 설정하는 법안을 통과시켰다. 2009년에 미시간에서 경품이 달려 있는 저축 상품을 출시한 뒤로 8만 명이 넘는 미국인들이 이와 같은 상품들을 통해 신용조합에서 저축을 해왔으며, 또 20만 명이 넘는 사람들이 은행의 선불카드나 백화점 신용카드로 그것과 비슷한 특성을 활용해왔다. 2016년 말 스탠퍼드대학교의 어떤 연구자가 설계한 롱게임(Long Game)이라는 스마트폰 앱 역시 이런 원리들을 토대로 한다. 롱게임은 가입자가 쉽게 계좌를 만들 수 있게 하고(60달러만 있으면 계좌를 만들 수 있다) 이 계좌를 스마트폰에 등록할 수 있게 해준다. 또한 최대 100만 달러에 이르는 상금을 혼자 가져갈 수 있는 게임에 참여할 수 있도록 문을 열어준다. 이 앱은 출시 6개월 만에 1만 2,000명의 사용자를 확보했는데, 이 사용자들은 1개월 평균 50달러를 자기 계좌에 입금하고 있다. 사용자들이 맡긴 돈은 연방예금보호공사(FDIC, 1933년 미국 은행법에 따라 설립된 예금 보험기관-옮긴이)에 의해 보호된다.

최근 몇 년 동안에 미국 내 열 곳이 넘는 주에서 은행이나 신용조합이 경품이 결합된 저축 상품이 출시됐다. 2007년에 아르헨티나에서 이런 저축 상품을 출시한 두 곳의 은행은 6개월 만에 예치금과 저축 고객의 수가 약 20퍼센트 늘어났다.

그런데 이 제도가 널리 확산되는 데 걸림돌로 작용하는 요소 가운데 하나는 민간 은행으로서는 이런 상품에서 수익을 그다지 많이 거두지 못한다는 점이다. 그래서 민간 은행들은 신규 고객과의 장기적인 관계를 중요하게 필요로 하지 않을 경우 이런 혁신에 투자를 하지 않는 경향이 있다. 최근 몇 년 동안에 저금리가 이 상품을 출시하려는 은행들에 찬물을 끼얹었는데, 사람들의 상상력을 자극하는 동시에 사람들로 하여금 보다 더 많은 돈을 저축하도록 권장하는 수치인 100만 달러의 상품을 매달 지급할 수 있으려면 예금자를 많이 확보해야 하는데 그게 쉽지 않아졌기 때문이다. 남아프리카공화국의 경품 옵션 저축 상품(투파노는 이 상품도 연구했다)은 대대적인 성공을 거뒀는데, 그 바람에 로또 사업자가 위기를 느꼈고 그래서 정부는 그 저축 상품을 없애버렸다. 정부로서는 사회 기간시설 및 공교육 등과 같은 공공 부문에 투자할 재원을 마련할 목적으로 복권 사업을 독점하고자 했던 것이다.

그러나 정부가 하는 복권 사업과 관련된 오래된 문제점은 가난한 사람들의 주머니에서 나온 돈으로 재원을 마련해 공공 부문의 서비스를 실행하는 데 있다. 예컨대 사회에서 가장 결핍 상태에 있는 사람들에게 역진세(逆進稅, regressive tax, 가난한 사람이 부유한 사람보다 세금을 더 많이 내거나 똑같이 내는 정부의 세입 징수 제도-옮긴이)를 물리는 셈이나 마찬가지라는 말이다. 그러나 경품과 결합된 저축은 도박을 하는 사람들이 자기 자신을 위해 저축하도록 함으로써 기존의 복권 제도에 동반되는 부작용을 바로잡는다.

경품이 결합된 저축 상품에서 기발한 점은 도박을 하려는 즉각적인 충동에 저축을 하려는 장기적인 열망을 결합시킨다는 점이다. 이런 결합에 바탕이 되는 발상은 미래의 자신에게 좋은 어떤 일을 현재 시점에서 수행하도록 현재의 스스로에게 동기를 부여할 수 있다는 것이다. 나로서는 이것이 단기 목표들을 설정하는 것처럼 보이지만, 사실이는 자신이 장기적으로 가야 할 경로에서 자기 자신이 벗어나지 않도록 유인하는 방법들을 찾는 것이다.

:: 반짝이 폭탄 접근법

예전에 나는 그다지 썩 고상하지 않은 목적을 달성고자 이 수법을 쓴 적이 있다. 대학교 때 친구 한 명이 휴스턴에서 열리는 마라톤 대회에 참가하기로 했을 때 나는 어떻게 해서든 이 친구가 처음 도전하는 42.195킬로미터를 완주하도록 돕고 싶었다. 나는 이 친구가 변덕스러운 기질이 있으며 밝은 색깔들을 좋아한다는 걸 알고 있었기에, 마라톤이 진행되는 동안 나는 마라톤 코스의 중요한 몇 개 지점에 먼저 가서 대기하고 있다가 달려오는 그 친구에게 반짝이 폭탄을 던져서 반짝이가 그 친구 머리 위로 또 그 주변으로 날리는 퍼포먼스를 했다. 특정한 활동가 집단들 사이에서는 '반짝이 폭탄 던지기(glitter-bombing)'라는 말로 알려져 있는 것을 그 친구에게 한 것이다. 어떤 경우에는 이것이 공격적인 의도로 행해지므로 당하는 사람 입장에서는 반기지 않을 수도 있지만, 다행히 그 친구는 내 의도대로 깜짝 놀라면서 좋아했다. 어쨌든 그 친구는 결승선을 통과한 뒤에 반짝이 폭탄 덕분에 가장 힘든 구간을 무사히 버티며 완주할 수 있었다고 했다.

이 전략은 치과에서 어린아이에게 충치를 예방하는 조치를 취할 때의 불편함을 아이가 잘 참을 수 있도록 풍선이나 컬러 칫솔을 주는 것과 별로 다르지 않다. 우리가 선택하는 보상이 장기적인 목표와 어긋나지만 않는다면 이런 방법이 야근조로 일하거나 어려운 외국어를 배우거나 학위를 받으려고 다시 학교로 돌아가는 일을 잘할 수 있게 도움을 줄 수도 있다는 증거는 많다.

지금 내가 '반짝이 폭탄 접근법'이라고 생각하는 것도 사람들이 다가오는 재앙에 대비하는 데 유용한 도움이 될 수 있다.[11] 내가 아는 홍수 및 해수 범람 대비 전문가는 상습 수해 지역 주민들을 상대로 침수 피해에 대비해야 한다고 그렇게 많은 시간을 들여서 설득하려 했지만 결국 실패했다.[12]

그런데 이 사람은 나중에야 효과적인 설득 기술을 터득했다고 말했다. 다름 아닌 주택 소유자들에게 홍수 보험료를 줄일 수 있는 구체적인 기법들을 알려주는 것이었다. 자신이 시간과 돈을 들여서 어떤 조치를 취할 때, 그 해 안에 확실한 이득이 발생한다는 것을 아는 순간 주민들은 자발적으로 시간과 돈을 들여서 낙수받이를 설치하거나 지하실이 침수되지 않도록 조치를 취했다. 주민을 설득하는 관건은 미래에 닥칠 수도 있고 아닐 수도 있는 홍수나 해수 범람이라는 귀신을 피하라고 말하는 게 아니라 구체적이고 즉각적인 어떤 이익을 제시하는 것이다.

각각의 자치단체들과 보험사들은 자신들이 미래의 기상재해에 대비하고자 하는 것을 위해 사람들에게 오늘 당장 보다 더 많은 재정적인 보상을 줄 수 있다. 특히 실제로 재해가 발생한 뒤에 이 재해에 책임을 져야 하는 정부나 민간 기업들이 감당해야 할 비용을 염두에 둔다면 더욱 그렇다. 최소한 정부는 자연재해에 대비하는 어떤 행동을 했다는 이유로 당사자에게 벌칙을 가해서는 안 된다. 지금은 달라졌지만 실제로 1990년까지만 하더라도 캘리포니아 주 정부는 지진에 대비해 주택을 개량한 사람들에게 부동산 세금을 인상해 징수했다.[13] 그러자 유권자들은 보다 더 높게 설정된 지진 대비 기준에 맞추려고 주택을 개량할 때는 세금을 올리지 않도록 하는 법률을 제정하기 위한 주민투표에 나섰고 결국 성공했다.

한층 나은 반짝이 폭탄 전술로서 자치단체들은 재해 대비 활동에 세금 환급을 해줄 수도 있다. 뉴저지와 휴스턴을 포함한 미국의 몇몇 주와 도시들은 재해가 쓸고 간 뒤에 살던 곳을 떠나는 사람들로부터 그들이 살던 집을 후한 값으로 사들이는 정책을 펼치고 있다. 그런데 이런 조치는 재해의 위험이 높은 지역들에서 재해가 닥치기 전에 시행될 수도 있으며, 사람들이 현재의 근심거리를 그냥 떠안고 살아가고 싶다는 유혹을 받을 때 결심 지점(decision point, 전쟁 단계별로 지휘관 또는 참모가 아군이 취해야 할 행동에 대한 결심을 실행할 곳을 나타낸 좌표-옮긴이)들의 숫자를 제한하는 것과 결합될 수도 있다. 사람들이 해마다 현명한 선택을 하는 것에 의존함으로써 그 사람들이 해마다 반복해 재해에 대비하는 저축을 지금 당장 하게 만들기보다는, 장기 계약으로 체결된 주택담보대출을 장기 홍수·재해 보험과 연동시킬 수 있다. 이는 헤지 펀드 투자자들이 자신의 포트폴리오를 하루 동안에 바라보는 횟수 및 거래횟수를 스스로 제한하는 것과 비슷하다.

반짝이 접근법은 심지어 지구 온난화 현상을 제어할 방법을 제시할 수도 있다.[14] 교통수단 및 전력에서 발생하는 온실 가스 방출을 줄이겠다는 제안이 수십 년 동안 제대로 먹히지 않았는데, 이는 지금 당장 얻을 수 있는 것에 충동적으로 이끌리는 인간의 특성을 제대로 파악하고 활용하지 못했기 때문이다. 대부분의 개인과 기업은 미래의 '덜 따뜻한 지구'라는 추상적인 어떤 관념을 위해 지금 당장 자신에게 희생을 강요하는 높은 유가와 전기료를 인내하고 싶어 하지 않는다. 최근 몇 년 동안에 보수주의와 자유주의 양 진영의 많은 집단들이 이산화탄소 오염을 줄이는 데 미국이 반짝이 접근법을 구사해야 한다는 제안을 해왔다. 탄소 배출 상한선을 설정해 석탄이나 석유와 같은 화석연료의 가격이 올라가게 만들거나 사람들에게 세액공제 혜택을 주거나 1년에 네 번씩 배당금 수표를 이메일로 발송하는 것 등이 그런 제안에 담긴 내용이다. 이 배당금에 소요될 예산은 석유나 석탄과 같은 오염 연료에 부과하는 세금으로 마련할 수 있다. 이런 접근법을 취할 때 청정에너지 정책은 단기적으로 보다 더 많은 사람들에게 (인지되는 희생과 비교하더라도) 한결 더 매력적으로 비춰질 것이다.

물론 반짝이 폭탄이 모든 상황에서 다 통할 수는 없다. 때때로 우리는 지금 당장의 유혹에 압도돼서 도저히 버티지 못할 수도 있다.

:: 기다리며 참을 수 없는 이유

버려진 땅에 잡초가 퍼지듯이 무모함과 경솔함이 그렇게 손을 쓸 수도 없이 빠르고 완강하게 퍼져나갈 수 있는 어떤 장소가 있다면, 가장 먼저 꼽을 수 있는 곳이 라스베이거스다. 이곳은 다른 사람들의 근시안을 이용해 직접적으로 이득을 얻을 수 있는 장소다. 내게 지금의 라스베이거스는 1980년대 월트디즈니 엡콧 센터(Epcot Center)의 디스토피아적인 유사함이다. 라스베이거스는 적어도 우리 사회가 지금의 궤적을 따라서 계속 진행될 경우 우리가 살아갈 사회의 미래 모습에 대한 하나의 모델이다. 라스베이거스는 미래를 볼 수 있는 망원경인 동시에 우리 시대를 비추는 거울이기도 하다. 미래에 주의를 기울이는 데 가장 극단적인 걸림돌이 될 것이라고 내가 상상하던 바로 그것을 경험하려고 나는 라스베이거스에 갔다.

카지노 안에서는 사람들이 지금 당장의 욕망을 위해 미래를 포기하는 이유에 대해 많은 것을 배울 수 있다. 카지노 관리자들은 설계상의 온갖 섬세한 선택들을 통해 (대부분의 사람들은 아니더라도) 많은 사람들이 유혹적인 환상을 누리기 위해 미래에 대한 지혜를 기꺼이 포기하는 것을 선택하도록 조종하는 환경을 창조한다.

우선 카지노는 넘쳐나는 온갖 유혹들로 시작한다. 플래닛 할리우드 리조트 앤 카지노(Planet Hollywood Resort & Casino)에서 나는 맹인 남성이 한 손에는 칵테일 잔을 들고 다른 한 손에는 맹인용 지팡이를 들고 있는 것을 봤다. 그 맹인은 나보다 더 말짱한 정신을 갖고 있는 것 같았다. 나의 주의력은 마치 핀볼처럼 뱅글뱅글 돌고 있었으니까 말이다. 실내의 소음은 어마어마했다. 카드 섞이는 소리, 유리잔 부딪히는 소리, 전자 오락기가 뱉어내는 전자음 멜로디, 칩들 위로 칩들이 던져질 때 나는 짤그락거리는 소리 등. 여종업원들은 유리잔에 담긴 무료 샴페인을 도박을 하러 온 손님들에게 부지런히 날랐다. 네온 불빛은 이들에게 '플레저 핏(Pleasure Pit, 카지노 내 스트립쇼 등이 펼쳐지는 공간-옮긴이)'으로 오라고 손짓했다.

행운을 시험해보고 싶다는 유혹과 돈을 딸 수 있다는 기대감은 익숙한 느낌이지만, 이런 느낌이 카지노 안에서는 한껏 증폭된다. 휴대전화를 10개나 들고 있는데 이 모든 휴대전화가 저마다 시시덕거리며 추파를 던지는 메시지가 도착했다면서 끊임없이 요란하게 번쩍거릴 때가 바로 그런 느낌이 들지 않을까 싶다. 여기에서는 당장 5분이나 10분 뒤 자신에게 대박이 터질 것 같은 기대감에 휩싸인다. 내일이나 모레 또는 다음 주가 아니라 바로 지금 당장이다. 그러다 보면 어느 순간엔가 힘들게 딴 돈을 팸(Pam)이라는 이름의 유쾌한 블랙잭 딜러에서 파구 퍼주고 있는 자신의 모습을 발견하게 된다. 사실 내가 그랬다.

카지노는 지금 당장의 즉각적인 만족에 코가 꿰이고 마는 인간의 성향을 최대한 이용한다.[15] 특정한 보상의 약속이 주입되는 순간(그 보상이 초콜릿이든 오르가슴이든 슬롯머신 화면에 번쩍거리는 황금별이든 무엇이든 간에) 그 사람의 뇌에는 도파민이 분출된다고 신경과학자들은 말한다. 도파민은 뉴런 사이로 전송되는 화학 물질인데, 그것이 보다 더 많이 또 될 수 있으면 더 빨리 더 자주 분출하길 바라도록 우리를 훈련시킨다. 슬롯머신의 승리 조합, 문자가 왔음을 알리는 소리, 달달한 음료 한 모금, 소셜 미디어의 '좋아요' 등을 접할 때 우리가 그 다음 차례의 스릴을 갈망하는 이유도 바로 여기에 있다.

즉각적인 욕망을 충족할 때 우리는 그 다음의 또 한판을 정신없이 찾게 되는 충동의 닫힌회로에 사로잡히고 만다. 전율이 흐르는 TV 드라마에서 바위 절벽에 매달려 생사를 넘나드는 사람의 모습을 지금 방금 본 것 같은 느낌에 연속적으로 사로잡힌다는 얘기다. 이렇게 해서 지금 당장의 만족에 중독돼 나중에 빚어질 결과와 시간 흐름 자체에 둔감해진다. 현재에 대한 이런 유형의 집착은 불교에서 말하는 '현재 순간에 오롯이 몰입하기', 예컨대 1970년대에 럼 다스(Ram Dass)가 '지금 여기에 존재하기(being here now)'라고 불렀던 것이나 존 카밧-진(Jon Kabat-Zinn)이 '마음챙김(mindfullness)' 상태라고 불렀던 것과는 전혀 다르다. 순간적인 만족을 추구한다는 것은 바로 코앞의 가까운 미래에 대한 기대로서 나타나는데, 이는 현재의 상태가 끊임없이 불만족스러운 그런 상태다.

뉴욕대학교의 인류학자 나타샤 슐(Natasha Schull)은 카지노 관리자들이 고객들의 도파민 분출을 추구하는 성향을 포착하는 여러 가지 방법을 분석했다. 이 관리자들은 음료와 음식을 무료로 손님들에게 제공한다. 이는 사람들이 돈을 잃더라도 자리를 뜨지 말고 반드시 돈을 딸 때가 올 것이라는 기대를 갖고 진득하게 계속 있으라고 부추기기 위한 것이다. 그리고 1980년대 이후에 카지노에 무더기로 도입된 비디오 도박 기계는 특히 중독을 유발할 목적, 다시 말해 불과 몇 초밖에 되지 않는 게임 주기에서 이제 곧 자신이 이길 차례가 됐다는 느낌을 이용자에게 줄 목적으로 정교하게 설계됐다고 슐은 주장한다. 현대의 슬롯머신들은 감각적인 보상과 멜로디 소리 그리고 화면에 펼쳐지는 화려한 디스플레이를 만들어낸다. 이 기계에서 작은 돈이라도 따는 순간 사람들의 마음속에서는 게임을 계속해서 하고 싶다는 욕망이 흘러넘치고, 결국 자신의 관심사가 무엇인지, 자신이 얼마나 오랫동안 그 자리를 지키고 있었는지조차 잊어버리는 일종의 무아지경에 빠져들고 만다. 라스베이거스에서는 카지노의 실내 천장이 마치 한낮의 하늘처럼 도색돼 있고, 배경 조명도 이런 느낌을 조장해 그곳에서는 한낮이 영원히 이어진다는 환상을 불러일으킨다. 그래서 한밤중에도 카지노 손님들은 잠을 잊은 채 도박 기계들과 카드가 돌아가는 테이블 사이를 어슬렁거리며 돌아다닌다.

라스베이거스는 상상 속의 탐닉과 거의 비슷한 부류의 극단적인 환경이지만, 우리가 일상생활에서 의존하는 기술들 역시 라스베이거스와 비슷한 효과를 내도록 설계돼 넘쳐나는 온갖 유혹을 제공한다. 세상의 모든 지식이 내 손가락 안에 있으며, 내가 아는 모든 사람들과 내가 알지 못하는 많은 사람들이 불과 몇 초 안에 나와 연결된다. 이 기술은 소리, 리트윗 메시지, '좋아요' 등의 푸시 알림 기능을 통해 다음 차례의 한판을 집착적으로 찾아 나서도록 우리의 등을 마구 밀어댄다.

우리는 날마다 라스베이거스의 카지노를 주머니 속에 넣고 다닌다.

인스턴트 메시지에서부터 원클릭 쇼핑에 이르기까지 우리 시대에 널리 퍼져 있는 온갖 도구들은 술집에서 맥주를 마시는 사람으로 하여금 맥주를 계속 더 당기게 만드는 짭짤한 과자 안주처럼 사람들이 자기가 원하는 것을 계속해서 곧바로 손을 넣을 수 있는 조건을 만들어준다.[16] 우리는 모든 것이 보다 더 빠르게 진행되기를 기대하게 됐다. 그래서 마트의 계산대에서 느리게 돌아가는 기계 앞에 길게 늘어선 줄에 서 있을 때는 초조해져서 저절로 손가락으로 자기 허벅지를 톡톡 두들겨대곤 한다. 우리는 시간을 예전보다 더 자주 측정하는 동시에 예전보다 덜 측정한다고 느낀다. 폴라로이드 카메라와 전자레인지 시대로 거슬러 올라가는 어떤 궤적 속에서 유비쿼터스(ubiquitous)는 우리가 즉각적이라고 여기는 것들을 한층 짧은 시간 단위로 압축하고 있다.

애리조나주립대학교 내에 위치한 과학과 상상력 센터(Center for Science and the Imagination)의 책임자 에드 핀(Ed Finn)은 구글이 자사의 검색엔진을 개선하기 위해, 이를테면 이용자가 검색어를 입력하고 엔터키를 치고 난 뒤 결과가 나오기까지 걸리는 1,000분의 1초 단위의 짧은 지연 시간을 없애고자 어떤 작업을 했는지 설명했다.[17] 이용자가 검색어를 채 다 입력하기도 전에 (또는 어떤 경우 검색어에 대한 생각을 마치기도 전에) 검색어를 완성하는 구글의 '자동완성' 기능은 그 모든 것이 보다 더 빠르게 이뤄지길 원하는 사용자의 욕망을 예측하고 충족하기 위한 것이다.

과거와 미래는 보이지 않고 오로지 현재에만 초점을 맞추는 디지털 시간 표시는 기술이 사람의 인지에서 과거와 미래를 지워버린다는 사실을 상징적으로 드러낸다. 여러 세대 동안에 걸쳐 아날로그 시계의 숫자판은 그날 전체의 맥락 속에서 특정 시점의 시간을 제시했다. 사람들은 이 숫자판 위에서 과거에서 미래로 그리고 계속 반복되는 주기 속에서 움직이는 시침과 분침과 초침을 바라봤다. 이에 비해 디지털 시계는 오로지 지금 당장의 순간만 보여준다. 지금 당장의 순간이 다음 순간을 잉태하고 있는데도 말이다.

17세기에 아이작 뉴턴은 절대적이고 수학적인 시간과 인간이 스쳐 지나가는 것을 인지하는 것으로서의 시간, 다시 말해 '겉보기'의 시간을 대비시켰다.[18] 문학가 해럴드 슈바이처(Harold Schweizer)는 기술 발전 속에서 우리가 경험하는 겉보기 시간의 압축은 사람들을 점점 더 소외되고 불안하다는 느낌에 사로잡히게 만든다고 주장한다. 슈바이처는 저서 《기다림에 관하여(On Waiting)》에서 다음과 같이 썼다

"순간의 문화 속에서 살 때 기다리는 행위가 가져다주는 모욕감은 현대성과 조화를 이루지 못한다는 불안감이기도 하다."

그는 사람들의 불안감이 미래에는 더욱 악화될 수 있다는 사실의 이유를 이렇게 설명한다.

"만일 사회 변화의 가속화가 현재를 압축하는 것으로 이어진다면, 기다림 속에서 현재는 고통스럽게 연장된다."

그리고 그는 쪼그라드는 시간을 카메라 셔터의 갑작스런 찰칵거림에 비유한다.

"다른 말로 하면 현대 사회에서 진행되는 시간의 가속화 때문에 기다림의 지루함이 엄청나게 강조되고 말았다."

기다림이 참을 수 없는 것이 된 시대에 즉각적인 만족 추구는 거의 피할 수 없는 것이 돼버렸다. 우리는 스마트폰이나 인터넷 검색 그리고 소셜 미디어에 관한 한 중독자처럼 행동한다. 그런데 이것들의 중독성이 얼마나 강력한지 뇌과학자 피터 와이브로우(Peter Whybrow)는

이런 기술을 '전자 코카인'이라고 부른다.[19] 설령 우리가 다른 중독 물질처럼 이것의 즉각적인 위협에 맞닥뜨리지 않는다고 해서 문제가 사라지는 것은 아니다. 우리는 긴급한 지금 당장의 욕망에 빠져들기 위해 미래를 위한 열망을 희생하도록 자기 자신을 훈련시키고 있다.

앞으로 수십 년 안에 보다 빠르고 보다 많은 경험을 제공해줄 여러 기술들이 우리를 점점 더 많이 둘러쌀 것이다. 그리고 우리가 이런 도구들을 완전히 버릴 수 있더라도 과연 우리가 정말로 그렇게 하길 원하는지 상상하기는 어렵다. 디지털 기술들은 우리 시대의 증기기관이며, 우리를 멀리 있는 다른 사람과 연결함으로써 우리가 만들고 수행하는 모든 것들에 동력을 제공한다.

모든 것을 더 빠르고 더 편리하게 즉석에서 해결해주는 제품들로부터 등을 돌리겠다는 선택을 할 사람은 많지 않을 것이다. 나 역시 이 문화에서 완전히 탈출하겠다는 기계파괴운동과 같은 환상에는 사로잡혀 있지 않다. 하지만 다른 많은 사람들과 마찬가지로 나는 내가 원하는 시각에 미래에 초점을 맞추기 위해 지금 당장의 즉각적인 충동들에 저항하는 방법을 알고 싶다. 더할 나위 없이 무모하게 경로를 벗어나고 싶다는 유혹을 가장 강렬하게 느낄 때 눈을 들어 먼 곳을 바라볼 수 있기를 바란다.

:: 멀리 떨어져 바라보는 포커꾼

내 사촌 중 한 사람은 정기적으로 라스베이거스나 다른 도시들을 찾아가는 포커꾼이다. 그런데 이 사촌은 도박을 하는 대부분의 사람들과 다르게 돈을 많이 따면 자리에서 일어나 카지노에서 나간다. 그가 한번은 내게 자기가 아는 전문 포커꾼 이야기를 해줬다.[20] 이 전문 도박사는 게임을 전략적으로, 즉 결코 무리하지 않게 운영해 한 해에 여섯 자리에서 일곱 자리 숫자의 돈을 딴다고 했다. 이런 전문가들은 늘 카지노에 가고, 심지어 라스베이거스에 거주하는 사람도 있다. 그렇지만 이들은 '만족 문화'의 희생자가 아니라 주인이다.

2015년에 라스베이거스에 갔을 때 나는 플래닛 할리우드의 메인 카지노 위층에 있는 어떤 방에서 상금 150만 달러가 걸린 포커 토너먼트 대회를 지켜봤다. 사람들은 그 방을 '따분한 컨퍼런스 룸'이라고 불렀는데, 우중충한 색깔의 카펫과 검은색의 딱딱한 의자 그리고 천장에 달린 평범한 조명은 바로 아래층의 분위기와 전혀 딴판이었다. 아래층에서는 여직원이 날렵한 마티니 잔을 손님들에게 수시로 건네줬지만, 그 방에서는 병에 든 물과 레드불 캔 음료뿐이었다.

새 판이 시작될 때마다 나직한 소리가 스피커를 통해 새로운 판이 시작됨을 알렸다. 마치 고등학교 수영 모임의 아나운서 멘트처럼 지루하기 짝이 없는 목소리였다. 대회가 진행되는 동안 건물의 잡역부 한 명이 쓰레기통을 들고 테이블마다 돌아다니면서 샌드위치 포장지를 치웠다. 수백 명이나 되는 포커꾼들이 야구 모자를 쓰고 수십 개의 테이블에 둘러앉아 있는 그 광경은 고수들이 라스베이거스에서 도박 대회를 벌이고 있는 게 아니라 대규모 양로원에서 빙고 게임을 하는 것처럼 보였다.

전문 포커꾼이라고 해서 다른 사람들에 비해 본질적으로 더 강한 의지력을 갖고 있는 사람들이라고 말할 수는 없다. 카지노와 라스베이거스 내부에서 형성된 자기만의 규범과 언어와 습관을 갖고 있는 어떤 하위문화라고 하는 게 더 정확할 것 같다. 1980년대의 펑크록과 마찬가지로 이 하위문화는 일종의 반(反)문화이며, 이 문화의 지지자들은 이 문화를 자신들이 경멸하는 주류 도박 문화와 구분해주는 어떤 특징을 힘주어 말한다. 그들은 스스로를 라스베이거스의 해커 또는 전략가라고 부른다. 아무 생각도 없이 부주의하고 순진무구한 관광객들과는 다르다는 말이다.

　포커는 다른 카지노 게임들과는 다르다. 게임의 방식만 다른 게 아니라 이를 생활 수단으로도 삼을 수 있기 때문이다. 기술을 갖고 있으며 약간의 행운까지 따라주는 사람에게는 승률이 불가능하다고 할 정도로 낮지는 않다. 포커 게임을 견뎌내는 포커꾼들 대부분은 지금 당장의 즉각적인 만족이 아니라 이와 정반대의 만족을 얻는다고 말한다. 이들은 단 한 판의 극적인 운영이 아니라 오랜 시간 많은 판을 통해 생계를 꾸린다. 성공한 포커꾼은 며칠 동안 이어지는 토너먼트 경기에서 한 단계씩 위로 돌라간다. 이들은 자주 자기 칩을 그냥 쌓아둔 채 팔짱을 끼고 크게 먹을 좋은 기회가 올 때까지 기다린다. 토너먼트의 보다 더 높은 단계로 올라가려면 몇 판을 잃어도 버텨내야 한다. 이런 모습과 다르게 약한 선수들은 매 게임을 베팅해서 이기겠다는 충동 그리고 자존심 때문에 특정 상대를 반드시 꺾고 복수를 하겠다는 일념으로 포커에 임하는 이른바 '벤데타 포커(vendetta poker)'의 충동과 싸우느라 애를 먹는다.

　전문 포커꾼이 사용하는 용어는 이들이 갖고 있는 가치관을 강화한다. 포커 게임의 규칙을 배우는 것에서부터 시작해 포커를 생계 수단으로 삼는 데까지 걸어왔던 그 오랜 경로를 '연마(grinding)'라는 용어로 지칭하는데, 이는 포커 기술을 완벽하게 만드는 데 들인 시간에 대한 일종의 존경심을 담은 표현이다. 이 표현에는 르네상스 시대를 살던 조각가의 작업실에서 이뤄지던 도제 제도 아래에서 마침내 한 사람의 장인이 탄생했을 때 품을 수 있는 존경심과 비슷한 마음이 담겨 있다. 어떤 포커꾼이 포커로 딴 돈을 카지노 객장에서 블랙잭 따위를 해서 날려버리거나 비싼 술을 마셔서 흥청망청 날려버리면 이를 '샌다'고 표현한다. 여기에는 배에 구멍이 뚫려 물이 새어 들어오면 결국 그 배는 가라앉고 만다는 뜻이 담겨 있다. 언어는 하위문화의 규범을 떠받치며 강화하며 이 규범은 모든 사람이 다 동의하지는 않지만 많은 사람들이 염원한다.

손실을 견디는 것은 전문 포커꾼의 문화에서는 명예의 배지다. 2003년 포커월드시리즈(World Series of Poker)에서 거둔 성공으로 이름을 날린 더치 보이드(Dutch Boyd)는 내게 그 내용을 다음과 같이 간결하게 설명했다.

"많은 사람들이 포커 스타가 되기를 바란다고 생각하지만, 실제로는 다들 그저 포커를 잘하겠다는 마음으로 테이블에 앉습니다."

보이드는 여러 해 동안 계속 잃기만 했는데, 그러다가 어느 순간부터 계속 따기만 해서 드디어 전체적으로 보면 잃은 돈보다 딴 돈이 더 많아졌다.

또 다른 포커꾼인 로니 바르다(Ronnie Bardah)는 아버지가 가족이 저축한 돈을 경마로 몽땅 날리는 바람에 비디오 게임방에서 살았었다.[21] 그러다가 바르다는 거의 10년에 걸친 훈련 과정을 거쳤다. 처음에는 포커 아마추어를 지칭하는 '물고기(fish)'들과 게임을 하면서 경험을 쌓고, 나중에는 높은 등급의 토너먼트 및 현금 게임에 진출해 전 세계를 무대로 활동한다. 그는 2010년에 처음으로 여섯 자리 숫자의 상금을 집으로 가져갔는데, 이는 포커를 진지하게 생각하기 시작한 이래 7년 만이었다. 내가 만났던 다른 많은 성공한 포커꾼과 마찬가지로 그는 불확실하지만 더 큰 장기적 보상을 얻고자 단기적 희생을 기꺼이 감수했다. 그는 마시멜로 테스트에서 어린아이가 눈앞에 놓여 있는 마시멜로를 먹지 않고 참듯, 보다 더 많은 돈을 따겠다는 유혹을 견뎠다. 처음에는 가족에게 황폐한 삶을 안겨줬던 자기 아버지와 똑같은 운명의 길을 가다가 마침내 거기에서 벗어났다.

나는 2008년과 2009년에 영국의 여러 포커꾼들을 인터뷰한 뒤에 내가 라스베이거스에서 봤던 사람들에게서 발견했던 것들을 지지하고 강화하는 어떤 패턴을 발견했다.[22] 한 해에 15만 달러 이상을 순수 익으로 벌어들이는 성공한 직업 포커꾼은 잃은 돈을 곧바로 회복하려고 하지 않으며 보다 넓은 관점을 갖고 임한다는 점에서 재미 삼아 하는 아마추어들과 다르다. 이 사람들은 돈을 잃는 순간에도 자신의 손실을 정서적으로도 멀찍이 떨어져서 바라보는 방법을 익혀두고 실천하는 것 같았다.

손실을 바라보는 포커꾼들의 태도를 보면 사회학자 마샬 간즈가 어떤 사회운동은 오랜 시간이 지나도 계속 남고 어떤 사회운동은 소멸하는 이유를 설명하면서 했던 말이 떠오른다. 운동이 제대로 잘 전개되지 못하고 실패하고 말 때 해당 운동의 지도자가 이를 바라보는 태도의 차이가 바로 결정적인 차이라고 간즈는 말했다.[23] 즉, 실패를 운동을 한층 강력하게 만들어줄 학습의 순간으로 바라볼 수도 있고 적의 진영이 너무 강해서 어차피 지고 말 것임을 암시하는 조짐으로 바라볼 수도 있는데, 이런 인식의 차이가 사회운동의 궁극적인 성패 여부를 가른다는 뜻이다. 다른 말로 하면 실패와 손실을 하늘을 나는 새의 관점에서 바라볼 수 있다면 힘든 순간에도 포기하지 않게 된다. 케이스웨스턴리저브대학교의 정치학자 카렌 벡위스(Karen Beckwith)는 자신이 '패배의 내러티브(narratives of defeat)'라고 이름 붙인 현상을 연구했다. 벡위스는 영국과 미국에서 전개됐던 노동운동을 추적하면서 실패에 긍정적인 틀을 씌우는 태도야말로 다른 주체가 실패한 곳에서 성공하는 데 도움이 됨을 입증했다. 마틴 루터 킹 주니어도 "우리는 유한한 실망은 받아들이고 무한한 희망은 결코 놓치지 말아야 한다"고 말한 바 있다.

전문 포커꾼은 자신만의 환경을 설정하고 이 환경 안에서 살아간다. 이 환경은 카지노 밖의 세상에서 비롯되는 온갖 유혹들로부터 자신을 지켜주는 공간이다. 포커 토너먼트 대회는 심지어 라스베이거스에서조차도 카지노의 중심 객장과 떨어져 있는 방에서 진행된다. 이런 설정은 카지노 관리자 측에서 계산한 것인데, 카지노 측에서는 이런 전문 포커꾼들로부터는 일반 객장의 손님들에 비해 그다지 많은 돈을 벌지 못하기 때문이다. 전문 포커꾼들은 서로가 서로에게서 돈을 따고 잃는 데 비해 객장의 일반 손님들은 카지노에 돈을 잃기 때문에 그렇다(다만 카지노측에서는 토너먼트 대회에 참가하는 선수들로부터 입장료를 받고, 현금 게임에서는 판돈에 대해 일정 비율로 수수료를 뗀다).

포커꾼들은 게임을 천천히 진행하는 경향이 있다. 이는 슬롯머신에 현금을 쉬지 않고 집어넣는 사람들이나 룰렛 게임에서 큰돈을 한꺼번에 잃는 사람들과는 사뭇 다른 양상이다. 카지노는 하위문화에 속한 사람들보다는 하위문화 바깥에 있는 사람들에게 무료 특전을 베풀기를 선호한다. 한편 포커꾼들은 이런 무관심을 더 반긴다. 상대적으로 엄격한 이들의 공간에는 사람들을 즉각적인 충동에 휘말리도록 유도하기 위한 카지노의 일반적인 특성들은 거의 없다. 여기에서는 그 어떤 여성도 가슴이 훤히 들여다보이는 옷을 입지 않고, 최고의 술을 공짜로 제공하지 않으며, 적은 팁을 받는다고 해서 벨소리나 불빛으로 요란을 떨지도 않고, 듣기 좋은 말도 하지 않는다.[24] 다음 차례의 한판을 서둘러 찾는 충동의 닫힌회로는 여기에서 작동하지 않는다.

근시안을 장려하도록 설계된 어떤 환경 내부에 섬으로 존재하는 포커 문화의 존재는 일상생활 속에서 지금 당장의 즉각적인 만족에 저항하는 반문화적 버릇들을 보다 널리 배양할 수 있는 전망을 드높인다.

:: 포사이트를 기르는 반문화적인 행동

저술가이자 기업가인 윌리엄 파워스(William Powers)는 오래 전 각자 자기 당대에 점점 더 긴밀하게 연결되고 빡빡하게 돌아가는 세상에 서 피난처를 찾고자 했던 플라톤과 세네카와 소로우의 가르침에 고무 돼 가족 안에서 이런 실천을 시작했다.[25] 파워스는 자신의 집에 매주 충동의 닫힌회로를 깰 공간을 따로 마련했다. 주말마다 가족은 이른 바 '인터넷 안식일(Internet Sabbath)'을 보내면서 구글 검색이나 이메 일 및 디지털 기기를 사용하지 않는다. 이렇게 함으로써 그들은 보다 깊은 생각을 할 수 있고 가족 사이의 대화와 접촉을 보다 집중적으로 할 수 있는 일시적인 섬 하나를 만들어낸 것이다. 작가인 피코 아이어 (Pico Iyer)도 일상 속에서 고요함과 정숙함을 즐길 수 있는 시간대를 설정하는 것이 유익하다며 이런 움직임을 지지한다.[26]

미국의 기업계에서도 사람들이 정해진 시간 동안 디지털 기술들 을 사용하지 않는 공간을 마련하는 운동이 진행되고 있다. 전직 월마 트 이사이자 저술가인 닐 파스리차(Neil Pasricha)는 1주일에 하루를 '언터처블 데이(untouchable day)'로 정해서 아무도 만나지 않고 전화 도 하지 않으며 이메일이나 소셜 미디어도 들여다보지 말자고 제안한 다.[27] 그러면서 자기는 이 실천을 한 덕분에 생산성이 부쩍 높아졌으 며 복수의 장기 프로젝트를 성공적으로 끝냈다고 말한다.

시간은 사람의 인지 안에서 신축성을 가지기 때문에 자신이 시간 을 얼마나 많이 갖고 있다고 느끼는지는(자신이 얼마나 조바심이 난다고 느끼는지는) 자신을 둘러싼 환경으로부터 영향을 받을 수 있다. 빠른 음악은 느린 음악보다 사람을 성급하게 만든다. 적어도 그렇게 보인 다. 캘리포니아대학교 로스앤젤레스 캠퍼스의 경영학자 캐시 모질너 (Cassie Mogilner)는 일련의 실험을 통해 어린이 환자에게 편지를 보내거나 토요일 아침에 일부러 시간을 내어 친구를 돕는 사람들은, 시간을 낭비하는 사소한 과제가 주어진 사람이나 그저 긴장을 풀고 마음을 편히 가지라는 지시나 충고를 받은 사람들에 비해 그 일을 하고 난 뒤 자기 인생에서 다른 사람들에게 나눠줄 시간이 많다고 느끼는 경향이 있음을 확인했다.[28]

　문화가 차이를 만들어낸다. 맛있는 과자를 앞에 두고 독일 아이들보다 더 오래 참은 카메룬 아이들이 그랬다.[29] 싱가포르에서 사람들이 공공 주차장에서든 자기 집에서든 간에 후면 주차를 하는 것을 나는 너무도 많이 봤다. 어떤 사람이 "필요할 때면 언제든 서둘러서 나갈 준비를 해두는 것"이라고 설명하기도 한 이런 주차 습관은 분명히 문화적으로 별난 습관이다. 가족이나 이웃 사이에도 우리가 이 주차 습관과 비슷하게 표준적인 규범으로 채택하는, 미래를 대비해서 생각하는 습관들이 있다. 중국인이나 싱가포르인이 보다 더 미래지향적으로 만드는 생물학적인 차이점들이 분명히 존재한다고 많은 사람들이 오랜 기간 주장해왔지만, 내가 조사해본 바로는 생물학적인 요인보다는 문화 및 하위문화적 관습들이 훨씬 더 중요하다. 적어도 나는 그렇게 믿는다. 이를테면 중국의 주식시장은 독재적인 중국 정부와는 전혀 다른 문화적 규범을 갖고 있다. 중국 주식시장의 투자자들은 고도로 투기적이고 단기 차익을 노리는 방식으로 행동할 수 있으며 실제로도 그렇게 하지만, 중국 정부는 지금까지 수백 년에 걸쳐서 제국 건설을 지향해왔다.

　그런데 정말 통렬한 사실은 어느 하나의 하위문화가 사람들이 갖는 기대감과 절박감을 재규정할 수 있다는 점이다. 내가 방문했던 뉴욕시의 어느 퀘이커교 학교에서는 전교생이 널찍한 강당에 모여서 명상을 하는 것으로 하루를 시작한다. 학생이든 교사든 누구나 말을 하고 싶다는 마음이 들면 말을 할 수 있다. 하지만 퀘이커교 전통에 따른 문화적 규범은 누가 한 말에 대해 대꾸를 하려면 반드시 일정 시간과 침묵이 지난 다음에 해야 한다. 그래서 정적은 몇 분 동안 이어지기도 하는데, 초심자에게는 이 정적이 영원처럼 길게 느껴지기도 한다. 어떤 메시지를 받았을 때 즉각적으로 대꾸를 하고 싶은 충동을 점점 더 강하게 느끼는 시대에서는, 대꾸를 하기 전에 먼저 기다리는 것이나 아예 대꾸를 하지 않는 것은 일종의 반문화적 행위다. 침묵 속에서 기다리고 명상하며 경청하고 생각하는 버릇을 들인 10대 아이들의 모습은 작은 혁명이다.

이전 시대에는 종교적인 장소나 시민회관이 사람들이 한 자리에 모이는 공간으로 기능했다. 이곳에 사람들은 줄기차게 모여서 지금 당장의 관심사들을 생각하고 미래 또는 심지어 사후 세계에 초점을 맞추곤 했다. 그렇지만 오늘날에는 이런 공간들이 우리가 살아가는 장소, 우리의 노동과 생활이 펼쳐지는 장소와 동떨어진 채 그저 형식으로만 남아 있다. 우리는 하루에 1시간 요가 학원이나 명상 센터를 찾아갈 수 있다. 또는 대화 도중 스마트폰을 꺼내서 보기라도 하면 흘겨보며 타박할 가까운 친구들 몇몇이 모여서 저녁식사를 함께할 수도 있다.

그러나 이런 자리가 끝나면 우리는 곧바로 일상생활의 가상 카지노로 돌아온다. 그러므로 우리는 미래를 생각할 수 있도록 만들어주는 환경을 보다 많이 만들 필요가 있다. 나는 특히 동일한 믿음 체계를 갖고 있지 않은 사람들이 모여서 함께 인내심을 연습할 수 있는 세속적인 공간이 필요하다고 믿는다. 이런 공간은 공원이나 주택의 마당이 될 수도 있고 개인 주택의 방이나 누군가의 작업실이 될 수도 있다. 느리게 이어지는 대화와 조용한 성찰이 권장되는 곳이면 된다. 그러다 보면 우리가 가는 이 길에서 우리가 어떤 의식 절차나 형식을 채택할 수 있을지 아는 데에도 도움이 될 것이다.

:: 편견을 꺾는 조건 전술

포커 게임을 하는 것은 어떤 점에서 보면 미래에 대한 계획을 세우는 것과 비슷하다. 포커 게임에서는 부분적인 정보만 갖고서 판단과 결정을 해야 하며 많은 부분을 우연에 의존해야 하기 때문이다. 포커 게이머는 오로지 자신이 갖고 있는 카드와 판돈(또는 칩)만 갖고 자신이 하는 것을 통제할 수 있을 뿐, 딜러가 자신을 포함해 테이블에 둘러앉은 사람들에게 나눠주는 카드와 다른 게이머들이 하는 선택은 통제할 수 없다. 이런 상황에서 포커 게이머는 자신이 하는 선택이 나중에 어떤 결과를 가져올지 알지 못하는 불확실성 속에서 어떤 선택을 한다.

하지만 다른 측면에서 보면 포커 게임을 하는 것은 실제 세상에서 의사결정을 하는 것과 같지 않다. 포커에서는 미래에 펼쳐질 가능성의 범위가 비록 넓긴 하지만 어느 정도 규정돼 있다. 카드들의 조합 상태나 다른 사람이 운용하는 전술 등이 그렇고, 이런 것들 가운데 많은 부분을 예상할 수 있다. 노련한 전문 포커꾼은 심지어 제각기 다른 결과들의 제각기 다른 확률까지도 안다. 성공하는 포커꾼들의 요령은 게임이 진행되는 동안에 어떤 일들이 일어날지 자신이 예측할 수 있는 상황들(내 작전을 방해하는 예측 가능한 걸림돌들)에 대해 많은 것을 알기 쉽게 설명할 수 있다.

포커월드시리즈 우승자로 200만 달러 넘게 벌어들인 매트 매트로스(Matt Matros)는 내게 자신의 성공 비결인 여러 의식 절차들 가운데 하나를 알려줬다.[30] 그는 2000년대 초에 처음 포커를 하기 시작했는데, 이때 그는 승리의 쾌감을 무척 즐겼다. 그러나 동시에 패배의 절망을 무척 싫어했기 때문에 토너먼트 대회에서 단 한 번도 우승하지 못했다. 그는 너무 소심한 나머지 베팅 액수를 높여나가야 할 가치가 있는 판을 제대로 다루지 못했고, 그래서 토너먼트의 막판 여러 단계들에서 한층 공격적인 게임을 펼치는 상대들과 정면으로 승부할 수 있을 정도로 충분한 칩을 모으지 못했다. 될 수 있으면 손해를 피하려다 보니 장기적인 차원의 승리 가망은 점점 엷어졌다. 그의 이런 모습은 자기 주식 종목이 하락세를 면치 못할 때 냉정함을 잃어버리는 주식 투자자의 심리 상태와 비슷했다.

스스로를 일컬어 괴짜라고 말하는 매트로스는 대학교에서 수학을 전공했다. 테네시 출신의 21세 회계사가 '크리스 머니메이커(Chris Moneymaker)'라는 적절한 이름으로 2003년 포커 메인 이벤트 월드시리즈에서 우승을 한 뒤로, 매트로스와 같은 지적인 포커꾼들이 프로 포커의 세계로 구름처럼 몰려들었다. 머니메이커는 다크호스였다. 그는 주로 온라인을 무대로 한 아마추어 포커꾼으로서 포커를 배우고 즐기다가 2003년 포커월드시리즈 때 처음으로 오프라인 토너먼트 대회 무대에 섰다. 이때 그는 예선 참가비 39달러로 250만 달러라는 우승 상금을 거머쥐었다.

매트 매트로스를 우승자로 만들어준 것은 누가 봐도 따분하기 짝이 없는 게임 계획이었다. 그는 총체적인 전략 하나를 만든 다음에 게임 테이블에 앉았다. 그는 주어진 어떤 게임에서 가치 베팅(실제로 좋은 패를 들고 있을 때 베팅하는 것, 가치 투자를 연상하면 된다)에 대한 블러핑(bluffing, 자신의 패가 상대방보다 좋지 않을 때 상대를 기권하게 할 목적으로 패가 좋은 것처럼 강한 베팅이나 레이스를 하는 것-옮긴이)의 특정 비율을 노렸다. 그는 나쁜 패를 들고 있을 때 패를 덮는 것과 블러핑 비율을 일정하게 유지했다.

이 전략을 구사하려면 자신에게 전개될 여러 시나리오들을 미리 예상하고 있어야 했다. 그래서 그는 해당 판을 질 수도 있다는 두려움과 상관없이 대응할 수 있는 계획 하나를 마련했다. 그로서는 내가 앞서 언급한 웨즐리대학교의 심리학자 트레이시 글리슨이 캠핑을 떠나기 전에 했던 것처럼 창의적으로 시나리오들을 머릿속으로 떠올릴 필요는 없었다. 캠핑이 아니라 포커였기 때문이다. 일상생활 속에서는 결코 쉬운 게 아니지만 포커판에서는 다양한 카드 조합을 갖고 해당 판의 승패 확률을 계산할 수 있기 때문이다. 실제 카드 패턴이 자신이 기대했던 것이 아닌 격렬한 수난에 놓일 때마다 매트로스는 이미 연습했던 의식 절차, 즉 여러 가지 선택권에 대해 충분히 따져보고 생각하는 절차를 그대로 모방해 실행했다. 이렇게 되고 보니 그는 마치 그 장면에 대한 예행연습을 미리 했던 것 같았고, 그때마다 그는 미리 생각해뒀던 것들을 조금씩 수정해 적용했다.

나는 처음에는 매트로스의 이 기법이 오로지 전문 포커꾼에게만 통하는 게 아닐까 생각했다. 그러다가 뉴욕대학교 실험심리학 교수 피터 골위처(Peter Gollwitzer)의 논문을 접했다. 1980년대에 독일의 막스 플랑크 연구소(Max Planck Institute)에서 한 연구 집단을 이끌던 골위처는 즉각적인 유혹들이 널려 있는 가운데 사람들이 과연 어떻게 자신이 설정한 장기적인 목표를 잃지 않고 붙들 수 있는지 연구하기 시작했다. 자신이 만난 사람들 대부분은 그런 목표를 설정하는 데 필요한 동기부여가 부족하지 않았다. 그런데 문제는 해롭기만 할 뿐인 단기적 충동들에 맞닥뜨린 순간 가던 길을 계속 가려고 할 때 일어났다. 그는 매트 매트로스가 포커를 할 때 사용한 전략과 비슷한 어떤 기법 하나를 테스트하기 시작했다. 이 기법에 그는 '실행 의도(implementation intention)' 또는 '조건 전술(if/then tactic)'이라는 이름을 붙였다.[31] 건강식을 먹는 것에서부터 시작해 숙제 할당 완성하기, 저축하기, 사람의 피부색 따지지 않기 등에 이르기까지 비슷한 맥락의 온갖 종류에 걸친 수백 건의 연구조사 끝에, 골위처와 그의 동료들은 미래에 대해 갖고 있는 열망을 충족하고자 할 때 맞닥뜨릴 수도 있는 걸림돌들을 시간을 들여 미리 예상해보는 것이 얼마나 강력한 힘을 발휘하는지 입증했다. 이를테면 보다 건강한 음식을 먹고자 하는 사람이라면 다음 1주일 동안 정크푸드를 먹도록 유도하는 온갖 유혹들을 미리 다 적어놓은 다음 그 각각의 충동에 어떻게 대응할지 계획을 세울 때 그 사람은 장기적인 목표에 한결 쉽게 다가갔다.

골위처의 '조건 전술' 기법들이 놀라운 점은 장기적인 목표가 어려우면 그에 비례해 이 전술이 발휘하는 힘도 그만큼 더 강력해진다는 사실이다. 다른 말로 하면 이 전술이 사람들이 갖고 있는 순수한 의지력을 무력화하는 여러 도전들에 보다 더 잘 통한다는 말이다. 충동 통제와 인내와 끈기 등을 정말 힘들어하는 사람들에게 이 전술은 한층 잘 통한다. 조현병 환자, 알코올 중독자, 과잉 행동 장애(ADHD)를 가진 아이 등도 이 '조건 전술'을 제대로만 구사하면 주의력이 분산되거나 유혹에 쉽게 넘어가는 것에 저항할 수 있으며, 학업이나 연구에서도 높은 비율로 만족을 미래로 유예할 수 있다. 이들은 평범한 사람에 비해 이 전술에서 보다 더 많은 것을 얻어낸다. 매트로스의 포커 습관은 우리가 보다 광범위하게 사용할 수 있는 일종의 세속적인 의식 절차다.

실제 현실에서 어떤 '조건 전술' 의식 절차를 채용하기란 매우 간편하고 쉽다. 심지어 너무 뻔하기까지 하다. 이런 이유로 사실 나는 굳이 이에 대해 글로 설명해야 할까 하고 망설이기도 했다. 그러나 사소한 것들에 대한 의사결정의 영역을 훌쩍 넘어서는 놀라우면서도 개발되지 않고 있는 잠재력에 대해 몰랐던 사실을 알고 나서는 생각이 바뀌었다.

이렇게 가정해보자. 여러분은 어떤 장기 프로젝트에 보다 더 집중하려고 이메일 확인을 내일 아침까지 미루기로 결정했다. 허약해진 순간에 성급하게 마음에 품고 있던 꿈을 접어버리는 일을 예방할 목적으로, 여러분을 유혹하거나 여러분의 정신을 산만하게 만들어 전혀 다른 결정을 내리게 할 수도 있는 여러 상황들을 미리 꼼꼼하게 생각해둘 수 있다. 이럴 때 여러분은 그런 상황들에게 적절하게 대응할 방책을 미리 만들어둘 수 있게 된다. 이를테면 여러분은 다음과 같은 판단들을 내릴 수 있다.

'만일 내가 어떤 이메일에 답장을 보낼 필요가 있음을 깨닫는다면, 나중에 답장을 보낼 때 깜박 잊어버리는 일이 없도록 중요한 사항들을 미리 추려서 따로 적어둬야지.'

'내가 진행하는 프로젝트에서 중요한 부분을 바로잡았다는 데 고무돼서 이메일을 확인해보고 싶다는 충동이 들 때는 자리에서 일어나 잠시 산책을 하고 돌아와야지.'

여러분이 계획하는 행동이 구체적일수록 여러분의 기법은 보다 잘 작동한다. 정신적인 차원의 이미지와 긍정적인 행동들, 즉 여러분이 하지 않으려고 하는 것과 반대로 여러분이 하고자 하는 것을 시작하는 것은 한층 강력해진다.

'조건 전술'의 의식 절차는 사람들에게 단지 미래의 시나리오를 기대하는 것에만 그치지 않고 미래에 바람직한 행동을 하는 자신의 모습을 떠올리라고 요구한다. 이것이 심리학자 트레이시 글리슨이 몇몇 사람들이 미래를 상상할 때 경험하는 불안감에 대해 지적했던 것을 바로잡는 방법이라는 생각이 든다. '조건 전술'을 갖고 있을 때 사람들은 어떤 시나리오 안에 존재하는 자기 모습을 상상한다. 이는 현재의 끔찍한 어떤 상황을 미래에 대한 교육으로 바꿔놓는 방법, 상처받기 쉬운 여러분의 미래 자아를 한결 더 편안하며 열망이 넘치는 현재의 순간으로 유도하는 방법이다. 사람들이 미래 시점의 투표일에 투표에 대해 구체적인 계획을 세우고 말할 때 이 사람들이 실제로 투표소에 나타날 가능성은 높아진다. 하지만 이렇게 의식 절차를 사용하는 것은 실제로 미리 상상해볼 수 있는 시나리오들에 국한된다. 그도 그럴 것이 미래에 우리가 만나게 될 일들 가운데 많은 부분이 우리가 예측할 수 없는 것들인데, 여기에 대해서는 뒤에 나올 여러 장에 걸쳐서 살펴보겠다.

'조건 전술'의 의식 절차에 대해 내가 가장 큰 호기심을 느낀 것은 이 의식 절차들이 갖고 있는 잠재력, 즉 자신의 인생뿐 아니라 다른 사람들의 인생에 영향을 끼치는 무모하고 경솔한 의사결정을 멈추게 하는 잠재력이다.

2009년에 피터 골위처와 그의 연구 동료인 자이드 멘도자(Saaid Mendoza)가 '슈터 태스크(Shooter Task)'라고 명명한 컴퓨터 게임을 피실험자들에게 시키는 실험을 통해 놀라운 사실을 발견했다.[32] 이 게임에서 일련의 남성 이미지들이 나타나는데, 어떤 사람들은 이런저런 물건을 갖고 있고 어떤 사람들은 총기류를 갖고 있다. 이 게임에서 설정된 목표는 총기류를 갖고 나타나는 사람들을 쏘는 것이다. 지갑이나 휴대전화와 같은 물건을 갖고 있는 사람은 쏘면 안 된다. 피실험자는 각각 '쏴!'와 '쏘지 마!'라고 적힌 키를 눌러서 쏘거나 쏘지 않을 수 있다. 실험 진행자는 피실험자들에게 매 순간 반사적으로 판단해 게임을 빠르게 진행하라고 주문했다. 피실험자들은 80명의 이미지가 나타날 때마다 0.5초 안에 판단하고 실행해야 했다.

이 게임에서 총기류나 물건을 들고 나타나는 인물에는 흑인도 있었고 백인도 있었다. 이 게임을 놓고 예전에 실행됐던 실험에서는 무장하지 않은 흑인을 쏘는 비율이 무장하지 않은 백인을 쏘는 비율보다 훨씬 더 높았다. 무장한 흑인보다 무장한 백인을 쏘지 않는 비율 역시 훨씬 더 높았다. 그런데 2009년에 진행된 이 실험에 참가한 사람들(이 가운데 흑인은 한 명도 없었다)에게 이 게임을 시켰을 때 '암묵적 편견(implicit bias)'이라는 과거의 패턴이 그대로 나타났다. 대부분의 경우 이런 경향을 보인 사람들은 자신이 인종차별주의자라고 생각하지 않고 있거나 인종, 성별, 나이 또는 외모를 이유로 다른 사람을 부당하게 대우하지 않는다고 생각했다. 하지만 매우 빠르게 행동해야만 하는 상황에서는 숨겨져 있던 편견이 밖으로 튀어나와 그 사람의 행동을 지배했다. 심지어 본인의 의도와 전혀 다른 행동을 하도록 유도하기도 했다.

멘도자와 골위처는 피실험자의 절반에게 그 게임을 시작하기 전 '조건 전술'을 제공했다. 이들에게는 해당 표적이 갖고 있는 (총기류를 갖고 있느냐 아니냐와 상관이 없는) 다른 특성들이 스스로의 판단과 대응을 마음대로 좌우하게 내버려두지 말라고 경고하면서 '내가 어떤 사람을 보고 판단할 때 그가 어떤 인종인지는 전혀 고려하지 않는다'는 전략을 따를 것을 게임이 시작되기 전 컴퓨터 모니터 화면을 통해 요구했다. 실험 진행자들은 이들에게 이 전략을 마음속으로 세 번 말하고, 요구 사항이 화면에서 사라진 뒤에는 그 내용을 직접 타이핑해서 채워 넣으라고 지시했다. 그랬더니 이 전략을 사용한 사람들은 실수를 훨씬 덜 저질렀다. 무장한 사람은 더 많이 쐈으며 무장하지 않은 사람은 더 적게 쏜 것이다.

:: 잘못된 의사결정 예측하기

미국 전역의 공립학교 교장 및 교사들은 이 논문이 시사하는 내용을 받아들이기 시작했으며, 이를 이용해 인종에 대한 편견을 바탕으로 성급한 의사결정이 내려지는 것을 예방하고자 노력하고 있다. 오리건 포틀랜드에 있는 한 학교의 교장 케이슬린 엘우드는 2012년 K-8(유치원부터 중학교까지 교육 과정-옮긴이) 학교에서 전교생 가운데 흑인 비율이 15퍼센트밖에 되지 않는데도 불구하고 교장실로 호출되는 학생 중 90퍼센트가 흑인임을 알게 됐다. 그런데 이런 일은 비단 이 학교뿐만 아니라 전국적인 현상이었다. 2018년에 미국 회계감사원은 K-12(유치원부터 고등학교까지 교육 과정-옮긴이) 학교 전체를 아우르는 데이터를 분석한 끝에 학교의 재정 상태나 교육 철학과 상관없이 흑인 학생들의 유급 및 퇴학 비율이 백인 학생들에 비해 월등히 높다는 사실을 발견했다. 흑인 중학생이 문제의 소지가 있거나 말썽을 일으켰다는 이유로 교장실로 불려간 비율은 백인 중학생의 4배나 됐다.[33] 잘못된 행동이 흑인 학생들에게서 뚜렷이 나타난 것이 아닌데도 이런 결과가 빚어졌던 것이다.

엘우드는 백인 여성인데, 인종 갈등이 격렬했으며 폭력적인 봉기가 빈번하던 1990년대 초에 캘리포니아 롱비치에 있는 어느 공립학교에서 교사 생활을 처음 시작했다. 그런데 그녀는 아무리 거친 10대 아이라고 하더라도, 또 사람이 살해되는 것을 바로 앞에서 본 아이들이나 갱단 조직원이라고 하더라도 어릴 때 교사나 교장으로부터 멍청하다거나 아무것도 하지 못할 것이라고 말을 들었을 때를 생각하면 왈칵 눈물을 쏟을 수 있음을 발견했다. 그 아이들이 어린 시절 학교에서 했던 경험이 이 아이들의 미래 꿈과 인생의 선택을 결정한다는 게 그녀의 의견이다.

미국의 공립학교 교사들이 유색 인종 학생들 특히 어린 흑인 학생이 바람직하지 않은 행동을 했다는 이유로 그 학생을 훈육할 때, 동일한 행동을 한 백인 학생을 훈육할 때보다 훨씬 엄격하고 모질게 대한다는 사실을 여러 연구 논문들이 입증하고 있다.[34] 결국 유색 인종 학생들은 교장실에 불려가고 벌을 서고 정학을 당하는 등의 처분을 받음으로써 교실에서 보내야 할 소중한 시간을 더 많이 놓쳐버리고 만다. 이런 기회 박탈이 학교 성적뿐만 아니라 인생 전체의 성취나 업적에 영향을 줘서 이른바 '학교에서 교도소로의 파이프라인(school-to-prison pipeline)'이 형성되는 것이다. 학교 수업을 빼먹는 아이가 범죄에 빠져들 가능성이 훨씬 더 높기 때문이다.

자신이 책임지는 아이들을 교장실로 보내는 선생들이 모두 다 의식적으로 인종차별주의를 실천한다거나 특정 집단의 학생들을 처벌하려는 욕망을 갖고 있지는 않다. 실제로 대부분의 교사는 그런 의도를 전혀 갖고 있지 않다는 사실은 연구조사 결과로도 밝혀져 있다. 그러나 몹시 화가 난 상태에서는 의식 속에 잠재돼 있던 편견에 따른 충동적인 의사결정이 나타날 가능성이 한결 높아진다. 다른 사람들과 마찬가지로 교사도 흑인을 범죄자로 묘사하는 미디어나 대중문화에 노출돼 있으며, 이런 이미지들이 교사의 무의식적인 의견과 행동을 형성한다.

오리건대학교의 켄트 매킨토시(Kent McIntosh)와 에릭 거반(Erik Girvan)은 학교에서 이뤄지는 학생 지도 과정에서 나타나는 이런 순간들을 '취약한 의사결정 순간들(vulnerable decision points)'이라고 부른다.[35] 두 사람은 미국 전역의 학교를 대상으로 학생 지도와 관련된 일들을 추적하고 이 데이터를 분석한 다음 그런 잘못된 의사결정이 내려지는 순간들은 대개 미리 예측할 수 있음을 교사들과 학교 행정 담당자들에게 입증했다. 교사들은 하루 또는 1주일의 일과가 끝나는 시간이라 지쳐 있을 때 또는 회의 때문에 점심을 걸렀을 때 무모하고 경솔한 판단과 결정을 내릴 가능성이 높아진다. 어떤 순간들은 특정 교과목이나 교사에게 특히 더 자주 나타날 수 있겠지만, 이런 순간들도 역시 예측이 가능하다. 예를 들어 어떤 교사와 힘겨루기를 하는 학생이 있다면 이 학생이 수업을 방해할 가능성은 그만큼 더 높다.

이런 사실은 엘다 샤퍼와 센딜 멀레이너선이 결핍(이 경우에는 시간과 주의력의 결핍)과 무모하고 경솔한 의사결정 사이에 존재한다고 입증했던 연관성의 증거가 되며, 가난한 사람을 그들의 불행할 미래로부터 구조하는 것을 방해하는 패턴(양상)과 유사하다.

교사와 교장은 이런 순간들에 놓일 때 자신의 원래 의도와 반대되는 행동을 하고 만다. 교육 부문에서 벌어지는 인종차별적인 폐단을 없애겠다는 노력을 하면서 20년 이상 살아왔던 엘우드조차도 때로는 평소 소신과는 전혀 다른 태도로 유색 인종 학생들을 대하는 스스로의 모습을 발견하고는 깜짝 놀란다고 내게 털어놓았다.

엘우드는 학교 교사들이 '취약한 의사결정 순간들'에 학생들을 편견 없이 올바르게 대하는 방식을 이끌어줄 자신만의 의식 절차를 개발하고 실행할 수 있도록 훈련받기를 원했고, 그래서 매킨토시를 학교로 초빙했다. 매킨토시는 교사들에게 학생들을 거칠고 모질게 대하기 쉬운 미래의 어떤 순간에 어떤 식으로 행동하면 좋겠다는 계획을 미리 정한 다음에 이를 큰 소리로 분명하게 말한 뒤 종이에 적으라고 했다. 이는 충동을 완화하는 장치를 마련하자는 것이었다. 즉, 분노의 순간과 학생 지도 의사결정 사이에 약간의 틈을 둬서 어떤 의사결정이 내려지는 시점을 조금만 더 뒤로 미루자는 것이었다.

이를테면 어떤 교사가 어쩌다 보니 점심을 걸러서 배가 고픈데 자신이 말을 할 때 아이들이 자꾸 끼어 들어서 짜증이 났고 이런 사실을 본인이 깨달았다고 치자. 이때 이 교사는 미리 세워뒀던 계획에 따라 다음과 같은 말을 큰 소리로 하면 된다.

"만일 어떤 학생이 자기 차례가 아닌데도 불쑥 끼어들어 말을 한다면, 나는 손에 든 것을 탁자에 내려놓은 다음에 심호흡을 크게 한 차례 한다. 그리고 그 다음에 내가 무슨 행동을 할 것인지 결정한다."

또는 다음과 같이 말할 수도 있다.

"만일 어떤 학생이 내게 버릇없이 군다면, 나는 두 손으로 뒷짐을 진 채 뒤로 세 걸음 물러선다."

매킨토시는 미국 전역의 수백 명 교사들이 이런 방법을 사용하도록 훈련시키는 일을 지금도 꾸준히 진행하고 있다.

엘우드는 학교 교사들이 (그리고 학생들과 행정 직원들이) '조건 전술' 의식 절차를 채택해 사용하게 된 뒤로는 흑인 학생들에 대한 경솔한 학생 지도 관행이 두드러지게 줄었으며 교장실로 불려오는 학생 수도 한결 줄어들었다고 했다. 매킨토시와 거반은 이런 관행이 학생 지도에서의 차별을 꾸준하게 줄여나가는지 어떤지 알기 위해 그리고 이런 관행이 학교 문화를 새롭게 형성하는 방법을 찾기 위해 현재 미국 전역의 학교에서 이뤄지는 '조건 전술' 의식 절차를 연구하고 있다. 이 작업은 전망이 밝다. 그러나 이것이 모든 학교와 교실에서 통하는지 입증해야 하는 과제는 여전히 남아 있다.

* * *

누구나 쉽게 채택해 활용할 수 있는 이런 단순한 의식 절차는 미래에 주의를 기울이는 데 도움이 될 잠재력을 갖고 있다. 하지만 우리가 개인적으로 갖고 있는 충동들 이외의 다른 요인들이 미래를 내다보지 못하도록 가로막는 상황에서는 이런 방법이 전혀 통하지 않을 수도 있는데, 이런 사실이 나는 두렵다. 어떤 회사의 CEO가 연구개발 부문에 상당한 규모의 투자를 하기로 결정할 때 주주나 이사회가 이런 의사결정을 못마땅하게 여겨서 그 CEO를 해고할 수 있다면 이 CEO가 그런 결정을 내릴 가능성은 별로 없다. 어떤 도시의 시장도 마찬가지다. 부동산 개발업체들이 반대할 게 뻔하고, 그래서 다음 선거에서 자신에게 등을 보일 게 뻔하다면, 이 시장은 자연재해에 취약한 해안 지역의 개발을 가로막고 나서는 일에 쉽게 동조하지 못할 것이다. 농부도 마찬가지다. 자신이 재배해서 파는 농작물이 보다 더 잘 팔리게 만들려면 자기 토지의 토질이 점점 나빠지는 것을 감수해야 할 때, 이 농부는 자기 토지의 토질을 현재의 양호한 상태로 계속 유지하는 것에 압박감을 느낄 수밖에 없을 것이다. 이런 여러 상황에서 미래를 내다보는 포사이트가 가능하도록 하려면 개인이라는 차원을 넘어서는 또 다른 차원을 바라봐야 한다.

THE

OPTIMIST'S

TELESCOPE

제2부
·
기업과 조직

BUSINESS AND ORGANIZATIONS

오늘날 기술과 경제의 패러다임은 미래에 대한 전망과 타인에 대한 공감 능력 그리고 사물의 미묘한 차이를 인식해 전략적 태도를 가진 사람에게 유리한 방향으로 나아가고 있는데, 바로 이런 시점에 우리가 여전히 근시안적인 수치 지표에 사로잡혀 지금 당장의 목표에 스스로를 옭아맨다는 것은 아이러니가 아닐 수 없다. 미래 세상에서 인간이 갖는 강점은 구체적인 사실들을 분석하는 영역에서 기계와 맞붙는 것이 아니라 우리 인간이 소중하게 여기는 것과 우리가 판단하는 것에서 나올 것이다.

뱀에 물릴 때에 대비해서,

늘 위스키를 한 병씩 들고 다녀라.

그리고 또 늘 작은 뱀도 한 마리씩은 들고 다녀라.

-W. C. 필즈(미국의 코미디언)

:: **기업과 조직의 무모한 의사결정**

실수는 단 한 순간의 일이 아니다. 온갖 것들이 쌓이고 쌓여서 결국 잘못되는 어떤 순간적인 의사결정이 나타난다. 터무니없는 실수를 저지르고 만 수상한 기업이나 조직에 대한 사례는 누구나 줄줄 꿸 수 있을 정도로 많다.

우리는 눈앞의 이익을 좇다가 미래의 재앙을 불러들인 사기꾼들의 얼굴을 기억하고 또한 온갖 스캔들의 머리기사를 기억한다. 어떤 자동차업체는 자동차 배기가스 배출 관련 테스트를 부정한 방법으로 통과하려고 해당 부분 설계를 임의로 변경했다가 수십억 달러의 벌금을 부과받았다. 어떤 은행은 수백만 개의 사기성 계좌를 만든 일로 수사를 받고 있다. 또 어떤 자선단체는 현장 직원들의 매매춘 행위를 눈감았다가 기부자들이 대거 떨어져나가는 손해를 봤다.

조직이 무의식적으로 무모하고 경솔한 의사결정을 내리도록 만드는 여러 방식들은 개인이 충동적이라고 여기는 온갖 속임수보다도 훨씬 더 강력한 위협을 제기할 수 있다. 미국 경제조사국에서 이뤄진 존 그레이엄(John Graham)의 작업은 눈이 튀어나올 정도로 깜짝 놀랄 스캔들을 장기적인 안목으로 바라볼 수 있게 해준다. 그는 기업 범죄로 유출되는 것보다 훨씬 더 많은 돈이, 이 돈은 해당 기업의 주주들을 위한 (그리고 또 세금을 납부하며 기관투자자들이 운용하는 연금을 내는 사람들을 위한) 돈인데도 불구하고, 단기 수익을 끌어올릴 목적으로 장기적으로 결코 좋지 않은 의사결정을 내리는 이사진의 합법적인 관례에 의해 사라지고 있음을 입증했다.[1] 경영진이 내리는 이런 의사결정을 따로 떼어놓고 보면 해롭지 않아 보이지만 결국에는 '무모함'이라는 패턴으로 귀결되고 만다.

기업과 조직이 가장 크게 해악을 끼치면서 저지르는 실수들 가운데 많은 것들이 사실은 피하려면 얼마든지 피할 수 있는 것이다. 만일 기업이나 비영리단체 그리고 정부 기관이 새로운 전술들을 학습할 수만 있다면 미래의 기회들을 포착할 수 있으며, 재앙의 경고 신호에 주의를 기울일 수 있다. 경고 신호에 제대로 주의를 기울이기만 하면 절대로 암울한 종말의 운명을 맞을 일이 없다.

이런 사실을 깨닫고 나자 '기업은 애초부터 미래에 대한 통찰인 포사이트를 발휘할 수 없다'고 생각하던 나의 부정적인 냉소주의가 한결 누그러졌다. 조직이 실패하거나 성공하는 방식을 연구함으로써 나는 자신 앞에 놓여 있는 길을 멀리 내다볼 수 있게 됐으며 동시에 경로에서 벗어나지 않는 미개발된 그들의 힘을 비로소 바라볼 수 있게 됐다. 조직 역시 개인과 마찬가지로 주체적인 선택권을 갖고 있다.

:: 슈퍼박테리아와의 싸움

의사인 새라 코스그로브(Sara Cosgrove)는 의사 경력의 대부분을 슈퍼박테리아와의 전투를 이끌면서 쌓아왔다. 슈퍼박테리아는 이미 알려진 항생제에 내성을 갖고 있는 치명적인 박테리아로 현재 전세계로 확산되고 있다.

코스그로브는 전염병을 전공한 내과 의사이자 의과대학 교수이며, 볼티모어에 있는 존스홉킨스병원의 항생제처방 중재 프로그램(Antibiotic Stewardship Program, ASP)의 책임자다. 그녀는 치료에 내성을 가진 전염병 분야의 세계적인 전문가인데 전세계의 정부와 기업을 상대로 상담을 해준다. 그녀는 절제돼 있으면서도 자상하고, 힘든 상황에서도 유머를 잃지 않으려고 노력하는 그런 인물이다. 그녀가 지난 수십 년 동안 해결하려고 애를 쓰고 있는 위기에 대해 이야기할 때 그녀의 검은 눈동자는 단호한 빛을 뿜어냈다.[2]

코스그로브는 어릴 때부터 의사가 되는 게 꿈이었다. 그녀는 자주 감기에 걸렸고, 툭하면 병원에 갔으며, 거기에서 자기 차례가 오길 기다리는 동안 약솜이나 유리관 등이 들어 있는 서랍을 열어보곤 했다. 집에서는 과산화수소와 샴푸와 욕조 파우더 등을 섞어 '약'을 만들고 이 약으로 어린 남동생을 치료하는 놀이를 하곤 했다. 다행히도 그 남동생은 누나가 만든 약은 한 모금도 먹지 않았다. 1980년대 후반에 고등학교에 다닐 때는 〈롤링스톤(Rolling Stone)〉 잡지에 실렸던 어떤 이야기에 매료됐다. 해마다 미국인을 수천 명씩 죽이는 에이즈(AIDS)의 재앙을 다룬 이야기였다.

의과대학 학생일 때 코스그로브는 에이즈 환자를 치료하면서 한 평생을 보내야겠다고 마음먹었다. 그래서 여성 에이즈 환자들과 이야기를 나누며 그들로부터 자신이 죽은 뒤에 아이들이 걸어가게 하고 싶다는 계획을 듣곤 했다. 그러나 펠로십 훈련을 받던 중이던 2001년에 그녀는 전혀 다르면서도 지금까지 간과돼왔던 어떤 문제에 관심을 갖게 됐다. 자기 병원에 입원한 환자들 가운데 약물 내성을 가진 전염병 환자들의 사망률이 다른 환자들의 사망률보다 높다는 사실을 발견한 것이다. 그런데 그녀는 의사가 환자 치료 방법에 대해 조금만 더 나은 결정을 내렸으면 얼마든지 피할 수 있는 죽음을 환자가 안타깝게 맞이한다고 생각했다. 코스그로브는 이 문제를 붙잡고 싸워야겠다고 결심했고, 그 결심과 열정이 지금까지 이어져왔다.

"이건 풀어야 할 퍼즐이에요. 모든 박테리아는 자기만의 이야기를 갖고 있습니다."

코스그로브가 슈퍼박테리아와 싸우면서 발견한 온갖 사실들은 조직이 무모하고 경솔한 의사결정을 피할 수 있는 방법에 대한 폭넓은 교훈을 담고 있다.

오늘날 슈퍼박테리아는 전세계적으로 확산되면서 한 해에만 70만 명의 목숨을 앗아간다.[3] 항생제로 치료되지 않는 임질이 전세계로 확산되고 있으며, 대장균과 같이 약물 내성을 가진 전염병은 병원에 입원한 환자들의 목숨까지 빼앗고 있다. 지금 120개가 넘는 나라에서 전염성이 있는 결핵 환자가 있다.[4] 2050년이 되면 한 해에 1,000만 명이 슈퍼박테리아로 사망할 것이라는 전망도 나와 있다.

병원으로서는 슈퍼박테리아가 골칫거리다. 더 분명하게 말하면 악몽이다. 슈퍼박테리아 전염병이 병원을 통해 확산될 경우에는 치료를 받으려고 병원을 찾는 환자들이 치명적인 질병에 노출될지도 모르는 위험을 감수해야만 한다. 암 환자나 장기이식 수술을 받는 환자처럼 가장 조심해야 할 환자들이 누구보다도 먼저 이 전염병에 걸리기 쉽다. 병원에서 발생하는 슈퍼박테리아 전염병은 의사 및 보건 체계에 대한 믿음을 허물어버린다.

슈퍼박테리아의 발생은 전염병을 연구하는 코스그로브와 같은 사람들에게는 놀라운 일이 아니다. 예측할 수 있을 뿐 아니라 예측된 것이기도 했다. 다시 말해 이 문제는 많은 부분 피해갈 수 있게 됐다는 말이다. 오늘날 의료 부문의 전문가(의사, 간호사, 병원 관리자 등) 대부분은 이를 예방하는 방법조차 다 알고 있다. 그런데 문제는 이런 사태를 몰고 온 범인이 동시에 이 병을 치료하는 치료자라는 사실이다.

:: 항생제 남용

항생제는 1942년 11월의 어느 추운 밤에 처음으로 사용됐고 그때 이후로 널리 사용됐다. 그리고 이날 밤 보스턴의 어느 허름한 나이트클럽에서 사건은 시작됐다. 주류창고를 개조한 나이트클럽 코코아넛 그로브(Cocoanut Grove)에서 사람들이 길게 줄을 늘어서서 콩가 춤을 추고 있었다. 이곳은 시내에서는 파티를 즐기기에 가장 활기가 넘치는 곳이었다. 보스턴칼리지와 홀리크로스의 미식축구 경기가 끝난 뒤에 1,000명이나 되는 사람들이 이 클럽으로 몰려들었다. 유명인사들, 깡패들, 술주정뱅이들, 군인들, 스포츠팬들이 이곳에서 얼룩말 무늬 소파에 앉거나 가짜 야자나무들 아래에서 가짜 열대의 흥겨운 분위기를 만끽했다.

그런데 이 나이트클럽에서 1주일 전에 작곡가 어빙 벌린(Irving Berlin)이 자신이 작곡한 음악이 나오는 영화 〈이것이 군대다(This Is the Army)〉의 홍보 이벤트를 열었었다. 이 영화에는 배우 시절의 로널드 레이건이 출연했으며, 저 유명한 노래 "신이여 미국을 축복하소서(God Bless America)"가 삽입곡으로 들어가 있었다. 히틀러가 비시(Vichy) 정부 프랑스를 막 침공한 시점이었고, 코코아넛 그로브의 접이식 지붕은 따뜻한 날 저녁에는 지붕을 열어 실내에서도 하늘의 별을 볼 수 있었지만, 그날은 너무도 추운 날이어서 지붕은 열 수 없었다. 푸른색 새틴 소재의 캐노피가 천장에서부터 드리워져 있었고, 나이트클럽에서 바깥으로 연결되는 문은 단 하나뿐이었다. 회전문이었는데, 이 회전문이 유일한 출구이자 입구였다.

목격자들은 사건의 전말을 다음과 같이 전했다.[5] 엉큼한 연인들이 남몰래 은밀한 장난을 치려고 복도를 밝히던 백열등 전구를 소켓에서 느슨하게 풀어서 꺼놓곤 했다. 바에서 일하는 16세 소년이 이 전구를 제대로 끼우려고 깜깜한 복도를 더듬다시피 하면서 앞으로 나아가서는 소켓을 확인하려고 성냥을 켰다. 그런데 소년이 실수로 이 성냥을 바닥에 떨어뜨리고 말았다. 이렇게 해서 화재는 시작됐다. 불길은 곧 나이트클럽의 가짜 야자수와 장식 휘장들로 옮겨 붙었고, 아수라장 속에서 사람들은 한꺼번에 출입문으로 몰려들었다. 그 사건이 일어난 지 50년이 지난 뒤에 보스턴 소방 당국은 당시에 가연성 가스인 메틸 클로라이드(methyl chloride)가 클럽 전체에 퍼져 있었으며, 이 가스는 고장이 난 채 방치돼 있던 에어컨 시스템에서 새어나왔던 것이라고 결론 내렸다.

이 화재로 500명 가까이 사망했으며, 수백 명이 화상을 입고 시내의 병원으로 급하게 이송됐다. 화상 환자들의 환부는 포도상구균에 취약했는데, 당시에는 이 박테리아에 감염되면 사망선고를 받는 것이나 마찬가지였다. 달리 치료약이 없었기 때문이다. 이틀 동안 시카고라는 도시의 반경 수 킬로미터를 태웠던 1871년의 시카고 대화재보다도 몇 백 명이나 더 많은 사망자를 냈던 코코아넛 그로브 화재는 보스턴 역사상 최악의 사건이었으며 미국 역사에서도 가장 많은 사망자를 낸 참사들 가운데 하나로 기록돼 있다.

그러나 그 와중에도 비록 희미하긴 했지만 좋은 소식이 있었다. 뉴저지에 있던 한 회사가 이 화재 소식을 듣고 화상 환자들이 수용돼 있던 매사추세츠종합병원으로 트럭을 몰고 급하게 달려왔다. 이 트럭은 당시만 하더라도 미국에서 채 100명도 되지 않던 사람들만이 치료를 받았던, 아직은 확실하게 검증되지 않은 약을 싣고 있었다. 그 약의 이름은 페니실린이었다. 의사들은 이 약을 코코아넛 그로브 화재 화상 환자들에게 치료제로 사용했고, 나중에는 이 약이 환자의 생존율을 매우 높여줄 뿐만 아니라 극심한 환부에 적용하는 피부이식 수술에서도 매우 안전하다고 인정했다.

그 비극적인 화재 속에서 페니실린이라는 약이 많은 생명을 구했다는 소식에 미국 정부는 항생제를 개발하는 회사들을 적극 지원하고 나섰다. 페니실린이 첨가된 음료, 구강 청결제, 비누 등이 시장에 넘쳐났다.

"고마워요 페니실린, 덕분에 그 사람이 무사히 집으로 돌아와요!"

이는 1944년의 〈라이프(Life)〉 잡지에 실린 어느 회사의 광고 문구인데, 이 광고로 페니실린은 제2차 대전의 위대한 치료제로서 자리매김했다. 1950년대 중반까지는 페니실린을 원하는 사람들은 의사의 처방전 없이도 살 수 있었다.

항생제가 널리 퍼지기 전인 20세기 초에는 영유아 사망률이 무척 높았고, 거의 모든 가구가 이 공포에 떨었다. 폐렴과 설사와 성홍열로 사람들은 너무도 쉽게 그리고 정기적으로 죽어갔다. 몇몇 도시에서는 전염병이 돌면 첫돌을 맞이하기 전인 전체 어린이의 30퍼센트가 사망하기도 했다.[6] 1927년에는 오스트리아 의사 율리우스 바그너 야우레크(Julius Wagner Jauregg)는 1917년 뇌매독 환자에게 말라리아 원충을 감염시켜 매독을 치료한 공로로 노벨의학상을 받았다(매독균이 고

온에 약하다는 점에 착안해 뇌매독 환자에게 말라리아 원충을 감염시켜 고열이 나게 함으로써 매독을 치료한 것-옮긴이). 항생제가 없던 절망적이던 시대에 비록 칭송을 받은 시도이긴 했지만 놀라울 정도로 끔찍한 발상이었다.[7]

페니실린을 포함한 여러 항생제들이 널리 퍼짐에 따라서 사람들이 벌레에 물리거나 출산을 할 때 예전보다 공포에 덜 떨게 됐다. 기침을 하는 현상이 더는 사형선고의 조짐이 아니었던 것이다. 항생제는 기적의 약이나 다름없었다. 생체 기관 이식 수술이나 심장 바이패스 수술을 할 때도 감염으로 환자가 사망할 일이 없어졌기 때문이다. 이 항생제들 덕분에 성관계도 보다 더 안전해졌다.[8] 베트남 전쟁 때 사창가를 자주 찾았던 미군 병사들은 정기적으로 페니실린 주사를 맞아 임질을 치료했다. 매춘부들도 미군 당국의 배려로 이 주사를 정기적으로 맞았다.

역겨운 문제에 대해서는 모든 사람이 빠른 해결책을 원하고 항생제가 지금까지 오랜 세월 동안 그 역할을 해왔다. 그러나 오늘날 항생제는 사람들을 치료의 영역을 넘어서서 예방의 영역으로까지 밀어 넣었다. 축산 농가에서는 닭을 키우면서 닭이 질병에 걸리지 않도록 하려고 건강한 닭에게도 만약의 경우에 대비하고자 항생제를 먹인다. 충분한 휴식을 취하고 시간이 지나기만 하면 신체가 자가치유력을 발휘해 쫓아낼 수 있는 흔한 바이러스에도 의사들은 항생제 처방을 한다. 이런 현상과 관련해 새라 코스그로브는 내게 이렇게 말했다.

"항생제가 등장해 많은 사람들의 목숨을 살렸기 때문에 '항생제는 해롭지 않다'는 생각을 1940년대 중반부터 2000년대까지 하면서 살아왔어요. 의사들에게 던지던 질문은 이 약을 언제 주느냐가 아니라 왜 이 약을 주지 않으려고 하느냐는 것이었습니다."

20세기의 만병통치약인 항생제가 사람에게 해로울 수도 있음은 사람들이 익히 알고 있던 상식, 즉 기적의 약인데 어떻게 해로울 수가 있느냐는 발상을 깨야 하는 핸디캡을 안고 지금까지 이어져왔다.

오늘날 감기와 기침에 대한 처방으로 널리 사용되는 항생제들 대부분은 환자의 질병에 대한 올바른 처방이 아니다. 불필요한 항생제 처방은 사람이 건강한 면역력을 유지하는 데 도움을 주는 체내의 유익한 미생물들까지 모두 죽인다. 그래서 결과적으로 면역력이 약화돼 치명적인 전염병에 취약하게 만들어 또 다른 위험을 발생시킨다.[9]

이런 위험은 항생제 혁명을 시작했던 의사가 이미 오래 전에 알고 있었다. 1928년에 박테리아를 죽이는 페니실린의 강력한 능력을 발견했던 알렉산더 플레밍은 1945년에 시간이 지남에 따라 항생제 남용은 박테리아가 이 항생제에 내성을 갖는 쪽으로 진화하게 될 것이라고 정확히 경고했다.[10] 하지만 수십 년 동안 그런 장기적인 결과의 위험성은 오래된 약을 대체하는 새로운 약에 의해 가려졌다.

오래된 항생제의 약효가 떨어지면 마치 자동차의 엔진 오일을 갈듯이 그렇게 의사들이 새로 개발한 항생제로 갈아타서 처방할 수 있도록 제약사들이 계속 새로운 항생제를 만들어내기만 하면 슈퍼박테리아 문제는 아무런 걱정거리가 아닐 수도 있다. 그러나 쉽게 발견할 수 있는 항생제들은 대부분 이미 발견된 상태이며, 새로운 항생제 개발에는 돈이 무척 많이 들 뿐더러 어렵기도 하다. 제약사들로서는 환자가 며칠 동안만 복용하면 되는 항생제보다는 오랜 세월 동안 꾸준하게 복용해야 하는 스타틴(Statin, 혈관 내 콜레스테롤 억제제-옮긴이)이나 진통제를 개발하는 편이 훨씬 더 이익이다. 그렇지만 급격하게 늘어나는 슈퍼박테리아의 위세 앞에서 이는 질 수밖에 없는 싸움이다. 슈퍼박테리아의 공격에 맞설 항생제 병참 보급은 시간이 갈수록 줄어들 수밖에 없다. 항생제는 지금 대수층(지하수를 품고 있는 지층-옮긴이)에 있는 깨끗한 물이나 광산의 석탄처럼, 미래에 결국 맞닥뜨리게 될 결과는 전혀 고려하지 않은 채 사람들이 너무 빠른 속도로 사용하고 있는 희귀 자원이나 마찬가지가 돼버렸다.

:: 의사결정을 바꾸는 상황 압박

새라 코스그로브는 우리가 갖고 있는 항생제라는 무기가 앞으로도 계속 강력한 화력을 유지하길 바란다. 이렇게 되려면 어떻게 해야 할까? 그녀는 웃으면서 이렇게 대답했다.

"터무니없는 곳에다 항생제를 처방하는 걸 멈춰야 하죠."

하지만 불필요한 항생제를 처방하는 의사들이 이러는 것은 그들이 뭘 몰라서가 아니다. 의사 본인의 선의를 배신하면서 이렇게 하는 경우가 흔하다.

코스그로브가 존스홉킨스병원에서 일하기 시작한 초기에 그녀와 그녀의 동료들은 의사들이 알고 있는 사실과 이 의사들이 실제로 행동하는 것이 얼마나 일치하는지 알아보는 연구조사를 진행했다. 설문조사 및 관찰이라는 방법을 통해 그녀는 주어진 가상의 상황에서는 항생제 처방을 하지 않겠다고 했던 젊은 의사들이 실제 현실 상황에서는 항생제를 처방한다는 사실을 확인했다. 환자의 장기적인 건강을 소중하게 여기며 또한 항생제가 공동체 안에서 여전히 강력한 효과를 유지하길 바랐지만, 실제 환자를 만나서 처방하는 순간에서는 이런 의지와는 다른 행동을 한 것이다. '올바른' 의사결정에 대해 많은 것을 알고 있음이 보다 '나은' 결정을 내리는 행동으로 곧바로 이어지지 않았다. 즉, 일종의 '조건 전술'의 의식 절차가 있긴 했지만 이것이 이 상황에서는 통하지 않았던 것이다.

과학적인 전문 지식으로 무장해 있으며 사회의 그 어떤 분야에서보다도 더 엄격하게 훈련받은 집단인 의사가 항생제를 필요로 하지 않는 환자에게, 특히 공공의 건강은 말할 것도 없고 환자 개인에게도 나쁜 결과가 빚어질 게 빤한 상황에서 항생제를 처방하는 이유는 쉽게 상상하기 어렵다. 그러나 의사가 처방전을 쓸 때 맞닥뜨리는 조건을 생각해보면 그 이유를 가늠할 수 있는 보다 더 선명한 그림이 떠오른다. 긴급성이 때로는 미래에 대한 통찰력인 포사이트를 압도하는 경우가 많다. 환자를 바로 앞에 둔 상황에서 의사가 접하는 단서들이 그 의사로 하여금 미래를 무시하는 결정을 내리도록 속삭이기 때문이다.

항생제가 필요하지도 않은 상황에서 항생제를 처방하도록 유도하고 등을 떠미는 주체의 정체가 결국 '공포'임을 코스그로브는 알아차렸다.[11] 의사들은 자신이 사용할 수 있는 모든 도구와 수단을 사용하지 않을 때 환자에게 (그리고 또 의료기술을 실행하는 자기 자신의 능력에) 일어날 수도 있는 잘못된 것들을 두려워한다.

병원에서 환자에게 아무 치료도 하지 않으면 환자의 증세는 더 심해질 수 있고 심지어 환자가 사망할 수도 있다. 의사들은 환자 가족으로부터 소송을 당할지도 모른다는 생각을 한다. 또한 이들은 환자가 잘못될 온갖 경우를 상상하느라 악몽에 시달리며, 자신이 다르게 선택할 수 있었지만 포기했던 것을 계속 마음에 담아두기도 한다. 혈압 측정이나 이런저런 검사를 지시하는 것이든, 또 다른 문제를 유발할 수도 있는 의료 행위를 제공하는 것이든 간에, 환자에게 후회 없이 할 만큼 다했다고 생각하는 경험을 의사는 거의 하지 않는다. 아니, 심지어 그렇게 하는 게 가능한지조차도 알지 못한다. 한편 이것 외에 다른 요인들도 작용해 가장 그럴듯하게 보이는 선택이 의사의 눈에 뚜렷이 드러날 때까지 그 의사가 기다리게 내버려주지 않는다.

오늘날의 의료 문화는 환자에게 뭔가를 제공하는 것을 강조한다. 어떤 점에서 보면 환자에게 어떤 치료를 할 것인지 여러 치료법들 가운데서 선택할 수 있다는 조건은 그 행위를 적극적으로 수행하겠다는 충동을 애초부터 당연한 것으로 인정한다. 그렇기 때문에 가능성이 있는 치료를 의사가 환자에게 제공하지 않기란 애초부터 불가능할지도 모른다. 현대를 사는 사람들은 무척이나 다행스럽게도 자기공명영상(MRI)에서부터 화학요법에 이르기까지 질병을 진단하고 치료하는 기술이나 약이 수천 가지나 있긴 하지만 이런 상황 자체가 딜레마를 만들어낸다. "도구들이 워낙 많으므로 환자를 치료하는 것이 과연 이치에 맞는가", "맞다면 언제 치료를 해야 하는가" 하는 기본적인 질문을 의사나 의료기관이 놓쳐버리기 쉽다. 이런 상황은 보건 관련 부문에서 필요 없는 지출이 발생하도록 유도한다.

국가적인 차원에서도 병원에서 항생제 과잉 처방을 바로잡기보다 오히려 권장해왔다. 그래서 1990년대의 어떤 정책 하나는 큰 피해를 안겨주기도 했다. 미국에서 전국의 보건 관련 비용을 지불하는 정부 산하 최대의 단일 기관인 '메디케어 및 메디케이드 서비스센터(CMS)'는 폐렴으로 인한 높은 사망률을 바로잡을 생각으로 폐렴 증세가 있는 환자가 병원에 오면 무조건 2시간 안에 항생제를 투여하도록 규정을 정했다. 폐렴 환자를 돕겠다는 의도로 마련된 이 조치는 결정적인 진단이 나오기 전에라도 얼마든지 즉각적으로 (그리고 흔히 있는 일이지만 해당 환자의 질병과 무관할 수도 있는) 항생제 처방을 할 것을 권장했다. 그러자 항생제 처방을 받은 폐렴 환자들 사이에서 클로스트리듐 디피실리균(clostridium difficile)에 감염되는 사례가 나타나기 시작했다. 인체의 장에서 상존하는 이 균은 항생제를 지속적으로 처방함에 따라 인체에 유익한 균이 다 죽고 나면 결장을 자극해 설사를 유발하는 슈퍼박테리아다. 연구자들은 그 환자들 가운데 상당수가 애초부터 폐렴을 갖고 있지 않았다는 사실도 확인했다.

의사의 진찰을 받는 환자는 대개 병원에서 숨을 거두는 환자들만큼 심각하게 아프지는 않다. 그러나 1차 진료를 하는 의사나 임상간호사(의사가 하는 많은 일들을 할 수 있도록 훈련받은 간호사, 우리나라에는 이런 제도가 없다-옮긴이)는 항생제를 처방해야 한다는 압박감을 느낀다고 보고한다. 더욱이 이런 처방 요구를 환자가 직접 하는 경우도 많다. 어떤 의사들에게는 환자들이 자신에게 갖는 믿음 때문에 처음에는 없었던 의무감까지 생겨나기도 한다. 신생아의 아빠가 자신의 아기를 외과 의사에게 건넬 때를 생각해보자. 그 아기는 부부 사이의 유일한 자식이며 아이를 낳기까지 10년이라는 세월을 기다렸을 수도 있다. 10대 운동선수가 가슴에 통증을 호소하면서 의사를 찾아올 수도 있다. 이 어린 학생은 대학교에 진학할 수 있을지 또는 체육 특기생 장학금을 받을 수 있을지 판가름해줄 토너먼트 대회가 시작되기 전에 통증을 툭툭 털고 건강한 몸으로 경기장에 나서기를 바란다.

의사들이 항생제 처방을 하게 되는 과정에 영향을 미치는 여러 요인을 오랜 기간 연구해온 의료사회학자 줄리아 심차크(Julia Szymczak)는 이런 상황에서 의사가 항생제 처방에 따르는 미래의 모호한 위협에 초점을 맞춰 환자에게 항생제 처방을 하지 않기란 무척 힘들다고 말한다(어떤 약품들은 제약사에서 강력한 로비를 하는 바람에 의사들이 이 약품을 과잉 처방하기도 하지만, 항생제의 경우 제약사들이 의사들을 상대로 이런 로비는 하지 않는다).

의사와 간호사가 환자와 환자 사이를 바쁘게 오가야 함에 따라 그들에게 요구되는 주의력의 강도는 점점 더 높아진다. 장시간의 교대 근무로 몸은 피곤하고 밀린 일은 점점 더 많아진다. 그 때문에 점점 더 시간에 쫓긴다. 2만 건이 넘는 1차 진료를 연구한 어느 논문에서는 의사나 임상간호사가 정해진 일정을 따라잡기가 점점 더 어려울 정도로 업무가 밀린다거나 피로를 느낄 때 불필요한 항생제를 처방하는 건수도 늘어난다는 사실을 확인했다.[12] 이와 관련해서는 내가 아는 어떤 의사도 다음과 같이 말했다.

"항생제 처방을 하지 않으면 항생제 처방을 할 때에 비해 시간이 네댓 배는 듭니다. 환자에게 왜 항생제 처방을 하지 않는지 이유를 설명해야 하니까요."

물론 피로나 시간 제약이나 사회적인 압박감이 경솔한 의사결정을 유도하는 분야가 의료계에만 국한되지는 않는다. 행동과학자 센딜 멀레이너선과 엘다 샤퍼의 저작을 보면 이런 사정을 상세히 알 수 있다. 미래를 희생하면서까지 지금 당장의 요구에 초점을 맞추도록 사람을 유도한다는 점에서 시간의 결핍은 돈의 결핍과 마찬가지라고 언급하고 있다.[13] 이들은 NASA의 화성 기후 탐사 궤도선 '마스 클라이밋 오비터(Mars Climate Orbiter)'를 예로 들면서, 이 궤도선은 화성 궤도에 진입할 때 역추진 분사엔진을 가동해야 했는데 출력을 잘못 계산한 바람에 궤도에 들지 못하고 추락했다. 이 사고가 일어나기 전에 이미 나사는 기술자들이 빡빡한 발사 일정을 맞추기 위해 장시간 노동을 해야 했고 그 때문에 지칠 때로 지친 기술자들이 이런저런 실수를 하고 있다고 인정한 바 있다. 궤도선의 추락을 유발한 그 실수란 도량형 기준이 표준 미터법이 아닌 야드-파운드법으로 설정돼 있는 소프트웨어를 조정하는 과정에서 일어난 단순한 입력 오류였다.

오늘날 과연 어떤 직장이 직원에게 시간과 관련된 압박감을 주지 않을까? 과로로 지친 사람들에게 중요한 의사결정을 맡기지 않는 조직이 과연 있기나 할까? 최소한 우리 시대의 모든 조직이 정보 과잉으로 과부하 상태임은 누가 봐도 명백하다. 짧은 마감시한과 긴 근무 시간 그리고 누적된 스트레스는 일을 하는 모든 조직이 가진 특징이다. 다시 말해 화물을 선적하거나, 모바일 앱을 개발하거나, 여객기를 운항하거나, 마을을 순찰하거나, 뉴스를 전하거나, 음식을 만들거나, 로켓을 띄우거나, 화재를 진압하거나, 소송을 진행하거나, 자율주행자동차를 만들거나, 학생들을 가르치거나 하는 등의 모든 일에서 동일하다.

캘리포니아주립대학의 사회과학자 로저 본(Roger Bohn)과 라마찬드란 자이쿠마르(Ramachandran Jaikumar)는 조직에서 이뤄지는 이런 종류의 의사결정을 '불끄기(firefighting)'라고 부른다.[14] 불길 없이 연기만 뿜어대는 것에는 일단 신경 쓰지 않고 무조건 불길만 찾아서 끄는 행위, 즉 눈앞의 긴박한 문제를 우선적으로 처리하는 패턴이다. 두 사람은 2000년에 발표한 논문에서 지속적인 위기에 휩싸인 조직들은 장기적으로 중요한 것을 무시하는 경향이 있다고 지적했다. 이 조직들은 불이 나지 않도록 예방하기보다는 직원들을 혹사시키면서까지 불을 끄는 데 보상을 내걸면서 이와 같은 근시안적 문화를 만들어낸다.

종합병원과 1차 진료병원에서 모두 약을 처방하는 의사나 임상간호사들은 자신들이 내리는 결정이 빚어낼 미래의 결과와는 매우 동떨어져 있는 경향을 보인다. 이들은 미래에 자기 환자들에게 무슨 일이 일어날지 바라보지 않는다. 환자가 걸릴지도 모르는 어떤 전염병 또는 시간이 지나면 전세계적으로 중대한 문제로 나타날 잠재적인 슈퍼박테리아보다는 당장 눈앞의 요인들이 이들의 판단과 결정을 좌우한다. 이런 현상은 항생제 처방에서뿐만 아니라 치과의사를 포함한 의사들의 진통제 처방에서도 흔하게 나타난다. 그렇기 때문에 미국에서 오피오이드 위기가 초래됐고 이에 따른 사망률도 증가하고 있다.

의사 한 사람이 한 번에 한 명의 환자를 치료하지만, 과잉 처방에서 비롯되는 최악의 위험은 전체 인구로 확산되는 경향을 보인다. 이런 현상은 문제 해결에 도움이 되지 않는다. 의사가 약을 처방하는 판단과 결정은 바로 그 순간에 의사가 받는 압박감 그리고 의사와 환자 사이에 이뤄지는 상호작용에 관련된 사람들에게 전적으로 달려 있다. 반면 슈퍼박테리아가 초래하는 결과는 병원이든 자치단체든 국가든 간에 관련 집단이 전적으로 책임질 수밖에 없다.

근시안적인 대처로 얻을 수 있는 소득은 환자 개개인을 위한 신속하고 긍정적인 소통이다. 하지만 집단의 총체적인 공익을 대변하는 통찰은 무시되며, 심지어 이런 통찰 때문에 어떤 한 사람의 폐렴 환자가 희생될 경우에는 비난과 처벌을 받기도 한다. 고전경제학자들은 개인의 동기가 공공의 이익과 부합하지 않는 상황을 '공유지의 비극'이라고 부른다(진퇴양난의 이 딜레마에 관해서는 제5장에서 자세히 살피기로 한다). 문제 해결의 열쇠는 개별적인 사람들이 내리는 의사결정이 그들이 얻고자 하는 보다 더 큰 이익과 일치되도록 만드는 여러 방법을 조직이 찾아내는 데 있다.

∷ 성급한 결정을 보류하는 장치

새라 코스그로브가 휴스턴에 있는 베일러의과대학교 학생 신분이던 1990년대 초에 항생제 내성을 지닌 아시네토박터(Acinetobacter) 박테리아가 역시 휴스턴에 있던 벤타웁병원의 집중치료실에서부터 확산되는 사건이 발생했다.[15] 휴스턴에서 가장 큰 병원 세 개 가운데 하나로 꼽히던 벤타웁은 베일러의과대학교 교수들과 학생들이 강의와 의료 실습을 진행했던 병원이다.

병원 직원들은 그 슈퍼박테리아에 감염된 환자를 격리해 확산을 막으려고 노력했고, 의사와 간호사들을 상대로 손을 깨끗이 씻는 운동이 벌어졌다. 그러나 슈퍼박테리아는 계속 퍼져나갔다. 환자들은 고통을 당했고 안타깝게도 일부는 병원에서 감염된 병으로 사망했다.

그러자 벤타웁병원의 관리자들은 항생제 처방과 관련해 새로운 조치를 도입하기도 결정했다. 6가지 종류의 항생제 중 어느 것이라도 환자에게 처음 처방할 경우 의사는 무조건 전염병 전문가에게 문의해 승인을 받도록 한 것이다. 24시간 체제로 가동되는 이 전문가들은 항생제 처방 요청이 들어오면 해당 환자에게 항생제를 투약하는 것이 적절한지 여부를 판단했다. 이런 판단이 내려진 뒤에야 비로소 환자가 항생제 처방을 받을 수 있도록 했다.

연구자들은 이 조치가 실행된 뒤 이 병원에서 어떤 위험들이 새롭게 나타났는지를 추적했다. 혹시 약 처방이 지연된 바람에 환자가 사망하지는 않았을까? 항생제를 꼭 필요로 하는 환자가 항생제 처방은 못 받지는 않았을까?

하지만 사전 허가제 항생제 처방 제도로 이 병원에서의 항생제 처방 및 항생제 내성 현상이 줄어들었음을 연구자들이 확인했다. 이 병원에서 환자들이 박테리아에 새롭게 감염되는 것은 항생제 처방 제한과 밀접하게 연관돼 있었으며, 아시네토박터 박테리아에 감염된 환자들 가운데서도 보다 더 많은 사람들이 생존했다. 한편 병원에 입원해 있던 전체 환자의 생존율은 같은 수준으로 유지됐다. 이는 이 병원이 채택한 새로운 조치가 입원 환자들에게서 그들이 꼭 필요로 하는 약을 처방하지 않은 건 아니라는 의미다. 실제로 항생제를 꼭 필요로 하는 환자들은 24시간 안에 항생제 처방을 받았다. 그리고 이 조치가 항생제의 처방률을 전체적으로 떨어뜨림으로써 환자나 보험사가 부담해야 하는 항생제 비용 지출도 줄어들었다.

벤타웁병원뿐 아니라 의사들에게 항생제를 처방하기 전에 전염병 전문가의 승인을 받으라는 조치를 한 미국 전역의 의과대학 병원에서도 비슷한 결과가 나왔다. 이 조치가 비용을 줄였고 또 슈퍼박테리아를 물리친 것이다. 간단히 말하면 관리자들이 새롭게 도입한 조치로 생성된 일종의 완충 장치 덕분에 의사는 환자에게 곧바로 항생제를 처방해야겠다고 느끼던 긴박한 충동을 억제할 수 있었다.

이렇게 해서 진단 시점과 처방 시점 사이에 시간적인 간격이 생겼으며, 그 유예 시간 동안에 환자의 건강과 병원 및 지역 차원의 관심사를 보다 폭넓게 바라보는 장기적인 관점을 가진 제3자가 개입했다. 몇몇 경우에는 환자가 특정 항생제에 반응하는 어떤 전염병을 갖고 있지나 않는지 또는 다른 방식으로 보다 더 잘 치료할 수 있는 바이러스를 갖고 있지 않는지 결정할 세균 배양의 시간을 벌 수 있게 해줬다.

그렇다고는 하나 항생제 처방 사전 승인 제도는 중요한 문제 하나를 안고 있었다. 의사들이 이 제도를 좋아하지 않는다는 점이었다. 많은 의사들이 감시를 받는다고 느꼈으며 어떤 의사들은 병원 당국이 비용을 절감하는 데만 관심이 있을 뿐 환자의 건강에는 관심이 없는 게 아닌지 의심했다. 그래서 몇몇 의사들은 이른바 '스텔스 처방'을 했다. 금지 목록에 들어 있지 않은 항생제를 보다 더 많이 처방한다거나, 항생제 처방 요청을 검토할 전문가들이 24시간 일하는 체제가 아닌 병원의 경우 이들이 퇴근해 집에 가고 없을 밤까지 기다렸다가 처방한다거나 하는 방식이었다. 의사들의 이런 불만과 관련해 코스그로브는 이렇게 말했다.

"의사들은 진절머리를 냅니다. '나 좀 내버려두라고! 내 환자를 내가 치료하는데 왜 당신네들이 내게 이래라 저래라 하느냐고!' 하면서 말입니다."

존스홉킨스병원에서 코스그로브는 항생제 처방 사전 승인 제도를 정착시키고 보완하는 작업을 지금까지 해왔는데, 그녀는 지금 전염병 전문가 7명으로 구성된 팀과 함께 일하고 있다. 이 팀은 의사와 약사로 구성돼 있다. 이 팀의 구성원은 모두 유능한 전문가들이며 이들을 코스그로브가 직접 훈련시키고 지도한다. 이 팀은 병원 약국에서 어떤 약들을 내줘야 하는지, 특별 주문으로 무엇을 요청해야 하는지 결정하기 위해 제각기 다른 약들을 다룬 논문과 약의 가격을 면밀히 검토하며, 이 과정이 완료되기까지 며칠이라는 시간이 걸린다.[16]

코스그로브가 직접 지휘하는 이 팀은 또한 약사와 전염병을 전공한 연구자 그리고 의사 등을 포함해 모두 30명으로 구성되는 보다 큰 팀을 훈련시키고 있는데, 이 팀의 구성원들은 병원을 돌아다니면서 금지된 항생제를 요청하는 의사들과 상담한다. 이 별동대 조직은 의사가 해서는 안 될 것을 이야기해주는 일만 하는 게 아니라 의사가 올바른 판단을 내리도록 지침을 주며 돕는다. 이 과정에서 그들은 진료 관계자들이 심사숙고를 더한다거나 추가 데이터 수집을 할 수 있도록 다시 얼마간의 시간 여유를 만들어낸다.

어느 날 오후에 나는 코스그로브와 그녀의 동료 한 사람이 병원의 집중치료실 회진을 할 때 따라가봤다. 두 사람은 의사들과 좋은 관계를 맺고 있었으며 비난의 느낌이 전혀 묻어나지 않는 질문을 의사들에게 했다. 그들은 의사들이 환자에게 나타나는 매우 특이한 증상의 정체를 파악하도록, 언제 항생제를 투여해야 할지 결정하도록 도왔다.

그리스 신화에서 오디세우스(Odysseus)는 혹시라도 자신이 세이렌(Seiren)의 노랫소리에 홀려 잘못된 행동을 하지 못하도록 선원들에게 자신을 돛대에 묶으라고 명령한다. 나는 코스그로브의 팀이 바로 그 선원들과 비슷하다는 생각을 했다. 그 스태프들은 세이렌의 노래에 홀려서 배를 좌초하게 만들지 않으려고 밀랍으로 자신들의 귀를 막았다. 비록 오디세우스는 그 노래에 홀렸지만, 그 노랫소리를 듣지 못한 선원들은 당장 자신을 풀어달라고 고함치는 오디세우스의 명령을 그가 돛대에 묶이기 전에 했던 명령에 따라 거부했다.

조직은 때로 이 선원들과 같은 헌신적인 팀, 존스홉킨스병원에 있는 그런 팀을 필요로 한다. 무모하고 경솔한 결정을 예방하기 위해 지금 당장의 압박감에 취약한 사람들을 돛대에 묶어두는 역할을 하는 팀 말이다. 물론 존스홉킨스병원에서도 이 제도가 늘 완벽하게 작동하지는 않는다. 의사들은 종종 자신이 내린 판단에 문제가 있다는 지적에 저항하기도 하고 특정 약을 처방하지 말라는 말에 화를 내기도 한다. 하지만 경솔한 처방을 예방한다는 점에서 보면 이 병원은 다른 병원들에 비해 훨씬 앞서가고 있으며, 많은 의사들은 심지어 이를 자부심의 근거로 삼고 있다.

:: 나쁜 처방을 줄이는 3가지 방법

대부분의 항생제는 종합병원 환자가 아니라 기침과 감기 증세로 1차 진료병원을 찾는 사람들에게 처방된다.[17] 종합병원이 비록 슈퍼박테리아와의 싸움을 제1선에서 벌이고 있긴 하지만 슈퍼박테리아가 나타나도록 만드는 대부분의 나쁜 처방에 직접적으로 영향을 주는 것은 아니다.

종합병원 바깥 영역에서는 존스홉킨스병원에서 통하는 제도가 전혀 실용적이지 않았다. 일반적인 병원에는 전염병 전문가가 없으며, 게다가 일반 병원은 이 같은 전문가 집단을 이끌고 조언을 제공할 팀을 채용할 수 있을 만큼 충분한 자원을 갖고 있지 못하다.

최근 수십 년 동안에 일반 병원 차원에서 항생제 과잉 처방을 자제시키려는 노력이 거둔 성과는 현재까지 미미한 수준이다. 그래도 지금까지 이 노력에 동원된 전술은 슈퍼박테리아의 위험을 의사들에게 가르치는 것, 더 나은 처방을 하는 의사에게 금전적인 보상을 해주는 것, 건강기록 시스템에 접근할 때 항생제 남용에 따른 부작용을 알리는 팝업창이 뜨도록 하는 것 등 다양하다. 그런데 이런 전술들에 잘못된 가정이 내재돼 있다. 즉, 미래의 위험에 대해 보다 더 많은 정보를 의사들에게 제공하면 의사들이 알아서 올바른 처방 결정을 내릴 것이라는 가정을 전제로 하고 있다는 얘기다. 바꿔 말하면 미래에 대한 좋은 판단, 다시 말해 포사이트를 발휘할 수 있도록 돕는 것에 대해서는 관심을 적게 기울이고 있다는 뜻이다.

그렇지만 최근 몇 년 사이에 일반 병원에서 의사들의 나쁜 처방을 저지할 수 있는 새로운 방법이 나타났는데 이 방법의 전망이 밝다. 서던캘리포니아대학교의 다니엘라 미커(Daniella Meeker) 교수는 일반 병원에서 이뤄지는 나쁜 처방을 줄여줄 3가지 방법을 발견했다.[18] 2011년에 미커는 로스앤젤레스와 보스턴에 있는 47곳의 1차 진료병원을 대상으로 하는 연구를 시작했다. 그후 1년 6개월 동안 항생제 처방이 적절하지 않았던 7,000명에 가까운 환자를 추적했다(이 환자들은 감기나 그 밖의 바이러스 감염 증세를 갖고 있었다). 그녀는 다양한 방식으로 개입했으며 결과를 테스트했다. 2014년에는 또 다른 개입을 시도하기 위한 노력의 일환으로 5곳의 1차 진료병원 치료 관행을 대상으로 별도의 연구를 진행했다.

미커의 연구에서 효과가 있었던 첫 번째 방법은 다음과 같았다. 어떤 의사가 항생제 처방을 할 때마다 알림 메시지가 자신에게 발송되도록 전자 건강기록 시스템을 설정해 둔 뒤 그 알림 메시지를 받을 때마다 항생제 처방을 한 의사에게 그 처방이 합당한지 묻는 방식이었다. 이 시스템에서는 의사가 자신이 했던 항생제 처방을 취소할 수도 있는데, 이 질문을 받은 의사나 임상간호사가 굳이 대답해야 할 의무는 없지만, 이 경우 "합당한 설명 없었음"이라는 문구가 환자의 의료 기록에 기록돼 영구적으로 남는다고 경고했다.

이 같은 조치는 처방 결정에 대한 의사의 자율권을 박탈하지 않으면서도 의사의 충동적인 처방을 완충해주는 역할을 해줬다. 또한 그 의사가 갖고 있는 전문성의 이미지 그리고 나중에 후회할 수도 있는 부끄러움이나 경제적인 손실을 토대로 한 정서적인 억지 기능을 수행했다. 환자의 진료 기록을 통해 자신이 내린 처방이 잘못된 것이라는 사실이 환자나 동료 의사들에게 알려질 수도 있다는 두려움을 느낄 수밖에 없기 때문이었다. 이는 존스홉킨스병원에서 코스그로브가 이끄는 팀이 의사들에게 조언을 주던(결정적인 순간에 의사들을 돛대에 묶었던) 제도의 자동화 버전인 셈이었다.

효과가 있었던 두 번째 방법은 1개월에 한 번씩 의사들에게 개별적으로 이메일을 보내 올바른 항생제 처방 성적이 몇 등이라고 알려주는 방식이었다. 이것은 마치 학생들이 받는 성적표와 같은 것이어서 의사들은 이메일을 보고 자신의 올바른 항생제 처방 성적이 전체 집단 중 어느 위치인지 알 수 있다. 이는 미래에 발생할 위험에 대한 추상적인 정보가 아니라 전체적인 맥락 속에서 제시되는 구체적인 자료다. 이 자료는 어떤 의사결정을 내리는 의사가 가장 최적화된 처방을 내리는지 알 수 있게 해주며, 자신보다 더 나은 기록을 가진 다른 사람들이 했던 선택들과 자신의 선택을 비교할 수 있도록 해준다.

몇몇 공익기업들도 이와 비슷한 접근법을 채택해 소비자 가구마다 월별 사용료를 알려줄 때 자원을 효율적으로 사용한 이웃 가구들의 사용 현황까지 함께 제공함으로써 잘못된 소비 행태를 바로잡을 수 있도록 해준다. 이렇게 했을 때 전기나 물 소비량이 전반적으로 줄어들었다. 호텔에서 수건을 재활용하는 것이 호텔 운영의 규범임을 고객에게 알려주는 것도 마찬가지 효과를 가져다준다. 어떤 연구 보고서에 따르면 공통된 기대치를 갖고 미래에 대한 통찰을 구사하는 어떤 문화 집단에 자신이 속한다고 느낄 수 있도록 해주는 단순한 기법들을 조직이 얼마든지 구사할 수 있다. 이 두 번째 방법 이야기를 하고 있자니, 참고 기다렸다가 2개의 마시멜로를 받도록 권장하는 규범을 공유한 또래 집단에 속한 아이들이 떠오른다.

미커와 그녀의 동료들은 이와 같은 2가지 방법의 개입이 의사에게 항생제 관리에 대한 정보를 제공하거나 그들의 행동을 지켜보기만 하는 것보다 더 큰 효과가 있음을 확인했다. 이 2가지 접근법은 또한 팝업창을 통해 대안을 제시하는 것보다도 훨씬 효과가 컸다. 단지 정보를 제공하는 것만이 아닌 새로운 문화 규범을 설정해 의사들의 충동을 완충하는 것이 더 효과가 있었던 것이다.

효과가 있는 세 번째 방법이라고 미커가 확인한 접근법은, 의사들에게 자신의 진료실에 포스터를 걸어놓으라고 하는 것이었다. 미커의 2014년 연구 결과에 따르면 영어와 스페인어로 쓰여 있고 의사의 사진과 서명이 들어 있는 이 포스터는 반드시 필요할 때만 항생제 처방을 하겠다는 다짐을 표현하고 있었으며, 항생제 복용의 위험을 환자들에게도 알리는 내용을 담고 있었다. 그러자 3개월 뒤 포스터를 붙여놓지 않은 대조군에 비해 항생제 오남용 비율이 두드러지게 떨어졌다. 이 접근법의 흥미로운 부분은 의사가 이 포스터를 통해 자기 환자들과 소통한다는 점이다. 이렇게 함으로써 자기 전문 분야의 문화를 만들어나갈 뿐만 아니라, 환자를 대하는 바로 그 순간에 느끼는 사회적 압박감을 누그러뜨리기 위해 환자까지 포함한 전체 의료계의 보다 폭넓은 문화를 만들어나간다는 말이다. 공적인 헌신을 하겠다는 마음을 갖고 좋은 일에 기부금을 낸다든가 선거에서 투표를 한다든가 또는 자원 재활용을 잘한다든가 하는 사람들이 같은 일이라도 개인적인 의도를 갖고 하는 사람에 비해 그 행동을 보다 지속적이고 분명하게 한다는 사실은 이미 연구 결과로도 나와 있다.

2014년에 영국 정부는 위에서 말한 성적표 접근법을 갖고 전국적인 규모로 실험을 했다. 자신의 지역에서 1인당 항생제 처방을 많이 한 의사 수천 명에게 편지를 보낸 것이다.[19] 영국의 최고 지도층 인사들 명의로 발송된 이 편지는 해당 의사들에게 자기 지역에 있는 다른 의사들 80퍼센트보다 항생제 처방을 많이 하고 있음을 알려주는 한편, 환자를 대면한 자리에서 곧바로 처방전을 쓰는 대신 환자에게 아플 때 혼자서 증상을 다스릴 수 있는 방법 등을 일러주는 등의 대안을 제시했다. 영국 정부의 국무조정실 산하 행동조사팀(Behavioural Insights Team)의 연구자들은 이 편지가 항생제 처방 비율을 상당한 수준으로 떨어뜨렸음을 확인했다. 6개월 만에 무려 7만 건이나 적게 처방됐던 것이다. 이 편지 접근법은 비용이 거의 들지 않았지만, 국가의 의료비 지출을 상당한 수준으로 절감했을 뿐만 아니라 공중보건을 보호하는 효과까지 발휘했다.

캘리포니아 주 정부도 부적절한 진통제 처방을 예방하기 위해 이와 비슷한 접근법을 시도해오고 있는데, 해당 약을 처방하는 의사와 이 약을 요구하는 환자의 명단을 작성해 관리하고 있다.[20] 2016년 캘리포니아 주 정부 산하의 의료위원회는 모든 의사에게 오피오이드를 언제 누구에게 처방했는지 기록하도록 했다. 이렇게 함으로써 의사는 의사대로 어떤 환자가 오피오이드 진통제를 상습적으로 복용하는지 알아볼 수 있고 의료위원회와 법 집행 수사관들은 어떤 의사가 이 약을 무분별하게 처방했는지 알 수 있게 됐다. 2018년까지 다른 많은 주에서도 캘리포니아의 이 제도를 도입해 자기만의 디지털 오피오이드 진통제 등록 시스템을 만들었다. 비록 몇몇 주에서는 이 데이터에 대한 접근을 엄격하게 통제하고 있긴 하지만 말이다.

몇몇 주들이 관리하는 약품 데이터베이스는 환자에 대한 의료 정보에 경찰이 접근할 수 있도록 허용하고 있다. 이런 조치는 사생활과 관련된 적법성 문제를 야기하는데, 우리의 사법체계가 중독을 범죄로 바라본다는 사실을 염두에 둔다면 특히 더 그렇다. 이 원고를 쓰고 있는 시점을 기준으로 할 때 연방법원은 의료계와 법집행 분야의 전문가들이 영장 없이 처방 관련 데이터에 접근하는 것을 합헌으로 규정하고 있다. 내 의견으로는 의사들의 처방 패턴을 추적하는 것은 좋은 발상이다. 왜냐하면 이들은 공공의 이익에 복무하는 전문가들이기 때문이다. 그러나 환자의 데이터는 사적인 영역으로 둬야 옳지 않을까 싶다.

:: 프랭클린의 문화 설계

특정한 행동을 금지하거나 이성에 호소하는 대신 보다 많은 조직이 사람들로 하여금 미래에 대한 예측을 전제로 구체적인 실천을 하도록 자극하는 조건을 설정할 수 있다면 어떨까? 사상가들이 이런 가능성을 놓고 생각했던 시기는 18세기까지 거슬러 올라간다.

우선 벤저민 프랭클린(Benjamin Franklin)은 자기 자신을 미덕의 실천자로 생각하고 인간의 행동에 영향을 줄 수 있는 여러 발상들을 자유롭게 털어놓았다.[21] 미국 건국의 아버지들 가운데 한 사람이자 당대의 유명한 발명가였던 그는 후대를 바라보면서 여러 가지 노력을 기울였다. 그는 자신이 죽던 해인 1790년에 현재 가치로 약 10만 달러의 돈을 필라델피아와 보스턴 시민들과 각각의 주에 신탁 형식으로 물려쳤다. 이 가운데 일정 부분은 자신이 죽고 100년 뒤에 지출되도록 단서를 달았으며, 나머지는 그로부터 다시 또 100년이 지난 뒤 지출되도록 했다.[22] 이렇게 200년이 지난 후에 그가 유산으로 남긴 자산은 약 650만 달러로 불어나 있었고, 두 도시 및 이들이 대표하는 두 주는 그 돈을 공공 목적에 사용하기 시작했다. 필라델피아는 기술이나 상업을 배우는 고등학교 학생들에게 장학금을 지급하기 시작했고, 보스턴은 기술대학교를 설립했다. 프랭클린은 "시간은 돈이다"라는 금언을 대중화했으며, 그의 행동이 이를 입증했다.

프랭클린은 인간관계 및 미래에 가능할 수도 있는 협력을 보존해야 한다는 생각 아래 기업 거래를 할 때도 사소한 쟁점들을 놓고 다투지 않고 장기적인 관점에서 바라보는 쪽을 선택했다. 이를테면 필라델피아 우정청장이 됐을 때는 과거에 자신의 신문을 운송하길 거부했었던 경쟁 신문사 사주를 징벌하지 않겠다는 의식적인 결정을 내렸다.

프랭클린은 성급한 행동을 하는 사람이 아니었다. 물론 매우 드물긴 하지만 예외적인 경우가 없지는 않았다. 어린 시절부터 친구였으며 아는 것 많고 따지기 좋아하던 (그리고 프랭클린의 말을 빌리면 알코올 중독자이기도 했던) 존 콜린스(John Collins)와 델라웨어강에서 보트를 타다가 콜린스가 자신이 노를 저을 차례임에도 노 젓기를 거부하자 그를 강에 빠뜨리기도 했으니까 말이다.

소원해진 자신의 아들과 미래 세대에 바쳤던 자서전에서 프랭클린은 절제에서부터 성실함과 겸손함에 이르는 13가지의 미덕을 찬양했으며, 이들 각각의 미덕이 일상적인 습관으로 자리 잡도록 표를 만들어 점수를 매기기도 했다. 그는 다른 사람들에게 드러내는 공적인 이미지와 사회적인 규범에 대한 동기부여가 그 사람의 행동을 결정한다고 믿었다. 예컨대 그는 실제로 겸손하지 않지만 겸손한 것처럼 행동할 때 다른 사람들로부터 칭찬을 받게 되더라고 고백하기도 했다.

그는 다른 사람과 대화를 할 때 상대방이 자신이 도저히 동의할 수 없는 논지를 펼치더라도 상대방의 견해 중 옳아 보이는 것을 우선적으로 지적함으로써 끈기를 갖고 참는 연습을 했다. 이렇게 그는 자신의 내적인 성향에 맞서면서까지 상대방의 말에 귀를 기울이려고 노력했다. 그러다 보니 경청의 습관이 그의 몸에 배어버렸다. 프랭클린은 세상에 대한 자신의 영향력을 자신의 웅변이 아니라 이런 인지된 겸손함 덕분이라고 했다. 공적인 자아가 자신을 그런 사람으로 만들었다고 프랭클린은 느꼈던 것이다. 프랭클린의 이런 추론은 실험실에 붙은 포스터와 성적표가 의사들이 약품 처방에서 근시안적인 판단과 결정을 내리지 않도록 막아주게 되는 이유를 추정할 수 있는 단서를 제공한다. 다시 말해 그 의사들도 프랭클린과 마찬가지로 공적인 자아와 사회적인 규범을 갖고 있어서 이것들이 그 의사들이 그런 행동을 하도록 유도했다는 뜻이다.

프랭클린이 미국 대사로서 파리에 거주하고 있을 때였는데, 과거에 소중하게 여기던 몇몇 미덕이 느슨해져 밤늦은 시각까지 귀가하지 않고 바깥에 있곤 했다. 1784년에 〈저널오브파리(Journal of Paris)〉의 편집자에게 보낸 풍자적인 편지에서 그는 만약 모든 파리 시민이 해가 떨어져 어두워지면 집으로 돌아가서 동이 틀 때 잠자리에서 일어난다면 6개월 동안 양초 6,400만 파운드가 절약될 것이라고 추정했다(아닌 게 아니라 그가 찬양했던 13개의 미덕 가운데는 절약도 포함돼 있었다).

비록 프랭클린이 프랑스인들의 게으름을 과장해 표현하긴 했지만, 절약 정신과 창의적인 정신을 갖고 있었기에 그는 일몰과 일출에 맞춰서 생활하자는 논리로 사람들을 설득하고자 하는 어떤 틀을 제안할 수 있었다. 그가 했던 가장 열정적인 제안은 사람들이 해가 뜨고 지는 시간대에 맞춰서 생활하도록 유도할 어떤 실마리를 사람들의 생활환경 속에 마련하자는 것이었다.

"아침마다 해가 뜨는 순간에 모든 교회의 종이 울리도록 하자. 만약 이것만으로 충분하지 않다면 모든 거리에서 대포를 쏘아 게으른 사람들을 깨우자. 이들이 눈을 뜨고 자신들의 진정한 관심거리를 바라보게 만들자."[23]

유럽이나 미국에서 '서머타임(daylight saving time)' 제도는 제1차 대전 때, 즉 프랭클린이 타계한 뒤에야 비로소 공식적인 제도로 자리 잡았다. 이 제도의 기본적인 발상은 저녁 시간을 1시간 더 늘림으로써 전기를 절약하자는 것이었다. 하지만 100년도 더 전에 프랭클린은 사람들이 느끼는 시간 인지를 바꿔서 각자 자신들의 이익에 맞게 의사결정을 하도록 할 방법을 알았다. 시계를 1시간 일찍 가도록 설정함으로써, 또는 교회 종을 울려서 사람들을 깨움으로써 시간을 과거와 다르게 바꾸자고 했던 것은, 사람들이 장기적으로 에너지와 각종 자원을 절약하는 행동을 자극하는 신호를 주자는 의도였다.

오랜 세월 동안 서머타임 제도는 저녁 시간을 1시간 늘임으로써 도시의 가구들과 기업들이 돈과 에너지를 절약할 수 있는 요긴한 제도로 활용됐다. 그러나 서머타임 제도의 애초 목적은 현대인의 습관에 의해 고려할 가치가 없는 것이 돼버렸다.[24] 아직 깨어 있고 햇빛이 여전히 밝은 시간에도 에어컨을 켜두고 있거나, 아직 출근하기 전인 어두운 새벽부터 이미 불을 켜고 움직이는 현대인들은 서머타임 제도를 시행한다고 해서 돈과 에너지를 그다지 많이 절약하지 않는다. 더욱이 오늘날 많은 부모들은 어린 자식들의 취침 시간을 1년에 두 번씩 재설정하는 것을 끔찍하게 여긴다.

시계가 원래 시간보다 빠르게 가도록 설정하는 것이 현재 시점에서 과연 얼마나 지혜로운가 하는 문제와 상관없이 사람들이 취할 행동에 영향을 줄 목적으로 환경을 바꾼다는 것은 여전히 강력한 발상임이 분명하다. 이는 문화를 설계하는 하나의 방식인데, 프랭클린 본인도 건축가로 자처했다.

:: 몬테소리 교육의 환경 설계

벤저민 프랭클린이 사망하고 온전히 한 세기가 지난 뒤 (그리고 아직 제1차 대전이 발발하기 전) 설계라는 방법을 통해 예측을 권장하기 위한 여러 가지 방법을 시험하는 데 프랭클린보다 훨씬 더 많은 시간을 투자한 사상가가 나타났다. 이 사람은 여성은 될 수 있으면 혼자서 바깥출입을 하지 않는 게 좋다는 생각이 일반적 통념으로 자리 잡고 있던 시기에 이탈리아에서 의학 학위를 받은 최초의 여성이기도 했다. 1890년대에 로마대학교 의과대학 학생이던 마리아 몬테소리(Maria Montessori)는 해가 져서 깜깜해진 뒤에야 비로소 시체 해부 실습을 했다. 왜냐하면 그 시기에는 여성이 다른 남학생들과 함께 벌거벗은 시신 주변에 서 있는 것조차 외설적이라고 생각했기 때문이다. 몬테소리는 시신에서 나는 역겨운 냄새를 피하려고 일부러 담배를 배워서 피웠다. 한 교수는 기록적인 눈보라가 몰아치던 날 유일하게 강의를 들으러 나타난 학생으로 그녀를 기억하기도 했다.[25]

의사로 일하던 처음 몇 년 동안 몬테소리는 로마 소재 정신병원에서 일했다. 이곳에서는 정신병을 앓고 있다거나 발달이 늦다고 여겨지는 아이들이 황량한 환경에서 시들어갔다. 그녀는 어린이 질병 분야의 전문가가 됐으며 로마의 산로렌소 구역의 빈민가로 호출됐는데, 이곳에서는 가난한 아이들이 교사는커녕 장난감이나 책도 없이 하루하루를 보내고 있었다.

정상적인 상태에서 벗어나 있다는 딱지가 붙은 아이들을 관찰하고 조사한 끝에 몬테소리는 일정 범위 안에서 자신이 독자적으로 선택할 수 있는 자유가 주어지는 환경만 제대로 갖춰진다면, 빈민가에 있는 아이들도 대부분 정신적·육체적으로 얼마든지 건강한 생활을 이어갈 수 있다는 믿음을 갖게 됐다. 하지만 당시로서는 이런 발상 자체가 급진적인 것이었다. 어린이에게 지능은 유전되는 것이어서 결코 바뀌지 않는다는 게 통설이었기 때문이다.

아직 의사 초년생이던 20세기 벽두의 어느 날 아침, 마리아 몬테소리는 영양실조 상태의 세 살 소녀가 보여준 정신적인 집중력을 확인하고 충격을 받을 정도로 놀랐다. 자발적으로 나무 블록과 실린더 장난감을 갖고 노는 아이가 있었다. 나무 블록에는 실린더를 끼울 수 있도록 소켓이 여러 개 달려 있었다. 그 아이는 자기 주변의 다른 아이들이 노래를 부르고 춤을 추며 뛰어다녀도 전혀 아랑곳하지 않고 오직 그 장난감을 이리저리 탐구하는 데만 집중했다. 몬테소리는 그 아이의 집중력과 의지를 시험하고자 아이가 앉아 있던 의자를 들어 탁자 앞으로 옮겨줬다. 그래도 아이는 실린더들을 블록 안에 넣는 일을 반복했다. 몬테소리는 횟수를 세었고, 아이는 무려 마흔두 번이나 그렇게 했다. 마침내 그 아이가 동작을 멈췄을 때 몬테소리는 그 아이가 꿈에서 막 깨어난 것처럼 보인다고 생각했다. 아이는 그 반복적인 과업에 전혀 지치지 않았으며 여전히 활력이 넘쳤다.

당시에 대부분의 학교는 학생들을 핀으로 고정된 나비 표본들처럼 꼼짝도 하지 못하게 한 채 아이들 각자가 갖고 있는 관심이 아니라 오로지 당근과 채찍으로만 동기를 부여하려고 한다는 사실을 몬테소리를 깨달았다. 1900년대 초반에 몬테소리는 의학계를 떠나서 자신만의 교육 철학을 다듬고 강화하기 시작했다. 그녀의 교육 철학의 바탕은 다름 아닌 '준비된 환경'이었다. 그녀가 생각한 교실은 아이들이 자유롭게 탐구하면서도 학습과 노동 윤리 개발에 도움이 되는 의사결정을 스스로 할 수 있도록 설계된 그런 교실이었다. 몬테소리는 1913년에 미국으로 건너갔다. 미국에서 그녀는 유럽에서 가장 흥미로운 여성, 교육을 혁명적으로 바꿨고 당시로서는 상상할 수도 없던 일, 즉 정신적으로 아프거나 불구가 된 사람이 글을 읽거나 쓸 수 있게 가르치는 일을 해낸 인물로 대서특필되며 찬사를 받았다. 결국 그녀는 훗날 그 방법론을 이른바 정상적인 아이들에게도 적용했으며, 아이들은 세 살 때부터 학교(유치원)에 보내야 하고 공부하는 교실은 아이들이 천성적으로 갖고 있는 호기심을 사로잡을 수 있도록 설계돼야 한다는 발상을 확산시켰다.

몬테소리 학생에 대해 내가 일찍이 갖고 있던 고정관념은 운동장을 아무런 생각 없이 어슬렁거리며 돌아다니는 아이라는 막연한 생각이었다. 그러다가 2006년에 나는 몬테소리 학생 여러 명을 실제로 만났다. 나는 그 아이들이 끈기와 집중력을 갖고 있음을 알아차렸고, 자신이 하는 일에 몰입할 수 있다는 것도 발견했다. 게다가 먼 곳을 내다볼 줄 알았던 구글의 창립자 세르게이 브린(Sergey Brin)과 래리 페이지(Larry Page) 그리고 아마존의 제프 베조스도 몬테소리 학교 출신임을 나중에 알게 됐다. 물론 이것이 우연의 일치일 수도 있다. 그러나 나는 지금 당장의 만족을 미래로 미루고 오랜 시간 끈기를 갖고 버티라고 가르치는 몬테소리 교육의 망토 아래에 뭔가가 있는 게 아닐까 하는 생각, 획기적인 기술을 발명하고 전세계적인 규모로 성장하는 회사를 창립하는 데 필요한 어떤 것이 거기에 있는 게 아닐까 하는 생각을 하기 시작했다.

MIT 산하 리더십 센터의 상임이사 할 그레거슨(Hal Gregersen)이 내가 품고 있던 궁금증을 실제 연구조사로 확인해줬다.[26] 그레거슨은 성공한 기업가들과 발명가들 500명을 상대로 인터뷰를 한 끝에 이들 가운데 약 3분의 1이 자신이 갖고 있는 혁신 능력이 몬테소리 교사들이나 자신이 보기에 몬테소리와 비슷한 학교의 교사들 덕분이라고 대답한다는 사실을 확인했다.

몬테소리 환경의 독특한 설계가 무엇보다 중요한 것 같다. 전통적인 교실은 대부분 동일한 종류의 교구라고 하더라도 학생들 숫자만큼이나 많이 갖추고 있다. 교사 한 사람이 지켜보며 감독하는 가운데 모든 아이들이 다툼 없이 동일한 과제를 동시에 할 수 있도록 하기 위해서다. 이에 비해 현재의 몬테소리 교실 특히 3세에서 6세까지의 어린이를 위한 교실은 종류별로 하나의 물건만을 갖추고 있다. 그렇기 때문에 주어진 어느 시점에서는 오직 한 아이만이 주판이나 블록타워를 살펴보거나 이를 갖고 놀 수 있다.

몬테소리 교실은 한 종류 교구의 숫자를 제한함으로써 만족을 나중으로 미루는 조건을 만들고 학생들이 그렇게 하도록 유도한다. 다시 말해 어떤 아이든 간에 자신이 배우거나 갖고 놀고 싶은 물건이 있을 때 이 바람을 즉각적으로 해결할 수 없으므로 기다려야만 한다. 물론 나중에는 결국 원하는 것을 갖게 되긴 하겠지만 말이다. 교사들은 특정 장난감을 탐내는 아이들에게 '실행 기능(executive functions, 최선의 문제 해결을 위해 어떤 전략을 언제, 어디서, 어떻게 적용할 것인지를 알고 적용하는 기능-옮긴이)'을 발휘하도록 유도함으로써 자신이 다음에는 무엇을 할 것인지 그리고 처음부터 갖고 놀고 싶었던 장난감이나 교구는 또 언제(그날 또는 그 다음날) 갖고 놀 것인지 계획을 세우게 만든다. 이 계획은 아이들에게 인내심을 기르는 능력을 키워준다. 이는 '조건 전술' 의식 절차가 포커꾼들과 고등학교 교사들에게 도움을 줬던 방식과 비슷하다.

몬테소리 교실에서 교사가 "안 돼"라고 말하는 것을 거의 본 적이 없을 것이다. 몬테소리 교사는 아이들에게 다른 아이가 갖고 노는 장난감을 빼앗는다거나 전기 콘센트 소켓에 손가락을 집어넣는 것 말고 다른 것들 가운데 무엇을 하고 싶은지 묻는다. 그런데 2명 이상의 아이가 같은 장난감이나 교구를 갖고 싶다고 하면 교사는 아이들에게 다른 것을 선택하도록 유도한다. 아이들 사이에서는 언제나 갈등이 빚어질 수밖에 없는데, 이럴 때는 이른바 '평화 탁자'에서나 교실의 한쪽 구석에서 중재가 이뤄진다. 이때 한 아이가 말을 할 때는 어떤 물건(예를 들면 돌멩이 하나)을 든 뒤 말하고, 다른 아이가 말을 하려고 할 때는 그 물건을 건네받은 다음에 말한다. 이런 장치를 동원함으로써 자칫 말싸움으로 비화할 수도 있는 대화의 속도를 조절할 수 있다. 뭔가 하고 싶은 말이 있어 교사의 관심을 붙잡고 싶어 하는 아이는 자기 손을 교사에 팔에 부드럽게 올려놓는데, 신체와 신체의 이런 접촉과 연결은 아이가 즉각적인 충동을 억누르고 인내심을 기를 수 있는 가능성을 열어준다.

"몬테소리 교사들은 모두 목표 재조정의 달인입니다."

매사추세츠 소재 몬테소리학교연합 이사회장 마르타 토렌스(Martha Torrence)가 내게 한 말이다. 토렌스는 사립학교 공동체인 서밋몬테소리(Summit Montessori)의 수장이기도 한데, 서밋몬테소리는 빅토리아 시대에 지어진 저택에 입주해 있으며, 매사추세츠 프레이밍햄에 있는 이 건물은 마리아 몬테소리가 태어나기 4년 전에 세워졌다. 파스텔 톤의 노란색과 청록색 그리고 짙은 자주색으로 도색된 이 건물은 학교라기보다는 마치 동화책에 나오는 과자로 지은 집처럼 보인다. 홀에서는 아이들 목소리와 빠르게 걸어가는 아이들의 발소리가 들린다.

그런데 아이들에게 자율성을 보장하는 학교라는 말을 처음 들었을 때 내가 상상하던 완벽한 혼돈의 모습과는 전혀 달랐다. 이곳 아이들이 교실에서 시간을 보내는 모습은 내가 오하이오에서 경험했던 공립학교의 일상적인 모습과는 전혀 달랐다. 이 아이들의 교실은 엘리트 집단의 거주지 같았다. 이곳에는 일반적인 학교 교육에서 널리 채택할 수 있는 소중한 뭔가가 있었다.

몬테소리 교실에서 어떤 아이가 다른 아이가 갖고 있는 물건을 탐낼 때 아이가 그 유혹에서 벗어나도록 지도하는 교사들을 지켜보고 있자니, 15년 전 쿠바의 아바나대학교에 다니던 내 학생 시절이 저절로 머릿속에 떠올랐다. 그때 나는 버스 정류장에서 일어나던 일에 깊은 인상을 받았다. 버스 정류장에서 사람들은 많게는 2시간까지 기다려야 했다. 매연을 뿜어대며 달려와 정차하는 버스마다 승객이 이미 꽉 차 있어서 더 탈 수 없을 때가 많았기 때문이다. 도시를 관통하는 대중교통 수단이 그 정도라는 사실은 믿을 수 없었다. 하지만 쿠바 사람들은 불경기라서 어쩔 수 없이 길게 늘어서야 하는 줄을 관리하는 일종의 시스템을 개발해두고 있었다. 그리고 이 시스템은 버스 정류장에서뿐 아니라 슈퍼마켓과 영화관과 아이스크림 가게에서도 사용되고 있었다.[27]

처음에 나는 사람들이 버스를 기다리고 있는 줄 몰랐다. 버스 정류장에 모여든 사람들은 눈에 뚜렷이 보이는 어떤 줄의 형식을 갖추고 기다리는 게 아니었다. 여기저기 흩어져서 삼삼오오 대화를 나누거나 아몬드나무 그늘 아래에서 신문을 읽거나 노점상에게서 봉지 땅콩을 사거나 했다. 그러나 나는 곧 깨달았다. 무질서처럼 보이는 그 기다림의 질서에는 버스 정류장에 막 도착한 사람이 묻는 질문 하나가 포함돼 있었다. 그 질문은 "누가 맨 마지막 분입니까?"였다. 이 질문을 사람들에게 던지면 누군가가 손을 들고 "접니다"라고 대답한다. 그러면 다시 모든 사람은 버스가 올 때까지 대화를 나누든 백일몽을 꾸든 저마다 자신이 하던 일을 계속한다. 그러다가 버스가 도착하면 사람들은 각자 자기 앞에 도착했던 사람을 기억하고 그 사람 뒤에 차례대로 줄을 선다. 여기에서는 새치기도 없고 갈등도 없다.

기다림을 위해 쿠바 사람들이 고안한 이 시스템이 얼마나 우아했던지, 그 덕분에 사람들은 버스를 기다려야 하는 행위 자체가 가져다주는 긴박함과 무더운 오후에 아이스크림을 갈망하면서 느끼는 지금 당장의 유혹에서 느긋하게 해방될 수 있었다. 사람들은 온몸의 신경을 오로지 자신이 바라는 어떤 대상에 집중해 바짝 긴장한 채 한 줄로 늘어서서 무료하게 기다리는 대신, 자신이 하고 싶은 것을 하면서 멀리까지 어슬렁거리며 돌아다니며 느긋하게 버스를 기다렸다. 그러면서도 그들은 몬테소리 학교의 학생들처럼 자신이 응당 차지해야 할 마땅한 자리를 차지할 계획을 갖고 있던 것이다. 그들은 공동체의 합의 과정을 거쳐 피할 수도 없고 통제할 수도 없는 만족의 유예를 그럭저럭 참을 만한 것으로 전환하는 어떤 환경 하나가 설계된 것이다. 그것은 바로 충동의 순간을 재조정하는 공동의 의식 절차였다.

MIT의 데이터 시스템 분야 전문가 리처드 라슨(Richard Larson) 교수는 사람들이 은행이나 잡화점 같은 곳에서 줄을 서서 기다릴 때 소일거리를 갖고 있으며 자신이 얼마나 기다려야 하는지 알고 있을 경우에는 훨씬 더 끈기를 발휘한다는 사실을 연구조사를 통해 확인했다.[28] 눈치 빠른 기업들은 이런 통찰을 통해 큰 성과를 거두고 있다. 예컨대 디즈니랜드는 화려한 색깔의 벽화 그림들과 거대한 애니메이션 캐릭터 인형들 그리고 예정 대기시간 알림 등으로 입장권 창구에서 길게 줄을 서 기다리는 방문객들이 지루해하지 않도록 해준다. 카지노에서 통로에 슬롯머신을 설치하는 것도 방문객이 자신이 바라는 욕망의 대상을 얻기 위해서는 얼마든지 기다릴 수 있게 만들어주는 환경이다.

:: 선택 설계를 통한 미래 대비

항생제를 처방하는 의사들이 항생제 처방이 꼭 필요했는가 하는 질문을 받을 때, 또는 전체 동료 집단들 사이에서 항생제 처방률이 상대적으로 얼마나 높은지 알려주는 이메일을 받을 때, 이 의사들은 항생제 처방에 따른 미래의 결과를 한 번이라도 더 생각하고 항생제 처방에 따라 야기되는 집단 전체의 위험을 개인적으로 느낀다. 의사들이 받는 이른바 '성적표' 편지와 진료실 벽에 붙어 있는 포스터는 벤저민 프랭클린의 정신 속에서 사회적인 규범과 공적인 이미지를 사용해 사람들의 행동을 유도한다.

팝업창으로 뜨는 요구사항들은 마리아 몬테소리의 교실에서와 마찬가지와 주의력을 재조정하며, 경솔한 판단을 쉽게 내릴 수도 있는 순간들 속에서 시간적인 지연과 유예를 만들어낸다. 슈퍼박테리아를 예방하기 위한 이런 방법론들은 점점 확대되는 행동경제학 분야에 의해 고무됐는데, 행동경제학은 프랭클린과 몬테소리가 자신의 직관과 영민한 관찰을 토대로 제안했던 것을 강화하는 기초를 제공한다.

행동경제학자인 리처드 탈러(Richard Thaler)와 캐스 선스타인(Cass Sunstein)은 이런 환경적인 실마리를 '넛지(nudges)'라고 부른다.[29] 넛지를 만드는 사람은 어느 하나의 선택을 둘러싸고 있는 구조를 조심스럽게 설계해 선택권을 제한하거나 특정 유형의 의사결정에 유리하도록 심리 척도(지능, 성격, 적성 등과 같이 외적·구체적으로 상세화되지 않은 심리적 요소들-옮긴이)를 살짝 건드려주지만, 그럼에도 불구하고 사람들에게는 여전히 선택의 자유를 보장한다. 이를테면 어떤 직장에서는 직원들이 미래를 대비해 저축하는 행위를 장려할 목적으로 각 직원에게 퇴직금 적립 계정에 본인 선택으로 가입하는 게 아니라 자동적으로 가입하도록, 즉 해지하고 싶은 사람만 본인이 선택해 해지할 수 있도록 하고 있다.

이 가운데서도 어떤 프로그램들은 직원의 봉급이 증가할 때마다 여기에 비례해 해당 직원의 저축액이 자동적으로 늘어나도록 설정함으로써 직원들이 단기적으로 돈을 잃어버린다는 느낌이 들지 않도록 한다. 이는 탈러와 선스타인의 용어로 '선택 설계(choice architecture)'인데, 이 장치가 저축률을 극적으로 높여준다는 사실은 이미 입증됐다.

나는 이런 기법들을 미묘한 조작의 한 형태라고 생각한다. 조직은 이런 조작에 의존에서 사람들로 하여금 자기 자신의 이익을 위해 미래를 중요하게 여기도록 실마리를 제공할 수 있을 뿐 아니라, 사람들이 뭔가를 기다릴 때 (예컨대 2시간은 일찍 왔어야 하는 버스를 기다릴 때) 평정한 심리 상태를 유지할 수 있도록 해주는 방식을 통해 이 같은 조작들을 다소 덜 순수한 목적으로 사용할 수도 있다. 구글에서 설계윤리 담당자로 일했던 트리스탄 해리스(Tristan Harris)는 현대의 기술 기업들이 이런 방식으로 사람들을 조작하는 방식에 대해 글을 썼다.[30] 몇몇 경우 기술 기업들은 예를 들어 맛집 평가 앱인 옐프에 올라와 있는 식당 목록에 대한 우리의 선택을 제한한다. 자신이 서 있는 현재 위치 주변에 있는 모든 식당을 전부 제시하지는 않는다는 얘기다. 소매유통업자들과 광고업자들은 광고 메일을 발송할 때 흔히 '옵트인 (opt in)'이 아니라 '옵트아웃(opt out)' 방식을 우리가 선택하도록 유도한다(옵트인은 수신자가 사전에 동의해야 광고 메일을 보낼 수 있는 방식이고, 옵트아웃은 수신자가 능동적으로 수신 거부 의사를 표해야만 수신되지 않는 방식이다-옮긴이). 사람들은 보통 디폴트 옵션(기본 선택)을 선택하는 경향이 있는데, 이렇게 우리는 가능한 모든 선택지들이 아니라 자기 앞에 제시된 것들 가운데서 하나를 선택을 하는 경향이 있다.

그러나 만약 조직들이 특정 선택 구조를 설계하는 이유에 대해 투명하다면 그들이 수행하고자 하는 일들은 윤리적으로 수행될 수 있다. 다니엘라 미커와 영국 정부는 자신들도 이런 식으로 커다란 성공을 거둘 수 있음을 입증했다. 2000년대 초에 이와 비슷한 접근법이 에너지디엔스트(Energie Dienst)라는 공익기업에 의해 독일의 블랙포레스트에서 시행됐다.[31] 이 기업은 여러 마을에 태양열과 풍력을 기본 선택으로 포함하는 재생 가능 에너지원들을 제공했다. 그런데 2008년의 연구 결과를 보면 주민의 90퍼센트가 비록 단기적으로는 보다 많은 금액의 전기료를 지불함에도 불구하고 청정 에너지원을 선택했다. 청정 에너지원을 기본 선택으로 설정함으로써 전기료가 더 적게 나가는 선택은 번거롭게 만들었다. 일부러 따로 그 선택을 해야 하기 때문이다. 그 뿐만 아니라 기본 선택 설정은 장기적으로는 청정한 에너지가 자치단체(또한 기업)에 더 유리하기 때문에 청정한 에너지를 선택하는 것이 사회의 일반적인 규범이라는 신호를 줬다.

코스그로브와 미커가 했던 작업은 헌신적으로 일하는 팀이나 기술의 도움을 받을 경우 조직은 충동적인 의사결정이 이뤄지지 않도록 사회 규범을 상기시킴으로써 미래를 내다보며 생각하는 동기를 부여하도록 얼마든지 개입할 수 있음을 입증했다.

조직은 또한 가능하기만 하다면 스트레스와 시간제한을 줄임으로써 무모함을 예방하는 환경을 설계할 수 있다. 멀레이너선과 샤피르는 '느슨함(slack)'이라는 발상을 적극적으로 도입하고 활용해야 한다고 주장한다.[32] 그러면서 미주리에 있는 급성환자 전문 병원의 사례를 드는데, 이 병원은 수술실 한 곳을 늘 비상용으로 비워두고 있다. 이 조치는 의사들의 부담을 덜어주면서도 전체적으로 보면 보다 많은 수술을 하는 데 큰 도움이 됐다. 그 이전에는 예정에 없던 급한 환자가 들어오면 수술실 사용 일정이 엉키는 바람에 의사는 의사대로 갑작스런 일정 조정 때문에 지치기 쉬웠고, 환자는 환자대로 예정됐던 수술이 연기되는 바람에 힘들었는데 이런 문제들이 상당 부분 해결됐던 것이다.

본과 자이쿠마르는 어떤 조직에 단기적인 문제가 한꺼번에 너무 많이 들이닥칠 때 업무 가운데 일부는 떠맡아서 처리할 수 있는 '임시 문제 해결자' 제도를 도입할 것과, 날마다 뒤로 밀리는 문제 해결 과제의 수를 제한할 것을 제안했다.[33] 두 사람은 또한 단기적인 문제에 대응하는 관리자보다 장기적인 문제를 관리하는 관리자에게 보다 많은 보상을 해주는 제도와, 가능한 경우 마감시한을 지키지 않아도 되는 자유재량권을 마련하는 제도를 추천했다.

* * *

최근 몇 년 동안에 존스홉킨스병원의 코스그로브와 그녀의 팀은 약품 처방 의사결정이 이뤄지기 전에 일어나는 일뿐 아니라 그 뒤에 일어나는 일에도 초점을 맞춰왔다. 그들은 항생제 처방을 받은 환자들을 추적해 항생제 처방이 있긴 했지만 환자의 박테리아를 배양한 결과 그 항생제와는 맞지 않는 경우, 그리고 환자가 어떤 약을 요청했지만 아직 그 약을 받지 못한 경우인 이른바 '박테리아-약품 불일치(bug-drug mismatch)'를 따로 표시했다(명칭은 그들이 직접 붙인 것이다). 그런 다음에 병원에 있는 각각의 의사를 찾아가서 환자들에게 결과적으로 어떤 일이 일어났는지 정보를 공유하는 일종의 '사후 조치'를 취했다.

이 방식을 통해 그들은 항생제 처방에 대한 일반적인 사실이 아니라, 자신들이 개인적으로 치료한 환자와 관련된 구체적인 사례를 통해 의사들을 교육했다. 추상적이고 유예됐던 결과를 보다 더 즉각적이고 구체적인 형태로 제시했던 것이다.[34]

코스그로브의 연구조사 팀은 최근에 1,500명이 넘는 환자를 대상으로 한 연구를 통해 적절하지 않은 처방을 개선한다는 점에서 보면 뒤늦게 과거에 있었던 일들을 재구성하면서 가타부타 말을 하는 이 방식이 사전 승인 방식보다 더 지속적인 효과를 낸다는 사실을 입증했다. 하지만 이렇게 하기에는 시간과 발품이 많이 든다는 게 문제인데, 심지어 항생제 관리팀을 갖추고 있는 병원들조차도 전체 병원을 대상으로 1년 내내 이 작업을 수행하기에는 자원이 부족한 형편이다.

내가 코스그로브의 팀원들을 따라다니면서 깨달은 사실은, '사후 조치' 방법은 의사들이 갖고 있는 선택권들을 제한하는 것도 아니고 당장의 충동에 휩쓸리기 쉬운 시점에서 의사들을 부끄럽게 만들거나 의사에게 재지시를 내리려는 것도 아니라는 것이다. 오히려 미래에 나타날 결과들과 관련된 중요한 사항을 상기시키며 병원의 문화적 규범을 새롭게 형성할 진짜 이야기들에 초점을 맞춘다.

이는 조직이나 기업이 시간 흐름 속에서 의사결정이 어떻게 전개되는지 연구하고 소통함으로써 사람들을 미래로 향하게 동기를 부여할 수 있는 또 다른 방법을 제시한다. 그 방법이란 과거의 의사결정들이 어떻게 나타났는지 이야기하는 것이다. 이는 지나온 길과 앞에 놓여 있는 길을 이어주는 다리로 기능하면서 사람들이 미래를 보다 더 잘 상상하는 데 도움이 될 수 있다.

제5장 | 어떤 조감도

장기적으로 중요한 것들

긴 시간의 법칙에 따라
이 짧은 시간을 살지 않는다면
얼마나 불행한 일인가?

—헨리 데이비드 소로(사상가), 해리슨 블레이크에게 보낸 편지 중에서

:: 근시안을 탈피할 수 있을까

어린 시절 부모님은 해마다 내가 얼마나 자랐는지 벽장문에 표시했다. 그 표시를 볼 때마다 나는 내가 성장하고 있다는 생각에 뿌듯해졌다. 이처럼 어떤 지표가 꾸준히 성장할 때 집단도 마찬가지 감정을 느낀다. 어떤 조직이든 간에 자기 조직 소속의 잘 훈련된 구성원의 수, 조직이 제공하는 식사로 끼니를 해결하는 사람의 수, 영업이익, 시험에 통과한 학생의 수, 비위 사실로 징계를 받은 사람의 수 등을 지속적으로 추적하는 이유도 여기에 있다. 이런 수치들은 어떤 사업이나 프로그램 또는 어떤 개인의 발전 정도를 판단할 수 있는 단순하고도 객관적인 지표인 듯 보인다. 게다가 간편하기까지 하다. 그 수치가 증가세에 있는지 감소세에 있는지만 보면 되기 때문이다. 자선활동가들, 투자사들, 비영리기관들, 정부 산하 기관들, 기업들은 모두 어떤 의사

결정을 내릴 때는 이 같은 수치에 크게 의존한다.

그러나 수치상의 목표를 달성하는 것이 실제로 설정하고 있는 목표를 달성하는 것과 동일하지는 않다. 수천 명이나 되는 사람들이 농부 또는 소프트웨어 프로그래머 훈련을 받을지 몰라도 이들 가운데 그 일을 자신의 새로운 직업으로 삼는 사람은 그렇게 많지 않을 것이다. 빈민가에 사는 사람들이 가난할 수밖에 없는 원인을 근본적으로 해결하지 않으면서도 이들 수백 명에게 점심식사를 무료로 제공하는 일이 있을 수 있다. 어떤 기업이 지금 당장 수익을 내고 있긴 하지만 사실은 파산을 향해 치달을 수 있다. 학생들이 시험에 통과하긴 하지만 이들이 생활 속에서 활용할 수 있는 것들은 거의 배우지 못했을 수 있다. 도시가 성장하는 과정에서 예전보다 더 많은 사람들이 범죄를 저지르고 감옥에 갈 수 있다.

2010년에 인도의 소액금융위기가 점점 무르익어 갈 때 근시안에 사로잡혀 있던 주체는 비제이 마하잔과 같은 개인만이 아니었다. 개인이 아니라 기업과 투자자는 특정 지역들에서 대출자의 수를 늘리는 것을 포함해 수치상의 온갖 목표들을 달성하려고 노력했다. 소액금융업체들은 자기 투자자들에게 높은 상환율과 점점 늘어나는 대출 포트폴리오를 보고했다. 하지만 소액금융산업에 위기가 닥쳤고 많은 소액금융업체들이 나자빠졌거나 무거운 빚에 짓눌렸다. 자기 산업 부문에서 서서히 끓어오르던 재앙을 감지했어야 하는데 여기에 들였어야 할 노력을 무시했기 때문이다.

이런 사건들을 바라보면 조직은 수치상의 목표에 의존하는 관행을 당장 그만둬야 한다는 결론을 내리는 것이 옳을 것 같다. 그렇지만 그나마 이런 수치상의 지표들마저 없다면 사태가 더 나빠질 수도 있다. 이런 지표들이 없으면 정부 산하 기관들이 만들어내는 유무형의 결과물 및 이런저런 지원 프로그램들이 제대로 작동하는지 평가할 때 순전히 맹목적인 믿음과 무한정한 인내심에만 의존할 수도 있다. 또한 기업도 현재의 지지부진함이나 실패를 합리화하는 구실로 장기적인 전망을 내세울 수도 있다. 이런 식으로 지도자들은 잠정적인 지표 수치들이 드러내는 미래 재앙의 신호들을 무시할 수 있다. 이것이 바로 현재의 지표를 중요하게 여기지 않을 때 발생할 수 있는 위험이다.

이상적인 세계를 가정한다면 기업은 결과를 보여주기 위해 당장 필요로 하는 것을 충족하는 것은 물론 미래에 필요하고 중요한 것을 더 소중하게 여길 것이다. 수치상의 결과들은 조직 안에 있는 사람들이 자기 조직이 언제 상승세를 타는지 알아보고 또한 일이 잘못돼갈 때 경로를 수정하며 장기적인 프로젝트들을 세부적인 단계로 쪼개는 데 도움을 줄 것이다. 데이터의 수치들은 한 순간의 스냅 사진이 아니라 시간이 흐름에 따라 변화하는 과정으로 바라볼 때 비로소 어떤 시장이 꾸준히 규모가 커져간다든가, 기온이 지속적으로 올라간다든가, 투자 포트폴리오 수익률이 지속적으로 떨어진다든가 하는 추세를 드러낸다.

그렇다면 과연 조직이 어떻게 하면 올바른 시점에 올바른 측정치(지표)를 선택할 수 있을까? 그리고 어떻게 하면 근시안을 피할 수 있을까?

:: 아글캐피털의 포사이트

라베넬 커리(Ravenel Curry)와 베스 커리(Beth Curry) 부부는 가슴에 묵직한 두려움을 느끼면서 오리건으로 가는 비행기에 탑승했다. 1998년이었고, 주식시장은 새로운 기술 기업들이 주가를 올리면서 활활 불타오르고 있었다. 인터넷이 모든 것을 바꿔놓았다. 표면적으로는 그렇게 보였다. 월스트리트 투자자들은 온라인 패션 스토어, 온라인 반려동물용품업체, 스포츠 뉴스 포털 등 이른바 '닷컴(dot-com)' 기업들의 주식을 과거와는 비교도 되지 않을 정도로 대량 거래했다. 그 회사들이 성공을 지속적으로 이어갈 수 있을지 입증되지도 않았는데도 그랬다. 주가는 시장 전체를 통틀어 하늘 높은 줄 모르고 계속 치솟았다. 기술주들은 투기꾼들의 손쉬운 돈벌이 원천이었고, 투기꾼들은 이런 상황을 보다 더 많은 수익을 올릴 수 있는 기회로 삼았다.

커리 부부는 이런 흐름에 편승하지 않고 있었다. 그래서 이 부부가 세 아이를 다 키운 뒤 창립했던 투자 회사는 무너지기 직전의 아슬아슬한 상황에 놓여 있는 것 같았다. 부유한 집안, 연금 펀드, 대학교 연기금 등을 포함한 고객들은 자신들이 투자한 돈을 펀드에서 빼겠다며 만나서 이야기하자는 전화를 불이 나게 해대고 있었다. 이런 형편이었으니 커리 부부의 투자사는 신규 투자자들을 모을 수도 없었다.

"아무도 우리에게 돈을 맡기려 하지 않았죠. 누가 봐도 돈이 안된다는 게 분명했으니까요."

그로부터 여러 해가 지난 뒤에 뉴욕시에서 나와 만났을 때 라베넬이 한 말이다.[1] 라베넬로서도 그 사람들을 탓할 수는 없었다. 그가 운용하던 펀드는 가까운 시기에 투자자의 규모를 늘리는 데 사용된 기준점에 4년 연속으로 미달했기 때문이다. 이 펀드의 수익률은 S&P 500 지수가 기록하는 성장률에도 미치지 못했다. 그러니 투자자들로서는 '패시브 펀드(passive fund, 특정 주가지수를 구성하는 종목들을 펀드에 담아 지수 상승률만큼의 수익률을 추구하는 펀드—옮긴이)'에 투자했을 경우 얻을 수 있던 수익률보다도 저조한 수익률을 기록했으니 화가 날 만도 했다. 건전한 정신을 가진 사람이라면 대부분 패시브 펀드보다 더 많은 수익을 내지 못할 때 투자사에 높은 수수료를 지불하는 데 불만을 느끼며 이는 당연하다. 이렇게 해서 1998년은 커리 부부에게 인생 최악의 해를 기록해나가고 있었다.

이 두 사람이 펀드 투자사 이글캐피털매니지먼트(Eagle Capital Management)를 창립한 때는 그로부터 10년 전의 일이었다. 사우스캐롤라이나의 작은 마을에서 태어나고 성장한 라베넬은 JP모건(J.P. Morgan)과 HC웨인라이트(H.C. Wainwright) 등을 포함한 여러 금융사에서 일했으며, 나중에는 듀크대학교의 연기금을 관리하기도 했다. 그러다가 그는 회사에 소속된 직원으로서 단기적인 수익을 좇아 주식을 거래하는 투자방식이 그다지 흥미롭지 않다고 느꼈다. 헤지 펀드가 우후죽순처럼 생겨났고 보다 많은 트레이더들이 주식시장으로 몰려들어 예전보다 한층 정교한 알고리듬을 통해 최적화된 거래를 하고 있었기 때문에, 이들 가운데서 돋보이는 자산운용자로 우뚝 서기란 무척 어려웠다.

"분기별 수익을 예측하는 데서 경쟁우위를 차지하기란 매우 어려웠습니다. 똑같은 일을 하는 사람이 수천 명이 있는데, 그들보다 더 잘해야 했으니까요."

맨해튼 중심가에 있는 자신의 사무실에서 라베넬은 안락의자 깊숙이 몸을 기대며 말을 이었다.

"게다가 그 일이 너무나 지루했습니다."

거의 모든 사람이 트레이더가 되는 세상에서 그는 시장이 한목소리로 동의하는 것을 부정하는 투자자가 되고 싶었다. 그는 지금 당장은 변변찮지만 장기적으로 새로운 시장을 창출하거나 신제품을 발명하는 회사의 주식을 사서 그 회사가 빛을 볼 때까지 주식을 보유하는 전략을 실천하고 싶었다. 하지만 남의 회사에서 일개 직원으로 있으면서는 그 투자 철학을 실천하기 쉽지 않다고 생각했다. 자신의 투자 철학을 실천하려면 투자사를 직접 차릴 수밖에 없었다. 그의 아내 베스는 주부로 살다가 금융 분야의 직종에 일자리를 갖고 있었는데, 그녀도 남편의 생각에 동의했다.

이글캐피털 창립 초기 몇 년 동안 커리 부부는 자신들의 투자 철학과 방식에 동의하지 않는 고객들이 떨어져나가도 별로 신경 쓰지 않았다. 그 즈음 중서부 지역에서 약국 체인점들을 소유했던 사람이 이 체인을 전국 차원의 약국 브랜드에 팔아넘긴 후 그 돈 가운데 상당 부분을 이글캐피털에 맡겼다. 라베넬은 그 고객에게 자기 회사는 주식 시장에서 발생하는 온갖 소음에 일일이 대응하는 식으로 휘둘리지 않으며, 투자 대상 기업의 잠재적 성장 능력을 5년에서 7년 뒤까지 내다보고 투자한다고 말했다.

그런데 그 투자자의 투자금을 운용한 지 딱 2주일 만에 투자자가 전화를 걸어와 투자가 어떻게 진행되고 있는지 물었다. 라베넬은 뭐라고 말을 하기에는 아직 이르다고 대답했다. 투자자는 그후로도 2주일에 한 번씩 전화를 해서 돈이 잘 불어나고 있는지 물었다. 때로는 그 주의 어떤 종목을 눈여겨보고는 전화해 자신이 생각하는 전망과 우려를 쏟아내기도 했다. 그러나 그때마다 라베넬의 대답은 똑같았다.

"뭐라고 말씀드리기에는 아직 이릅니다."

라베넬은 그 투자자가 과거에 약국 체인점을 소유했기 때문에 2주일 주기로 그간의 성과를 평가하는 게 몸에 배어 있다는 사실을 알았다. 실제로 약을 조제하고 판매하는 곳은 약국 공간에서 주로 뒤쪽에 배치돼 있는데, 사람들이 약을 사려고 그곳까지 오는 동안 생활편의품 매대에 놓인 물건을 보고 충동구매를 하도록 유도하기 위해서다(미국에서 약국은 약뿐만 아니라 온갖 생활 편의용품들도 함께 판매한다―옮긴이). 약국 점장은 어떤 재고물품이 움직이고 있는지 2주일 단위로 매대 공간을 확인한다. 약국 사업에서 1개월에 두 번씩 매출액을 확인하고 동향을 파악해 상품들을 새롭게 배치하는 것은 그 업계의 관행이다.

"그로서는 도저히 장기적인 관점을 유지할 수 없었던 겁니다. 그래서 내가 그랬죠. 단기적으로 투자금을 운용하는 다른 투자사를 찾아보라고요. 결국 그는 돈을 싸들고 다른 데로 갔습니다."

라베넬이 어깨를 으쓱하면서 말했다. 그런데 1990년대 말이 되자 분위기가 완전히 달라졌다. 그런 식으로 투자자를 잃는 게 투자사로서는 죽음을 알리는 종소리일 수도 있었다. 더욱이 닷컴 붐을 완전히 남의 일처럼 멀찍이서 바라보기로 한 결정이 빚어낼 미래의 결과를 평가하기도 쉽지 않았다. 커리 부부와 이글캐피털로서는 힘겨운 한해였다. 커리 부부의 투자 접근법을 신뢰했던 사람들도 주변의 자기 친구들이 한껏 부풀려진 종목의 주식을 일간 또는 주간 단위로 거래해 막대한 수익을 올리는 모습을 보고는 투자금을 빼내 다른 투자사로 갈아탔다. 이들은 커리 부부에게 기술 기업들로 시장의 모든 것이 바뀌었는데 이글캐피털은 기회를 놓치고 말았다고 혀를 차곤 했다. 너무도 많은 사람들이 너무도 많은 돈을 벌고 있었기 때문에 그 흐름에 동참하고 싶은 마음이 들지 않을 수 없었다. 이는 이글캐피털에 돈을 맡긴 투자자들뿐 아니라 커리 부부에게도 마찬가지였다. 투자 전략을 수정함으로써 고객의 원하는 대로 따라야 하는 게 아닐까 하는 유혹에 두 사람도 흔들렸다.

라베넬 커리는 오리건에서 예정돼 있는 투자자와의 만남이 두려웠다. 학교 연기금 관리 책임자인 그 투자자가 결별을 선언할지도 몰랐기 때문이다. 비행기에서 라베넬은 애초에 자신이 투자사를 차리겠다고 나섰던 이유를 곰곰이 생각했다. 그는 특정 시점에 시장의 동의를 반영해 과도하게 부풀려진 가격으로 주식을 사는 것은 올바른 투자 방법이 아니라고 믿었다. 시장에서 저평가되고 있지만 시간이 지남에 따라 제대로 평가받을 전망이 있는 회사의 주식을 사는 것만이 올바른 투자 방법이라고 믿었다. 그는 당시 대부분 기술 기업들의 주식이 속빈 강정이며 시장이 지나치게 과열돼 있다고 생각했다. 그럼에도 불구하고 그는 자신의 고객들과 마찬가지로 자신들만 빼고 모든 사람이 다 부자가 되는 것을 지켜보는 데 점점 지쳐가고 있었다.

피터 로스차일드(Peter Rothschild)는 오리건대학교 연기금을 감독하는 위원회의 위원장이었다. 그 재단은 1990년대에 수백만 달러의 투자금을 이글캐피털에 맡겼었다. 로스차일드는 이글캐피털이 소규모 투자사라는 점에서 마음에 들어 했는데, 그 이유는 오리건대학교가 고객으로서 보다 많은 관심을 받을 것이라고 믿었기 때문이다. 게다가 그는 시장에 부는 광풍의 결과로 주가가 오르는 것보다는 기업의 가치를 전망해 투자를 하는 것이 옳다는 이글캐피털의 투자 철학에 동의했다. 그리고 1990년대 초반에는 이글캐피털로부터 상당한 규모의 수익금을 받았다. 하지만 지금은 달라졌다. 걱정할 만한 이유가 분명히 있었다.

그래서 로스차일드는 커리 부부에게 자신을 만나러 오라고 불렀던 것이다. 두 사람이 도착하자마자 그는 심각할 정도로 시장 평균 이하인 이글캐피털의 실적을 지적했다. 그런 다음 이렇게 물었다.

"무슨 조치를 취할 계획이라도 갖고 있습니까?"

그 순간 라베넬은 또 한 명의 고객을 잃는구나 하고 생각했다. 만일 그렇게 된다면 끔찍한 일이었다. 그렇지만 그는 자기 안의 두려움을 떨쳐내야 한다고, 더욱 더 힘을 내야 한다고 마음먹었다. 그리고 이렇게 말했다.

"저는 시장에 낀 거품이 지속될 것이라고 믿지 않습니다. 투자금의 운용 전략을 수정할 계획도 전혀 없습니다."

그런데 이 말에 로스차일드는 뜻밖의 대꾸를 했고 커리 부부는 깜짝 놀랐다. 로스차일드가 기존의 투자금 외에 별도로 더 많은 돈을 맡기겠다고 했던 것이다. 그가 커리 부부를 부른 목적은 투자금 운용 수익이 저조한 것을 따지려던 게 아니라, 이들 부부가 시장에 부는 광풍 속에서도 냉정한 머리를 계속 유지하고 있는지 확인하고 싶었던 것이었다.[2)]

그 일이 있은 지 18개월 뒤에 시장은 붕괴했다. 수억 달러를 빨아들였던 닷컴 기업들은 허공으로 증발해버렸다. 다른 기업들의 주가도 바닥을 모른 채 곤두박질쳤다. 반면 이런 흐름 속에서 이글캐피털은 순항을 이어갔다. 1999년과 2000년의 그 험악한 하락 시장에서 평균보다 훨씬 나은 수익률을 기록했다. 단 2년 동안 기록한 수익이 지난 5년 동안 까먹었던 손실을 만회하고도 남았다. 이글캐피털은 250억 달러가 넘는 자산을 관리할 정도로 성장했으며, 1998년부터 2018년까지 평균 13퍼센트가 넘는 연수익률을 기록하고 있다. 이는 같은 기간 동안 S&P 500 지수 수익률의 2배를 넘어서는 수치다. 미래를 멀리 내다본 덕분에 이글캐피털은 한층 밝은 장밋빛 미래를 맞을 수 있었다.

:: 수치 목표의 함정

사람들은 수치를 갖고서 어떻게든 예측을 하려고 한다. 경제 지표라는 수치상의 목표들을 사용해 조직 및 조직 구성원의 행동을 추동하려는 기업은 필연적으로 그 경제 지표의 통계적 규칙성이 사라져버리는 순간을 맞게 되며, 애초에 설정한 목표를 달성하지 못하게 된다. 이것이 바로 1975년에 이런 사실을 선언했던 경제학자 찰스 굿하트 (Charles Goodhart)의 이름을 딴 '굿하트의 법칙(Goodhart's law)'의 결과다. 굿하트는 1970년대부터 세기가 바뀔 때까지 잉글랜드은행의 금융정책 설정 과정에 자문을 한 인물이다.

이것이 실제 현실에서 의미하는 바는 어떤 조직이 사람들에게 수치 목표를 제시하면서 이 목표를 달성할 경우 보상을 해준다고 말할 때 그 조직은 그 목표를 달성하기 위해 다른 의미 있는 발전들을 희생하기도 하고 심지어 속임수를 쓰기도 한다는 점이다. 19세기에 있었던 일을 예로 들어보자. 유럽의 고생물학자들이 중국인 농부들을 고용해 공룡 화석을 발굴하면 뼈 한 조각마다 돈을 얼마씩 주겠다고 했다. 그런데 농부들은 화석을 발견하면 멀쩡하던 뼈를 일부러 부숴서 갖고 왔다. 보상을 더 많이 받으려고 그렇게 한 것이었다.[4] 이 모습은 데이트레이딩(day trading, 초단기간 내에 주가나 거래량 등의 기술적 지표를 이용해 시세차익을 얻는 초단타 매매 기법-옮긴이)과 어딘가 닮은 점이 있다.

2001년 이후 미국 전역의 공립학교는 전국표준시험의 학생별·학교별 성적을 학교 발전 및 교사의 성과를 평가하는 기준으로 삼았다. 하지만 많은 경우에 그 수치상의 목표는 학생들의 학습이라는 교육의 진정한 의미를 훼손했다. 하버드대학교 교육대학원의 데이비드 데밍(David Deming) 교수가 '텍사스의 기적'이라고 일컬어지던 사례의 한 축인 학교들을 대상으로 삼은 논문을 통해 이 같은 사실을 입증했다. 한편 텍사스의 기적은 2001년에 의결된 낙오학생방지법(No Child Left Behind Act)의 청사진이 됐다.[5] 이 법은 3학년부터 8학년 그리고 고등학교 때의 첫 학년 학생들을 대상으로 표준화된 시험 제도를 시행하도록 각 주 정부에 요구했다. 이 시험은 주마다 모두 다르며, 학생들의 연간 학업 성취도 향상을 위해 각각의 학교가 제대로 노력하고 있는지 평가하는 데 활용됐다. 각 학교는 이 시험 성적을 토대로 교사들을 평가했다.

데밍은 시범적인 시행 기간 동안 텍사스에 살면서 그 시험으로 평가를 받았던 학생들과 그 시험으로 평가를 받지 않았던 학생들이 각각 장기적으로 드러낸 결과를 비교한 끝에, 몇몇 학교들이 학교 평균 점수를 끌어올릴 목적으로 성적이 나쁜 학생들의 점수를 누락했다는 사실을 발견했다. 더욱이 학생들이 나중에 거두는 성취 결과를 보니 그 시험으로 평가받은 학생들이 그렇지 않은 학생들에 비해 대학교 졸업율도 낮았고 평균 소득도 더 낮았다.

이런 현상은 특히 평균보다 높은 수준에 있긴 했지만 그보다 더 높은 탁월함의 등급으로까지 오르려 했던 학교의 학생들에게서 더 많이 나타났다. 이 학교들은 교육 당국으로부터 보다 높은 평가를 받을 수 있는 기회를 놓치고 싶지 않았던 것이다. 게다가 이 시험 제도는 학생들이 낙제를 하는 데에도 효과적으로 작용했다. 헤지 펀드 투자자들과 마찬가지로 손실을 회피할 목적 때문에 행동하는 것처럼 보였다.

그러나 학교별로 학생들의 인생에는 커다란 차이가 났다. 다른 여러 보고서들도 시험에 대비하는 학습이 학생들의 호기심을 얼마나 무디게 만드는지, 교사나 교장이 학생의 답안지를 수정하는 등의 속임수를 어떻게 구사하는지 입증했다. 수치상의 목표가 비록 조직 말단에 속한 사람들에게는 효과가 있을 수도 있지만, 상층부에 있는 사람들에게는 전혀 그렇지 않다. 이 같은 사실을 선명하게 밝혀내는 데는 장기적인 연구가 필요했다. 하지만 시험 성적상의 목표를 수치로 제시한 다음에 이를 근거로 학생이나 학교를 평가하는 관행은 이미 오래 전부터 주류로 자리 잡았다.

∷ 단기 목표 달성에 목을 매는 기업

미국 기업계만큼 근시안적인 목표에 큰 비중을 두는 곳은 없다. 현재 상장 회사에서 일하는 이사급 임원들의 압도적 다수는 자신들이 분기별 수익 목표를 달성하기 위해 장기적 목표를 일상적으로 희생시키고 있음을 인정한다. 그 단기적인 목표들이 논리적으로는 자신들 회사의 장기적 생존 능력의 지표들인데도 불구하고 이런 현상은 일어난다.

다음 분기의 수익을 주주들과 월스트리트의 분석가들에게 제시하는 관행인 이른바 '가이던스 발표(issuing guidance)'는 미국 의회가 사적증권소송개혁법(Private Securities Litigation Reform Act)을 의결한 1990년대 중반에 시작됐다. 이 법률은 기업이 다음 분기에 자사가 수익을 얼마나 올릴 것이라고 예측하는 데 따르는 책임을 면제해줬다. 이 법률 덕분에 기업의 경영진은 자사 주가의 단기적 부양을 위해, 또한 자신들이 받을 두둑한 보너스와 리더십에 대한 칭찬을 기대하면서 수익 예측을 부풀릴 수 있게 됐다.[6]

그러다 보니 결과는 엉뚱한 방향으로 전개됐다. 자신들이 한 예측을 바라보는 투자자들의 기대에 어긋나지 않고자 자신이 예측한 수익 목표를 달성하려는 목표만으로 회사를 운영한 것이다. 이들은 실제로 자신들 입으로도 그 과정에서 장기적인 성장과 개발을 위한 핵심 투자를 도외시하게 됐다고 말했다. 이렇게 할 수밖에 없도록 만드는 압박감은 투자자들 때문만이 아니라 오직 단기 목표를 달성하겠다는 경영진 스스로의 욕망 때문이기도 한다. 여러 연구 논문들은 어떤 CEO가 어느 한 분기에 지분 투자를 많이 하면 할수록 자사의 주가를 부양하기 위해 투자비 지출을 삭감한다는 사실을 확인했다. 이렇게 해당 분기의 유일한 목표는 CEO의 예측을 충족하는 것이 돼버린다.

뉴욕에 있는 투자사 센터뷰파트너스(Centerview Partners)는 GE, 펩시코, 타임워너케이블 등 미국을 대표하는 여러 기업에 투자 자문을 제공하는데, 이 투자사의 설립자 블레어 에프론(Blair Effron)은 내게 분기별 목표에 목이 매여 의사결정을 하는 기업의 경영진을 자주 본다고 말했다. 지금 당장의 비용 절감이 자사의 미래를 희생하는 것임을 뻔히 알면서도 효율성이라는 목적만을 위해서가 아닌 다른 목적을 위해 지금 당장의 비용 절감에 나서는 경영진이 많다는 것이다.

여러 설문조사 결과에 따르면 CEO와 CFO(최고재무책임자)의 80퍼센트 이상이 분기별 수익 목표를 맞추기 위해서라면 기꺼이 연구개발비 지출을 줄일 용의가 있다고 응답했다. 또한 응답자의 절반은 회사의 장기적인 가치를 한층 더 높여줄 게 분명한 새로운 프로젝트의 출범을 늦출 것이라고 응답했다. 2016년 경영 컨설팅 기업 맥킨지(McKinsey)는 기업 이사회 구성원 및 고위 경영진은 단기적으로 강력한 결과를 보여줘야 한다는 압박감을 느끼고 있다고 보고했다. 거의 모든 기업의 리더들이 재정 차원에서나 혁신 차원에서나 장기적 지평이 낫다고 생각하면서도 이런 압박감을 느꼈던 것이다.

마감시한이 코앞에 닥친 경험을 해본 사람이라면 누구나 왜 이런 일이 일어나는지 알 것이다. 지금 당장 닥친 일들을 끊임없이 처리해야 할 때는 먹고 자는 것도 포기한다. 중요하긴 하지만 시간적으로 급하지 않은 것들을 무시하는 일도 쉽게 이뤄진다. 기업의 리더들은 분기별 가이던스를 발표함으로써 긴급한 마감시한이라는 영원히 끝나지 않는 순환의 굴레에 스스로를 묶어버린다. 그들이 설정한 수치들은 자신들에게 끊임없는 비상 상태를 유지하라는 신호를 준다.

이는 마스 클라이밋 오비터의 화성 착륙 프로그래밍에서 실수를 저지르고 말았던 나사의 엔지니어들과 매우 비슷하다. 미국의 문학비평가 시릴 코널리(Cyril Connolly)가 했던 표현처럼 그들은 "만족할 줄 모르는 바다의 요구를 충족시키면서 늘 마른 상태를 유지하는 바위들 사이의 작은 웅덩이"가 됐다. 이 경우에 예측은 미래에 대한 통찰인 포사이트를 실질적으로 방해한다.

분기별 목표 달성에 목을 매는 것은 회사가 장기적으로 유익한 어떤 것을 수행하는 데 필요한 여러 자원을 고갈시킨다. 일상적으로 기업은 자사의 주가를 부양하기 위해 자사의 주식을 사들이며, 수익금을 새로운 성장 연료로 재투자하기보다는 주주들에게 배당금으로 나눠준다. 2015년 S&P 500에 속하는 공개 기업들이 이런 방침을 토대로 수익의 99퍼센트를 지출했고 미래의 대한 투자는 거의 하지 않았다. 몇몇 눈에 띄는 예외가 있긴 했다. 시장에서 독점이나 다름없는 지위를 누리며 특히 데이터 분석 분야와 인공지능 분야에 초점을 맞춰 연구개발비를 쏟아 붓는 기술 기업들이 주로 예외였다. 보통 이런 회사들은 창업자가 직접 경영하거나, 전문경영자가 회사를 이끌더라도 창업자들이 많은 지분을 갖고 있으며 조직의 의사결정에 상당한 영향력을 행사하는 경향이 있다.

기업 사기의 재앙적인 사건이 언론의 머리기사로 종종 등장한다. 엔론, 폭스바겐, 월드컴 등이 그런 사건의 주인공들이었다. 그러나 우리는 분기 목표를 위해 미래를 희생하는 경영진의 일상적인 관행에 의해 비록 덜 선풍적이긴 하지만 한층 심각한 방식들로 피해를 입는다.[7]

이런 선택의 결과로 고용은 점점 더 불안해지고 발명은 지지부진하며 기업은 기후 변화나 K-12 교육 과정과 같은 장기적인 문제들, 즉 다음 분기로 전개되지 않으며 단기적으로는 그저 기업에 부정적인 영향만 주게 될 여러 가지 문제들을 해결할 수 있는 정책을 마련하고 실행하는 데 실패하고 만다. 기업은 또한 사람들이 연금 펀드나 퇴직금 펀드와 관련해 보다 큰 수익을 올릴 수 있는 가능성을 희생시킨다. 이 생각을 할 때마다 내 머릿속에 떠오르는 어떤 이미지가 있다. 다음 아닌 거리에서 돼지저금통을 깬 동전들이 돌돌 굴러 하수구로 떨어지게 만드는 경영진의 이미지다.

:: 장기적 관점을 가진 기업

규모가 작긴 해도 목소리가 큰 한 무리의 집단이 미국 기업계에서 어떻게 하면 근시안적인 목표에 사로잡혀 있는 관행을 깰 수 있을까 하는 의문, 특히 분기별 수익 목표를 수십 년이 걸리는 장기적인 목표 아래 복속시킬까 하는 의문을 제기하고 나섰다.

2016년 가을에 투자업계에서 내로라하는 여러 회사가 뉴욕시에 있는 소피텔호텔의 그랜드볼룸에 모였다. '장기적 목적에 자본 집중하기(Focusing Capital on the Long Term, FCLT)'라는 단체를 출범하기 위한 모임이었다.[8] 이 모임의 핵심 인물은 새라 코헤인 윌리엄슨(Sarah Keohane Williamson)이었다. 20년 넘게 웰링턴매니지먼트(Wellington Management)에서 일했던 그녀가 기업의 단기적 발상을 부정적으로 생각하고 염려하는 이유는 그녀가 공상적 박애주의자여서가 아니다. 그 이유는 돈과 관련해 그녀가 보다 효율적으로 생각하기 때문이다. 다시 말해 기업이 분기별 수익이라는 협소한 목표에 초점을 맞추는 바람에 주주들과 전체 경제에 돌아가야 할 돈이 엄청나게 유실되고 있다고 믿기 때문이다. 언젠가 그녀는 내게 이렇게 말했다.

"스펙트럼의 양 극단 가운데 한 곳에 당신이나 나와 같은 저축가가 있죠. 미래에 대비하는 연금 펀드나 퇴직금 펀드에 투자하는 사람들 말입니다. 그런데 다른 한쪽 끝에는 기업을 창업해 키워나가고 싶어 하는 사람들이 있어요. 이런 발상과 목적은 매우 장기적인 거예요. 하지만 자본시장은 단기적이죠. 그래서 사람들은 나쁜 결정을 계속 내리는 겁니다."

그 해에 맥킨지글로벌연구소(McKinsey Global Institute)와 윌리엄 슨의 팀이 미국의 615개 상장 회사가 14년이라는 긴 기간 동안 기록했던 성과를 살펴보기 시작했다. 단 한 곳도 금융 부문에 속하지 않은 이 회사들은 중대형 규모였는데, 연구자들은 적어도 1년이라는 기간 동안 시가총액이 50억 달러를 넘는 규모의 회사로 규정했다. 분기별 수익 목표를 얼마나 협소한 차이로 달성했거나 달성하지 못했는지의 여부 그리고 분기별 실제 수익과 예상 수익의 비교 결과를 놓고 판단할 때, 615개 회사 가운데 164개 회사가 장기적 관점을 유지한다고 그들은 봤다. 그 데이터는 연구자들에게 단기 목표를 충족할 목적으로 미래에 사용할 자원을 미리 끌어당겨 쓰는지 여부를 알 수 있는 경험적 방법 하나를 제공했다. 연구자들은 분기별 목표 수치라는 압박감을 벗어던진 회사들은 그렇지 않은 회사들에 비해 수익이 2001년부터 2015년 사이 47퍼센트 늘어난 사실을 발견했다.

그런데 무엇보다 중요한 점은 미래의 성장을 지향하는 것이 광범위한 이득을 가져다준다는 것을 연구자들이 발견했다는 사실이다. 장기적 관점을 가진 기업은 다른 기업들에 비해 연구개발비를 평균 50퍼센트 더 지출했으며, 거의 1만 2,000개가 넘는 일자리를 추가로 창출해냈다. 맥킨지 연구팀은 미국의 모든 기업이 장기적 관점을 갖고 행동했다면 같은 기간 미국의 국내총생산(GDP)는 1조 달러가 추가됐을 거라고 추정했다. 이런 점에서 보면 기업들이 단기적인 수치상의 목표에 휘둘림에 따라 사회가 비싼 대가를 치러왔던 셈이다.

근시안으로 고통을 받는 회사는 대기업뿐만이 아니다. 실리콘밸리의 벤처기업가 에릭 리스(Eric Ries)는 자신이 '허영 지표(vanity metrics)'라고 이름 붙인 위기의 형태를 경계해야 한다고 줄곧 목소리를 높여왔는데, 안타깝게도 신생 기업들은 이것을 특정 시점에서 자신의 성공 여부를 가늠하는 잣대로 삼는다.[9) 그는 페이지뷰횟수, 다운로드횟수, 서비스 이용자 수 등을 자사의 발전 정도를 알려주는 지표로 삼는 기술 기업들이 허영 지표에 휘둘린다고 말한다. 그의 견해로는 신생 기업들이 자사에서 진행하는 사업은 주말이나 방학 때 디즈니랜드 방문객이 늘어나는 것과 비슷하게 계절적 등락이나 주간별 등락이 있는 사업임에도 불구하고, 겉으로는 현명한 기업 의사결정을 추구한다면서도 주로 이런 수치들에 의존하는 경향을 보인다. 반대로 이런 수치들의 갑작스러운 하락은 매우 심각하게 받아들인다. 헤지 펀드 투자자가 포트폴리오를 너무 자주 바라볼 때 과잉 행동을 하는 것과 마찬가지로 말이다. 투자자가 갖고 있는 수치 지표들이 아니라 조직 자체의 수치 지표들도 흔히 미래 예측을 흐릿하게 만든다.

리스는 성공해 영속적으로 생명을 이어가는 기업들은 보다 오랜 기간을 의미하는 수치 지표들을 선택한다고 말한다. 이를테면 페이지뷰횟수가 아니라 어떤 사용자가 하루 동안에 재방문횟수를 더 중요하게 여긴다는 것이다. 재방문횟수는 사용자가 그 제품을 얼마나 좋아하는지 그리고 얼마나 강력한 충성심을 갖고 있는지 보여주므로 미래를 예측하는 데 더 나은 지표가 될 수 있다. 리스는 창업 초기에 이미 후자의 지표를 사용한 기업의 사례로 페이스북을 언급한다. 충성심을 심어주는 전략 덕분에 이용자들은 심지어 사생활 보호와 관련된 문제나 가짜 뉴스 또는 이 회사가 갖고 있는 윤리상의 문제가 불거짐에도 불구하고 이 소셜 플랫폼을 쉽게 버리지 못한다.

특정 지표의 수치가 하나의 조직이 사용하기에 충분한 근거를 갖고 있는지 판가름하는 것은 그 지표의 객관성이다. 반복되는 재구매와 시장점유율이 소매유통업체로서는 보다 일리가 있는 지표가 될 수 있겠지만, 광고에 의존하는 앱의 경우 잦은 방문이나 이용이 더 나은 지표가 될 수 있다. 뉴스 보도 관련 기업들에게는 독자가 해당 기사를 읽는 데 들이는 시간이나 재방문하는 횟수가 클릭 수보다 의미가 클 수 있다. 설사 후자가 광고주를 끌어들이기에는 더 유리하다고 할지라도 말이다. 그러나 그 어떤 지표도 올바른 판단 능력을 연마하는 것을 대체할 수는 없다.

:: 미래의 사건이 이미 발생한 것처럼

라베넬 커리는 상냥함과 겸손함을 갖추고 있으며, 비록 나중에 뉴욕과 뉴저지에서 수십 년을 보내긴 했지만, 그가 사우스캐롤라이나의 복숭아 과수원에서 성장했음을 상기시키는 느린 말투의 소유자다. 그는 제1차 닷컴 거품 시절 시장에 머물렀던 다른 사람들보다 많은 것을 정확하게 알고 있다고 잘난 체하지 않는다. 그는 그저 그렇게 투자하고 싶었을 뿐이라고만 말한다.

모든 투자자들이 그렇듯 커리와 이글캐피털의 그의 팀은 주식을 싸게 사서 비싸게 팔고자 한다. 그리고 모든 투자자들과 마찬가지로 그들 역시 미래의 불확실성과 마주하고 있다. 그 불확실성은 멀리 내다볼수록 더욱 커진다. 그 누구도 마법의 수정 구슬을 갖고 있지 않다.

투자자가 시장 수익률을 넘어서려면 다른 사람들이 모두 동의하는 것에 반대할 필요가 있다. 이글캐피털의 전략은 단기적인 역풍이 불어 주가를 내리누르지만 곧바로 그 역풍이 사라질 종목 그리고 하루나 1주일 또는 1개월이 아니라 여러 해가 지나면 기업 가치가 빛을 보게 될 종목을 찾는 것이다.

지금 당장에는 나빠 보이는 투자가 흔히 이글캐피털의 관심을 자극하는 투자다. 이 회사의 전략은 어떤 회사의 주가가 대부분의 투자자들에 의해 저평가돼 있을 때(그 이유는 기업의 수익이 낮아서일 수도 있고,

비용이 높아서일 수도 있고, 금리 인상이나 물가 상승에 등에 대한 전망과 같은 단기적 쟁점들이 부각돼 있어서일 수도 있다) 이 주식을 매수하는 것이다.

어떤 투자자들은 이글캐피털의 이 접근법을 '시간 차익 거래(time arbitrage)'라고 부른다. 하지만 이것을 다른 사람들의 근시안에서 수익을 창출하는 접근법으로도 바라볼 수 있다. 이 투자사는 월스트리트의 트레이더들과 그들의 매도 부문 분석가들이 흔히 적절하지 않은 지표에 과잉 반응을 하며 주식의 잠재적 성장에 적절한 가치를 매기지 못한다는 사실을 수익 창출의 기회로 포착한다. 예컨대 아마존과 같은 기업도 많은 주주들과 트레이더들이 여러 해 동안 외면했다. 비용이 하늘을 찌를 듯이 늘어났지만 수익은 쪼그라들고 있었기 때문이다.[10] 그러나 이 회사는 신제품을 개발하고 거대 소매유통점으로서의 시장점유율을 끌어올릴 목적으로 수익을 재투자하면서 거대한 제국을 건설하고 있었다.

근시안적인 지표에 휘둘리지 않음으로써 거대한 수익을 낸 투자는 이글캐피털 말고도 또 있었다. 수십억 달러 규모의 투자자 워런 버핏은 장기적 관점을 유지하면서 단기적 소음을 무시하기로 유명하다. 그는 다음 몇 년 동안의 리스크보다도 핵전쟁이라는 궁극적인 리스크에 몰두하기도 했다. 2008년에 버핏은 헤지 펀드사인 프로테제파트너스(Protege Partners)의 지도자들을 상대로 공개 내기를 했다. 향후 10년간의 투자 수익률을 놓고 비교를 해서 진 쪽이 승자가 지정한 자선단체에 내기 금액과 이자 수익을 합쳐 약 100만 달러를 기부하기로 한 것이다. 버핏은 향후 10년 동안 S&P 500 지수를 추종하는(수수료가 많이 들지 않는) 저비용의 패시브 펀드가 투자 고객에게 높은 수수료를 매기는 프로테제의 헤지 펀드보다 수익률이 높을 것이라고 전망한 반면, 프로테제는 향후 10년 동안 자사 헤지 펀드의 수익률이 높을 것이라고 전망했다. 10년 뒤 이 내기의 승자는 버핏으로 판명됐다(프로테제와 버핏의 누적 수익률은 각각 22퍼센트와 85퍼센트였다-옮긴이). 버핏은 내기로 획득한 돈을 자선단체 '걸스 오브 오마하(Girls Inc. of Omaha)'에 기부했다.[11] 이처럼 버핏은 소음을 완전히 제거하는 것이 소음에 귀를 기울이는 것보다 더 높은 수익률을 낼 수 있음을 입증했다.

보스턴에 위치한 투자사 바우포스트그룹(Baupost Group)을 이끄는 세스 클라먼(Seth Klarman)도 버핏과 마찬가지로 장기적 관점으로 접근해 장기적 가치를 확보할 것이라고 예측한 기업에 투자해서 이례적일 정도의 성공을 거뒀다. 현재 바우포스트는 약 300억 달러를 관리하고 있으며, 또한 월스트리트의 상식에 거스르는 투자를 설파한 클라먼의 저서(절판됨)는 아마존에서 중고 책이 1,000달러가 넘는 가격에 팔리고 있다.[12]

2008년의 대침체 전야에 이글캐피털은 거대 은행 주식은 단 한 주도 갖고 있지 않았다. 거대 은행 주식들은 주가가 지나치게 부풀려져 있다고 커리 부부와 그들의 투자 팀은 믿었다. 대부분의 트레이더들은 단기수익의 힘만 바라보고 있었기 때문이다. 그 은행들은 분기별 고수익을 창출하기 위해 많은 위험을 무릅쓰고 있는 것처럼 보였다. 이 거대 은행들의 리스크 관리 부서에 근무하는 직원들은 사적인 자리에서 사람들이 주의를 기울이지 않는다고 불평했다. 이글캐피털이 그랬던 것처럼 한 분기 또는 한 해 너머의 미래를 바라봤다면 거품이 커질 가능성이 점점 증가하고 있다는 사실을 충분히 눈치 챘을 것이다.

오늘날 우리는 그 이야기가 어떻게 끝났는지 다 안다. 주요 은행들의 주가는 이글캐피털이 예상한 대로 폭락했다. 그런데 그 위기 이후에 전개된 상황이 커리 부부의 관심을 사로잡았다. 그 은행들의 주가는 2009년까지도 계속 떨어졌던 것이다. 이글캐피털은 주가가 떨어질

대로 떨어진 그 시점에 정밀한 조사를 시작했다. 그리고 이 조사를 마친 뒤인 2011년에 이글캐피털은 골드만삭스, 모건스탠리, 뱅크오브아메리카 등의 몇몇 거대 은행 주식을 대규모로 매수하기 시작했다.

과거에 일어났던 충격들로 시장은 여전히 뒤숭숭해서 미래의 기회에 적절히 대응하지 못하고 있으므로 바로 그때가 특정 은행들의 주식을 매입하기에 좋은 시점이라는 것이 이글캐피털의 가설이었다. 금융위기 이후 새롭게 구성된 은행 경영진들로서는 위험이 큰 투자에는 몸을 사릴 수밖에 없었다. 금융 당국과 시장이 자신들을 예의주시하고 있음을 잘 알고 있었기 때문이다. 금융위기 이후에 새로 임명된 여러 은행의 CEO들이나 CFO들로서는 자신들의 은행이 갖고 있는 문제나 고위험 상품을 전임자들의 잘못으로 돌릴 수 있는 동안 서둘러 처리해야 할 충분한 동기를 갖고 있었다.

그 가설은 커리 부부의 아들인 보이킨 커리(Boykin Curry)의 의견이었다. 그는 경영 컨설팅과 헤지 펀드 투자를 일정 기간 경험한 후 2001년 이 가족 회사에 합류했다(라베넬은 지금도 여전히 이 회사에서 일을 하고 있으며 베스는 2015년 타계했다).

불확실성 속에서 그런 투자를 하기 위해 이글캐피털의 팀은 보이킨이 '역스트레스 테스트(reverse stress test)'라고 부른 방식을 사용했다. 이 테스트의 작동 방식은 다음과 같다. 이글캐피털이 특정 종목에 투자하겠다고 생각할 때 보이킨 커리가 하나의 가설적인 시나리오를 제시한다.

"지금으로부터 5년이나 10년 뒤라고 상상해봅시다. 우리는 과거를 되돌아보면서 이 종목을 매수 또는 매수하지 않음으로써 엄청나게 심각한 실수를 저질렀다고 느낍니다. 우리가 그렇게 느끼도록 만드는 일들은 과연 무엇일까요? 그 일들 하나하나는 어떤 식으로 전개될까요?"

　이런 방식의 역스트레스 테스트는 투자자들이 미래의 광범위한 위험과 기회를 고려하는 데 도움이 된다. 이 방법은 수백만 명에게 영향을 주는 커다란 사회적인 문제들을 해결하기 위해 이른바 '달 사냥(moonshoots)' 프로젝트를 연구하는 구글의 비밀 연구 조직 구글 X가 사용한 전략과 비슷하다(구글 X에는 '달 사냥 공장'이라는 애칭이 붙어 있다-옮긴이). 구글 X는 구글의 야심찬 자율주행 자동차 프로젝트 및 전 세계 오지와 농촌 지역에 사는 사람들을 연결하기 위해 성층권에 열기구를 띄워 무선 인터넷 네트워크를 구축하겠다는 이른바 '프로젝트 룬(Project Loon)'이라는 새로운 프로젝트를 맡고 있었다.

　애초부터 의도적으로 구글 X가 추진하는 프로젝트들은 예측할 수 없는 것들이며 또한 커다란 돈이 걸려 있었다. 주눅이 들 정도로 어려운 문제들을 해결하려는 사업이자 천문학적인 자금이 장기간에 걸쳐서 투자돼야 하는 사업이었다. 그렇기 때문에 투자가 성공할지 실패할지를 될 수 있으면 빨리 아는 게 중요했다. 구글 X의 책임자 애스트로 텔러(Astro Teller)는 자신의 팀이 날마다 실패를 제거하고자 노력한다고 말한다.

　"우리는 우리의 실패에서 뭔가를 배우는 일이 일어날 때까지 기다리고 싶지 않습니다(뭔가를 개발하고자 한다면 빨리빨리 실패를 거듭해 가능한 한 많은 것을 학습해야 한다는 의미-옮긴이)."

　텔러의 팀은 어떤 프로젝트를 출범하기 전에 텔러가 '부검'의 반대 의미를 담아 '사전 부검(pre-mortem)'이라고 부르는 절차를 밟아나간다.[13] 사전 부검이라는 발상은 주어진 어떤 아이디어나 프로젝트가 실패하게 될 이유를 예측하는 것인데, 팀 구성원 각각은 가능한 한 모든 위협과 문제를 적어내면서 미래를 예측한다. 그리고 이 팀은 잠재적인 위협들을 놓고 실현 가능성을 따져서 투표로 찬반을 결정한다. 만약 어떤 위협을 놓고 대부분의 사람들이 그 위협이 등장할 가능성을 인정할 경우, 그 프로젝트는 시작도 하기 전에 폐기된다. 그런데 추진하던 프로젝트가 이렇게 폐기될 때 팀 구성원들은 비웃음을 사는 게 아니라 오히려 폐기 근거를 찾아냈다는 이유로 보상을 받는다. 그 보상이 대단한 것은 아니다. 하이파이브나 격정적인 포옹과 같이 단순하며 비용이 들지 않는 것들이다.

1980년대에 펜실베이니아대학교 와튼스쿨의 데보라 미첼(Deborah Mitchell) 교수는 미래의 어떤 사건을 마치 그 사건이 이미 일어났던 것처럼 설명하는 기법을 연구했는데, 이 기법에 '예기적 사후 가정 (prospective hindsight)'이라는 이름을 붙였다.[14] 이를테면 파티를 주최해 이 파티를 성공적으로 치렀다고 가정한 다음 파티가 그렇게 멋지게 성공할 수 있었던 이유(예컨대 섬세한 배려의 마음을 담은 메뉴 선정, 생기가 넘치는 손님들, 분위기에 딱 맞는 음악 등)를 하나씩 따져보는 방식이다. 미래에 무슨 일이 일어날지 묘사하는 상식적인 차원의 접근과는 다르게 예기적 사후 가정은 어떤 것이 이미 일어났다고 가정한 다음 그 일이 일어난 이유를 설명한다. 중심축이 이렇게 이동할 때 사람들의 관심의 초점은 미래 사건에 대한 단순한 예측에서 현재의 선택이 궁극적으로 가져다줄 결과에 대한 평가로 이동한다.

미첼은 이런 접근법이 일이 잘될 수도 있고 잘못될 수도 있는 여러 예상치 못하는 가능성에 눈을 뜨게 해줌으로써, 또한 불확실성에 노출시킴으로써 사람들이 보다 나은 의사결정을 내리게 도울 수 있다고 생각했다. 그녀는 예기적 사후 가정이 예를 들어 구소련에서 일어났던 1986년 체르노빌 원전 사고로 이어지고 말았던 여러 실수와 같은 것들을 사전에 밝혀내는 데 도움이 된다고 믿었다. 미래를 상정한 뒤 그 미래로 이어지는 과정과 방법을 설명하는 접근법은 우리의 미래 통찰력, 즉 포사이트에 도움이 될 수 있다.

월스트리트의 자산 운용가들 가운데 많은 수가 그룹 통화를 통해 여러 회사의 경영진과 소통한다. 이 통화에서 그들은 다음 분기의 각 회사 경영 실적 수치들과 관련된 정보를 얻어내려고 한다. 그들은 이렇게 얻은 수치들을 주식 매매 의사결정과 관련된 지침을 내려주는 프로그램에 입력한다. 이글캐피털이 투자 의사결정을 내리기 전에 취하는 접근법은 훨씬 더 많은 시간이 소모된다. 이를테면 이글캐피털의 팀은 모건스탠리에 투자하기 전에 그 은행의 경영진과 여러 날 동안 대화를 나눴고 증권 매매 장부도 검토했다. 리스크 관리부서 책임자, 트레이딩 부서 책임자, 투자은행 업무 책임자 등과도 인터뷰했다. 모건스탠리의 리더십이 장기적 차원에서 어떻게 위험을 회피하고 더 높은 시장점유율을 구축해나갈지 알고자 했던 것이다.

이글캐피털의 투자자들은 어떤 회사의 주식을 매수할 때 골치 아픈 과정을 거칠 수밖에 없음을 인정한다. 그러나 그들은 상당히 긴 기간 동안 그 주식을 보유하기 때문에 자신들이 하는 솔직한 질문들에 회사의 경영진이 솔직히 답변하는 것이 충분히 가치가 있다고 여긴다. 그런데 이글캐피털의 투자자들이 묻는 질문들의 성격은 다른 많은 투자자들의 질문과는 다르다. 그들은 투자하려는 기업의 경영진과 관리자들이 무슨 생각을 하고 있으며 가치관이 무엇인지 알고 싶어 한다. 그래서 그들은 다음과 같은 가설적인 질문을 던진다.

"분기별 목표를 달성하기 위해 경영진이 기꺼이 하려고 하는 것과 하지 않으려고 하는 것은 무엇입니까?"

"회사가 혁신을 달성하는 것 또는 시장점유율을 높이는 것에 대해 경영진은 얼마나 많이 신경을 쓰고 있습니까?"

"경영진은 얼마나 멀리 미래를 내다보고 의사결정을 합니까?"

웰링턴매니지먼트에서 오랜 세월 동안 관리자로 일했던 새라 코헤인 윌리엄슨은 내게 투자 펀드 매니저들 대부분은 몇 분기 연속으로 성과가 제대로 나오지 않는 상황을 두려워한다고 말했다. 고객들이 떨어져나가기 때문이다. 투자자들과 이들의 고객들은 양쪽 다 지금 당장의 단기적인 손실을 피하려고 한다.

한 종목에 투자를 하면 여러 해 동안 주식을 보유하는 커리 부부와 같은 투자자들은 주가가 한창 올라가 거품일 때는 시장에 발을 들여놓지 말아야 하며, 보유 주식의 주가가 단기적으로 하락하거나 수익이 둔화될 때는 끈기를 갖고 견뎌야 한다. 장기간에 걸쳐 투자할 때면 자신이 돈을 잃고 있는 것처럼 느껴지거나 광풍이 부는 시장에 뛰어들고 싶은 유혹에 시달릴 때가 여러 차례는 있게 마련이다. 투자사로서는 당장의 만족에 탐닉하거나 당장의 손실을 회피하고자 성급하게 행동하는 쌍둥이 위기를 회피할 수 있는 기법들이 필요하다. 이들은 소음이 난무하는 가운데 총체적인 포사이트를 발휘할 필요가 있다.

:: 신호와 소음을 구별하는 북극성 전술

그렇다면 신호와 소음을 어떻게 구별할 수 있을까? 석탄 광산에서의 카나리아 울음소리(광부들이 일을 할 때 카나리아를 데리고 들어갔는데, 유독가스 발생하면 카나리아가 이를 먼저 감지했다-옮긴이)와 그저 주의를 분산시킬 뿐인 단순한 사건을 어떻게 구별할 수 있을까?

보이킨 커리는 이글캐피털은 어떤 투자 종목의 주가가 떨어질 때 곧바로 미리 준비해둔 시나리오대로 대응한다고 말했다. 우선 그들은 애초에 그 종목의 주식을 샀던 이유를 상기한다. 예를 들어 그들은 2006년에 마이크로소프트 주식을 매수했는데, 그 이유는 이 회사가 클라우드 컴퓨팅 분야의 선도자가 될 것이라고 봤기 때문이다. 그런데 3년 뒤 이 주식의 주가가 40퍼센트 이상 떨어졌다. 이 상황에서 이글캐피털의 투자 팀이 조사에 들어갔다. 주가 하락의 이유를 찾아내고자 마이크로소프트의 경영진 및 회사 바깥의 전문가들을 만나 인터뷰했다. 그 결과 개인용 컴퓨터의 수요 부진과 출고 컴퓨터에 미리 탑재된 소프트웨어의 판매 부진이 주가 하락의 원인임이 드러났다.

"주가 하락의 원인은 우리가 그 주식을 매수했던 이유와 전혀 상관이 없는 것이었죠."

보이킨의 말이다. 결국 마이크로소프트 주가 하락에 대한 이글캐피털의 대응은 마이크로소프트에 관한 시장에서의 소음을 무시하는 것이었고, 오히려 주식을 추가로 더 매수했다.

"그런데 만약 마이크로소프트가 클라우드 사업을 매각하고 있었다면 우리가 투자를 하는 이유도 사라졌겠지요. 물론 앞으로 이 회사가 그런 결정을 내릴 수도 있습니다. 그렇다면 그 결정은 단기적인 수익을 올려줄 것이고, 우리는 매입가보다 높은 가격에 주식을 팔 수 있겠죠."

그들은 주식을 매수했던 애초의 근거로 돌아감으로써 한 순간의 소음이 만들어내는 주의력 분산을 피했다. 이를 '북극성 전술'이라고 부를 수 있다. 조직에 몸을 담고 있는 사람들은 일상에만 매여 있을 게 아니라 습관적으로 고개를 들어 늘 그 자리에 있는 북극성을 바라보면서 자신의 조직이 가고자 하는 궁극적인 목표 지점을 확인할 필요가 있다.

2016년에 나는 초청을 받아 스탠퍼드대학교에서 진행한 디렉터스 칼리지(Directors' College)에 참석했다. 5일짜리 일정으로 상장 기업의 임원들을 대상으로 하는 일종의 여름 캠프와 같은 행사였다. 어느 점심시간이었는데 우연히 실리콘밸리은행의 이사회 의장 로저 던바(Roger Dunbar)의 옆자리에 앉게 됐다. 던바는 기업가라기보다는 어쩐지 록밴드의 매니저와 같은 인상이어서 유독 눈에 잘 띄었다. 그는 1960년대를 사는 사람처럼 보였으며 실리콘밸리의 괴짜 석학처럼 보였다. 그는 지금까지도 계속 많은 기술 기업들에게 조언을 해주고 있고 창업할 수 있도록 도움을 주고 있다. 그는 회계 회사인 에른스트앤영(Ernst & Young)의 글로벌 부회장으로 일한 적도 있다. 그는 내게 회사의 경영진이나 이사회 이사들이 단기적인 소음에 과도하게 반응할 때면 자기는 그 복잡한 말들이 도대체 무슨 소리인지 하나도 알아들을 수 없는 척, 바보인 척하기를 좋아한다고 말했다. 그래서 이사회 회의 때 CEO에게 이렇게 묻곤 한다고 했다.

"저기… 음… 생각이 잘 안 나서 그러는데… 우리 회사의 장기 전략이 뭐였죠?"

또한 그는 기업의 지도자는 종종 너무 똑똑한 게 탈이 된다고 말했다. 단순하면서도 중심적인 질문을 해야 하는데, 그렇게 하지 못하고 자신이 가는 길에 놓인 모든 데이터를 분석하려 든다는 것이었다. 너무 고지식해 보인다든가 심지어 망령을 부린다는 소리를 듣는 것을 두려워하지 않는 사람이 이사회 구성원으로 앉아 있는 게 그 회사에 도움이 될 수 있다는 말이었다. 나도 그것이 사람들이 가끔 고개를 들어 북극성을 바라보도록 상기시키는 또 하나의 방법이라고 생각한다. 이는 이사회가, 헌신적인 팀이, 조언자가 해줄 수 있는 역할이다.

:: 포사이트를 장려하는 조직 문화

금융 세계에서 대부분의 투자자산 운용가들은 해당 펀드의 연간 수익률을 기준으로 보상을 받으며, 주가의 등락 여부 및 그 해에 고객들에게 벌어준 돈을 기준으로 보너스를 받는다. 에른스트앤영이 발표한 어떤 조사 보고서에 따르면 펀드 매니저가 받는 보상 가운데 평균적으로 74퍼센트가 1년 안에 현금으로 지급된다.[15] 주식 지분이나 훗날 지급받기도 약정된 현금 또는 스톡옵션처럼 미래에 누릴 수 있는 보상은 전체의 4분의 1 정도밖에 되지 않는다는 뜻이다.

윌리엄슨은 이런 보상 구조가 투자자들이 미래의 위험을 제대로 바라보지 못하도록 방해한다고 말한다. 카지노의 번쩍거리는 불빛들과 슬롯머신에서 나오는 시끄러운 멜로디와 같은 지금 당장의 즉각적 만족을 추구하는 것에 대해 보상이 이뤄진다. 나아가 이 보상 구조는 사람들이 지금 당장의 손실이 가져다주는 공포에 좌우돼 행동하도록 만든다. 얼마든지 받을 수 있는 보너스를 놓치고 싶은 사람은 아무도 없다. 그런데 문제는 1년 단위로 지급되는 보너스가 본질적으로 대부분의 사람들이 자기 돈을 투자 펀드에 맡기는 이유, 즉 은퇴 이후의 인생에 필요한 자금을 마련하겠다는 장기적인 목표와 맞아떨어지지 않는다는 데 있다. 다시 말해 고객은 장기적인 목적을 위해 맡긴 자금인데 투자사에서는 그것을 1년 단위의 목표로 운용한다는 것이다. 앞뒤가 맞지 않는 얘기다.

이글캐피털은 자산 운용자들에게 연간 보너스를 지급하지 않는다. 운용자들은 1년 단위의 업적 평가도 받지 않는다. 이들의 보상과 회사 내에서의 지분은 장기적으로 회사가 성장함에 따라 커진다. 이런 정책을 실천하는 이유를 보이킨 커리는 자산 운용자들이 이를테면 '연말이 되니 갑자기 페라리를 한 대 뽑고 싶어졌다'는 이유 때문에 투자 관련 의사결정을 내리는 것을 원천 차단하기 위해서라고 말했다. 이글캐피털의 투자 철학에서 1년이라는 시간은 어떤 투자 결정이 어떻게 전개되는지 확인하기에는 너무도 짧다. 이글캐피털은 단기 보상 제도를 없앰으로써(마치 카지노에서 슬롯머신의 소음을 제거하고 무료 음료

특전을 없애는 것과 마찬가지다) 유혹의 뜨거운 열기를 식히는 동시에 손실의 전망을 제거한다. 그렇기 때문에 포트폴리오를 관리하는 사람은 당해 연도의 성과만으로 자신이 잘되거나 못될 일은 없음을 깨닫는 방향으로 훈련된다.

본질적으로 이글캐피털의 조직 문화는 직원들의 포사이트를 장려할 목적으로 만들어졌다. 회사의 규모를 작게 유지함으로써 그것이 가능할 수 있다. 주어진 특정 시점에 이 투자사의 투자 팀 구성원은 기껏해야 6명에서 7명인데, 커리 가족으로서는 주어진 특정한 순간에 그 팀이 얼마나 잘 대처하고 있는지 굳이 따져볼 필요도 없이 그저 저 너머를 생각하는 여유를 누릴 수 있다. 이 팀의 구성원들은 다른 사람들이 각각 어떤 생각을 하는지 그리고 어떤 투자 의사결정을 내릴 때 실제 현실에서도 그대로 전개되는지 알 수 있다. 이글캐피털이 투자하는 회사의 수는 25개에서 35개 사이밖에 되지 않는다. 그래서 각각의 종목에서 현재 이뤄지고 있는 의사결정이나 리더십 그리고 해당 산업의 추세 등을 업데이트하며 따라가는 일도 그다지 어렵지 않다.

이글캐피털의 팀이라고 해서 수치 지표를 굳이 외면하지 않는다는 사실도 언급할 필요가 있다. 이들은 투자자들 대부분이 바라보는 지표들은 그냥 건너뛰고, 미래의 기회임을 알려주는 것 또는 위험을 경고하는 신호라고 여겨지는 지표들에만 철저히 초점을 맞춘다. 근시안적인 수치들은 이정표들로 대치되는데, 이 이정표들은 어떤 기업의 성장이 예측한 시나리오대로 전개되는지의 여부를 반영한다.

한 가지 사례로, 다른 투자자들이 금리가 언제 올라서 대형 은행의 주식 가치에 영향을 줄 것인지 알아내고자 애쓸 때 이글캐피털은 모건스탠리가 10년 전에 장부에 기입한 파생금융상품의 종가가 얼마인지 찾아봤다. 그 가격은 모건스탠리가 자산의 가치를 정확하게 보고 있었는지 아니면 적정하지 않은 위험을 감수하고 있었는지 알아볼 수 있는 굼뜬 지표다. 이와 같은 이정표들은 성공의 즉각적인 전망만을 반영하는 수치들을 선택하지 않은 채 설정된 가설을 검증한다. 미래를 바라보는 시각을 조정할 수 있도록 하기 위함이다.

나는 소액금융 부문 전문가인 대니얼 로자스(앞서 언급했듯이 로자스는 2010년 인도의 소액금융위기를 예견했었다)에게 그 분야에서 부채상환율보다 더 나은 알림 장치로 기능해줄 지표 수치가 있는지 물었다. 로자스는 특정 국가에서 신용 거품이 커지고 있는지 여부를 측정하는 시스템 하나를 개발했다고 했다. 이 시스템에는 대출자들에게 너무 많은 대출이 체결돼 있는 게 아닌지 확인하는 지표로 잠재적인 대출자 수를 기존 대출 건수와 비교하는 내용과 부채증가율을 감시하는 내용이 포함돼 있다. 그는 또한 정부 규제를 살피며 이 규제가 업체들 사이의 과도한 경쟁을 제어하는지 확인하며 시장에서의 투명성 정도도 검토한다. 또한 자신이 의존하는 지표들이 실제 현실의 상황과 맞아떨어지는지 확인하고자 돈을 빌린 사람들을 상대로 설문조사나 인터뷰를 진행한다. 단일 지표는 언제든 우리 눈을 가릴 위험이 있다는 것이 그의 지론이다.

존스홉킨스대학교 국제학대학원에서 외국 원조를 연구하는 정치학자 댄 호니그(Dan Honig)는 어떤 조직이 도로 건설과 같은 단순하고 구체적인 목표를 가질 때 수치가 유용할 수 있다고 믿는다. 다만 이때 그 수치가 조직이 실제로 수행하고자 하는 것과 단단하게 연결되도록 하는 것이 중요하다. 호니그는 내게 이렇게 설명했다.[16]

"예전에 아파트 유지보수 담당 노동자로 일한 적이 있었죠. 만약 내가 벽에 나 있는 구멍 하나를 메운다고 칩시다. 그런데 내 상사가 나를 좋아하는지 싫어하는지 하는 문제는 내가 메운 구멍과는 아무런 상관이 없겠죠. 그날 작업이 끝날 무렵이면 어쨌거나 나는 벽에 나 있던 구멍을 모두 메웠을 테니까요. 확실한 입증이 가능한 일이죠. 도로를 건설하거나 예방백신을 접종하는 것도 그런 식으로 작동합니다. 누구든 지켜볼 수 있어요. 1개월 동안 도로 포장 작업을 몇 킬로미터나 했는지, 100명의 팔에 예방주사를 놓았는지 세는 것이야말로 조직이 성취하고자 하는 바로 그것입니다."

하지만 조직이 수행하는 보다 복잡한 종류의 활동이나 사업에 대해서는 수치상의 목표가 대체로 실제 목표와는 동떨어지며, 따라서 판단을 흐리게 만드는 것이 돼버린다. 호니그는 그런 경우 발전의 정도를 평가하기 위해서는 관리자가 수치상의 목표 대신 자신의 판단을 동원하는 편이 낫다고 말한다. 자녀를 교육하는 일이나 사법 체제를 개혁하는 일 또는 혁신 사업을 성장시키는 일 등은 목표를 수치상으로 표현하기에 애매한데도 여기에다 수치상의 목표를 갖다 붙이는 행태는 기업들이 흔히 저지르는 실수다.

:: 아마존이 미래를 준비하는 철학

오늘날 일부 CEO들은 자신이 보기에 장기적인 목표에 보다 더 잘 들어맞는다고 생각하는 새로운 수치 지표들을 선택하고 있다. 폴 폴먼(Paul Polman)이 도브와 립톤을 거느리는 거대 기업 유니레버(Unilever)의 CEO가 됐을 때 그는 유니레버가 자신의 재임 기간을 넘어 한 세기 동안 굳건하게 성장하기를 바랐다. 그래서 그는 유니레버가 팜오일과 같은 천연 원재료의 공급망을 조심스럽게 관리하도록 하고자 했다.[17] 2009년에 폴먼이 CEO가 된 후 이 회사는 분기별 수익 예측 발표를 중단했다. 이 조치는 단기 목표를 설정하면 지구 환경 보호와 같은 장기적인 관심사가 묻혀버릴 수도 있다는 폴먼의 신념에 따른 것이었다. 코카콜라나 포드와 같은 다른 기업들 역시 끈기를 갖고 지켜보는 투자자를 원한다는 신호를 금융 시장에 주고자 분기별 수익 예측을 중단했다.

유니레버는 폴먼을 비롯한 고위 경영진의 연봉을 유니레버의 탄소 배출량 감소와 같은 장기적인 목표와 연동시켜 책정했다. 2016년에 폴먼은 기업의 지속 가능성 목표를 달성했다는 성과를 인정받아 72만 2,230달러의 보너스를 받았다. 네덜란드 기업 로열디에스엠(Royal DSM)은 한층 야심적인 개혁을 채택했는데, 400명이 넘는 직원을 대상으로 단기 보너스의 절반을 지속 가능성 목표와 연동시킨 것이다.[18]

아마존의 창업자 제프 베조스는 자기 자신의 업무수행 목표를 스스로 규정했다. 거의 20년 동안 아마존은 주주들에게 배당금을 거의 지불하지 않으면서 소매유통업 및 클라우드 컴퓨팅의 제국을 건설했다. 닷컴 거품이 절정이던 1997년(이때 인터넷 기업들의 주식은 잔뜩 거품이 낀 채 거래됐다)에 베조스는 아마존 주주들에게 보낸 편지에서 자기가 생각하던 회사의 장기적 전망을 이야기했다.[19] 오늘날에도 투자자들이 그의 대담함을 설명하려고 자주 인용하는 이 편지에서 '그는 아마존이라는 회사가 장기적으로 미래의 시장 지도자로 성장하기 위해 의사결정이 어떤 방식으로 이뤄질지 설명했다.

"성공의 본질적인 측정치는 우리가 장기적으로 창조할 주주가치가 될 것이라고 우리는 믿습니다."

그러나 그는 그 목표가 달성될 시기가 언제인지, 그때까지 얼마나 긴 시간이 걸릴지 정확하게 말하지는 않았다. 베조스는 이 1997년의 편지에서 분기별 수익과 단기 주가를 대체할 대안적인 지표들을 설명했다. 아마존은 고객 증가를 지표로 삼을 것이라고, 다시 말해 아마존이 전체 시장에서 얼마나 많은 부분을 차지하는지를 제시하겠다고 했다. 그리고 재구매횟수를 따져서 고객의 충성도를 측정하겠다고 했으며, 아마존이라는 브랜드의 힘도 측정할 것이라고 했다. 그는 북극성 전략의 자기 버전을 분명하게 명시했고, 그 전략을 어떻게 평가해야 할지도 명확히 제시했다. 월스트리트의 잣대가 아니라 자기만의 잣대로 회사의 발전 궤적을 추적하겠다고 한 것이다.

베조스는 또한 기존 관행 몇 가지를 새로운 형태로 전환하는 방식을 설명함으로써 미래를 준비하는 자신의 의사결정 철학을 솔직하게 설명했다. 기존의 회계 방식보다는 성장을 선택할 것이며, 직원들에게는 현금보다는 스톡옵션을 지급해 회사의 미래에 투자하도록 유도하겠다고 했다. 현금흐름을 수월하게 해서 수익으로 남은 현금을 미래의 성장에 재투자하겠다고도 했다.

이 편지가 주주들에게 전달된 뒤로 거의 20년 동안 아마존의 수익은 거의 제로에 가까웠다. 하지만 아마존이 돈을 벌지 못해서가 아니었다. 베조스는 회사의 수익으로 발생한 수십억 달러의 금액을 월스트리트를 만족시킬 높은 수익 달성으로 처리하지 않고 대부분 새로운 사업과 기술에 투자했다. 이 전략은 멋지게 맞아떨어졌다. 오늘날 아마존은 전세계에서 가장 가치가 높은 기업들 가운데 하나로 우뚝 서 있다. 아마존이 시도한 모든 벤처사업이 전부 성공한 것은 아니지만, 상당히 많은 성공한 사업들이 이 전략의 재정적 가치를 입증했다. 최근 이런 투자 중 하나인 클라우드 컴퓨팅 플랫폼 아마존웹서비스(Amazon Web Services)의 매출이 부쩍 늘어났는데, 이 서비스는 대용량의 자료를 수집하고 분석하는 기업들에게는 없어서는 안 되는 도구로 자리매김하고 있다.

아마존의 시장 지배력은 규모가 작은 더 많은 기업과 더 많은 경쟁이 있어야 소비자들과 전체 경제에 유리하다고 믿는 사람들에게 근심거리로 떠올랐다. 반면 어떤 사람들은 아마존이 쇼핑 경험을 완전히 바꿨다는 사실에 찬사를 보낸다. 개인적으로는 아마존의 사업 방식을 비판하는 사람들의 몇몇 주장에 동의하는 편이다. 아울러 너무 많은 패키지를 사용하는 서비스에 내가 중독돼 있다는 사실이 꺼림칙하기도 하다. 그렇지만 이런 우려 요소들 때문에 아마존의 사례를 통해 미래에 대한 예측과 통찰, 포사이트를 학습할 기회와 다른 조직에 적용할 수 있는 교훈들까지 지워버릴 필요는 없다고 생각한다.

1990년대 후반에 닷컴 거품이 꺼지면서 많은 투자자들이 꿈에서 깨어났다. 몇몇 기술 기업들은 결코 수익을 내지 못할 것인데도 그 기업의 주가가 폭탄 돌리기의 투기 속에서 높은 가격으로 거래됐다는 현실을 그제야 직시했다. 주식시장 붕괴 이후에 아마존은 자신들은 다른 기술 기업들과 다르다는 사실을 알리려고 차별화를 해야 했으며, 가짜가 아닌 진짜인 뭔가가 다가오고 있음을 투자자들에게 보여줘야 했다. 천문학적인 매출 증가(분기별 수익을 대체하는 지표가 될 수 있다)를 앞세워 베조스는 그 같은 사실을 투자자들에게 입증했다.

오늘날 대부분 기업의 CEO들은 미래의 사업에 비중을 두기보다는 현재의 수익에 몰두한다. 베조스는 정반대로 한다. 다양하게 많은 시점에서 아마존의 주가는 특정 분기의 수치상의 지표에 대한 실망으로 이어졌던 의사결정 결과로 좀처럼 상승세를 타지 못한 채 쪼그라져 있었다. 그런데 현재 많은 초기 투자가 슬슬 높은 수익 잠재력을 나타내기 시작했다. 2018년 9월 아마존은 시가총액 1조 달러로 평가되면서 애플에 이어 세계에서 두 번째로 큰 기업이 됐다. 그런데 장기적인 전망에 초점을 맞춰 이렇게까지 성장한 기업이 정작 자신들의 고객에는 충동구매를 속삭인다는 사실은 역설적이다. 비록 장기적인 관점이 베조스가 입에 달고 다니는 복음이긴 하지만, 이것이 그의 도덕적인 목표는 아니며 다만 그가 자신의 이해관계에 맞게 적용하는 윤리인 것만은 분명해 보인다.

폴 폴먼과 제프 베조스는 서구의 기업가 리더십에서는 예외적인 존재들이다. 대개의 CEO들은 그런 전략을 성공시킬 수 없다고 믿거나 그런 시도를 해서 실패할 위험 부담을 굳이 지려고 하지 않는다.

투자자들 역시 회사의 장기적인 전망을 측정하기 위해 분기별 수익을 대신하는 다른 지표를 선택할 수 있다.[20] 이들 또한 자기 자신의 성공을 판단할 지표도 기존의 것과는 다른 것으로 대체할 수 있다. 버크셔해서웨이(Berkshire Hathaway)는 장기적 관점을 확보하기 위해 S&P 500 지수의 연간 성과가 아닌 5개년 성과를 자사의 기준으로 삼았다. 그러나 대부분의 투자자들은 아직 그렇게까지 나아가지는 않은 게 현재의 모습이다.

∷ 인공지능과 경쟁할 수 있는 힘

미국의 민담 속 전설의 영웅인 존 헨리(John Henry)는 초인적인 힘을 발휘해 바위를 뚫고 굴을 파들어갔다. 민담에 따르면 헨리는 철도를 건설하기 위해 터널을 뚫는 공사 현장에서 회사가 노동자를 대체하려고 도입한 증기 해머와 대결을 벌였다. 이 대결에서 맨몸으로 해머를 휘두른 그가 증기 해머를 이겼다. 그의 의지와 근육이 버텨내는 동안 기계는 고장이 나버렸다.

하지만 이 이야기에서 흔히 간과되는 내용이 있다. 존 헨리가 기계를 이긴 이 위업을 달성한 뒤 곧바로 지쳐서 쓰러졌으며 그 길로 사망했다는 사실이다. 기계와 대결을 벌인 대가로 목숨을 바쳐야 했던 것이다. 그럼에도 불구하고 이 이야기는 인간의 기량과 솜씨를 찬양하는 우화로 여전히 해석되며 전승되고 있다.

인간의 손과 정신이 언제나 기계를 능가한다는 도덕적인 메시지에는 한 가지 흠결이 있다. 기계가 보다 효율적으로 덜 위험하게 수행할 수 있는 일에 사람이 매달릴 때 이 사람이 일자리에서 배제될 수 있음은 엄연한 사실이다. 보트 경주를 하면 엔진을 단 배가 사람이 노를 젓는 배를 이긴다. 컴퓨터는 사람보다 계산이 빠르다. 예초 작업을 할 때는 예초기를 쓰는 게 낫을 쓰는 것보다 훨씬 빠르다. 사람이 손으로 직접 배의 노를 젓거나 손 편지를 쓰는 것은 효율성이 필요한 직업적인 일로서가 아니라 순전히 즐거움을 누리거나 정성을 다하기 위해서다.

우리가 데이터를 점점 더 많이 모을수록, 컴퓨터가 이 데이터를 기반으로 의사결정에 필요한 것들을 학습하는 데 점점 더 정교해질수록, 기계는 많은 영역에서 우리 인간과 경쟁해 우리의 능력을 훌쩍 넘어선다. 이전 시대의 기계들은 대부분 인간의 육체노동을 대체했다. 그러나 오늘날 인공지능의 비약적인 발전으로 기계는 인간의 인지를 요구하는 작업 영역에서까지 인간의 경쟁자가 됐다. 자율주행 자동차가 등장하면 트럭이나 택시 운전사가 밀려날 것이다. 컴퓨터는 이미 특정 소송 사건과 관련된 문서를 수집하는 데 변호사의 능력을 넘어섰으며, MRI 사진을 판독해 종양을 찾아내는 영역에서도 방사선과 의사들을 능가한다.

이글캐피털이 가진 강점 가운데 한 부분은 기계가 잘할 수 없는 것을 수행하는 데 있다. 적어도 아직은 그렇다. 1990년대 이후로 많은 투자자들은 컴퓨터가 제시하는 모델들의 도움에 크게 의존해왔다. 정교한 분석은 과거 거래 자료들, 과거와 현재의 주가들, 물가, 주식 매수, 매도의 기회를 드러내는 예상 수익 등의 방대한 자료들을 이해하는 데 도움이 된다. 커리 부자의 견해로는 투자에 대한 이런 접근법이 점점 더 경쟁적으로 전개돼왔으며, 투자사들은 모두 동일한 데이터 및 크게 차이가 나지 않는 기계학습과 데이터 분석 도구들에 빽빽하게 접근하고 있다. 이와 관련해 보이킨 커리는 다음과 같이 말한다.

"우리는 오직 인간만이 바라볼 수 있는 패턴들을 찾아서 이용해야 합니다. 모든 투자사가 똑같은 알고리듬을 갖고 있을 때는 어느 투자사가 보다 나은 경쟁우위를 차지하고 있다고 말할 수 없으니까요."

기술이 인간의 재능을 대체하는 방식 속에서 이글캐피털의 접근법이 유효하다고 나는 생각한다. 온갖 시시콜콜한 것들까지 철저하게 따지며 성가신 질문들을 하거나 역스트레스 테스트를 통해 기존 데이터를 초월한 그 너머까지 바라보려는 습관을 가진 투자자들의 능력과 태도까지 고스란히 흡수한 기계는 쉽게 나오지 않을 것이다. 많이 양보한다고 하더라도 앞으로 몇 년 안에 이런 일이 가능해질 것이라고 상상하기는 어렵다.

나는 몇 년 전 인공지능 분야의 세계적인 선도자들 가운데 한 사람인 데미스 하사비스(Demis Hassabis)를 몬태나에 있는 어느 로데오클럽에서 만났다.[21] 하사비스는 원래 영국에서 의과대학생으로 인간의 기억을 연구한 신경과학자였는데 이후 딥마인드(DeepMind)라는 회사를 설립했다. 지금은 구글의 자회사로 편입된 이 회사에서 그는 인간보다 학습 능력이 뛰어난 기계를 만들겠다는 구글의 야심적인 노력을 이끌고 있다. 딥마인드는 2016년에 알파고라는 인공지능 시스템으로 1,000년이 넘는 역사를 가진 바둑 게임에서 최초로 인간을 이겼고, 이 일로 전세계의 이목을 끌었다. 인간과 벌인 바둑 게임에서 알파고는 수많은 바둑 게임의 축적된 자료를 활용해 상대를 제압하는 수를 찾아냈다. 이 위업으로 컴퓨터는 온갖 상황들 속에서 학습할 수 있으며, 단지 인간에게서 부여받은 규칙만을 따르는 데 그치지 않고 직관적이고 창의적인 의사결정을 내릴 수 있음이 확인됐다.

하사비스는 알파고가 거둔 이 승리를 인공지능이 연구자들이 예상하던 것까지 훌쩍 뛰어넘고 있다는 증거라고 강조한다. 그렇지만 기계가 미래에 대한 가치 판단을 할 능력을 갖추기까지는 앞으로도 오랜 시간이 걸릴 것이라고 말한다.

인공지능은 데이터에 존재하는 여러 패턴을 검색을 통해 인식할 수 있다. 이 능력은 분명히 인간보다 뛰어나다. 컴퓨터는 사람이 한 자리에서 심지어 평생을 바쳐도 도저히 소화할 수 없는 방대한 데이터로 학습할 수 있다. 인간은 자신과 타인의 경험을 통해 학습하는 경향이 있다. 하사비스는 우리가 사는 사회에서 대규모로 축적된 정보를 통해 지식을 뽑아내고 그 지식을 이해한다는 점에서, 기계가 인간이 하는 역할들을 넘겨받으리라고 전망한다. 예컨대 병원에서 기계는 의사보다 더 정확하고 빠르게 환자의 질병을 진단하게 될 것이다. 기계는 수백만 명의 환자에 대해 수백만 명의 의사가 내린 진단 데이터로 학습할 수 있기 때문이다. 버스 운행과 관련한 수억 건의 상황을 통해 학습할 수 있는 컴퓨터가 운행하게 될 자율주행 버스가 인간 기사를 운전석에서 밀어낼 것이다. 투자 분야에서도 마찬가지다. 단기 거래에 지침을 제공하는 방대한 정보를 분석하는 분야에서 인공지능은 이미 인간을 넘어섰다. 골드만삭스는 이미 보통주 거래를 자동화해서, 600명의 트레이더 가운데 200명만 제외하고 나머지를 모두 엔지니어들의 지원을 받는 컴퓨터들로 대체했다.[22)]

그렇지만 과거의 전례 또는 추세와 전혀 관련이 없는 내재적인 요인들을 이해한다거나 사회의 깊이 있는 어떤 전환을 감지하는 분야에서는 인간이 여전히 기계를 능가한다. 오크트리캐피털매니지먼트(Oaktree Capital Management)의 공동 설립자이자 회장이며 널리 존경을 받고 있는 하워드 막스(Howard Marks)는 대규모 투자 펀드들이 컴퓨터 모델에 기대는 행태가 그들에게 아킬레스건으로 작용할 수도 있음을 지적해왔다. 그는 이 모델들이 과거에 유효했던 여러 패턴에 의존해 수익을 만들어낸다면서 다음과 같이 썼다.

"그 모델들은 패턴에 존재하는 변화를 예측하지는 못한다. 과거와 전혀 다른 일탈의 시기를 전혀 예상하지 못한다. 요컨대 미래의 기준이 아닌 과거의 기준을 지나치게 높게 신뢰한다."[23]

순전히 역사적인 과거의 데이터 및 실시간 데이터만을 사용하는 어떤 컴퓨터 모델이 있다고 치자. 이 컴퓨터 모델은 이를테면 과거에는 성공한 이력이 없거나 부족한 누군가가 어느 회사의 신임 CEO로 임명될 때 그 사람이 장기간에 걸쳐 주식 가치를 획기적으로 높여줄지도 모를 역량을 평가절하하거나 과소평가한다. 그러나 이 CEO는 격동의 시기에 가장 완벽하게 적합한 지도자일 수도 있다. 인간에게는 전형적인 데이터 바깥에 존재하는 여러 추세들에 대해 보다 더 깊은 질문을 하고 숫자를 넘어 그 너머를 바라볼 수 있는 능력이 있다.

이와는 다르게 컴퓨터에 의존해 의사결정을 내리는 과정에서는 숫자가 지나치게 강조되는 경향이 있다. 대부분의 프로그램은 입력된 숫자에 의존하기 때문이다. 비록 컴퓨터가 인간과는 비교할 수 없을 정도로 빠르게 과제를 수행하지만(1,000분의 1초 사이에 주식을 사기도 하고 팔기도 한다), 그 알고리듬이 인간이라면 탐지할 수 있는 위험을 포착하지 못하면 엄청난 빈도로 이뤄지는 초단타 매매의 의사결정은 재앙을 초래할 수 있다. 일련의 자동화된 의사결정 때문에 발생한 문제는 눈덩이처럼 커져서 순식간에 한 기업 심지어 주식시장 전체를 붕괴시킬 수도 있다.[24]

하사비스도 인공지능이 보다 두드러진 역할을 하는 세상에서도 복잡한 역할이나 감정이입이 필요한 역할에서는 인간이 여전히 기계를 능가할 것이라고 여긴다. 데이터 너머를 바라보는 능력, 기계에 입력할 수 있는 목표 달성치 너머를 바라보는 능력에서도 인간의 강점은 발휘된다.

현재 우리는 아직 이 새로운 추세에 적응된 상태가 아니다. 여전히 의학계에서 의사에게 부여되는 강조점은 정확한 진단을 하는 것, 즉 코앞에 놓여 있는 목표를 달성하는 것이다. 아픈 환자를 돌보는 일과 환자에게 처방할 수 있는 여러 치료 선택지들의 장단점을 세세하게 파악하도록 돕는 일과 같은 장기적인 과제에는 강조점이 상대적으로 덜 부여된다. 또한 이런 과제에는 상대적으로 적은 자원들이 할당되는 게 현실의 모습이다. 투자 분야에서도 마찬가지다. 어떤 기업의 장기적인 가치를 측정하는 것보다는 이 기업의 다음 분기의 수익률이나 주가를 보다 정확하게 예측하는 데 보다 많은 강조점을 둔다. 하지만 인간이 기계를 상대로 벌이는 게임에서는 미래에 대한 통찰인 포사이트가 정보보다 더 중요하다는 사실을 우리는 반드시 깨달아야 한다.

오늘날 기술과 경제의 패러다임은 미래에 대한 전망과 타인에 대한 공감 능력 그리고 사물의 미묘한 차이를 인식해 전략적 태도를 가진 사람에게 유리한 방향으로 나아가고 있는데, 바로 이런 시점에 우리가 여전히 근시안적인 수치 지표에 사로잡혀 지금 당장의 목표에 스스로를 옭아맨다는 것은 아이러니가 아닐 수 없다. 미래 세상에서 인간이 갖는 강점은 구체적인 사실들을 분석하는 영역에서 기계와 맞붙는 것이 아니라 우리 인간이 소중하게 여기는 것과 우리가 판단하는 것에서 나올 것이다.

:: 멕시코만 붉돔 어장 관리

이글캐피털, 바우포스트, 버크셔해서웨이와 같은 투자사들이 승승장

구한다는 사실은 다른 조직들이 모두 지금 당장의 즉각적인 결과에 사로잡혀 있을 때 끈기를 갖고 멀리 미래를 내다보는 것이 결국 더 나은 전략임을 방증한다. 그러나 이는 투자 회사나 기술 기업에만 해당되는 사항이 아니다.

어업 부문에 종사하는 개인과 조직들도 수 세기에 걸쳐 이런 냉혹한 현실로 내몰렸다. 여기에서 모순이 발생한다. 자원은 유한한 것이다. 어부들은 알고 있다. 물고기를 몽땅 잡아버리면 다시는 그 물고기를 잡을 수 없다는 사실을. 그런데도 현실은 물고기를 잡아야 한다. 어부들은 다른 어부들이 자신이 잡을 물고기를 잡기 전에 그 물고기를 잡아야 할 수밖에 없는 치열한 경쟁 속에서 생활하고 있다. 이렇게 하다가는 결국 모두가 함께 망한다는 사실을 알고 있는데도 이런 상황은 계속된다.

버디 긴든(Buddy Guindon)도 그런 어부들 중 한 사람이었다.[25] 텍사스 갤버스턴을 근거지로 한 그의 어업은 주로 암초를 서식지로 하는 멕시코만 붉돔 잡이였다. 어부들은 거의 50년이 넘는 세월 동안 붉돔을 남획했고, 그 바람에 붉돔은 멸종 위기로 내몰렸다. 21세기 초에는 붉돔의 개체군이 한창 때의 4퍼센트 수준으로 규모가 줄어들었다.

그동안 미국 정부는 멕시코만의 붉돔 및 그 밖의 영해에서 다른 어족 자원들을 보호하려고 노력해왔다. 해마다 시즌이 되면 특정 기간 동안만 어로 행위를 허가하는 한편, 연간 어획량 상한선을 설정하는 등의 조치를 취했다. 멕시코만의 어부는 한 번 조업을 나갈 때마다 붉돔을 최대 900킬로그램까지만 잡을 수 있었다. 이것이 하루 목표 어획량이었다. 1년에 몇 차례로 미리 정해져 있는 이른바 '경마 기간(derby days)'에는 최대한 많은 물고기를 잡으려고 그야말로 경주를 벌였다. 서로 가장 많이 잡으려고 치열하게 경쟁했다. 붉돔의 개체군이 줄어들거나 말거나 상관하지 않았다.

긴든은 자신을 포함해 주변 모든 어부들이 이런 시스템 아래에서 마치 해적처럼 붉돔을 잡았다고 말했다. 이들은 이 경마가 벌어지는 날이면 1등을 하려고 친척의 결혼식장에도 참석하지 않았고 아들의 야구 경기가 있어도 가지 않았다. 심지어 단속의 눈을 피하려고 야음을 틈타 어로 작업에 나서기도 했다. 최대 900킬로그램의 상한선을 넘지 않으면서도 돈은 가장 많이 벌 생각으로 시장에서 제값을 받지 못하는 작은 물고기는 다시 바다에 버렸다. 하지만 깊은 바다에 살다가 갑자기 수면 밖으로 끌려 나왔던 물고기는 다시 자유의 몸이 됐어도 살지 못했다. 그렇게 버려진 붉돔 새끼들의 사체가 어선의 꽁무니를 따라 수 킬로미터씩 이어졌다.

경마 기간은 해마다 같은 시기에 어획을 집중시켰다. 이 기간 동안 어부들은 엄청나게 많은 양의 물고기를 죽였다. 죽인 물고기에는 합법적·불법적으로 잡아 뭍으로 갖고 나오는 것뿐만 아니라 바다에 버리는 것도 포함돼 있다. 그랬기에 붉돔 개체군은 해마다 감소했다. 급기야 연안에서 물고기가 잘 잡히지 않자 어선들은 점점 더 먼 바다로 나갔다. 어로 행위가 허가된 기간 동안 최대한 많은 물고기를 잡아야 했기에 붉돔 떼를 찾으며 바다 위에서 보내는 시간은 더 많아졌다. 때로는 폭풍 속에서도 위험한 조업을 했다. 시간과 연료와 돈도 낭비됐다.

한편 뭍에서도 사정은 좋지 않은 쪽으로 흘러갔다. 붉돔 시장이 타격을 받은 것이다. 붉돔은 경마 기간에는 공급 과잉으로 차고 넘쳐 가격이 폭락했다. 그런데 그 이외의 기간에는 붉돔을 구경하고 싶어도 할 수가 없었다. 식당에서는 붉돔 요리를 메뉴에서 빼버렸고, 어부들은 예전보다 훨씬 더 많이 위험을 무릅쓰며 힘들게 일하면서도 손에 쥐는 돈은 점점 줄어들었다.

설사 버디 긴든이 어업의 미래와 가족의 미래를 위한다는 생각으로 적절한 양의 물고기만 잡고 싶더라도 경마 기간이라는 시스템에서 그렇게 했다가는 자신만 손해이기 때문에 그렇게 할 수도 없었다. 미적대고 있다가는 다른 어부들이 먼저 가서 물고기를 다 잡아버릴 참이었다.

"머리로는 알아도 어쩔 수가 없는 겁니다. 나부터도 내 어장을 망치고 나설 수밖에요. 나를 나쁜 놈이라고 부르고 싶다면 그렇게 해도 됩니다. 하지만 정부의 정책과 규제에도 문제가 있습니다."

긴든의 말이다. 어장은 이미 오래 전부터 '공유지의 비극'의 고전적 사례 가운데 하나로 분류돼왔는데, 1968년에 나온 개럿 하딘(Garrett Hardin)의 획기적인 논문은 공유지를 돌보는 일의 어려운 문제로 이 현상을 묘사하고 있다.[26] 모든 사람이 다 자기 이익을 좇아 물고기를 잡거나 금을 채굴함에 따라서 다른 사람들이 차지하거나 파괴하기 전에 될 수 있으면 내가 많이 그 자원을 차지하겠다는 경쟁이 펼쳐질 수밖에 없다는 것이다. 자원은 어느 한 사람만의 노력으로 보존할 수 있는 게 아니다. 모든 사람이 다 자기 이익을 좇는 상황에서 어느 한 사람이 노력한들 무슨 소용이 있겠는가. 노벨상 수상 경제학자 엘리너 오스트롬(Elinor Ostrom)은 하딘의 이런 발상이 개념화하기 전에 사실상 이미 오래 전부터 그런 생각을 한 사람들이 많이 있었다고 지적했다. 아리스토텔레스도 정치학을 다룬 논문에서 다음과 같이 썼다.

"많은 사람이 공유하는 것은 가장 적은 관심밖에 받지 못한다. 모든 사람은 주로 자기 자신만을 생각할 뿐이면 공동의 이익에 대해서는 거의 생각하지 않기 때문이다."

그렇지만 다른 방식으로 바라보면 멕시코만 붉돔을 포함한 어종들의 어장은 내가 '시간 지평의 비극(tragedy of time horizons)'이라고 부르는 것 때문에 더 많은 고통을 당해왔다. 시간이 지남에 따라 어업은 단기적인 이익과 상관없이 대부분의 어부들에게 유리하지 않다. 어부들의 생존과 생활은 어장이 얼마나 건강한가 하는 문제와 밀접하게 연결돼 있다. 어로 행위는 단순히 다수의 어부를 위한 경제 활동만이 아니라 어부와 이들의 공동체를 규정하는 문화적인 정체성이다. 나아가 많은 어부들이 다음 세대에 물려주고 싶어 하는 유산이기도 하다. 이는 내가 지난 10년 동안 전세계 어장들을 방문해 관찰하고 관련 논문들을 분석하면서 깨달은 사실이다.

버디 긴든을 포함한 멕시코만의 어부들은 자신들의 어장이 점점 파괴되는 것을 몸소 지켜봤으며, 또한 자기 자신과 공동체의 미래에 자신들 스스로 끼치는 해악을 직접 보고 경험했다. 그러나 그들은 어장의 운명을 걱정만 했을 뿐 행동에 나서지는 않았다. 왜냐하면 '경마 기간'이라는 행정 당국의 정책이 어부들의 경솔함을 한층 강화했기 때문이다.

우리가 공유지의 비극이라고 여기는 상황들 가운데 많은 것들을 시간 지평이라는 개념을 통해 바라볼 수 있다.[27] 바다나 대기가 개인들에 의해 오염되면 그 오염의 결과로 본인들과 본인의 가족들이 고통을 당한다. 바다나 대기를 오염시키는 의사결정을 내릴 때 사람들은 장기적으로는 엄청난 비용이 발생하는데도 불구하고 지금 당장의 이익에 편향돼 있기 때문에 그런 결정을 내린다. 만약 보다 더 많은 사람들이 자기 미래의 이익(이 이익은 공동의 이익이기도 하다)에 더 큰 가중치를 둘 때 우리는 공유지의 비극들 가운데 몇몇을 극복할 수 있을 것이다. 오스트롬도 우리가 이렇게 할 수 있는 방법은 여러 가지가 있다면서, 다시 말해 비극을 얼마든지 피할 수 있다면서 비슷한 주장을 해왔다.

2007년에 멕시코만 붉돔 어부들은 자신들의 어장에 난 깊은 상처를 치료할 수 있는 약을 발견했다. 환경보호단체인 환경보호펀드(Environmental Defense Fund)가 어장을 관리하는 새로운 접근법으로 이른바 '어획량 할당(catch share)'이라는 제도를 제안했고 이 제도는 어부들의 관심을 사로잡았다. 이들은 투표를 거쳐 이 제도를 채택하기로 결정했다. 1976년 연방법에 의해 설립된 멕시코만 지역 어장 관리위원회는 어장 재건 방안으로 이 제도를 승인했다.

어획량 할당 제도 아래에서 어로 행위를 하는 개인이나 기업은 연간 최대 어획량을 할당받았다. 지난 14년 동안의 붉돔 어획량을 토대로 어부 개인과 기업에 어획량이 다르게 할당됐다. 이제 어부들은 자신이 1년 동안 채울 수 있는 총 어획량이 미리 정해져 있기 때문에 언제 조업을 나갈지 스스로 선택할 수 있게 됐다. 이들은 또한 자기 할당량을 다른 어부에게 돈을 받고 빌려줄 수도 있었다. 그러니까 어부들은 어장의 주주가 된 셈이었다.

하지만 그들은 자신의 할당량을 월스트리트에서 주식을 매매하듯이 그렇게 빠르게 사고 팔지는 않았다. 이를 매매하는 데는 한층 높은 장벽들이 놓여 있었기 때문이다. 어로 작업의 기술이 있어야 하고, 어선이 있어야 하며, 붉돔 잡이 작업을 하는 데 반드시 필요한 유압식 릴을 포함한 고가의 장비를 갖추고 있어야 했던 것이다. 할당량을 갖고 있는 어부 대부분은 장기적인 관점에서 이 할당량을 유지했다. 이들은 주식 거래자라기보다는 주식 보유자 또는 창업자와 같은 마음가짐으로 자신의 할당량을 대했다. 물 사용권을 갖고 있는 서부의 목장주들은 정해진 한 해 동안 충분히 많은 물을 사용하지 않으면 그 사용권을 잃는데, 이런 목장주들과 달리 어부들은 오랜 기간 자신의 할당량을 갖고 있을 수 있어서 굳이 당장 붉돔 잡이에 나설 이유가 전혀 없었다.

멕시코만 붉돔을 대상으로 한 어획량 할당 제도는 현재까지 엄청난 성공을 거두고 있다.[28] 멸종 직전이던 붉돔 개체군을 다시 살려내 개체군 수를 15년 전 수준으로 되돌려놓았다. 붉돔 개체군은 2007년 이후 3배로 늘어났다. 어부의 수입도 당연히 늘어났다. 게다가 각각의 어부에게 할당된 할당량도 해마다 늘어나 지금은 거의 2배로 늘었고, 따라서 버디 긴든을 포함한 어부들의 수입도 2배로 늘었다.

지금은 어로기가 1년 전체로 고르게 퍼져 있다. 이 말은 1년 가운데 주어진 어느 시점에 집중됐던 생선 관련 주식에 대한 압박이 예전처럼 강하지 않다는 뜻이다. 또한 바다 날씨가 험할 때는 굳이 고기를 잡으러 나가지 않아도 된다는 뜻이기도 하다. 긴든은 예전에 비해 비용이 많이 줄어들었기 때문에 전보다 많은 수익을 올리고 있다. 한때는 한 차례 조업당 어획량이 900킬로그램으로 제한됐지만 이제는 4.5톤을 뭍으로 갖고 올 수도 있다. 1년 중 어느 때나 조업을 할 수 있게 됐기 때문이다. 또한 그는 다른 어부들과 같은 날에 물고기를 포구로 갖고 오는 게 아니므로 잡은 물고기를 보다 더 높은 가격으로 팔 수 있다.

어획량 할당 제도 덕분에 긴든이나 다른 어부들은 지금 당장 눈에 보이는 물고기를 닥치는 대로 잡아들이는 경주를 동료 어부들을 상대로 하지 않아도 됐고, 그래서 평소에 원하던 대로 어업 분야의 장기 투자자가 됐다.

2007년 〈네이처(Nature)〉에 발표된 논문은 어획량 할당 제도로 관리되는 39개 어장과 이런 접근법의 관리를 받지 않는 미국 및 캐나다의 어장들을 비교했다.[29] 연구자들은 어획량 할당 제도가 시행됨에 따라 어부들이 경쟁적으로 물고기를 잡는 바람에 어종의 씨를 말리게 되는 일이 중단됐음을 확인했다. 개럿 하딘이라면 지난 20년 동안 미국에서 일어났던 일, 즉 남획된 어장의 수가 1940년대 이후로 가장 낮은 수준으로 감소한 일을 상상할 수 있었을 것이다. 현재 영해에서 잡혀 육지로 올라오는 물고기의 약 3분의 2가 어획량 할당 제도 아래에서 잡힌 어획량이며, 40개가 넘는 미국의 생선 관련 주식이 2000년 이후로 반등했다.

어획량 할당 제도의 성공은 사업을 조직화하는 것에 대한 동의가 이뤄질 때 (그리고 현명한 정책이 있을 때) 미래에 대한 집단적인 포사이트가 가능할 수 있음을 시사한다. 미래의 이익을 현재의 이익에 맞춰서 조정하는 프로그램들은 해적을 집사(관리자)로 바꿔놓는다.

:: 기업을 근시안에 가두는 주식시장

오늘날 많은 CEO들은 '경마 기간'에 바다로 나가 경쟁해야 하는 어부들과 똑같은 심정이다. 이들은 자기 회사의 분기별 성과를 좋게 만들어내고, 높은 평가를 받아 자사의 주가를 올리며, 주주들에게 높은 수익을 안겨주고, 이사회 구성원들을 행복하게 만들어줘야 한다는 목표 아래 끝없이 단기 경쟁을 수행해야 한다. 이들로서는 자사의 문화를 업계 공동의 포사이트를 중요하게 여기는 쪽으로 바꿀 추진력이 필요하다. 많은 고위 경영진은 의사결정을 할 때 미래에 보다 더 많은 가중치를 두고 싶지만, 투자자들이 그렇게 하도록 내버려두지 않는다고 말한다.[30]

파네라브레드(Panera Bread)는 지난 20년 동안 가장 성공한 외식업체 중 하나로 꼽힌다. 2017년에 나는 이 회사의 창업자이자 2018년 초까지 CEO로 일했던 론 샤이크(Ron Shaich)를 만났다. 그때는 샤이크가 자신의 회사를 자본시장에서 빼내어 개인 기업으로 되돌려놓은

지 몇 달밖에 지나지 않았을 때였다. 샤이크는 파네라브레드의 경쟁적인 강점이 음식점의 미래 추세, 예컨대 수프와 샐러드 그리고 샌드위치를 적당한 가격에 제공하는 이른바 패스트캐주얼(fast-casual, 음식의 질과 서비스 및 분위기가 패스트푸드 식당보다는 조금 더 나은 수준의 식당-옮긴이)에 대한 수요가 늘어나는 추세에 장기적인 관점을 갖고 투자하는 것이라고 봤다.[31] 그의 기업 경영 제1원칙은 5년 뒤 자신이 바라는 회사의 모습이 어떨지 미리 내다본 다음, 그 시점에서 되짚어 현재를 돌아보는 것이다. 그는 파네라브레드를 주식시장에 상장해 이끌어왔던 몇 년 동안 월스트리트가 이런 그의 방침을 가로막는다는 압박감을 자주 느꼈었다. 주주행동주의자들(activist shareholders, 투자 이익 극대화를 위해 임원 선임이나 교체 등 기업의 지배구조나 경영까지 개입하는 투자자-옮긴이)은 그가 기술 투자를 하지 않길 바랐다. 장기적으로는 분명히 매장 매출과 배달 매출을 높여줄 것이 분명한데도 기술 투자 때문에 회사의 수익이 몇 년 째 제자리걸음을 하고 있다고 주장하는 이들을 상대로 그는 언쟁을 벌여야 했다. 또 다른 주주들은 자사주를 매입해 주가를 끌어올리길 바라며 그에게 압박을 가했다.

샤이크는 스스로를 "장기적으로는 탐욕스럽지만 단기적으로는 탐욕스럽지 않은 사람"이라고 표현했다. 분기별이라는 가까운 미래가 아니라 그보다 훨씬 먼 미래에 초점을 맞출 때 보다 많은 가치를 창출할 수 있음을 알기 때문이다. 그는 리스크에 대해서도 멀리 내다보며 생각하는 걸 좋아한다. 이런 맥락에서 그는 내게 이렇게 말했다.

"심장마비를 걱정하는 시점이 병원에 실려 가는 때가 돼서는 안 됩니다."

그러나 회사의 주식이 주식시장에서 거래되던 시절에 그는 자신에게 주어진 시간의 20퍼센트를 회사의 최근 활동과 다음 분기 활동에 대한 보고를 하는 데 보내고 있음을 문득 깨달았다. 몇 년 뒤 보다 나은 모습으로 바뀌어 있을 회사를 위해 쏟아야 할 시간이 그렇게 허비되고 있다고 느꼈던 것이다. 또한 그는 회사 주주들의 시간 지형 속에서 점점 더 쪼그라드는 자신의 모습을 봤다. 파네라브레드를 상장했던 1991년만 하더라도 주주의 절반 이상이 주식을 1년 넘게 보유했었는데, 그로부터 26년 뒤에는 주주의 절반이 주식을 채 1개월도 보유하지 않았다고 그는 말했다. 비록 몇몇 장기 투자자들이 꿈짝도 하지 않고 있긴 했지만, 자신이 궁극적으로 만들고자 하는 회사의 미래보다는 경쟁사들의 지난 실적에 더 큰 관심을 가지며 빠른 속도로 주식 거래를 해대는 헤지 펀드들에 의해 파네라브레드의 주가가 좌우되고 있었다.

2017년에 샤이크는 끈기를 가진 개인 투자자들에게 파네라브레드의 주식을 매수하도록 권유한 다음 주식시장을 박차고 나와버렸다. JAB라는 투자사가 이끄는 이 투자자들은 회사의 지분을 사는 데 75억 달러를 지불했다.[32] 그들은 스스로를 미래 성장 전망을 가진 회사의 주식을 사는 데 관심이 있다는 말로 자기 정체성을 밝혔다. 2019년 회사의 기원이 그 옛날 나치에까지 닿아 있다는 사실이 밝혀진 JAB는 자신들은 수백 년의 시간 지형을 갖고 있다고 공공연하게 밝히고 있으며, 분기별 시간이라는 짧은 기간이 아니라 여러 해의 시간 지평이라는 긴 기간을 토대로 경영 의사결정을 내린다고 설명했다.

꽤 많은 창업자와 기업 지도자들이 기업으로서의 회사 가치에 충실하고자 일부러 자신의 회사를 상장시키지 않았다. JP모건체이스의 CEO 제이미 다이먼(Jamie Dimon)은 월스트리트의 근시안에 휘둘리길 원하지 않는 회사라면 주식시장 바깥에 머무는 것이 보다 매력적인 선택이며, 최근 들어 기업공개가 감소 추세인 것도 바로 이런 이유 때문이라고 믿는다.[33] 식품 회사인 플럼오가닉스(Plum Organics)와 킹아서플라워(King Arthur Flour) 그리고 의류 회사 파타고니아(Patagonia)는 심지어 이윤을 창출해 주주들에게 수익을 돌려줄뿐더러 특수한 환경적·사회적 책임까지도 기꺼이 부담하는 기업을 일컫는 이른바 '베네피트 기업(benefit corporation)'이 됐다.[34] 베네피트 기업은 브랜드와 회사에 깊이 투자하고 기업이 사회에 보다 더 큰 영향력을 행사하는 것에 관심을 갖는 경향이 있다. 대부분은 주식시장에 상장하지 않은 개인 소유의 기업이며, 이들의 성장은 자본 접근의 제한성 때문에 그만큼 구속을 받을 수 있다.

하지만 주식시장에 상장을 하느냐 마느냐, 장기적 성장을 추구하느냐 단기 수익에 초점을 맞추느냐, 이 가운데 그 어느 것도 미래의 결과를 보증하지는 않는다. 대부분의 기업에서 미래의 결과를 보증하는 것은 리더십의 문제이며, 리더들이 사용하는 도구의 문제다.

오늘날과 비교해 20세기에는 기업들이 초기 단계에서 장기적인 연구개발 부문에 훨씬 더 많이 투자했다. 그 시대에 IBM, GE, 제록스, RCA, AT&T의 벨연구소 등이 투자했던 연구개발 분야 투자는 트랜지스터, 태양광 발전, 레이저, 적외선 기술 등을 낳았다. 오늘날 기업들의 연구개발비 투자는 신제품을 보다 빠르게 내놓는 후기 단계로 이동했으며, 미국의 민간 부문 연구개발비 투자가 전체 생산량에서 차지하는 비중은 예전에 비해 두드러지게 낮아졌다. 연구개발 분야에서 논의의 여지도 없이 세계 1위였던 미국이 지금은 10위로 떨어져 있다. 전체 연구개발비 지출이 최근에 오른 것은 그나마 아마존, 인텔, 알파벳, 애플, 마이크로소프트와 같은 기술 기업들 덕분인데, 다른 부문에서는 연구개발비 투자가 거의 줄어들었다.[35]

코넬대학교 법학대학원 교수였고 지금은 고인이 된 린 스타우트

(Lynn Stout)는 미국 기업계에서의 장기 투자 감소를 짧은 시간 지평을 가진 주주들의 영향력이 점점 커지기 때문이라고 지적한 바 있다.[36] 이 주주들은 이전 시대의 주식 장기 보유자나 기업 이사회 구성원들처럼 행동하지 않고 지금 당장 어떤 기업에서 최대한 많은 현금을 빼내고 싶어 하는 투기꾼처럼 행동한다. 스타우트는 이와 같은 주주우선주의가 1990년대 초 의회와 증권거래위원회가 도입한 규칙과 법률에 의해 선동됐다고 주장했다. 이런 개혁들이 CEO가 받는 보수를 주가 및 분기별 수당수익률과 연동시켰고, 기민한 헤지 펀드처럼 움직이는 주주들에게 기업 이사회가 자신들의 당면한 요구에 즉각 대응하게 만드는 움직임을 조직할 역량을 부여했다.

21세기로 진입한 미국 기업계가 습관처럼 되뇌던 주문은 '주주 가치 극대화'였다. 이 발상이 반드시 근시안을 유도하는 것은 아니지만, 결과적으로는 장기간에 걸친 가치 극대화가 아닌 지금 당장의 가치 극대화를 의미하게 됐다. 어쨌거나 연구개발 및 기업성장과 새로운 시장 개척에 있어서, 포사이트를 가지고 적절한 투자를 할 것을 요구하는 주주들은 언제 어디서든 있을 수 있다. 기술 발전에 힘입은 손쉬운 주식 거래 그리고 투자자들의 성마름은 주주지상주의가 근시안과 일치하게 됐음을 뜻한다.

주주는 주가가 요동칠 때 기업의 소유주처럼 그 회사의 주식을 끝까지 붙들고 있지 않는다. 주주는 1개월 목표 수익을 희생하면서 하루 수익에 초점을 맞추는 뉴욕의 택시 운전사들처럼 단기 목표에 초점을 맞춘다. 거기에 불확실성과 공포도 개입한다. 스타우트는 2015년에 기고한 "타임머신으로서의 기업(The Corporation as Time Machine)"이라는 제목의 칼럼에서 다음과 같이 언급했다.

주식시장에서 자신이 가진 주식을 저평가할 때 이 주주가 맞닥뜨리는 딜레마를 놓고 생각해보자. 이 주주는 자신이 가진 주식이 결국에는 제자리를 찾아갈 것이라고 믿을 수 있다. 그런데 그 시점이 언제일까? 시장은 그 주주가 주식을 팔고 떠나기 전에는 결코 그 주식의 가격을 원래대로 올려놓지 않을 수 있다.

1960년대 뉴욕증권거래소에서 거래됐던 주식의 평균 보유 기간은 8년이었다. 그런데 오늘날에는 주식 거래가 쉬워졌고 주식 거래 비용도 많이 떨어졌다. 게다가 온갖 정보가 시장에 홍수처럼 쏟아져서 그에 대한 대응을 주주들에게 유도하고 있다. 그런 까닭에 주식의 평균 보유 기간이 겨우 몇 달밖에 되지 않는다.[37] 미국에서 거래되는 모든 주식의 약 70퍼센트는 초단타 매매로 이뤄지고 있으며, 보유 시간은 겨우 몇 초밖에 되지 않는다. 주식시장에 상장된 기업의 CEO가 미래에 주의를 기울이려고 하더라도, 이런 노력은 새로운 종족으로 등장한 주주들의 기분을 맞춰주고자 하는 바람과 조화를 이루지 못한다. 이는 정보가 포사이트를 가로막는 또 하나의 경로다.

기업, 투자사, 정부 기관은 개인 주주들의 근시안을 교정하는 데 실패하고 있다. 하지만 이 또한 어떤 선택의 결과이지 필연은 아니다. 더욱이 필연이 아닌 선택으로 경로를 바꿀 방법도 여러 가지가 있다.

잉글랜드은행의 앤드류 홀데인(Andrew Haldane)은 투자자들도 오디세우스와 마찬가지로 자기 몸을 돛대에 꽁꽁 묶어둘 필요가 있다고 역설했다.[38] 이런 일은 주식을 (이글캐피털의 일반적인 주식 보유 기간인 몇 년 단위가 아니라) 수십 년 동안 보유하는 투자사의 형태 또는 주식을 장기적으로 보유하는 것을 요구하거나 권장하는 정부 정책이나 세금 제도를 통해 가능하다.

민주당 및 공화당 출신의 기업계 리더들 가운데 어느 한 집단이 제안한 정책 중에는 주식의 장기 보유를 권장하기 위해 초단타 매매에 금융거래세를 매기자는 것이 있었다. 이 집단은 스스로를 미국번영프로젝트(American Prosperity Project)라고 부르는데, 로열더치셸(Royal Dutch Shell)과 리바이스트라우스(Levi Strauss) 그리고 파이저(Pfizer)와 같은 기업의 CEO 및 회장들이 참여하고 있다.[39] 한편 영국과 홍콩 그리고 싱가포르는 이런 금융거래세와 동일한 성격의 세금 제도를 이미 시행하고 있다.

이사회나 정부에 의한 다른 개혁 조치들도 보다 많은 주주와 CEO가 장기 프로젝트에 투자할 수 있도록 장려할 수 있다. 경영진이 7년 이상 스톡옵션을 행사하지 못하도록 함으로써 이들이 다음 분기에만 관심을 갖지 않고 보다 멀리 내다볼 수 있도록 하는 것도 하나의 방법이 될 수 있을 것이다.

* * *

나는 주식 장기 보유자들에게 주주총회에서 더 많은 투표권을 주는 발상을 지지한다. '1주 1투표권'이라는 미국 기업계의 기본적인 접근법은 단기 투자자와 장기 투자자를 동일한 위치에 놓는다. 몇몇 기업은 이런 구도를 바꾸는 창의적인 방법들을 모색해왔다. 구글은 2004년에 기업을 공개하면서 차등의결권 제도를 만들었는데, 이 제도에서 설립자와 장기 투자자들이 보유하는 주식의 투표권은 단기 거래자들을 포함한 일반 투자자들이 보유하는 주식의 투표권의 10배다. 후자가 기업이 내리는 의사결정에 미치는 영향을 줄이겠다는 취지에서 만들어진 장치다. 2015년 구글이 알파벳을 지주회사로 하는 체계로 재편될 때는 투표권이 전혀 없는 주식이라는 세 번째 형태의 주식을 도입했다. 구글은 장기적인 연구에 엄청나게 많은 투자를 해왔던 기업이며, 내가 이 원고를 쓰고 있는 시점을 기준으로 구글의 주식은 시장에서 가장 가치가 높은 주식 중 하나라는 지위를 굳건히 지키고 있다. 주식 장기 보유자들에게 나중에 해당 회사의 주식을 보다 많이 매수할 수 있는 권리를 보장해주는 것도 장기 보유를 권장하기 위한 또 다른 대안이 될 수 있다.

만일 기업이 스스로 이런 조치를 취하지 않을 때는 정부가 개입할수도 있다. 맥킨지의 도미니크 바튼(Dominic Barton)은 주주가 해당 주식을 보유한 평균 기간에 따라서 같은 1주일이라고 하더라도 투표권을 달리 설정하는 제도를 도입하자고 제안했다.[40] 이 제도가 도입되면 투기꾼처럼 행동하는 사람보다 회사의 소유자처럼 행동하는 주주가더 많은 투표권을 행사하게 될 것이다.

앞서 언급한 실리콘밸리의 벤처기업가 에릭 리스는 방금 소개한 여러 발상들을 가져다줄 수 있는 장기적인 증권 거래 체계를 만들려고 노력해왔다. 이런 체계가 완성되면 주식으로 거래되는 기업들은 어느한 분기의 주당 순이익이나 단기 주가 기반이 아닌 장기적 지표를 기반으로 보상 규모를 책정하는 것에 동의해야 할 것이다.[41] 또한 주주의 투표권도 주식 보유 기간에 의해 결정될 것이며, 회사는 연구개발 분야의 장기 투자에 대해 한층 상세하게 보고하게 될 것이다. 몇몇 기술 기업의 선두 주자들이 이런 발상을 지지해왔지만, 이 같은 접근법의 주식 거래가 절대적으로 많은 투자자와 기업을 끌어들일 수 있을지, 그리고 그것이 시종일관 장기적인 관점을 유지할 수 있을지는 두고 봐야 할 문제일 것이다. 그러나 기업들이 이런 제도를 채택하는 것은 굳이 증권거래소를 새로 만들지 않고도 얼마든지 가능하다.

기업 입장에서는 이런 개혁들 가운데 어느 하나를 정착시키려면 대담한 행동을 해야 할 것이다. 조만간 금융시장 전반에 변화가 일어나리라는 전망에 대해서는 아직 회의적이다. 하지만 이런 종류의 개혁 조치들이 예고 없이 갑자기 닥칠 수도 있다. 어떤 위기가 발생해 이 위기에 대응하는 방식으로 그런 조치들이 현실화될 수도 있고, 훌륭한 지도자들이 그 조치들을 도입하겠다며 자임하고 나설 수도 있기 때문이다.

급진적인 변화가 없는 지금으로서는 기업이 지금 당장 긴급하게 느껴지는 요구를 미래에 유익한 것에 적합도록 조정하겠다는 목적으로 자신들 마음대로 구사할 수 있는 여러 도구를 사용해야 할 것이다.

제6장 | 반짝이 폭탄

먼 길을 따라 점점이 늘어선 불빛

만사에 대해 그 고장의 신령에게 물어보라.
물이 올라가는지 또는 내려가는지 일러줄 터이니.

−알렉산더 포프(시인), 〈벌링턴에게 부치는 서한(Epistle to Burlington)〉

:: 한 해 농사만 생각하는 농부들

해가 캔자스시의 하늘 위로 불쑥 솟아나왔다. 마치 달걀노른자처럼.
해는 솟아오르면서 부글부글 끓기 시작했다. 이 지역의 토박이인 농
부 웨스 잭슨(Wes Jackson)은 트럭 창문 바깥으로 펼쳐진 강을 바라봤
다. 오래 전에 모습이 바뀌어버린 그 강을.

영리하고 기민한 인습타파주의자인 잭슨은 그 지역에서 흙을 만지
면서 성장했다. 그는 캘리포니아에서 강단의 학자로 살다가 1970년대
에 학자로서의 삶을 벗어던지고 캔자스로 귀향해 농부로 살았다. 사
람을 먹여 살릴 원천인 땅을 파괴하지 않고도 미래에도 농부들이 해
마다 소득을 올릴 수 있는 방법을 그는 찾고 싶었다.

그때 이후로 그는 농부들이 지금 당장 원하는 것과 장기적으로 자
신들 농장과 인류 전체에 유익한 것 사이의 심오한 균형(또는 불균형)

문제를 해결하는 과제에 모든 생활을 바치며 살아왔다.[1]

스모키힐강(Smoky Hill River)은 콜로라도의 평지에서부터 동쪽으로 구불구불 흘러가서 그 지역의 공화당원들을 만난 다음 거기에서 캔자스강으로 흘러들어간다. 스모키힐강 옆으로는 1850년대 말에 유명했던 오솔길 하나가 마치 어린 동생처럼 나란히 따라간다. 한때 이 오솔길에는 덴버라는 도시를 황금빛으로 빛나게 한 콜로라도 평원으로 향하던 금광 광부들의 뼈와 작업 도구들이 여기저기 널려 있었다. 과거에는 강도떼가 오솔길 어딘가에 숨어 있다가 도보 여행자를 덮치곤 했다. 추운 겨울 날씨 아래 이 오솔길을 따라서 걸어야 했던 여행은 무척이나 힘들었고 때로는 치명적이기도 했을 것이다.

나는 비영리기관 랜드연구소(Land Institute)를 찾아가 잭슨을 만났다. 랜드연구소는 700에이커의 황금빛 들판과 키가 크게 자란 풀들 그리고 캔자스 살리나에 있는 스모키힐강의 제방을 안고 있는 임시 사무실들로 구성돼 있었다. 잭슨은 그 땅에 얽혀 있는 고대의 이야기들까지 모두 알고 있었다. 빙하가 바위투성이 땅을 눌러서 평평한 초원으로 만들던 때까지 멀리 거슬러 올라가는 이야기들이었다.

그는 1930년대의 악명 높던 모래바람이 한창일 때 태어났다. 그때 농부들은 가뭄 속에서도 점점 더 많은 밀을 심으려고 바싹 마른 땅을 파서 뒤집었다. 흙먼지는 폭풍을 타고 하늘로 올라가서 해를 가렸으며 비를 타고 헛간 천장에 떨어졌다. 검은색 먼지는 마치 눈보라가 쌓아올린 눈더미처럼 집집마다 문 앞에 소복하게 쌓이곤 했다. 이 먼지들은 공기 속에 정전기를 발생시켰는데, 그 때문에 지나가는 자동차 엔진이 합선을 일으켰으며 고장 난 자동차들이 길 가에 줄지어 서 있곤 했다. 초원의 먼지 구름은 심지어 더스트볼의 대초원 지대에서 동쪽의 대서양 연안으로까지 날아갔고, 자유의 여신상과 미국 의사당 건물이 갈색 안개로 자욱하게 덮이곤 했다(더스트볼에서는 1930년대에 주기적인 폭우와 강풍으로 대규모의 풍식이 발생해 대량의 표토가 유실됐을 뿐 아니라, 바람에 날린 먼지 때문에 호흡기 질환이 발생하는 등 피해가 심각했다-옮긴이).[2]

즉각적인 성과 또는 성공을 추구했던 움직임이 더스트볼과 초기의 골드러시를 촉진했다. 금광에 먼저 다다른 사람들이 늦게 온 사람들을 제치고 금을 차지했다. 그러나 밀을 심고자 초원을 경작한 먼지 속의 농부들은 밀의 가격을 떨어뜨렸으며 토양을 황폐하게 만듦으로써 재앙의 씨를 뿌렸다. 수십만 명이 농장과 식량과 삶을 잃어버렸다. 잭슨은 2016년에도 1934년으로 거슬러 올라가는 자신의 아버지 농장에서 생산됐던 작황을 여전히 기록하고 있었다(당시 내가 만난 잭슨은 막 80대에 접어들었다).

"내가 태어나던 날에도 모래바람이 거세게 불었다더군요."

잭슨의 말이다. 지금 대지는 수백만 에이커의 캔자스 밀밭과 옥수수밭 그리고 수수밭 때문에 피를 흘린다. 그런데 대지가 흘리는 이 피는 하늘로 날아가는 모래 먼지가 아니라 스모키힐강을 비롯한 여러 수로로 유실되는 '흙'이다. 중서부 지역의 폭우가 내리면 농장의 비옥한 흙을 쓸어내고, 이 흙은 이미 걸쭉해진 강으로 흘러들어간다. 농부들이 1년생 작물을 재배함에 따라 작물의 뿌리는 짧아지고, 이 짧은 뿌리가 표토를 제대로 붙잡지 못해 땅에서 쓸려나간다. 흙이 보다 더 많이 유실된다는 것은 해마다 농부가 한층 많은 비료와 물과 노력을 들여야 농사를 계속 지을 수 있다는 뜻이다. 잭슨은 이 문제가 오랜 기간에 걸쳐 형성된 문제로 바라본다. 그에게 걸쭉한 진흙 강은 수천 년 전의 인간 역사 속에서 저질러진 어떤 실수를 떠오르게 한다.

호모 사피엔스는 100만 년도 더 전에 지구상에 등장했다. 그러나 농사를 짓기 시작한 것은 겨우 1만 년 전부터다. 인간이 처음 현재의 중동 지역인 '비옥한 초승달 지대(Fertile Crescent)'에 작물을 재배하기 시작했을 때, 그들은 오늘날 우리 정원에 있는 마리골드나 제라늄과 거의 비슷하게 한 해에 한 번씩 씨앗을 심는 곡물을 재배했다. 이곳 저곳 옮겨 다니던 초기의 농부들로서는 1년생 작물에서 나오는 씨앗을 모아 이듬해에 심는 일이 한층 쉬웠다. 그들이 1년생 작물을 선택한 까닭은 아마도 성장이 빠르고 옥수수 알갱이처럼 씨앗을 보관하기 쉽다는 등의 특성으로 재배하기가 수월해서였을 것이다. 이 씨앗들은 다음해 다른 장소에 심기 위해 아껴서 보관해둘 수 있었다. 다년생 작물은 키우는 데는 시간이 오래 걸리며, 씨앗이 민들레처럼 날아가버린다든지 흩어져버린다든지 하는 일을 막아야 했기에 재배하기가 상대적으로 더 어려웠을 것이다. 익은 뒤 저절로 본체에서 떨어지는 유형의 씨앗은 모으기도 어렵고, 다음 거주지로 이동하면서 들고 다니기에도 어려웠을 것이다.

하지만 우리의 수렵채집자 조상들이 먹을거리로 삼았던 야생 식물들은 다년생이었다. 이를테면 더스트볼이 형성되기 전 수백 년 동안 중서부 지역의 초원에 자생하던 식물들이었다. 아닌 게 아니라 다년생인 야생 벼는 한때 중국 문명을 지탱했다. 대부분의 고대 곡물은 오늘날 우리가 먹는 것들과는 매우 다르다.

오늘날 한 해에 한 번씩 재배하는 옥수수, 콩, 벼, 밀 등의 경작은 지구 전역에서 이뤄지고 있으며, 이 작물들이 제대로 성장해 알곡을 맺기까지는 많은 노동력과 자원 그리고 운을 필요로 한다. 농장에서 작물 다양성이 부족하면 병충해가 기승을 부리게 돼서 이를 제거할 약과 제초제가 필요하게 된다. 비옥한 표토는 빗물에 쉽게 씻겨 내려간다. 토양에 작물을 재배하려면 해마다 토양을 갈아야 하고 인공 비료를 뿌려야 한다. 토양을 갈고 씨를 뿌리는 연간 주기는 기존의 자원을 몽땅 써버리고 새롭게 시작하는, 다시 말해 땅의 수명을 늘리는 데 투자하기보다는 한 번 쓴 땅을 새 것으로 갈아치우는 문화에 딱 들어맞는 일종의 의식 절차다. 지구 온난화가 진행됨에 따라 가뭄과 홍수의 위험은 점점 커지고 있으며 더스트볼의 유령이 마치 천둥과 번개를 동반하는 뇌운처럼 아른거린다.

대부분의 농장에서는 생산한 수확물의 가치를 연간 생산량을 기준으로 산정한다. 1에이커의 땅에 어떤 작물을 재배해 몇 톤을 수확했는지 따진다는 얘기다. 이것 하나만을 지표로 삼을 때 농부들은 심각한 가뭄의 위험을 결코 알지 못한다. 이미 먼지가 날리기 시작할 때가 돼서야 비로소 그 위험을 깨닫지만 그때는 이미 늦었다. 그러나 연간 생산량이라는 수치는 임의적인 숫자가 아니라 한 농장의 생존을 결정하는 중요한 시장 요소로 작용한다.

현재 농부들이 맞닥뜨리고 있는 이러지도 못하고 저러지도 못하는 선택은 다른 많은 산업 부문에서 제기되는 문제와 비슷하다. 시장에서 걸맞은 보상을 받기 때문에 단기적으로는 일리가 있는 선택(예컨대 바다에서 붉돔을 씨를 말려가면서까지 몽땅 잡아올리는 경우처럼)도 장기적으로 보면 좋은 게 아니다(어장을 파괴하기 때문이다). 투자자라면 누구나 즉각적인 수익을 바라게 마련이다. 하지만 이런 마음가짐은 의료 분야에 기적을 가져다줄 어떤 과학적 발견을 여러 해에 걸쳐서 추구하는 사업이나 기업을 지지하지 않는다.

웨스 잭슨은 농장들이 항구적으로 지속되면서 농작물을 생산할 수 있기를 바란다. 또한 즉각적인 수익을 경쟁적으로 요구하는 상황을 감안해 어떤 미래 예측을 할 수 있기를 바란다. 잭슨에게 중요한 것은 농부가 그저 한 철이 아니라 오랜 세대에 걸쳐 농장에서 수확할 수 있는 작물의 총량이다. 그는 전세계의 토양이 약화되면서 점점 늘어나는 인구를 먹여 살릴 능력을 잃어가는 상황을 지켜봐왔다. 그는 먼 미래까지 내다보는 것을 자신의 과제로 삼고 이 일을 하고 있다.

1970년대에 잭슨은 학생들과 함께 콘자 초원을 여행하면서 그가 '신성 현시(epiphany, 평범하고 일상적인 대상에서 갑자기 경험하는 영원한 것에 대한 통찰-옮긴이)'라고 부르는 어떤 경험을 했다. 마지막 빙하기 이후로 캔자스에 있었던 그 고대 초원은 그때까지 영속성을 지키며 살아남았었다. 그 땅에는 그 어떤 침식의 흔적도 없었고, 한 해에 한 번씩 건초를 수확하기는 했지만 그때까지 단 한 번도 인공적으로 경작된 적은 없었다. 거기에서 자라난 수많은 종의 다년생 식물은 뿌리를 깊이 내리고 있었다. 그것들은 과거에 있었던 가뭄과 홍수와 폭풍을 이겨내고 굳건히 서 있었다. 잭슨은 이렇게 말했다.

"우리는 장소가 갖고 있는 천재성을 무시했던 겁니다."

이어서 잭슨은 알렉산더 포프의 시를 인용해 이렇게 덧붙였다.

"야생은 우리의 도서관입니다. 우리의 알렉산드리아입니다."

초원은 가만히 두면 스스로 알아서 지속된다. 잭슨은 초원이 갖고 있는 특성들(극단적인 기후도 견뎌내는 끈기, 비옥한 토양을 보호하는 자기보호 체계, 세대에서 세대로 이어지는 지속성 등)을 농업에도 적용할 수 있지 않을까 하고 고민했다. 잭슨은 자신의 그런 이상이 실현되기를 희망하면서 소수의 대학원생들과 가족 구성원들 그리고 열성 팬들과 함께 랜드연구소를 창립하고 연구조사 활동을 시작했다.

:: **아주 오래도록 살아남는 방법**

오랜 시간의 시련을 견뎌낸 생명체는 미래를 견뎌낼 수 있는 것이 무엇인지 탐색하는 데 어떤 실마리를 제공할 수 있다. 앞에서 설명한 엔지니어이자 환경운동가 대니 힐리스는 '만 년 시계'를 만들면서 자기 계획의 틀을 잡기 위해 과거를 돌아봤다. 금세 사라지고 마는 트윗과 몇 년 안에 케케묵은 것으로 치부될 온갖 기기들의 시대에 힐리스는 오랜 역사의 세월 동안 지속돼온 공학 분야의 인류 위업을 돌아보고 있다. 디지털 시대의 설계 윤리는 지금 당장 가장 빠르고 가장 좋은 기술을 장착한 제품을 만들어내는 것이긴 하지만, 이 원리가 1만 년 동안 작동할 시계를 만드는 데는 적용되지 않는다고 그는 믿고 있다.[3]

이 목적을 달성하고자 힐리스는 몇몇 사람들이 세상에서 가장 오래 된 시계라고 믿는 영국 솔즈베리 대성당에 있는 시계를 연구했다. 역 사학자들은 이 시계가 14세기에 제작됐다고 추정하는데, 이 시계는 처음 만들어졌던 버지(verge)와 폴리옷(foliot)의 메커니즘에만 의존하 지 않는다(버지와 폴리옷은 서양식 기계 시계에 들어가는 주요 부품으로 수직 굴대와 수평막대를 말하며, 이것이 크라운톱니바퀴와 바퀴멈추개 등과 결합해 시계가 작동한다-옮긴이). 오히려 오랜 세월이 지나도 부품을 쉽게 다른 것으로 대체할 수 있도록 만들어져 있다.

갈릴레오가 진자의 왕복운동에 걸리는 시간이 진폭의 크기와 상관 없이 일정하다는 사실을 확인한 뒤에 이 시계에는 앵커(anchor, 시계 의 톱니바퀴에 맞물려서 톱니바퀴의 회전 속도를 조절하는 닻 모양의 장치-옮 긴이) 등이 추가로 장착됐다. 힐리스는 이 시계가 오랜 세월 동안 지속 될 수 있었던 것은 속이 훤히 들여다보이는 투명성과 부품을 다른 것 으로 쉽게 교체할 수 있는 모듈성 덕분이라고 생각한다. 사람들은 특 별한 지식을 갖고 있지 않아도, 특별한 훈련을 받지 않아도 이 시계가 어떻게 작동하는지 알 수 있다. 작동 원리가 워낙에 단순한데다 얼마 든지 분해해 각각의 부품을 고치거나 대체할 수 있기 때문이다.

힐리스는 이 원리들을 만 년 시계 제작에 적용하고 있다. 예를 들어 어느 시점에서 그와 동료 엔지니어들은 1년에 딱 한 번 해마다 하지가 되면 시계 바늘이 한 번 움직이도록 해주는 메커니즘의 한 부분으로 니켈과 티타늄의 합금인 니티놀(nitinol)을 사용할까 생각했다. 니티놀은 일반적인 강철처럼 보이지만 열에 의해 구부러져도 나중에 다시 원래의 형태로 되돌아가는 성질을 갖고 있는 금속이다. 그러나 힐리스는 마음을 고쳐먹었다. 오랜 세월이 지난 뒤 미래의 방문자가 찾아와서 그 시계를 바라볼 때 니티놀이 충분히 투명하지 않아 이 금속의 '마술적인' 특성을 알아보지 못하고 다른 것으로 교체하려 들지도 모른다는 게 이유였다. 그래서 그와 그의 동료들은 이중 유리방을 짓기로 했다. 안쪽에 있는 방에는 거울로 기능하는 티타늄 포일 조각이 들어 있어서, 하지에 시계 안으로 새어 들어오는 빛을 반사해 내부 온도를 상승시켜 방이 팽창하도록 만든다. 힐리스는 이 구조가 미래의 방문객이 알아보기에 보다 더 명료하다고 믿었다.

힐리스는 시계의 부품을 자신이 오랜 세월 일했던 경험을 살려 반도체 기술을 적용해 만들 수도 있었다. 분명히 그렇게 만들 수 있긴 했지만, 그는 그 방식을 선택하지 않았다. 9,500년 뒤에 누군가 이 시계를 고치려고 할 때 그 사람 눈에 반도체가 너무 모호하게 보일 수 있다는 이유에서였다. 그 때문에 만년 시계의 모든 부품과 톱니바퀴들은 전자식이 아닌 기계식으로 설계됐다. 이렇게 해둬야 훗날 미래의 엔지니어가 조금만 만지작거려 보면 누구든 시계가 작동하는 원리를 금세 알 수 있으리라는 것이 힐리스의 판단이었다. 작곡가 브라이언 이노가 설계한 독특한 패턴들로 소리를 내게 돼 있는 벨은 따로 떼어내 시계추와 시간 측정 메커니즘에 아무런 영향을 주지 않고 수리할 수 있도록 했다.

고대에 만들어졌다가 현대에 들어 발견된 인공물들은 건조한 기후 덕분에 오늘날까지 보존될 수 있었다. 예컨대 사해 문서나 피라미드가 그렇다. 힐리스와 후원자 제프 베조스가 만 년 시계를 설치할 장소를 텍사스 사막의 어느 한 곳으로 정한 이유도 바로 여기에 있다. 나아가 두 사람은 어떤 물건의 물리적인 존재보다 그 물건에 관한 이야기가 더 오래간다는 사실도 역사를 통해 확인했다. 이를테면 유대교와 기독교의 신앙의식이 진행되던 장소로 묘사된 예루살렘 성전이 그렇다. 힐리스와 베조스를 돕고 있는 미래학자이자 기술 분야의 큰 어른인 스튜어트 브랜드는 이 시계를 관리할 기관을 따로 만들어야 한다고 주장했는데, 이 기관을 중심으로 모인 사람들이 시계와 관련된 이야기를 계속 해나가고 시계의 제작을 인도해야 한다는 것이었다. 내가 보기에는 이 시계의 관리를 감독할 롱나우재단의 목적은 어떤 가문이 자기 가문의 내력이나 가보를 대대로 전해주는 목적과 비슷한 것 같다.

영속적인 어떤 것을 창조하고자 하는 조직들이라면 수천 년이라는 긴 세월을 이기고 살아남은 살아있는 여러 생명체들의 교훈에 주목해야 할 듯 보인다. 이들은 인류 문명의 탄생을 처음부터 지켜봐왔다.

여러 매체에 사진과 글을 기고하는 레이첼 서스먼(Rachel Sussman)은 지구상에 살아있는 식물군과 동물군의 연대기를 기록해왔다.[4] 그녀는 나이가 무려 5,000살이나 되는 캘리포니아의 브리스틀콘 소나무(Bristlecone Pine Tree, 짧은털 솔방울 소나무-옮긴이), 남극 대륙에 있는 1만 5,000살의 화산송이(volcanic sponge, 화산 폭발 시 점토가 고열에 탄 화산석-옮긴이), 무려 50만 살인 시베리아 액티노박테리아(Siberian Actinobacteria) 등의 사진을 찍었다. 서스먼은 오랜 세월을 이기고 살아온 동식물을 연구하는 과학자들과 나눈 대화에서 그 생명체들이 오랜 수명을 이어온 비결을 뽑아내《위대한 생존: 세상에서 가장 오래 살아남은 나무 이야기(The Oldest Living Things in the World)》라는 책에 담았다.

유타에 있는 '판도(Pando)'라는 백양나무 군락은 46만 제곱미터 면적에 최소 4만 그루의 나무로 형성돼 있지만 각각의 뿌리는 모두 하나로 이어지는 단일 개체다. 이 군락은 8만 년이 넘는 세월을 견뎠는데, 한정된 토양으로부터 수분과 영양을 공급받으면서 자기증식을 해야 했기에 매우 느린 속도로 증식하는 방식을 통해 현재까지 끈질기게 살아남았다. 이 군락은 심지어 7만 5,000년 전 수마트라에서 발생한 대규모 화산 분출로 촉발된 화산 겨울조차도 이겨냈다. 스스로를 계속해서 복제하는 이 전략을 디지털 설계자 데이비드 로젠탈(David Rosenthal)도 내게 언급한 바 있다. 스탠퍼드대학교 전자 사서로 일하면서 수명이 짧을 수밖에 없는 디지털 기기와 기록물을 보존하는 분야의 전문가이기도 했던 그는, 많은 복사본들을 제각기 다른 환경과 조직으로 분산하는 것이야말로 (플로피디스크나 비디오테이프가 그랬듯이) 디지털 시대의 사상이나 문화가 살아남을 수 있도록 만드는 유일한 방법이라고 말했다.[5] 불타버린 고대 알렉산드리아 도서관처럼 단 한 곳에 모든 자료를 모아두는 것은 단 한 차례의 재앙만으로 모든 것을 잃어버릴 수도 있는 위험을 감수하는 셈이다. 로젠탈은 심지어 월드와이드웹(WWW)의 많은 데이터를 보관하는 비영리 프로젝트인 인터넷 아카이브(Internet Archive)도 위험하기는 마찬가지라고 주장했다. 왜냐하면 서버가 설치된 위치가 샌안드레아스 단층대에 속하기 때문이다. 이런 측면에서 캐나다 정부의 정보를 한데 모아두는 작업을 협력하는 11개 조직으로 구성된 집단을 동일한 복사본을 분산해 관리하는 분산 네트워크 형태의 한 가지 사례라고 말할 수 있다.

지구상에 살아있는 가장 오래된 생명체들이 갖고 있는 또 다른 비밀은 성장이 느리다는 점이다. 서스먼은 그린란드에서 '지도 이끼(map lichens)'라는 이름으로 알려져 있는 식물을 기록했는데, 나이는 최소 3,000살이며 100년에 1센티미터씩밖에 자라지 않는다. 이 성장 속도는 대륙이동설에서 대륙이 이동하는 속도보다 100배 느리다. 한편 나이가 가장 많은 브리스틀콘소나무들은 자신이 가진 자원을 한 개의 가지나 한 덩어리의 솔잎을 유지하는 데만 쓴다. 그래서 나머지 가지나 솔잎은 살아있어도 마치 죽은 것처럼 보인다. 전체가 다 번성하는 쪽을 택하지 않고 생존에 필요한 최소한의 에너지만 사용하는 쪽을 택했다는 얘기다.

이런 사실을 깨닫고 나니 고대 중국의 분재 기술을 통달해 어린 나무를 늙은 나무처럼 보이게 만들면서 인간의 수명보다 더 오래 살아남는 분재를 키우는 기술을 완성한 어떤 달인과 나눴던 대화가 떠올랐다. 수백 년을 사는 나무들은 자신이 가진 에너지를 꽃을 피우는 데 쓰지 않는다고 그는 말했다. 그 나무들은 오로지 견디고 버티는 데에만 에너지를 쓴다는 것이다. 다시 말해 모든 것들 잘하려고 하지 않는다. 어떤 조직이든 빠른 성장을 하는 데 자원을 쏟을 수도 있고 오랜 세월 버티는 데 자원을 쏟을 수도 있는데, 대개는 이 둘을 '동시에' 하지는 못한다. 이것이 우리가 깊이 새겨야 하는 교훈이다.

:: 다년생 곡물 기르기

웨스 잭슨은 과거를 파고들었고, 농부가 지금 당장 그리고 미래에 필요로 하는 것을 충족하기 위해 자신이 밝혀낸 것을 새롭게 드러냈다. 잭슨과 그의 동료들은 다년생 식물들을 재배하고 이것들을 기존 1년생 작물과 교배해 다년생 곡물을 생산하는 데 성공했다. 미국 중서부와 중국 그리고 아프리카의 과학자들과 농부들은 지난 10년 동안 그 새로운 품종의 작물을 완벽하게 재배할 수 있도록 노력을 기울여왔다.

1년생 곡물과 다르게 다년생 곡물은 땅 속으로 뿌리를 3미터에서 6 미터까지 깊이 내린다. 이렇게 깊은 뿌리를 갖춘 식물에게는 물을 자주 주지 않아도 되며 가뭄에도 더 잘 견딘다. 다년생 식물의 뿌리는 비옥한 표토가 빗물에 씻겨 내려가지 않을 정도로 토양을 충분히 튼튼하게 움켜쥔다. 그 덕분에 흙 속에는 미생물 군집이 번성할 수 있고, 농작물은 흙에 녹아 있는 영양소를 보다 더 효율적으로 흡수할 수 있다. 다년생 작물을 키우는 밭은 해마다 갈아주지 않아도 된다. 그래서 보다 더 많은 탄소가 대기 속으로 달아나지 않고 흙에 붙잡혀 있으며, 이런 현상은 지구 온난화를 막아주는 데에도 기여한다.

잭슨은 다년생 곡물이 농업 분야의 장기적인 사고방식을 든든하게 잡아줄 수 있다고 믿는다. 해마다 물과 자원을 보다 더 적게 사용하면서도 토양과 자연 그대로의 모습을 보존함으로써 미래의 농부들이 보다 더 많은 먹을거리를 생산할 수 있게 된다는 것이다.

하지만 농가의 즉각적인 필요성을 해결하기 위해서는 그 다년생 작물이 초원의 다른 얌전한 식물들과 전적으로 같을 수는 없다. 다년생 작물은 1만 년 전에 1년생 작물이 그토록 매력적으로 보이게 만들었던 것에서 교훈을 얻어야 한다. 즉, 연간 수확량이 많아지도록 많은 곡물을 맺어야 한다. 요컨대 잭슨이 모든 농부들을 설득할 수 있으려면 다년생 작물로 보다 많은 연간 수확량을 기록해야 한다.

잭슨이 이 일을 시작할 때 그는 불가능한 일을 하려고 한다는 말을 들었다. 식물이 표토를 보호하는 자신의 뿌리에 공급하는 에너지의 양과 우리가 먹게 되는 곡물에 공급하는 에너지의 양 사이에는 피할 수 없는 '제로섬(zero-sum)'의 관계가 있다는 논리였다. 잭슨의 동료들은 곡물을 얻으려고 작물을 재배하는 농부는 수확 지수를 최대치로 만들고 싶어 한다. 수확 지수란 식물에서 뿌리를 제외한 지상부 전체 성숙 작물체의 생산량에 대한 곡식 생산량의 비율이다. 그러니까 제로섬의 논리를 인정한다면 1년생 작물처럼 곡물이 많이 열리게 만들 경우 다년생 작물이 갖고 있는 장기적인 이익은 놓쳐버리고 지금 당장의 수확량만 늘어날 것이라는 말이다.

그러나 잭슨은 쉽게 포기하려 들지 않았다. 그는 과학이 자신과 자신의 팀에 어떤 해결책을 제시할 것이라는 믿음을 갖고 있었다.

"내 광기 속에는 감리교가 있습니다."

잭슨이 자주 하는 말이다. 자연을 향한 열정 그리고 시인과 성서를 즐겨 인용하는 방식 덕분에 그의 말은 마치 성직자가 하는 말처럼 엄숙하게 들린다. 일반적인 상식을 거부하는 그의 모습을 보면서 나는 전혀 다른 분야에 종사하는 인습 타파의 어떤 지도자를 떠올렸다.

:: NBA 감독의 포사이트

미국 NBA 샌안토니오 스퍼스(San Antonio Spurs)의 감독으로 널리 인정을 받고 있는 그렉 포포비치(Gregg Popovich)는 다른 감독들이 경솔하고 무모하게만 관리하고 있던 선수들의 건강이라는 요소에 놀라운 포사이트를 보여왔다. 포프(Pop, 그의 팬과 프로 농구 선수들은 주로 이렇게 부른다)는 미국 역사상 가장 성공한 스포츠 프랜차이즈 팀 가운데 하나인 스퍼스의 지도자다. 1999년 이래 그가 지휘한 팀은 NBA 우승컵을 다섯 번이나 거머쥐었으며, 스퍼스는 2018년까지 21회 연속으로 NBA 플레이오프에 진출했다.[6]

포프는 부상을 예방할 목적으로 스타 선수들을 경기에 무리하게 출전시키지 않는 관행을 개척했다. 2012년 마이애미 히트(Miami Heat)를 상대로 경기를 할 때, 이 경기가 전국에 TV로 생중계되는 중요한 경기였음에도 불구하고 그는 자기 팀의 스타 선수 4명을 출전시키지 않았다. 그 선수들이 그때까지 너무 많은 경기를 연이어 치렀다고 봤기 때문이다. 이 일로 NBA는 25만 달러의 벌금을 부과했으며, 팬들은 자신이 좋아하는 선수가 경기하는 모습을 지켜볼 기회가 박탈됐다면서 포프를 공개적으로 비난했다. 시카고 불스(Chicago Bulls)에서부터 로스앤젤레스 레이커스(Los Angeles Lakers)나 클리블랜드 캐벌리어스(Cleveland Cavaliers) 등의 다른 팀들은 스타 선수들의 건강이야 나중에 어떻게 되든 상관하지 않고 이 선수들을 프라임 타임 경기에 출전시키는 것이 NBA라는 스포츠 시장에서 당연히 지켜야 하는 의무라고 여겼다.

선거의 달인 네이트 실버(Nate Silver)가 시작한 데이터 기반 인터넷 언론사 파이브서티에이트(FiveThirtyEight)의 스포츠 기자 토드 화이트헤드(Todd Whitehead)는 2017년에 포프가 건강한 선수들을 경기 중에 한 번도 코트에 내보내지 않은 비율이 다른 팀의 감독에 비해 2배나 된다고 계산했다.

그렇지만 최근에 그의 이런 관행이 관심을 끌고 있다. NBA의 다른 팀들도 매우 불리한 전력으로 경기를 치를 수밖에 없음을 잘 알고 있으면서 핵심 선수들을 중요한 순간에 코트에 내보내지 않고 쉬게 한다는 점만 봐도 그런 사실을 확인할 수 있다. 그런데 이렇게 할 때 좋은 점이 분명히 있다. 선수들이 부상 없이 최상의 컨디션을 유지하면 플레이오프까지 치를 가능성이 그만큼 더 높아진다. 건강한 선수들에게 휴식을 보장해주는 사례는 점점 늘어나고 있다. 스타 선수들이 정규 시즌에서 충분한 휴식을 취할 수 있도록 배려하자는 NBA에서의 캠페인은, 적어도 최근 두 시즌의 경험을 놓고 볼 때 그 해에 우승컵을 차지하는 것과 밀접한 연관성이 있다고 화이트헤드는 지적한다.

어떤 점에서 보면 포프는 자신이 속한 산업 분야의 단기 투기꾼들에게 크게 엿을 먹인 것이나 다름없었다. 그러면서도 그는 승리의 기록을 차곡차곡 쌓았고 자신의 선수들로부터 충성심을 이끌어내었으며 또 다른 팀들의 구단주나 감독으로부터도 찬사를 받았다. 어떤 스포츠 팀의 어떤 팬이건 구단주이건 단장이건 간에, 미치지 않은 한 그렉 포포비치처럼 꾸준히 승리를 안겨주는 감독을 해임하라고 목소리를 높일 수 있겠는가?

농구 코트뿐 아니라 포사이트를 적용하겠다는 목적 아래에서 싸움을 마다하지 않을 정도로 대담한 지도자가 보다 더 많은 무대에서 필요하다. 그렇게 하려면 그 지도자들은 유행을 충분히 선도할 수 있을 정도로 존경을 받을 필요가 있다.

∷ 장기 전략과 단기 보상

랜드연구소의 잭슨 팀 과학자들과 이들을 지원하는 협력자들은 초원에서 펼쳐졌던 고대 기술을 다시 주창하는 한편, 지난 10년 동안 한층 예리해진 컴퓨터 및 유전학 분야의 정교한 도구들에 의존해왔다. DNA 염기서열화 덕분에 연구자들은 자신들이 다음 세대로 번식시켜나가는 과정에서도 해당 작물이 계속 갖고 있길 바라는 특성들을 가진 20개의 작물을 수천 개의 작물군 중에서 빠르게 선택할 수 있다. 연구자들은 자신들이 번식시킨 곡물의 각 세대별 종자 저장고를 운영한다. 이렇게 해야만 거기까지 번식되던 과정에서 확보한 작물들의 중요한 특성들을 영구히 보유할 수 있다. 그들은 또한 다년생 작물들은 성장해 열매를 맺을 때까지의 기간이 상대적으로 길며, 한 해씩 생장 기간이 쌓일수록 뿌리는 더욱 깊어지고 보다 많은 양의 곡물을 수확할 수 있다는 사실을 최대한 이용해왔다.

다년생 곡물이 생산될 수 있게 하려면 위험부담을 지면서까지 잘 알지도 못하는 작물을 재배하길 꺼리는 농부들의 회피 성향 그리고 수확한 곡물을 아무도 구매하지 않을지 모른다는 그들의 두려움을 이겨낼 방법을 찾아야 했다. 이것이 잭슨의 또 다른 과제였다. 랜드연구소와 미네소타대학교의 연구자들은 밀을 닮은 다년생 곡물 품종을 재배하겠다는 계약을 20명의 농부들과 맺었다. 농부들을 설득할 수 있었던 방법은 수확된 다년생 곡물을 비싼 값에 사줄 구매자를 찾아주는 것이었다.[7] 이렇게 확보된 구매자들 가운데는 의류 회사 파타고니아의 자회사 한 곳이 포함돼 있다. 이 회사는 다년생 곡물을 사용해 롱 루트 에일(Long Root Ale)이라는 맥주를 만들고, 이 맥주는 태평양 연안의 가게들에서 팔리고 있다. 한편 제너럴밀스는 이 새로운 곡물을 시리얼의 원료로 사용할 계획을 갖고 있으며, 중국에서는 농부들이 다년생 벼를 수천 에이커의 논에서 재배하고 있다.

다년생 작물 재배 실험은 현재진행형이다. 다른 과학자들이 잭슨의 전망을 실행에 옮기고 있는 덕분이다. 잭슨은 지구를 관리하는 일을 촉진하는 대학교 커리큘럼을 만들고자 2016년 랜드연구소 운영에서 물러났다. 잭슨의 후임자들은 현재 해바라기 대용으로 기름을 짜는 데 사용되는 실피움(silphium)을 포함한 다양한 종류의 다년생 작물이 어떻게 고온과 가뭄을 이겨내는지 연구하고 있다. 그들은 지구 온난화 현상에 따라 한층 따뜻해진 날씨에 보다 더 적합한 선택권을 농부들의 손에 쥐어주고 싶어 한다.

당시에 나는 이틀 동안 잭슨을 따라 여기저기 밭들을 둘러보면서 온갖 질문을 했다. 그런 다음 그의 사무실로 돌아왔다. 원래 사무실이 화재로 소실된 뒤 전신주를 재활용해 다시 지은 건물이라고 했다. 사무실 벽에 흑백 사진이 하나 걸려 있었다. 잭슨이 열여섯 살 때 사우스다코타에 있던 어느 친척의 목장에서 찍은 사진이었다. 그때 잭슨은 그 목장에서 수족(Sioux)의 인디언 소년과 함께 독수리들을 쫓으면서 여름 한 철을 보냈다. 그 사진 옆으로는 지도 여러 장이 붙어 있었고, 이런저런 종이며 두꺼운 책들로 어질러져 있는 선반이 있었다.

다년생 작물 재배를 전파하는 잭슨의 그 작은 기반은 가능성을 모색하고 가르쳤다. 물론 다년생 작물 재배가 전체 산업농가 속으로 얼마나 넓게 퍼져나갈 수 있을지는 앞으로 더 두고 봐야 할 것이다. 지금도 여전히 많은 산업농가가 경솔한 의사결정을 했는데도 불구하고 그에 따른 보상을 받는 걸 보면 사필귀정이라는 속담이 아직은 실현되지 않는 것 같다. 하지만 나는 다년생 작물 재배라는 그 기본적인 전략이 설사 다년생 작물 재배가 주류로 자리 잡을 수 있을지 어떨지는 논외로 치더라도 앞으로 유망하다고 확신한다. 잭슨은 단기적 전망과 장기적 전망의 조화라는 까다로운 문제와 씨름했고 마침내 하나의 방법을 찾아냈다.

잭슨의 접근법은 오랜 시간 지속되는 것이 단기적으로도 보상을 가져다주도록 만들겠다는 것이었는데, 참여하는 사람들에게도 좋고 사회에도 도움이 되는 일석이조의 경로에 기업들을 끌어들이는 전술이었다. 연간 수확량을 높이고 비싼 가격에 작물을 사줄 구매자들을 확보하고 또 당장 눈앞에 보이는 여러 위협들 속에서도 다년생 작물들이 더 잘 성장할 수 있는 방법을 연구해 정착시키는 것이야말로, 농부들로 하여금 1년생 작물 대신 다년생 작물을 재배하는 쪽으로 돌리게 하고 앞으로도 계속 그렇게 하도록 만드는 길이다.

여기까지 생각하니 앞서 제3장에서 설명한, 사람들이 미래를 생각하며 저축을 하도록 유인할 목적으로 신용협동조합에서 운영하던 복권이 떠올랐다. 또한 내가 아는 친구가 처음으로 마라톤 완주에 도전했을 때, 그 친구를 응원하려고 마라톤 코스의 중요한 몇 개 지점에 미리 대기하고 있다가 달려가는 친구를 향해 반짝이 폭탄을 던져 반짝이가 친구의 머리 위로 쏟아지던 일도 떠올랐다.

이 전술은 거대한 규모로도 작동할 수 있다. 태평양 뉴기니섬의 문명은 심각한 산림 파괴 및 기후 변화의 여러 시기들이 있었음에도 불구하고 농경이 시작된 이후 7,000년의 세월 동안 살아남았다.[8] 여기에는 사람들이 빠르게 성장하는 카주아리나(casuarina, 목마황에 속하는 약용 식물-옮긴이)를 원했기 때문이라는 이유도 부분적으로 작용했다. 이 나무는 토양이 질소와 탄소를 유지해 보다 비옥해지는 데 도움을 준다. 휴경지가 농경지나 정원으로 새롭게 기능할 수 있도록 원래 상태를 회복하는 데 걸리는 시간도 줄여준다. 재레드 다이아몬드는 이 섬의 주민들은 다년생 곡물을 재배하는 오늘날의 농부들과 마찬가지로 카주아리나 나무를 심어 단기적인 보상을 받는다고 지적한다. 이 나무는 목재와 연료로도 사용되며 정원에 심으면 멋진 그늘도 제공해준다. 또한 바람이 가지와 잎을 스쳐지나갈 때 기분 좋은 소리도 들려준다. 카주아리나 나무는 즉각적인 이익을 안겨주기도 했지만 뉴기니 문명이 1,000년을 이어가도록 해준 일등공신이다.

:: **도요타의 장기 프로젝트**

2017년에 일본에서 나는 자동차 생산 기업 도요타의 고위 임원으로 일했던 사람을 만났다.[9] 이 회사는 방직기 발명가의 아들 도요다 키이치로(豊田 喜一郎)가 1933년에 설립했다(이 회사의 영문명은 원래는 'Toyoda'였지만 미국 시장에 맞춰서 'Toyota'로 바뀌었다).

도요타에서 28년 동안 일했던 그는 SF 저자들을 인용하는 재능을 갖고 있었지만, 도요타의 프리우스(Prius)를 "죄책감을 동력원으로 한 최초의 자동차"라고 즐겨 말했다는 것을 보면 도요타의 홍보에 확실히 감점으로 작용했을 인물이었음이 분명하다. 나는 도요타가 어떻게 시장에 나온 1세대에 제품군들에 투자한 비용을 채 회수하지도 않은 시점에 하이브리드 자동차와 수소 자동차 부문을 포함한 신기술에 투자를 하게 됐는지 물었다. 프리우스가 바로 그런 경우였다(프리우스는 1997년부터 판매된 세계 최초의 양산형 하이브리드 자동차다-옮긴이). 신기술을 장착한 자동차 모델에서 본전을 뽑으려면 디자인을 바꿔가면서 적어도 몇 세대를 계속해서 출시해야 한다. 나는 멀리 미래를 내다볼 줄 안다는 일본인에 대한 긍정적인 고정관념이 도요타의 그런 행보와 관련이 있지 않을까 생각했다. 아닌 게 아니라 일본인의 전형적인 모습은 이 회사의 창업 신화에 깊이 녹아들어 있기도 하다.

그러나 그는 그 장기적인 프로젝트에 투자하기로 한 결정은 더 현실적이고 단기적인 이익을 추구한 결과라고 대답했다. 거기까지 이르는 과정에서 도요타는 장기적인 연구개발 프로젝트들(자동차의 외피를 더 단단하게 만들기 위해 새로운 소재나 공정을 적용하는 것 등)에서 비롯된 통찰을 빌린 다음 현재 시점에서 가장 잘 팔리는 모델들의 성능을 개선하거나 제조원가를 절감하기 위해 그 통찰을 이 모델들에 사용한다. 다시 말해 미래의 제품을 위해 감수했던 희생이 기업의 경영진이나 투자자들의 눈에 더욱 가치가 있는 것으로 보이게 해주는 즉각적인 보상을 마련할 방법을 찾아냈던 것이다.

이들은 보다 더 빠른 결과를 내놓기 위해 그 지식을 다른 곳에 적용하는 한편 프리우스처럼 궁극적으로는 틈새시장의 인기 브랜드가 되긴 하겠지만 리스크가 큰 제품을 만드는 데는 느리고 신중하게 접근했다. 일본에서 도요타는 산업 분야의 애국적인 자부심이라는 왕관에 박힌 보석과 마찬가지인데, 일본에서 도요타가 판매하는 자동차의 약

절반은 하이브리드 차량이다.

저축을 경품이라는 형태의 복권과 연계시키거나 다년생 작물 재배를 연간 수확량과 연계시키는 것과 마찬가지로, 이 접근법은 단기적인 승리인 동시에 미래에 보상을 안겨줄 뭔가로 나아가는 경로 위에 도요타라는 회사를 올려놓는다. 여성들의 자립과 자조를 돕는 인도의 비영리단체 세바 만디르(Seva Mandir)는 예방주사를 맞을 형편이 못 되는 아이들이 많은 지역을 찾아가 접종해주는 사업을 진행하고 있는데, 이 단체가 이 사업에 성공한 것도 그와 비슷한 접근법을 사용한 덕분이다. MIT에 있는 압둘 라티프 자밀 빈곤퇴치 연구소(Abdul Latif Jameel Poverty Action Lab)의 연구자들은 이 기관이 아이들의 부모에게 렌틸콩을 넣은 작은 봉지를 나눠줄 때 부모가 아이를 데리고 예방주사를 맞히러 올 확률이 아무것도 주지 않을 때보다 훨씬 높다는 사실을 발견하고 이를 활용했다.[10] 이 전술은 심지어 돈도 절약해줬다. 왜냐하면 렌틸콩을 무료로 나눠주는 진료소에는 더 많은 아이들이 예방주사를 맞으러 찾아오는데, 이 경우 아이들이 많이 오지 않는 진료소와 동일한 수의 의료진이 보다 더 많은 아이들에게 예방주사를 놓을 수 있기 때문이다.

:: 신약 개발을 지원하는 방법

반짝이 폭탄 접근법이 투자자들로 하여금 지금 당장의 이익만이 아니라 그 너머까지 보도록 유도할지 어떨지는 아직 해결되지 않은 문제다. MIT 슬로언 경영대학원 교수이자 헤지 펀드사를 창업하기도 한 앤드루 로(Andrew Lo)는 이 같은 전술이 생명공학 연구 분야에도 통할 수 있다고 믿는다.[11] 그런데 이 분야는 끈기 그리고 리스크에 대한 높은 수준의 내성을 가진 투자자를 필요로 한다.

2000년대에 로의 어머니는 폐암 진단을 받았다. 그는 실험 단계의 약을 개발한 어떤 생명공학 회사의 임원들을 만났다. 그 신약이 어머니에게 도움이 될지 모른다는 기대를 품었지만 그 기대는 결국 물거품이 되고 말았다. 로는 어머니를 잃었고, 그후에도 5년 사이에 5명의 친구와 친척을 암으로 잃었다.

리처드 닉슨 대통령이 암과의 전쟁을 선포한 지 40년도 더 지난 시점이었다. 그때 이후로 몇몇 종류의 암은 치료법이 개발됐지만, 여전히 아무런 치료법도 없는 암이 많았다. 화학 요법과 방사선 요법이 몇몇 경우에는 잘 들었지만, 이런 치료법은 온갖 부작용으로 환자에게 상당한 고통을 유발했다. 지금도 환자가 부작용을 최소한으로만 경험하는 암 치료법은 매우 드물다.

로는 그 생명공학 회사의 최고과학책임자(CSO)를 찾아가 암의 치료법을 모색하는 그 회사의 과학 분야 의제에 자금 조달이 영향을 미치는지 아니면 아무런 영향도 미치지 않는지 물었다. 그러자 돌아온 대답은 과학적 차원의 질문이나 환자가 절박하게 느끼는 필요성이 아니라, 자금 조달이 회사의 의제를 밀어붙였다는 것이었다. 로가 보기에는 그것은 어쩐지 케케묵은 방식 같았다. 그러나 어쨌건 그 CSO가 한 말을 믿고 금융공학 분야의 전문성을 살려 자신이 느꼈던 분노와 슬픔을 생명공학 연구와 신약 개발에 자금을 투자할 보다 나은 방법을 찾는 데로 돌렸다.

그리고 얼마 뒤 로는 의학 연구 분야의 전문가들 사이에 어떤 관념이 널려 퍼져 있다는 사실을 알게 됐다. 그것은 암이나 그 밖의 다른 여러 질병을 치료할 신약을 개발하는 데 많은 비용과 시간이 소요되는 반면, 그에 따른 보상조차 그나마 받기라도 하면 다행이라는 생각이었다. 특정한 암 환자들에게 궁극적으로 치료제를 만들어내는 연구는 비용도 많이 들어가고 실패의 위험도 높다. 사실 성공 확률보다 실패 확률이 훨씬 높다. 시간도 10년에서 20년이 걸릴 수 있고, 비용도 신약 개발에 성공한 뒤 시중에 판매되기까지는 20억 달러 넘게 든다. 개발 중인 암 치료제가 연구의 초기 단계를 거쳐 최종적으로 당국의 승인을 받는 비율도 겨우 7퍼센트밖에 되지 않는다. 신약 개발은 최종적으로 크고 작은 임상 실험을 거쳐야 치료제로 승인받을 수 있지만, 이 과정을 성공적으로 거치기도 매우 어렵다.

어떤 암 치료법 또는 난치성 질병의 치료법 하나가 퍼져나가면 기업의 수익이라는 측면에서나 환자 가족의 생활이라는 측면에서 볼 때 그 보상은 엄청나게 크다. 하지만 이보다 훨씬 많은 실험이 실패하고, 또 몇 년이라는 시간과 몇 억 달러라는 투자금이 허공으로 날아간다. 축구에서처럼 수많은 슛을 시도해야 그나마 한두 골을 넣을 수 있다. 대부분의 투자자들은 시간이 오래 걸려도 리스크가 적은 곳에 투자를 하거나 기술 분야의 신생 기업처럼 잠재적 수익 기대치가 크고 또한 빨리 실현될 곳에 투자를 하려고 든다. 그 결과 우리 시대의 주요 질환을 치료하는 쪽으로는 충분히 많은 연구개발비가 들어가지 않는다.

로는 이 문제를 해결할 수 있을 것 같은 한 가지 아이디어를 떠올렸다. 생명공학 부문 전문가들과 금융 부문 전문가들이 손을 잡고, 암 치료제를 개발하는 장기적인 프로젝트에 대한 투자 그리고 출시를 앞두고 있는 신약에서 나오는 로열티의 일정 지분을 사는 것처럼 단기적인 수익을 낳는 데 대한 투자, 이 둘을 하나로 결합한 대규모 자금의 펀드, 즉 메가 펀드를 만들면 되지 않겠느냐는 것이다.

후자의 투자는 확실한 어떤 것에만 현금을 쏟아 넣으려고 하는 투자자들이 맡으면 된다. 이 투자자들은 이미 수없이 많은 걸림돌을 넘어 출시를 앞둔 특허 신약에서 꾸준하게 나올 로열티의 물줄기만 틀어쥐면 된다. 한편 전자의 투자는 바이오 기술 회사가 보유한 기술에 대한 과학적인 근거를 성공 가능성이 있는 치료제를 개발할 기회에 대해 어느 정도 지식을 가진 투자를 할 수 있을 정도로 충분히 갖고 있는, 즉 리스크에 대해 한층 너그러운 태도를 취할 수 있는 전문가들이 운영하는 벤처캐피털이 맡는 경향이 있다. 물론 이 후자의 투자자들은 전자의 투자자들에게 비해 수적으로 훨씬 적다.

장기 프로젝트에 투입되는 자본의 양은 지금까지 대부분의 투자자들이 경험도 적고 인내심도 적었기에 그만큼 적었다. 게다가 최근 몇 년 동안에는 이 분야의 연구개발이 점점 더 복잡해지고 있으며 한층 위험해졌다. 이와 동시에 개념 증명(proof of concept, 새로운 제품이나 기술 및 정보 시스템 등이 기업의 특수한 문제 해결을 실현할 수 있음을 사전에 증명하는 과정-옮긴이)에 빠르게 접근하며 폭발적인 수익률을 기록할 수 있는 기술 분야 신생 기업들은 벤처 투자자들에게 한층 매력적인 선택권으로 자리 잡았다.

로의 발상은 성격이 다른 2개의 투자, 다시 말해 리스크가 큰 장기 투자와 리스크가 작은 단기 투자가 함께 섞여 있는 포트폴리오를 만드는 데 투자를 하자는 것이다. 이 경우 장기 투자금은 기존에 확립돼 있는 암 치료 접근법 대신에 전혀 다른 접근법들(종양 혈관 형성 차단, 줄기세포 치료법, 면역요법 등)을 취하는 프로젝트에 투입된다. 리스크가 큰 투자와 리스크가 작은 투자를 한데 합침으로써 생명공학 연구에 투자되는 투자금의 리스크는 상당 수준으로 떨어질 뿐더러 훨씬 더 많은 자본이 질병 치료에 투입될 수 있다고 로는 추정한다. 그가 제안한 모델은 50억 달러에서 150억 달러 규모의 메가 펀드가 성공 여부를 서로 간섭받지 않는 다양한 프로젝트들에 투자돼 조심스럽게 운용되기만 하면 지분이나 채권에 따라서 매력적인 수익이 보장된다는 사실을 입증해준다.

주요한 메가 펀드가 아직 시작되지는 않았지만, 로의 발상이 최근에 상당한 호소력을 발휘하면서 힘을 얻고 있다. 스위스의 세계적인 은행 UBS가 4억 7,000만 달러 규모의 상대적으로 작은 '온콜로지 임팩트 펀드(Oncology Impact Fund)'를 판매하기 시작했다. 로는 이 펀드와 별도로 희귀 유전자 질병인 알츠하이머와 유방암을 치료하는 신약의 초기 개발 단계에 투자함으로써 자신의 투자 접근법을 실천할 민간 지주회사들 설립에 관여하고 있다. 앞으로 펼쳐질 몇 년은 그의 발상이 과연 현실에서 통할 수 있을지 검증하는 기간이 될 것이다.

효과적인 메가 펀드를 만드는 데 방해가 되는 커다란 장벽 중 하나는 금융공학을 정교한 부분까지 이해해야 할 뿐 아니라 생명공학에 관해서도 넓고 깊은 전문성을 가져야 한다는 점이다. 증권을 발행하는 것, 다른 말로 투자자본 풀(pool)의 한 부분으로서 채권을 발행하는 것은 투자자 관점의 리스크를 가리는 것이다. 이렇게 발행되는 채권은 2008년 금융위기 때 핵심적인 역할을 했던 모기지 담보 채권과 구조적으로는 비슷한 점이 있다. 연구조사로 뒷받침이 된 로의 법률적 의무가 실제 리스크에 비춰서 믿을 만하다고 평가될 필요가 있는데, 이런 점을 로는 즉각 인정한다. 게다가 그 투자 접근법은 난치성 질병을 치료하는 획기적인 치료법이 아니라 오직 위험성이 낮은 신약 제품들만 추구하는 기존의 제약회사들이나 투자자들이 저지르는 실수를 피하기 위해 긴 시간에 걸쳐서 조심스럽게 관리될 필요가 있다.

* * *

어떤 조직이 오랜 시간에 걸쳐 수행할 필요가 있는 모든 것들에 대해 단기적인 보상을 창조한다거나 장기적인 길에 반짝이 폭탄을 터뜨리는 것이 불가능할 수도 있다. 그렇지만 현재를 사는 사람들에게 동기를 부여할 미래의 매력적인 환상을 창조하는 것이 몇 가지 경우에는 가능할 수도 있다. 티모시 플레이크가 경품과 연계된 저축을 갖고 했던 게 바로 이것이다. 그런 저축 프로그램에 가입한 사람들이 모두 경품에 당첨되는 것은 아니지만, 대부분은 자신의 미래에 대해 현명한 의사결정을 내린다. 왜냐하면 복권 또는 경품에 당첨될 전망이 비록 가능성이 적긴 하지만 현재를 엄연히 지배하기 때문이다.

사람들이 라스베이거스로 이끌려 룰렛이나 슬롯머신에 가진 돈을 몽땅 털리는 것은 자신이 만들어내는 자기 모습에 대한 어떤 환상 때문이다. 매캐런국제공항의 활주로에서도 멀리 라스베이거스 거리의 카지노 빌딩들이 눈에 들어온다. 그 카지노들은 하나하나가 마치 어서 와서 정복해달라고 손짓하는 매혹적인 산처럼 느껴진다. 뉴욕 엠파이어 스테이트 빌딩과 크라이슬러 빌딩의 모조 빌딩들은 원본 빌딩들을 한편으로는 조롱하면서 또 다른 한편으로는 경의를 표한다. 만달레이 베이 리조트 앤 카지노(Mandalay Bay Resort & Casino)는 마치 금속 조각 장식을 단 드레스처럼 사막의 태양 아래 반짝거린다. 그 도시를 한 번 흘낏 바라보는 것만으로도 자신이 완전히 다른 사람으로 변신해 엄청나게 많은 돈을 금세 딸 수 있으며, 또 어떤 범죄를 저지르고도 무사할 수 있을 것 같은 말도 안 되는 가능성을 믿게 된다.

전문 포커꾼의 하위문화가 즉각적인 만족에 저항하는 데 대해 어떤 통찰을 갖고 있는 것과 마찬가지로, 라스베이거스의 카지노들이 만들어내는 어떤 환상, 이를테면 마술사가 아무것도 없던 모자에서 토끼를 끄집어내는 것과 같은 환상에서 배워야 할 어떤 것이 있다. 인간의 독창성에서 빚어진 역사적인 위업들은 라스베이거스가 빚어내는 환상을 닮은 어떤 전략에서 비롯됐다.

1919년에 프랑스계 미국인 호텔 갑부 레이먼드 오티그(Raymond Orteig)는 파리에서 뉴욕 또는 뉴욕에서 파리로 논스톱 단독 비행의 위업을 최초로 달성하는 사람에게 2만 5,000달러의 상금을 주겠다고 선언했다.[12] 그때까지 단독 비행으로 대서양을 횡단한 사람은 아무도 없었다. 그 뒤 8년 동안 여러 사람들이 상금을 받으려고 도전했지만 모두 실패했다. 그 실패로 목숨을 잃은 사람들도 있었다. 2만 5,000달러의 오티그 상금은 반드시 넘어야 할 하나의 과제를 제시했다. 이는 모험심이 넘치는 등반가들의 상상력을 사로잡기 위해 산을 하나 세우는 것과 마찬가지였다. 그 누구도 자신이 성공할지 알 수 없었다. 그래도 사람들은 도전했다. 위험과 비용을 고스란히 스스로 부담하면서까지.

그러던 중에 1927년 어느 날, 미국 우편 비행기 조종사였던 찰스 린드버그(Charles Lindberg)가 스피릿 오브 세인트루이스(Spirit of St. Louis) 호를 타고 이 단독 비행에 성공해 상금을 차지했다. 린드버그는 일약 세계적인 영웅이 됐고, 이 비행 직후 대서양 횡단 비행이 유행 사업으로 자리 잡았다. 그런데 집단의 상상력을 자극할 목적으로 상금을 내걸고 경쟁을 시키는 방식의 역사는 오티그의 상금보다 훨씬 더 오래됐다.

1774년 아이작 뉴턴과 영국 왕실은 경도상(Longitude Prize)을 제정했다. 바다에서 경도를 정확하게 측정하는 방법을 개발하는 사람에게 상금 2만 파운드를 지급하기로 한 것이다.[13] 바다에서 선장들은 태양과 북극성을 이용해 현재 위치의 위도를 계산했지만, 현재 위치의 경도를 정확하게 계산할 방법은 그때까지 없었다. 그 때문에 자주 암초 지대로 들어가 좌초돼 많은 선원들이 죽었다.

하지만 그 시대의 과학적 성취가 무색하게도 존 해리슨(John

Harrison)이라는 시계 제조공이 그 문제를 풀었다. 훗날 항해용 시계 '크로노미터(chronometer)'로 불리게 될 장치의 원형을 개발한 것이다. 항해용 시계는 거리를 시간 경과의 함수로 정확히 계산한다. 뉴턴은 천문학자들 중 누군가가 천체를 이용해 경도를 확인하는 방법을 알아내 상금을 차지할 거라고 생각했었지만 그 예상은 빗나가고 말았다. 해리슨은 그 뒤로 40년 동안 다양한 물건의 프로토타입을 만들었는데, 어떤 때는 노력 대비 손익을 따질 때 터무니없을 정도로 많은 비용을 지출하곤 했다. 영국 왕실로부터 여러 차례 상금을 받긴 했지만 모두 크지 않은 액수였고, 사실 그렇게 받은 돈은 금전적인 가치라기보다는 친구가 참가한 마라톤 경기 때 내가 던진 반짝이 폭탄과 같은 것이었다.

18세기 말 나폴레옹 정부는 황량한 불모지를 가로질러 먼 길을 행군하는 군인들이 먹을 식품을 신선하게 보존하는 방법을 찾아내는 사람에게 1만 2,000프랑의 상금을 주겠다고 발표했다. 결과적으로 이 상금은 현대식 통조림 기술을 낳았다. 제과점을 운영하던 니콜라 아페르(Nicolas Appert)가 상금을 받았는데, 그는 그후 14년 동안 자신이 낸 해결책을 붙들고 씨름한 끝에 마침내 완벽한 해결책을 내놓았다. 음식을 끓인 뒤 샴페인 병에 넣고 밀봉하는 방법이었다.

상금을 내거는 것은 지난 20년 동안 자선단체나 기업 그리고 정부 기관이 쉽지 않은 과제에 관심과 창의성을 집중하는 도구로 새롭게 부활했다. 활주로에 서서 라스베이거스를 흘낏 바라보는 것과 마찬가지로 상금은 사람들로 하여금 우승자가 된 자신의 모습을 상상하게 만든다. 막대한 금액의 현금을 보상으로 받고 사회적인 명사로 인정받을 수 있다는 사실은 사람들이 경쟁에 뛰어들기에 충분한 동기부여로 작동한다. 예를 들어 안사리X상(Ansari X Prize)은 민간 기업이 정부

돈이 아닌 자기 돈으로 유인 우주선을 만들어 고도 100킬로미터 상공으로 쏘아 올렸다가 귀환하는 데 성공하면 1,000만 달러의 상금을 준다. 이 상의 후원자들이 갖고 있는 민간 차원의 우주 비행이라는 발상은 너무 위험해서 감히 시도를 할 수 없는 것이라고 오랜 기간 인식돼 왔었지만, 어쨌건 상이 제정됨으로써 사람들은 그 발상에 관심을 갖고 만약 자신이 그 상금을 받게 되면 어떻게 될지 상상하기 시작했다. 결국 이번에도 수상자가 나왔다. 상이 제정되고 8년이 지나서였고, 그 사이에 7개국에서 26개의 팀이 도전했다. 미국의 모자브 에어로 스페이스 벤처스(Mojave Aerospace Ventures) 팀이 2004년에 발사한 스페이스쉽원(SpaceShipOne)이 수십억 달러 규모의 민간 우주 비행 산업의 문을 열었다. 이처럼 상금은 발명가들이 현실에서 가능할 수 있는 어떤 것을 상상하게 만든다.

같은 해 미국 국방부 산하 국방고등연구계획국(Defense Advanced Research Projects Agency), 통칭 다르파(DARPA)가 또 다른 종류의 상금을 내걸었다. 모하비사막을 가로지르는 자율주행 자동차 대회에서 우승자에게 100만 달러의 상금을 주겠다고 한 것이다.[14] 다르파는 지상전에 배치될 수 있는 자율주행 자동차에 필요한 신기술들을 이끌어내려고 이 과제를 설정했다. 상금이 걸려 있는 이 경쟁은 발명가들이 팔을 걷어붙이고 나서고 다양한 분야의 기술자들을 한 자리에 모으게 만들었다. 구글에서 자율주행 자동차 개발을 이끈 시배스천 스런(Sebastian Thrun)은 2017년에 다음과 같이 말했다.

"현재 자율주행 분야에서 일어나는 일들 중 독창적인 과제 없이 일어나는 것은 아무것도 없습니다. 과거에는 없었던 과제가 새로운 공동체를 만든 것입니다."

상금은 지금 당장은 수요가 없을 수 있지만 어떤 산업 또는 사회에서 장기적인 이득을 장차 가져다줄 어떤 것을 연구하고 발명하는 데 투자하라고 기업과 정부 그리고 자선단체를 유혹하는 일종의 미끼로 한층 광범위하게 사용될 수 있다. 조직은 이 상금 제도를 이용해 내부적으로는 직원들이 해당 문제에 집중하도록 동기를 부여할 수 있고, 외부적으로는 오래된 문제들에 참신한 생각을 불어넣을 수 있다. 어떤 조직들은 태양열 발전을 시골 지역에서 실행하거나 전세계의 가난한 사람들을 괴롭히는 질병들을 진단하는 도구를 발명하는 데 상금 제도를 이용하겠다는 노력을 기울이고 있다.

상금은 너무 복잡한 문제나 장기적으로도 보상이 별로 없는 문제들에는 그다지 유용하지 않다. 더욱이 아무리 상금을 내건다고 해도 우리가 상상할 수 있는 것 바깥에 놓여 있는 어떤 것으로 우리를 유도하지는 못한다. 이 문제를 해결하려면 밝혀지지 않은 것에 대해 우리가 갖는 호기심을 끝까지 붙들고 늘어지면서 파고들어야 한다.[15]

THE

OPTIMIST'S

TELESCOPE

제3부
·
자치단체와 사회
COMMUNITIES AND SOCIETY

우리는 미래 세대를 위한 관심을 쌓아나갈 문화적 관행, 기관, 법률 그리고 규범을 얼마든지 새롭게 만들어낼 수 있다. 투표권을 행사하는 것에서부터 이웃과 공동체 속에서 서로 소통하는 것과 사회 공동의 문화에 기여하는 것에 이르기까지, 우리 개인이 지금 당장 할 수 있는 의사결정이 중요하다. 우리가 각자 자기 생활과 일 속에서 미래를 내다보는 방법을 배우는 것과 마찬가지로, 우리 각자는 미래를 공동의 사회로 개척하는 데서 보다 더 강력한 유권자로 참여할 수 있다.

제7장 │ 지옥 또는 최고 수위

예방의 정치학

> 모크테수마가 그들을 만나러 갔을 때, 그는 코르테스에게 선물을 하사했다.
> 꽃을 주었고 목걸이를 걸어주었다.
> 화환을 걸어주었으며 머리에는 화관을 씌워주었다.
>
> —베르나르디노 데 사아군(가톨릭 수사),
> **1519년 아즈텍 황제가 정복자 에르난 코르테스와 조우한 것에 관하여**

:: 살아남는 문명의 조건

심지어 거인들도 비틀거리며 넘어진다. 메소아메리카(고고학·문화인류학상의 지역으로 멕시코, 온두라스, 엘살바도르 등 중앙아메리카 지역의 고대 문명을 뜻함-옮긴이)의 마야에서부터 이스터섬의 식민지들 그리고 고대 로마제국에 이르기까지, 역사 속의 여러 문명들은 높고 우아하게 꽃피웠다가 몰락했다.[1] 그 모든 사회들은 우리가 삶 속에서 경험하고 조직 속에서 목격하는 자기태만(self-sabotage)의 여러 패턴들을 그대로 밟아가면서 자신이 무너지고 있다는 경고 신호를 진지하게 받아들여 대응하지 못했고, 그 사실을 깨달았을 때는 이미 너무 늦은 뒤였다.

그러나 이런 유형의 실패는 얼마든지 피할 수 있다. 과거의 사회들이 온갖 생존 위협들을 이겨내고 지금까지 살아남은 이유는 공통의 가치관과 공동체 차원의 현명한 관행들 그리고 정부의 신중한 의사결정이라고 재레드 다이아몬드는 주장한다. 다이아몬드는 다른 문명들은 멸망했음에도 불구하고 1,000년의 역사를 이어오고 있는 여러 문명들, 이를테면 그린란드의 이누이트(Inuit) 공동체에서부터 일본의 에도 막부(도쿠가와 막부) 그리고 태평양의 뉴기니섬 문명 등을 연구한 끝에, 각각의 문명이 자신이 고난과 시련을 잘 견뎌낼 수 있도록 도움을 주는 문화적 관행과 강력한 제도를 갖고 있었다는 사실을 발견했다.

오늘날의 현대 사회에서 보면 사회에 널리 퍼져 있는 관행은 설사 경고 신호가 나타나더라도 우리가 주의를 기울이지 못하도록 막고 있다. 그럼에도 여전히 우리는 경솔함이나 무모함보다는 지혜로움을 선택할 수 있다.

:: 홍수 범람지에 추진된 개발 사업

"그렇다고 그 사람들이 당신 머리에 총을 겨누고 있지는 않았지요?"

원고측 변호사가 증인에게 물었다. 그는 증인을 반대 심문하면서 빈정대고 있었다. 증인석의 키트 스미스(Kit Smith)는 짧게 대답했다.

"말 그대로, 아닙니다."

총구가 자기의 관자놀이를 누르는 상황, 아닌 게 아니라 이는 문제의 그 며칠 동안 그녀가 느꼈던 감각을 가장 적확하게 표현하는 비유일 것 같았다. 그 일은 그녀가 재판정에 목격자로 소환되기 13년 전에 있었던 사건이다.

당시에 그녀는 사우스캐롤라이나의 주도 컬럼비아시가 있는 리치랜드 카운티의 지방의회 의장이었다. 11명의 선출직 의원들에게는 해당 카운티 내의 토지 사용 관련 의사결정을 감독할 책임이 주어져 있었다. 1999년에 한 무리의 영향력이 있는 투자자 집단이 그녀와 의회에 어떤 부동산 개발 사업을 신속하게 승인해달라고 요구했다. 자신들의 회사 이름을 컬럼비아벤처라고 이름 붙인 이 투자자들은 주도 바로 남쪽에 있는 광대한 땅에 10억 달러짜리 '도시 속의 도시'를 짓겠다고 제안해둔 상태였다. 그 부지는 동쪽 제방 뒤에 있는 콩가리강의 강기슭에 있었고, 그곳은 역사적으로도 홍수 범람지로 유명했다. 그 땅에 대한 계약이 체결되기 며칠 전에 투자자들은 리치랜드 카운티로부터 만약 제방이 잘못되면 카운티가 모든 책임을 지겠다는 각서까지 써달라고 요구했다.

컬럼비아시는 브로드강과 살루다강의 합류 지점에 있는데, 이 두 강이 합쳐져서 콩가리강이 된다. 낙엽송, 물투펠로(water tupelo), 물푸레나무, 오크나무 등이 무성한 습지는 콩가리강이 도시에서 남동쪽으로 내려가는 강 연안을 덮고 있으며, 이 강은 같은 이름의 국립공원으로 이어진다. 과거 남북전쟁 때는 도망 노예들이 울창한 숲으로 뒤덮인 강의 범람원에 무리를 지어 숨어 있기도 했다. 금주법 기간 동안에는 밀주업자들이 몰래 만든 술을 콩가리강을 따라 곳곳에 숨겼다. 이곳의 풍경은 여러 개의 대규모 구역으로 구성돼 있다. 과거에 노예를 일꾼으로 부렸던 플랜테이션이 여러 곳 있었지만, 지금 이 지역은 여러 개의 구역으로 나눠진 개인 사유지로 사냥 클럽의 사냥터 또는 그밖의 이런저런 용도로 사용되고 있다.

77번 주간도로가 가로지르는 컬럼비아와 콩가리국립공원 사이의 구역에 컬럼비아벤처가 개발 사업을 계획했던 4,400에이커(약 540만 평) 넓이의 부지가 있다. 컬럼비아벤처는 그 사업에 그린 다이아몬드(Green Diamond)라는 이름을 붙였다. 콩가리강의 지류이며 여러 개의 댐이 설치돼 있는 질스크리크(Gills Creek)는 이웃한 포트잭슨에서부터 문제의 그 상습 범람 구역을 가로질러 흐른다.

여러 세대 동안에 그 부지는 어떤 농가가 소유하고 있었다. 개발 계획이 제시됐을 때 그 부지의 일부는 경작되고 있었으며, 나머지는 이따금씩 사냥터로 사용된다든가 하는 것 외에는 버려지다시피 한 상태였다. 이른 아침이면 엽총과 위스키병 같은 물건을 휴대한 사냥꾼들이 눈에 띄곤 했다. 인간이 만든 농수로들이 강의 흐름을 방해하고 있었고, 그곳의 광대한 부지는 고인 물로 잠겨 있어 마치 거대한 새 물통(bird bath, 새들이 잠시 쉬어갈 수 있도록 마련한 물통, 쉼터를 뜻하기도 한다-옮긴이)처럼 보였다.

인근 부지 역시 상습 범람 구역인데, 이 구역에는 도시의 폐수 처리 공장과 사립 성공회 초등학교가 있었다. 이 학교의 체육관과 구내식당은 상당한 높이의 콘크리트 블록 기초 위에 세워졌다. 그린 다이아몬드 개발지로 제안된 부지에는 맨홀들이 있었는데, 이 맨홀들은 지면에 평평하게 만들어진 게 아니라 질척한 땅 위로 3미터 넘게 솟아오른 굴뚝처럼 세워져 있었다.

처음에는 그린 다이아몬드가 피할 수 없이 받아들여야만 하는 개발 사업처럼 보였다. 1998년 여름(사업이 구상 단계에 있던 때였다)에 컬럼비아와 리치랜드 카운티의 공무원들은 이 새로운 개발 사업에 열을 올렸다. 그들은 그 지역에 일자리가 생기고 세금 수입원이 생길 것이라면서 반겼다. 고속도로에 인접한 그린 다이아몬드가 외딴 시골이자 대부분 가난한 흑인이 거주하는 지역에 기업들을 불러들여 보다 나은 주택과 기반 시설이 생길 것이라고 많은 사람들이 기대했다.

초기의 그린 다이아몬드 제안은 키트 스미스에게 그 지역에 꼭 필요한 것으로 비쳐졌다.[2] 개발업자들은 2만 개의 일자리를 약속했으며 또한 첨단 기술 공원, 골프장, 아웃렛 몰, 은퇴자 마을, 의료 시설, 식당과 호텔, 수백 가구의 단독 및 공동 주택 등을 포함하는 광대한 주상

복합 커뮤니티를 약속했다. 주택 위기는 이미 10년 전의 일이었으며, 제방이 무너지기라도 하면 도시 전체가 파괴되고 수천 명이 익사할 수 있다는 사실을 아직 허리케인 카트리나가 세상에 보여주지 않았을 때였다.

컬럼비아벤처는 정치권을 움직여 그린 다이아몬드 사업을 지지하도록 로비할 정치적 무기를 갖고 있었다.[3] 민주당 전국위원회 위원장을 역임했던 인물을 영입해두고 있었던 것이다. 그리고 그 범람원의 개발 사업에 영향력을 행사하기 위해 미국의 연방재난관리청의 법무자문위원이자 장차 이 부서의 수장이 될 인물인 마이크 브라운과 대통령 후보 지명자 조지 W. 부시를 만날 계획도 갖고 있었다.

그러나 개발업자들이 키트 스미스와 그녀의 동료 의원들에게 그 사업에 찬성한다는 의사를 신속하게 밝혀달라고 압력을 넣고 있던 시기인 1999년 초에 스미스는 그 사업이 커다란 문제를 초래할 수 있다며 의혹을 품기 시작했다. 게다가 제방의 안전성을 카운티가 책임져야 한다고 개발업자들이 요구했을 뿐만 아니라 특정재원채(미국 지방채 중에서 특정 사업목적의 자금조달을 위해 발행되는 채권-옮긴이)로 8,000만 달러를 요청했다는 사실을 그녀가 새롭게 안 지 얼마 되지 않은 때이기도 했다. 컬럼비아는 범람원을 개발하는 일이나 제방을 고치는 일에 익숙한 해안 도시가 아니었다. 그렇지만 스미스는 어쩐지 찬성표를 던져야 할 것만 같은 압박감을 느꼈다. 돈이 많은 개발업자들이나 그녀의 동료 의원들 그리고 여론이 이 개발 사업을 최대한 빨리 진행해야 한다는 취지의 사회적 압력을 점점 거세게 만들어가고 있었기 때문이다.

그린 다이아몬드는 그 자치단체에 심각한 위험을 제기했다. 컬럼비아벤처가 콩가리강을 따라 형성된 광대한 땅을 사들이기 이전에, 보험 및 정책 입안 자료로 사용할 목적으로 전국의 범람원을 조사하는 정부 기관이 해당 지역에 대한 새로운 도화원도(draft map, 지도를 제작하는 과정의 중간 결과물−옮긴이)를 발표했다. 그런데 이 지도로 보면 그린 다이아몬드 건축 부지의 70퍼센트가 홍수로에 포함됐다. 홍수로는 홍수가 나서 물이 범람할 경우 수심이 가장 깊고 물살이 가장 빨라서 전체 범람원 중 가장 위험한 부분이다. 여러 차례 있었던 일이긴 하지만 심각한 허리케인이 들이닥쳤을 때 휴스턴이나 뉴올리언스와 같은 해안 도시에서는 홍수로에 해당되는 구역에 있던 집과 자동차가 물에 잠기고 이웃과 친지가 익사하는 것을 지켜봤었다.

미국의 연방재난관리청은 범람 위험에 대한 새로운 정보를 반영하기 위해 5년에 한 번씩 전국의 지도를 업데이트한다. 하지만 세월이 지남에 따라 범람 가능성 및 예상 피해 규모도 늘어난다. 도시가 점점 팽창하기 때문이다. 주택과 도로와 개발지가 점점 더 많이 들어서면서 범람한 물이 흘러내려갈 여유 공간도 그만큼 부족해진다. 그래서 마치 물컵에 돌멩이를 넣으면 수위가 올라가는 것과 마찬가지로 폭풍우가 도시를 강타할 때 홍수의 수위는 그만큼 더 높아진다.

자치단체들로서는 지역 개발과 관련된 의사결정을 할 때 국가의 홍수 지도에 주의를 기울이는 것이 의무사항은 아니다. 그러나 만약 자치단체가 주택 소유자를 위한 보험에 보증을 하며 지원하는 '국가 홍수 보험 프로그램(National Flood Insurance Program)'에 참가하고자 한다면, 그리고 자치단체가 필요한 경우 연방 재난구호기금의 혜택을 받을 자격을 갖추려면 반드시 홍수 지도에 주의를 기울여야 한다. 2016년의 경우 국가 홍수 보험 프로그램은 200억 달러가 넘는 돈을 재무부에 납부해야 하는 의무를 졌다.[4] 멕시코만 연안 지역의 허리케인 카트리나와 북동부 지역의 허리케인 샌디 희생자들에게 보험료로 받은 돈보다 더 많은 돈이 지불됐기 때문이다. 2017년에 하비와 이르마 그리고 마리아와 같은 허리케인이 닥쳤을 때 국가 홍수 보험 프로그램이 지불한 보험금은 최대 대출 한도에 육박했다.

저널리스트 메리 윌리엄스 월시는 텍사스 스프링 소재의 한 주택은 2017년 기준으로 부동산 가치가 4만 2,104달러밖에 되지 않는데도 19회나 수리하는 비용으로 국가 홍수 보험 프로그램에 무려 91만 2,732달러의 비용을 안겨줬다고 지적했다[5] 하지만 이는 반복해서 홍수 피해를 입음에 따라 발생한 '심각한 반복적 재산 손실' 사례 수만 건 중 하나일 뿐이다. 의회가 늘어나는 재난구호기금 비용을 반영하기 위해 홍수 보험료를 인상하려고 했을 때 해안 지역에 거주하는 많은 시민들이 격렬히 반대했다. 그리고 전국에 있는 시민들이 범람 위험이 높은 곳에 점점 더 많은 집과 사무실을 계속해서 지음에 따라 국가 홍수 보험 프로그램의 부채는 계속 늘어났다. 이와 비슷한 상황을 상상하자면 다음 질문에 대한 답을 떠올리면 된다. 정부가 사람들에게 자동차를 타고 고속도로를 운전할 때 안전벨트를 매야 한다는 사실을 굳이 권고하지 않을 때 또는 안전벨트를 매지 말라고 권고할 때 어떤 일이 일어날까?

물론 모든 정부 정책이 다 경솔하지는 않다. 연방재난관리청은 홍수로에는 범람 때 수위를 높이는 결과를 빚게 될 건물의 승인을 내지 말라고 자치단체들에게 요구한다. 3,000개가 넘는 전국의 자치단체들은 각자 자기 의사에 따라서 한층 조심스러운 프로그램들을 제정해두고 있다[6] 오클라호마의 툴사는 1980년대에 엄청난 범람 피해의 참사를 겪은 뒤 범람원에 있는 주택과 사무실을 사들이는 시 차원의 노력을 통해 범람원에 있던 1,000개 가까운 건물을 철거했다. 시애틀의 주도인 워싱턴의 킹 카운티는 10만 에이커 넓이의 범람원을 자연 그대로의 개활지로 유지하고 있다. 연방재난관리청은 이런 자치단체의 주민들에게 한층 낮은 보험료를 매긴다. 보다 더 많은 자치단체가 킹 카운티와 비슷한 방식으로 재난에 대비하도록 장려하기 위해서다.

흔히 자치단체는 재앙을 한 차례 경험하고 나서야 비로소 이런 구체적인 행동을 하고 나선다. 이를테면 콜로라도의 포트콜린스는 1997년 여름에 치명적인 홍수 피해를 입었는데, 이 일을 계기로 포트콜린스는 홍수로에는 그 어떤 건축물도 들어서지 못하도록 금지했다.

사우스캐롤라이나의 리치랜드 카운티는 (재앙을 경험한 뒤는 아니었지만) 1994년에 예비적인 조치를 취했다. 리치랜드는 포트콜린스와 마찬가지로 지역 차원의 빗물 관련 법령을 통해 최악의 위험 구역에는 건물을 짓지 못하게 했다. 이 조치 덕분에 나중에 그 카운티 주민에게는 홍수 보험료가 낮춰졌다. 내가 대화를 나눠본 지역의 공무원들은 그런 조치가 주민들은 물론 폭풍이 몰아칠 때 인명 구조 활동을 하는 구급대원들을 보호해준다고 여겼다.

그런데 그린 다이아몬드 배후에 있던 강력한 개발업체 컬럼비아벤처는 개발 예정 부지의 70퍼센트가 홍수로에 있으며, 따라서 자치단체가 건축 승인을 해주지 않을 게 분명하다는 사실로 불거진 문제를 어떻게든 처리하고 싶어 했다. 그래서 이 회사는 리치랜드 카운티에 관련 법령을 느슨하게 적용해달라고 로비했다. 과거에 이 카운티는 홍수로에 보트 선착장이나 부두를 짓겠다는 사람들에게 허가를 내줬었지만, 수만 명을 위해 수백만 달러의 가치가 있는 주상복합 건물을 홍수로에 짓겠다는 요청은 한 번도 받아본 적이 없었다. 이런 요청을 한 것은 그린 다이아몬드가 처음이었던 것이다. 또한 이 개발업체의 다른 전술은 연방재난관리청에도 로비를 하는 것이었다. 물론 로비의 골자는 문제의 발단이 된 지도를 변경해 개발 예정 부지가 범람원 가운데서도 가장 위험한 구역에 들어가는 것으로 표시되지 않도록 해달라는 것이었다.

키트 스미스는 당시 그 개발 사업을 승인해야 한다는 압박감에 찜찜한 기분을 떨칠 수 없었다. 그녀는 사우스캐롤라이나 주 정부 소속 범람원 담당 책임자로서 당시에는 미혼이라 홀랜드(Holland)라는 성을 사용하던 리사 샤라드(Lisa Sharrard)에게 전화했다. 그때 샤라드는 스미스에게 해당 부지에 건물이나 주거 시설을 지을 경우 수천 명이 위험해질 수 있으며, 제방이 잘못되기라도 하면 카운티 전체가 엄청나게 비싼 대가를 치르게 될지도 모른다고 말했다.

정부의 홍수 지도는 도시의 사회 기반 시설의 성장과 시간 경과에 따른 강의 지형 변화를 고려하며 해당 지역의 홍수 및 범람 이력을 근거로 제작된다. 연방재난관리청의 우려는 100년에 한 번 범람이 일어날 것으로 추정되는 구역, 즉 어느 한 해에 범람이 발생할 가능성이 1퍼센트인 구역에 초점이 맞춰져 있다.

대공황으로 이어지게 될 주식시장 붕괴가 일어나기 직전인 1929년 10월에 허리케인 2개가 사우스캐롤라이나를 강타했다. 당시의 기록을 확인하면 콩가리강의 수위는 컬럼비아시에서 152피트까지 올라가 지류에 놓인 모든 교량을 쓸어버렸으며, 고속도로와 공장 그리고 수력발전소가 며칠 동안 기능을 상실했다.

샤라드는 스미스에게 그린 다이아몬드 사업이 계획대로 진행된다면 콩가리강 범람원에 재앙을 몰고 올 범람이 발생할 위험이 한층 높아질 것이라고 말했다. 이 개발 사업이 진행되고 나면 그 뒤로 보다 더 많은 건물들과 도로들이 범람원에 들어설 터였다. 게다가 지구 온난화 현상에 따라 미국 남동부에는 강수량도 늘어나고 범람도 더 자주 일어날 게 분명했다. 그런데 홍수 지도는 이런 사실을 반영하지 않왔다. 그 지도는 미래에 일어날 위험이 아니라 과거에 일어났던 위험을 근거로 하기 때문이었다. 샤라드는 범람원에 건물을 짓는 행위에 포함된 위험성을 모든 사람이 과소평가한다고 생각했다.

:: 호미로 막을 것을 가래로 막는 원인

자연재해의 위험성을 높게 평가하는 자치단체들은 그런 선택에 따른 보상을 장기적으로 반드시 받는다. 예를 들어 2009년 펜실베이니아대학교 와튼스쿨의 경제학자 하워드 쿤로이더(Howard Kunreuther)는 만약 플로리다, 뉴욕, 사우스캐롤라이나, 텍사스와 같은 주들의 정부가 현재 표준을 과거 건물들에 적용함으로써 주거용 건물의 코드를 업데이트만 해도 허리케인에 따른 피해 금액을 수백억 달러나 절약할 수 있다고 계산했다.[7] 2017년에 미국 정부가 제출한 보고서에 따르면, 개인과 자치단체 그리고 정부가 지진과 홍수와 허리케인에 대비하는 데 1달러를 지출할 경우 재앙에 따른 피해나 건물 보수에 들어가는 비용 6달러를 절약할 수 있다.[8] 많은 재앙 전문가들은 자치단체들이 건물 건축을 승인할 때 미래의 재난에 대비해 주민과 재산을 보호하기 위한 현명한 조치를 미리 취할 경우 실제로는 그보다 훨씬 더 많은 돈을 절약(1달러를 지출할 때 11달러는 절약하는 효과가 발생)한다고 확신한다. 지구 온난화로 빚어지는 재앙에 따른 비용이 점점 더 높아지기 때문이다.

그렇지만 불행하게도 대부분의 자치단체에서 이뤄지는 의사결정을 유도하는 것은 현재의 비용과 미래의 비용을 냉정하게 따져보는 계산이 아니다. 정치 지도자들 심지어 사회 전체가 미래를 염두에 두지 않도록 유도하는 것은 지금 당장 눈앞에 보이는 이익 그리고 주의를 집중하지 못하게 방해하는 온갖 소음들이다.

자치단체와 사회가 발전을 평가하는 방식은 흔히 근시안적인 의사결정을 선호한다. 그래서 재앙으로 빚어질 대대적인 파괴는 덮어버려서 보이지도 않는다. 20세기 중반부터 GDP가 한 나라의 복지를 가늠하는 지배적인 잣대가 됐다. 그러나 이것이 한 나라의 진정한 복지를 측정한다고 믿는 것은 명백한 오류다.[9]

어떤 나라가 천연자원을 마구 파괴하고 시민이 불안해하는 세상으로 폭주한다고 치자. 이럴 때는 GDP로 대변되는 그 나라의 경제가 아무리 일시적으로 성장하더라도 진정한 발전이라고 할 수는 없다. GDP는 결코 좋은 지표가 될 수 없다는 말이다. GDP의 성장이 실제로는 그 나라가 무모한 길로 나아가고 있음을 숨길 수 있다. 노벨상 수상 경제학자 조지프 스티글리츠(Joseph Stiglitz)와 아마르티아 센(Amartya Sen)은 충분히 많은 로열티를 확보하지 않은 채, 대기 및 수질 오염으로 인한 해악을 예방할 수 있는 법규를 충분히 마련하지 않은 채, 어떤 회사에 광산 개발권을 양보한 어느 가난한 나라의 사례를 제시한다. 그 나라와 국민의 복지 수준이 떨어지는 동안에도 GDP는 올라갈 수 있다. 교통정체조차도 GDP를 올릴 수 있다. 자동차의 연료 사용이 그만큼 늘어나기 때문이다. 하지만 이때 삶의 질은 떨어진다. 스트레스 수준이 높아지며 건강도 그만큼 위험해진다. 지진이나 태풍도 한 나라의 GDP를 끌어올린다. 이런 재해가 일어난 뒤에는 (재해가 사람과 경제에 영원히 지워지지 않을 상처를 남기더라도) 복구에 따른 비용은 어쨌거나 지출될 수밖에 없기 때문이다. 이런 임시적인 상승은 전 세계에서 발생한 자연재해 직후 상황에서 입증됐다.

스티글리츠와 센은 한 나라의 국민의 성장을 측정하는 통상적 지표인 1인당 GDP가 그 사회에 존재하는 불평등을 덮어버린다는 사실을 꼬집는다. 예컨대 미국의 경우에 1999년부터 2008년까지 1인당 GDP

는 상승했다. 이 시기에 대부분 국민의 (인플레이션을 고려한 실질적인) 소득이 감소했음에도 불구하고 그 같은 결과가 나왔다. 나중에야 깨달은 사실이지만 금융위기 직전에 불평등 지수는 이미 상승하고 있었다. 전체 소득이 증가하고 있었지만 이런 상황이 전개됐던 것이다.

재레드 다이아몬드는 과거의 사회들을 돌아보면 각 사회의 영향력이나 규모라는 기준으로 볼 때 최절정기에 도달한 다음 빠르게 내리막길을 걸었다고 지적했다. 그 문명권에 속했던 사람들은 왜 그렇게 갑자기 뒷걸음질을 쳤을까? 핵심적인 이유는 임박한 쇠퇴의 신호들 (결정적으로 중요한 자원들이 고갈되고 있다는 신호 등)이 자원의 단기적 변동성에 가려져 보이지 않았기 때문이다. 이는 슈퍼박테리아가 기승을 부리는 것이 새로운 항생제 개발이라는 일시적인 해결책에 의해 수십 년 동안 가려졌던 일, 택시 운전사가 하루 목표를 달성한 사실에 만족하느라 한 해 목표를 달성하지 못한다는 사실을 깨닫지 못하는 일과 비슷하다. 또한 다른 것은 바라보지도 않은 채 오로지 계기판만 바라보면서 하는 운전과도 같은 상황이다. 다이아몬드는 이스터섬에 살았던 사람들이 숲의 나무를 베어내는 장기적인 추세가 자신의 번성하던 문명을 멸망의 길로 이끈다는 사실을 18세기가 되도록 알지 못했던 이유도 그렇게 설명했다.[10] 그는 한 해 동안 숲의 면적이 얼마나 줄어드는지 그 섬의 주민들은 간파하지 못했을 것이며, 숲이 점점 줄어드는 추세는 헐벗은 땅에서 느린 속도로 자라나는 어린나무들에 의해 가려졌을 것이라고 썼다.

조지메이슨대학교의 경제학자 타일러 코웬(Tyler Cowen)은 국민의 건강 상태, 환경 자원, 여가 시간, 아기나 노인 돌보기처럼 돈으로 매매될 수 없는 가사 노동 등을 포함한 복지의 결정적인 측면들을 GDP는 포착하지 못한다는 사실을 지적한다.[11] GDP는 단순히 연간 매매

되는 재화와 서비스만을 포착할 뿐이다.

코웬은 GDP를 대체해 인간 복지 및 사회 전체의 복지에 기여하는 모든 것을 반영하는 '부 이상의 것(wealth plus)'이라는 개념을 주창한다. 그러나 아기나 노인을 돌보는 일, 부에 대한 공정한 접근, 자원 보존, 여가 시간 등을 수치로 측정하는 일은 생산된 뒤에 상품으로 팔린 물건의 가짓수를 세는 일과 비교할 때 매우 복잡하다. 그런 수치들을 정확하게 짚어내기 어렵다는 사실 때문에 GDP를 대체할 멀쩡한 지표가 나오기 어려운 것이다. 스티글리츠와 센의 관점에서 보면 뭐가 됐든 간에 단일하게 설정된 목표로는 한 사회에서 측정돼야 마땅한 어떤 것을 포착하기 어렵다. 그래서 나는 여러 개의 수치 지표를 동시에 사용할 필요가 있다고 본다. 그리고 사회가 나아가는 방향에 대한 심도 깊은 여러 질문을 하기 위해서라도 수치로 제시되는 목표 너머까지 바라볼 수 있는 여러 방법을 개발할 필요가 있다고 생각한다.

자치단체나 전체 사회(국가)가 미래의 재앙에 대한 적절한 포사이트를 발휘하지 못하는 또 하나의 이유는 미래에 받게 될 보상이 지금 당장에는 정치적으로 유익하지 않다는 데 있다. 선거에 나선 입후보자들이나 당선자들은 위기가 발생하지 않도록 예방했던 보이지 않는 행동이 아니라, 위기가 터지고 난 다음에 그 위기에 적절하게 대응한 일로 공적을 인정받고 명성을 얻는다. 2001년 미국에서 9.11 사태가 일어났을 때도 그랬다. 이 사건은 당시 뉴욕 시장이던 루돌프 줄리아니(Rudolf Giuliani)를 〈타임〉이 선정한 '올해의 인물'로 만들었으며, 그에게 전국적 관심의 스포트라이트가 쏟아지게 해줬다. 그런데 만일 그가 이 사건을 미리 예방했더라면 어땠을까? 아마도 이 같은 사실을 알아차린 사람의 수는 그가 올해의 인물로 선정됐다는 사실을 아는 사람보다 훨씬 적을 것이다.

물론 이렇게 될 수밖에 없는 이유 중 하나는 9.11 테러의 끔찍한 공포는 대부분의 사람들에게 도저히 예측할 수 없는 것이었다는 점이다. 자치단체와 사회의 지도자들과 유권자들은 사람들이 저마다 일상 속에서 저지르는 상상력 부족이라는 실패와 동일한 실패로 고통을 받는다. 상상하는 대상이 과거의 시대든 다음번에 갈 캠핑이든 또 다른 무엇이든 간에 말이다. 그렇다고는 하나 우리가 모든 것을 다 예측할 수는 없지만 몇몇 위험들은 명백한 것들이며, 따라서 우리 레이더에 반드시 포착되는 게 맞다.

상상력 부족은 내가 하는 일에서도 악몽처럼 반복돼왔다. 2014년 말 에볼라 사태가 한창일 때였다. 의사와 과학자와 정책 전문가들이 보스턴에서 모인 자리에 나도 함께했다. 당시는 서아프리카를 넘어 확산되고 있던 이 치명적인 바이러스에 대한 미국인의 공포가 절정에 다다랐을 시점이었다. 텍사스와 뉴저지에서 발견됐기 때문이다. 에볼라 바이러스로 사망한 사람은 전세계적으로 1만 명이 넘었고, 사망자 대부분은 라이베리아와 시에라리온 그리고 기니에 살던 사람이었다.

그 모임에 주어진 과제는 이 위기에 대응할 방안을 마련해 백악관에 보고하는 것이었다. 하지만 나는 우리가 이 혼란에 맨 처음으로 사로잡혔다는 좌절감을 떨칠 수 없었다. WHO가 에볼라 바이러스가 전세계적인 비상사태를 불러온다고 경고(전세계 모든 국가가 바이러스의 확산을 막기 위해 공격적인 조치를 취해야 한다는 뜻으로)한 것은 서아프리카에서 발병 사례가 보고된 뒤 8개월이나 지난 시점이었다. 그 8개월 동안 강력한 대응 조치가 나왔더라면 에볼라에 의한 최악의 피해는 피할 수도 있었지만, 그런 일은 일어나지 않았다. 거의 1,000명이 죽고 바이러스가 국경을 넘어 빠르게 확산돼서야 비로소 WHO는 전세계적인 비상사태를 선포한 것이다.

〈AP통신〉이 나중에 공개한 자료를 보면 담당 관리들은 세계적인 비상사태 지정 발표가 나오기 몇 달 전에 이미 그 사태의 잠재적인 위험과 심각성을 알고 있었으며, 전쟁의 상처가 깊게 패인 전세계의 오지에서 의료 봉사 활동을 하는 '국경 없는 의사회'로부터도 에볼라의 위험 등급에 대해 경고를 받고 있었다.[12] 그러나 WHO의 지도자들은 비상사태를 선포할 경우 이 병의 진원지 국가들의 경제가 심각한 피해를 입을 것을 우려했다. 2015년에 미네소타대학교의 전염병 전문가인 마이클 오스티옴(Michael Osterholm)은 WHO의 이런 변명을 여러 집이 화염에 싸여 있어도 "소방차가 줄지어 들이닥치면 이웃 사람들에게 민폐를 끼칠까 봐 두려워서"라는 이유로 소방서에 신고하지 않는 것에 비유했다.[13]

서아프리카 국가들이 입은 인적·경제적 피해는 다른 어떤 것도 그렇게 할 수 없을 정도로 컸다. 인도적인 지원 약속의 규모는 수십억 달러였고, 라이베리아 경제는 붕괴 직전까지 주저앉았으며, 항공업계의 손실은 그 해에만 수천만 달러를 기록했다. 수천 명이 비극적으로 허무하게 죽음을 맞았다. 하지만 이런 결과는 예측할 수 없었던 것이 아니었다. 대대적인 발병이 임박했을 때 해당 분야의 전문 지식과 사례로 무장한 전문가들 및 세계 지도자들은 그 같은 사태를 얼마든지 예상할 수 있었지만 그렇게 하지 못했다. 그렇게 해서 현실은 그들이 상상하던 내용을 훌쩍 뛰어넘어 전개됐다. 아무리 사소한 것이라도 지금 당장 코앞에 닥친 것들만 놓고 걱정하다 보면 생각까지도 오염된다.

역사학자 바버라 터크먼(Barbara Tuchman)은 한 나라를 패할 것이 빤한 싸움을 벌이게 만들고 찬란했던 제국을 파괴하도록 만드는 그런 종류의 어리석음을 사회 전체 차원의 실패, 즉 지도자들이 당시 이미 갖고 있던 지식을 토대로 바람직한 행동을 실행하지 못한 사회 전체 차원의 실패라고 정의했다.[14] 트로이 사람들이 목마를 받아들였을 때, 아즈텍의 모크테수마가 코르테스에게 선물을 줬을 때, 미국이 베트남을 침공했을 때가 그런 경우였다. 터크먼이 했던 평가 속에서 그 선택들은 '어리석음의 행진'이었다. 각 시대의 지도자들은 다른 누구보다도 많은 것을 알았지만 마치 아무것도 모르는 것처럼 행동했다. 에볼라 사태가 터졌을 때 여기에 대한 대응 책임을 작게나마 지고 있었던 나도 마찬가지였다.

:: 버로스 가문의 포사이트

컬럼비아벤처스의 수석 투자자이자 공동관리자는 사우스캐롤라이나의 전설적인 회사 버로스앤채핀(Burroughs & Chapin)이었는데, 바다를 끼고 있는 호리 카운티에서 설립된 기업이었다. 이 회사는 사우스캐롤라이나에 머틀비치라는 현대적인 도시를 세웠고, 이곳에 골프장과 해변 리조트, 스트립 몰(strip mall, 번화가에 상점과 식당들이 일렬로 늘어서 있는 곳-옮긴이), 놀이 공원을 지었다.

　머틀비치가 후미진 시골에서 리조트타운으로 변신한 것은 19세기의 공동체 족장 프랭클린 버로스(Franklin Burroughs)의 아이디어였다.[15] 해변에서 내륙 쪽으로 약 24킬로미터 떨어진 콘웨이라는 강변 마을의 원주민이었던 버로스는 소나무의 송진을 채취한 뒤 이를 타르와 피치와 테레빈유의 원료로 팔아 돈을 벌었다. 그는 사업을 키워가던 어느 시점에선가 해안을 따라 이어진 땅을 사는 것이 송진 채취를 위해 소나무들이 있는 이 땅을 빌리는 것보다 비용이 싸게 먹힌다는 사실을 깨달았다(그 지역은 염분이 너무 많아서 농사를 짓기에 적합하지 않았기에 땅값이 무척 쌌다). 그가 사망한 1897년 무렵에 소유하고 있던 땅은 현재의 머틀비치 대부분이었다. 그는 죽기 직전 자식들에게 미처 끝내지 못한 과업을 물려줬다. 그 땅을 아름다운 해안 주거지로 만든다는 꿈이었다.

버로스의 자식들은 19세기에서 20세기로 넘어가던 시점에 토지 지주회사를 세우고 바다를 바라보는 위치의 택지를 호텔 및 리조트 개발업자들에게 빌려주는 사업을 시작했다. 그들은 미래의 거주자들에게 택지 하나당 25달러라는 헐값에 땅을 팔았다. 그들은 시간이 흘러가도 자신들의 아버지가 꾸던 꿈을 놓지 않았다. 모든 땅을 택지로 팔아넘기지 않고 해변으로의 통행권을 확보해뒀던 것이다. 택지 소유자들이 해변으로의 접근을 차단할 수도 있었기 때문이다. 그럼에도 불구하고 그 지역의 개발은 아버지 버로스가 생각했던 것을 훌쩍 뛰어넘는 수준으로 정신없이 그리고 무계획적으로 진행됐으며, 현재의 머틀비치는 고카트(go-kart, 지붕과 문이 없는 소형 경주용 자동차-옮긴이)의 경주용 트랙, 터무니없이 큰 전자담배 가게, 스트립클럽, 파스텔 색조의 호텔 건물, 오토바이 술집, 화려한 비공개 클럽 등으로 온통 뒤죽박죽이다.

시간이 흘러 그 토지 지주회사는 버로스앤채핀이 됐고, 이 회사는 호리 카운티 주민들의 인심을 샀다. 동네 주민들이 성공회 교회를 새로 짓고 싶어 할 때 무상으로 부지를 선뜻 내주기도 했고, 머틀비치시가 미술관을 지으려고 할 때도 부지를 무상으로 기증했기 때문이다. 버로스 가문의 뿌리는 사우스캐롤라이나의 이 해변 도시 곳곳에 깊고 넓게 닿아 있다. 호리 카운티에 속해 있는 콘웨이 마을에 산다는 것은 버로스 가문의 누군가를 개인적으로 잘 안다는 뜻이며, 이 가문의 선행을 이름만으로도 잘 안다는 뜻이었다. 나는 친한 친구를 만나기 위해 지난 20년 동안 콘웨이를 드나들었다.

수전 호퍼 맥밀란(Susan Hoffer McMillan)은 저널리스트 출신으로 호리 카운티와 버로스 가문의 역사를 꿰고 있는 향토 역사가이자 머틀 비치를 소재로 6권의 책을 낸 저술가이기도 하다. 그녀의 남편은 프랭클린 버로스의 증손자다(그는 버로스앤채핀의 부사장이자 최고재무책임자로 있다가 그린 다이아몬드 사업이 제안된 직후이던 2000년에 은퇴했다).

타계한 지 이미 오래된 19세기의 공동체 족장 프랭클린 버로스 부부의 원본 초상화들이 콘웨이에 있는 그녀의 넓은 집에 걸려 있다. 이 집은 스페인 이끼를 듬뿍 단 채 제멋대로 가지를 뻗은 목련나무와 오크나무가 줄지어 서 있는 거리에 있다. 그녀가 살고 있는 이 집은 프랭클린 버로스가 사망한 뒤 그의 아내와 딸이 1900년대에 지은 것인데, 그때 이후로 줄곧 가문의 소유로 남아 있다. 이 집에는 거실이 여러 개 있다. 한결같이 모두 넓으며 원색 문양이 있는 소파와 티파니 램프 그리고 눈부신 코발트블루 색깔인 낚시 찌 등으로 화려하게 장식돼 있다. 이 장식물들은 모두 오후의 햇살 아래 불타올랐고, 수전과 나는 그 거실들 가운데 하나에 자리를 잡고 앉았다.

수전은 버로스 가문의 회사가 원래 느린 걸음의 성장, 즉 두 세대 동안 지속되는 성장이라는 기업 철학을 갖고 있었다고 믿는다. 그녀의 견해로는 이 회사가 공격적으로 성장하기 시작했으며 호리 카운티를 넘어 주도인 컬럼비아와 내슈빌(그곳에서는 이렇다 할 기록을 세우지 못했고 자치단체의 신임을 얻지도 못했다고 했다)로까지 눈을 돌린 것은 신임 CEO가 지휘봉을 잡고 있던 1990년대였다. 버로스 가문의 이 회사는 그때까지 제방 옆 부지를 개발하겠다거나 자기 지역 밖에서 사업을 추진하려고 한 적은 한 번도 없었다. 버로스앤채핀이 컬럼비아벤처에서 주도권을 잡고 그린 다이아몬드 사업을 제안했던 바로 그 시기에 이 회사는 하늘을 찌를 듯이 빠르게 성장했고, 부채 역시 그렇게 늘어나고 있었다.

사우스캐롤라이나의 많은 마을에서는 주민들이 대개가 서로를 잘 알았다. 적어도 누가 누구 집안의 자손이라는 정도는 다 알았다. 콘웨이는 믿을 수 없을 정도로 작은 동네였는데, 내가 그곳에 가서 머무는 동안 사우스캐롤라이나 전체 인구 500만 명이 내가 태어나고 자란 중서부의 2만 명보다 어쩐지 더 친밀하게 느껴질 정도였다. 이곳 사람들은 방문자가 전날 누구를 만났으며 다음날은 누구를 만날지 안다고 해도 과장이 아니었다. 이 작은 마을들은 서로를 또 하나의 확대된 가족으로, 짓궂게 조롱할 때도 있지만 너그럽게 받아들이는 색다른 개성을 가진 사람들 또는 극심한 불화를 겪는 가족으로 느끼고 대했다.

이런 사정을 놓고 짐작해보면 사우스캐롤라이나의 단체장들 및 담당 공무원들이 그린 다이아몬드 사업을 서둘러 매끄럽게 처리해야만 한다고 느꼈을 사회적 압박이 얼마나 컸을지 충분히 짐작할 수 있다. 하지만 이런 압박은 돈이 많은 개발업자들이 가진 영향력에 비하면 부차적인 것이었다. 이들은 고위 정치인들과 연결돼 있었으며, 지역의 입후보자들이 재선에 성공할 수 있도록 선거운동 자금을 지원할 능력을 갖고 있었기 때문이다. 개발업자들로서는 해당 부지에 무슨 일이 일어나든 간에 거기에 장기적으로 많은 시간과 노력을 들일 이유가 없었고, 이런 개발업자들이 누릴 눈앞의 이익을 위해 장기적 차원의 위험에는 다들 눈을 감고 그냥 넘어갈 분위기가 형성돼 있었다. 이 자치단체는 이미 카지노와 같이 돼버렸다. 키트 스미스는 자신이 직업과 관련되거나 사교적 차원에서 만나던 사람들에게서 미래의 위험보다는 지금 당장의 긴급한 사업을 우선해야 한다는 강한 메시지를 느꼈다.

홍수 및 범람 전문가 리사 샤라드는 내게 이렇게 말했다.

"엄청나게 많은 자금과 엄청나게 강력한 영향력이 마치 허리케인처럼 내게 몰아친다고 생각해보세요. 거기에 대항하기란 거의 불가능해요. 돈과 영향력을 가진 개발업자들이 무책임하게 장밋빛 미래만을 이야기했고, 거의 모든 사람들이 거기에 손을 들어줬습니다."

∷ 근시안을 유발하는 정치적 압력

토지를 개발하겠다는 무모하고 경솔한 의사결정을 사람들은 흔히 탐욕이나 무지의 부산물로 여긴다. 보기 흉한 스트립 몰이나 고층 건물은 부분적으로는 돈만 밝히는 경솔한 정치인들의 작품이다. 그러나 토지 사용이 근시안적으로 이뤄진 데는 법률이 큰 영향을 미쳤다. 법률은 많은 사람들이 알고 있는 것보다 훨씬 더 결정적인 역할을 했다. 미국에서 법률에 의한 잘못된 통찰은 미국 건국 시기로까지 거슬러 올라간다.

미국 헌법이 비준된 뒤 토머스 제퍼슨은 연방 정부의 권한이 점점 커지는 것에 우려와 의심을 품었다. 그래서 그는 다른 반(反)연방주의자들과 함께 헌법 수정을 추진했고, 이렇게 해서 나온 것이 1791년 (수정헌법 제1조에서 제10조까지인) 권리장전(Bill of Rights)이다. 이른바 '수용 조항(takings clause)'으로 알려진 수정헌법 제5조는 "누구든지 적법한 절차에 의하지 않고서는 생명과 자유 또는 재산을 수용당하지 않는다"고 규정한다. '수용(taking)'은 건국자들이 썼듯이 연방 정부가 군사 시설이나 도로를 건설할 목적으로 국민의 사적인 땅을 정부 소유로 징발하는 것을 말한다. 남북전쟁 이후 새로운 몇 개의 수정 조항이 헌법에 추가됐는데, 이렇게 해서 수용 조항을 포함한 권리장전 규정은 연방 정부의 조치들뿐 아니라 주 정부와 자치단체 정부의 조치들로까지 확대됐다.

20세기 초에 토지 소유자는 수용 조항을 들먹이면서 정부가 자신들에게 보상을 해야 한다고 주장하기 시작했다. 고속도로나 군사 시설을 건설하기 위한 토지 수용이 이뤄질 때뿐 아니라 자신들이 자기 소유의 땅을 경제적으로 온전하게 이용하지 못하게 저지당할 때조차도 보상을 해야 한다는 것이었다. 소송이 줄을 이었다. 정부가 공공의 이익을 위해 토지 개발을 막으려고 하는 것에, 공공의 건강을 보호하거나 사람들을 폭풍으로부터 보호하기 위해 습지에 도로를 건설하는 것을 금지하는 등의 도시계획에 개발업자들과 토지 소유자들이 대규모 주거지를 개발하겠다고 요구하면서 딴죽을 걸고 나선 것이다.

그렇다면 어떻게 해서 '수용'이라는 발상이 공익을 보호한다는 법률을 포함하게 됐을까? 수정 조항에 대한 비유적인 해석은 1922년의 미국 대법원 판례와 함께 추진력을 확보했다. 당시에 펜실베이니아석탄(Pennsylvania Coal)이라는 회사가 펜실베이니아 북동부 지역 여러 부지의 지하 채굴권을 갖고 있었다.[16] 그런데 펜실베이니아 주 의회가 주민들에게 성가신 일들이 일어나지 않도록 예방하는 차원에서 사람들이 살고 있는 주택과 거리 그리고 광장 등과 같이 공공이 모일 수 있는 장소의 지하에서는 채굴을 금지하는 법률을 의결했다. 그러자 이 석탄 회사는 이 법률이 자신이 갖고 있는 지하 채굴권을 침해하는 것이라고 보고 펜실베이니아 법률이 '수용' 행위를 한다고 주장했다. 이 소송에서 대법원은 석탄 회사의 손을 들어줬다. 그렇게 문제의 그 법률은 위헌으로 규정됐다. 그로 인해 석탄 회사는 사람들이 살고 있는 땅 아래에서 마음대로 채굴을 할 수 있었다.

이 소송 사건이 있은 지 거의 100년 동안 무모하고 경솔한 개발을 방지하기 위한 법률을 제정할 수도 있었을 미국 전역의 주와 자치단체는 개발업자들이나 토지 소유자들에게 소송을 당할지도 모른다는 가능성에 불안해야 했다. 개발업자들은 펜실베이니아석탄 판례를 무기 삼아 개발을 억제하는 국가 정책에 맞서 싸우며, 어떤 경우에는 지역의 개발 담당자들을 위협하기까지 했다. 위험 지역에 건물 신축을 금지하고자 하는 몇몇 자치단체들은 소송을 당해 가뜩이나 부족한 예산마저 바짝 말라버릴지도 모른다는 두려움에 떨었다. 최악의 경우에는 자치단체가 빚더미에 눌려 파산할 수도 있기 때문이었다.

이뿐만이 아니었다. 지방의 단체장들은 다음 선거에서 자신의 재선 성공을 좌우할 영향력을 가진 주택건설업자들로 구성된 여러 단체들로부터 정치적 압력을 받기도 했다. 지역의 지도자들은 무모하고 경솔한 의사결정을 내리도록 등을 떠밀렸다. 개발에 따른 미래의 위험을 무시해야만 했다. 신속하게 개발을 승인해 보다 많은 세수와 일자리와 주택 그리고 개발업자들과 관련 회사에 돌아가는 이익이라는 단기적인 보상에만 집중해야 했다. 이렇게 하는 것이 자신들이 다음 선거에서 승리해 자리를 유지하는 데 도움이 될 것이었다. 이런 여러 요소들이 휘두르는 힘 앞에서는 선의를 가지고 있더라도 집단의 포사이트가 작동하기 어렵다.

20세기 후반 50년 동안 그리고 21세기에 들어와서도 미국 전역에서는 무분별한 개발 사업들이 우후죽순처럼 이어졌으며, 그 바람에 홍수나 토네이도 및 들불과 같은 극단적인 자연재해에 따른 비용도 늘어났다.[17] 잘못된 개발 사업들 때문에 점점 더 많은 사람들이 위험한 환경에 노출돼 살아가기 때문이다. 1980년 이후 233건의 자연재해로 약 1조 5,000억 달러의 경제적 손실이 발생했다. 또한 이 재앙들은 수천 명이나 되는 인명을 앗아갔다. 지구상 가장 따뜻한 해로 신기록을 세웠던 2016년에 미국에서는 15건의 극단적인 자연재해가 발생했는데, 이 재해 하나하나가 모두 10억 달러가 넘는 비용을 발생시켰다. 그런데 2017년에 그 기록이 다시 깨졌다. 전세계를 기준으로 할 때 자연재해에 따른 비용은 해마다 2,500억 달러 넘게 발생한다. 지난 수십 년을 놓고 보면 이 재해 속에서 수백만 명이 사망했으며 수십억 명이 다쳤다.

그런데 위험한 개발을 예방하는 것보다 위험한 방식으로 살지 말라고 사람들을 설득하는 일이 훨씬 더 어렵다. 사람이 어떤 곳에 자리를 잡고 살면서 시간이 지나면 자신이 속한 자치단체에 뿌리를 내리게 된다. 소속감을 비롯한 특별한 감정을 갖게 돼서 쉽게 다른 곳으로 옮겨가지 못한다. 강의 수위가 점점 높아지고 있다는 사실을 잘 알고 있으면서도 피난하지 않고 집을 지키고 있겠다는 사람들이 많다. 휴스턴의 가난한 노동자 계급 사람들도 그렇고, 미시시피만 연안에 사는 부유한 사람들도 그렇다. 심지어 폭풍이나 대형 화재나 지진이 다가오고 있을 때조차도 안전한 곳으로 피난하라고 설득하기가 쉽지 않다.

실제로는 그렇지 않지만 표면적으로는 설득의 도구라고 할 수 있는 구호자금도 재앙이 덮치고 간 뒤에 피해자들에게 들이미는 게 정치적으로 현명한 선택이 아닐 수 있다. 이를테면 홍수로 가족의 모든 추억이 담긴 앨범과 가구를 잃어버린 사람들에게 주지사나 시장이 구호자금을 내밀면서 원래 살던 동네에서는 이제 살 수 없게 됐으니 다른 곳으로 이주를 하라고 말하기가 쉬울까? 이런 주민들을 상대할 때는 위험에 취약한 지역에서 살지 말고 다른 곳으로 이주하라고 말하기보다는 지붕을 손본다거나 차고에 배수용 홈통을 다는 등의 주택 개량 작업을 하라고 말하기가 훨씬 쉽다.

예방의 정치학은 현명한 의사결정을 하고자 하는 자치단체들에게 암울한 미래를 제시할 수 있다. 그러나 희망은 있다. 어떻게 하면 자치단체가 미래를 내다보는 계획을 세우는 힘을 발휘할 수 있을지를 리치랜드 카운티가 결국에는 입증했으니까 말이다.

:: 탐욕에 맞선 정치가

키트 스미스는 칵테일파티 같은 곳에서 될 수 있으면 피하고 싶은 그런 부류의 사람이 아니다. 그녀는 사우스캐롤라이나의 저명한 가문에 속하며 사람들의 호의를 살 수 있는 매력과 인맥을 갖고 있다. 그녀는 개프니라는 작은 도시에서 성장했는데, 이 도시의 인구는 1만 2,000명이다. 높이 41미터에 복숭아와 비슷한 외형과 색깔의 급수탑이 있는 곳으로 유명한데, 이 급수탑은 노스캐롤라이나의 샬럿과 사우스캐롤라이나의 그린빌 사이를 이어주는 85번 주간 고속도로를 달리다 보면 보인다.

그녀는 타고난 내성적인 기질이라고 본인이 생각했던 성격을 극복하는 방법을 인생 초년에 이미 터득했다. 첫 번째 경험했던 선거에서 패배한 일이 계기였다. 중학생 시절이었고, 그녀는 미식축구에 다들 열광하던 학교에 다녔었는데, 7학년 때 이 학교의 치어리더를 뽑는 선거에 출마했다가 떨어졌다. 강당에서 유권자인 친구들에게 거의 아무런 말도 하지 못했기 때문에 떨어질 만도 했다. 하지만 다음해에는 달랐다. 그녀는 미소를 지으며 친구들에게 먼저 다가갔고, 결국 또래들 사이에서 집중 조명을 받았다.

그녀는 사람들을 즐겁게 해주는 방법을 터득한 뒤에는 원칙주의자가 됐는데, 심지어 기존의 인습을 깨부수는 데서 오히려 편안함을 느끼게 됐다. 그녀는 성난 황소처럼 싸웠다. 한번은 자신이 생각하기에 경기 중에 부정한 방법을 썼던 어떤 배구 선수와 드잡이를 하면서 싸웠고, 그 덕분에 '새끼고양이 키트'라는 별명을 얻기도 했다. 고등학교 졸업반 때는 2미터 가까운 거구의 농구 선수가 자기 아버지를 무례한 말로 언급하자 곧바로 뺨을 때려 응징하기도 했다. 1978년에는 보수적인 남부의 심장부에서 29세의 나이로 가족계획연맹(Planned

Parenthood, 가족계획을 인구 조절과 모자 건강 및 가족의 생활수준 향상이라는 2가지 측면에서 연구하고 지지하는 단체-옮긴이)의 지부장이 됐다. 그녀는 어디를 가든, 심지어 이제 겨우 걸음마를 뗀 아들을 데리고 있을 때조차 등 뒤에서 사람들이 "저 여자가 아이를 좋아할까" 하고 수군거리는 것을 상상해야 했다.

키트 스미스를 좋아하든 싫어하든 간에 그녀를 아는 사람들은 모두 그녀를 존경한다. 그들은 그녀를 두고 마음이 맞는다고도 하고, 똑똑하다고도 하고, 정치적인 수완이 있다고도 하고, 거침없다고도 한다. 그녀는 다른 사람들이 자신을 좋아해주는 것을 좋아하긴 하지만, 스스로의 원칙과 믿음을 위해 그것을 희생한다는 평판을 받고 있다.

"사실 나도 '잘한다'라는 격려의 말을 좋아해요. 그렇지만 때로는 그런 말을 듣지 않고도 어떤 일이든 해낼 수 있어요."

그녀가 특유의 느리면서도 힘이 들어간 목소리로 내게 털어놓았던 말이다. 그녀가 처음으로 정부 기관에 소속돼 맡았던 직책은 사우스캐롤라이나 상원 소속 의료위원회의 연구조사 책임자였다. 여러 해 동안 이 일을 한 뒤 민간 부문으로 자리를 옮겼고, 거기에서는 홍보 업무를 맡아서 했다.

그러다가 1980년대 중반에 그녀는 다시 정부 일을 하고 싶다는 강한 충동을 느꼈다. 그래서 리치랜드 카운티 의회에 출마해 당선됐다. 첫 번째 선거에서 그녀는 개발업자들과 주택건설업자들의 지지를 받았다. 그들은 그녀의 남편이 은행업에 종사하며 상공회의소 회원임을 알고 있었기에 그녀가 개발 사업을 지지하는 안전한 선택이라고 생각했다. 그런데 그린 다이아몬드 사업이 제기되던 무렵 스미스는 독립을 해서 후원자들로부터 더 이상의 후원을 받지 않았다. 그런데도 재선에도 성공했다. 그녀가 가진 유명세와 재산 덕분에 선거에 이길 수 있었던 것이다.

스미스는 그린 다이아몬드 사업에 대해 연구와 조사를 하면 할수록 이 사업은 잘못된 것이라는 판단이 점점 확신으로 굳어갔으며, 또한 그 바람에 주변 사람들로부터 점점 더 고립됐다. 부동산과 관련된 제안 사업은 카운티라는 자치단체의 운명을 놓고 벌어지는 험악한 전투로 비화되기 시작했다.

스미스는 기자회견을 통해 자신이 품고 있는 의구심을 있는 그대로 밝혔다. 양측 사이에 공방이 이어졌다. 그린 다이아몬드 사업을 지지하는 사람들은 스미스를 등 뒤에 칼을 꽂는 여자로 낙인찍었다. 멋진 하이킹 부츠를 신고 강을 따라 걷고 싶은 여자일 뿐이라고 했다. 반면 그린 다이아몬드 사업을 지지하는 사람들도 자기 친구가 집을 더 구매하고 싶다는 이유만으로 자신의 공동체를 팔아넘기는 사람이라는 대중적인 비난에 시달렸다.

스미스는 그린 다이아몬드를 가로막고 나서면서부터 평생 그렇게 많은 욕을 들어본 적이 없다고 느꼈다. 교회에 가든 북클럽 모임에 참석하든 간에 사람들은 모두 그녀를 도끼눈으로 바라봤다. 한때 같은 편이었던 동료 의원들도 마찬가지였다. 스미스가 선거구를 옮기기 이전의 선거구 주민들이었던 한 흑인 공동체는 마을 사람들에게 꼭 필요한 사업인데도 나 몰라라 한다면서 그녀를 공격했다. 그린 다이아몬드 사업이 약속한 기회를 흑인 공동체가 누릴 기회가 주어졌는데, 이 기회를 스미스가 일부러 방해한다는 게 그들의 생각이었다. 그녀는 한잠도 자지 못하고 밤을 꼬박 새기 시작했다. 그리고 어느 시점에선가 그린 다이아몬드를 '탐욕의 지르콘(zircon of greed)'이라고 부르는 성명서를 쓰기도 했다. 그러나 그녀는 과연 자신이 그 사업을 중단시킬 수 있을지 어떨지는 여전히 알지 못했다.

:: 눈앞의 이익에 좌우되는 정치인의 의사결정

근시안은 현대 민주주의 사회 특히 미국에서 널리 장려된다. 정치인들은 선거에서 이겨야 한다는 지금 당장의 필요성에 맞닥뜨린다. 선거 운동에 들어갈 자금을 확보하기 위한 군비경쟁에서 이겨야만 한다. 이런 상황은 분기별 실적을 끌어올리기 위해 지금 당장 해결해야 하는 긴급한 과제를 앞에 둔 기업의 CEO들이 맞닥뜨리는 상황과 다를 게 없다. 자주 돌아오는 선거 주기 때문에 뭔가 성과가 나왔다는 사실을 유권자에게 입증해야 하고, 그러려면 눈앞에 보이는 지금 당장의 성과가 있어야 한다. 하지만 불행히도 자신이 가진 돈만으로 선거를 치를 수 있는 자원을 가진 사람들 가운데 많은 수는 이 자원을 모든 사람이 누리게 될 궁극적인 이익이 아니라 자신의 이익을 위해 사용한다.

선거를 치를 때 특정한 목적을 갖고 줄을 대는 자금을 거부하는 지도자라면 미래의 바람직한 발전상에 대한 계획을 보다 더 충실하게 가질 가능성이 높다. 그렇지만 이런 미래 계획이 지금 당장의 선거에서 당선을 보장하지는 않는다. 정치적인 어리석음에 영향을 주는 여러 힘 가운데 '권력욕'이 가장 강력하다.[18] 어떤 국가 지도자들은 자국을 패배할 수밖에 없는 전쟁으로 몰고 가며, 아름다운 트로이의 목마에 홀려서 적을 아군 진영으로 끌어들인다. 문제는 얼마든지 그런 선택을 하지 않을 수 있었는데도 그런 선택을 하고 만다는 점이다.

역사적으로 거의 모든 유형의 사회와 정권이 이런 어리석음으로 고통을 받았다. 자신이 취하는 행동이 장차 어떤 결과를 가져올지 뻔히 알면서도 잘못된 선택을 했던 것이다. 공산주의자와 자본주의자 그리고 독재자와 민주주의자 모두 눈앞의 이익과 욕망을 추구하는 비생산적인 의사결정을 하는 경향을 보여왔다.

이것이 걸작으로 평가받고 있는 책《바보들의 행진(The March of Folly)》에서 바버라 터크먼이 설명하는 내용이다. 잘못된 의사결정을 내리는 데는 심지어 종교 지도자들도 예외가 아닌데, 터크먼은 르네상스 시대의 교황들이 재앙을 초래하는 결정을 내림으로써 결과적으로 종교개혁이 일어난 과정을 분석해 이 사실을 입증했다. 한 사회를 지배한 엘리트 집단이 눈앞의 탐욕 때문에 지혜롭게 미래를 내다보지 못한 사례를 찾으려면 굳이 멀리까지 거슬러 올라갈 것도 없다. 오염 관련 규제 기준에 영향력을 행사한 석유 회사들이나 권력을 누리고 있을 때 뒷돈을 챙긴 부패한 정치인들에 이르기까지 손쉬운 사례는 도처에 널려 있다. 권력을 좇는 사람들의 근시안적인 견해는 자신들의 지도자에게 미래에 빚어질 결과에 한층 많은 관심을 집중하라고 요구하는 대중이 없다면 결코 쉽게 교정될 수 없다.

아프리카에서 정치적 부패를 몰아내려고 시도됐던 어떤 급진적인 실험이 이 문제의 본질을 적나라하게 보여준다. 아프리카인에게 휴대전화(아프리카에서 휴대전화 보급대수는 이미 유선전화 보급 대수를 뛰어넘었다)를 팔아 많은 돈을 번 모 이브라힘(Mo Ibrahim)은 전직 국가수반에게 수여하는 모이브라힘상(Mo Ibrahim Prize)을 제정했다.[19] 이 상은 아프리카에서 임기를 채우고 자발적으로 퇴임한 국가수반 중에서 후보자를 선정하고 평가해 최종 수상자를 결정하는데, 수상자로 결정된 사람은 현직을 떠난 지 10년 되는 해에 상금으로 500만 달러를 받고 그 뒤로도 죽을 때까지 해마다 20만 달러를 받는다. 선정위원회에서는 후보자가 부패와 맞서 싸우고 민주적인 개혁을 지지했는지 따진다.

민주주의를 지지하는 지도자들이 퇴임 후에도 충분히 여유롭게 생활할 수 있는 돈을 지급해 재임 기간 중 단기적 동기에 휘둘리지 않고 미래에 남을 유산을 창조하도록 돕고 임기가 끝나면 자발적으로 물러날 수 있도록 하자는 게 이 상의 취지다. 그러나 제정되고 여러 해가 지났지만 이 상은 아직 단 한 번도 수여되지 않았다. 아직까지 자격을 갖춘 후보자가 나타나지 않았기 때문이다. 이런 자격을 갖춘 정치인을 현실에서 찾아보기 어렵다는 반증이기도 하다.

그런데 내가 보기에 이 상을 제정하면서 규정을 설정할 때 결정적으로 잘못 판단한 부분이 있다. 어쨌거나 상금은 훗날 수상자로 결정돼야 받는다. 정치인들이 지금 당장 받는 돈보다 멀리 미래에 받을 돈을 더 높게 평가할 능력을 갖고 있다고 가정한 것이 착오다. 재선에 필요한 자금을 받거나 특정 이익집단에 도움을 줄 목적으로 어떤 결정을 내리고 싶다는 눈앞의 유혹을 상쇄할 수 있도록 그때그때 단기적인 보상을 제공하는 방향으로 규정을 바꿀 때 오히려 실질적인 효과가 나타나지 않을까 싶다. 하지만 이렇게 될 경우 상금 자체가 일종의 뇌물이 될 수 있다는 게 문제다.

정치인들에게 그들이 미래에 할 뭔가에 대한 보상으로 돈을 주되 충분한 신뢰성과 성실성을 갖는 상금 제도를 만든다는 것은 어렵기도 하거니와 어쩌면 법에 어긋나는 것일지도 모른다. 선거가 있을 때마다 사람들이 공중보건이나 환경보존과 같은 장기적인 관심사를 잘 챙겨달라고 요구하면서 특정 후보에게 후원금을 낸다. 그렇지만 이렇게 내는 후원금은 단기적인 목적을 실현하고자 하는 기업들이나 산업계가 찔러주는 후원금에 비하면 지극히 미미한 수준이다.

전세계 각국 정부가 (한 사람의 후원자가 낼 수 있는 후원금 한도를 정하고 부정부패를 방지하는 법률을 강화하는 등의 조치를 취함으로써) 현재에만 초점을 맞추도록 압력을 가하는 집단들로부터 정치인들을 떼어놓을 수 있는 선거자금 개혁을 실행한다면 상황은 한결 좋아질 것이다. 해당 지도자가 개인적 차원의 후원금 제공자들로부터 얼마나 많은 돈을 거둬들이느냐에 따라 그 사람이 재선에 성공할 것인지 여부가 판가름 나는 체제부터 바뀌어야 한다. 물론 전부가 다 그렇진 않겠지만 개인적 차원의 후원금 제공자는 사회 전체의 미래 이익을 희생하면서 자신의 단기적인 이익을 추구할 수 있기 때문이다.

전국적인 차원의 선거자금 개혁에 대한 요구가 미국 내에서 본격적으로 나온 때는 10년 전이다. 대법원이 2010년에 내린 시민연합 (Citizens United) 대 연방선거위원회(FEC)의 소송 판결을 놓고 볼 때 지금 이 개혁은 새로운 과제를 맞고 있다.[20] 이 재판에서 대법원은 기업이나 노동조합이 자신이 지지하는 후보자들을 홍보하는 데 지출되는 정치자금의 규모는 정부의 규제를 받지 않아도 된다고 판결했다. 그 결과 기업과 이익집단은 선거 결과를 자신에게 유리하게 뒤엎을 목적으로 엄청난 돈을 합법적으로 뿌려댈 수 있게 됐다. 이렇게 해서 시민연합은 미국의 리더십과 의사결정이 과거 그 어느 때보다도 경솔하고 무모하게 내려질 수 있는 시대를 열어젖혔다.

반면 한 도시 및 한 주의 차원에서 정치인이 자금을 모으는 방식을 바꾸고, 선거에서 개인 후원 대신 공중(납세자)의 역할을 높이려는 운동도 진행되고 있다.[21] 뉴욕, 포틀랜드, 오리건 등과 같은 도시들은 공천 과정에서 영향력을 행사할 수 있는 특수 집단의 이해관계를 희석시키는 조치의 법률을 의결했으며, 사우스다코타와 미주리를 포함한 몇몇 주에서도 마찬가지다. 이런 개혁들은 정치인들인 맞닥뜨리는 단기적인 선택들을 집단 전체에게 이득을 가져다주는 장기적인 선택들 사이에서 보다 나은 결정을 내리는 데 도움이 될 수 있다.

그런데 키트 스미스와 같은 선의의 지도자들이 멀리 미래를 내다보며 계획을 세우려면 몇 가지 비책이 필요하다.

:: 외부 압력을 견디게 하는 장치 설정

호머의 서사시 《오디세이아(Odysseia)》에서 이타카의 왕 오디세우스는 트로이 전쟁에 참전한다. 그리고 전쟁을 승리로 이끈 다음 고향으로 향한다. 그렇지만 고향 이타카로 돌아가기까지의 여정은 고난의 연속이었다. 외눈박이 거인 사이클롭스와 싸워야 했고, 죽음의 좌초로 유인하는 세이렌의 노랫소리를 피해야 했으며, 매력적인 요정 칼립소에게 인질로 붙잡히기도 했다. 그의 아내 페넬로페는 남편과 20년 동안 떨어져 있는 동안 무거운 사회적 압박감을 참고 견뎠다. 하지만 오랜 세월 오디세우스가 돌아오지 않자 사람들은 그가 죽었다고 생각했고, 100명이 넘는 사내들이 페넬로페와 결혼을 하려고 달려들었다. 페넬로페는 이들의 접근에 저항하면서 힘든 나날을 보냈다.

오디세우스는 세이렌의 유혹을 극복하고자 부하 선원들에게 자신을 돛대에 꽁꽁 묶으라고 명령했다. 자신의 육체가 세이렌의 유혹에 따라 행동하지 못하게 하기 위해서였다. 오디세우스의 이 전술은 오늘날에도 즉각적인 충동에 저항하고자 하는 사람들이 따라하고 있다. 예를 들어 초콜릿 케이크를 먹고 싶은 충동을 억제하고자, 만약 그 충동적인 욕구에 굴복할 경우 자신이 증오하는 어떤 곳에 일정 금액을 기부하는 것과 같은 고통스러운 벌칙을 스스로에게 미리 정해두는 식이다.

그러나 호머의 이야기에서 페넬로페는 그 벌칙을 한층 가혹하게 설정했다. 문제가 되는 것은 자기 자신의 충동이 아니다. 비록 남편이 돌아오기를 20년 넘게 기다린다는 것도 결코 쉬운 일은 아니지만, 페넬로페를 가장 힘들게 괴롭히는 것은 다른 사람들에게서 비롯되는 압박이다. 사랑하는 남편을 기다리는 일이 사회적으로 허용될 수 있도록 하려고 그녀는 성미 급한 구혼자들을 물리칠 계략 하나를 마련했다. 시아버지인 라에르테스의 수의를 다 짜고 나면 구혼자들 가운데 한 사람을 남편으로 맞이하겠다고 선언한 것이다. 그런데 그녀는 이 수의가 절대로 완성될 수 없도록 꾀를 썼다. 낮에는 수의를 짜고 밤에는 짠 수의를 풀어버리는 일을 반복한 것이다. 하지만 불행하게도 시녀 한 명이 이 사실을 알고는 남자들에게 고자질해 그녀의 책략은 무위로 돌아갔고, 결혼을 종용하는 구혼자들로부터 한층 큰 압박에 시달리게 됐다.

이 이야기에서 얻을 수 있는 통찰은 어떤 장치들을 설정하면 우리에게 가해지는 영향력의 압박 속에서 보다 더 오래 견딜 수 있도록 시간을 벌 수 있다는 점이다. 기원전 6세기 말 아테네의 수석 집정관 솔론이 이런 장치의 자기 버전을 고안했다.[22] 그는 노예 해방, 지역 통화 폐지, 평민에게 참정권 부여 등 자신의 개혁 조치들을 10년 동안 시범적으로 실행하도록 해주면 그 대신에 자신은 아테네를 떠나겠다고 평의회를 설득했다. 자발적인 추방을 선택한 것이다. 그는 아테네 사람들이 자신이 만든 개혁적인 법에 손대지 못하게 하고 싶었으며, 자신의 승인 없이는 그 법을 철폐하지 못하도록 하고 싶었다. 그는 세이렌의 노랫소리 듣기를 아예 원천적으로 차단하고자 한 것이다.

무모하고 경솔한 의사결정을 예방하기 위한 장치들이 굳이 극적일 필요는 없다. 심지어 비유적이어도 상관없다. 클린턴 대통령 때 국방 차관보를 지낸 하버드대학교의 그레이엄 앨리슨(Graham Allison) 교수는 냉전 시절에 미국 외교가 소련과의 핵 갈등을 회피한 방법에 대해 이야기했다.[23] 그는 미국의 지도자들이 소련에 대한 자신의 태도를 "뜨거운 것보다는 차가운 것"이라는 감각적인 표현으로 상정했는데, 이 표현이 지도자들로 하여금 성급함보다는 절제를 선택하도록, 즉 공산주의 이데올로기를 장기적으로 침식하기 위한 군비 통제 및 끈기 있는 투자라는 측면에서 공식성을 유지하도록 유도했다고 설명했다.

오늘날 기후위기의 역설은 기후위기에 대한 장기적 차원의 통찰이 필요한 시점에서 기후위기를 예방하기 위한 행동으로 나서는 것이 자치단체나 국가에 커다란 긴급성의 문제를 제시한다는 점이다. 브라운대학교의 지질학자 아만다 린치(Amanda Lynch)와 시리 벨랜드(Siri Veland)는 우리 시대를 새롭게 규정하며 정립된 '인류세(人類世, Anthropocene)'라는 개념을 비판한다.[24] 인류세는 인류의 자연환경 파괴로 지구의 환경 체계가 급변했으며, 그로 인해 인류가 지구 환경과 맞서 싸우게 된 시대를 뜻한다. 이 개념에는 인류가 지구의 자연환경 파괴를 극단으로까지 밀어붙여서 지구의 생명 유지 체계가 재앙을 맞이하기 직전 단계에 이르렀다는 인식이 담겨 있다. 그런데 두 사람은 이 인류세 개념이 전세계 각국과 자치단체가 제각기 황산염을 성층권으로 밀어낸다거나 지구 온도를 낮추기 위해 쇠를 바다 속에 집어넣는다거나 하는 근시안적인 의사결정들에 탐닉하도록 등을 떠밀어낼 것이라고 주장한다. 또한 개별적이고 고립적인 대응보다는 다양한 자치단체들과 문화권들을 하나로 결합하는 신중하고 포괄적인 의사결정을 추구해야 한다고 강조한다.

수익을 추구하려는 것이든 또는 지구를 구하려는 것이든 간에, 상황이 점점 더 악화되는 조건들 아래에서는 총체적인 차원의 의사결정이 점점 더 많이 내려지고 있다. 의사들이 피곤하고 지친 상태에서, 시간이 제한돼 있는 상황에서 별 저항 없이 항생제 처방을 내리는 것과 마찬가지로, 정치 지도자들과 통치 체계들은 기본적으로 무모하고 경솔한 선택을 하게 된다. 이들에게는 어떤 식으로는 따로 압력을 배출할 방법들이 필요하다.

그린 다이아몬드에 대한 키트 스미스의 의심이 점점 커질 때 투자자들은 그럴듯한 이유를 들이대면서 신속한 의사결정을 요구하고 나섰다. 자신들이 하는 사업에서는 시간이 돈이라는 게 그들이 제시하는 이유였다. 부동산 개발업자들은 빈 땅을 그냥 놀려두는 걸 원하지 않는다. 게다가 사업 승인 및 정치적인 지원이 지지부진할 때는 공동 투자자들이 구름처럼 몰려들지 않는다. 스미스의 여러 동료 의원들은 어떤 시점에서부터인가 이 사업이 하루 빨리 시작되도록 서두르고 있었다. 그들로서는 개발업자들이 그 사업을 다른 자치단체로 가져가길 원하지 않았기 때문이다.

그러나 스미스는 자신과 카운티가 그 사업에 대해 보다 많은 것을 알 필요가 있다고 봤기에 시간을 벌어야겠다고 생각했다. 그래서 그 사업과 관련된 재정적·공익적 리스크뿐 아니라 제방에 대해서도 보다 많은 정보를 확보하는 조건으로 그 사업을 지원할 것을 제안하는 결의문 초안을 작성했다. 리치랜드 카운티 의회는 그녀가 이끄는 대로 그 결의안을 만장일치로 의결했다. 투자자들은 이런 진행 사항을 신호등의 초록색 불빛으로 생각하고 사업의 속도를 내서 부지를 사들였다.

시간을 벌겠다는 키트 스미스의 조치는 결정적으로 중요한(비록 애초부터 의도했던 것은 아니었지만) 장치, 즉 그녀의 리치랜드 카운티가 콩가리강을 따라 토지를 개발하겠다는 무모하고 경솔한 의사결정에 저항할 수 있도록 해주는 법률적인 장치가 됐다.

스미스와 리치랜드 카운티의 직원들이 시간을 들여 더 많은 조사를 하는 과정에서 그 지역의 역사 하나가 새롭게 드러났다. 콩가리강을 따라 난 제방의 신뢰성을 보증하는 데 드는 비용이 단지 가설적이지만은 않다는, 다시 말해 얼마든지 현실화돼 카운티의 재정을 압박할 수 있다는 사실이 드러난 것이다. 그로부터 수십 년 전에 컬럼비아시가 어떤 농장을 소유한 가족으로부터 소송을 당했었다. 1976년에 홍수가 났을 때 제방이 터지고 강이 범람했을 때였는데, 그렇게 터진 제방 바로 옆에 있던 부지가 시가 소유한 땅이었으며 시는 예전에 제방을 유지보수하기로 약속했었기 때문이다. 결국 범람 피해를 입은 땅의 소유주인 버웰 매닝(Burwell Manning)은 소송에서 이겼고, 컬럼비아시의 납세자들은 400만 달러를 배상해야 했다.

:: 그린 다이아몬드를 저지한 스미스와 애덤스

웨스턴 애덤스(Western Adams)는 그린 다이아몬드에 대한 이야기를 듣자마자 이 사업이 결코 바람직하지 않음을 곧바로 알아차렸다. 애덤스는 34세의 공화당원이었고, 그의 가문은 아홉 세대 전부터 대대로 콩가리강 분지에서 살아왔다. 그에게는 남자 형제가 있었는데, 두 사람은 어릴 때부터 개발 예정지로부터 그다지 멀리 떨어져 있지 않은 여러 습지에서 야생 오리나 비둘기 그리고 칠면조를 사냥하면서 자랐다. 애덤스는 여전히 자기 가문이 예전에 경작했던 플랜테이션의 일부를 소유하고 있었다. 강바닥에 위치한 이 땅을 그와 그의 아내는 나중에 결혼식 장소로 바꿨다.

애덤스는 전형적인 남부신사의 모습으로 행동했다. 그는 보폭이 길고 우스꽝스러우며 눈에는 어릴 때부터 진한 주름이 잡혀 있다. 고등학생 시절에 학교 무도회에서 왕 역할을 하겠다고 나섰을 것 같은 용모다. 나는 그를 그린 다이아몬드를 둘러싼 갈등이 빚어지고 나서 여러 해가 지난 뒤 만났다. 우리가 만난 장소는 컬럼비아시의 보수주의자 엘리트들만 출입할 수 있다는 팔메토클럽(Palmetto Club)의 지하층 거실이었다. 거기에서 검은색 옷을 입고 흰색 머리카락에 흰색 피부를 가진 남자들이 서로 반갑게 인사했고, 여성이라고는 혼자였던 모피 옷 차림의 여성이 다가와 "사냥 시즌이 끝났으니까 이제 애덤스의 냉장고가 가득 차지 않았느냐"고 물었다. 서빙을 하는 사람들은 모두 검은색 복장이었으며, 이들은 거기 있는 사람들을 '미스터 애덤스'라는 식으로 모두 성으로만 불렀다. 그래도 내게 자신들을 소개할 때는 모두 이름을 밝혔다.

변호사였던 웨스턴 애덤스는 생계를 위해 부동산 개발업자들의 일을 봐주고 있었다. 그러나 그와 그의 형제인 로버트(유명한 공화당 선거운동 관리자이자 기금모금 책임자였다)에게 그린 다이아몬드는 사우스캐롤라이나의 자연유산에 대한 모독이었다. 콩가리강을 따라 이어진 저지대를 마크 트웨인의 소설 《허클베리 핀의 모험(The Adventures of Huckleberry Finn)》에 나오는 유령에 비유하는 웨스턴의 눈빛은 꿈을 꾸는 듯했다. 그는 강을 따라 이어진 땅은 골프장과 매장들을 갖춘 상가 건물로 바뀔 게 아니라 농장이나 삼림지로 남아 있어야 한다고 느꼈다. 적어도 머틀비치의 모습을 빼닮은 어떤 것이 돼서는 안 된다는 생각을 분명히 밝혔다. 그는 자기 마음속에 남아 있는 과거를 그리워하는 향수 때문에 미래를 걱정했다.

키트 스미스와 카운티의 공무원들이 보다 더 많은 자료를 수집하는 동안에 애덤스 형제는 해리어트 햄프턴 퍼세트(Harriott Hampton Faucette)를 재정 담당 지원자로 등록했다. 1950년대에 진행됐으며 나중에 콩가리국립공원 탄생으로 이어졌던 운동을 이끈 어떤 신문사 편집인이 있었는데, 퍼세트는 이 사람의 딸로서 박애주의가 넘쳐나던 인물이었다. 애덤스 형제는 또 다른 공화당원이자 홍보 전문가와 함께 개발을 반대하는 진영에 합류했다. 그들은 몇 주에 한 번씩 기자회견을 열어 개발업체의 홍보 논리를 반박했으며, 컬럼비아벤처가 주민들에게 브로슈어를 발송하는 것에 대응해 반박 논리를 담은 이메

일을 주민들에게 보냈다. 반대의 목소리가 점점 커졌고, "거기는 범람원이야, 바보야!"나 "당신에게는 청정(Green), 그들에게는 다이아몬드(Diamond)"와 같은 문구가 개발을 반대하는 진영의 슬로건이 됐으며, 컬럼비아의 대학촌에 있는 환경주의자들을 공화당원 사냥꾼들 및 부유한 토지 소유주들을 하나의 진영으로 묶었다.

개발 사업에 대항해 외롭게 싸우고 있던 민주당원 스미스에게 애덤스 형제와 그들 주변 사람들의 합류는 그야말로 하늘이 내린 도움이었다. 그리고 마침내 그녀에게는 목소리를 높여서 함께 해주는 유권자들이 생겼다. 여론이 개발 반대쪽으로 돌아섰고, 그 덕분에 그녀는 카운티 의회가 홍수로를 개발하는 것을 금지하는 내용을 골자로 1994년에 제정된 법령을 그대로 유지할 수 있을 정도의 충분한 지원을 받을 수 있었다. 그 개발 금지 법령은 그린 다이아몬드 사업에도 예외 없이 적용됐다. 하지만 이 싸움은 여러 해 동안 끈질기게 이어졌다. 컬럼비아벤처가 연방재난관리청에 리치랜드 카운티의 홍수 지도를 바꿔야 한다는 청원을 넣었기 때문이었다.

그러나 5년 동안 시도했지만 컬럼비아벤처는 그 드넓은 땅에 그린 다이아몬드를 창조할 수 있게 해줄 지도, 자신이 바라던 지도를 끝내 볼 수 없었다. 그러자 2004년에 리치랜드를 상대로 4,200만 달러를 배상하라는 소송을 제기했다. 자신이 소유한 땅의 경제적인 가치를 카운티가 박탈했다는 것, 즉 수정헌법 제5조 '수용' 조항을 위반했다는 것이 그들 주장의 핵심이었다.

:: 미래를 위한 공공의 이익 추구

1960년대 말, 뉴욕시의 그랜드 센트럴 터미널(Grand Central Terminal)을 소유했던 회사가 장대한 꿈을 품었다. 1913년에 문을 연 프랑스 보자르(beaux-arts) 스타일의 8층짜리 철도 터미널은 경이로움 그 자체였다. 대부분 화강암으로 만들어진 이 건물은 42번가를 따라 우아하게 뻗어 있었다. 정면에는 높이가 약 4미터인 시계와 그 옆으로 아테나 여신과 헤라클레스의 조각상이 놓여 있고, 건물 안의 중앙 홀 천장은 별들이 반짝이는 밤하늘로 덮여 있었다. 테네시 대리석 바닥과 넓은 석조 아치 길은 옛날로 시간여행을 가서 어느 왕궁을 걷고 있다는 느낌을 불러일으켰다. 저절로 탄성이 나오는 장엄한 건물이면서도, 꼭대기를 보려면 자칫 목을 다칠 수 있는 수직의 고층건물이 아닌 수평의 거대한 위용을 자랑하는 그랜드 센트럴 터미널은 맨해튼 중심부에 있는 여러 고층 건물들이 만들어낸 협곡 가운데서 마치 저항이라도 하듯 넓게 퍼져 있었다.

하지만 1960년대에 이 건물을 소유하고 있던 회사는 이 역사(驛舍) 건물 위로 비어 있는 공간이 무척 아까웠다. 그 위로 건물을 더 올리면 그게 모두 돈인데 그렇게 할 수 없었기 때문이다. 결국 1968년에 이 회사는 현재의 건물 위로 50층 이상의 사무실 건물을 증축하는 사업을 건설업체와 협의하기 시작했다. 청사진 중 하나에는 파크 애비뉴 사우스(Park Avenue South)를 바라보는 면이 헐리게 돼 있었는데, 이렇게 되면 역사적인 건물의 한 부분이 영원히 사라질 판이었다.

이런 논의가 시작되기 직전에 뉴욕시에서는 또 하나의 역사적인 보물이 사라졌다. 7번가에 있던 펜실베이니아역이 원래의 모습을 잃어버렸던 것이다. 이 역사의 소유주는 현재의 낮은 건물 위에 남아 있는 공간이 돈이 된다고 봤고, 그래서 이 역사를 허무는 작업을 1963년에 시작했다. 분홍색 화강암 벽과 극적인 인상을 주며 늘어선 돌기둥 그리고 고대 로마의 카라칼라 욕장을 본뜬 중앙홀이 있는, 마찬가지로 보자르 스타일의 역사 건물을 허물고 매디슨 스퀘어 가든(Madison

Square Garden)과 날렵한 사무실 건물을 짓게 됐다. 역사로서의 기능을 담당할 공간은 지하로 밀려나 천장이 낮은 미로 같은 복도로 이어지게 설계됐다. 이런 변화에 대해 당시 예일대학교 교수 빈센트 스컬리(Vincent Scully)는 이렇게 한탄했다.

"예전에는 사람들이 신처럼 우아하게 도시에 들어왔지만, 이제는 생쥐처럼 바쁘게 종종걸음을 치며 다닌다."[25]

펜실베이니아 역사가 허물어진 뒤에 뉴욕의 활동가들은 도시의 역사적인 명소를 보호하기 위한 법률 제정을 촉구했고, 이 법률이 제정됐다. 그리고 로버트 와그너 시장은 기념건축물보존위원회(Landmarks Preservation Commission)를 만들었다. 그런데 그랜드 센트럴 터미널을 구조변경 하겠다는 마음을 갖고 있던 회사로서는 이 위원회가 오히려 기회가 됐다. 이 회사가 구조변경 계획을 내놓기 전에 기념건축물보존위원회는 그랜드 센트럴 터미널 및 건물이 속한 구역 전체를 역사적인 기념물로 지정했었다. 시가 제정한 법률에 따르면 역사적인 기념건축물을 근본적으로 구조변경하려면 해당 건물의 소유주는 시 당국의 승인을 받아야 했다.

기존의 그랜드 센트럴 터미널 위에 고층 건물을 증축하겠다는 사업 제안을 놓고 이 위원회는 4일 동안 80명이 넘는 증인을 불러 청문회를 진행했다. 마지막에는 해당 사업이 그 역사적인 명소를 왜소하게 만들고 말 것이라는 결론을 내렸다. 그러자 회사는 펜실베이니아시를 상대로 자기 건물이 가진 경제적 가치를 소멸시켰다는 이유를 들어 소송을 제기했다. 이 소멸된 경제적 가치를 회사는 증축 공사가 진행되는 동안 받을 수 있는 연간 수익 100만 달러에다가 그 공사가 끝난 뒤에 받을 수 있는 연간 임대료 300만 달러를 합한 금액으로 추정했다. 만일 시 당국이 그 회사에 배상을 해야 한다는 판결이 나면 그 비용은 엄청나게 클 것이 분명했다.

소송은 연방 대법원으로까지 올라갔다.[26] 대법원에서 회사측 변호사들은 수정헌법의 수용 조항을 들어, 기념 건축물의 보존과 관련된 법률이 해당 부동산의 소유주에게 배상을 해야 한다고 주장했다. 결국 1978년에 대법원은 6 대 3으로 뉴욕시의 손을 들어줬으며, 지역 차원의 규제가 실제로 효과가 있는지 확인할 새로운 검사법을 내놓았다. 그리고 대법원 법정은 수용 여부를 다투는 사건에서는 해당 부동산의 소유주가 자신이 주장하는 것을 벌 수 있는 '합당한 기대치'를 과연 가질 수 있는지 따져봐야 한다는 사실을 발견했다. 해당 부동산에 다른 상업적 사용처가 있는지, 정부의 정책이 공공의 이익을 보호하고 있는지 따지는 게 중요했다. 판사 윌리엄 브레넌(William Brennan)은 판결문에서 개인 의견을 밝히며 "현재 및 미래의 사람들을 위해 자치단체가 보다 더 큰 공공의 이익을 보호하는 것이 중요하다"고 썼다.

> 이 건물과 이곳에 담긴 예술적 가치는 과거가 남겨준 교훈을 대변하며, 우리가 물려받은 유산의 귀중한 특징을 구현하고 있을 뿐 아니라, 오늘날 우리가 기준으로 삼아야 할 품질의 사례로도 기능한다. 역사적인 보존은 사람들의 삶의 질을 드높인다거나 환경을 보존한다는 더 중요한 문제의 한 가지 측면일 뿐이다.[27]

수백만 달러가 걸린 그린 다이아몬드와의 소송에서 리치랜드 카운티를 방어하는 변호사들은 리치랜드 카운티의 빗물 관련 법령이 주민들을 재해로부터 보호하며 공동체의 보다 더 큰 이익에 부합한다고 주장했다. 그들은 그 법령이 컬럼비아벤처가 그 땅을 농경지나 생태여행지로 개발하는 등의 다른 방식으로 활용해 이익을 내지 못하도록 가로막은 게 아니라고 주장했다. 재판정에서 그들은 컬럼비아벤처가 굳이 그린 다이아몬드를 지어야 할 합당한 이유가 없다는 논리를 폈다. 또한 그 회사가 해당 부지를 사들이기 이전에 이미 연방 정부의 지도는 해당 부지의 70퍼센트가 홍수로에 있음을 분명히 밝히고 있으며, 리치랜드 카운티의 빗물 관련 법령이 발효된 지도 이미 여러 해가 지났음을 강조했다. 그들은 그랜드 센트럴 터미널의 대법원 판례를 이용해 자신들의 주장이 정당함을 증명했다.

재판 과정에서 버로스앤채핀 이사회에서 나왔던 내부 문건이 공개됐는데, 이 문건으로 이 회사의 경영진이 그린 다이아몬드 사업과 관련해 잘못한 사실을 인정했다는 사실이 드러났다. 그들이 기록한 내용 중에서는 "회사의 고향 땅이며 의심할 나위 없는 환경 관련 쟁점들이 제기될 호리 카운티 바깥에서는 중요한 사업을 추진하지 않는다"는 것과 "기본적인 특성상 순수하게 투기적인 사업은 아예 처음부터 추진하지 않는다"는 것이 포함돼 있었다.

그린 다이아몬드 판결을 맡은 사우스캐롤라이나의 판사는 리치랜드 카운티의 손을 들어줬다. 개발업체인 컬럼비아벤처는 주 대법원에 상소했고, 2015년에 대법원은 하급심의 판결이 정당하다고 확인했다. 리치랜드 카운티는 자신이 내린 결정에 대해 컬럼비아벤처에 아무런 배상 의무를 지지 않아도 된다고 판결했는데, 대법원 판사들은 리치랜드의 행위가 공공의 미래 이익을 보호하기 위한 것이라고 본 것이다.

키트 스미스가 증인석에 앉아 있을 때 컬럼비아벤처를 대변하는 변호사가 반대 심문을 하면서 그녀가 세계적인 수준의 개발 사업을 방해할 목적으로 정치적 공작을 벌여왔다고 주장했다. 여기에 스미스는 동의하지 않았다. 자신은 단지 그 범람원을 개발했을 때 초래될 미래의 위험에 대해 자세히 조사하고 공부할 시간을 벌려고 했을 뿐이라고 말했다. 이렇게 시간을 벌면서 주변의 동료 의원들에게 자신의 의견을 제시하고 정파를 초월해 정치적 지원군을 모을 방법을 찾아낼 수 있었다고도 말했다.

공화당원 사냥꾼이자 변호사인 웨스턴 애덤스와 그의 친구들은 자유주의적인 환경보호론자들과 손을 잡고 그린 다이아몬드에 저항하는 강력한 세력을 구축했다. 서로 속마음을 모르는 사람들이 기꺼이 손을 잡을 때 이 사람들이 단기적인 특수한 이익을 추구하는 집단을 능가할 가능성은 그만큼 더 커진다. 더욱이 사람들이 서로 얼굴을 맞대고 만날 수 있으며, 서로가 가진 차이에도 불구하고 서로를 신뢰할 수 있는 상대적으로 규모가 작은 자치단체 안에서는, 전국적인 차원의 정치에서보다 그 가능성은 훨씬 더 커진다. 사우스캐롤라이나의 정치가 가진 특징인 친밀성은 2개의 얼굴을 갖고 있었다. 이 친밀성이 한편으로는 정치 지도자들의 편에 서야 한다는 강렬한 사회적 압박으로 작용했지만, 다른 한편으로는 연대의 보다 탄탄한 발판이자 기회로 작용했다.

리치랜드 사례에서 자치단체의 근시안을 극복할 수 있었던 또 다른 비책은 단기 투기꾼들의 이해관계에 맞서기에 충분할 정도로 격렬하면서도 재정적으로 독립된 리더십을 갖는 것이었고, 즉각적으로 대응하는 의사결정을 하지 않고 의사결정을 뒤로 미룰 수 있는 장치를 확보하는 것이었다. 요컨대 포사이트를 실천하는 것은 비판을 참고 견뎌내는 것이었다. 대법원이 리치랜드 카운티의 손을 들어줘서 리치랜드 카운티가 승리했다는 사실은 법정도 무모하고 경솔한 의사결정에 제동을 걸 수 있음을 입증했다. 그러나 법정은 직접적으로든 간접적으로든 간에 경솔함을 부추기기도 한다. 이런 사실은 1922년 펜실베이니아석탄 사건에 대한 대법원 판결이 나온 이후에 계속됐던 추세를 통해 쉽게 확인할 수 있다.

모든 자치단체와 사회는 바람직한 선택권과 바람직하지 않은 선택권을 동시에 갖고 있다. 법률과 헌법은 근시안을 적극적으로 가로막을 수도 있고 장려할 수도 있다. 이런 일은 시든 카운티든 주든 연방이든 간에 모든 차원의 정부에서 일어날 수 있다. 제5장에서 설명했던 멕시코만의 붉돔 어업은 정부의 정책이 '경마 기간'처럼 미래를 멀리 내다보는 것을 제한할 수도 있고 '어획량 할당'처럼 멀리 내다보는 것을 도울 수도 있다. 미래를 평가하려면 우리가 갖고 있는 법과 규칙을 다시 한번 생각하고 헌법적인 통합성을 유지하는 것이 전제된다. 이렇게 해서 도출되는 총체적인 합의는 우리의 시선이 먼 지평까지 닿도록 유도한다.

* * *

리치랜드 카운티가 승리하고 몇 달 지나지 않아 큰 비가 내렸다. 2015년 10월에 사우스캐롤라이나 중부 지역에 거의 1주일 내내 폭우가 쏟아져 역대 강수량 기록을 갈아치웠다.[28] 불어난 물은 컬럼비아운하의 제방을 뚫어 도시의 식수 공급원을 오염시켰다. 홍수는 또한 묘지의 관을 멀리까지 떠내려 보냈다. 콩가리강과 나란하게 이어지는 도로인 블러프 로드를 따라 이어진 상가들은 사람의 목까지 찰 정도로 높은 수위로 범람한 물에 잠겼다. 그린 다이아몬드 예정 부지를 가로질러 흐르던 콩가리강의 지류인 질스크리크에서는 댐 5개가 무너졌고, 그 여파로 주변의 땅은 며칠 동안 흙탕물로 덮였다.

그 홍수 기간 동안에 주민 수천 명이 깨끗한 물이 부족해 애를 먹었고, 많은 가족이 집과 일터를 잃었다. 그리고 많은 사람들이 익사했다. 사우스캐롤라이나의 피해액은 120억 달러나 됐는데, 이 홍수 및 범람은 연방 정부의 재난구호기금이 아니었으면 도저히 처리할 수 없을 정도로 커다란 재앙이었다.

엄청난 파괴가 진행됐는데도 불구하고 콩가리강이 넘쳐서 제방이 무너질 때의 상황과 비교하면 이는 아무것도 아니었다. 이런 재앙이 일어날 가능성은 지구 온난화 때문에 해마다 점점 더 높아지고 있다. 사우스캐롤라이나의 전 범람원 담당 책임자 리사 샤라드는 내게 다음과 같이 말했다.

"하마터면 일어날 뻔했던 그 끔찍한 일을 생각하면 머리카락이 쭈뼛 서는 느낌이에요. 온몸에 소름이 돋을 지경입니다. 만일 진짜로 그린 다이아몬드 사업이 추진됐다면, 그 홍수는 분명히 재앙이 됐을 겁니다. 수백 명 아니 수천 명이 동시에 집과 직장을 잃었을 테니까요."

샤라드는 사진을 한 장 꺼내서 보여줬다. 2015년 10월에 찍은 것이라고 했는데, 사진 속에서 그린 다이아몬드 예정 부지 근처에 있던 고속도로 진입로가 물에 잠겨 있었다. 우리 두 사람은 자동차를 타고 사진 속의 그 지점으로 직접 가봤다. 홍수 때 넘쳤던 물의 흔적은 고가도로 아래를 스치듯 지나가는 세미트럭의 지붕 높이까지 나 있었다. 이 무서운 홍수가 거대한 힘으로 거기에 있던 사람들을 쓸고 내려가서 목숨을 앗아갔다.

시간은 위대한 교사다.
그러나 불행하게도 이 교사는 자신의 제자들을 모두 죽인다.

-루이 엑토르 베를리오즈(작곡가)

:: **예견됐던 뮌헨올림픽 테러**

1972년 여름의 서독 뮌헨, 새벽 5시 15분, 게오르그 지버(Georg Sieber)는 다급하게 울리는 전화벨 소리에 눈을 떴다. 그리고 뭔가 나쁜 일이 일어났음을 직감적으로 알았다. 설마 하던 공포는 전화기를 들었을 때 현실로 확인됐다.

지버는 서둘러 옷을 입은 뒤 모페드(moped, 모터가 달린 자전거-옮긴이)를 타고 마을을 가로질러 달렸다. 전세계에서 모인 1만 2,000명의 선수들의 임시 주거지인 선수촌 바깥에는 팀 관계자들과 경찰이 모여 있었다. 운동복 차림을 한 무장 괴한 무리가 올림픽 선수촌 담장을 넘어 이스라엘 선수 숙소에 침입해 선수와 코치 12명을 인질로 붙잡고 있었다. 그런데 지버에게 이 소식은 놀라운 게 아니었다.

지버는 39세의 심리학자로 경찰 소속이었다. 그는 밝은 색 눈과 호기심 많은 눈썹, 강인한 턱의 소유자이며, 담배 연기를 빨아들일 때의 몸짓이 특히 우아했다. 그가 경찰과 관계를 맺고 나중에는 경찰 조직에 몸담게 된 인연은 경찰 정보원 활동을 하면서부터 시작됐다. 1960년대에 그는 뮌헨의 반정부 학생 집단에 침투해 시위 계획을 경찰에 알리는 프락치 활동을 했다. 같은 시기 그는 한편으로는 '민주사회를 위한 학생들(SDS)'이라는 과격한 학생운동 단체에서 주택 환경 개선을 요구하는 시위에 동참하며 다른 한편으로는 동료 학생들의 행방과 관련된 정보를 은밀히 경찰에 넘겼는데, 그는 자신의 이런 이중적인 행동에 도덕적 갈등을 전혀 느끼지 않았다. 사실 그는 자신이 하는 일이 경찰과 시위대 사이에 일어날지 모르는 폭력 사태를 예방할 수 있는 예측 가능한 환경을 강화한다고 믿었다. 경찰이 시위 예정 장소를 안다면 경찰이 학생들에게 최루액을 뿌리거나 최루탄을 쏘는 등의 성급한 대응을 하지 않을 것이라고 생각했던 것이다.

뮌헨이 1972년 올림픽 경기를 유치한다는 결정이 나기 몇 달 전에 지버는 올림픽 경기 과정에서 좋지 않은 상황이 전개되는 여러 시나리오를 상상하는 업무를 경찰 내에서 맡았다. 뮌헨이라는 도시를 잘 알았고 주거 상태와 관련해 위기 상황이 발생하리라고 예견했기 때문에 그는 서독 올림픽 조직위원회의 보안 담당 자문관이 됐다. 그는 어떤 관중이 다른 관중을 수영장으로 밀어 빠뜨리는 것에서부터 스웨덴의 테러 집단이 비행기를 타고 올림픽 경기장으로 돌진하는 것에 이르기까지 20개가 넘는 시나리오를 상정했다. 그는 스페인 북동부 지역인 바스크(Basque)의 분리를 주장하는 '바스크 조국과 자유(Euskadi Ta Askatasuna, ETA)'와 아일랜드 군대가 모종의 불미스러운 사건을 일으킬지 모른다고 생각했다. 올림픽 경기라는 것이 기본적으로 기존 국가들로 구성된 국제 체계를 위한 행사일 뿐 각 개별 국가들 내부에서 갈등을 겪는 집단들을 위한 축제의 자리는 아니었기 때문이다.

히틀러 집권기 때 1936년 베를린 올림픽을 치른 이후 독일에서 처음으로 하계 올림픽이 열리는 것이었기에, 서독 올림픽 조직위원회는 이 올림픽을 계기로 독일인은 냉담하고 호전적이라는 고정관념을 떨쳐내고 독일을 느긋하고 온화한 이미지의 나라로 만들겠다는 기대를 걸고 있었다. 그래서 "즐겁고 유쾌한 경기"라는 슬로건을 내걸었고, 마스코트도 여러 가지 색깔로 그려진 '발디(Waldi)'라는 이름의 닥스훈트였다.

'상황 21(Situation 21)'이라고 명명된 그 가상의 시나리오는 지버의 근거 없는 상상으로 설정된 것이 아니었다. 그는 팔레스타인 극단주의자들의 전술과 관련된 뉴스 보도를 읽고 그것에 의존해 여러 상황들을 예측했다. 일찍이 '검은 9월단(Black September)'이라는 테러 집단은 1971년에도 유럽에서 여러 차례 테러를 감행했었다. 그는 또한 올림픽 경기 자체에서 비롯되는 역학도 꼼꼼하게 살폈다. 이 행사는 전세계가 공식적으로 인정한 나라만 참가할 수 있었다. 그랬기에 팔레스타인 단체들이 뮌헨올림픽에 선수단을 파견하겠다고 요청했지만, 그 요청은 묵살됐다.[1]

지버는 포사이트를 발휘해 극단주의자들이 이스라엘인을 인질로 잡을지도 모른다고 상상했었다. 올림픽 조직위원회에 보낸 보고서에서 그는 테러리스트들이 새벽에 선수촌의 허술한 담장을 넘어 선수들을 인질로 잡아 한 공간 안에 몰아넣고 요구사항을 제시할 것이라고 가정했다. 그리고 이 테러리스트들은 결코 항복하지 않을 것이며 자신의 정치적인 주장을 관철하기 위해 기꺼이 죽음을 택할 것이라고 상상했다. 검은 9월단이 이 테러 계획을 세우기 전에 이미 이런 시나리오를 예견했던 것이다.

포사이트를 실행해 아주 간단한 예방 조치만 취해졌어도 '상황 21' 은 실제로 일어나지 않았을 것이다. 그러나 올림픽 조직위원회는 선수촌 담장에 철망을 설치한다든지 무장 경찰이 보초를 서게 하는 것과 같은 가장 기본적이며 비용도 적게 드는 예방 조치조차 취하지 않았다. 아니면 지버가 제안했던 대로 선수단 숙소를 국가별이 아니라 종목별로 배정하기만 했어도 이스라엘 선수들을 노린 테러가 일어나기는 한층 어려웠을 것이다. 하지만 뮌헨올림픽 조직위원회는 자신들이 슬로건으로 삼은 "즐겁고 유쾌한 경기"라는 목표에 어울리지 않는다는 이유를 내세워 그런 끔찍한 소리 떠들어대지 말라며 지버가 상상했던 시나리오들을 덮어버렸다.

올림픽 조직위원회가 지버의 시나리오들을 무시한 데에는 강력한 요인 하나가 작용했다. 그것은 바로 '역사'였다. 나치의 홀로코스트와 1936년 베를린 올림픽을 주관했던 히틀러 정권에 대한 끔찍한 기억들이 여전히 남아 있었고, 이 기억은 전세계 사람들 특히 독일 사람들에게 더욱 생생했다. 제3제국을 경험했던 많은 독일인들은 자신들이 세계 역사상 가장 파괴적이고 혐오스러운 체제의 일원이었다는 사실을 부끄러워했다. 그랬기에 과거에 대한 이런 감정을 씻어내고 싶다는 강한 욕구를 갖고 있었다. 또한 그랬기 때문에 그들은 올림픽 경기를 보다 즐겁고 유쾌하게 만들고 싶었으며 독일이 경찰국가라는 인식을 털어내고 싶었다.

우리는 강력한 트라우마의 기억이 우리 시대에도 의사결정을 좌우하는 현상을 여전히 목격한다. 물론 미국도 예외가 아니다. 9.11 테러 이전에는 심지어 미래의 위험을 계산하는 것이 사업의 과제인 보험사들조차도 뉴욕 고층 건물들을 보험 영업의 대상으로 삼는 정책을 결정하는 과정에서 테러리스트의 공격이 있을 경우 재정적 위험이 발생할 수 있다는 가능성을 전혀 고려하지 않았다. 경제학자 로버트 마이어(Robert Meyer)의 연구 결과에 따르면, 9.11 테러 이후에 많은 기업들이 테러 공격을 다루는 보험 상품에 가입하면서 만일의 경우 기본 설정된 보상보다 더 많은 보상을 받고자 엄청나게 많은 보험료를 지출하기 시작한 것으로 나타났다.[2] 역사적인 그날의 공포가 사람들의 기억에만 각인된 게 아니라, 미래를 바라보는 그들의 관점에도 강렬하게 각인됐던 것이다.

:: 위험을 알고도 방치한 후쿠시마 원전 사고

기억이 미래를 바라보는 관점을 좌우하는 것과 마찬가지로, 기억의 부재 또는 집단적·사회적 기억상실이 무모하고 경솔한 의사결정을 강력하게 부추길 수도 있다. 일본의 후쿠시마에서 충격적인 핵 참사가 발생하고 6년이 지난 뒤에 나는 미국의 여러 지도자들과 그 지역을 방문했다. 그리고 도쿄전력의 경영진을 만났다. 도쿄전력은 악명 높은 후쿠시마 제1원자력발전소를 운영하던 회사인데, 원자로들이 폭발하는 사고가 발생한 후의 수습 작업과 함께 발전소를 해체하는 작업을 여전히 진행하고 있었다. 이 작업을 모두 마치기까지는 앞으로도 수십 년이 걸릴 것으로 예상된다. 그런데 나는 이 회사가 과거를 바라보는 자기만의 관점에 사로잡혀 있다는 것을 알고 깜짝 놀랐다.

2011년 3월 11일 일본 연안에서 지진이 발생했고, 이 지진이 쓰나미를 일으켜 후쿠시마 제1원자력발전소를 보호하던 방파제를 뚫었다. 범람한 해수는 원자로에 냉각수를 공급하는 펌프와 예비 발전기들을 덮쳤다. 그 결과 3개의 원자로가 과열된 끝에 폭발했다.[3] 이 사건은 역사상 가장 파괴적인 핵 참사들 가운데 하나로 꼽힌다. 후쿠시마 주민 수십만 명이 안전한 곳으로 피난해야 했다. 사건이 일어나고 여러 달이 지난 뒤에 사고 장소 인근에 살았던 어린이들은 손목에 방사선 측정기를 차고 방사선 피폭량을 측정했으며, 의사들은 잠재적인 갑상선암 어린이 환자 수천 명을 살폈다.

내가 2017년 3월에 일본을 방문했을 때 10만 명이 넘는 주민들이 후쿠시마에 있는 자기 집으로 돌아가서 살아야 하는 상황이었다. 어떤 사람들은 핵폐기물을 쌓아둔 곳 바로 옆에 있는 트레일러에서 살아야 했다. 방사능 측정소는 방사능 물질의 노출 정도를 측정하기 위해 운동장에 설치됐다. 오랜 세월 동안 과일과 쌀 등을 재배하는 농업에 의존해 생활해왔던 이 지역의 경제는 심각한 타격을 입었다. 사람들이 방사능에 오염된 식품에 공포심을 가졌기 때문이다. 방사능 낙진 지역에서 멀리 떨어져 있으며 심지어 고도까지 높은 산간 지역에서 재배된 농산물도 예외는 아니었다. 일본 정부 당국은 안전을 우려해 전국의 수십 개 원자로의 가동을 중단했다. 원자로를 새로 짓는 것도 아니기 때문에 일본은 천연가스와 그 밖의 화석연료 의존도가 더 높아졌다.

2011년 3월에 발생한 지진이 일본 역사에서 가장 강력한 것이었음은 분명한 사실이다. 그러나 후쿠시마 지역에서는 지진이 당연히 일어날 것으로 예상됐으며, 그 지진 이후에 일어났던 일도 예측할 수 있는 것이었다. 후쿠시마 제1원자력발전소를 보호하던 방파제를 뚫은 쓰나미는 1,000년에 한 번 나타날 수 있는 것이었지만, 도쿄전력이 그 발전소를 지을 때 이 쓰나미라는 변수는 고려하지 않았었다. 2002년에 도쿄전력이 수행한 분석에 따르면, 그때 이미 후쿠시마에서의 쓰나미 위험은 과소평가 됐으며 원자로를 냉각하는 해수 펌프가 위험하다는 사실도 지적됐다.

하지만 도쿄전력은 이와 같은 지적이 나왔음에도 불구하고 어떤 조치도 취하지 않았다. 정부도 그 분석 결과에 따른 대응 조치를 명백하게 요구하지 않은 채 건설 허가를 내줬다. 일본의 원자력 사업과 이 부문을 감독하는 정부 기관에 종사하는 사람들은 일본에서 발생했던 쓰나미의 역사적인 위험은 무시한 채 오직 지진 관련 위험에만 초점을 맞췄다. 15세기까지 거슬러 올라가는 쓰나미 역사를 연구했더라면 거대한 파도가 언제든 들이닥쳐서 발전소 보호를 위해 지어놓은 방파제를 파괴할 수 있다는 사실을 알았을 것이다. 869년에 일어났던 쓰나미를 동반한 지진도 그 지역에서 쓰나미의 위험이 얼마나 큰지 입증해준다. 그러나 제1원자력발전소의 벽은 2011년 3월 후쿠시마를 강타했던 파도의 절반 높이에도 견디지 못하게 설계됐다는 게 국제평화기금의 분석 결과다.

그런데 인근에 있는 다른 원자력발전소인 오나가와 원자력발전소는 그 쓰나미에도 견딜 수 있게 지어졌다. 다른 전력 회사 도호쿠전력의 한 토목기사는 869년에 있었던 거대한 위력의 쓰나미 이야기를 알고 있었다. 그가 살던 마을에 있는 신사를 그 무서운 쓰나미가 덮쳤었기 때문이다. 1960년대에 그 토목기사는 오나가와 원자력발전소는 바다에서 멀리 떨어진 곳, 그것도 당초 제안됐던 것보다 해수면으로부터 훨씬 더 높은 위치에 지어져야 한다고 강력하게 주장했다.[4] 나아가 방파제 높이도 처음 제안됐던 약 12미터보다 더 높아야 한다고 강조했다. 그는 2011년 거대한 쓰나미가 후쿠시마를 강타하는 것을 보지 못하고 그 전에 사망했는데, 이 쓰나미는 약 12미터의 파도로 오나가와 어촌 마을 대부분을 휩쓸어버렸다. 오나가와 마을은 후쿠시마에서 북쪽으로 약 120킬로미터 떨어져 있었다. 그런데 그 지진의 진앙에서 제일 가까이 있던 오나가와 원자력발전소는 아무런 피해도 입지 않았다. 심지어 발전소 내의 체육관은 주민의 피난소로 사용됐다.

우리가 방문했을 때 참사의 충격에서 여전히 벗어나지 못하고 있던 도쿄전력의 직원들은 조만간에 자신들이 세계에서 가장 안전한 원자력발전소를 지을 것이라고 했다. 일본의 서해안을 접하고 있으며 후쿠시마와 인접한 니가타에 있는 가시와자키 가리와 원자력발전소가 그것이었다. 그들이 설명한 미래의 재앙을 예방하기 위한 장치로는 39미터 높이의 방파제, 비상시 원자로를 냉각하는 데 사용할 2만 톤 규모의 저수지, 42대의 소방차, 비상시에 원자로를 냉각할 23대의 발전 트럭 등이 포함돼 있었다. 비상시를 대비한 훈련도 1개월에 한 번씩 할 것이라고 했다. 후쿠시마에서 경험했고 지금도 여전히 뒷감당의 부담을 무겁게 주고 있는 재앙과 동일한 규모의 재앙을 버틸 수 있는 한층 개선된 발전소를 그들이 준비하고 있음은 분명했다.

우리 대표단 가운데 미국 국방부 고위 관료이자 에너지 안전 분야의 전문가가 있었는데, 그가 도쿄전력 경영진에게 쓰나미 이외의 다른 위험에는 대비하고 있는지 물었다. 그러자 그들은 멍한 표정으로 바뀌었다. 이 전문가는 계속해서 북한으로부터의 잠재적인 위협에 대한 대비책은 무엇인지 물었다. 그렇잖아도 1주일 전에 북한이 일본의 배타적 경제수역으로 미사일을 쏘는 일이 일어났었다. 우리 대표단 전문가의 질문에 그들은 그런 변수는 고려하지 않았다고 고백했다. 또한 그들은 미래에 발생할 수 있는 폭풍 해일이나 기후 변화에 따른 열파로 인해 해수면이 상승하는 시나리오들도 고려하지 않았다. 다시 말하면 그들이 '가장 안전한' 원자력발전소라고 했던 것도 최근에 있었던 지진과 쓰나미 공포로부터만 안전하다는 뜻이었다. 이런 질문과 대답이 오갔던 사실을 나중에 전해들은 일본의 어떤 정부 관계자는 미국 관리가 지적한 문제의식에 전적으로 공감했다고 말했다.

생생하게 남아 있는 기억이 미래에 대한 준비를 어떻게 해야 할 것인지 지침을 내려준다. 이와 달리 기억에서 사라진 것은, 심지어 끔찍한 재난을 직접 경험한 바로 그 장소에 있는 경우라고 하더라도 미래를 그려보는 상상력에서도 사라져버릴 수 있다.

세네카가 서기 62년에 폼페이에서 지진이 발생한 직후《자연스러운 질문들(Natural Questions)》을 저술할 때 공포에 사로잡힌 채 살아가는 사람들을 묘사했는데, 이들 가운데 다수가 그 지역을 피해 다른 곳으로 달아났거나 또는 달아날지 어쩔지 결정을 앞둔 사람들이었다.[5] 소 플리니우스가 남긴 기록에 따르면, 그로부터 17년이 지나고서는 이미 지진의 공포는 사람들의 기억에서 희미해졌고, 수천 명이나 되는 사람들은 화산 폭발의 전조를 무시했다.

이와 비슷하게, 퇴치해야 할 질병에 걸린 환자의 수가 적을수록 사람들이 예방접종을 거부하는 비율은 높아진다. 천연두 예방접종을 거부하는 대중적인 운동은 1850년대에 런던에서 천연두 발병률이 하락한 시점에 활기를 띠며 전개됐다. 미국에서는 1830년대에 그랬다. 전염병학자 사드 오메르(Saad Omer)와 다이앤 세인트-빅터(Diane Saint-Victor)가 19세기 영국으로 거슬러 올라가는 세계 예방접종 운동의 역사를 살피면서, 이는 예방접종이 늘어나면서 질병에 따른 피해가 한 사회의 기억으로부터 사라지기 때문이라고 주장했다. 그들은 접종거부율은 높아지고 질병발생률은 떨어지는 가운데 모든 개체군이 예방접종을 받도록 하는 것이 가장 어렵다고 말했다.[6]

어떤 재앙이 일어난 직후에는 재해보험 가입률이 급증한다. 예컨대 1994년에 캘리포니아 노스리지에서 지진이 발생한 뒤 그 이듬해까지 인근 주민의 3분의 2가 보험에 가입했다.[7] 그러나 그때 이후로 내가 이 원고를 쓰고 있는 지금까지 심각한 지진이 캘리포니아를 강타한 적은 한 번도 없었다. 펜실베이니아대학교 와튼스쿨의 경제학제 하워드 쿤로이더와 로버트 마이어는 캘리포니아에서 지진 위험이 높은 지역에 거주하는 사람들 중에서 최근까지 지진 보험에 가입한 사람은 채 10퍼센트도 되지 않는다는 사실을 확인했다. 수천억 달러 규모의 피해를 안겨주는 거대한 지진이 발생할 때 주민들은 재정적으로 아무런 보상을 받지 못할 가능성이 높다.

사람들은 자신의 집단적·사회적 기억상실을 미래의 위험을 계산하는 데 도움을 받기 위해 설계한 예측 모델들에까지 이식시킨다. 그래서 심지어 위험 전문가들도 컴퓨터 시뮬레이션을 자신이 강력하게 구축한 자료가 있는 시기에만 한정하거나 역사를 충분히 먼 과거까지 돌아보지 않는 실수를 저지르는 일이 일어난다. 도쿄전력이 후쿠시마 제1원자력발전소를 건설하면서 사용했던 쓰나미 시뮬레이션은 해당 지역에서 발생했던 거대한 규모의 파도에 대한 역사적인 자료를 모두 포함하지 않았고 그저 가장 최근에 남아 있던 지진과 쓰나미만을 참고했었다.

주택담보증권에 AAA 등급을 매김으로써 2008년 금융위기와 대침체가 촉발되는 씨앗을 제공했던 세 곳의 주요 신용평가기관 중 하나인 무디스(Moody's)는 부도의 위험을 예측할 때 겨우 20년 전까지만 거슬러 올라가는 미국 주택 관련 자료를 활용했다. 통계학자 네이트 실버는 주택 가격이 한창 상승했고 상환 불능 상태의 대출금이 적었던 그 시기는 주택담보대출금 상환 불능이 서로 어떻게 연관성을 가질 수 있으며 또 어떻게 연쇄반응을 일으키는지 보여주지 못함으로써 진정한 위험을 담아내지 못했다는 사실을 지적했다. 대공황 시절을 비롯한 수십 년 전의 정보, 즉 주택 가격이 떨어짐에 따라 주택담보대출이 상환되지 못하게 될 위험을 보여줄 수 있었던 정보를 무디스는 무시했던 것이다.

2007년 주택 시장에서 대출 불능 사태가 마치 전염병처럼 빠르게 확산됐고, 그 때문에 리스크가 높았던 증권들이 폭락했으며, 경제가 휘청거렸다. 무디스와 S&P는 그 증권의 리스크를 그 정권이 실제로 갖고 있던 리스크의 200분의 1로밖에 평가하지 않았다. 경제학자들과 정책 입안자들은 이런 평가를 곧이곧대로 믿었기에 불경기의 리스크를 무시했다.[8] 물론 그 기관들 역시 투자은행들이 갖고 있는 고위험의 주택담보부증권 및 부채담보부증권(회사채나 금융 회사의 대출채권 등을 한데 묶어 유동화시킨 신용파생상품-옮긴이)을 포함한 금융 상품들을 실제 사실과 다르게 안전하다고 평가함으로써 그 상품들의 매매에 따른 수수료를 받아 챙기려는 비뚤어진 재정적인 동기를 갖고 있었다.

:: 미래를 위한 역사의 교훈

역사는 미래에 펼쳐질 일에 대해 분명히 우리를 속인다. 하지만 정반대로 우리가 저기 멀리 앞에 놓인 위협에 대비하도록 해줄 수도 있다. 고대 아테네의 장군 투키디데스(Thucydides)는 자주 인용되는 스파르타와 아테네 사이의 펠로폰네소스 전쟁의 역사를 기술한 책에서 "현재는 과거를 결코 정확하게 반복하지 않지만, 필연적으로 과거를 닮을 수밖에 없으며 미래도 마찬가지"라고 썼다. 마크 트웨인도 "역사는 사건이 반복되는 게 아니라 사건의 운율이 반복된다"고 말한 바 있다. 한편 마다가스카르의 어떤 속담에서는 사람은 마치 카멜레온처럼 행동한다면서 "눈 하나로는 역사의 과거를 바라보고, 다른 눈 하나로는 미래를 바라본다"라고 묘사한다.

그렇다면 미래는 어떤 식으로 과거를 닮을까? 그리고 미래의 재앙을 피하려면 우리는 역사를 어떻게 이용해야 할까? 1930년대에 역사는 프랑스 군부가 제2차 대전에 대비하는 데 도움을 주지 않았다. 프랑스는 독일군이 제1차 대전 때와 마찬가지로 서부 전선을 따라 참호를 파고 참호전을 벌여올 것이라고 판단했다. 그래서 북쪽 아덴스 삼림 지대를 비워두고 마지노선(Maginot line, 제2차 대전 때 프랑스와 독일 사이 국경에 있었던 방어선-옮긴이)에 군사력을 집중적으로 배치했다. 그러나 프랑스는 채 2개월도 지나지 않아 나치 독일군의 손에 떨어졌다.

2016년 가을, 해병대 대장으로 퇴역한 제임스 매티스(James Mattis)가 내 인터뷰 요청을 받아줬다.[9] 그때는 그가 미국 국방부장관이 되기 전이었다. 내가 매티스를 만나고 싶었던 것은 그가 장기적인 관점에서 상황을 판단하는 능력이 탁월하다는 평판을 받고 있었기 때문이다. 그의 관점에서 보면 지도자는 역사를 이용해 미래에 어떤 일이 일어날 것인지 예측해야 한다.

그는 6,000권이 넘는 장서가 구비된 도서관을 갖고 있으며, 특히 군사 분야의 역사는 훤하게 꿰뚫고 있었다. 그는 책을 읽을 시간이 부족하다고 불평하는 해병대원을 호되게 비판하는 한편, 소령에서 대령 그리고 장군에 이르기까지의 명령 체계에서 한 계단씩 올라갈 때마다 점점 더 많은 역사책 읽기를 독려하는 부대를 크게 칭찬한다. 그는 자신이 거둔 성공을 모두 역사적인 차원에서 바라보는 관점 덕분이라고 말했다.

"별 4개를 어떻게 달았겠습니까? 돌멩이 한 상자보다도 더 멍청한 적 장군들과 싸워야 했습니다."

캘리포니아 북부 지방의 오래된 삼나무들 사이로 운전하면서 그가 했던 재담이다. 나는 매티스의 정치색이나 호전성은 좋아하지 않는다. 하지만 그가 매력적인 인물임은 부정할 수 없다. 그는 '수도승 전사(warrior monk)'라는 별명으로 불리는데, 이 별명은 그가 갖고 있는 지혜와 무자비한 용맹성을 동시에 드러내는 표현인 것 같다. 아닌 게 아니라 우리 두 사람이 대화를 나눌 때도 이 2가지 특성이 분명하게 드러났다. 전쟁은 예측할 수 없다는 것을 매티스도 인정했다.

"그렇다면 왜 전사들이 굳이 역사책을 읽어야 할까요?"

내 질문에 그는 어떤 전쟁 하나가 어떻게 전개될 것인가 하는 구체적이고 특수한 사항들은 알 수 없지만, 사람들이 미리 예측하려고 노력해야 하는 어떤 것은 변하지 않는다고 대답했다. 전쟁에 동원되는 무기는 수십 년 수백 년의 세월이 흐르면서 바뀌지만, 전쟁의 운전자들은 변하지 않는다고, 트로이 전쟁 이후로 언제나 동일하다고 그는 믿는다.

"모든 나라는 두려움을 안고, 명예로움을 안고, 흥미진진함을 안고 전쟁에 나섭니다."

그는 자신이 좋아하는 투키디데스의 한 구절이라면서 그렇게 말했다. 어떤 나라든 간에 집단의 기억 속에 역사가 생생하게 살아있도록 할 때 자신의 이해관계를 보다 더 현명하게 풀어나갈 수 있다고 여긴다.

매티스는 9.11 테러에 대한 대응으로 선택된 2003년 이라크 침공을 단호하게 그리고 소리 높여 반대했다. 이런 반대의 부분적인 근거는 역사에 있었다. 그는 전쟁을 해서 이기려면 침공 이후 이라크에서 어떤 결과가 빚어질지 현실적으로 상상할 수 있는 능력을 미국 정치 지도자들이 갖고 있어야 한다고 생각했다. 자신이 이라크를 연구한 바로는 이라크 내 대립하는 분파들 사이에서 그들을 모두 아우르는 어떤 민주주의 체제를 상상할 수 있는 근거를 도무지 찾을 수 없었다고 말했다. 오랜 세월 반목해온 수니파와 시아파 무슬림이 미국의 이라크 침공 이후에 하나로 통합될 수 있다고 믿는 것은 몰역사적인 환상에 지나지 않았다는 말이었다.

이라크에서 미국이 전쟁을 승리로 끝냈더라도 마지막 최종 단계에 대한 뾰족한 전망이 부족하다는 사실을, 베트남 전쟁이나 한국 전쟁에서 미국이 경험했듯이 위험 신호로 받아들여야 했다고 매티스는 믿었다. 과거의 그 두 전쟁에서 모두 군부 지도자와 정치 지도자 사이에 종전 상태에 대한 공통된 미래 전망이 부족했었다. 그는 2003년의 이라크 전쟁을 1991년 조지 H. W. 부시 대통령이 수행했던 걸프 전쟁과 비교했는데, 후자의 경우 부시 대통령은 전쟁을 승리로 끝낸 상태가 어때야 할지 미리 규정해두고 있었다. 이라크 군대를 쿠웨이트 바깥으로 밀어내고 거기에서 끝내겠다는 것이었다.

"2003년에는 공포가 우리의 등을 마구 떠밀어댔지요. 우리는 그저 허둥대기만 했고 정보 관련 계획도 세우지 않았습니다. 심지어 우리는 부상자를 후송할 수 있을지도 확신하지 못했습니다."

이라크를 침공해야 한다는 제안이 나왔을 때 매티스는 부시 행정부 후기 내각의 정치 지도자들을 상대로 역사적인 관점을 제시하면서 반대했지만 끝내 그들을 설득하지는 못했다. 그렇지만 그는 명령을 따랐다. 그의 야전 지휘관들은 전쟁 기간 동안 그의 명령에 따라 《쿠트 알아마라 포위작전(The Siege of Kut-al-Amara)》이라는 책을 읽어야 했다. 제1차 대전 때 영국과 인도의 연합 수비대가 바그다드 남쪽에 있는 쿠트(Kut)라는 도시에서 터키군에 패배한 내용을 담은 책이었다. 이 전투는 5개월 넘게 이어졌다. 매티스는 이 긴 전투의 역사가 이라크에서 장교들이 과연 어떤 일에 맞닥뜨릴지 예측할 수 있게 해주지는 않지만, 중동의 역사를 배움으로써 적군과 아군 사이의 희미한 경계선을 이해하는 한 가지 방법을 미군 장교들이 포착할 것이라고 여겼다.

하버드대학교 교수이자 정부 기관의 자문관이기도 했던 어니스트 메이(Ernest May)와 리처드 노이스타트(Richard Neustadt)는 미래와 관련해 현명한 의사결정을 내리려면 역사를 활용해야 한다는 발상이 자리를 잡도록 하고자 많은 노력을 기울여왔다.[10] 두 사람은 어떤 결정을 내릴 때 단 하나의 과거 사례만을 의지할 게 아니라 여러 개의 비슷한 역사적 사건들을 활용하는 게 바람직하다고 주장한다. 그들은 해리 트루먼(Harry Truman) 대통령과 국무부장관 딘 애치슨(Dean Acheson)이 1950년 한국 전쟁에 개입하기로 한 결정을 어떻게 내렸는지 지적한다. 단 하나의 국가나 단 하나의 상황에 의존하지 않고 에티오피아, 만주, 그리스, 베를린, 오스트리아 등에서 수백 년에 걸쳐 일어났던 일들을 근거로 그 결정을 내렸다는 것이다. 두 사람은 역사적으로 비슷한 많은 사건들을 각각 당시의 조건에 비춰서 따져봤던 그 사례를 프랑스가 1954년에 베트남을 침공했다는 단 하나의 사실만을 갖고 미국이 활용할 수 있는 베트남에서의 역사적인 유사점을 찾으려 했던 린든 존슨(Lyndon Johnson) 대통령의 사례와 대비시켰다.

메이와 노이스타트는 《역사 활용의 기술(Thinking in Time)》이라는 책에서 냉전 시대의 두 초강대국 사이에 벌어진 일촉즉발의 상황이었던 1962년의 쿠바 미사일 위기 때 존 F. 케네디 대통령이 의사결정을 내리는 과정이야말로 정치 지도자가 역사를 활용해야 하는 방식의 모범적인 사례라고 칭찬한다. 숨 막히는 긴장 속에서 13일 동안 이어지는 심사숙고는 소련이 핵미사일을 미국 코앞인 쿠바로 옮기고 있다는 사실을 발견한 상황에서 미국이 어떻게 대응할 것인가 하는 점에 초점이 맞춰졌다.

정부 고위층과 군 장성들로 긴급하게 구성된 비상대책위원회 엑스콤(ExComm)은 심사숙고의 첫날이 끝나갈 무렵부터 자신들이 내리게 될 결정이 역사 속에서 어떻게 비칠지를 놓고 상상력을 발동하기 시작했다. 이는 대부분의 정치적 의사결정 과정에서 매우 드문 사례라고 메이와 노이스타트는 지적하는데, 나 또한 정부와 일을 해본 경험에 비춰볼 때 두 사람의 말에 동의한다. 미사일을 싣고 이동하는 소련의 함정을 전투기로 작살내자는 안을 몇몇 사람들이 냈다. 하지만 이렇게 되면 미국은 제3차 대전을 시작하게 되는 셈이 되고, 이 행위는 어쩌면 인류 문명을 끝장내는 핵 전쟁의 방아쇠를 당기는 것이 될 수도 있었다.

엑스콤의 구성원들은 역사적으로 비슷한 사건들, 예를 들면 진주만 공습 등이 당면한 그 어려운 상황에 적용될 수 있을지를 놓고 활발한 토론을 벌이며 역사 속에서 자신들이 어떻게 비춰지게 될지 상상의 날개를 펼쳤다. 이 비상위원회에는 이념이 다른 전문가들이 함께 포함돼 있었다. 강건파도 있었고 온건파도 있었지만, 모두가 쿠바와 러시아에 대한 깊은 역사적 지식을 갖고 있었으며, 문화적인 측면에서의 역학이나 정치적인 측면에서의 역학을 토대로 생각할 수 있는 사람들이었다. 케네디 대통령도 1961년에 베트남에서 실행했던 피그스만 침공의 실수를 통해 이미 교훈을 얻은 상태였다. 그는 미사일 위기가 이어지는 동안에 될 수 있으면 토론에 참여하지 않았다. 제각기 다른 의견이 활발하게 논의되는 가운데 현명한 의사결정을 내릴 수 있는 기회를 보다 더 많이 만들어내기 위해서였다.

이런 여러 사례에서 우리가 얻을 수 있는 교훈은, 미래를 위해서는 가능한 한 많은 역사적 사건들을 살펴야 한다는 것이다. 또한 어떤 자치단체나 국가든 간에 지도자는 다양한 사람들을 한 자리에 모아두고 공개적으로 토론하게 하는 게 좋다. 이렇게 함으로써 단 하나의 역사적인 사건이 미래에 대한 집단의 견해를 지배하지 못하도록 막을 수 있다.

:: 쓰나미와 허리케인의 기억

서기 869년, 지진이 일본을 흔들었을 때 미야코지마의 주민들은 자신들이 살던 섬에서 가장 높은 곳으로 도망쳤다. 그러나 그곳도 안전하지 않았다. 거대한 쓰나미가 한쪽 방향에서 언덕 위를 휩쓸었고, 또 다른 거대한 파도가 다른 쪽에 있던 논에서부터 올라왔다. 이 두 쓰나미가 언덕 위에서 부딪혀 그 섬에서 가장 높은 곳으로 달아난 사람들을 단숨에 삼켜버렸다. 쓰나미는 무로하마 어촌을 완전히 파괴해버렸다.

이 끔찍한 비극은 금세 잊히지 않았다. 이 비극의 기억은 1,000년 이상 이어졌다. 그 산 정상에 성지가 마련돼 있는데, 그 성지 옆에 세워진 표지석은 그날의 역사를 이야기하면서 미래의 사람들에게 그곳을 피난처로 삼을 생각을 하지 말라고 경고한다. 이 경고는 지역 민담에 녹아들었고, 이 지역의 학교에서는 아이들이 이 내용을 공부한다. 2011년 3월에 지진이 발생했을 때 무로하마의 거의 모든 주민은 1,142년 전에 일어났던 일을 기억하고 있었다. 그래서 그들은 내륙 깊은 곳으로 달아났다. 그리고 무시무시한 파도가 산에서 가장 높은 언덕 위에서 부딪히는 모습을 멀리서 바라봤다.[11]

일본의 아네요시 마을에는 오래된 표지석이 마치 보초처럼 서서 미래의 주민들에게 경고한다.

"이곳 아래쪽으로는 집을 짓지 말라."

2011년에는 그 지점의 해발고도보다 낮은 위치에는 집이 한 채도 들어서지 않았다. 가장 최근에 있었던 쓰나미 파도는 그 표지석 아래쪽으로 90미터 거리까지 올라왔다. 그런데 이 두 곳의 마을은 예외적이다. 일본 전역에는 쓰나미를 기억하자는 내용의 표지석이 수백 개나 있는데, 이들 가운데 많은 것들이 1896년과 1933년에 거대한 쓰나미가 일본을 덮친 뒤에 세워졌다. OECD 원자력기구가 실시한 조사에 따르면, 그런 표지석이 있는 마을 중 아네요시나 무로하마처럼 그 내용에 주의를 기울인 곳은 한 곳도 없다.

표지석의 비문이 효과적인 경고로 작용했던 일본의 지역 공동체는 문화적인 연속성이 세대에서 세대로 이어지는 작은 규모의 마을이었다. 어린아이들은 과거의 쓰나미 역사를 배웠으며 쓰나미를 늘 경계해야 한다는 걸 잘 알았다. 아네요시와 무로하마에 각각 서 있는 표지석이 일본 전역에 있는 수백 개의 다른 표지석과 다른 점은 과거에 일어났던 일을 그저 모호하게 기억하는 게 아니라 "이곳 아래로는 집을 짓지 말라", "이 언덕으로 도망치지 말라"는 내용으로써 구체적인 행동 요령을 제시했다는 사실이다.

심각했던 과거의 경험이 미래에 빚어질 수 있는 일과 관련해 신뢰할 수 있는 시나리오의 전례를 제공한다면, 역사가 현재에 도움이 될 수 있다. 역사적인 사건에 의지할 때 어떤 위협에 대한 기억을 계속 지속할 수 있으며, 또 이 위협을 또렷한 실체로 유지할 수 있다. 실제로 1,000년도 더 된 과거에 자기 마을을 휩쓸었던 거대한 쓰나미의 이야기를 알고 있었던 일본의 토목기사가 쓰나미에 파괴될 수도 있었던 원전 사고를 예방했다. 실존하는 어떤 위협을 기억 속에 생생하게 살려놓으려는 시도를 해오고 있는 자치단체가 미국에도 있는데, 나는 2016년에 이곳을 방문했다. 그런데 이 공동체는 과거에 일어났던 재앙을 떠올리게 하는 기념물을 짓는 데 그치지 않았다.

매사추세츠 남동쪽, 뉴베드퍼드에서 바로 동쪽에 있는 매타포이세트(Mattapoisett)는 6,000명이 생활하고 있는 해안의 소도시다. 같은 이름의 강이 버자드만(Buzzards Bay)으로 흘러들어간다. 유서가 깊은 주택들이 있고 그랜드스탠드(grandstand, 야외 경기장의 지붕이 씌워져 있는 관람석-옮긴이)가 있는 이 도시의 주요 거주지는 해안과 나란히 길게 뻗어 있다. 항구의 수심이 깊고 목재가 풍부하며 뉴베드퍼드의 포경업 중심지와 가까이 있다는 지역적 강점 덕분에 1750년대에 조선업자들이 보스턴의 남부 해안에서 이곳으로 몰려와 마을을 형성했다. 매타포이세트 시청은 바다에서 약 150미터도 떨어진 곳에 있었다.[12]

20세기에 역사적인 허리케인 2개가 매타포이세트를 강타했다. 1938년에 있었던 허리케인은 미국에서 열대성 저기압이라는 용어가 생기기도 전에 발생했는데, 이때 바다가 주택들을 쓸어버렸고 거리는 물에 잠겼으며 배는 뭍으로 떠밀려 올라갔다. 100년도 더 된 느릅나무들이 마치 성냥개비처럼 맥없이 쓰러졌다. 불어난 물은 시청 건물 계단을 타고 넘어 건물 1층까지 강으로 만들면서 잊을 수 없는 최고 수위를 기록했다.

길이 9미터가 넘는 왜건 차량이 들판으로 날아갔고, 닭장은 폭격을 맞은 듯 지붕이 다 찢겨 사라져버렸다. 18미터 길이의 요트가 뭍으로 떠밀려 올라왔고, 해변에 있던 저택은 그야말로 산산조각이 났다. 무너진 지붕과 담장 아래 끼어 있다가 가까스로 생존한 사람들도 있었다. 허리케인이 지나간 뒤에 매타포이세트 지역 신문은 크레센트비치와 피코비치의 멋지던 여름 해변 풍경이 쓰레기장으로 바뀌었다고 말했다. 구조대원들은 어느 부서진 오두막집의 지붕에서 축음기 음반 '스마일즈(Smiles)'를 발견하기도 했다. 주택 수백 채가 파괴됐으며 수백 명이 다쳤다. 7명이 익사했다.

1991년에는 2등급으로 분류된 허리케인 밥이 매타포이세트를 강타했다(허리케인은 통상 가장 약한 1등급에서 가장 강한 5등급까지로 분류되는데, 2등급의 풍속은 시속 153~177킬로미터다-옮긴이). 4미터 가까운 파도가 연신 해변을 때렸다. 폭풍은 부두를 부쉈고 해변의 오두막을 날려버렸으며 나무를 쓰러뜨렸다. 거센 바람은 전신주를 뽑아 내팽개쳤다.

골프장에서는 물기둥이 솟구쳐 올라왔고, 거리는 순식간에 물살 빠른 강이 돼버렸다. 사람들은 집을 포기했다. 강이 돼버린 도로를 허우적거리며 도망쳤다. 깨진 유리조각에 베여도 어쩔 수 없었다. 당시 매타포이세트에는 하수도 시설이 갖춰져 있지 않아서 순식간에 거리의 물은 유독한 오염수로 변했고 식수 또한 쓰레기와 가정용 화학물질로 오염됐다. 버자드만으로 돌출된 좁은 반도에 형성된 코브스트리트에 있던 주택 37채 가운데 29채가 파괴됐다.

그러나 과거에 있었던 비극들을 이야기로 만들어 자주 떠올리는 이 마을에서조차도 허리케인의 기억은 점차 사라지고 있다. 2016년에 매타포이세트의 행정 업무를 맡고 있던 마이크 가니에(Mike Gagne)는 이렇게 말했다.

"세월이 흘러가버려서 많은 사람들이 허리케인의 위험을 제대로 알지 못하고 있는데, 그게 걱정입니다."

최근 몇 년 동안에 폭풍 경보와 대피령이 내려질 때 많은 주민들이 당연히 해야 하는 예방조치들을 무시하고 있다. 가니에는 또 다른 거대한 허리케인이 매타포이세트를 강타하는 것은 시간문제라고 믿는다. 그는 마을 사람들이 집을 미리 높게 짓는다든지 허리케인이 다가온다는 예보를 접할 때 귀중품을 미리 챙긴다든지 하는 준비조차 하지 않을 것이라고 걱정한다.

내가 매타포이세트를 방문했을 당시 미국 환경보호청 관리들 역시 특히 해수면 상승 현상 때문에 조수가 마을로 들이닥쳐서 재앙을 초래할 위험이 점점 커지고 있는 상황을 고려할 때 해안 도시에 사는 주민들의 준비성 부족을 걱정했다. 뉴잉글랜드 지역(미국 북동부의 메인, 뉴햄프셔, 버몬트, 매사추세츠, 코네티컷, 로드아일랜드의 6개 주-옮긴이) 가운데서도 매타포이세트는 특히 위험 지역으로 꼽힌다. 폭풍 해일에 의해 식수 공급원이 오염될 수 있기 때문이다. 남북 캐롤라이나에서부터 뉴잉글랜드에 이르는 대서양 연안을 따라 해수면은 세계 평균보다 서너 배 빠르게 상승하고 있다. 만일 3등급이나 4등급의 허리케인이 매타포이세트를 강타한다면 허리케인 밥 때보다 훨씬 더 큰 피해를 안겨줄 것이다.

1908년 증조부모 때부터 대대로 매타포이세트에 거주했다는 조디 바우어(Jodi Bauer)는 이 마을이 과거 기억을 되살릴 수 있는 아이디어를 하나 갖고 있었다. 바우어는 이발사인데 1928년 이곳에 이발소가 생긴 이래 세 번째 이발사이자 첫 번째 여성 이발사다. 1938년 허리케인이 매타포이세트를 강타할 때 태어난 그녀의 어머니는 시청 서기로 33년 동안 일했고 아버지는 경찰이었다. 조디는 어린 시절을 시청에서 보냈으며 허리케인에 대한 이야기를 많이 들었고 기억하고 있었다. 나중에 성인이 됐을 때 그녀는 허리케인 밥을 경험했다.

"마치《오즈의 마법사(The Wizard of Oz)》의 한 장면 같았어요."

10월의 어느 쌀쌀한 날 아침에 자동차로 함께 마을을 돌아보면서 그녀가 내게 했던 말이다. 공기에서는 축축한 비치타올 냄새가 났고 정원에서는 뒤늦은 꽃들이 활짝 피어 있었다.

"어떤 집들은 부서지고 찢겼으며, 또 어떤 집들은 하늘로 들려 올라갔죠."

바우어의 아이디어는 마을에서 잘 알려진 여러 장소에 과거 허리케인 때 물이 어디까지 차올랐는지 표시를 해두자는 것이었다. 보이 스카우트 두 아이의 어머니인 그녀는 이런 아이디어를 그 지역의 열일곱 살 졸업반 고등학생 재레드 왓슨(Jared Watson)에게 알려줬고, 이 학생은 그것을 이글 스카우트로서 자신의 가장 큰 업적으로 삼아야겠다고 마음먹었다.

키가 크고 학구적이며 과학 분야에 매료돼 있던 재레드로서는 그 일을 하기에 최적임자였다. 그는 시청의 협조를 받아 금속제 띠와 눈에 잘 띄는 파란색 안내판을 제작해 도시의 주요 교차로들과 랜드 마크들에 있는 전신주에 부착했다. 그 띠는 1938년 및 1991년의 허리케인 당시에 범람했던 물이 어느 높이까지 차올랐는지를 표시해주는 것이었다. 안내판에는 그 띠가 무엇인지 설명이 적혀 있었고 바코드가 인쇄돼 있어 스캐닝하면 해수면 상승에 따른 해안 범람의 위기가 점점 높아지고 있다는 내용의 웹사이트에 접속됐다. 환경보호청 소속의 과학자들은 왓슨 및 매타포이세트 시청과 협력해 과거의 재앙 당시 최고 수위가 어느 정도였는지, 미래에는 어느 정도일지 계산했다.

"이 표지들이 허리케인의 역사를 보다 현실적이고 피부에 와닿게 이야기해줄 거예요."

재레드가 동료 스카우트들과 함께 금속제 띠와 안내판을 붙이는 작업을 하던 날 내게 한 말이다. 나는 그것들이 허리케인의 역사가 현재에 생생하게 살아나도록, 그것도 멀리 있는 추상적인 장소가 아니라 자신이 날마다 다니는 익숙한 장소에서 물이 어디까지 차오를 것인지 사람들이 상상하도록 해줄 것임을 알았다. 가니에는 사람들이 마을에서 어디를 가든 그 안내판을 좋으나 싫으나 볼 것이기 때문에 그동안 자기나 다른 공무원들이 해왔던 인쇄물 작업이나 공지 사항보다 훨씬 더 효과를 발휘할 것이라고 말했다. 내가 생각해도 그랬다.

조디 바우어는 또한 도시의 노인들로부터 1938년 허리케인과 관련된 이야기를 수집해오고 있었다. 이 노인들은 어릴 때 그 허리케인을 경험했고 생생하게 기억하고 있었다. 노인들의 증언을 담은 영상은 지역 도서관과 온라인에서 공유됐고, 마을에서 이런저런 행사가 있을 때마다 마을 지도자들이 이 이야기들을 주민들에게 알렸다. 물론 다음에 있을지 모를 거대한 허리케인 때 이곳 주민들이 얼마나 더 잘 대처할 것인지는 두고 봐야 할 문제다. 내가 재레드 일행과 함께 안내 표지판을 붙이고 다닐 때 자동차를 타고 지나가거나 걸어가던 많은 주민들이 뭐하는 것이냐고 물었다. 주민들은 과거 허리케인 때 물이 얼마나 높이 차올랐는지를 두고 의견을 나누기 시작했으며, 몇몇 경우에는 토론을 하기도 했다.

매타포이세트는 마을의 규모라는 점에서나 주민들이 서로에게 갖는 친밀성이라는 측면에서 역사를 활용해 미래를 대비하는 데 확실한 강점을 갖고 있었다. 이런 점에서 보면 매타포이세트는 과거에 있었던 쓰나미에 대한 경고에 주의를 기울이는 일본의 몇몇 마을들과 다르지 않다. 매타포이세트는 또한 모든 세대, 즉, 자신들의 미래에 투자한 어린 스카우트들과 과거를 기억하고 있는 허리케인 생존자들을 공동의 목적 아래 하나로 묶는 방법을 발견한 것이다.

:: 가상 시나리오가 주는 효과

우리가 평생 살아오는 동안 또는 인류 역사에서 단 한 번도 나타나지 않았던 어떤 미래를 상상해야 할 필요가 있을 때, 과연 우리는 무엇을 할 수 있을까? 위험(리스크) 전문가인 나심 탈레브(Nassim Taleb)는 가장 파괴적인 변화를 가져다주는 것은 바로 '검은 백조(black swan)'라고 주장한다. 탈레브가 말하는 '검은 백조'란 극단적으로 예외적이어서 발생가능성이 없어 보이지만 일단 발생하면 엄청난 충격과 파급효과를 가져오는 사건을 가리키는 말이다. 그는 자신의 저서 《블랙스완(Black Swan)》에서 다음과 같이 썼다.

"오늘날 우리가 지구에서 살아가려면 우리가 갖고 있는 것보다 훨씬 더 많은 상상력이 필요하다."[13]

2017년 여름에 허리케인 하비가 휴스턴을 며칠 동안 강타한 뒤 스탠퍼드대학교의 캐서린 마흐(Katharine Mach)와 미유키 히노(Miyuki Hino)는 한 칼럼에서 탈레브와 같은 맥락으로 이렇게 말했다.

"유례가 없는 것이 점점 더 표준이 되고 있다."[14]

1972년 9월 5일, 올림픽에 참가한 이스라엘 선수 2명이 살해됐고 9명이 인질로 잡혔다. 장소는 뮌헨의 올림픽 선수촌이었고, 범인은 테러 집단 검은 9월단이었다. 이들은 이스라엘의 감옥에 갇혀 있는 팔레스타인 동료 234명을 석방하라고 요구했다. 그 다음날 9명의 인질을 모두 살해했다. 이때 일어난 일은 관련된 모든 사람들에게 유례가 없는 사건이었다. 적어도 올림픽 조직원위원회 사람들이나 뮌헨의 공무원들로서는 이와 비슷한 역사적인 사건이 하나도 없었다. 비록 유럽의 다른 지역에서 테러 공격들이 있긴 했지만.

게오르그 지버가 그날 아침 관계자들이 모두 모여 있는 현장에 도착했을 때 맞닥뜨린 것은 혼돈이었다. 여러 법 집행 부서들의 온갖 직위의 사람들이 제각기 다른 개성을 갖고 서로 충돌했으며 지휘계통도 명확하지 않았다. 위기가 발생했을 때의 대처 방안에 대해 자신이 진작 제시하고 설명했지만, 이런 내용이 공유되지 않았다는 사실에 지버는 좌절했다. 그는 몇 시간 지나지 않아서 더는 자신에게 주어진 일을 할 수 없다고 손을 들어버렸다. 그리고 다시 얼마의 시간이 더 지난 뒤 인질범들은 인질로 잡고 있던 이스라엘 선수들을 모두 죽였다. 즐겁고 유쾌해야 할 경기가 전세계 사람들이 TV 화면으로 지켜보는 가운데 공항 활주로의 총격전으로 끝났다.

지버는 미래를 정확하게 예측하지 않았을 뿐만 아니라 신화 속 인물인 카산드라처럼 신통한 예지력으로 미래를 꿰뚫어보지도 않았다. 고대 그리스의 극작가 아이스킬로스는 카산드라의 저주를 묘사하면서 그녀가 트로이의 멸망을 예언했고 또한 자신의 예언을 모든 사람이 무시할 것이라고 예언했다고 썼다. 지버는 잠재적인 미래(실제로 나타날 가능성이 있는 미래)만을 예측했다.

뮌헨올림픽의 그 비극이 일어나기 여러 달 전에 올림픽 조직위원회 관계자들은 지버가 제출했던 여러 시나리오들을 읽고도 올림픽 경기가 벌어지는 독일 땅에서 유대인 선수들이 납치돼 살해되는 끔찍한 경험을 한다는 것이 어떤 의미인지 파악하지 못했다. 만일 그랬다면 기본적인 보안 조치를 취하는 것이 충분히 그럴 만한 가치가 있다고 판단했을 것이다.

미래에 대한 모든 가설적인 시나리오들에 일일이 다 대비해 계획을 세우는 것은 불가능하다. 특히 그 작업에 비용이 많이 들어가야 할 때는 더욱 더 그렇다. 미래 위험의 대부분은 신뢰할 수 있는 예측에 따라 방향이나 강도 그리고 일정을 도표에 표시할 수 있는 허리케인과는 다르다. 그 위험은 기본적인 속성상 예측할 수 없는 것들이다. 그래서 과학자들은 이런 동적 체계를 '속임수'라고 부른다. 궁극적으로 전개될 어떤 미래를 어떤 사람이 상상한다고 해서 그 사람이 그 사건이 실제로 일어날 것임을 확실하게 안다는 뜻은 아니기 때문이다.

1972년 뮌헨올림픽 조직위원회는 미래에 있을 수 있는 위험을 고려할 필요가 있음을 표면상으로는 인정했다. 그랬기에 전문가를 고용함으로써 상상력을 이끌어내려는 시도를 했었다. 상상력에 대해 우리가 알고 있는 것이라는 관점에서 볼 때 그것은 경솔함을 피하기 위한 하나의 유망한 방법처럼 보일 수도 있다.

그러나 그 노력은 실패했다. 지버가 대비해야 할 위협들을 올림픽 조직위원회에 제시했으며 또한 그 위협들을 상세하게 묘사했지만 조직위원회 관계자들은 심지어 특정 시나리오들을 아예 처음부터 고려하지도 않았다. 왜 지버의 시나리오들은 관계자들 중 그 누구라도 나서서 예방조치들을 취하도록 설득하지 못했을까? 도대체 왜 지버와 같은 수많은 사람들(여기에는 나도 포함된다)은 우리가 그리는 미래의 그림을 사람들이 제대로 바라보도록 설득하지 못할까?

글로벌비즈니스네트워크(Global Business Network, 급변하는 세계의 기업 환경 아래에서 미래 세계가 어떻게 변화할 것인지 시나리오를 만들고 제공하는 전문가 집단으로 1988년 설립-옮긴이)의 피터 슈와츠(Peter Schwartz)는 "시나리오는 사람의 정신적인 면역체계를 자극해 자신이 경험하고 싶지 않거나 경험하게 될 것이라고 믿지 않는 미래를 떨쳐내게 만든다"고 말한다.[15] 슈와츠는 수십 년 동안 미래 세계 변화와 관련된 시나리오들을 만들면서 사람들은 자신이 선호하거나 또는 가장 가능성이 높다고 생각하는 단 하나의 시나리오만을 선택해 여기에 대비하는 계획만 세우려는 유혹에 사로잡힌다는 사실을 발견했다. 이는 모든 상상력을 발휘해 가능한 모든 시나리오를 다 만들겠다는 애초의 목적에도 위배되는 태도다.

피터 레일턴(Peter Railton)은 도덕적 인지와 예측 분야를 연구하는 철학자다. 그는 미래에 대해 생각하려고 노력하는 것은 어려운 일이라면서, 그 이유가 미래에는 너무도 많은 가능성들이 놓여 있기 때문이라고 말했다.[16] 그 많은 가능성들을 그는 '자유도(degrees of freedom)'라고 표현했다. 오늘 점심 때 무엇을 먹을까 하는 것과 같은 단기 미래에 대해 생각할 때 인간의 인지는 아무런 통제를 받지 않고 순전히 자발적일 수 있다. 하지만 먼 미래에 일어날 사건을 생각할 때는 엄청나게 많은 양의 정신적 통제가 소요되며, 또한 이 일은 시간적인 거리가 멀어질수록 한층 어려워진다. 우리가 미래에 놓여 있는 보다 많은 가능성을 바라볼 때 주어진 어떤 결과와 연관 짓거나 그 결과들의 가능성을 믿기란 한층 어려워진다. 이런 맥락에서 레일턴은 내게 이렇게 말했다.

"있을 수 있는 모든 가능성을 모아놓은 통에서 하나 끄집어낸 특정한 미래 사건에 대해 우리 인간은 훨씬 더 잘 생각하는 경향이 있습니다."

이 말이 제기하는 까다로운 문제는 단 하나의 시나리오만을 염두에 두고 고민할 때 다른 가능성들을 무시하게 될 위험성이 한층 높아진다는 사실이다. 뮌헨올림픽 조직위원회는 지버가 내장 감각(visceral sense)으로 상상했던 시나리오들을 단 한 번도 통렬하게 느끼지 않았다고 봐도 무방할 것 같다. 그들은 내가 가상현실 속의 산호초에서 수영하면서 느꼈던 것처럼 그렇게 생생하게 그 시나리오들을 경험하지 않았던 것이다. 그랬기에 그 시나리오들은 그저 추상적으로만 남아 쉽게 기각되고 말았다.

지버는 또한 암울한 여러 시나리오들을 묘사했다. 디스토피아적인 미래가 자신에게 제시될 때 사람들은 나중에 빚어질 결과보다는 지금 당장의 근심거리에 더 많이 매달리게 된다. 토머스 서든도프는 "코앞에 닥친 어떤 운명에 대한 통제력이 자신에게 부족하다고 느낄 때 인간은 포기를 해버리고는 미래는 생각하지 않고 오로지 현재의 순간에만 매달린다"고 말했다.[17] 그는 인간이 포사이트를 갖게 된 과정에 대해 현재 우리가 알고 있는 내용 중 상당히 많은 부분을 개척한 호주의 진화심리학자다.

"부정적인 어떤 미래를 맞이할 준비를 하고 있을 때 대개의 사람들은 '그래, 모든 게 나쁘게 풀려가는데 이 상황에서 내가 할 수 있는 게 있겠어?'라고 생각합니다."

암울한 시나리오들에 대해 사람들이 갖는 이런 반응은 올림픽 조직위원회가 지버에게 "즐겁고 유쾌한 경기"가 이뤄지도록 미래를 될 수 있으면 악몽과는 거리가 멀어 보이도록 색칠해달라고 요구했던 이유를 설명해준다. 또는 조직위원회 담당자들이 아무런 행동을 취하지 않는 것을 기본 선택(디폴트 옵션)으로 삼았을 수도 있다. 1998년 태국의 수석 기상학자 스미스 다르마사로자(Smith Dharmasaroja)가 인도양에서 다가오는 쓰나미를 효과적으로 경고하기 위해 새로운 경보망을 만들어야 한다고 했을 때 정부는 그를 해고해버렸다.[18] 해안의 경보체계가 관광객들을 성가시게 만들고 태국을 안전하지 못한 곳으로 생각하게 만들 것이라는 게 그의 상사들이 그를 해고하면서 내세운 논리였다. 그렇지만 그로부터 6년 뒤 인도양의 대형 쓰나미로 20만 명이 넘는 사람이 사망했다. 이 가운데 수천 명이 태국 해변에서 참변을 당했으며 그들 가운데는 관광객도 많이 있었다.

시나리오 기법은 정부 기관이나 기업에서 모두 인기가 높다. 이 기법은 자치단체나 사회 전체가 자신들이 미래를 준비하는 포사이트를 갖고 있다는 느낌을 준다. 그러나 같은 집단에 속한 사람들 사이에서는 유례가 없는 미래의 위험이나 기회를 배제하도록 서로에게 강요하는 현상이 일어난다. 하나의 문화나 공동의 목적을 갖고 있을 때는 특히 더 그렇다. 이는 카메룬의 자식 훈육이나 전문 포커꾼의 거울 이미지(mirror image)인데, 이때 미래 예측은 문화적인 규범으로 장려된다. 이와 달리 어떤 문화권에서는 미래의 위협에 주의를 기울이지 않는 것을 권장하는데, 여기에서의 지도자나 집단은 정치와 이익 그리고 개인적 선호 등 다양한 이유로 현재를 중요하게 여기기 때문이다. 흔히 이들은 자신의 근시안을 극복하는 데 도움을 줄 수 있는 대안적인 문화적 실천들은 알지 못한다.

하지만 사람들에게 미래의 어떤 가상 시나리오 속에서 실제 역할을 수행하도록 강요할 때 이 시나리오가 그들이 자연적으로 갖고 있는 방어 기제를 꿰뚫는 데 도움이 준다는 사실을 피터 슈와츠가 관찰을 통해 확인했다. 슈와츠는 석유 회사 로열더치셸에 근무하면서 유가 충격이나 미하일 고르바초프(Mikhail Gorbachev) 아래에서의 소련의 개방 정책 등과 같은 사건에 경영진이 대비할 수 있는 시나리오를 만들면서 미래학자로서 주목받기 시작했다.

슈와츠는 1980년대 초 석유수출입기구(OPEC)의 붕괴와 같은 극단적인 시나리오들을 진지하게 고려해야 한다고 셸의 경영진을 설득하느라 애를 먹었다. 그런데 그가 경영진에게 컴퓨터로 시뮬레이션한 다양한 미래 시나리오들을 제시하면서 각각의 임원들에게 각 상황에서 결정적인 역할, 이를테면 이란과 사우디아라비아의 석유 담당 장관이나 경쟁 석유사의 경영진의 역할을 수행하라고 요구하면서 돌파구가 만들어졌다. 이런 훈련을 한 차례 마치고 나자 비로소 경영진은 예전에는 회의적으로만 바라봤던 위험들을 진지하게 받아들였다. 그 위험들 가운데는 이라크의 쿠웨이트 침공도 포함돼 있었는데, 이 사건은 1990년 현실에서 그대로 일어났다. 슈와츠는 이런 훈련을 예행연습이라고 불렀다. 나로서는 슈와츠의 이 방식이 지버가 사용했던 과정(process)과 다르게 미래에 대한 계획을 현실 속에서 마련하려는 노력이라기보다는 어떤 연극적 실행(theatrical production) 또는 일종의 게임과 같다는 생각이 들었다.

:: 게임을 통한 의사결정 연습

내가 파블로 수아레스(Pablo Suarez)를 처음 만났을 때 그는 플라스틱 원반 프리스비를 들고 있었고, 어울리지 않을 정도로 커다란 정장 재킷 아래 커다란 솜 주사위 한 쌍을 달고 있었다. 이런 차림으로 그는 보안 검색대를 경쾌하게 통과했다. 2014년에 그를 백악관으로 불렀는

데, 그때 나는 백악관에서 기후 변화 혁신 부문의 선임자문위원으로 있으면서 기후 관련 재앙이 닥치기 전 이에 대한 계획을 각급 자치단체가 세우도록 지원하는 일을 하고 있었다.[19]

수아레스는 전세계의 국가들 및 각국 공동체가 가뭄과 홍수와 열대 폭풍 등에 그저 대응만 하는 게 아니라 이런 것들을 미리 예방하는 사업을 지원하는 일을 국제적십자와 함께 실행한 경험을 갖고 있었다. 그의 목표는 재난 구호기금을 모으고 나눠주는 게 아니라 재난을 예방하는 쪽으로 인류애적 지원 노력의 초점을 바꾸자는 것이었다. 껑충한 외모, 거침이 없는 말투, 짙은 아르헨티나 억양, 회색 턱수염, 장난기 넘치는 눈빛이 특징인 수아레스는 워싱턴 정가의 지루하고 딱딱한 분위기와는 사뭇 다른 인상이었다. 한마디로 워싱턴 정가에서보다는 시골길에서 차를 얻어 타려고 손을 흔드는 사람들에게서 쉽게 볼 수 있을 것 같은 그런 유형의 사람이었다. 이런 외형적인 모습 때문에 나는 이 사람이 하는 말을 들으려고 굳이 아까운 시간을 들일 필요가 있을까 하는 생각을 잠깐 하기도 했다.

수아레스는 미래의 위협에 대해 이야기를 듣는 것은 중요하다고 말했다. 그는 예측을 이야기하고 있었다. 노동자들이 가뭄에 대비하기 위해 농부들과 함께하는 데 도움이 되는 예측, 범람이 잦은 강의 상류에 나무를 심는 것이 얼마나 가치 있는 투자인지 은행들을 상대로 설득하기 위해 과학자들이 그들과 함께 공유하는 예측 등이 그런 것들이었다. 한 무리의 사람들이 미래에 대해 자신이 내릴 수 있는 의사결정의 정서적인 결과들을 어떤 식으로든 경험한다는 것은 한층 심오한 것이며, 심지어 감동적이기까지 하다.

수아레스는 이런 경험을 단순한 시뮬레이션으로 얼마든지 할 수 있다고 믿는다. 보스턴대학교 파디 센터(Pardee Center) 연구원이자 국제적십자의 붉은 초승달 기후 센터(Red Crescent Climate Centre) 부책임자인 그는 지금까지 전세계에서 1만 명이 넘는 사람들이 함께했던 수십 개의 게임을 설계했다. 그 사람들 중에는 사하라사막 이남 아프리카의 자급자족 농민, 기상 관련 서비스를 수행하는 관리, 전세계의 인도주의적인 기부자, 정치인, 보험업계 이사들 등이 포함돼 있다. 그 게임들의 목표는 사람들이 미래의 위험을 예측하고 이 예측을 토대로 행동하는 게 어떤 것인지 직접적으로 경험하도록 돕는 것이다.

예를 들어 세네갈에서 수아레스와 그의 연구 팀은 얼마든지 예상할 수 있는 폭풍으로 사람들이 쉽게 죽어나가는 곳이던 어떤 섬의 주민들에게 게임 한 가지를 하도록 했다. 이 게임은 상황 설정을 제시하는 카드를 선택하는 것에서부터 시작됐다. 이 선택에는 자녀를 할아버지 댁에 보낸다든지 보다 안전한 피난소를 찾는다든지 하는 것들이 포함돼 있었다. 그런 다음 그들은 자신이 한 선택의 결과가 어떤 것인지 그리고 그 선택이 자신에게는 어떤 식으로 전개되는지 살폈다. 이 게임을 반복함에 따라 폭풍이 매번 거대한 파괴를 가져다주지는 않지만 심각한 폭풍이 닥칠 때는 끔찍한 결과가 빚어지는데, 이 비극은 사실 미리 막을 수 있었다는 사실이 분명하게 드러났다.

수아레스는 구호기금 관련 직원들과 또 다른 게임을 하면서, 폭풍과 관련된 불길한 예측이 나온 상황에서는 아무런 조치도 취하지 않는 경우 대비 지역 주민들에게 구호물품을 미리 나눠주는 경우에 어떤 일이 일어나는지 입증하고자 했다. 게임 참가자들은 콩 한 움큼을 갖고 시작한다. 이 콩은 예측에 들어가는 비용으로 사용할 수도 있고 극단적인 이상기후가 발생하기 전이나 후에 공급 물품 대금으로 사용할 수도 있다. 게이머들은 자신이 무엇을 할지 결정을 내린 다음 주사위를 굴려 각각의 여러 설정들에서 홍수가 일어나는지 본다.

예비적인 조치를 취하는 경우에 들어가는 콩 비용은 재앙이 발생한 뒤 이 재앙에 대응하는 경우에 들어가는 콩 비용보다 훨씬 적다. 이 게임은 실제 현실에서 일어나는 일들을 시뮬레이션한 것인데, 실제 현실에서 재앙에 대응하는 비용, 예컨대 홍수로 교량과 도로가 끊어질 경우를 생각하면 재앙에 미리 대비하는 차원에서 투자하는 비용보다 훨씬 크다.

수아레스는 인도주의적인 지원 단체에서 활동한 경험을 통해 여러 집단이 쓸데없는 헛수고를 하는 것을 두려워한다는 사실을 발견했다. 심각한 홍수나 기근이 실제로 일어나지 않을 것 같은 때에 어떤 과학적인 예측을 근거로 시간이나 돈을 들여 예방조치를 하는 것을 두려워한다는 얘기다. 그러나 사람들은 실제로 재앙이 일어나면 거기에 미리 대비하지 않았던 것을 후회한다. 수아레스의 게임들은 다음과 같은 사실을 인정한다. 궁극적으로 발생하는 어떤 결과를 경험하기 전에 자신이 한 선택의 결과를 측정하는 게 가능하지만, 평균적인 사람으로서는 장차 일어날 수 있는 결과를 깊이 이해하기란 어렵다는 점이다. 그의 게임들이 의도하는 바는 사람들이 얼마든지 일어날 수 있는 것들을 보고 느낌으로써 불확실성의 어려움을 타개하는 데 도움을 주겠다는 것이다. 수아레스는 자신이 개발한 게임들이 개인과 공동체로 하여금 평생 또는 최근의 기억 속에서 경험해본 적 없는 재앙들이 자신들에게 어떤 참담한 결과를 가져다주는지 이해하고 느끼는 데 도움이 된다고 믿는다.

피터 페를라(Peter Perla)는 수학자이자 연구분석관으로 경력의 대부분을 미국 해군 분석 센터(Center for Naval Analyses)에서 보낸 인물이다. 워게임(war game, 모의전) 분야에서 자타가 인정하는 전문가다. 워게임은 전쟁 상황이나 전투 현장에서 나타나는 온갖 딜레마를 시뮬레이션하는 것으로 오래 전부터 이용됐다. 워게임의 역사는 수천 년 전으로 거슬러 올라간다. 고대 중국에서 유래한 바둑과 오늘날 체스의 원조로 일컬어지는 인도의 보드 게임 차투랑가(chaturanga)도 워게임의 일종이다. 이런 고대의 게임들은 기본적으로 전투 현장에서 병사들을 배치할 위치를 시뮬레이션했는데, 소설가 허버트 조지 웰스(Herbert George Wells)도 워게임에 영감을 받아 장난감 병정들의 전쟁을 소설로 썼다. 현대의 워게임은 전략에 대한 온갖 질문들을 아우르면서 군대의 지도자들이 적군 및 아군에서 일어날 수 있는 시나리오들을 검증하는 것으로까지 진화했다.

페를라는 내게 게임은 사람들에게 의사결정을 내리라고 요구하기 때문에 정서적·심리적 스트레스를 유발할 수 있다고 설명했다.[20] 이런 감정들에는 미래를 예측하기 위한 목적의 지적인 훈련(이 훈련에는 시나리오 기법도 포함된다)이 결여되는 경향이 있다. 그렇기 때문에 게임에는 사람들이 저만치 떨어져 있는 미래에 놓인 위협과 기회들을 바라보는 방식에 한층 깊고 지속적인 충격을 줄 잠재력을 갖고 있다. 게임을 할 때 사람들은 단지 생각만 하는 것이 아니라 느끼기도 한다.

페를라는 게임이 허구와 실제 사이에 존재하는 뚜렷한 어떤 영역을 점유하며, 또한 사람들로 하여금 특정한 미래 시나리오들에 대해 자신이 갖고 있는 불신을 유예하게 만들 가능성을 열어준다고 주장한다. 게임에 참가하는 사람은 마치 영화나 소설에서 펼쳐지는 것과 같은 어떤 시나리오를 부여받는다. 이 시나리오는 실제 상황으로 제시되는 게 아니므로 게이머는 처음부터 그 시나리오 설정의 가능성을 의심하면서 게임을 시작하지는 않는다. 하지만 영화를 보거나 소설을 읽을 때와 다르게 게이머는 수동적인 관찰자로 머물지 않는다. 게임 속에서 적극적으로 사건에 개입해야 하며 그 허구의 세상에서 실제 의사결정을 내려야 한다. 게이머는 또한 게임 속에서 내린 의사결정의 결과들을 어떤 식으로든 처리해야 한다. 그 결과들에는 다른 게이머들의 반격, 불화, 재앙 등이 포함된다.

클린턴 대통령이 리처드 프레스턴(Richard Preston)의 소설《코브라 이벤트(Cobra Event)》를 읽고 나서 1998년에 했던 워게임은 미국 시민을 노리고 살포된 생물학 무기의 잠재적 위험에 초점을 맞췄다. 백악관의 그 워게임은 생물학 무기를 동원한 테러에 대해 대통령이 갖고 있는 호기심에 응답했다. 그로부터 채 1개월이 지나지 않아 클린턴 대통령은 생물학 무기를 이용한 테러 행위에 대한 대책 마련을 위해 긴급 국무회의를 소집했고, 이 회의 결과에 따라 의회에 대테러 추가 예산으로 2억 9,400만 달러를 요청했다.

군사 전략이나 전쟁 대비책의 기본적인 틀을 마련한다는 점에서 보면 게임은 매우 긴 역사를 갖고 있다. 이를테면 1920년대와 1930년대에 해군이 수행했던 일련의 워게임들은 제2차 대전에서 일본군과 맞서 싸우면서 많은 것들을 예측하는 데 도움이 됐다. 제1차 대전이 끝난 뒤 미국 해군사관학교는 300개가 넘는 워게임을 실행했는데, 이 가운데 100개 이상이 일본을 가상의 적국으로 설정한 상태에서 여러 가지 전략적인 질문들에 초점을 맞췄다. 스티븐 슬로먼(Steven Sloman)과 필립 페른백(Philip Fernbach)이 지적했듯이, 일본의 진주만 공격은 타이밍만 보면 기습이었지만 실제로는 미국이 이미 예상하고 있던 도발이었다. 일본과 전쟁을 벌이는 상황은 당시 미국의 많은 시민들이 예상하던 일이었던 것이다.[21] 1941년 프랭클린 루즈벨트 대통령은 태평양 함대를 샌디에이고의 기지에서 하와이로 이동시켰었다. 일본의 공격에 대응하기 위한 조치였다(그러나 일본의 가미카제 자살 공격을 예측한 시나리오는 없었던 것 같다). 해군의 그 워게임들에서 제기됐던 여러 위험들 덕분에 미국은 태평양에서 공세적인 작전을 심사숙고해 마련하고 실행 계획을 세우는 여러 시나리오들을 한층 쉽게 마련할 수 있었다. 한 해군 소령은 워게임 덕분에 전쟁이 장차 전개될 양상을 이해할 수 있었다고 말했다.

2017년 여름의 어느 후텁지근하던 날, 나는 미국 국방부를 방문해 워게임 전문가 애덤 프로스트(Adam Frost)와 마거릿 맥카운(Margaret McCown)을 만났다. 국방부에서 워게임 전담 부서는 제2차 대전 직후에 만들어졌으며, 지금 이 부서는 미군 최고위 장성인 합동참모본부장에게 곧바로 보고하는 체계를 갖고 있다. 프로스트와 맥카운은 내게 군사령관들과 백악관 및 연방 기관들의 최고위 인사들과 외국의 동맹군들이 수행하도록 자신들이 설계한 워게임 이야기를 들려줬다.[22] 워게임들의 많은 부분은 기밀사항으로 분류돼 있지만 몇 가지는 여기에서 설명할 수 있다.

프로스트와 맥카운은 이 게임에서 가장 중요한 것은 과거에 도무지 상상도 할 수 없었던 것을 사람들이 심사숙고 하도록 돕는 것이라고 말했다. 예를 들어 중동 지역에서 미국이 취해야 할 태도에 초점을 맞춘 어떤 게임은 참가자들에게 현재의 사우디 국왕이 사망한다는 내용이 담긴 시나리오를 제시한다. 게임에 참가하는 모든 사람은 각각 자신에게 주어진 역할을 수행하면서 나름대로의 의사결정을 내림으로써 이 시나리오에 대응한다. 이와 같은 게임들에서 워게임 설계자는 적군 역할을 하는 홍군을 설정하며 때로는 연합군이나 중립적인 국가들을 설정하기도 한다. 이 게임이 진행되는 동안 돌발 상황이 제시될 수도 있는데, 이는 게이머가 갑작스러운 상황에서 자신이 어떤 의사결정을 내릴지 그리고 그 결정의 긍정적이거나 부정적인 결과가 어떤 식으로 나타날지 탐구하고 이해하는 데 도움을 준다.

프로스트는 미국 국제개발처(USAID)의 요청에 따라 설계됐고 오바마 행정부 때 미국의 최고위 정부 관리자들이 게이머로 참가했던 게임 '포켓 센추리(Pocket Century)'를 설명해줬다. 당시 미국 정부는 국방부를 비롯한 다른 여러 부처 및 기관을 통해 이라크의 모술댐이 붕괴되지 않도록 하고자 많은 일을 했다. 중동 지역에서 가장 큰 댐들 가운데 하나로 꼽히는 모술댐은 이라크의 북쪽 국경선에서부터 남쪽 바그다드로 흘러 페르시아만으로 이어지는 티그리스강에 있다. 그런데 이 강의 통제권은 ISIS를 상대로 한 전쟁에서 결정적으로 중요한 역할을 해왔다.

하지만 국제개발처 바깥의 미국 관리 대부분은 이 댐이 붕괴될 경우 실제로 어떤 일이 일어날지 (그리고 미국이 어떤 대응을 할지) 고려하지 않고 있었다. 그런데 그 결과는 여러 측면에서 나타날 파장을 온전하게 가늠하기조차 어려울 정도로 심각한 것이었다. 100만 명이 넘는 이라크인들이 물난리를 당할 수 있었으며, 이 끔찍한 참사가 ISIS가 세력을 확장할 기회로 이용될 수 있었기 때문이다.

포켓 센추리는 모술댐이 붕괴되는 상황을 시뮬레이션했다. 그 결과 만약 이 댐이 붕괴되면 그동안 미국이 이라크에서 이루고자 했던 모든 것들이 혼란에 빠지고 말 것임이 드러났다. 이 게임 속에서 미국 국제개발처 대표들은 위기를 무릅쓰고라도 이라크 지역을 지원하고 싶다고 했지만, 국방부 관리들은 그 엄청난 혼란 속에서 미국인을 온전하게 보호할 수 없기 때문에 철수하자는 의견을 냈다. 국방부 관리들로서는 자신의 임무가 민간인이 참사를 당하는 재해를 예방하는 것이 아니라면서, 적을 물리치는 게 가능하다면 그렇게 하는 것이 옳다고 봤다. 이 워게임을 통해 미국의 지도자들은 이라크에서 모술댐이 무너질 경우 미국 정부의 중요한 두 축의 의견이 갈라짐으로써 전략이 완전히 붕괴될 수 있음을 깨달았다.

워게임을 끝낸 뒤 국무부장관 존 케리는 이 댐이 붕괴되지 않도록 관리하는 작업 그리고 홍수 대비와 해당 지역의 이라크인들을 위한 조기 경보 체계를 마련하는 작업에 예산을 투입했다. 오바마 대통령은 이라크의 지도자들과 한 자리에서 만나는 일을 최우선 과제로 설정했다. 그들은 그렇게 위기를 예방하려고 행동했던 것이다.

평화가 목적이든 전쟁이 목적이든 간에 롤플레이(role play, 역할 연기) 게임들은 사람들이 아예 생각지도 않고 무시하거나 충분할 정도로 믿지 않는 시나리오들을 다룰 때 가장 효과가 큰 것 같다. 그렇지만 게임이 할 수 있는 것은 그 시나리오들에 의해 제한된다.

워게임의 설계자들이 희귀하고 고약한 사건(이를테면 모술댐이 붕괴하는 사건)이 일어나는 시나리오를 원천적으로 배제해버린다면, 이런 게임에 참가한 사람들이 이미 과거에 한 경험들에 대해 갖고 있던 편견을 강화시킬 수도 있다. 페를라는 이런 위험이 늘 도사리고 있다고 말한다. 그렇기 때문에 워게임 설계자들은 반드시 해당 상황과 실질적인 관계가 없어야 한다고 강조한다. 그래야만 이미 고려되고 있던 믿을 만한 시나리오뿐 아니라 게임 참가자들이 전혀 상상하지 못했던 시나리오들까지 게임 속에 포함될 수 있다는 것이다.

몇몇 극단적인 사건들을 아무도 예측하지 못했던 것과 마찬가지로 시나리오를 만드는 그 어떤 설계자도 미래에 일어날 수 있는 결과의 모든 것을 전부 예측하지는 못한다. 이런 맥락에서 노벨상 수상 경제학자 토머스 셸링(Thomas Schelling)은 다음과 같이 썼다.

"어떤 사람이 하는 분석이 아무리 엄격하고 그 상상력이 아무리 영웅적이라고 하더라도, 그 사람이 할 수 없는 것 하나는 자신에게 단 한 번도 일어나지 않을 것들의 목록을 작성하는 일이다."[23]

나와 대화를 나눴던 워게임 전문가들은 게임 속에서 자기 판단에 가장 적합하다고 생각하는 의사결정을 자유롭게 내리면서 적의 역할을 수행하는 홍군을 설정하는 것이야말로 이 문제를 해결하는 데 도움이 될 수 있다고 말했다. 자기 자리에 붙박여 있지 않으면서 자신이 가진 권위를 계속 유지할 필요도 없고 그럴 마음도 없는 젊은 사람들에게 홍군 역할을 맡기면 아무도 예상하지 못했던 시나리오가 돌발적으로 나타날 수 있어서 게임의 효과가 개선된다. 매타포이세트의 홍수 프로젝트에서처럼 세대를 초월한 집단이 보다 강력한 포사이트를 발휘할 수도 있다.

게임을 하다 보면 참가자들이 흥분할 수 있는데, 이런 흥분 속에서 게임이 실패로 돌아갈 수도 있다. 만일 게임이 너무 절망적으로 보이는 미래 시나리오를 그린다면, 참가자들에게서 대리인의 감정이 박탈될 수 있다. 생물학 무기에 초점을 맞춘 워게임인 다크 윈터(Dark Winter)는 2001년에 이 게임에 참가한 미국 관리들은 말할 것도 없고 이 게임을 간략하게 브리핑한 사람들조차 무력하게 만들어버렸다. 아닌 게 아니라 딕 체니(Dick Cheney) 부통령이 다크 윈터 워게임 영상을 보고 난 뒤 전국민을 대상으로 천연두 예방 백신을 접종해야 한다고 주장했으며, 9.11 테러 이후 돌았던 탄저병 공포 기간 동안 지하 벙커에 틀어박혀 있기도 했는데, 이 사실은 저널리스트 제인 메이어(Jane Mayer)가 자세히 보도했다.[24] 이 게임은 천연두 바이러스의 감염률을 실제 가능성보다 높게 설정했는데, 이렇게 함으로써 게임 속에서 대량 살상이 발생했으며 게임 참가자들 그 누구도 자신이 맡은 역할 속에서 이 사태를 막을 수 없었다. 결국 이 워게임으로 사람들이 동기를 부여받기는커녕 오히려 디스토피아적인 악몽에 시달리는 결과가 빚어졌다.

나는 워게임들이 기후 변화 현상에 대처하고자 하는 공동체에 어떻게 적용될 수 있을지 궁금했다. 그러다가 로렌스 서스킨드(Lawrence Susskind)로부터 해답을 얻었다. 서스킨드는 하버드대학교 로스쿨에서 진행하는 협상 프로그램의 책임자이자 MIT 도시계획학 교수다. 그는 또한 합의구축연구소(Consensus Building Institute)를 설립하기도 했는데, 이 연구소를 통해 롤플레이 협상 및 게임을 설계하는 작업을 줄곧 하고 있다. 이 작업은 캘리포니아에 있는 농부들과 도시 사이에서 수리권(水利權)을 강화하며, 이스라엘과 아랍의 베두인들 사이의 유화적인 관계를 강화하는 데 도움을 주기 위한 목적으로 진행된다. 2년 전에 나는 MIT에 있는 그의 사무실에서 그가 학생들이나 동료들을 만날 때 즐겨 사용한다는 작은 탁자를 놓고 마주앉았다.[25] 탁자 위에는 특이한 모양의 돌로 이뤄진 화려한 색깔의 타일 세트가 깔려 있었다. 전세계에서 모은 정동(晶洞, geode)을 재료로 만든 것이라고 했다. 그 자리에 앉는 학생들의 긴장을 풀어주려고 그렇게 해뒀다고 설명했다. 그 타일 세트를 보고 있자니 긴장이 풀리기는 했다.

서스킨드는 박사 과정 학생 2명과 함께 해안 지역에 나타나는 기후 변화 현상과 관련한 시나리오가 포함된 일련의 게임을 만들었다. 그런 다음에는 시청 공무원, 도시계획 전문가, 로테르담과 싱가포르와 보스턴 및 뉴잉글랜드의 해안 마을에 거주하는 시민들을 불러 소집단 별로 그 게임을 수행하게 했다.

게임 참가자들은 다양한 계층 출신이었으며 직업이나 공동체와 관련된 관심사도 제각각이었다. 연구자들은 게임 참가자 수백 명을 그 뒤 6개월 동안 추적했다. 이런 작업이 2년 넘게 이어졌다. 이렇게 해서 그들이 발견한 사실은 다음과 같았다. 게이머가 도시 출신이든 작은 마을 출신이든 간에 모두 이 게임 경험 덕분에 자기 지역의 기후 변화 위험을 더 많이 걱정하게 됐고, 이 위험에 대비하려는 지역 차원의 행동에 동참하겠다는 의지도 더 커졌다. 연구자들은 이 관찰 결과를 2016년의 〈네이처〉에 발표했다.

. 그런데 이들이 발견한 사실은 그것 말고 다른 것도 있었다. 기후 게임을 한 사람들일수록 지역 차원에서 벌이는 행동이 기후 변화 현상에 대비하는 데 큰 몫을 할 수 있다는 믿음이 한층 커졌다는 사실이다. 그들은 재앙적인 예측을 고려함으로써 일종의 대표자로서의 책임감을 느꼈던 것이다. 사람들로 하여금 실제 현실에서 부딪히는 문제들을 해결하도록 동기를 부여할 목적으로 만든 멀티 플레이어 온라인 게임 환경을 구축하는 게임 설계자 제인 맥고니걸(Jane McGonigal)은 다음과 같이 말했다.

"게임을 할 때 우리는 일종의 긴급한 낙관주의적인 감정을 가집니다. 또한 어떤 과제라도 완수할 수 있다고 진심으로 믿으며, 실패를 하더라도 놀라울 정도로 인내심과 끈기를 발휘하게 됩니다."[26]

맥고니걸은 이런 게임을 하는 사람들은 대략 80퍼센트가 실패하지만, 그럼에도 포기하지 않고 끈질기게 매달린다고 설명한다. 즉, 게임을 함으로써 사람들은 주어진 과제를 포기하지 않고 매달리게 만드는어떤 힘을 얻는다는 뜻이다. 미래와 관련해 우리가 할 수 있는 것에 대한 낙관성을 유지함으로써 내일을 위한 오늘의 싸움이 가치가 있다고 느껴지도록 하는 것, 이것이야말로 오늘날의 사회에서 결정적으로 중요하지 않을까? 이런 동기를 불어넣기 위해 각 단위의 공동체들이 사용할 수 있는 실천 행동은 사람들이 미래 게임을 보다 더 많이 하도록 하는 것이다.

나는 너희와 함께한다.
한 세대의 남자들과 여자들 또는 지금까지 이어진 수많은 세대들,
너희가 강과 하늘을 바라볼 때 느꼈듯 나도 그렇게 느꼈다.
너희 중 누군가가 살아있는 군중의 한 사람이듯
나도 군중의 한 사람이었다.

−월트 휘트먼(시인), 〈브룩클린을 지나는 연락선(Crossing Brooklyn Ferry)〉

:: 후세를 위한 경고

단지 내일이나 내년을 위한 것이 아니라 세대와 세대 사이에 영향을 주는 선택들과 관련해 각 자치단체와 전체 사회가 보다 덜 경솔해질 수 있으려면 무엇이 필요할까?

매서운 추위가 몰아닥친 항구 도시 버펄로의 겨울 어느 날, 서로 아무것도 모르는 사이인 6명이 이 질문에 대답하기 위해 호숫가의 오두막에 모여 있었다. 그들은 각각 물리학자, 인류학자, 건축가, 언어학자, 고고학자, 외계 생명체를 탐색하는 천문학자였다. 각자 자기 분야의 전문가들인 이 6명을 선택한 것은 미국 에너지부 산하의 샌디아국립연구소였다.

이들에게 주어진 과제는 다음 1만 년 동안 지구에서 살아갈 먼 미래 세대들에게 뉴멕시코의 칼즈배드에서 동쪽으로 25마일 떨어져 있

는 사막의 한 지점이 위험한 지역이라는 신호를 전달할 방법을 찾아내는 일이었다. 정부 기관은 지하 동굴에 있는 통에 방사능 물질을 안전하게 묻어두려는 계획을 세웠고, 1945년 7월 하늘을 붉게 물들였던 암호명 '삼위일체(Trinity)'의 세계 최초 원자폭탄 실험 이후 수십 년 동안 미국이 해온 핵무기 실험에서 나온 폐기물들이 그렇게 매립돼 있다. 이 핵폐기물은 수천 년 동안 인간과 동물에 유해한 물질로 계속 남아 있을 것이고, 따라서 이 장소가 위험하다는 사실을 과거 이집트에 피라미드를 세운 사람들보다 시간적으로 더 먼 미래의 사람들과 문명에 어떻게 하면 정확하게 알릴 수 있을까 하는 문제가 대두됐다. 그 먼 미래에는 어쩌면 같은 인간이더라도 다른 행성에 살던 외계 생명체만큼이나 지금의 우리와는 완전히 다를 수도 있을 것이다.

1991년 12월 모린 카플란(Maureen Kaplan)은 유일한 여성이자 고고학자로 이 집단에 합류했다. 카플란은 매사추세츠에 있는 브랜다이스대학교에서 박사 학위를 받았으며, 이곳에서 그녀는 학위 논문을 준비하며 고대의 도자기를 연구했다. 그녀가 연구한 도자기는 이집트와 레바논 및 시리아에서 번성했던 고대 문명들이 거래했던 것이다. 그녀는 이 도자기를 '못생긴 도자기'라고 불렀다. 그런데 이 도자기가 워낙 변변찮고 '못생긴' 덕분에 박물관측을 설득해 샘플 몇 개를 확보할 수 있었고, 원료로 사용된 점토가 나일강의 강바닥에서 나온 것인지 아니면 레반트(Levant, 고대 소아시아와 시리아의 지중해 연안 지역-옮긴이)의 붉은 들판에서 나온 것인지 확인할 수 있었다. 이 점만 확인하면 그 도자기를 누가 만들었는지, 어디에서 만들어졌는지, 어떻게 거래됐는지 알 수 있었다.[1)]

그러나 카플란은 졸업하던 무렵에 경제적으로 쪼들렸고, 될 수 있으면 빨리 취직해 돈을 벌고 싶었다. 그런데 그녀가 잡은 첫 번째 일자리는 고고학과는 거리가 멀었다. 따뜻한 폐수를 방류하는 발전소 인근에 랍스터 개체군을 추적하는 일이었기 때문이다. 1980년대에 그 녀는 한 회사에 취직해 핵폐기물 처리와 관련된 의문들을 연구하는 일을 시작했는데, 그곳에서 그녀는 환경 연구를 위한 방대한 양의 자 료를 빠르게 처리하는 것과 관련해 새로 발견하게 된 자신의 재주를 오래 전에 살았던 사람들을 상상하는 본연의 전공과 결합할 수 있었다.

그녀는 인류의 미래 세대가 어떤 모습일지, 어떤 표시나 메시지를 그들이 경고의 의미로 이해할지 자기로서는 전혀 모른다는 사실을 깨 달았다. 그녀는 다른 사람들도 마찬가지가 아닐까 생각했다. 자신은 오직 과거를 알 뿐이었다. 하지만 과거밖에 모르긴 해도 그 과거를 그 녀는 잘 알았다. 그리고 또 과거의 조각들을 현재에 하나로 모아서 짜 맞추는 게 어떤 것인지 경험했었다. 그녀는 자기 자신을 미래 세대의 한 부분, 즉 고대 그리스와 고대 이집트에서 비롯된 우연한 단서들을 물려받은 존재라고 상상하기 시작했다. 그녀는 어떤 경우에는 과거를 이해할 수 있고 어떤 경우에는 이해할 수 없는데, 무슨 요인 때문에 이렇게 달라지는지 생각했다. 이 작업은 미래를 예측하려고 애쓰는 것보다 한층 쉬운 것 같았다.

아테네에 있는 아크로폴리스의 조각상과 건축물들은 오랜 세월이 지나면서 금이 가고 침식됐다. 자연 환경의 침식에 더해 구리와 대리 석을 탐낸 파괴자들의 공격으로 온전하게 버틸 수 없었던 것이다. 이 에 비해 기자(Giza, 피라미드와 스핑크스로 유명한 이집트 카이로 부근의 지 역-옮긴이)에 있는 피라미드들은 4,500년 가까운 세월을 거뜬하게 버 텼다. 이게 가능했던 것은 우선 규모가 어마어마하게 컸기 때문이다. 피라미드를 구성하는 거대한 바위덩이들은 인근 채석장에서 조달됐 는데, 옮기기도 어려웠으며 사막의 뜨거운 열기도 쉽게 견뎠던 것이다. 피라미드들은 그 지역의 표시자로서 오랜 시간을 버텨냈고, 그 애초 용도가 파라오의 무덤임을 사람들은 지금도 알고 있다. 그러나 피라미드를 세운 사람들의 애초 의도는 깨지고 말았다. 파라오와 영원히 함께 있기를 바랐던 보물들을 도굴꾼들이 수백 년에 걸쳐 훔쳐갔기 때문이다.

카플란은 스톤헨지를 생각했다. 스톤헨지는 이집트의 피라미드들보다 훨씬 더 습한 기후에서도 4,000년 넘게 버텨냈기 때문이다. 사암(砂巖)으로 만든 이 거석들은 영국 솔즈베리평원에 있는 어떤 영토를 표시하고자 했던 인간의 의지를 반영한 것이다. 훔쳐갈 만한 가치 있는 금속이나 보석도 아니고 다른 용도로 사용할 수도 없는 그저 거대한 돌이었기에 오늘날의 스톤헨지로 남아 있었을 수 있었다. 하지만 이 기념물은 이것이 만들어질 당시의 미래였던 우리에게 애초에 의미했던 내용이 무엇인지 아무것도 말해주지 않는다. 피라미드나 아테네의 아크로폴리스에서 발견된 것과도 같은 문자 기록도 없다. 이것이 만들어진 의도를 추정하는 다양한 해석들은 오랜 세월 속에서 온갖 무성한 가설들로만 난무할 뿐이다.

이런 기념물들 가운데서 우리가 미래에 메시지를 전할 완벽한 모델로 기능할 수 있는 것은 아무것도 없다. 현재까지 우리가 아는 한 우리에게 남겨진 타임캡슐은 존재하지 않는다. 게다가 사람들은 그것들을 그저 우연히 발견했을 뿐이다.

카플란은 핵폐기물 지점을 알려주는 표시자는 1만 년이라는 세월 동안 끊임없이 바뀔 기후, 산과 골짜기를 끝내 평평하게 만들어버리는 바람과 물의 힘, 예측할 수 없는 인간의 변덕스러운 행동을 견뎌내야 한다는 것을 알았다. 그리고 이 표시자는 스톤헨지와 다르게 미래의 사람들이 알아들을 수 있는 메시지를 담아야 한다. 설형문자를 새

겼던 고대 수메르인과 오늘날의 현대인이 다른 것만큼이나(설형문자는 현존하는 문자 가운데 가장 오래됐으며 오늘날의 어떤 문자와도 닮은 점이 없는데, 그만큼 그 사람들은 지금의 우리와 다르다) 많이 다를 미래의 사람들이 알아들을 수 있도록 해야 한다는 말이다. 최근에 카플란은 나와 전화 통화를 하면서 이렇게 말했다.

"그들에게 경고를 하고 싶었죠. 경고는 하되 과장은 빼고요. '돌멩이 하나라도 만지면 죽을 것'이라고는 말하고 싶지 않다는 거예요. 필연적으로 누군가는 손을 댈 것이고, 그런데도 그 사람이 죽지 않는다면 모든 게 다 엉터리로 비쳐질 테니까요."

:: 100만 년을 내다봐야 할 핵폐기물 처리

미래 세대들에게 핵폐기물의 위치를 표시하는 것과 관련된 의문은 20세기 중반까지 살았던 수천 세대의 사람들에게는 중요한 쟁점이 아니었다. 인간의 지식이 많아지고 공학적 기술이 쌓이면서 비로소 이것이 하나의 쟁점으로 대두됐다. 지금 우리가 갖고 있는 기술로 우리는 다가올 세대의 생존을 좌우할 수 있다. 우리가 하는 행동이 정확히 어떤 결과를 초래할지 모를 때조차도 그 결과가 오래 계속될 것임을 우리는 안다.

핵폐기물은 우리가 지구에 남기는 흔적들 가운데서도 가장 오래 지속되는 것들 가운데 하나다. 그러나 우리가 현재 하는 다른 선택들도 비슷하게 어려운 문제를 제기한다. 지금 우리는 날마다 화석연료를 에너지원으로 사용함으로써 대기 오염으로 미래 세대가 살아갈 지구의 기후를 바꿔놓고 있다. 이미 우리는 지금까지의 잘못된 행동 때문에 전세계에서 기후 변화로 인한 재앙을 경험하고 있다. 빙하가 녹아내리고 해수면은 상승하고 있다. 그것도 과학자들이 예측하는 것보다 훨씬 빠른 속도로.

설사 우리가 다음 주에 갑자기 대기 오염 행위를 멈추더라도 우리가 과거에 방출한 탄소 때문에 대기는 앞으로 적어도 40년 동안은 계속해서 점점 더 뜨거워질 것이다. 우리는 앞으로 태양열을 차단하기 위해 초대형 거울을 지구 가까운 궤도에 올려놓거나 성층권에 연무제를 뿜어야 하는 선택을 해야 할지도 모른다. 이런 노력들은 이른바 '지구공학(geoengineering, 인류의 필요에 맞도록 지구 환경을 대규모로 변화시키는 공학 기술-옮긴이)'이라는 이름으로 불린다. 또는 태양열발전소와 풍력발전소를 증설하고 효율적인 에너지 기술을 적용해 지구온난화 추세를 역전시키고자 노력해야 한다.

우리 시대의 과학자들은 유전자 가위, 이른바 '크리스퍼(CRISPR)'라 불리는 기술로 인간 배아의 유전자를 편집하는 능력을 갖고 있다.[2] 유전자 가위 기술은 유전병을 유발하는 돌연변이 유전자를 잘라내거나 일련의 특징들(머리카락 색깔, 운동 능력, 지능 지수 등)을 갖게 하는 돌연변이를 만들어내는 데 사용될 수 있다. 하지만 이런 유전자 편집이 배아에서 유전되는 특성으로 고착될 경우, 유전자 풀에 유전될 수 있는 속성들이 추가됨으로써 인간의 진화 경로가 돌이킬 수 없는 방향으로 바뀔 수 있다.

우리는 지금 이렇게 할 수 있는 기술을 갖고 있지만, 그 결과들이 나중에 또 어떤 후속 결과를 낳을지 온전히 알지 못한다. 게놈(genome, 한 생물이 갖는 모든 유전 정보-옮긴이)의 대부분은 아직 확인되지 않은 영역으로 남아 있다. 인간의 유전자적 돌연변이에 대해 우리가 알고 있는 아주 작은 부분에서 이미 그런 반대 효과를 확인했다. 후천성면역결핍증 에이즈에 걸리지 않도록 막아주는 CCR5 유전자의 돌연변이가 웨스트나일 바이러스(West Nile virus, 뇌에 치명적인 손상을 입히는 뇌염의 일종으로 1938년 우간다의 웨스트나일 지역에서 처음 발견됐다-옮긴이)에 감염될 가능성을 높여준다는 사실이 이미 확인됐기 때문이다. 또한 겸상 적혈구 빈혈(sickle cell anemia, 대부분 아프리카계의 사람들에게서 나타나는 유전적 악성 빈혈-옮긴이)을 유발하는 유전자 돌연변이가 말라리아로 죽는 것을 막아준다.

우리는 우리 미래 세대의 삶을 규정하게 될 의사결정을 지금 당장 할 수 있다. 이 프로메테우스적인 힘을 갖고 있음으로써 우리의 어깨에는 유례없이 무거운 책임이 걸려 있다. 그러나 대개 우리는 우리가 관여된 시간대에 걸쳐서 생각하고 계획을 세울 능력이 부족하다.

대부분의 사람들은 한 세대나 두 세대 뒤의 미래까지 신경 쓰려고 하지 않는다. 이런 발상은 충분히 일리가 있다. 왜냐하면 우리의 정서적인 유대감은 기껏해야 자신의 자식이나 손자나 조카에게까지밖에 미치지 않기 때문이다. 지리적인 이유에서든 시대적인 이유에서든 간에 한 번도 만난 적 없는 사람들을 걱정하거나 이해하는 것 자체가 논리적으로 맞지 않는 일이다. 뉴스 보도나 여행 덕분에 멀리 떨어진 지역에 살면서 고통에 시달리는 사람들을 한층 가깝게 느낄 수는 있다. 하지만 시간상으로 멀리 떨어져 있는 사람들에게서는 그런 감정의 편린을 우리는 조금도 느끼지 않는다.

1991년에 버펄로에 모인 카플란을 포함한 6명의 전문가들은 나중에 뉴멕시코에서 다시 한 번 더 모였다. 서로가 가진 생각을 나누기 위해서였다. 그리고 그들은 사막의 그 핵폐기물 매립 지점을 모서리를 들쭉날쭉하게 만든 오벨리스크로 표시하고, 공포에 떠는 사람들의 얼굴을 그림으로 표시하는 게 좋겠다고 결론 내렸다. 그러나 그 전문가들조차도 자신들이 기울인 노력이 희망적인 열매를 맺을 수 있을 것 같지는 않다고 인정했다. 그들은 500년이라는 시간이 지나고 나면 그 경고의 메시지를 사람들이 온전하게 받아들일 가능성이 매우 가파르게 떨어질 것이라고 예상했다. 적어도 그들이 아는 한 그때가 되면 지구상에 문명이 더는 존재하지 않을 것이라는 게 그런 결론을 내린 근거였다.

우리가 남긴 어떤 신호탄이 먼 미래에 사람들의 관심을 끌 수 있으리라고 확신할 근거는 아무것도 없었다.

1990년대 초에 모였던 그들이 우리 세계의 핵폐기물 위험을 먼 미래 세대에 전할 방법을 모색하려고 모인 첫 번째 집단은 아니었으며, 마지막 집단도 아니었다.[3] 1980년에 미국 정부는 기술 분야의 여러 전문가들(이 가운데는 모린 카플란도 포함돼 있었다)에게 원자력발전소에서 나오는 폐기물의 저장소 위치를 미래 세대가 알아볼 수 있도록 표시할 방법을 구했다. 그러자 재미있는 아이디어들이 나왔다. 그 중 하나는 방사능에 노출되면 털이 초록색으로 바뀌도록 고양이의 유전자를 조작하자는 것이었다. 고양이는 미래에도 계속 인간과 가깝게 생활하는 동물로 남으리라는 가정을 전제로 한 제안이었다. 설익은 아이디어들도 많이 나왔다. 이를테면 엇갈린 대퇴골 2개와 해골을 그려 놓아서 위험을 표시하자는 식이었다. 심지어 지금도 이 상징적인 이미지는 독극물을 표시하거나 해적 놀이공원에서 사용되고 있다.

1981년에 언어학자 토머스 세벅(Thomas Sebeok)은 핵폐기물 문제는 프리메이슨 형태의 현자 집단을 만들어 해결하자고 주장했다.[4] 이 집단이 핵폐기물 저장소의 위치와 관련된 모든 지식을 세대에서 세대로 이어가면서 전수하게 하자는 것이었다. 1만 년이라는 긴 시간이 흐르는 동안 어떤 메시지든 소멸되거나 잘못 해석될 수 있으므로 사제 조직과 같은 현자 집단이 필요하다는 얘기였다. 그는 전세계의 종교에 핵폐기물 저장소가 위험하다는 내용으로 구전 민담을 만들어 이를 후대에 전승하자는 제안도 했다. 하지만 이 권고를 쓰고 있는 시점을 기준으로 할 때 그런 주장이나 제안 가운데서 그 어느 것도 채택되지 않았다.

그로부터 30여 년이 지난 2014년에 또 다른 전문가 집단이 프랑스의 베르됭에 모였다. 과학자, 역사가, 예술가, 인류학자들이 역시 똑같은 문제를 해결하려고 모인 것이다. 이 모임을 만든 주체는 세계 30여 개국이 참여한 경제협력개발기구(OECD)의 원자력 담당 기관이었고, 이들은 모임을 '기억 건축하기 컨퍼런스(Constructing Memory Conference)'라고 불렀다.[5]

각각의 분야별 집단에서 나오는 아이디어들은 환상적인 사고 실험(thought experiment, 머릿속에서 생각으로 진행하는 실험-옮긴이)이긴 하지만, 과연 어느 것 하나라도 실제로 가능할지는 명확하지 않았다. 이 사람들이 미래에 대해 일반인이 갖고 있는 상상력을 자극하는 데는 유용했을 수도 있지만 현실적인 계획으로는 썩 신뢰가 가지 않았다.

한편 핀란드의 엔지니어들이 상업적인 용도로 사용된 원자력의 폐기물을 처리하는 세계 최초의 장기 저장소를 짓는 작업을 진행하고 있다.[6] 예정대로라면 2024년부터 여기에 방사성 물질이 매립된다. 원자로들에서 소모되는 연료는 (핵폭탄 실험에서 나온 폐기물로 뉴멕시코에 묻혀 있는 것과는 다르게) 사람과 동물에게 앞으로 100만 년 동안 계속 해로울 수 있다. 이와 비슷한 시도가 미국에서도 있었는데, 네바다의 유카산에 그 저장소를 만들려고 했지만 지금은 계획이 중단된 상태다.[7] 이유로는 여러 가지가 있지만, 그 가운데는 여론의 반대와 전 상원의원 해리 리드(Harry Reid)와 같은 강력한 인물들이 동원한 술책도 포함돼 있다.

스칸디나비아의 핵폐기물 저장소인 온칼로(Onkalo, 핀란드어로 '숨기는 장소'라는 뜻이다)의 건축은 나중에 숲이 무성하게 자라 지하 터널로 이어지는 입구를 완전히 덮어버릴 것이라는 기대를 하고 있다. 핵폐기물 저장소가 사람들 기억에서 사라지리라는 발상은 너무도 순진하다. 과연 폐기물의 유해성이 소멸되기까지 100만 년 동안 아무도 거기에 가까이 다가가지 않을까? 오늘날 인류에게는 인공위성과 드론이 있어서 지구 표면을 마치 손바닥 보듯이 자세히 살필 수 있다. 인간의 발자국이 찍힌 모든 장소를 다 확인할 수 있다는 뜻이다. 바다에서 수백 년 전에 침몰한 배까지 찾아내는데.

전세계 사람들이 핵폐기물 문제를 해결하려고 수십 년 동안 노력했다는 사실은, 우리가 미래에 대해 (적어도 우리의 기술과 우리가 만들어낸 위험물의 수명이 다할 때까지의 기간 동안에 살아갈 미래의 후손에 대해) 책임감을 느끼고 있음을 반영한다. 그렇지만 사람들은 먼 미래를 염두에 둔 계획을 세운다는 것이 허망하다는 사실 앞에 번번이 실패를 거듭해왔다. 여기에는 충분히 그럴 만한 이유가 있다.

구석기 시대에 동굴에 거주하던 인간들로서는 자신이 살던 때로부터 수천 년이 지난 뒤에 티그리스강과 유프라테스강 유역에 농장이 들어서고 문명이 꽃을 피우리라고는 예측할 수 없었다. 민주주의를 세웠던 고대 그리스인들은 자신들의 그 발상이 수백 년이 지난 뒤 군주제를 쓰러뜨리는 혁명의 원천이 될 것임을 알지 못했다. 19세기 영국의 직물 노동자들은 겨우 100여 년 뒤에 자신들의 후손이 자기 동네에서 만든 게 아니라 멀리 중국에서 만들어져 배에 실려 바다를 건너온 티셔츠와 신발을 대부분 입고 신으리라고는 예상하지 못했다. 또한 자기 후손들이 도쿄에서 로스앤젤레스까지 성층권을 날아가는 비행기를 타게 될 것이라고는 상상조차 하지 못했다.

미래 세대가 무엇을 경험할 것인지 상상하기가 점점 더 어려워지고 있다. 우리가 만든 발명품들이 각 세대마다 사회에서 심오한 변화를 일으키고 있다. 내 부모님은 미국으로 이주했을 때는 두 분이 인도에 있는 가족에게 편지를 부치면 이 편지가 가족의 손에 들어가기까지 몇 주가 걸렸다. 부모님은 인터넷이니 스마트폰이니 인스턴트 메시지니 SNS니 GPS 내비게이션이니 하는 것들은 떠올리지도 못했다. 불과 10년 전만 하더라도 나는 우리 집 마당에 택배를 배달해주는 자율주행 드론, 권총이나 인간의 정맥을 정교하게 만들어내는 3D 프린터, 시내에서 자동차를 운전하는 로봇과 같은 것들은 상상하지 못했다. 머지않은 미래에는 우리가 지금 예측하지 못하는 기술들이 다시금 나와서 세상을 완전히 바꿔놓을 것이다. 우리가 도저히 알아볼 수 없는 어떤 곳으로.

물론 언제나 그렇지는 않았다. 인류 역사를 돌아보면 인류의 각 세대가 자신들 뒤에 이어지는 세대가 살아가는 세상을 보고는 도저히 상상하지 못했던 세상이라고 생각하지 않았던 것이다. 사실 오랜 역사의 시간 동안에 인간 존재의 기본적인 특성 가운데 많은 것들은 변하지 않고 그대로 남았다. 과학 칼럼니스트이자 회의론자 마이클 셔머(Michael Shermer)는 문명의 동이 트고 나서 비행기가 발명되기까지는 1만 년이라는 시간이 걸렸지만, 지구 상공을 최초의 비행기가 날고 나서부터 인간이 달에 발을 디디기까지는 채 70년도 걸리지 않았다고 지적한다.[8] 미래학자 레이 커즈와일(Ray Kurzweil)은 2001년에 발표한 논문 〈수확 가속의 법칙(Law of Accelerating Returns, 수확 가속의 법칙은 축적된 기술의 진화를 빠르게 하면 기술 진화에 가속도가 붙는 현상을 뜻한다-옮긴이)〉에서 인류 역사상 2만 년이 걸린 진보와 붕괴의 총량이 지금부터는 100년밖에 걸리지 않을 것이라고 주장했다.[9]

시대가 바뀔수록 인간 진화 속도가 점점 더 빨라지는 것은 기술 분야에 국한되지 않는다. 사회 자체가 점점 더 빨라지고 있다. 셔머는 인류 역사에서 나타난 60개 문명의 평균적인 지속 기간을 분석했다. 이 문명에는 고대 수메르와 바빌로니아에서부터 이집트의 8개 왕조와 로마제국, 중국의 여러 왕조와 유럽, 아프리카, 아시아, 아메리카의 현대 국가들까지 모두 포함된다. 그리고 이들 각 문명의 수명(각 문명의 수명은 평균 421년이다)이 로마제국의 멸망 이후 점점 줄어들고 있음을 발견했다.

기술과 사회의 빠른 변화에서 비롯된 총체적 불만이 1960년대에 새로운 이름을 얻었다. 미래학자 앨빈 토플러(Alvin Toffler)는 이를 '미래의 충격'이라고 불렀다. 이는 우리가 지금 우리 사회에서 경험하는 일종의 문화적 방향 상실이다.[10] 1970년 이 신드롬을 서술한 동명의 저서 《미래의 충격》에서 그는 "미래에 대해 어떤 지혜를 발휘해야 할 때 대량의 고통이 마비 상태를 초래할 것"이라고 역설했다.

멀리 미래를 바라본다는 것이 철학적인 이유로도 허무하게 느껴질 수 있다. 미래의 어느 시점에선가 어떤 소행성 하나가 지구를 파괴할 수도 있고, 핵 전쟁의 아마겟돈이 미래에 대해 우리가 지금 내리는 의사결정들을 우스꽝스럽게 만들어버릴 수도 있다. 또는 경제학자 존 메이너드 케인스(John Maynard Keynes)의 유명한 말을 떠올릴 수도 있다.

"장기적으로는 우리 모두 다 죽는다."[11]

만일 여러분이 허무주의의 한 변형인 카오스 이론(chaos theory, 겉으로 보기에는 불안정하고 불규칙적으로 보이면서도 나름대로 질서와 규칙성을 지니고 있는 현상들을 설명하려는 이론-옮긴이)을 선호한다면, 어쩌면 여러분은 시카고에서 나비 한 마리가 날갯짓을 한 일 때문에 결국 (그리고 아무도 예측하지 못한 채) 지구 반대편에 허리케인이 발생한다고 생각할 수도 있다. 돌이켜보면 누군가가 히틀러의 조부모를 총으로 살해함으로써 수백만 명이 고통을 당하고 죽어가는 일이 애초에 일어나지 않도록 할 수 있었고, 페르디난트 대공을 몸으로 막아 대신 죽음을 맞이해 제1차 대전을 막을 수도 있었다. 그렇지만 히틀러 조부모의 손자가 수백만 명에게 고통을 줄지, 페르디난트 대공의 죽음이 대전을 불러올지 누가 알았겠는가? [12]

크건 작건 간에 어떤 의사결정이 인류의 미래의 엄청난 파급 효과를 주는 일련의 사건들을 촉발할 것인지 어떤지 우리는 지금 예측할 수 없다. 우리가 지금 이 순간에 어떤 의사결정을 하면서 통제할 수 없는 결과들을 고려할 수는 없다. 하지만 그렇다고 해서 모든 의사결정에 뒤따르는 미래의 결과를 무시해야 한다는 뜻은 아니다. 외계의 소행성 하나가 지구를 파괴한다든가 하는 몇몇 시나리오들은 예측 가능한 미래에 실현될 가능성이 매우 낮다. 그러나 해수면 상승과 같은 몇몇 시나리오들은 실현 가능성이 거의 확실하다.

∷ 미래의 가치를 시장수익률로 따질 수 있을까

그냥 속편하게 모른 체 해버리면 안 될까? 어떤 결정을 내릴 때 미래 세대를 굳이 고려하지 않아도 되지 않을까? 핵폐기물 저장소 위치를 표시해두지 않는다거나 지구의 기온이 오르든 말든 상관하지 않아도 되지 않을까?

우리는 이 질문을 우리 자신에게 직접 묻지도 않은 채 이 질문에 "된다"라고 당연한 듯이 대답한다. 사실 민주주의를 표방하는 많은 국가들이 지난 수십 년 동안 의사결정을 내려왔던 방식은 젊은 세대와 아직 태어나지 않은 세대의 이해관계를 아예 무시하는 것이었다. 전통적인 경제학의 일반적인 한 가지 도구가 이런 태도를 합리화하는 데 기여해왔다.

나는 10년 전에 하버드대학교에서 대학원 과정을 밟으며 우연히 이 도구를 접했다. 나는 낮에는 강의를 듣고 금요일과 토요일 밤에는 〈보스턴글로브(Boston Globe)〉의 수도권 데스크에서 경찰 무전기를 소지한 채 한밤중에 주택에서 일어나는 화재, 자동차 사고, 범인 체포 등과 관련된 소식을 취재하는 일을 했다. 나는 뉴스룸의 긴박한 분위기와 대학원 생활의 지적인 삶이 비교되는 그 대조의 느낌이 무척 좋았다. 뉴스룸에서는 사건이 터지면 곧바로 그 소식을 처리해야 했고, 대학원 생활을 하면서는 세계 경제의 추세를 좇고 세계 경제의 하부에서 움직이는 동력을 연구했기 때문에, 이 2개의 공간이 주는 느낌은 매우 다를 수밖에 없었다.

수면 부족의 주말을 보낸 뒤인 어느 월요일 오전이었다. 나는 강의 시간에 잠을 쫓으려고 연신 눈을 깜박이고 있었는데 교수님이 어떤 개념 하나를 소개했고, 이 개념을 듣는 순간 잠이 확 달아나버렸다. 경제학자들이 말하는 '사회적 할인(social discounting)'이라는 용어를 난생 처음 듣는 순간이었다.[13]

그 개념을 설명하려고 교수님은 미래에 오를 거라고 기대하는 보상의 가치를 현재의 가치보다 낮게 평가하는 사람들의 태도가 합리적임을 지적했다. 쉽게 말하면 손 안에 있는 새 한 마리가 숲에 있는 새 두 마리보다 낫다는 것이었다. 사람들이 눈앞에 있는 것을 미래로 유예된 것보다 지나치게 높게 평가하지 않는 한 일리가 있는 말로 들렸다. 적어도 나로서는.

그런 다음에 그 교수님은 '할인'이라는 개념이 정부의 정책 결정에서 (그리고 더 나아가 전체 사회에서) 어떻게 사용되는지 설명했다. 예컨대 어떤 기관이 수명이 긴 교량 건설에 투자하는 것 또는 국립 야생동물 보호소를 만드는 것이 그만한 가치가 있는지 여부를 따질 때 관리들은 해당 대상의 수명과 그것이 가져다주는 편익 그리고 장기간에 걸쳐 그 프로젝트에 수반되는 위험을 평가한다. 먼 미래에 나타날 보상의 가치는 관료주의적인 관리들이 시장수익률에 비춰서, 즉 만약 그 예산을 해당 사업이 아니라 주식시장에 투자할 때 같은 기간 동안 얼마나 불어나 있을지를 기준으로 적정하다고 판단하는 비율에 따라 할인된다.

나는 도저히 믿을 수 없어서 나도 모르게 고개를 흔들었다. 학문이라는 울타리 안에서는 그런 접근법이 논리적으로 보였다. 그렇지만 실제 현실에서 그런 접근법은 잘해야 무능한 것이고 못하면 한 사회의 가치와 열망을 반영하기는 터무니없을 정도로 흠이 있는 것이다.

자기 자신의 미래를 할인하는 것, 다시 말해 자기 자신의 선호를 기준으로 미래에 보다 많은 돈을 받는 대신 지금 당장 적은 돈을 받는 것은 별개의 문제다. 그러나 모든 시민과 자치단체들이 미래의 보상을 받는 것 또는 미래의 위험을 피하는 것에 매기는 가치를 반영하는 단 하나의 숫자를 과연 정부가 어떻게 선택할 수 있을까? 더욱이 미래의 사람들이 깨끗한 물과 공기에 어느 정도의 가치를 매길 거라고 어떻게 예단할 수 있을까?

우리는 사람들이 각자 현재의 순간을 얼마나 긴박하게 또는 느긋하게 여기느냐에 따라서, 또한 그들이 놓여 있는 환경과 조건과 문화에 따라서 미래를 다르게 평가한다는 사실을 안다. 미래 세대는 우리가 자신들에게 넘겨주는 것, 우리가 자신들에게서 빼앗는 것의 가치를 얼마로 평가하는지 말해주지 않는다. 그들은 우리 곁에 없기 때문에 그런 말을 해줄 수 없다. 우리가 지금 하는 판단에서는 그들의 목소리나 입김이 전혀 개입되지 않는다.

심지어 동일한 세대 안에서도 지금 투자된 돈이 미래의 이익을 대신할 수 없는 경우가 수없이 많다. 인터넷과 GPS를 낳게 된 기초 연구 조사 분야에 투입된 정부의 지원 예산이 만일 여기가 아니고 저축계 좌나 주식시장에 투자됐다면, 인터넷과 GPS가 궁극적으로 가져다줄 수익에 전혀 미치지 못하는 성과밖에 내지 못했을 것이다. 지금은 사라져버린 뉴잉글랜드의 대구 어장이나 죽어가는 그레이트 베리어 리프(Great Barrier Reef, 호주의 북동 해안을 따라 발달한 산호초 지대-옮긴이)와 같은 재앙적인 티핑 포인트(tipping point, 작은 변화들이 어느 정도 기간을 두고 쌓여, 이제 작은 변화가 하나만 더 일어나도 갑자기 큰 영향을 초래할 수 있는 상태가 된 단계-옮긴이)를 넘어선 뒤로, 투자된 돈이 가치 있는 천연자원으로 대체된 적은 지금까지 단 한 번도 없다. 시스틴 성당의 천장 벽화나 반 고흐의 그림 〈별이 빛나는 밤〉은 그 어떤 돈으로도 대체할 수 없다.

사회적 할인 개념은 이런 자원들을 과소평가할 수 있게 한다. 그래서 이 자원들이 현재의 세대가 기꺼이 지출할 수 있는 적은 금액의 돈과 교환될 수 있도록 해준다. 현재의 세대는 죽을 때까지 보지 못할 가상의 미래에 존재하는 그 자원들을 그 작디작은 금액으로 맞바꿀 수 있게 해준다. 이런 계산법을 적용하면 전세계 어느 국가도 브룩클린 대교나 국립공원관리청 또는 중국의 만리장성에 투자하려 들지 않을 것이다. 이런 맥락에서 보면 미래 세대에 엄청난 충격을 안겨줄 기후 변화와 같은 문제들에 대해 지극히 작은 노력밖에 기울이지 않는 것은 놀라운 일이 아니다.

다음과 같은 가상의 질문 하나를 놓고 생각해보자.[14] 오늘을 살아가는 어느 한 사람의 목숨을 구하기 위해 미래의 100만 명을 죽여야 한다면, 여러분은 이 선택에 동의하겠는가? 또는 지금 당장 어떤 사람의 목숨을 살리기 위해 지금으로부터 몇 백 년 뒤에 살아갈 390억 명의 목숨을 희생시키겠는가? 경제학자 타일러 코웬은 대부분의 사람들이 도덕적인 관점에서 이 질문에 "아니오"라고 대답할 것이라고 말했다. 그러나 0 이상의 어떤 사회적 할인율을 사용한다는 것은 우리가 미래 세대보다 현재 세대를 보다 더 중요하게 여김으로써 이 질문에 사실상 "예"라고 대답한다는 뜻이다. 코웬은 우리 시대가 물려받은 유산이자 지식으로 주어진 사회적 할인이라는 개념의 이런 한계를 (그리고 심지어 이것의 어리석음을) 알고 있는 경제학자들 가운데 한 사람이다. 그러므로 먼 미래의 세대를 다룰 때 우리는 새로운 접근법을 갖고 있어야 한다.

지금까지 사회적 할인은 서구 민주주의 국가들이 사회 총체적인 차원의 의사결정에 뒤따를 미래의 결과를 평가할 때 지배적인 관행으로 기능해왔다. 지금 당장 특정한 어떤 행동을 하는 것이 그만한 가치가 있는지, 우리가 하는 행동이 얼마나 과감해야 할지 결정할 때 전문가들은 사회적 할인율에 의지해 미래, 즉 우리와 우리 자식 우리 손자 세대에 일어날 일에 가중치를 부여해 비교하고 따진다. 할인율이 높다는 것은 미래에 일어날 일을 그만큼 덜 중요하게 여긴다는 뜻이고, 할인율이 낮다는 것은 반대로 그만큼 더 중요하게 여긴다는 뜻이다. 경제학자들이 계산 과정에서 선택하는 할인율의 숫자에 따라 우리가 어떤 프로그램이나 사업 또는 정책을 우리 경제를 죽이는 것으로 바라볼 수도 있고 살리는 것으로 바라볼 수도 있다. 하지만 대중은 이 할인율을 꼼꼼하게 따지지 않으며, 대개 그 할인율에는 대부분의 사람들이 갖고 있는 가치관이 반영돼 있지 않다.

어떤 사회나 국가가 미래 세대를 도외시하는 태도의 책임이 전적으로 사회적 할인에 있지는 않다. 탐욕스럽고 무능한 지도자들이 훨씬 더 큰 역할을 할 수 있다. 이 지도자들에게 책임이 있다고 생각하지 않는 유권자들 역시 큰 역할을 할 수 있다. 그러나 사회적 할인이라는 이 도구는 정치적 체계와 경제적 체계가 시간을 초월하는 결과를 평가하지 못하는 상황을 상징적으로 드러내는 것이며, 사회적 할인은 또한 지도자들의 근시안적인 의사결정을 합리화하고 모호하게 만드는 쪽으로 작용할 수 있다.

기후 변화와 관련해서는, 다시 말해 정치 지도자들이나 유권자 대중이 이 문제를 얼마나 기꺼이 껴안고 해결해야 할까 하는 기준점을 결정하는 데서는, 사회적 할인율이 보이지 않는 결정적인 변수로 기능해왔다. 나중에 닥칠 재앙을 예방하려는 기후 변화 대처 행동을 굳이 오늘 할 가치가 있을까? 이 행동의 가치는 얼마나 될까? 만일 우리가 탄소 배출에 세금을 매긴다거나 탄소배출권 거래제를 시행한다거나 하는 방식으로 탄소에 어떤 가격을 매긴다면, 그 가격은 얼마로 설정해야 할까?

이런 질문들을 놓고 고민하는 경제학자들과 정책 입안자들은 탄광 노동자들이 재취업할 수 있는 일자리를 창출하는 일, 도로 및 송전 설비를 다시 짓는 일, 에너지를 절약하는 일, 에너지 저장 및 이동과 관련된 신기술뿐 아니라 풍력이나 태양열과 같은 청정 에너지원을 키우는 일 등을 놓고 따진다. 이들은 방파제 건설에 들어갈 비용과 취약한 주택을 다른 곳으로 옮기는 데 들어가는 비용을 따진다. 그런 다음에는 온난화가 진행돼 황폐해진 미래 세상(기후 난민, 황무지가 돼버린 농장과 숲, 범람한 물에 잠긴 도시 등이 일상적인 풍경이 돼버린 세상)이 감당하게 될 알 수 없는 금액의 비용을 측정하려고 노력한다. 그렇지만 경제학자들과 정책 입안자들은 미래에 빚어지는 결과를 평가할 때 거기에 결코 충분할 정도로 큰 가중치를 부여하지는 않는다.

:: 어떤 결정도 미래 세대를 고려해야

미래 세대들에 대한 깊은 우려는 거의 보편적이라고 할 수 있는 인간적인 가치이며, 이 보편적인 가치는 문화적·정치적 경계선을 넘어, 모든 연령대를 초월해 메아리쳐왔다.[15] 현재의 관행에도 불구하고 미래 세대의 가치를 낮게 평가하는 것은 전세계의 주요 종교 및 무신론자와 불가지론자의 도덕과도 맞지 않을 뿐더러 민주주의의 기본 원리들과도 배척된다.

18세기 아일랜드의 정치철학자로서 보수주의의 대부로 칭송받았던 에드먼드 버크(Edmund Burke)는 사회를 세대 간의 동업자 관계로 묘사했다. 1790년에 그는 다음과 같이 썼다.

"이 동업자 관계는 살아있는 사람들 사이의 관계일 뿐만 아니라, 살아있는 사람들과 죽은 사람들 그리고 앞으로 태어날 사람들 사이의 관계이기도 하다."[16]

조지타운대학교의 법학자 에디스 브라운 바이스(Edith Brown Weiss)는 버크가 말한 동업자 관계를 정부와 시민들 사이의 사회적인 계약이며, 이는 "지구와 관계를 맺고 있는 모든 세대의 복지를 실현하고 보호하기 위한 것"이라고 주장해왔다.[17] 바이스는 '세대 사이의 평등한 권리'라는 주제를 다룬 중요한 논문에서 모든 세대가 후손을 위해 지구의 자원을 관리해야 한다는 발상은 "세계의 모든 문화와 종교와 민족이 공감하는 개념이 돼야 한다"고 썼다.

영국의 정치철학자 존 로크(John Locke)는 유대교-기독교의 가르침을 기반으로 인간은 세상에서 물려받은 것 가운데서 다른 사람들을 위해 "충분히 그리고 많이" 따로 남겨둔 다음 그 나머지만을 사용해야 한다고 주장했다. 이런 발상은 전세계에서 적어도 이론적으로는 영국식 전통에 영향을 받은 관습법과 민법으로까지 이어졌다.

토머스 제퍼슨은 제임스 매디슨(James Madison)에게 보낸 편지에서 모든 세대가 지구의 자원에 대해 동등한 권리를 갖고 있으므로 "어떤 세대든 이전 세대에 의해 빚을 지지 않아야 한다"고 썼다. 시어도어 루즈벨트(Theodore Roosevelt)는 아직 태어나지 않은 세대에 대해 져야 하는 의무를 말하면서 이전 세대로부터 물려받은 유산을 "현재의 소수 집단이 낭비하지 말아야 한다"고 했다.[18]

특정한 문화자산과 자연자원은 현재와 미래 세대를 위해 정부가 마땅히 보호해야 한다는 공공신탁 이론(public trust doctrine)은 고대 로마 및 비잔티움제국의 법률로까지 거슬러 올라가며, 현대의 민주주의적인 여러 헌법의 언어 속에 지금까지 계승돼 녹아 있다. 법학자 마이클 블럼(Michael Blumm)은 이 이론의 원리가 아프리카, 남아시아, 남북아메리카의 10여 개 국가에서 사법적 판단의 기초가 돼 있음을 입증했다.[19] 아프리카의 다양한 공동체에서 지켜지는 관습법은 살아있는 사람을 "지구에서 잠시 공간을 빌려서 쓰다가 떠나가는 세입자", 즉 과거에 살았던 사람들과 미래에 살 사람들에게 의무를 다해야 하는 존재라고 여긴다. 예를 들어 가나의 토지 관련 관습법은 "땅은 공동체의 소유이며 세대에서 세대로 이어지는 것"이라고 규정한다.[20] 아메리카 원주민 이로쿼이족(Iroquois)의 법은 "어떤 결정을 내릴 때는 반드시 아직 태어나지 않은 세대에 미칠 결과를 염두에 둬야 한다"고 규정한다.

어떤 행동을 하든지 미래 세대를 보호해야 함을 전제해야 한다는 발상은 기독교, 힌두교, 이슬람교, 유대교 등의 종교적인 신앙 체계에도 두루 스며들어 있다. 그리고 이 발상은 월트 휘트먼에서부터 파블로 네루다, 라빈드라나드 타고르, T. S. 엘리엇까지 이르는 역사적으로 가장 영향력이 큰 시인들의 언어 속에서도 메아리친다.[21]

그런데 문제는 미래 세대의 가치를 높게 평가하는 것이 모든 문화와 이념을 관통하는 이상적인 태도이긴 하지만, 아직은 문화적으로나 제도적으로 널리 퍼져 있는 관행이 아니라는 점이다. 우리가 공유하는 이 원칙들이 아직은 현실을 지배하고 있지 못하고, 미래 세대에 대해 우리가 갖는 우려 및 의무와 전혀 일치하지 않는 여러 관행들과 사회적 할인이 그 나머지 부분을 지배하고 있다.

신속성이 지배하는 이 시대에 살아가는 우리에게는 미래 세대를 염두에 두는 전혀 다른 방식이 필요하다. 우리는 불운한 몽상가가 돼서도 안 되며 미래의 재앙을 대수롭지 않게 여기는 냉담한 도둑이 돼서도 안 된다. 우리는 선조들로서 선조들답게 생각하고 행동할 필요가 있다.

:: 가보, 물려받은 것을 물려줄 의무

몇 년 전 나는 인도에 계시는 할머니를 찾아갔었다. 할머니를 보는 순간 어린 시절 할머니 댁에서 있었던 일들이 홍수처럼 되살아났다. 나와 언니는 재스민 꽃으로 화관을 만들어 핀으로 머리에 꽂았고, 물통에 물을 채워서 욕실로 들고 들어가 끈적거리는 몸에 그 물을 들이붓곤 했다. 내 기억으로는 연철로 만든 할머니집의 대문 안으로 들어서는 모든 사람들과 모든 것들이 환영받았다. 수다를 즐기러 오는 이웃 사람들, 모난 성격의 길고양이들, 미국에서 태어난 사람의 피를 특히 좋아하는 모기떼 등. 아침마다 할머니는 동이 트기도 전에 일어나 쓰디 쓴 박을 불에 그슬렸고 겨자씨를 구웠다.

가장 최근 방문했을 때 할머니는 내게 주고 싶은 게 있다고 하셨다. 내게 당신 침실에 놓여 있던 의자 위로 올라서라고 하시고는 장식장 위에 보자기에 싸여 있던 물건을 내려 보라고 말씀하셨다. 나는 할머니가 시키는 대로 했고, 곧 우리 두 사람은 관처럼 딱딱한 매트리스에 나란히 앉았다. 그리고 나는 닳아서 해어진 줄을 풀어 밀랍 염색(염색이 안 되게 할 부분에 왁스를 발라 무늬를 내는 염색법-옮긴이)을 한 천을 조심스럽게 풀어헤쳤다. 그러자 그 가보(家寶)가 모습을 드러냈다. 딜루바(dilruba)라는 악기였다.

그 악기는 증조할아버지의 물건이었다. 증조할아버지 K. V. 라마찬드란은 음악 및 미술 평론가였다. 캘리포니아대학교 로스앤젤레스 캠퍼스의 교수이자 작곡가였으며 음악인류학의 아버지로 일컬어지는 콜린 맥피(Colin McPhee)와 그분이 나눴던 편지들을 보면 그분은 서구인이 알아들을 수 있도록 인도 북소리의 리듬을 정의했다.[22] 이따금씩 그분은 연주자들을 아낌없이 칭찬했으며, 고전적인 어느 가수의 목소리를 들은 뒤에 황금으로 변해버린 몽구스 이야기도 간간히 섞어 넣었다. 내가 두 손으로 들고 있던 딜루바는 증조할아버지가 누군가로부터 받은 선물이었고 특별히 수제작된 것이었다. 한때 이 악기의 22개 현은 히말라야의 안개 속을 걸어가던 어떤 외로운 방랑자의 모습을 떠올리게 만드는 기묘한 소리를 냈었다.

나는 증조할아버지가 쓴 평론을 몇 편 읽기는 했지만 그분을 잘 알지는 못했다. 어떤 점에서 보면 옛날 TV 뉴스에서 본 언론인 월터 크롱카이트(Walter Cronkite)나 박물관에 있는 미술작품을 통해 아는 빈센트 반 고흐보다도 나는 그분을 몰랐다. 나는 K. V. 라마찬드란을 할머니가 들려줬던 이야기를 통해서 할머니가 가장 존경하신 분으로만 알았을 뿐이다. 당시 인도는 여자 아이가 10대 초반만 되면 얼른 시집 보내버리던 시대였는데도 그분은 할머니가 학업을 계속 이어가도록 하셨다. 그분은 할머니에게 노래를 가르치셨고, 교사를 고용해 할머니가 인도 고전 발레의 한 형식인 바라트나트얌(Bharatnatyam)을 배우도록 하셨다. 할머니는 나중에 브루나이의 술탄과 영국 여왕의 초대를 받아 춤을 출 정도로 이 춤을 거의 완벽에 가깝게 익히셨다.

그 가보 딜루바는 지금 반짝거리는 광택이 나는 새 줄로 갈아 낀 채 우리 집 거실에 있다. 이 악기는 증조할아버지의 기억을 이어주고 있으며 시대를 초월한 아름다움을 담고 있어서, 나는 이 악기를 볼 때마다 매료된다. 손가락 끄트머리로 목각 무늬와 무늬를 새긴 진주를 더듬어보고 줄을 퉁퉁 뜯다 보면 어느새 나는 미지의 시간과 장소로 연결된다. 나는 증조할아버지에게로 나를 연결시켜주는 어떤 것, 그분이 지금 내 곁에 있다는 느낌을 주는 어떤 것을 손에 가지기 전에는 그분에 대해 진정으로 어떤 생각을 해본 적이 없었다. 그게 있고서야 비로소 그분을 진정으로 생각하게 됐다. 이제 나는 자주 그분을 생각한다. 내가 한 번도 살아본 적이 없지만 조상 대대로 살았던 집을 생각하고, 내가 알지 못하는 과거를 생각한다. 그것은 내 버전의 스크루지의 과거 유령이다.

그 악기가 지금 내 소유물이 돼 있긴 하지만, 그것이 실제로는 내게 속하지 않음을 나는 안다. 그것은 나보다 먼저 세상을 살았던 내 가족의 여러 세대에 속한 물건이며, 또 내 뒤에 올 세대들에 속한 물건이다. 이 악기는 시간에 속하는 물건일 뿐이다.

어떤 물건이든 간에 가보는 한 가족 내에서 과거의 전통과 가치관과 이야기들을 세대에서 세대로 전승한다. 가보는 미래의 세대가 현재의 세대에 중요하다는 생각, 과거의 세대가 미래의 세대에 중요하다는 생각을 전한다. 어떤 가보들은 허영심이나 향수 때문에 소중히 보관되지만, 그럼에도 불구하고 시간이 흐름에 따라 일어나는 것들에 대해 우리가 갖는 염려를 담고 있다. 가보를 대대로 전승하는 각 세대는 그 가보의 집사 역할을 수행하면서 그 가보에 자신의 의미를 채우고 자기 세대의 전통을 다음 세대로 이어준다.

할머니는 그 악기 딜루바를 단 한 번도 연주하신 적이 없지만 그것을 버리겠다는 생각은 단 한 번도 하시지 않았다. 할머니는 비록 그것을 숨겨놓은 곳에서 더는 꺼내볼 수 없긴 했지만 그것이 성스러운 물건임을 알고 계셨던 것이다. 그것은 지금 내가 가장 소중히 여기는 물건이다. 증조할아버지와 할머니가 갖고 계셨던 물건이어서가 아니라 그것이 내게 어떤 의미를 주기 때문이다. 그 가보는 내게 어떤 목적을 지정한다. 시간의 흐름을 따라 자신을 안내하라는 목적을.

가보는 우리를 조상인 동시에 또한 후손인 존재로 만든다. 그런데 이런 모습은 우리가 자신의 공동체와 사회를 바라보고 생각하는 방식과 날카롭게 대비된다. 시간을 초월하는 어떤 물건을 만져보는 경험을 한다고 치자. 이때의 충격으로 그 사람은 일상생활의 찰나적인 경험에 내포된 리듬에서 벗어난다. 그런데 만약 시간을 초월하는 어떤 것이 딜루바라는 우리 가족의 가보가 아니라 우리 사회가 맞닥뜨리는 사회 전체의 문제들이라면, 그래도 과연 우리는 가족의 가보를 만졌을 때처럼 그렇게 생각하고 행동할 수 있을까? 나는 이 궁금증을 지금까지 줄곧 품고 있다. 과연 어떨까?

우리가 스스로를 공동의 가보를 지키는 사람 또는 그 물건을 관리하는 집사라고 생각한다면 우리는 우리와 가장 가까운 세대들에게 넘겨주는 데 보다 초점을 맞추긴 하겠지만, 그렇다고 두세 세대 넘어서까지 멀리 바라보지는 않을 것이다. 우리가 넘겨주는 가보는 우리가 알고 또 사랑하는 사람들, 예를 들면 자식들, 손자들, 조카들에게 보다 더 강력한 연결성을 느끼게 해줄 것이다. 사회 전체의 보물이라는 것은 1만 년 뒤의 미래 후손들이 열어보도록 땅에 묻어두는 타임캡슐은 아닐 것이다. 각각의 세대는 바로 다음 세대에게 그 세대가 사용할 필요가 있으며 또한 다시 다음 세대로 상속할 필요가 있는 지식을 주입한다. 여러 세대가 공유하는 이 가보는 먼 미래가 필요로 하는 것이 무엇일지, 그 미래가 어떤 모습일지 비록 알 수는 없지만 후대에 물려줄 소중한 어떤 것, 이를테면 천연자원, 문화유산, 과학 지식 등이 있음을 알고 있는 여러 상황에서는 이상적인 상속물이 될 수 있다.

각각의 세대는 가보의 집사이기도 한 동시에 사용자이기도 하다. 가보라고 해서 선반에 올려두고 손도 대지 않을 필요는 없다. 각각의 세대는 더는 쓸 수 없게 만들어 다음 세대가 누릴 효용을 고갈시키지 않는 범위 안에서 얼마든지 가보를 사용할 수 있다. 법학자 메리 우드 (Mary Wood)는 '세대 사이의 평등한 권리'라는 에디스 브라운 바이스의 발상에 의존해서 깨끗한 물이나 숲과 같은 공동의 자연자원들에 대해 원칙이 지켜질 수 있는 방법 한 가지를 제안했다.[23] 우드는 이런 자원들을 우리가 일종의 신탁물로 대해서 각 세대가 신탁 관리자이자 수혜자가 돼야 하며, 그러기 위해서는 우리의 역할들을 법률이나 조례로 성문화해야 한다고 말한다. 공동 수혜자로서 우리는 광물, 숲, 해양 생물과 같은 그 신탁물에 놓여 있는 것을 전세계의 다른 사람들과 공유한다. 따라서 우리는 그 신탁물을 한 세대 내에서 평등하게 사용할 의무가 주어진다.

우리가 가보를 다음 세대로 물려줄 때 우리는 각각의 집사가 이 가보를 어떻게 해야 할지 세세하게 명시하지 않는다. 우리는 그 가보의 사용 및 처리와 관련된 모든 선택권을 다음 세대에 맡긴다. 그렇기 때문에 이를테면 재즈의 표준이라는 것도 차세대 연주자들에 의해 달라질 수 있으며, 시대에 따라 재즈 연주법도 변화할 수 있다. 공동의 가보를 계속 유지한다는 것은 다양한 선택의 자유를 미래에 맡긴다는 뜻이다. 또한 할 수 있는 한 최대한 많은 지식을 남긴다는 뜻이다. 이렇게 함으로써 우리는 우리가 미래 세대에 남기는 것을 갖고 미래 세대가 무엇을 하려고 할지 정확하게 예측해야 한다거나 그 내용을 정확하게 지시해야 한다는 강박에서 자유로워진다.

여러 사회들은 이미 자신의 가보를 유지하고 있다. 우리가 페트라(Petra, 요르단 남부에 있는 고대 산악 도시 유적-옮긴이), 타지마할, 레오나르도 다 빈치의 〈모나리자〉와 같은 문화유산을 보호하는 이유는 그 유산들이 우리에게 인류의 역사에 대해 드러내고자 하는 것 때문이며 인류의 미래 때문이다. 땅과 자원에 대한 수요가 점점 늘어나고 있으며 공원 인근에서 개체수를 늘려가는 늑대 등과 같은 동물들에 대한 찬반 여론이 뜨거워지는데도 불구하고 미국의 여러 국립공원들이 한 세기가 넘는 기간 동안 계속 이어질 수 있게 된 것도, 따지고 보면 모두 가보를 유지하겠다는 마음가짐 덕분이라고도 말할 수 있다.

2017년에 나는 하버드대학교의 경제학자 리처드 젝하우저(Richard Zeckhauser)를 찰스강이 내려다보이는 케임브리지의 그의 사무실에서 만났다.[24] 그의 두 손녀를 찍은 사진들이 사무실 안쪽 문을 장식하고 있었다. 젝하우저는 70대 후반이지만 마음은 전혀 늙지 않았다. 젊은 시절 그는 로버트 맥나마라(Robert McNamara) 국방부장관의 '젊은 천재들' 가운데 한 사람으로 냉전 시대의 군사 전략을 강화하는 데 힘을 보태기도 했다. 그는 인류의 역사를 돌아보면 미래 세대가 우리보다 더 부유할 것이라고 여기는 게 안전한 선택이 아닐까 생각한다고 말했다. 그러나 이는 우리가 다가올 세대들에게 지고 있는 문화자원과 자연자원의 빚이 보다 더 많다는 것을 뜻한다고 강조했다. 그는 자신의 두 딸이 보스턴미술관에 있는 중국 도자기들을 지금 우리가 평가하는 것보다 더 높이 평가할 수도 있다고 했다. 그들 세대가 자기 세대보다 더 부유하다면 특히 더 그럴 것이라고 했다. 과거로부터 상속됐다는 특성과 독특한 차별성을 고려하면 그 도자기들은 단순히 돈으로 대체될 수 있는 것들이 아니었다.

젝하우저 그리고 그의 동료이자 전 재무부장관 로렌스 서머스(Lawrence Summers)는 어떤 상속물을 관리하는 행위의 원칙은 인류의 미래에 영향을 미치는 사회의 여러 가지 선택들로 추론될 수 있다고 여긴다. 두 사람의 표현을 빌리면, 시작부터 틀이 올바로 설정되고 또 그것이 후대로 전달되기만 한다면 "현재 세대의 노력은 미래 세대에 너그러움에 대한 어떤 선례를 설정"할 수 있고 그래서 연쇄반응을 일으킬 수 있다.

젝하우저와 서머스는 보다 더 많은 정부 프로그램들이 각각의 세대에게 자신이 앞 세대로부터 물려받은 게 무엇인지, 다음 세대에 대해 자신이 지고 있는 책임이 무엇인지 알 수 있게 해주길 바라고 그렇게 주장한다. 보다 많은 시간이 걸렸고 보다 오랜 세월에 걸쳐 형성된 전통이 있기에, 우리가 물려받은 것들은 한층 성스럽게 느껴지며 앞으로도 영원히 미래 속에 살아남을 것처럼 느껴진다. 젝하우저는 예를 하나 들어 설명했다. 그는 그랜드캐니언이나 옐로스톤을 복합 상업지구로 만들 수 있도록 허용하는 법안이 통과되기란, 최근에 국립유적지로 선정된 유타주의 보호구역 베어스이어스(Bears Ears)나 그랜드스테어케이스-에스칼란테(Grand Staircase-Escalante)의 보호 범위를 축소하기로 한 트럼프 대통령의 2017년 결정보다 여론 때문에 훨씬 더 어려울 것이라고 말했다.

:: 랍스터잡이 마을의 유산과 지혜

나는 내 전문 분야에서도 자치단체의 공동체들이 어떤 자원을 대할 때 그것을 마치 공동의 가보를 다루듯이 다룰 수 있음을 오래 전부터 지금까지 직접적으로 목격하고 있다. 11년 전에 나는 멕시코 바하반도의 서쪽 끝까지 간 적이 있다. 그곳에서는 어촌 마을들이 해안선을 따라서 점점이 형성돼 있는데, 당시만 하더라도 그곳은 병원이나 포장도로로부터 수백 킬로미터나 떨어져 있던 오지였다. 선박들은 새벽에 항구를 떠나 태평양의 넓고 푸른 바다로 나아가곤 했다.

나는 그곳에 있는 9개 마을의 랍스터잡이 어부들과 배를 타기도 하고 뭍에 있기도 하면서 여러 주를 함께 보냈다. 내가 굳이 그 먼 곳까지 찾아간 까닭은 그곳의 어업이 세계에서 가장 칭송을 많이 받게 된 과정을 알고 싶어서였다. 유카탄반도의 어부들이 랍스터 개체군의 씨를 말리고 멕시코의 트롤어선들이 참치를 싹쓸이하면서 예인망으로 돌고래를 죽일 때 그 어부들은 태평양의 레드록 랍스터를 보호하고 이들 개체군의 수가 늘어나게 만들었다. 아닌 게 아니라 내가 그곳에 가기 전에도 이미 국제 감사관들이 랍스터 개체군의 건강도를 측정하려고 여러 해에 걸쳐서 그곳을 들락거렸다고 했다.

내가 방문했던 마을의 어민들은 랍스터 잡는 기술을 아버지와 삼촌에게서 배웠으며, 이를 아들이나 손자에게 가르치고 있었다. 마을들은 개별 어업협동조합으로 조직돼 있었는데, 이 협동조합의 역사는 1940년대까지 거슬러 올라간다. 1980년대에 불규칙한 엘니뇨 기후 때문에 이 지역의 전복 개체군이 급감했고, 이 일로 지역 지도자들이 지역 공동의 가보와 같은 랍스터 어장을 하나의 자원으로서 그리고 아들 및 손자 세대 이후로도 계속 이어질 수 있는 삶의 터전이 되도록 보호할 목적으로 힘을 합했다. 이 마을들의 늙은 어부들은 랍스터 수렵채집자에서 바다경작자로 변신했다. 각각의 개별 마을을 초월해서 장차 태어날 미래 세대를 함께 생각하면서 내린 결정이었다.

9개 협동조합의 어부들은 해저에 놓인 통발에 미끼를 넣은 다음 각 조업조별로 다른 색깔로 구분되는 부표를 설치해 표시를 해둔다. 그런 다음 며칠 뒤 다시 와서 도르래를 이용해 케이지 형태의 통발을 끌어올린 다음 잡은 랍스터의 크기를 잰다. 그래서 알을 품고 있는 랍스터나 너무 작아서 아직 더 자랄 시간이 필요한 랍스터는 다시 바다로 돌려보낸다. 이 태평양 랍스터는 메인주에서 잡히는 사촌격인 메인 랍스터와 달리 앞발이 없고 커다란 꼬리를 휘두르는데, 바하반도에서는 이 랍스터 고기를 타코 판매점에서 양념과 함께 뭉근하게 끓이거나 주택 뒷마당의 그릴에서 굽는다.

9개 협동조합은 함께 지역 연합체를 구성해 각 마을과 조업조들이 정직하게 조업하도록 감독하고 밀렵꾼들로부터 어장을 보호하는 일을 한다. 이들은 어업권에 관한 한 정부의 강제력에 의존하지 않는다. 협동조합들이 선박과 조업 도구를 소유하는데, 이런 것들에는 모두 해안선을 따라서 할 수 있는 랍스터 조업 승인을 받았음을 분명히 나타내는 선명한 표시가 달려 있거나 색깔로 구분돼 있다. 협동조합 연합체는 각 시즌별 어획량을 협동조합별로 할당한다. 기본적으로 이들은 모든 마을의 랍스터를 관리하기 위해 가보라는 개념을 도입했던 것이다.

어업과 관련해 뚜렷한 추세가 존재한다. 아프리카의 빅토리아호 연안 마을들의 어부에서부터 지중해의 참다랑어 해적들에 이르기까지, 전세계의 수많은 어부들은 지금 당장의 어획량을 최대한으로 높이려고 다음 세대가 차지할 몫까지 다 잡아버렸다. 미래의 수백만 어부들의 생계가 달려 있는 어족 자원의 씨를 말려버린 것이다.

바하반도의 끝자락에는 어업 외에는 이렇다 할 경제 활동이 없다. 그렇기 때문에 랍스터 어획량의 미래는 이곳 주민들의 미래에 생명줄이나 다름없다. 이곳에서는 주택이든 사무실이든 모두 전기는 발전기에서 생산했다. 세기가 바뀌어 21세기가 될 때까지도 그랬다. 2005년이 돼서야 비로소 이곳에도 전기가 들어왔다. 그런데 최근 몇 년 동안에 어업에 종사했던 어부들과 이들 가족이 관광산업으로 생계를 꾸리기 시작했다. 비스카이노 고래 보호 지역 덕분에 그 주변에서 관광산업이 새롭게 일어났는데, 해마다 겨울이면 귀신고래들이 새끼를 낳으려고 이 지역의 따뜻한 바닷물로 찾아오는 덕분이다.

멕시코 북서부의 바하칼리포르니아수르(Baja California Sur)에 있는 협동조합들이 자신들의 공동 가보를 관리하는 데는 친밀성이 큰 도움이 된다.[25] 9개의 어촌 공동체는 모두 규모가 작고 서로가 지리적으로 멀지 않다. 이들은 문화의 영속성을 통해 이득을 봤는데, 이 영속성은 이따금씩 우호적인 경쟁을 통해 돈독해졌다. 반도라는 지리적 특성 때문에 멕시코 본토로부터 고립돼 있다는 조건이 오랜 시간에 걸쳐서 이 문화적 영속성을 한층 강화해왔다. 랍스터 어장 범위가 상대적으로 제한돼 있고, 비록 9개 마을이 모두 같은 조건은 아니었지만 비슷한 가치관과 비슷한 미래를 가진 사람들이라서, 이들은 어장을 관리하기가 쉬웠다. 조개 종류가 미끼를 먹으려고 통발로 기어들어가고, 어부가 통발을 거둬서 살아있는 포획물의 크기를 잰 다음에 크기가 조업 기준에 맞지 않는 개체는 다시 바다로 돌려보내는 조업 규칙도 도움이 됐다. 물론 이 규칙이 모든 수산물에 적용되는 것은 아니었다.

이 어촌 마을들의 랍스터잡이와 그 가족들은 어장의 운명이 자신들이 함께하는 미래의 운명임을 알고 있다. 이는 지구상의 모든 인류가 지구의 미래 상태를 걱정하는 것과 똑같은 심리 상태다. 지리적으로 가깝고 규모가 작은 마을의 경우에는 주민들이 자주 만나며 이들 사이에는 상호작용이 일어난다. 이들은 자신들이 앞으로도 계속 서로 만나고 협상하면서 관계를 이어갈 것임을 잘 알고 있다.

:: 사회의 가보는 미래 세대와 공평하게 공유해야

이 책의 원고를 쓰기 위해 자료를 모으고 조사하는 과정에서 만난 사람들로부터 그들이 공유하는 또 다른 가보가 있음을 알게 됐다. 2016년 실리콘밸리의 수많은 선도적인 투자자들과 현대 환경운동에 영감을 준 미래학자이자 최첨단 기술 분야의 전문가 스튜어트 브랜드 (Stewart Brand)와 만나서 대화를 나누던 중에 그가 일본의 이세신궁 (伊勢神宮) 이야기를 했다.[26] 이세신궁은 기원전 4년에 처음 세워졌다는 신사(神社)라고 했다. 그런데 사람들은 1,000년이 넘는 세월 동안 이 목조 건물을 20년마다 한 번씩 다시 짓는 전통을 이어오고 있다. 7세기부터 시작된 이 재건축을 '식년천궁(式年遷宮)'이라고 부른단다. 기존 건물 옆에 새 건물을 원래와 똑같은 방식으로 짓고, 다 지은 뒤에는 기존 건물을 해체하고 거기에서 나온 목재를 다른 신사를 짓는 데 사용한다.

브랜드는 이 건축물을 '살아있는 기념물'이라고 부르는데, 1,000년의 세월이 흐르는 동안 끊임없이 새 건축물로만 존재해왔기 때문이다. 또한 내가 보기에 이 건축물은 신도라는 종교를 믿는 사람들이 세대를 이어가면서 당연한 전통 의무로 여기며 지켜온 일본 사회 전체의 가보다. 이 재건축 의식은 신사 건축 기술을 세대에서 세대로 전승하는 절차이기도 하다.

사회 전체의 가보를 지켜나가는 또 다른 관습이 이탈리아 영토 알프스에 있는 숲 한 곳을 지켜왔다. 보스코 체 수오나(Bosco Che Suona)라는 이름의 숲이며, 이 이름은 '노래하는 숲'이라는 뜻이다.[27] 이 숲의 가문비나무는 300년도 더 전에 17세기 이탈리아의 바이올린 제작자 안토니오 스트라디바리(Antonio Stradivari)와 그의 동료들이 처음 발견해 이후 스트라디바리 바이올린을 만드는 데 사용됐다. 많은 바이올린 장인들과 연주자들은 이 나무가 세상에서 가장 아름다운 곡조의 선율을 만들어낸다고 여기고 있다. 바이올린을 비롯한 현악기 제작자들이 이 숲에서 가문비나무를 조심스럽게 간벌했고, 그 덕분에 숲에 젊은 활력을 불어넣는 어린 묘목들이 햇살을 받을 수 있게 됐다. 문화유산인 이 숲의 가문비나무 목재에 대한 수요 덕분에 완전히 벌채되지도 않고 그냥 방치되지도 않은 적정한 수준으로 산림의 밀도를 유지할 수 있었다. 이 숲은 모든 세대에게 돈으로 살 수 있는 대상이 아니라 성스러운 존재다.

이런 각각의 사례들로 볼 때 하나의 공동체 전체가 공유하는 가보를 새롭게 만들고 또 관리하는 일을 한층 쉽게 만들어주는 것은 그 공동체 규모의 적절한 크기 또는 최소한 이 공동체가 갖고 있는 과거와 현재 사이의 문화적 연속성임을 알 수 있다. 일본의 지진 표지석도 마찬가지다. 일본에는 과거에 있었던 쓰나미를 알리는 표지석이 수백 개나 되지만, 이 가운데서 수백 년이 지난 뒤에까지 구체적인 경고로써 사람들이 주의하도록 만들었던 표지석은 2개뿐이다. 그런데 이 2개의 표지석은 모두 작은 마을에 세워진 것이다. 이 마을에서는 구전 민담과 학교 교육으로 과거의 역사를 아이들에게 가르치며 오랜 세월에 걸쳐 대대로 경고를 전승해왔다.

민주 국가들을 모두 놓고 보면 문화적 역사와 관심사가 매우 다양하다. 오늘날의 사회는 빠르게 변화하고 있다. 모든 사회와 모든 나라가 세계시장으로 편입돼 하나로 통합되고 있으며 빠르게 발전하는 기술에 노출돼 있기 때문이다. 이런 사실을 염두에 두면 어떤 공동체에서 공유하는 가보가 여기저기에서 많이 생길 것 같지는 않다. 어떤 작은 집단이 특정한 자원을 지켜나가겠다고 마음먹더라도 이른바 '공유지의 비극' 현상이 발생해 다른 사람들이 그 자원을 무시하거나 고갈시켜버리면 아무 소용이 없어진다. 그렇기 때문에 현재 세대가 미래에 대한 열망을 충족할 정도로 충분히 많은 공동의 가보가 나타날 가능성은 그만큼 적을 수밖에 없다.

그렇다면 오늘날처럼 발전한 사회에서 우리는 어떻게 하면 우리 스스로를 조상인 동시에 후손으로 바라볼 수 있을까? 의사결정을 내리는 사람들이 인류의 미래에 끼칠 결과에 충분히 주의를 기울일 수 있도록 유도하는 실천들이 지금 우리에게 필요하다. 현명한 정책이라면 탐욕과 무시의 시기 속에서도 공동의 중요한 가보들을 보호하는 데 힘쓸 것이다. 법률과 정부가 주도하는 여러 사업들을 제대로만 만들면 경솔한 주체, 즉 정치 지도자들이나 주식시장에 상장된 기업들이라고 하더라도 가보를 지켜나가는 집사의 역할을 충실히 수행하도록 얼마든지 강제할 수 있다. 이 과정에서 오랜 역사를 가진 대학교, 도서관, 자선단체, 종교단체 등의 기관들이 일정한 역할을 수행할 수 있다. 이런 구조를 활용할 때 어떤 특정 시대에 공동의 가보를 지켜나가는 것보다 단기적 이득을 우선시하는 개인이나 조직이 개입하는 것을 막을 여러 가지 장벽을 만들 수 있다.

미국의 국립공원관리청과 유네스코(UNESCO) 세계문화유산의 인터넷 웹사이트들은 사회 전체의 가보를 지켜나가는 것이 법률과 규범으로 성문화되고 여러 조직들의 지원을 통해 유지될 수 있는 방법을 보여주는 모범적인 사례다. 이 2개의 웹사이트는 인터넷 쇼핑몰을 만드는 것처럼 쉽게 만들 수 있는 것이 아니었다. 이것은 사회가 과거의 세대들로부터 물려받은 상속물을 대하는 방식과 관련해 매우 드문 예외라 할 수 있다.

인류의 미래를 위험하게 만드는 선택들을 앞에 두고 있는 우리는 과연 어떻게 하면 보다 더 나은 조상이 될 수 있을까? 조지타운대학교의 법학자 에디스 브라운 바이스는 "정부나 기업이 자연자원 및 문화 유산과 관련한 의사결정을 내릴 때 미래 세대를 보다 확실히 고려해 최종적 판단을 내리도록 세대 사이의 평등권이라는 개념을 한층 공격적으로 강제해야 한다"고 말한다.[28] 바이스가 1988년 자신의 저서《미래 세대들에게도 공정하게(In Fairness to Future Generations)》를 통해 처음 이런 발상을 제안할 때 그녀는 UN이 미래 세대를 담당하는 고위 직책을 마련할 것을 추천했다. 그러나 이 일은 아직까지도 이뤄지지 않았다. 그럼에도 불구하고 최근 몇 년 동안에는 세대 간의 평등이라는 원칙이 마침내 동력을 얻고 있다는 여러 조짐들이 보인다. 비록 이런 것들이 전세계적인 차원의 심사숙고 수준까지는 아니긴 하지만 말이다.

전세계에서 있었던 사법적 판단이나 소송의 추세는 세대 간의 평등 개념이 법률로 성문화돼야 한다는 발상이 점점 힘을 얻고 있음을 보여준다. 바이스는 최소 20개국에서 미래 세대의 이해관계가 재판정의 판결 내용을 결정하는 데 고려됐다고 말한다. 몇몇 경우에 재판정은 어린이를 미래 세대의 대표자로 바라보는 것에 법률적 정당성을 부여했는데, 1990년대 필리핀에서 있었던 중요한 판결이 그런 사례. 이 판결에서 필리핀 대법원은 젊은 미래 세대가 '조화롭고 건강한 생태계'의 혜택을 누릴 권리가 침해받을 수도 있으므로 열대 우림에 대한 새로운 벌목 허가를 금지했다.

이 원고를 쓰고 있는 시점을 기준으로 할 때 지금 미국에서는 획기적인 소송 하나가 진행되고 있다.[29] 이 소송의 목적은 화석연료를 태움으로써 젊은이들과 미래 세대들이 감당하게 될 유해성이 연방 정부 책임임을 분명히 명시하도록 하는 것이다. 석유와 가스 및 석탄 개발을 위해 연방 정부가 자기 소유의 땅을 임대해주는 것까지도 미래의 유해성과 관련해 연방 정부가 책임져야 할 사항이라고 소송을 제기한 측은 주장한다. 2016년에 오리건의 연방 판사는 정부가 기후 변화에 일정한 책임이 있는 만큼 정부는 헌법에서 규정한 권리를 위반했다는 논리를 들어, 행정부를 상대로 소송을 제기한 젊은 사람들의 손을 들어줬다.

인도 대법원은 미래 세대들의 권리를 인용해, 산림 파괴를 막고 역사적인 가치가 있는 저수지를 보호하는 판결 2개를 21세기에 들어와서 내렸다.[30] 또한 2건의 석탄 채굴 소송에서도 인도 대법원은 인도 고아(Goa, 품질이 우수한 철광석과 망간광석의 산출지로 유명하다–옮긴이)에서 생산돼 주 경계선 바깥으로 반출되는 광물의 양을 제한했으며, 채굴로 인해 미래 세대가 받을 수 있는 피해를 보상하기 위한 신탁 펀드를 마련하는 회사에게만 광석 채굴을 승인했다. 브라질 대법원은 2007년과 2011년 사이에 현재의 세대가 미래 세대들에 법률적인 의무를 지고 있다는 논리로 환경을 보호하는 취지의 판결을 여러 차례 내렸다. 국제사법재판소 역시 미래 세대들에 대한 의무를 고려하는 판결을 내리기 시작했다.

전세계의 정부가 미래 세대들의 이익을 위해 목소리를 낼 수 있는 또 다른 방법이 있는데, 그것은 각 정부가 미래 세대들을 대변할 옴부즈맨 제도를 시행하는 것이다. 프랑스의 전설적인 해양탐험가 자크 쿠스토(Jacques Cousteau)는 1990년대 초 프랑스 정부를 설득해 미래 세대들의 권리를 보장하기 위한 위원회를 만들었으며, 이 위원회의 의장으로 활동했다(그러나 태평양에서의 핵무기 실험을 둘러싼 논란으로 이 위원회는 오래가지 못했다). 핀란드에는 미래 세대들을 대변하는 국회 산하의 위원회가 국회의원 17명으로 구성돼 있다. 이스라엘의 국회인 크네세트(Knesset)도 산하에 미래세대위원회를 6년 동안 두고, 어떤 법안이 의결되기 전에 이 법안이 과학, 보건, 교육, 기술, 자연자원 등의 분야에서 미래 세대에 어떤 영향을 줄지 살펴서 보다 더 장기적인 관점에 입각한 정책들이 나올 수 있도록 여러 필요한 제안을 했다. 헝가리, 독일, 웨일즈도 다양한 곳에 이와 비슷한 옴부즈맨 제도를 실행하고 있다.

그런데 사실 정치는 표면적으로는 미래 세대를 고려하려는 노력에 이런 긍정적인 모습을 보이면서도 실제로는 지금까지 줄곧 방해가 됐다. 이와 같은 문제를 돌파할 방법은 이 제도에 정치적인 입김이 관여하지 않도록 철저한 독립성을 보장하고, 또한 현재의 특정 이익 집단들이 아니라 미래 세대들의 이익을 대변하는 임무를 꾸준하고 충실하게 수행할 수 있는 사람들이 옴부즈맨으로 지명되도록 하는 것이다.

우리가 사회 공동의 가보를 지키는 수호자가 돼서 핵폐기물 문제를 처리한다면 과연 어떻게 해야 할까? 이런 태도를 가질 때 그 문제를 바라보는 우리의 시각이 달라지지 않을까 하고 나는 생각한다. 우선 우리는 지금으로부터 50세대 뒤에 지구에서 살아갈 사람들에게 전할 타임캡슐이나 기념물이나 또는 메시지 등을 만드는 일에 지금처럼 많이 매달리지 않을 것이다. 적어도 쓸데없는 공상에 잠기는 일은 하지 않을 것이다.

또한 지금 핀란드 사람들이 하고 있는 것처럼 핵폐기물 저장소를 숨기려 하거나 이것이 잊히길 기대하지도 않을 것이다. 가보를 소중하게 간직해 다음 세대로 넘겨주는 전통 속에서 우리는 가까운 세대들에 초점을 맞춘다. 그들에게 그 가보와 관련된 지식을 주고 또 그 가보를 처리할 여러 가지 선택권을 맡기며, 우리가 물려받은 상태보다 더 나빠진 상태로 그 가보를 물려주지 않으려고 노력한다. 그리고 우리는 또 그들에게 그들 역시 다음 세대에 대한 의무를 지고 있음을 알려주려고 노력한다.

다음 세대의 눈에 바람직하게 비칠 옳은 일을 하려면, 핵폐기물 저장소의 위치를 표시하는 일이 아니라 원자력발전소 현장이나 그 밖의 저장소나 통에 보관돼 있는 그 폐기물에 대한 어떤 계획을 마련하는 일에 초점을 맞춰야 할 것이다. 핵폐기물의 장기적인 저장소를 건설하겠다는 계획이 미국에서는 정치적인 반대로 이러지도 저러지도 못한 상태로 중단돼 있으므로, 지금 우리로서는 미래 세대들을 대변하는 관점에 서서 민간기업과 정부와 각급 자치단체들이 함께 핵폐기물과 관련된 계획을 세워나갈 옴부즈맨 집단을 만들 필요가 있을지도 모른다.

미래 세대들이 보다 많은 선택권을 가질 수 있도록 핵폐기물을 무조건 다시 돌이킬 수 없도록 매립해버려서는 안 된다. 나중에 언젠가는 누군가가 이 폐기물을 재활용할 방법을 찾아낼지도 모르기 때문이다. 어떤 낙관주의자들은 핵폐기물을 난방 연료로 사용하는 미래를 상상하기도 한다. 작가 줄리엣 래피도스(Juliet Lapidos)는 의학이 지금처럼 계속 발전하면 미래의 인간은 방사능 피폭 치료법도 찾아낼지 모른다고 추측한다.[31]

우리는 또한 다음 세대에 핵폐기물에 대해 가르칠 수도 있다. 이것의 얼마나 위험한지, 우리가 지금 이것을 안전하게 보관하는 방식과 관련해 세우고 있는 온갖 가정들까지도. 대학교나 도서관이나 박물관처럼 오랜 세월 동안 변하지 않고 자리를 지켜온 기관들도 이 폐기물에 담겨 있는 위험과 잠재력을 후대에 전할 수 있다. 그러므로 우선 어린 아이들에게 핵폐기물에 대해, 이것이 지구 어디에 묻혀 있는지 가르치는 것부터 시작하는 것이 옳지 않을까 한다.

:: 선택권도 미래에 물려줄 수 있도록

부모가 쓰던 창고나 골방에서 끄집어내는 모든 물건이 그 집의 가보가 될 수는 없다. 마찬가지로 지금 우리 주변에 있는 모든 것을 우리 사회 공동의 가보로 만들 수는 없다. 모든 자원이나 공예품 또는 한 사회의 모든 투자를 미래 세대들까지 공유할 사회적인 가보로 관리한다는 것은 현실적으로 가능하지도 않다.

하지만 우리는 가장 중요한 자원들의 경우 사회 공동의 가보로 지정돼야 한다는 결정을 내릴 수 있다. 미래 세대들에게 심각한 충격을 줄 것 같은 여러 선택들을 앞두고 있는 상황에서는 사회적 가보라는 발상과 실천을 해야 할 수 있다. 게다가 그런 실천에 뒤따르는 대가가 클 때 (또는 영원히 계속될 수 있을 때) 사회적 가보라는 발상을 가질 필요는 한층 커진다.

미래의 사람들이 무슨 옷을 입을지, 여행은 어떻게 할지, 그들의 머릿속에 어떤 장치들이 심어질지 지금의 우리는 알지 못한다. 그러나 아무리 먼 미래의 인간이라고 할지라도 인간의 몇몇 본질적인 요소는 여전히 갖고 있을 것임을 우리는 잘 안다. 예를 들면 생존 본능이 그렇고 생존하는 데 도움이 될 자연자원과 문화유산이 그런 요소들이다. 게다가 그들은 우리와 마찬가지로 즐거움, 지식, 사랑, 아름다움, 공동체 등을 추구할 것이다. 고대인이 그랬고 지금 우리가 그렇듯이 그들 역시 자신을 과거와 미래로 이어주는 시간에 대한 어떤 소속감을 찾으려고 할 것이다.

배아 유전자 편집과 관련된 문제에서도 우리를 현재 우리가 살고 있는 시간대에 고립된 존재가 아니라, 누군가의 조상이자 누군가의 후손으로서 우리 앞에 놓여 있는 여러 가지 선택을 바라본다면 전혀 다른 의사결정이 나올 수도 있다. 인간의 유전자 다양성은 우리가 물려받은 유산이며, 질병 및 그 밖의 다른 위협들 속에서 우리 인간이 끈질기게 살아남을 수 있었던 생명력의 원천이다. 우리가 우리 유전자의 다양성을 잘 지키고 관리할 때 미래 세대가 자신들 및 자기 세대가 맞닥뜨리는 재앙들을 올바르게 이해하고 대처하기 위해 의존할 수 있는 여러 선택권들을 가질 수 있게 된다.

대부분의 선택권을 우리 세대가 써버리지 않고 미래로 넘겨주기 위해 우리는 유전자에 대해, 유전자를 편집함으로써 얻거나 잃을 수 있는 잠재적 손익에 대해 될 수 있으면 많은 지식을 수집할 수 있다. 그렇지만 유전자 다양성을 축소한다거나 미래의 세대가 자기 조상인 우리에 대한 지식을 가지지 못할 정도로 인간 배아를 조작하는 것은 피해야 한다. 우리는 유전자 풀(genetic pool)을 조작하거나 훼손하지 않은 채 여러 질병들과 맞서 싸울 수 있는 기술을 이용할 수 있다.

기후위기에 대한 우리의 대처 방식에 따라 오늘날의 인간 세대들이 포사이트, 즉 미래에 대한 통찰력의 획기적인 도약을 이룬 세대가 될 수도 있고 인류의 마지막 세대가 될 수도 있다. 기후위기는 우리에게 사회적 할인이라는 개념과 타임캡슐의 무용함을 동시에 생각할 것을 요구하는 유례없는 문제다. 현재와 같은 행동들이 앞으로도 계속 이어질 때 현재 세대와 미래 세대가 생존에 위협을 받을 것임은 거의 확실하다. 이 위협에는 사회 질서에 가해지는 위협, 공중 보건, 해수면 상승, 자연에 가해지는 재앙적 피해 등의 위협이 모두 포함된다.

우리는 또한 미래 세대들에게 가해질 해악을 줄이기 위해 지금 당장 우리가 할 수 있는 일이 무엇인지 알고 있다. 탄소 배출을 줄이고 나타날 수 있는 온갖 재앙에 대비하는 것이다. 하지만 이런 행동을 취하는 데 들어가는 비용이 사회적 할인이라는 계산법 아래에서는 너무 클 수도 있다. 우리 세대에서 우리는 이미 돌아올 수 없는 지점에 다다르고 있다. 지금까지 우리가 한 일에 대해 미래 세대에 그저 경고를 하는 것만으로는 아무런 의미도 없는 지점까지 이미 와버렸다는 얘기다.

우리는 이 문제를 바라보는 관점을 회피해야 할 경제적 손실이라는 차원이 아닌 지키고 관리해야 할 사회 공동의 가보라는 차원으로 바꿀 힘을 갖고 있다. 대기, 바다, 지구의 다양한 풍경들 하나하나가 모두 시간을 초월해 보호돼야 할 자원들이고, 돌이킬 수 없을 정도로 파괴되지 않는 범위 안에서 사용돼야 할 자원들이며, 그런 의미에서 우리에게는 공동의 가보이다.

대표성을 가진 도시, 숲, 강, 초원, 해변들을 가보로 보존돼야 할 문화유산으로 바라볼 수 있다. 비용편익 분석을 장기적으로 올바르게 이해해 최악의 기후 변화를 막을 행동이 전세계적인 차원에서 전개될 수 있도록, 사회 공동의 가보라는 발상을 강제할 여러 가지 방법들이 우리에게 필요하다. 메리 우드는 자연자원들에 대한 신탁 기금을 마련함으로써 이 문제를 해결할 수 있다고 믿는다. 이 제도를 통해 각급 자치단체와 기업과 정부가 우리가 물려받은 자산을 사용하면서도 훼손하지 않고 '원금' 그대로 다시 후손에게 물려줘야 하는 의무를 이행할 수 있다는 것이다.

가보를 관리한다는 정신으로 미래 세대에게 보다 많은 선택권을 남겨주기 위해 우리는 여러 행태의 재생 가능 청정에너지 분야의 과학적인 연구개발에 보다 더 많은 돈을 투자할 수 있다. 운송 및 도시와 공동체를 조직하는 분야에서도 마찬가지다. 이렇게 해서 우리는 보다 많이 확보한 지식과 기술을 미래 세대들에게 물려줄 수 있다. 심지어 우리는 지구의 온도를 낮추기 위한 연구 방안들을 더 많이 추구할 수도 있으며, 그래서 이렇게 축적한 지식을 활용할 방법을 미래에 고스란히 전달할 수 있다.

＊＊＊

우리가 사회 공동의 가보들을 후대에 물려줄 수 있으려면 가족 차원이 아니라 공동체와 전체 사회 차원에서 청년과 노년 사이에 보다 더 많은 접촉과 연결이 필요하다. 이 접촉과 연결은 여러 가지 형태로 나타날 수 있다. 자치단체에서부터 국가 정부에 이르는 모든 영역에서 청년층(투표권을 아직 갖지 못한 어린 청년들이라고 하더라도)이 정부 정책에 참여할 수 있는 소통 체계가 필요하다. 예컨대 도시위원회나 행정 부서의 자문위원으로 이 청년들을 임명할 수 있다. 모든 종교 기관이나 시설이 청년층과 중년층 그리고 노년층을 따로 구분하지 않고 세대를 초월하는 소집단을 만들 수도 있다. 민간 기업을 포함한 모든 조직이 미래 세대를 대표하는 인물을 이사회 구성원으로 임명할 수 있으며, 청년층을 단순히 소비자가 아니라 아이디어 제안자이자 가치관 자문위원 자격으로 바라보면서 이들의 말에 귀를 기울일 수 있다. 청년층이 중년층이나 노년층을 얼마든지 이끌 수 있다.

실제로 2018년 플로리다의 파크랜드에서 일어났던 총기 난사 사건에서 그랬다. 이때 학부모가 나서서 안전한 공동체를 위한 정치적 지원을 청원하는 전국적인 차원의 사회운동에 불을 붙인 주체가 바로 어린 청년들이었다.[32] 노년층도 청년을 대변하는 사회운동을 이끌 수 있다. 이를테면 전세계의 '할아버지 할머니 부대'가 은퇴 후 남는 시간을 활용해 기후 변화의 추세를 돌려놓을 정책들을 지지하는 운동을 벌이고 있다.

우리 시대가 나서서 경솔함의 물길을 포사이트를 가진 미래에 대한 통찰의 물길로 바꾸는 게 무척 어려워 보일지 모른다. 그러나 변화의 씨앗은 우리 모두가 지금 당장 할 수 있는 많은 선택들 속에 이미 들어 있다. 우리는 미래 세대를 위한 관심을 쌓아나갈 문화적 관행, 기관, 법률 그리고 규범을 얼마든지 새롭게 만들어낼 수 있다. 투표권을 행사하는 것에서부터 이웃과 공동체 속에서 서로 소통하는 것과 사회 공동의 문화에 기여하는 것에 이르기까지, 우리 개인이 지금 당장 할 수 있는 의사결정이 중요하다.

우리가 각자 자기 생활과 일 속에서 미래를 내다보는 방법을 배우는 것과 마찬가지로, 우리 각자는 미래를 공동의 사회로 개척하는 데서 보다 더 강력한 유권자로 참여할 수 있다.

결론
낙관주의자의 망원경이 필요한 시대

우리의 목적은 그 자체로 평화로운 사회이며
사회의 양심만으로도 유지될 수 있는 그런 사회임을
우리는 반드시 알아야 합니다.

—마틴 루터 킹 주니어(목사, 민권운동가)

:: 무모하고 경솔한 시대에 거는 기대

초등학교에 다니던 시절 늦은 봄의 어느 따뜻한 날이었다. 지금도 나는 그날을 생생하게 기억한다. 운동장에 나 있던 물웅덩이 위에는 벌레들이 깜박거렸고, 활짝 핀 개나리 덤불 위로 새들이 까불거리며 지저귀고 있었다. 나와 급우들은 교실에 앉아 있었지만 여름이 오기만 하면 달아날 준비가 이미 돼 있어서 온몸이 근질거렸다. 우리는 여름을 고대했고, 또 그렇게 찾아온 여름을 반겼다.

나는 자가용 왜건을 타고 10시간이나 걸려서 어떤 친구의 해변 별장까지 달려가는 내 모습을 상상했다. 이국적인 외국 차량 번호와 창문으로 바라보는 고속도로변 광고판들 그리고 바닷물에 풍덩 뛰어들 때 느껴지는 짠맛. 나는 계획을 세웠다. 어떤 인형을 챙겨서 갈지, 어떤 수영복을 입을지, 어떤 친구들에게 엽서를 보낼지, 어떻게 하면 언니와 오빠를 설득해 카드 게임을 함께할 수 있을지.

우리는 어른이 돼서도 예전에 경험한 적이 있는 미래의 어떤 것을 상상할 때면 마치 빵집 앞에서 신선한 빵 냄새를 맡을 수 있는 것처럼 과거의 그 느낌을 느낄 수 있다. 우리는 어떤 의사결정을 하고 있는 미래의 자기 모습을 바라본다. 또한 가상의 한껏 들뜬 상태의 자기 모습에 공감한다. 우리는 휴가여행 안내서를 볼 때나 결혼식 계획을 세울 때도 어떤 의사결정을 한다. 우리는 우리가 맞이할 일들을 상상하고, 그 일 안에서 살아간다.

자신이 바라는 미래를 다루는 능력은 문화에 의해 그리고 여러 기관들에 의해 강화된다. 친구나 가족이 함께 갖고 있는 경험, 광고, 미디어가 있어서 우리는 결혼식을 행복한 사건으로 상상한다. 예컨대 세액공제 혜택 제도가 있기에 우리는 결혼, 즉 많은 사람들 앞에서 장차 수십 년 동안 지속될 서약을 해야겠다는 마음을 조금이라도 더 가진다.

그러나 반대로 우리가 직접 통제할 수 없는 미래의 어떤 것 또는 과거의 나쁜 경험을 떠올릴 때 우리는 대개 불안감을 느낀다. 심해지면 심리적·신체적으로 마비 상태에 빠지기도 한다. 나이를 먹고 점점 더 노쇠해지는 자기 모습을 생각할 때, 자신이 살고 있는 도시를 지진이 강타하는 모습을 상상할 때, 기후 변화 때문에 자신이 즐겨 찾던 해변이나 숲이 사라져간다는 생각을 할 때 그렇다. 우리의 문화와 여러 기관들은 우리에게 끔찍함을 안겨줄 미래를 다루는 문제에 관한 한 사회 총체적인 인식이라곤 거의 아무것도 제시하지 않는다. 우리는 기껏해야 누군가가 던지는 예측을 그저 수동적으로 받기만 할 뿐이다. 그렇게 우리는 피해자 또는 희생자로만 남을 뿐이다.

이 책의 원고를 마무리하는 단계에서 나는 개인이나 사회가 조금이라도 덜 경솔하게 되려면 미래에 놓여 있는 온갖 위협들과 기회들을 객관적·현실적으로 평가하는 방법을 알아야 한다는 사실을 깨달았다. 재앙을 몰고 올 미래를 외면하며 등을 돌릴 게 아니라, 거기에 대비할 계획을 세워야 한다. 그러기 위한 수단들이 우리에게 필요하다. 이를테면 나이를 많이 먹은 미래의 자기 모습에 진저리를 치며 외면할 것이 아니라, 늙은 자신에게 연민을 갖고 그 미래의 상태에 대해 생각할 방법을 찾아야 하는 것이다. 개인이 아닌 사회나 국가 차원에서는 제2의 더스트볼에 대한 계획을 세울 수 있어야 한다. 결코 바라지 않는 불편한 미래의 모습을 무시하거나 겁에 질려 회피하는 태도에서 벗어나 명쾌한 지혜를 갖고 그 미래를 기다리며 대비하는 태도를 가져야 한다.

하지만 닥쳐올 위험을 암시하는 온갖 조짐들이 미래에 끔찍한 일들이 많이 일어날 것임을 날마다 상기시키고 있기 때문에 그런 태도 변화는 결코 쉽게 일어나지 않는다. 세계적인 차원에서 진행되는 난민 위기, 늘어나는 국가 부채, 녹아내리는 북극의 빙하, 점점 높아져만 가는 해수면… 이런 것들이 아무도 바라지 않는 우리 미래의 모습이다.

미래와 관련해서 우리가 듣는 심각한 경고들은 우리가 하는 행동이 미래에까지 미치는 지속적인 효과에 대해, 바로 코앞까지 다가온 온갖 위협들에 대해 점점 늘어나는 지식이 반영된 것이다. 그런데 우리는 위기를 피해가기 위해 그런 과학적인 지식에 의존하지 않는 경우가 너무도 많다. 고약하기만 한 미래의 모습에 대해 상상력과 공감과 주체성을 기반으로 하는 사고방식이 지금까지 우리에게는 없었다. 그 결과 우리는 미래에 대한 지식을 실제로 미래를 바꾸는 힘, 포사이트로 전환하려는 노력을 거의 하지 않았다.

이런 사실을 이해하고 나자 내게 변화가 생겼다. 기후 변화에 대한 생각, 점점 더 뜨거워지며 점점 더 혼란스러워질 미래에 각 자치단체들과 기업들이 대비하도록 돕는 일에 대한 생각으로 바뀐 것이다.

똑똑한 사람들은 변화하는 기후에 대처할 방식을 놓고, 예를 들어 화석연료 사용을 중단할지 아니면 홍수와 가뭄에 대비할 것인지, 어떤 극적인 행동을 취해야 할지를 놓고 이견을 보인다. 이 논란 속에서 정치적인 파당들은 우리에게, 기후 변화가 재앙을 가져오리라고 예측하는 사람들 말대로 지금 당장 어떤 실천을 하지 않을 때 인류가 맞이하게 될 파괴적인 폭풍들과 걷잡을 수 없는 온갖 질병들과 과밀화되고 뜨거워진 도시라는 3가지의 디스토피아적인 악몽이라는 미래 전망만을 줄곧 제시하고 있다.

그렇지만 아무 행동도 하지 않는 것이 낫다고 주장하는 사람들은 화석연료 사용을 중지하면 경제에 주름만 가중되며 석탄과 석유 분야에 종사하는 수백만 명이 일자리를 잃을 것이라고 역설한다. 미래에 대한 서로 다른 이 2가지 모습 모두에 대안이 되는 미래는 지금과 매우 흡사하게 보이는 미래라는 당연한 사실이다.

나는 기후 변화와 관련해 기업의 지도자들이나 자치단체들을 상대로 말할 때 암울한 시나리오들에서 이득을 챙기려는 사람만큼이나 죄의식을 느껴왔다. 그 시나리오들이 완전히 쓸데없지만은 않다. SF에 나오는 디스토피아적인 장면들은 어쨌거나 때때로 사람들로 하여금 자신이 결코 반기고 싶지 않은 공포를 상상하게 해주니까 말이다. 그러나 나로서는 이런 시나리오들을 들을 때마다 이런 것들을 수용하고 싶지 않은 마음이 드는 것도 분명하다. 대부분의 사람들은 미래가 지금보다 더 나빠질 것이라는, 또는 지금과 똑같을 것이라는 상상을 하고 싶어 하지 않는다. 우리는 우리의 미래 자아를 상상하지도 않고 미래 자아에 연민의 마음을 갖지도 않는다. 우리가 어떤 것을 끔찍하게 싫어하면서도 자신이 속한 자치단체와 사회가 그것과 관련된 문제들을 해결하는 모습을 생각하지도 않는다. 다만 그저 이러지도 못하고 저러지도 못한다는 느낌에 사로잡혀 있을 뿐이다. 기후 변화라는 조건 아래에서 우리가 상상하는 미래에 대한 계획을 세우겠다는 마음으로 우리가 개인적·사회적 차원에서 그다지 많은 것을 하지 않는다는 현실은 우연이 아니다. 우리가 그 문제들을 심각하게 받아들이지 않거나 지나치게 낙관적이라서 그렇다. 아니 어쩌면 논의 테이블에 올려놓고 생각하기조차 어려울 정도로 그 문제들이 너무나 압도적이라고 생각해서 그런지도 모른다.

물론 이런 미래 시나리오들을 그리는 것 자체는 어떤 목적, 즉 기후 변화에 대한 행동이 긴급함을 알리거나 그런 행동을 막으려는 목적에 일정한 기여를 해왔다. 그런데 역설적이게도 기후 변화를 둘러싼 정치학이 이런 방식으로 그 위기에 대처할 개인 및 사회의 능력에 대한 우리의 인식을 가로막아왔다. 우리는 문화적·제도적으로 미래, 구체적으로 말하면 그 누구도 뭔가를 할 수 있다는 인식을 갖고 기대하지 않는 미래에 대한 이런저런 부정적인 견해들을 강화해왔다.

지금 나는 기후 변화라는 문제와 관련해 미래를 바라보는 새로운 방식들이 우리에게 필요하다는 사실을 잘 알고 있다. 이 새로운 방식들을 취할 때 우리의 가족과 공동체 그리고 기업과 사회를 실질적인 온갖 위협 속에서도 지금보다 더 낫게 만들기 위해 한 걸음씩 앞으로 나아가는 우리의 모습을 볼 수 있다. 나쁜 상황들을 이겨내며 평균적이거나 좋은 상황들을 한층 더 낫게 만드는 우리의 모습을 그려볼 수 있어야 한다. 이는 기후 변화에 따른 위험이 별 것 아닌 것처럼 호도하자는 게 아니라, 이런 위험에 대처하는 현실적인 노력을 기울이는 우리의 모습을 상상해보자는 의미다. 우리가 취하는 행동을 근거로 미래가 현재나 과거보다 더 나아 보이게 하는 시나리오들이 우리에게 필요하다. 예컨대 각 자치단체를 포함한 각 공동체가 이 재앙을 피하기 위해 실제 현실처럼 의사결정을 내리는 기후 관련 롤플레이 게임들은 그런 시나리오를 확보하기 위해 우리가 취하는 행동의 한 가지 방법이다.

:: 위협과 기회를 평가하고 미래를 대비할 때

우리의 문화적 관행들과 미디어 및 기관들은 우리가 바라는 미래의 모습을 강화해야 한다. 우리에게는 맹목적인 부정이나 무기력한 비관주의 대신 낙관주의의 근본적인 요소가 필요하다. 우리가 자신감을 갖고 미래를 바라볼 도구들로 무장할 수 있으려면 긴급성을 주체적인 대표성으로 균형을 맞출 필요가 있다.

새로운 종류의 낙관주의가 기후 변화 문제를 해결하는 데 도움이 될 수 있다는 증거는 이미 나와 있다. 심리학자 폴 베인(Paul Bain)과 그의 동료들은 8회에 걸친 일련의 연구를 진행하면서 600명 가까운 호주인들에게 특정 시나리오 하나를 제시하고 2050년의 사회가 어떨지 상상해보라고 했다.[1] 피실험자들에게 제시된 시나리오들은 이를테면 심각한 기후 변화를 인류가 극복했다거나, 마리화나와 낙태를 금지하는 법률적인 조치가 완화됐다거나 하는 내용이었다(호주에서 낙태와 관련된 법률은 각 주마다 다르다).

이 연구에 참여한 피실험자들의 정치적 신념은 다양했다. 이들은 다양한 종교를 갖고 있거나 무신론자이거나 불가지론자였다. 연구자들은 이들이 자신이 상상하는 사회를 상세히 묘사하게 한 다음 이들을 상대로 미래 사회의 총체적인 모습이 어떨지를 놓고 보다 심층적인 인터뷰를 진행했다. 그리고 그들이 바라는 미래 사회가 실현되도록 하기 위해 지금 당장 지지할 정책이 무엇인지, 지금 당장 개인적으로 실천할 수 있는 일이 무엇인지 물었다.

베인은 이 연구에서 다음과 같은 사실을 확인했다. 피실험자들에게 지구의 기온 상승이 계속 미뤄진 상태 또는 베인이 '박애정신(benevolence)'이라고 부르는 사람들의 도덕성을 상상해보라고 주문했을 때, 그들이 현재의 정책들을 지지하거나 가까운 미래에 개인적 차원의 행동 변화를 실천하기 위한 동기부여가 가장 강력하게 이뤄진다는 사실 말이다. 이런 현상은 피실험자들이 신을 두려워하는 보수주의자든 진보적 성향의 무신론자이든 간에 가리지 않고 모두 동일하게 나타났다.

또 다른 연구에서 베인은 기후 변화에 대처하는 방법은 그저 가만히 있는 것이라고 주장하는 사람들조차도, 만약 탄소 배출량을 줄인다든지 하는 행동들이 상상 속의 미래에서 서로를 대하는 방식을 개선한다는 차원에서 해법으로 제시될 때는 이른바 '환경시민권(environmental citizenship)'의 필요성을 인정하게 된다는 사실도 입증했다. 사람들이 환경 문제에 함께 대처하고 보다 많은 배려와 보살핌이 이뤄지는 미래, 경제와 기술 분야에서 한층 발전한 미래에 대한 어떤 총체적인 생각이나 이미지는 기후 변화를 부정하는 사람들, 즉 인간이 초래한 기후 변화가 심각한 문제라고 여기지 않는 사람들조차도 기후 변화에 따른 문제를 해결하고자 하는 행동을 지지하도록 동기를 부여한다.

베인이 수행한 이 연구가 이 주제에 관한 최종적인 판단을 담고 있다고 볼 수는 없다. 실제 현실에서의 의사결정이 아닌 가상의 의사결정을 전제로 하기 때문이다.[2] 하지만 이 연구는 기후 변화에 따른 문제들을 해결하면서 이웃들이 함께 협력하고 각 공동체들이 번영을 구가하는 미래에 대한 전망을 이끌어내는 새로운 방법을 제시한다. 이 연구는 또한 태양열발전이나 풍력발전과 같은 기술들을 상상하는 것만으로는 충분하지 않음을 암시한다. 사람들이 지금 당장 실천에 나서도록 동기를 부여하려면, 인간이라는 존재가 연민의 마음을 지금 우리가 느끼는 것보다 더 많이 갖고 있는 것으로 전제할 필요가 있다. 정치 지도자들과 사회문화 분야의 의사결정권자들은, 사회운동을 이끌어 결국 성공했던 지도자들처럼 노약자들이 폭염을 이겨내도록 돕는 이웃들, 쉽게 이용할 수 있는 대중교통, 공동의 대의를 위해 모일 수 있는 광장을 갖춘 도시 등과 관련한 활기찬 이미지들을 대중에 제시할 수 있다.

비관적인 종말의 예언은 사라지고 그 자리를 친구들뿐 아니라 낯선 사람들과도 힘을 합해 함께 일하면서 변화를 이끌어가는 주체로 묘사하는 미래 변화의 현실적인 시나리오들이 차지할 수 있다. 이는 무작정 모여 모닥불을 피워놓고 둘러앉아 〈쿰바야(Kum Ba Yah, 여기 오소서)〉 노래를 부르면 기후 변화 문제가 해결될 것이라는 뜻이 아니다. 사회 안에 주체적인 자발성을 배양할 때 보다 많은 사람들이 미래를 위한 선택들(그 선택이 선거권을 행사하는 문제이든, 식품을 먹는 문제이든, 에너지를 사용하는 문제이든, 다른 사람들에게 영향을 주는 문제이든 뭐든 간에)을 지금 당장 실행할 수 있는 동기를 부여할 수 있다는 얘기다.

그러나 미래의 모습을 새로운 방식으로 그리는 것만으로는 보다 나은 미래가 보장되기에 충분하지 않다. 이것 외에도 저만치 먼 미래에 놓여 있는 불확실한 위협과 기회에 비춰서 의사결정을 내리는 방법을 알 필요가 있다. 우리는 아무것도 없는 무(無)의 상태에서 시작하는 게 아니다. 우리가 가는 길의 저 먼 곳을 가리키기 위해 지금까지 온갖 어려움을 넘어서며 미래에 대한 포사이트를 발휘했던 이들이 갖고 있던 통찰에 의존할 수 있다.

:: 포사이트를 기르는 5가지 방법

내가 이 책을 준비하면서 찾아낸 많은 연구와 사례들은 우리가 사는 무모하고 경솔한 시대에 필요한 5가지 핵심적인 교훈을 일러준다. 이것들 하나하나는 모두 구체적인 전술들, 즉 먼 길을 멀리까지 내다볼 수 있도록 돕는 동시에 그 길을 끝까지 갈 수 있도록 돕는 데 필요한 전략이다.

첫째, 단기 목표 너머를 바라보라.

우리는 지금 당장의 결과 이후에 초점을 맞춤으로써, 단기적인 소음에 주의력이 분산되는 상황을 피할 수 있으며 끈기를 기를 수 있다.

개인 차원에서 우리는 단 하나의 기준만을 갖고 일과 인생에서의 발전이나 성공을 판단하는 잣대로 삼는 오류를 피하고, 장기적 목표들을 놓고 성찰하는 의식 절차를 채택할 수 있다. 자치단체와 전체 사회뿐 아니라 조직 차원에서도 여러 개의 수치 지표를 동시에 사용해 자신이 궁극적으로 성취하고자 하는 것의 정확한 근사치를 찾을 수 있다. 투자은행과 기업들 그리고 기관들 내에서 우리는 근본적인 기회나 위협들을 알아내기 위해 여러 가지 질문을 할 수 있다. 우리 모두는 짧은 한 순간이 아니라 오랜 기간에 걸쳐 우리가 얼마나 잘하고 있는지 알기 위해 데이터의 추세를 추적할 수 있다. 그러려면 일과 인생의 사소한 부분들에서 눈을 떼고 자주 먼 곳을 바라보는 것과 조직을 작게 유지하는 것이 도움이 된다.

둘째, 상상력을 자극하라.

우리는 멀리 앞에 놓여 있는 가능성의 범위를 가늠할 수 있는 능력을 얼마든지 끌어올릴 수 있다.

개인 차원에서 우리는 미래를 보다 쉽게 상상할 수 있도록 미래에 더 많은 닻을 내려놓을 수 있다. 이 닻은 우리가 가꾸는 다년생 작물일 수도 있고, 미래의 자신이나 후손에게 보내는 편지일 수도 있으며, 가상현실이나 그 밖의 다른 기술들의 힘을 빌려 미래의 위험들을 감각적으로 경험해보는 게임일 수도 있다. 우리는 또한 자기 자신에게 일정 시간을 할애해 미래에 대한 시나리오를 만들어낼 수 있도록 스스로의 마음을 느긋하게 풀어놓을 수 있다. 또한 그 시나리오 속에 들어가 여러 가지 가능성을 탐색하는 자신의 모습을 상상할 수 있는 의식 절차를 수행할 수도 있다. 조직과 자치단체 차원에서 우리는 '역스트레스 테스트'와 '예기적 사후 가정' 그리고 '사후 조치'를 통해 미래의 위험과 기회에 대한 상상력을 배양할 수 있다.

상금이나 경품은 이런 것들이 걸린 경쟁이 없을 경우 미래지향적인 위업을 아예 추구하려 들지 않을 수도 있는 발명가와 문제 해결가들을 자극해 이들의 상상력이 한층 활발히 작동하게 만들 수 있다. 다양한 경험과 관점을 가진 다양한 연령대의 사람들로 구성된 집단에서 수행되는 롤플레이 게임은 자치단체나 조직이 재앙의 한가운데에서도 성공 기회를 포착할 수 있도록 도와주며, 끔찍한 시나리오들을 별로 문제가 되지 않을 것처럼 호도하지 않고 그 참담한 경험을 하도록 해준다. 사회와 국가 역시 오랜 역사 동안 나타났고 미래의 온갖 가능성으로 열려 있는 과거의 사례들을 참고할 수 있다. 미래에 대한 구체적인 전망은 사회운동을 활성화해 현재의 여러 걸림돌을 극복할 수 있도록 할 수 있다.

셋째, 즉각적인 보상을 하라.
미래의 목표를 위해 지금 당장의 보상을 창출한다. 오랜 시간이 흐른 뒤 우리에게 가장 좋은 것들이 지금 당장에도 보상을 가져다주는 방법들을 찾아낼 수 있다.

개인이나 가족 차원에서 우리는 미래의 목표를 향해 나아가는 행위 자체에 대한 보상을 할 수 있으며, 또는 장기저축 상품에 경품을 결합하는 것과 같이 즉각적으로 매력적이면서도 장기적 이익에 초점을 맞춘 프로그램을 찾아낼 수 있다. 기업도 지금 당장 해결해야 할 과제에 장기적 범위의 연구조사를 적용할 여러 가지 방법을 구할 수 있고, 장기적 목적을 잃어버리지 않은 채 단기적 결실을 맺는 다년생 곡물들과 같은 기술들을 개발할 수 있다. 혁신가들과 투자자들은 수익을 빠르게 가져다주는 투자와 장기적으로 가져다주는 투자를 결합한 새로운 포트폴리오를 구성함으로써 연구개발 분야에 대한 투자를 한층 더 매력적으로 보이게 만들 수 있다. 각 자치단체와 사회도 시민이 미래지향적인 사회 정책들, 예를 들면 단기적인 배당과 오염을 유발하는 활동에 매기는 세금을 연동시키는 정책 등을 채택할 때 이들에게 즉각적인 보상을 제공하는 전략을 활용할 수 있다.

넷째, 충동에 휘둘리지 마라.

우리는 긴급함과 즉각적인 만족을 추구하도록 조건을 설정하는 문화적·환경적 단서들을 재조정할 수 있다.

개인 차원에서 우리는 카지노에서처럼 과잉 유혹에 넘어갈 일이 없는 환경 및 하위문화를 추구할 수 있다. 조직 차원에서는 항생제를 남용한다거나 로켓을 만들면서 경비를 절약하는 것 등과 같이 지금 당장의 이익을 추구하는 긴급성이 만연해 있는 의사결정에 제동을 걸 수 있는 기술과 팀을 운용할 수 있다. 조직은 또한 사람들에게 보다 많은 여유를 주고 그런 사회적 규범을 설정함으로써 보다 현명한 의사결정을 내릴 수 있는 환경이나 문화를 조성할 수 있다. 자치단체와 사회는 이런 운동을 벌이는 데 보다 많은 공공자금을 투입할 수 있으며, 이들이 펼치는 운동 자금과 관련된 법을 개혁해 정치인들이 눈앞의 이익에만 휘둘려 행동하게 만드는 압박감을 줄일 수 있다. 보다 나은 포사이트를 추구하는 사람들은 여기에 주된 초점을 맞춰야 한다. 한편 지도자들은 사안에 따라 지연 전술을 구사함으로써 조금이라도 더 나은 포사이트를 갖고 의사결정을 내릴 수 있다.

다섯째, 더 나은 기관들을 만들어라.

우리는 포사이트를 강화하는 관행과 법률 그리고 기관을 만들 수 있다.

개인 차원에서 우리는 무모하고 경솔한 의사결정이 아닌, 멀리 앞을 내다볼 것을 권장하는 법률과 정책에 찬성해 투표를 할 수 있으며 그런 운동을 지지할 수 있다. 예컨대 어부를 단기적인 투기꾼이 아니라 장기적인 투자자로 만들어주는 어획량 할당제나, 위험한 개발이 진행되려고 할 때 마을이나 도시 공동체가 나서서 예방책을 제시하고 이들의 소송으로부터 보호받을 수 있는 법률적 틀을 요구할 수 있다. 우리에게는 투자자가 주식을 보다 장기적으로 보유하도록 장려하고, 기업의 단기적 성과보다 장기적 성장에 따라 CEO에게 보상을 해주며, 떠돌이 주주들이 기업의 지도자와 이사회에 행사하는 압력을 줄여주는 조치들이 필요하다. 자치단체와 사회 차원에서 우리는 우리의 가장 소중한 자원들을 사회 공동의 가보로서 사회 차원의 관리가 이뤄지도록 할 필요가 있다. 이를테면 국립공원들이나 세계유산의 여러 유적지들은 현재 세대와 미래 세대가 함께 맡아서 관리해야 할 대상이며, 이런 내용은 법률로써 규정돼야 마땅하다.

이런 행동들 가운데 몇 가지는 지금 당장 개인적인 생활 속에서 별다른 어려움 없이 실행할 수 있지만, 어떤 행동들은 투자자, 유권자, 기업 리더, 교사, 소비자, 공동체 구성원, 시민 등의 자격으로 자신이 가진 영향력을 행사해야만 가능하다. 물론 어느 하나 쉽지는 않다. 하지만 노력해서 안 될 것은 세상에 없다.

이 책에서 소개한 사례들로 보면 지금까지 상대적으로 작은 규모의 공동체와 조직들이 미래를 준비하는 포사이트를 발휘하는 데 한층 큰 성공을 거뒀다. 많은 기업과 기관들이 덩치와 영역을 키워나가고 있고 공동체에 대한 우리의 생각이 대양을 넘어 확장되는 오늘날, 어쩌면 우리가 올바른 길을 제대로 찾아가도록 인도하는 데 필요한 것은 소규모 공동체와 기관 그리고 가족 기업들이 아닐까 싶다. 규모가 큰 조직과 사회에는 문화를 새롭게 규정하며 보다 나은 환경을 조성할 용기를 가진 지도자들이 필요할 것이다.

무모하고 경솔한 시대에서조차 우리는 무력하지 않다는 사실을 나는 확실히 깨우쳤다. 이것이 바로 내 희망의 원천이다. 인류의 본성과 관련해 필연적이라고 내가 한때 믿었던 것들도 이제 와서 다시 생각해보면 과거의 우리(정확히 말하면 우리 조상)가 내렸던 의사결정들의 결과물이다. 우리 미래의 모습을 결정할 힘을 우리는 과연 어떻게 사용할 것인가? 이 질문에 대한 대답은 지금 우리가 내리는 결정에 달려 있다.

감사의 말

■ ■ ■ ■ ■ ■ ■ ■ ■ ■

이 책을 준비하면서 리버헤드 출판사의 편집인이자 눈이 부실 정도로 멋지고 열정적이며 현명한 제이크 모리세이(Jake Morrissey)를 만날 수 있어 얼마나 행운인지 모르겠다. 그는 이 책이 필요로 했던 바로 그 편집인이다. 사실 나뿐만 아니라 모든 저자가 좋아하는 사람이기도 하다(제이크의 딸들에게, 솔직히 말해서 나도 인정하고 싶지 않은 사실이지만 너희 아빠가 지적하는 말은 거의 언제나 옳더구나). 이 프로젝트를 처음 제한했던 조프 클로스크(Geoff Kloske)에게도 고마움을 전한다. 그가 해마다 출판하는 책들과 영리하게 빛나는 그의 팀을 보면 그저 놀라울 따름이다. 케이시 프리먼(Katie Freeman), 케빈 머피(Kevin Murphy), 자인 마틴(Jynne Martin), 케이트 스타크(Kate Stark), 샤일린 타벨라(Shailyn Tavella), 리디아 허트(Lydia Hirt), 메리 스톤(Mary Stone), 제시카 화이트(Jessica White)는 한 사람 한 사람이 모두 탁월한 사람들이며, 이들의 조언에 무척 고마워하고 있음을 알아주면 좋겠다. 원고 교열 작업을 부지런하고 똑 부러지게 해준 무리엘 요겐센(Muriel Jorgensen)에게도 감사하다.

저작권 에이전트 플립 브로피(Flip Brophy)는 성의와 열정을 다해 나와 이 프로젝트를 대변했으며 내가 도움이 필요할 때 항상 해결해줬다. 친구들에게는 비밀이지만, 뉴욕에서 내가 함께 점심을 먹고 싶은 사람들의 목록을 정리하면 그녀가 아마 맨 윗자리를 차지할 것이다.

나는 싱크탱크 뉴아메리카재단(New America Foundation)에서 연구원으로 있을 때 이 책의 원고를 정리했는데, 이곳에서의 경험이 소중한 자양분이 됐다. 나는 사려 깊은 저널리스트들, 정책 전문가들, 저자들과 함께하던 이곳을 나의 지적인 모선(母船)으로 여긴다. 앤-마리 슬로터(Anne-Marie Slaughter), 피터 베르겐(Peter Bergen), 아위스타 아유브(Awista Ayub), 퍼즈 호건(Fuzz Hogan), 커스튼 베르그(Kirsten Berg)에게 고마운 마음을 전한다. 그리고 퓨처텐스(Future Tense)의 식구로 나를 불러준 안드레스 마르티네즈(Andres Martinez), 에드 핀(Ed Finn), 토리 보시(Torie Bosch)에게도 역시 감사의 마음을 전한다.

오랜 세월 내 멘토였던 에릭 랜더(Eric Lander)는 말로는 뭐라고 표현할 수 없을 정도로 다양하게 이 책의 작업을 도와줬다. 그 모든 수고에 깊이 감사드린다. 브로드연구소(Broad Institute)도 마찬가지다. 11년 넘게 내 멘토이자 친구인 코넬리아 딘(Cornelia Dean)이 이 책 이야기를 처음 듣자마자 중요성을 이해하고는 그 뒤로 줄곧 도움을 줬다는 사실을 꼭 밝히고 싶다.

마사 셰릴(Martha Sherrill)과 빌 파워스(Bill Powers)의 반짝이는 조언과 유쾌한 통찰이 없었더라면 이 책은 결코 탄생하지 못했을 것이라는 사실도 고백해야 할 것 같다. 두 사람은 이 프로젝트가 시작될 당시의 결정적인 순간에 내게 도움을 줬는데, 특히 책과 출판 분야에 잔뼈가 굵은 마사는 그 과정의 힘겨운 순간들을 내가 무사히 건너도록 인도해줬다. 고맙다는 말만으로는 다 표현할 수 없지만, 그래도 고맙다는 말을 하고 싶다.

하지만 무엇보다 이 책을 준비하는 동안 큰 힘이 됐던 것은 처음 만난 사람들이 내게 털어놓았던 그들의 경험담들이었다. 그들과 인터뷰할 수 있었기에 나는 이 책의 미래에 대해 기대할 수 있었다. 정말 많은 사람들이 일부러 시간을 내서 자신의 이야기와 통찰 그리고 일생을 바쳐 했던 일을 이 책을 위해 기꺼이 해줬다. 그것도 조금밖에 모르거나 심지어 전혀 알지 못하는 나를 위해서 말이다. 이들 중 어떤 사람들은 본문에 이름이 언급되지만 이 책을 위해 희생해준 시간과 관대함이 그저 고마울 따름이다. 특히 자신의 전공 분야에 얽힌 이야기를 내게 해줬으며 초고의 해당 부분을 읽고 피드백은 물론 온갖 자료를 내준 모든 사람들에게 이 지면을 빌려 이름을 소개하고 감사의 인사를 전하고 싶다. 뮬런 테일러(Mullen Taylor), 레베카 다르 리치필드(Rebecca Darr Litchfield), 앨리슨 로트(Alison Loat), 에이미 몰(Amy Mowl), 댄 호니그(Dan Honig), 롭 키르셴(Rob Kirschen), 캐리 프리먼(Carrie Freeman), 페이잘 사트추(Feizal Satchu), 제리 바이스(Jeri Weiss), 엘리자베스 라인(Elisabeth Rhyne), 더그 레이드(Doug Rade), 로버트 존스(Robert Jones), 파멜라 헤스(Pamela Hess), 셀럼 대니얼(Selam Daniel), 제니퍼 샤하드(Jennifer Shahade), 팀 크루즈(Tim Crews), 줄리아 심차크(Julia Szymczak), 그렉 플린(Greg Flynn), 데이비드 로젠탈(David Rosenthal) 등이 그 사람들이다.

크리스틴 자넬리(Kristen Zarrelli)도 매우 고맙다. 그녀는 잡지에 실린 기사들을 내가 채 설명을 하기도 전에 보내줬는데, 이런 모습은 그녀가 매우 유능하다는 사실과 문헌정보학이 그만큼 중요하다는 사실을 입증하는 증거다. 존 케니(John Kenney)는 정확한 눈이라는 놀라운 재능을 내가 쓴 원고에 쏟아 부어줬다. 엘리자베스 쉬리브(Elizabeth Shreve)가 쏟았던 그 모든 수고에 대해 그녀에게도 역시 고맙다는 인사를 전한다.

마르첼라 봄바르디에르(Marcella Bombardieri)는 특유의 탁월함과 의심과 정확성을 갖고 이 책의 초기 버전을 읽고 피드백을 해줬다. 그것도 아직 걸음마를 배우는 아이를 데리고 이사를 하고 잡지에 실을 기사를 쓰며 교육 정책 분야에서 전업적으로 일을 하던 와중이었으니 더더욱 고마웠다.

비범한 인물인 데보라 블럼(Deborah Blum)은 책 출간 분야의 전문가다운 조언을 해줬고, 무한한 관대함과 면도날 같은 통찰로 내가 쓴 원고를 읽어줬다. 그녀의 어마어마한 지성에 필적할 만한 것은 그녀의 몸에 밴 친절함뿐일 것이다.

10년 전에 나와 친구가 됐던 벤저민 램버트(Benjamin Lambert)는 그 당시만 하더라도 나와 친구가 되는 것이 장차 끔찍한 초고를 읽어야 하고 내 온갖 불평을 들어줘야 한다는 것을 뜻한다는 사실을 몰랐을 것이다. 하지만 이제는 알았을 테고, 그래서 미안하고 고맙다. 그는 이 책이 아이디어 차원이던 그 순간부터 지금까지 내게 늘 지적인 대화의 소중한 상대였으며, 저술의 길을 함께 걸어가는 여행의 친구였다. 그리고 나의 20년 친구 메리 불란(Mary Bulan)은 음악과 과학으로 평생 내게 영감을 불어넣는 일과 내가 한 작업에 대꾸를 해주는 일 그리고 세상은 놀라움으로 가득 차 있음을 상기시키는 일을 지치지도 않고 해주고 있다. 내가 이 책의 원고를 모두 다 끝낼 때까지 그녀는 나 때문에 무척이나 고생을 많이 했다. 그녀 덕분에 일이 이렇게 끝날 수 있었다. 정말 고맙다.

나는 이 원고를 쓰는 동안 두 차례나 진이 빠져서 손을 놓고 물러나 있었는데, 그때 내 곁에는 다행히도 무서울 정도로 창의적이고 지적인 앤 릴리(Anne Lilly)가 있었다. 깊은 울림을 주는 그녀의 시각 예술 작품들과 그녀가 가진 예술적인 용기가 나를 일으켜 세웠다. 그녀는 또한 내 원고의 독자가 돼서 결정적으로 잘못된 부분을 지적해줬다. 리사 펙(Lisa Peck)은 내가 원고를 완전히 새로운 관점에서 바라볼 수 있도록 도왔다. 그녀는 나와 내 원고에 자신이 가진 커다란 연민의 마음과 다양한 분야에 걸친 전문성 그리고 문화적이고 정치적인 차이에 대한 통찰을 나눠줬다.

드루 훕트(Drew Houpt)는 서술 구조에 대한 비범한 직관과 이 프로젝트 및 창의적인 산업들 전반에 대한 깊은 이해를 바탕으로 내게 도움말을 줬다. 그렇게나 재능이 많고 관대하며 재미있으며 또 언제나 위스키를 마시면서 책과 영화 이야기를 할 준비가 돼 있는 사람이 내 가까운 친구라는 사실은 정말이지 나로서는 행운이다.

내가 이 책의 원고를 쓰는 동안 여러 친구들이 마치 내 집처럼 편안한 집을 제공해줬다. 빌 베네트(Bill Bennett)와 바버라 베네트(Barbara Bennett), 마크 비트먼(Mark Bittman)과 케이슬린 핀레이(Kathleen Finlay), 피터 오브라이언(Peter O'Brien)과 벨린타 오브라이언(Belinda O'Brien), 샌드라 유붕 손더스(Sandra Ubuong Saunders) 등이 그런 고마운 친구들이다.

이 책의 원고를 처음 쓰기 시작할 때 나는 그 다음 몇 년 동안 지속될 어떤 것에 대한 환상을 품고 있었다. 그 기간이 얼마나 어렵고 긴장이 넘치는 시간이 될지, 얼마나 많은 대화와 조사를 해야 하고 얼마나 많은 곳을 찾아다녀야 할지, 그 모든 것을 알기 쉽게 설명한다는 것이 얼마나 어렵고 힘들지 전혀 몰랐었다. 이 힘든 길을 나와 함께 걸어준 내 인생의 사람들에게 모두 감사의 인사를 전한다. 그들이 내게 보내준 도움과 지지를 나 혼자서만 온전히 차지하기에는 벅찰 정도로 크다고 느낀 게 한두 번이 아니다.

레이첼 렐(Rachel Relle)과 마사 리어리(Martha Leary)는 왜 이 프로젝트가 중요한지 지치지도 않고 상기시켰으며, 자신들이 가진 따뜻한 마음과 지혜로움으로 내가 언제나 생기에 넘치도록 활력을 불어넣어 줬다. 사촌인 디비야 벤카타라만(Dhivya Venkataraman)은 자신만의 위트와 반짝임과 관대함을 내게 나눠줬다. 나는 매니 곤잘레스(Manny Gonzales)와 줄리아나 오르테가(Julianne Ortega) 그리고 제니퍼 갤빈(Jennifer Galvin)에게 의지해 그들이 베푸는 정감 어린 농담과 재기발랄한 반응과 유쾌한 위로를 받았다. 창의적인 통찰과 연민을 보내준 티파니 생커리(Tiffany Sankary)와 지난 몇 년 동안 심오한 지혜와 전문가적인 식견으로 나를 인도해준 니나 프리드먼(Nina Friedman)에게는 무슨 말로 고마움을 표현해야 할지 모르겠다.

또한 나는 다음에 열거하는 사람들이 보내준 열정적인 지원과 탁월한 조언 그리고 가벼움에 대해 무척 고마워한다는 사실도 밝혀둔다. 세스 므누킨(Seth Mnookin), 로리 코울(Lori Cole), 니시아 벤카타라만(Nithya Venkataraman), 신디 스티버스(Cyndi Stivers), 미구엘 일자르베(Miguel Ilzarbe), 데이비드 베네트(David Bennett), 메리데일 드보르(Marydale DeBor), 소치틀 곤잘레스(Xochitl Gonzalez), 아만다 쿡(Amanda Cook), 다리아 비숍(Daria Bishop), 카렌 리 소볼(Karen Lee Sobol), 불불 카울(Bulbul Kaul), 크리스 아가르발(Chris Agarwal), 알리샤 블래크먼(Alisha Blechman), 에롤 모리스(Errol Morris), 줄리아 쉬한(Julia Sheehan), 메리 케서린 오브라이언(Mary Katherine O'Brien), 키

에라 불란(Kiera Bulan), 트레이시 쿠쿠넨(Tracy Kukkonen), 제프 페린(Jeff Perrin), 안젤라 보게스(Angela Borges), 애덤 그랜트(Adam Grant), 줄리엣 베르그(Juliette Berg), 엘렌 클렉(Ellen Clegg), 제시카 힌치리프(Jessica Hinchliffe), 지지 허쉬(Gigi Hirsch), 아드리아나 라우드젠스(Adriana Raudzens), 이페이 첸-조셉슨(YiPei Chen-Josephson), 브렌던 로즈(Brendan Rose), 에린 마로타(Erin Marotta), 리사 카마르도(Lisa Camardo), 톰 젤러(Tom Zeller), 애리 래트너(Ari Ratner), 마네트 정글스(Manette Jungels), 테일러 밀살(Taylor Milsal), 케이트 엘리스(Kate Ellis), 샬롯 모건(Charlotte Morgan), 린다 지엠바(Linda Ziemba), 파멜라 리브스(Pamela Reeves), 로리 랜더(Lori Lander), 메리 클레버(Mary Cleaver), 셰릴 에프론(Cheryl Effron), 사로바르 반카(Sarovar Banka), 니콜 세인트 클레어 크로블로치(Nicole St. Clair Knobloch), 제프 구델(Jeff Goodell), 크리스틴 맥카들(Kristin McArdle), 아이린 햄버거(Irene Hamburger), 조엘 자노위츠(Joel Janowitz), 선니 베이트(Sunny Bates), 테레시 그라임스(Tennessee Grimes), 킴 라르손(Kim Larson), 크리스티나 코스타(Kristina Costa), 이본 에이브러햄(Yvonne Abraham), 젠 라크루아(Jen LaCroix), 빌 피시(Bill Fish).

이 책은 나의 부모님께 바친다. 여러 가지 이유가 있는데, 우선 두 분은 내가 무엇이든 할 수 있다고 믿으셨다. 내가 로스쿨을 도중에 그만뒀을 때도 두 분은 아무렇지도 않은 척 불편한 마음을 드러내지 않으셨다. 할머니 시타 라자고팔(Seetha Rajagopal)은 당신 아버지 유품인 딜루바만큼이나 내가 소중하게 여기는 가보, 손으로 만질 수 없는 가보를 내게 물려주셨다. 내 멋진 언니와 오빠에게도 고마운 마음을 전한다. 언니 디니 라오(Dini Rao)는 엄청난 열정과 온갖 아이디어와 와인으로 응원해줬다. 오빠 아비 가르그(Avi Garg)는 이 프로젝트를 마음 깊이 염려하면서 새벽 시간까지 나를 괴롭혔으며, 매의 눈으로 초고를 읽어줬다. 동서인 안주 라오(Anju Rao)는 제목을 결정하는 데서 솔직함과 유머로 자신의 생각을 이야기기해줬다. 조카인 닐라(Neela)와 아요니(Ayoni)는 2016년과 2017년의 가장 암울하던 날에 사실상 내가 잠을 자지 못하고 일어나 원고를 쓰게 만들었다(때때로 이들은 정말로 나를 잠에서 깨우기도 했다).

창의적인 규율로 나를 자극하고 영감을 주고 내 멍한 눈빛을 참아 준 것은 물론, 지난 몇 년 동안 내가 밥을 먹어야 한다는 사실을 상기시켜준 나의 사랑하는 동반자 앤드루 피시(Andrew Fish)에게는 고마움 이상의 감정을 갖고 있다. 그의 존재를 나는 당연하게 여기지 않는다. 그의 존재 자체가 고맙고, 그가 내게 보내주는 변함없는 지원 그리고 그가 해내는 놀라운 결과들은 그를 알기 전 내가 기대했던 것보다 내 인생을 훨씬 더 멋지게 만들어줬다.

제1장: 과거와 미래의 유령들

1. 서기 79년의 그 사건을 재구성할 때 나는 기본적으로 다음 2개의 원전을 토대로 삼았다. Mary Beard, *The Fires of Vesuvius: Pompeii Lost and Found*(Cambridge, MA: Belknap Press of Harvard University Press, 2010, Pliny the Younger, The Letters of the Younger Pliny, trans. Betty Radice(Harmondsworth, England: Penguin Books, 1969).

2. Lucius Annaeus Seneca, *Naturales Quaestiones*, trans. Thomas H. Corcoran(Cambridge, MA: Harvard University Press, 1971). 어떤 학자들은 지진이 일어난 해가 62년이나 63년이라고 추정한다.

3. Susanne William Rasmussen, *Public Portents in Republican Rome*(Rome: "L'Erma" di Bretschneider, 2003).

4. Nate Silver, *The Signal and the Noise: The Art and Science of Prediction*(New York: Penguin, 2012), esp. pp. 125-28.

5. 이 설문조사에 대해서는 다음을 참조할 것. Bruce Tonn, Angela Hemrick, and Frederick G. Conrad, "Cognitive Representations of the Future: Survey Results," *Futures* 38, no. 7(2006): 810-29. 아울러 2,800명 이상의 미국 성인을 대상으로 미래연구소가 2007년에 실시한 설문조사에서는 응답자의 절반 이상이 30년 뒤 미래에 대해 한 번도 생각해보지 않았으며, 25퍼센트 이상은 5년 뒤 자신의 미래에 관해 한 번도 생각해보지 않았다고 대답했다. 응답자의 연령은 응답자가 미래에 대해 생각하는 부분에 거의 영향을 미치지 않았다. 다음을 참조할 것. "The American Future Gap," Institute for the Future, 2017, http://www.iftf.org/fileadmin/user_upload/downloads/IFTF_TheAmerican FutureGap_Survey_SR-1948.pdf.

6. 다음을 참조할 것. Gregg Easterbrook, "What Happens When We All Live to 100?" *The*

Atlantic, October 2014, Trevor Stokes, "Human Life Span Took Huge Jump in Past Century," LiveScience, October 15, 2012, https://www.livescience.com/23989-human-life-span-jump-century.html.

7. 나는 허시필드와 2015년 9월 15일에 인터뷰했으며, '에이징 부스' 앱은 그 직후에 실행했다. 여기에 묘사된 연구는 다음의 자료에서 찾아볼 수 있다. Hal E. Hershfield et al., "Increasing Saving Behavior Through Age-Progressed Renderings of the Future Self," *Journal of Marketing Research* 48, no. SPL(November 2011), https://doi.org/10.1509/jmkr.48.spl.s23. 젊은 성인을 대상으로 한 또 다른 연구에서 허시필드와 그의 동료들은 자신의 미래 자아에게 편지를 쓰거나 자신의 가상현실 자아를 만난 사람들이 범죄적인 선택을 상대적으로 덜한다는 사실을 확인했다. Jean-Louis Van Gelder, Hal E. Hershfield, and Loran F. Nordgren, "Vividness of the Future Self Predicts Delinquency," Psychological Science 24, no. 6(2013): 974-80, https://doi.org/10.1177/0956797612465197.

8. 다음을 참조할 것. Silver, *The Signal and the Noise*, and Erik Larson, *Isaac's Storm: A Man, a Time, and the Deadliest Hurricane in History*(New York: Crown, 1999).

9. Robert J. Meyer and Howard Kunreuther, *The Ostrich Paradox: Why We Underprepare for Disasters*(Philadelphia: Wharton Digital Press, 2017). 아울러 다음을 참조할 것. Howard Kunreuther, Robert Meyer, and Erwann Michel-Kerjan, "Overcoming Decision Biases to Reduce Losses from Natural Catastrophes," 2009, http://opim.wharton.upenn.edu/risk/library/C2009_HK,RJM,EMK.pdf. 마이어와 쿤로이더는 텍사스 갤버스턴을 강타해 8,000명이 넘는 사람의 목숨을 앗아감으로써 미국 역사에서 가장 치명적인 재앙으로 기록된 1900년의 허리케인과 2008년 그 지역을 강타했던 허리케인 아이크 사이에 존재하는 예측 기술의 차이를 지적한다. 100년이 넘는 기간 동안 허리케인 예측 기술은 엄청나게 발전했으며, 또한 이 도시를 보호하기 위해 약 5.2미터 높이의 방파제도 건설됐다. 그러나 아이크가 텍사스만 연안을 강타할 때 미리 경고가 있었음에도 불구하고 이 도시의 주택과 상가 대부분이 피해를 입었다. 피해 금액은 140억 달러 이상이었고 100명의 사망자가 발생했다. 가옥이 파손되는 피해를 입은 이들 중 미리 보험에 들어둔 사람은 채 40퍼센트도 되지 않았다. 해안 지역에 살고자 하는 사람들에게는 흉물로 비치는 방파제가 오히려 해안을 따라 도시의 북쪽과 남쪽에 건축 붐을 일으키게 만들었다. 이 방파제 주변 지역들은 더 큰 피해를 입었다. 수천 가구가 집을 잃었던 것이다.

10. 이는 기후 변화가 계속된다는 사실을 전제로 한 것이다. Robert Mendelsohn et al., "The Impact of Climate Change on Global Tropical Cyclone Damage," *Nature Climate Change* 2, no. 3(2012): 205-9, https://doi.org/10.1038/nclimate1357.

11. Howard Kunreuther and Erwann Michel-Kerjan, "Natural Disasters," in *Global Problems, Smart Solutions: Costs and Benefits*, ed. Bjørn Lomborg(Cambridge, England, and New York: Cambridge University Press, 2013), 439-65.

12. Helga Fehr-Duda and Ernst Fehr, "Sustainability: Game Human Nature," *Nature* 530, no. 7591(2016): 413-15, https://doi.org/10.1038/530413a.

13. 이 대화는 2017년 4월 13일에 있었다.

14. 인용과 설명은 2017년 11월 16일에 있었던 세가라와의 인터뷰를 바탕으로 한 것이다. 그는 예전에 내 급우이던 친구의 아버지다. 나는 또한 세가라가 허리케인 카트리나 때의 경험을 회상한 블로그 포스트도 참조했다. *Katrina Experience: An Oral History Project*, http://www.thekatrinaexperience.org/?p=22.

15. Robert J. Meyer et al., "The Dynamics of Hurricane Risk Perception: Real-Time Evidence from the 2012 Atlantic Hurricane Season," *Bulletin of the American Meteorological Society* 95, no. 9(2014): 1389-1404, https://doi.org/10.1175/bams-d-12-00218.1. 또한 낙관

주의적 편견 및 재앙이 닥치기 전과 후의 보험가입률에 대해 보다 더 자세한 내용을 알고 싶다면 위에서 언급한 메이어와 쿤로이더의 《타조의 역설(The Ostrich Paradox)》을 참조할 것.

16. Helga Fehr-Duda and Ernst Fehr, "Sustainability: Game Human Nature," *Nature* 530, no. 7591(2016): 413-15, https://doi.org/10.1038/530413a.

17. Wim Wenders, "The Visible and the Invisible," lecture presented at "Wide Angle: The Norton Lectures on Cinema," April 2, 2018.

18. 이 설명은 이 개념에 대한 대니얼 카너먼의 논지와 그의 연구를 근간으로 한 것이다. 특히 그의 책 《생각에 관한 생각》(New York: Farrar, Straus and Giroux, 2011) 제13장을 기초로 했다. 카너먼은 가용성 편향 외에도 사람들이 오랜 시간에 걸쳐 축적되는 위험보다 임박한 위협을 보다 더 많이 인지하게 된다는 자신의 연구 결과도 상세히 묘사한다. 그래서 사람들은 장기적인 미래의 결과에 대해 그만큼 덜 주의를 기울이게 된다는 것이다. 또한 재앙에 대비해 취해야 하는 행동이 단기적으로 불편할 때는 미래 예측을 잘못 이해하기도 한다. 화산 폭발 경고에 대한 여러 연구를 보면, 앞으로 1주일에서 2주일 안에 화산이 폭발할 수 있다는 예측을 접한 사람들은 그 기간의 특정한 어느 하루보다는 예측이 나온 뒤로 13일이 지난 시점에 화산 분출 가능성이 더 높다고 오해하며, 이런 오해에 따라 대피 계획을 미루는 경향이 있다. 현대 예측의 몇몇 특성들은 실제로 사태를 더욱 악화시키기도 하는데, 미래를 상상하는 데서 특히 그렇다. 오늘날의 발전된 과학적 예측의 특징 가운데 하나는 미래에 대한 확실한 예측이 아니라 주어진 시간대 안에서 특정 사건이 일어나거나 일어나지 않을 가능성을 확률 형태로 제시한다는 점이다. 다른 말로 하면 과학적인 예측을 갑골문자나 문어의 예측과 구분해주는 것은 미래에 관해 알려져 있는 내용이 얼마나 적은지에 대한 열려 있는 가능성이다. 예를 들어 과학적인 예측을 기반으로 하는 기상 예보는 내일 비가 오거나 오지 않는다고 확실하게 말하는 게 아니라 비가 올 확률이 80퍼센트라고 설명한다. 기상 예보관은 폭풍이 어디로 갈지 아무도 알지 못한다는 사실을 대중에게 전달하기 위해 마련된 개념인 '불확실성의 원뿔(cone of uncertainty)'을 묘사함으로써 예상되는 허리케인의 경로를 우리에게 말해준다. 그러나 불확실성의 원뿔은 폭풍의 경로에 포함될 가능성이 가장 높은 지역은 음영으로 표시한다. 허리케인이 다가오고 있다는 기상 예측을 접한 해안 지역 거주자 수천 명을 대상으로 설문조사를 실시한 밥 바이어의 연구에 따르면, 음영으로 표시되는 불확실성의 원뿔보다는 허리케인의 경로로 가장 유력하게 예상되는 점선을 볼 때 사람들이 폭풍에 대비하는 행동을 더 많이 취한다. 이런 일은 적시된 경로에서 멀리 떨어진 사람들에게서도 나타난다. 점선이라는 특정한 예측이 주어졌을 때, 그 예측이 실제로 가능한 시나리오의 범위라는 음영 표시보다 덜 정확한데도 불구하고 사람들은 더 많은 주의를 기울이는 듯 보인다.

19. 2017년 7월 25일에 이 주제를 놓고 토머스 서던도프와 인터뷰를 진행했다. 대니얼 샥터와는 2017년 8월 3일에 인터뷰했다. 이 주제에 대해서는 광범위한 자료를 참조했다. Martin E. P. Seligman et al., *Homo Prospectus*(Oxford: Oxford University Press, 2017); Daniel L. Schacter et al., "The Future of Memory: Remembering, Imagining, and the Brain," *Neuron* 76, no. 4(2012): 677-94, https://doi.org/10.1016/j.neuron.2012.11.001; Thomas Suddendorf and Michael C. Corballis, "The Evolution of Foresight: What Is Mental Time Travel, and Is It Unique to Humans?" *Behavioral and Brain Sciences* 30, no. 3(2007): 299-313, https://doi.org/10.1017/s0140525x07001975; Daniel L. Schacter, Roland G. Benoit, and Karl K. Szpunar, "Episodic Future Thinking: Mechanisms and Functions," *Current Opinion in Behavioral Sciences* 17(2017): 41-50, https://doi.org/10.1016/j.cobeha.2017.06.002; Adam Bulley, Julie D. Henry, and Thomas Suddendorf, "Thinking About Threats: Memory and Prospection in Human Threat Management," *Consciousness and Cognition* 49(2017): 53-69, https://doi.org/10.1016/j.concog.2017.01.005; Pascal Boyer, "Evolutionary Economics of Mental Time Travel?" *Trends in Cognitive Sciences* 12, no. 6(2008): 219-24, https://

doi.org/10.1016/j.tics.2008.03.003; Gabriele Oettingen, A. Timur Sevincer, and Peter M. Gollwitzer, *The Psychology of Thinking About the Future*(New York: Guilford Press, 2018).

20. 트레이스 클리슨과 2016년 6월 7일에 인터뷰했다. 마음을 편하게 내려놓는 것과 관련된 연구는 다음을 참조했다. Benjamin Baird, Jonathan Smallwood, and Jonathan W. Schooler, "Back to the Future: Autobiographical Planning and the Functionality of Mind-Wandering," *Consciousness and Cognition* 20, no. 4(2011): 1604-11, https://doi.org/10.1016/j.concog.2011.08.007.

21. 이 개념은 폭넓은 연구들을 압축하는데(대부분은 경험적인 설정에서 비롯된 것들이다), 이 내용을 나는 위에서 언급했던 심리학자들과의 인터뷰를 통해 확인했다. 이와 관련한 연구 저작들로는 다음과 같은 것들이 있다. Adam Bulley, Julie Henry, and Thomas Suddendorf, "Prospection and the Present Moment: The Role of Episodic Foresight in Intertemporal Choices Between Immediate and Delayed Rewards," *Review of General Psychology* 20, no. 1(2016): 29-47, https://doi.org/10.1037/gpr0000061; Uli Bromberg, Antonius Wiehler, and Jan Peters, "Episodic Future Thinking Is Related to Impulsive Decision Making in Healthy Adolescents," *Child Development* 86, no. 5(2015): 1458-68, https://doi.org/10.1111/cdev.12390; Sara O'Donnell, Tinuke Oluyomi Daniel, and Leonard H. Epstein, "Does Goal Relevant Episodic Future Thinking Amplify the Effect on Delay Discounting?" *Consciousness and Cognition* 51(2017): 10-16, https://doi.org/10.1016/j.concog.2017.02.014; Sarah E. Snider, Stephen M. LaConte, and Warren K. Bickel, "Episodic Future Thinking: Expansion of the Temporal Window in Individuals with Alcohol Dependence," *Alcoholism: Clinical and Experimental Research* 40, no. 7(2016): 1558-66, https://doi.org/10.1111/acer.13112; Fania C. M. Dassen et al., "Focus on the Future: Episodic Future Thinking Reduces Discount Rate and Snacking," *Appetite* 96(2016): 327-32, https://doi.org/10.1016/j.appet.2015.09.032; Yan Yan Sze et al., "Bleak Present, Bright Future: Online Episodic Future Thinking, Scarcity, Delay Discounting, and Food Demand," *Clinical Psychological Science* 5, no. 4(2017): 683-97, https://doi.org/10.1177/2167702617696511.

22. 나는 2017년 초에 여러 차례 마샬 간즈와 인터뷰를 진행했다. 니셸 니콜스(Nichelle Nichols)가 마틴 루터 킹을 만났던 일화는 다음을 참조할 것. "A Conversation with Nichelle Nichols," StarTalk Radio, 2017, https://www.startalkradio.net/show/a-conversation-with-nichelle-nichols.

23. Carolyn Y. Johnson, "Elder Scientists Work to Send Humans to Mars." *The Boston Globe*, February 8, 2015, https://www.bostonglobe.com/metro/2015/02/08/elder-statesmen-science-unite-for-mars-mission/N5sZQqOEuhKC56rdtE4uPN/story.html.

24. 2016년 4월 7일에 그 연구소를 찾아가서 여러 연구자들과 인터뷰했다. 또한 다음을 참조했다. Jeremy Bailenson, "Virtual Reality Could Make Real Difference in Environment," *SFGate*, August 15, 2014, https://www.sfgate.com/opinion/article/Virtual-reality-could-make-real-difference-in-5691610.php, Jeremy Bailenson, "Infinite Reality: The Dawn of the Virtual Revolution," Stanford+ Connects lecture, October 9, 2013, https://www.youtube.com/watch?v=1jbwxR8bCb4.

25. 다음을 참조할 것. Anab Jain, "Why We Need to Imagine Different Futures," TED Talk, April 2017, https://www.ted.com/talks/anab_jain_why_we_need_to_imagine_different_futures.

26. 예를 들면 다음을 보자. Lisa Zaval, Ezra M. Markowitz, and Elke U. Weber, "How Will I Be

Remembered? Conserving the Environment for the Sake of One's Legacy," *Psychological Science* 26, no. 2(2015): 231-36, https://doi.org/10.1177/0956797614561266.

27. Sabine Pahl and Judith Bauer, "Overcoming the Distance," *Environment and Behavior* 45, no. 2(2011): 155-69, https://doi.org/10.1177/0013916511417618.

28. 나는 마이클 헵을 지인을 통해 만났다. 그 노력과 관련한 자세한 내용은 다음에서 논의된다. Richard Harris, "Discussing Death Over Dinner," *The Atlantic*, April 18, 2016, https://www.theatlantic.com/health/archive/2016/04/discussing-death-over-dinner/478452/.

29. 내가 대니 힐리스를 인터뷰하고 롱나우재단이 마련한 좌담회에 참석한 것은 2016년과 2017년이다.

30. Daniel J. Wakin, "John Cage's Long Music Composition in Germany Changes a Note," *The New York Times*, May 6, 2006, https://www.nytimes.com/2006/05/06/arts/music/06chor.html.

31. "What Are the Contents of the Golden Record?" NASA, accessed August 13, 2018, https://voyager.jpl.nasa.gov/golden-record/whats-on-the-record/.

제2장: 계기판만 바라보는 운전

1. 이 수치는 500억으로 널리 인용되고 있지만, 최근 들어 몇몇 학자들은 이 수치가 부풀려진 것이라고 주장한다. 500억이라는 수치의 출처는 다음과 같다. Dale Evans, "The Internet of Things: How the Next Evolution of the Internet Is Changing Everything," Cisco Systems, 2011, https://www.cisco.com/c/dam/en_us/about/ac79/docs/innov/IoT_IBSG_0411FINAL.pdf.

2. 특히 다음을 참조할 것. Dan Falk, *In Search of Time: The History, Physics and Philosophy of Time*(New York: Thomas Dunne Books/St. Martin's Griffin, 2008), esp. p. 80.

3. 마하잔에 대해 내가 한 이야기는 그와 진행한 인터뷰, 인도 및 그 밖의 다른 나라에 있는 소액금융 분야 전문가들과 한 인터뷰, 마하잔이 순례를 하는 동안 포스팅했던 블로그, 그리고 매우 상세히 정리한 그의 글을 토대로 했다. 또한 그가 다른 사람들과 했던 여러 인터뷰 기사도 읽었으며, 소액금융위기가 터지기 전과 후에 그가 한 여러 연설들의 동영상도 시청했다. 인도 소액금융의 역사와 2010년에 터진 인도 소액금융위기의 근본적인 원인을 이해하는 데 도움을 준 여러 전문가들에게도 많은 신세를 졌다. 이들 가운데는 빈두 아난스, 에이미 몰, 엘리자베스 라인, 비나 만카르, 대니얼 로자스와, 인터뷰는 허용했으나 녹음은 거부한 많은 사람들이 포함돼 있다. 저널리스트 케타키 고칼레의 〈월스트리트저널〉 심층 기사는 뒤에서 보다 더 자세하게 인용되는데, 이 기사는 그 위기를 이해하는 데 큰 도움이 됐다. 마하잔과 BASIX를 연구하면서 나는 특히 다음 저작들을 참조했다. Arvind Ashta, "Dealing with Black Swan Events: An Interview with Vijay Mahajan, Founder and CEO of Basix," *Strategic Change* 25, no. 5(2016): 625-39, https://doi.org/10.1002/jsc.2085; Cyril Fouillet and Britta Augsburg, "Profit Empowerment: The Microfinance Institution's Mission Drift," *Perspectives on Global Development and Technology* 9, no. 3-4(2010): 327-55, https://doi.org/10.1163/156914910X499732; Prabhu Ghate, "Consumer Protection in Indian Microfinance: Lessons from Andhra Pradesh and the Microfinance Bill," *Economic and Political Weekly* 42, no. 13(2007): 1176-84, http://www.jstor.org/stable/4419417; Philip Mader, "Rise and Fall of Microfinance in India: The Andhra Pradesh Crisis in Perspective," *Strategic Change* 22, no. 1-2(2013): 47-66, https://doi.org/10.1002/jsc.1921; Vijay Mahajan and T. Navin, "Microfinance in India: Growth, Crisis and the Future," BASIX report, 2012; M. S. Sriram, "Commercialisation of

Microfinance in India: A Discussion of the Emperor's Apparel," *Economic and Political Weekly* 45, no. 24(2010): 65-73.

4. 보다 더 자세한 내용은 다음을 참조할 것. Connie Bruck, "Millions for Millions," *The New Yorker*, October 30, 2006, https://www.newyorker.com/magazine/2006/10/30/millions-for-millions.

5. 다른 많은 소액금융 기관들도 당시에 이와 비슷한 전환을 실행했다. 아울러 마하잔은 BASIX를 설립한 직후부터 본격적인 사업을 시작하기 직전 시점에 '프라단(Pradan)'이라는 단체에서 활동했다는 사실도 언급해둘 가치가 있을 것 같다.

6. 이 역사에 대해서는 다음을 참조했다. Vijay Mahajan and T. Navin, "Microfinance in India: Lessons from the Andhra Crisis," chapter 1 of Doris Köhn, *Microfinance 3.0: Reconciling Sustainability with Social Outreach and Responsible Delivery*(Heidelberg: Springer, 2013).

7. 다음을 참조할 것. Mader, "Rise and Fall of Microfinance in India."

8. 대규모 영리 대부업체들의 부채상환율은 99퍼센트나 됐다. 한편 그 부문 전체의 부채상환율은 97퍼센트였다.

9. 다음을 참조할 것. Mader, "Rise and Fall of Microfinance in India."

10. N. Srinivasan, *Microfinance India: State of the Sector Report 2009*(New Delhi: SAGE Publications India, 2009).

11. SKC와 비크람 아쿨로와 관련된 상세한 내용에 대해서는 여러 인터뷰들, 인도 소액금융위기와 관련해서 위에서 언급한 참고 저작들 그리고 다음을 참조했다. Eric Bellman and Arlene Chang, "India's Major Crisis in Microlending," *The Wall Street Journal*, October 28, 2010, https://www.wsj.com/articles/SB10001424052702304316404575580663294846100 ; Mader, "Rise and Fall of Microfinance in India"; and Shloka Nath, "At the Crossroads," *Forbes*, September 27, 2009, https://www.forbes.com/2009/09/25/crossroads-vikram-akula-sks-microfinance-suresh-gurumani-forbes-india.html#22b031ed39b6.

12. 이 내용은 인도 및 그 외 나라들의 소액금융 부문 전문가들과 나눴던 대화를 통해 확인된 사실이다. 또한 주 11에서 언급한 자료 및 다음을 참조할 것. Vikas Bajaj, "Amid Scandal, Chairman of Troubled Lender Will Quit," *The New York Times*, November 23, 2011, https://www.nytimes.com/2011/11/24/business/global/vikram-akula-chairman-of-sks-microfinance-to-step-down.html.

13. Eric Bellman, "Entrepreneur Gets Big Banks to Back Very Small Loans," *The Wall Street Journal*, May 15, 2006, https://www.wsj.com/articles/SB1147654 89678552599.

14. 유누스가 아쿨라와 그의 모델을 비판하는 내용에 대해서는 다음을 참조할 것. Megha Bahree, "Microfinance or Loan Sharks? Grameen Bank and SKS Fight It Out," *Forbes*, September 21, 2010, https://www.forbes.com/sites/meghabahree/2010/09/21/microfinance-or-loan-sharks-grameen-bank-and-sks-fight-it-out/#3cf7148a54cc; and Nath, "At the Crossroads."

15. 2015년 12월에 베스 라인과 진행했던 인터뷰다.

16. 다음을 참조할 것. Caitlyn Kennedy, "Wobbly Polar Vortex Triggers Extreme Cold Air Outbreak," National Oceanic and Atmospheric Administration, January 8, 2014, https://www.climate.gov/news-features/event-tracker/wobbly-polar-vortex-triggers-extreme-cold-air-outbreak; and Ian Livingston, "Polar Vortex Delivering D.C.'s Coldest Day in Decades, and We're Not Alone," *The Washington Post*, January 7, 2014, https://www.washingtonpost.com/news/capital-weather-gang/wp/2014/01/07/polar-vortex-delivering-d-c-s-coldest-day-in-decades-and-were-not-alone/?noredirect=on&utm_term=cc9223b34534.

17. Brad Tuttle, "Gas Prices Are Falling at an Incredible Rate— and Why That's a Problem," *Time*, January 14, 2016, http://time.com/money/4180721/gas-prices-decline-electric-cars/; and Chris Isidore, "Low Gas Prices Boost SUV and Pickup Sales," CNNMoney, December 4, 2015, accessed August 13, 2018, https://money.cnn.com/2015/12/04/autos/gas-prices-suv-pickup-sales/index.html.

18. 이 부분과 관련해 뉴욕의 택시 운전사들을 대상으로 한 여러 연구는 상반된 결과를 보여왔다. 그럼에도 불구하고 택시 운전사들은 비공식적인 일간 수익 목표를 일을 더하거나 덜하는 기준으로 삼고 있음은 분명하다. 2개의 최초 연구 논문(하나는 뉴욕의 택시 운전사를 대상으로 한 것이고 또 하나는 싱가포르의 택시 운전사를 대상으로 한 것이다)이 내가 내린 결론을 지지한다. C. Camerer et al., "Labor Supply of New York City Cabdrivers: One Day at a Time," *The Quarterly Journal of Economics* 112, no. 2(1997): 407-41, https://doi.org/10.1162/003355397555244. 택시 운전사의 습관과 관련한 가장 설득력 있는 반대 해석은 전미경제조사국(National Bureau of Economic Research)의 헨리 파버가 제시했는데, 그에 따르면 택시 운전사들은 특정한 목표 수입을 달성했을 때가 아니라 피곤하다고 느낄 때 하루 영업을 그만둔다. 다음을 참조할 것. Henry S. Farber, "Is Tomorrow Another Day? The Labor Supply of New York City Cabdrivers," *Journal of Political Economy* 113, no. 1(2005): 46-82, https://doi.org/10.1086/426040. 그러나 설정한 데이터 규모가 상대적으로 더 크고 또 최신이며 과거의 연구 논문들을 검토한 내용까지 포함한 다음의 논문은 비공식적인 하루 목표 수입이 택시 운전사들로 하여금 일을 더할지 덜할지를 결정하게 한다고 결론 내리고 있다. Ender Faruk Morgul and Kaan Ozbay, "Revisiting Labor Supply of New York City Taxi Drivers: Empirical Evidence from Large-Scale Taxi Data," Transportation Research Board, 2014, available at http://engineering.nyu.edu/citysmart/trbpaper/15-3331.pdf. 파버의 데이터를 사용한 또 다른 논문 역시 그 주장을 지지한다. Vincent P. Crawford and Juanjuan Meng, "New York City Cab Drivers' Labor Supply Revisited: Reference-Dependent Preferences with Rational-Expectations Targets for Hours and Income," *American Economic Review* 101, no. 5(2011): 1912-32, https://doi.org/10.1257/aer.101.5.1912.

2017년 〈뉴욕타임스〉에 실린 기사에 따르면 차량 공유업체인 우버와 리프트는 수요가 많은 시간대에 보다 많은 차량을 운행함으로써 고객의 승차 수요에 보다 신속하게 대응할 수 있도록 하고자 운전자의 목표 설정을 이용했다. 우버는 비디오게임과 슬롯머신의 여러 기법을 이용했는데, 여기에는 운전자가 정한 수입 목표에 미달했음을 보여주는 그래픽 표시와 목표 수익을 달성하려면 얼마나 더 영업을 해야 하는지, 그리고 지금 영업을 그만둘 경우 얼마의 손해를 감수해야 하는지 수시로 일러주는 팝업 방식의 알리미도 포함돼 있다. 우버나 리프트는 이런 전략들이 운전자가 내릴 수 있는 의사결정을 바꿔서 보다 더 오랜 시간 동안 운행 영업을 하게 만들 수 있다는 사실을 알고 있었다.

내가 이끌어낸 결론은 사람들이 온갖 상황과 맥락 속에서 단기적인 목표를 기준으로 삼아 자신이 들이는 노력을 관리한다는 널리 퍼져 있는 증거로도 뒷받침된다. 예컨대 목표치를 달성하지 못하면 어쩌지 하는 두려움이 프로 골프선수들의 성적을 떨어뜨린다. 최고의 성적을 내기 위해서라면 자신이 할 수 있는 것은 무엇이든 다할 것이라고 일반인들이 생각하는 프로 선수들이 그렇다는 얘기다. 펜실베이니아대학교의 와튼스쿨이 역대 PGA 골프 토너먼트 대회를 연구한 논문이 있다. 250만 회의 퍼팅을 추적한 이 논문을 통해 연구자들은 프로 선수들은 버디(birdie)를 기록할 수 있는 기회조차 기꺼이 희생할 정도로 보기(bogey)를 내는 것을 필사적으로 피하려고 한다는 사실을 발견했다. 한 선수의 성적은 전체 72홀을 모두 다 돌 때까지 기록한 타수로 결정되므로, 파(par)를 노리든 아니든 간에 한 타 한 타에 동일한 집중력을 보이는 게 이치에 맞다. 하지만 어떤 특정 홀에서 파를 기록하지 못하고 더 많은 타수를 기록할 때 이 선수는 자신의 감정이 흔들리는 것을 막지 못한다. 어떤 홀 하나를 공략할 때 선수는 단기적인 목표에 사로잡히며 전체 경기를 생각하지 못한다. 프로 선수들이 버디를 노릴 때(버디는 성공하면 더욱 좋지만 실패해도 큰 부담이 없다) 그들은 잘해야 한다는 부담감에 덜 시달리며 따라서 덜 집중하는 듯 보인다. 프로 선수들의 버디 퍼팅은 보기를 피하려는 퍼팅보다 덜 정확하다. 버디를 잡으려 할 때보다 보기를 피하려는 퍼팅에 보다 더 많은 노력을 기울이는 경기 운영 패턴은 결과적으로 보다 더 나은 성적을 가져다주지 않는다. 세계 최고 수준의 프로 선수들이 모두 이런 범주에 속한다는 사실이 드러났다. 2007년에 타이거 우즈는 "버디를 잡는 것보다 파를 기록하는 것이 실제 성적과는 상관없이 심리적으로 더 중요하다"고 공식석상에서 발언했다(이와 관련해서는 제5장과 제5장의 주에서 자세히 설명한다).

19. 전망 이론(prospect theory, 대부분의 사람들이 이익보다 손해에 더 민감하고, 이익과 손해는 참조점을 기준으로 평가되며, 이익과 손해 모두 효용이 체감적인 관계를 갖는다고 가정하는 이론-옮긴이)과 손실 회피에 대해서는 다음을 참조할 것. Daniel Kahneman, *Thinking, Fast and Slow*(New York: Farrar, Straus and Giroux, 2011).

20. Ketaki Gokhale, "A Global Surge in Tiny Loans Spurs Credit Bubble in a Slum," *The Wall Street Journal*, August 14, 2009, https://www.wsj.com/articles/SB125012112518027581. 위험을 경고하는 신호들은 미디어가 전하는 뉴스나 심지어 전문가의 논평에 국한되지 않았다. 인도의 현장에서 대두되던 신호들이었다. 채무자들과 지방정부의 공무원들이 업계에서 영향력이 가장 큰 지도자들과 동일한 인식을 갖고 있지 않음을 보여주는 신호였다. 2006년 안드라프라데시의 크리슈나 지구에서 과도한 빚 때문에 채권자들에게 들볶이며 동료 조합원들로부터 창피를 당하는 사람들이 급격히 늘어나기 시작했다. 여러 곳의 대부업체에서 돈을 빌려 상환에 애를 먹는 사람들이 지방정부의 담당 공무원들로부터 협박을 받는다고 불평했고 마을을 떠나 달아났다. 빚을 진 사람들의 자살 행렬도 이어졌다. 이 일은 비록 한 지구에서만 일어났지만 적어도 두 곳의 대부업체에 상당한 충격을 줬다. 다른 나라들은 이미 인도 위기 직전 소액금융 부문에 신용거품이 잔뜩 끼어 있음을 알고 있었다. 모로코와 볼리비아에서 일어난 사건들은 채무자가 상환능력을 초과해 돈을 빌릴 때 소액금융산업이 얼마나 위험해질 수 있는지를 잘 보여줬다. 2009년에 니카라과에서도 위기가 터졌는데, 여기에서는 외국인 투자로 가속화된 부채의 빠른 증가율이 대출자들로 하여금 너무 많은 대출을 하는 상황으로 이어졌다. 소액금융 대출자의 개인파산 선언을 지지하는 '노파고(No Pago, 안 갚아)' 운동이 일어났고 이 운동을 니카라과 대통령이 지지했다.

21. 특히 다음 논문을 참조할 것. Ketaki Gokhale: "As Microfinance Grows in India, So Do Its Rivals," *The Wall Street Journal*, December 15, 2009, http://online.wsj.com/article/SB126055117322287513.html; and "Group Borrowing Leads to Pressure," *The Wall Street Journal*, August 13, 2009, http://online.wsj.com/article/SB125008232217325553.html.

22. 나는 로자스를 인터뷰했으며 블로그와 잡지를 통해 그 위기 전후로 그가 했던 논평들을 참조했다. 그는 특히 다음의 자료에서 목소리를 높였다. "Is There a Microfinance Bubble in South India?" Microfinance Focus, November 17, 2009, http://www.microfinance focus.com/news/2009/11/17/opinion-microfinance-bubble-south-india.

23. 그 위기가 터지기 직전에 아쿨라가 갖고 있었던 공식적인 입장은 그가 2009년 8월에 쓴 두 편의 기사와 관련돼 있다. "What Microfinance Crisis in India?"(letter to the editor), *The Wall Street Journal*, August 19, 2009, https://www.wsj.com/articles/SB10001424052970204683204574358321561989110; and "Why There's No Credit Crisis in Microfinance," *Harvard Business Review*, August 25, 2009, https://hbr.org/2009/08/why-theres-no-credit-crisis-in.

24. 그 충격이 그토록 대규모로, 또 심각하게 재앙을 초래한 이유는 소액금융 대부업체들과 여기에

투자한 투자자들의 근시안만이 아니었다는 점은 지적해둘 가치가 있다. 소액금융 대출의 채권을 무효화한 안드라프라데시 정부의 대응이 오히려 그 위기에서 중심적인 역할을 했다. 주 정부가 그런 결정을 내린 까닭은 채무자들의 자살 행렬보다는 민간의 경쟁업체들 때문이라고 짐작하는 소액금융 분야의 전문가들이 많다.

25. 프린스의 말은 다음에 인용돼 있다. "Ex-Citi CEO Defends 'Dancing' Quote to U.S. Panel," Reuters, April 8, 2010, https://www.reuters.com/article/financial-crisis-dancing-idUSN0819810820100408.

26. 위에서 인용된 필립 메이더(Philip Mader)의 분석에서 나오는 어떤 문단은 그 상황을 다음과 같이 요약한다. "인도의 소액금융 부문 투자는 99퍼센트가 넘는 부채상환율로 리스크가 사실상 전혀 없다는 명성을 누렸다." 아울러 소액금융 대부업체들은 진정한 리스크 측정자가 될 수도 있었던 여러 요소들을 완전히 무시했다는 사실도 지적해둘 필요가 있다.

27. 공감을 불러일으키는 흥미로운 이야기이긴 하지만, 솔론의 여행을 설명하는 헤로도토스의 말이 역사적으로 정확하지 않을 수도 있음을 데브라 하멜은 지적한다. 보다 자세한 사항은 다음을 참조할 것. Debra Hamel, *Reading Herodotus: A Guided Tour through the Wild Boars, Dancing Suitors, and Crazy Tyrants of The History*(Baltimore: Johns Hopkins University Press, 2012).

28. 아리스토텔레스는 《니코마코스 윤리학(Nicomachean Ethics)》 제1권 제10장에서 솔론의 이야기를 언급한다. 윤리학을 다룬 다른 글들에서도 그는 인생을 평가하는 것은 인생의 종착점에 가서가 가능하다는 논지를 견지한다.

29. 체온 측정의 의미 해석 및 카스토르프가 요양원을 떠나는 것에 대해 박사가 보이는 반응의 해석을 확인하기 위해 나는 1995년에 우즈가 번역한 판본을 읽었다. Thomas Mann, *The Magic Mountain*, trans. John E. Woods(New York: Alfred A. Knopf, 1995).

30. 디아스와의 이 대화는 2015년에 있었다.

31. 다음 논문들을 참조할 것. Brad M. Barber and Terrance Odean: "The Common Stock Investment Performance of Individual Investors," *SSRN Electronic Journal*, 1998, https://doi.org/10.2139/ssrn.94140, "Trading Is Hazardous to Your Wealth: The Common Stock Investment Performance of Individual Investors," *The Journal of Finance* 55, no, 2(2000): 773-806, http://doi.org/10.2139/ssrn219228.

32. 마을 사람들 가운데 상당수가 소액금융대출 부문 외에도 다른 빚을 지고 있었으며, 소액금융권에서 빌린 돈으로 전당포나 그 밖의 다른 채무자들에게 진 빚을 갚기도 하고 돌려막기도 했다는 사실 또한 지적하고 싶다.

33. 마하잔은 그때 이후 복귀해서 건전하게 돌아가는 회사들을 운영하고 있다.

제3장: 지금 당장의 욕망

1. 최초의 이 실험에 대한 내 설명은 다음 책에 근거했다. Walter Mischel, *The Marshmallow Test: Why Self-Control Is the Engine of Success*(New York: Little, Brown, 2014).

2. 다양한 연구들이 미셸의 최초 실험에서 도출된 결론들을 복잡하게 심화시켜왔다. Celeste Kidd, Holly Palmeri, and Richard N. Aslin, "Rational Snacking: Young Children's Decision-Making on the Marshmallow Task Is Moderated by Beliefs About Environmental Reliability," *Cognition* 126, no. 1(2013): 109-14, https://doi.org/10.1016/j.cognition.2012.08.004.

3. 이와 관련된 논의를 위해 나는 다음을 참조했다. "Waiting for the Second Treat: Developing Culture-Specific Modes of Self-Regulation," *Child Development* 89, no. 3(2018):

e261-e277, https://doi.org/10.1111/cdev.12847. Michaeleen Doucleff, "Want to Teach Your Kids Self-Control? Ask a Cameroonian Farmer," *Morning Edition*, NPR, July 3, 2017, https://www.npr.org/sections/goatsandsoda/2017/07/03/534743719/want-to-teach-your-kids-self-control-ask-a-cameroonian-farmer.

4. Sabine Doebel and Yuko Munakata, "Group Influences on Engaging Self-Control: Children Delay Gratification and Value It More When Their In-Group Delays and Their Out-Group Doesn't," *Psychological Science* 29, no. 5(2018): 738-48, https://doi.org/10.1177/0956797617747367.

5. 플레이크 인용 및 설명은 2017년에 그와 했던 인터뷰에 근거했다.

6. 플레이크는 이 백분율에 동기부여가 됐고, 내가 2015년 데이터를 인용한 이유도 여기에 있다. 다음을 참조할 것. Board of Governors of the Federal Reserve System, "Report on the Economic Well-Being of U.S. Households in 2017," May 2018, https://www.federalreserve.gov/publications/files/2017-report-economic-well-being-us-households-201805.pdf.

7. 이 논의를 위해 다음을 참조했다. S. Mullainathan and E. Shafir, *Scarcity: The New Science of Having Less and How It Defines Our Lives*(New York: Picador Books, 2014). p. 109.

8. 나는 인도의 소액금융위기 및 그와 관련된 개혁들에 대해 아난스와 2015년부터 2017년까지 세 차례에 걸쳐 인터뷰했다. 아난스는 인도에서의 소액금융 프로그램들이 가난한 사람을 제대로 잘 돕고 있는지 그리고 대부업체들이 사업을 잘하고 있는지 판단하는 근거로 부채상환율이 지금도 여전히 지배적인 측정자로 사용되고 있다고 설명했다. 그러나 2006년에 그녀가 속한 조직인 드바라트러스트(과거에는 IFMR Trust)가 거의 완벽에 가까운 부채상환율을 보이는 가난한 사람들 중 빚을 갚을 여유가 없어서 재정적인 어려움에 허덕이는 가구가 많다는 사실을 보여주는 논문을 발표했다. 수많은 가난한 대출자들은 불량대출자로 낙인찍히지 않으려고 무슨 짓을 다해서라도 대부업체에 진 빚을 갚으려고 한다. 이 과정에서 그들은 이웃이나 전당포와 같은 비공식적인 대출자에게 손을 벌려 빚을 지는데, 이런 악순환 때문에 생활은 점점 더 쪼들리게 된다. 자녀가 아프기라도 하면 전체 가족은 도저히 빠져나올 수 없는 빚의 굴레에 갇혀버리고 만다. 그럼에도 불구하고 아난스는 2018년에 다음과 같이 썼다. "재정 건전성을 측정하려는 업계의 새로운 노력이 전개되고 있다. 집행된 대출 건수와 같은 상품이 아닌 결과를 기준으로 하는 평가 방식을 도입하는 것이다. 나는 비록 이것이 한층 어렵고 또 모호하긴 해도 우리의 총체적인 발전을 나타내는 보다 나은 측정자로 기능할 것이라는 기대를 갖고 있다."

9. 보다 자세한 내용을 알고 싶다면 다음 보고서를 참조할 것. Rob Walker, "How to Trick People into Saving Money," *The Atlantic*, May 2017, https://www.theatlantic.com/magazine/archive/2017/05/how-to-trick-people-into-saving-money/521421/.

10. 이 논의를 위해 나는 피터 투파노를 인터뷰하고 다음의 자료를 참조했다. Shawn Allen Cole, Benjamin Charles Iverson, and Peter Tufano, "Can Gambling Increase Savings? Empirical Evidence on Prize-Linked Savings Accounts," August 8, 2017, Saïd Business School WP 2014. 10, https://ssrn.com/abstract=2441286, http://dx.doi.org/10.2139/ssrn.2441286, Mauro F. Guillén and Adrian E. Tschoegl, "Banking on Gambling: Banks Lottery-Linked Deposit Accounts," *Journal of Financial Services Research* 21. no. 3(2002): 219-31, https://doi.org/10.1023/A:1015081427038, Sebastian Lobe and Alexander Hölzl, "Why Are British Premium Bonds So Successful? The Effect of Saving with a Thrill," *SSRN Electronic Journal*, 2007, https://doi.org/10.2139/ssrn.992794, Peter Tufano, "Saving Whilst Gambling: An Empirical Analysis of UK Premium Bonds," *American Economic Review* 98, no. 2(2008): 321-26, https://doi.org/10.1257/aer.98.2.321; Peter Tufano, Jan-Emmanuel De Neve, and Nick Maynard, "U.S. Consumer Demand for Prize-

Linked Savings: New Evidence on a New Product," *Economics Letters* 111, no. 2(2011): 116-18, https://doi.org/10.1016/j.econlet.2011.01.019/.

11. 장기적인 목표를 달성하는 데 도움을 주는 단기적인 보상이라는 주제에 관해서는 다음을 참조할 것. Kaitlin Woolley and Ayelet Fishbach, "Immediate Rewards Predict Adherence to Long-Term Goals," *Personality and Social Psychology Bulletin* 43, no. 2(2016): 151-62, https://doi.org/10.1177/0146167216676480.

12. 여기에서 언급된 전문가는 제7장에서 자세하게 다룰 리사 샤라드(Lisa Sharrard)이다. 그녀와는 2017년에 인터뷰를 진행했다.

13. 다음을 참조할 것. Robert J. Meyer and Howard Kunreuther, *The Ostrich Paradox: Why We Underprepare for Disasters*(Philadelphia: Wharton Digital Press, 2017), p. 100.

14. 미국이 기후 변화에 맞서는 데 그런 전략들을 채용하지 않은 이유가 있는데, 부분적으로는 누구도 그 전략들을 충분하고 신속하게 제기하지 않았다는 사실에 있다. 과학자들이 전세계적인 차원의 기후 변화에 대해 경고하기 시작한 초기부터 화석연료 기업들 및 관련 회사들이 기울인 노력은, 기후 변화를 실제로 진행되는 문제가 아니고 인간에 의해 비롯된 문제가 아니며 세계 경제를 파괴할 문제가 아닌 것으로 규정하려는 시도에 집중됐다. 이런 노력들 속에서 생성된 메시지는 탄소 배출을 줄인 사람들에게 탄소배당금을 지급하는 것과 같은 발상들이 전면으로 대두돼 잘못된 방식으로 자리 잡기 훨씬 전부터 나돌았다. 한편 기후과학자들은 기후의 정확한 변화율에 대해 제각기 다르게 생각하는 불확실성을 소통하는 방법을 놓고 여전히 갈팡질팡하고 있었다. 지구에 위협을 가하는 요소들과 싸우려면 경제 규모가 줄어들어야 한다고 믿는 일부 환경주의자들은, 우리의 손자 세대를 위해 기후 변화에 제동을 걸고자 가까운 미래에 고통과 손실을 감내할 수밖에 없다는 화석연료 지지자들의 메시지를 강화했다. 지금 당장 성공을 거둘 수 있는 기후 정책을 도입하는 데 필요한 것은 개개인뿐 아니라 정치에 영향력을 행사하는 강력한 유권자들에게도 충분히 매력적인 반짝이 폭탄이다. 특히 미국에서 우리는 특별이익집단들(자신들의 특별한 이익을 위해 정부 등에 압력을 행사하는 단체-옮긴이)과 바람직한 정책의 목줄을 쥐고 유예하고 있는 의원들에게 단기적인 보상을 제공할 필요가 있다. 이 보상은 탄소 가격을 인상하는 데 대한 반대급부로 소득세 또는 양도소득세 인하라는 형식으로 제시될 수 있다. 장기적인 이득을 위해 지금 당장의 희생을 감수하도록 사람들을 설득할 수 있는 것이 무엇인지 분명하게 인식할 때, 기후 변화를 염려하는 우리는 모든 개인과 기업가들에게 단기적인 시련을 무조건 참으라고만 말하는 게 아니라 그들에게 단기적으로도 좋은 어떤 것을 보장하는 제안을 할 수 있다. 비록 의식적으로 조작된 논란이라는 진창에 전세계 기후 변화의 실체가 빠져 있긴 하지만, 벌칙이 아닌 반짝거리는 보상을 제공하는 어떤 해법을 만드는 것이 아직은 늦지 않았다. 오르막을 오르는 것처럼 힘들긴 하겠지만, 궁극적으로는 그렇게 할 가치가 충분히 있다.

15. 이 논의를 위해 나는 나타샤 슐이 심혈을 기울인 저작, 특히 그녀의 다음 책을 참조했다. *Addiction by Design: Machine Gambling in Las Vegas*(Princeton, NJ: Princeton University Press, 2014).

16. 온갖 기기들에 대한 중독과 어떤 것의 결과를 기다리지 못하는 조급증 사이의 상관성을 다루는 연구 저작들이 점점 더 많이 쌓여가고 있다. 예를 들어 스위스의 심리학자 요엘 빌리와(Joel Billieux)는 휴대전화 의존도가 매우 높은 사람들의 습관을 연구해오고 있다. 제네바대학교의 여학생 100명을 대상으로 한 연구에서 그는 휴대전화에 중독됐다고 느끼는 여학생 집단이 그렇지 않은 여학생 집단에 비해서 충동을 억제하는 능력이 떨어진다는 사실을 확인했다. 휴대전화 의존도가 높은 학생일수록 나중에 후회할 결정을 충동적으로 내린다는 뜻이다. 이들은 또한 폭식이나 폭음과 같이 나중에 자책하게 될 행동을 도중에 멈출 수 있는 능력도 떨어졌다. 상대적으로 문자 메시지를 많이 보내며 또 휴대전화로 많은 시간을 보내는 학생일수록 장기적인 목표를 향해 지루한 과제를 진득하게 수행하는 데 상대적으로 더 많은 어려움을 겪는다(이 사실은 응답자가

직접 설문을 작성하는 방식을 통해 확인됐는데, 디지털 기기의 잦은 사용에 따른 행동 패턴들에 대한 범세계적 데이터와도 일치한다). 이 주제에 대한 내 관점은 경험과 관찰 그리고 다음의 책을 근거로 한 것이다. Harold Schweizer, *On Waiting*(London: Routledge, 2008).

17. Ed Finn, "How Predictions Can Change the Future," *Slate*, September 7, 2017, http://www.slate.com/articles/technology/future_tense/2017/09/when_computer_predictions_end_up_shaping_the_future.html.

18. Schweizer, *On Waiting*.

19. Tony Dokoupil, "Is the Internet Making Us Crazy? What the New Research Says," *Newsweek*, July 9, 2012, https://www.newsweek.com/internet-making-us-crazy-what-new-research-says-65593. See also Adam Alter, *Irresistible: The Rise of Addictive Technology and the Business of Keeping Us Hooked*(New York: Penguin Press, 2017).

20. 나는 2015년과 2016년에 10명이 넘는 전문 포커꾼들과 인터뷰했다. 또한 포커월드시리즈(World Series of Poker)의 롭 키르셴에게 많은 신세를 졌는데, 그는 내가 포커 토너먼트 경기 및 전문 포커꾼들에 대해 매우 유용하고도 역사적인 정보와 자료를 접할 수 있게 해줬다.

21. 나는 바르다와 여러 차례 인터뷰를 진행했다. 그의 포커 수입은 포커월드시리즈에 게시돼 있다.

22. 내가 보기에 이는 과학적인 발견이라고 할 수 없을 정도로 표본의 크기가 너무 작다. 하지만 인터뷰 내용은 흥미로우며, 많은 경우 나와 인터뷰한 사람들의 진술과 일치한다. Abby McCormack and Mark D. Griffiths, "What Differentiates Professional Poker Players from Recreational Poker Players? A Qualitative Interview Study," *International Journal of Mental Health and Addiction* 10, no. 2(2011): 243-57, https://doi.org/10.1007/s11469-011-9312-y.

23. 이 부분은 마샬 간즈와의 인터뷰 및 다음 논문에 근거했다. Karen Beckwith, "Narratives of Defeat: Explaining the Effects of Loss in Social Movements," *The Journal of Politics* 77, no. 1(2015): 2-13, https://doi.org/10.1086/678531.

24. 이 정책은 각각의 카지노 및 주에 따라서 다르며, 최상급의 주류가 어떤 엘리트 포커꾼들에게는 무료로 제공될 수도 있다. 그럼에도 불구하고 포커월드시리즈의 스태프 출신인 한 전문 포커꾼은 내게 엘리트 지위에 올라 있는 대부분의 포커꾼들은 무료로 마실 수 있는 고급 술을 일부러 마다하고, 게임을 하는 도중에는 술을 마시지 않으며 그 대신 자신에게 주어진 특권을 이용해 (누구나 마실 수 있는 일반 생수가 아닌) 고급 피지(Fiji) 생수를 주문한다고 이야기했다.

25. William Powers, *Hamlet's BlackBerry: Building a Good Life in the Digital Age*(New York: Harper Perennial, 2011).

26. Pico Iyer, "Why We Need to Slow Down Our Lives," Ideas.TED.com, November 4, 2014, https://ideas.ted.com/why-we-need-a-secular-sabbath/.

27. Neil Pasricha, "Why You Need an Untouchable Day Every Week," *Harvard Business Review*, March 16, 2018, https://hbr.org/2018/03/why-you-need-an-untouchable-day-every-week.

28. Cassie Mogilner, Zoë Chance, and Michael I. Norton, "Giving Time Gives You Time," *Psychological Science* 23, no. 10(2012): 1233-38, https://doi.org/10.1177/0956797612442551.

29. 현재 시제와 미래 시제를 비슷한 방식으로 표현하는 문화권에 속한 사람들은 시제를 정확하게 구분하는 문화권에 속한 사람들에 비해 미래의 결과 및 기회를 상대적으로 더 중시하는 경향이 있다고 주장하는 연구 결과도 있다.

30. 나는 매트로스와 여러 차례 인터뷰했다. 그의 포커 수입은 포커월드시리즈에 게시돼 있다.

31. 나는 골위처와 2017년에 인터뷰했으며, 실행 의도를 주제로 다룬 10편에 가까운 논문을 참

조했다. 다음 저작들은 이 주제를 개관하기에 좋다. Peter M. Gollwitzer, "Implementation Intentions: Strong Effects of Simple Plans," *The American Psychologist* 54, no. 7(1999): 493-503, https://doi.org/10.1037/0003-066X.54.7.493, Peter M. Gollwitzer, "Weakness of the Will: Is a Quick Fix Possible?" *Motivation and Emotion* 38, no. 3(2014): 305-22, https://doi.org/10.1007/s11031-014-9416-3, Gabriele Oettingen, *Rethinking Positive Thinking: Inside the New Science of Motivation*(New York: Current, 2015).

32. Saaid A. Mendoza, Peter M. Gollwitzer, and David M. Amodio, "Reducing the Expression of Implicit Stereotypes: Reflexive Control Through Implementation Intentions," *Personality and Social Psychology Bulletin* 36, no. 4(2010): 512-23, https://doi.org/10.1177/0146167210362789.

33. U.S. Government Accountability Office, *K-12 Education: Discipline Disparities for Black Students, Boys, and Students with Disabilities. Report to Congressional Requesters*, 2018, GAO-18-258.

34. 이 주제와 관련해 나는 다음의 논문들을 참조했는데, 적절하지 못한 훈육은 특정 인종에 속한 학생들의 잘못된 행동에 기인한 것이 아니라는 사실을 밝히고 있다. Kent McIntosh et al., "Education Not Incarceration: A Conceptual Model for Reducing Racial and Ethnic Disproportionality in School Discipline," *Journal of Applied Research on Children* 5, no. 2(2014): Article 4; Russell J. Skiba et al., "The Color of Discipline: Sources of Racial and Gender Disproportionality in School Punishment," The Urban Review 34, no. 4(2002): 317-42, https://doi.org/10.1023/A:1021320817372; Russell J. Skiba et al., "Race Is Not Neutral: A National Investigation of African American and Latino Disproportionality in School Discipline," *School Psychology Review* 40, no. 1(2011): 85-107.

35. 나는 엘우드를 비롯해 여러 교장들 및 교사들과 인터뷰를 진행했다. 그리고 이 분야의 지식을 마련하기 위해 매킨토시와 인터뷰했다. 또한 나는 교육자들을 위한 매킨토시의 훈련 워크숍 동영상을 시청했고, 엘우드의 박사학위 논문 초록을 읽었으며, 그녀가 자신의 학교에서 관찰한 변화를 정리한 데이터도 검토했다.

제4장: 손쉬운 미봉책

1. John R. Graham, Campbell R. Harvey, and Shiva Rajgopal, "Value Destruction and Financial Reporting Decisions," *Financial Analysts Journal* 62, no. 6(2006): 27-39, https://doi.org/10.2469/faj.v62.n6.4351.

2. 내가 여기에서 설명하는 새라 코스그로브의 활동은 2016년부터 2018년 사이에 그녀 및 그녀의 동료들과 한 인터뷰 그리고 존스홉킨스병원을 방문해 그녀와 그녀의 팀이 회진을 하고 회의에 참석하는 것을 관찰한 경험에 근거한 것이다. 그녀가 진행하는 작업 및 항생제 처방과 내성에 대한 전반적인 문제에 관한 지식은 이 분야의 다른 많은 전문가들, 특히 닐 피시먼(Neil Fishman)과 줄리아 심차크와 했던 인터뷰를 통해 얻었다.

3. Review on Microbial Resistance, *Tackling Drug-Resistant Infections Globally: Final Report and Recommendations*, 2016, https://amr-review.org/sites/default/files/160525_Final paper_with cover.pdf.

4. 여기에서 나는 광범위하게 약물 내성을 가진 결핵을 말하는데, 이 질병의 환자는 이 원고를 쓰는 시점을 기준으로 할 때 123개국에 있으며, 다중약물 내성 결핵으로 사망하는 환자는 해마다 수천 명이나 된다. 결핵에 대한 세계보건기구(WHO)의 다음 논문을 참조할 것. http://www.who.int/tb/areas-of-work/drug-resistant-tb/global-situation/en/.

5. 이 화재와 관련된 설명 및 페니실린이 희생자를 살리는 데 혁혁한 공을 세운 이야기는 1942년에 보스턴 소방총감이었던 윌리엄 아서 라일리(William Arthur Reilly)의 보고서를 근거로 삼았다. 그리고 생존자에 대한 설명은 http://www.cocoanutgrovefire.org과 다음 책에 정리돼 있다. Stuart B. Levy, *The Antibiotic Paradox: How the Misuse of Antibiotics Destroys Their Curative Powers*(Reading, MA: Perseus, 2002).

6. President's Council of Advisors on Science and Technology(PCAST), "Report to the President on Combating Antibiotic Resistance," Executive Office of the President, 2014, https://www.cdc.gov/drugresistance/pdf/report-to-the-president-on-combating-antibiotic-resistance.pdf.

7. 다음 웹사이트에 있는 율리우스 바그너-야우레크(Julius Wagner-Jauregg)의 논문을 참조할 것. https://www.nobelprize.org/nobel_prizes/medicine/laureates/1927/wagner-jauregg-facts.html.

8. 다음을 참조할 것. Levy, *The Antibiotic Paradox*.

9. 위에서 언급한 PCAST 보고서를 참조할 것. 만일 이 진술을 확장해서 대상을 축농증과 패혈증 인두염 그리고 폐렴과 같은 기도 감염까지 확대할 경우에는 항생제의 거의 절반이 올바른 처방이 아닌 게 된다. 감기와 기침에 대한 항생제 처방은 거의 전부가 다 올바른 처방이 아니다.

10. C. L. Ventola, "The Antibiotic Resistance Crisis. Part 1: Causes and Threats," *Pharmacy and Therapeutics* 40, no. 4(2015): 277-83.

11. 처방 문화에 대해 내가 설명하는 것들은 펜실베이니아대학교의 줄리아 심차크 교수와 진행한 여러 차례의 인터뷰 및 그녀가 많은 의사들과 인터뷰한 내용을 아우르는 그녀의 연구 내용에 근거했다. 특히 다음을 참조할 것. J. E. Szymczak and J. Newland, "The Social Determinants of Antimicrobial Prescribing: Implications for Antimicrobial Stewardship," in *Practical Implementation of an Antimicrobial Stewardship Program*, ed. T. F. Barlam et al.(Cambridge, England: Cambridge University Press, 2018).

12. Jeffrey A. Linder et al., "Time of Day and the Decision to Prescribe Antibiotics," *JAMA Internal Medicine* 174, no. 12(2014): 2029, https://doi.org/10.1001/jamainternmed.2014.5225.

13. 다음을 참조할 것. S. Mullainathan and E. Shafir, *Scarcity: The New Science of Having Less and How It Defines Our Lives*(New York: Picador Books, 2014).

14. 그들이 발견한 내용은 다음에 요약돼 있다. Roger Bohn, "Stop Fighting Fires," *Harvard Business Review*, July-August 2000, https://hbr.org/2000/07/stop-fighting-fires. 이 원본 논문은 다음의 웹사이트에서 찾았다. https://tomonleadership.com/wp-content/uploads/firefighting-by-knowledge-workers.pdf.

15. 이 사건 및 연구는 다음에 정리돼 있다. A. Clinton White, Jr., et al., "Effects of Requiring Prior Authorization for Selected Antimicrobials: Expenditures, Susceptibilities, and Clinical Outcomes," *Clinical Infectious Diseases* 25, no. 2(1997): 230-39, http://www.jstor.org/stable/4481112.

16. 이 병원에서는 항생제가 처방전에 들어가는 순간 항생제 관리팀이 병원에 있는 다른 내과 의사들과 함께 이 약을 언제 어떻게 써야 할 것인지 추천서를 작성한다. 병원에서 어떤 약품을 현장에 구비해둘 것인지 여부는 환자가 어떤 종류의 바이러스에 감염됐는지, 어떤 슈퍼박테리아가 어떤 약에 내성을 가지고 나타나는지, 해당 약이 환자들에게 얼마나 효과가 있으며 또 얼마나 저렴한지에 따라 결정된다.

17. PCAST, "Report to the President on Combating Antibiotic Resistance."

18. 이 3가지 방식의 개입은 아래에서 언급하는 2개의 논문에 설명돼 있는데, 이 논문들은 그런

행동적인 접근법들을 높이 평가하는 폭넓은 관점을 가지고 있다. 그리고 이 3가지 가운데 적어도 2가지 접근법의 효과가 연구가 진행되던 기간 동안 지속적으로 이어졌음을 입증하는 논문도 있다. Daniella Meeker et al., "Effect of Behavioral Interventions on Inappropriate Antibiotic Prescribing Among Primary Care Practices," *JAMA* 315, no. 6(2016): 562, https://doi.org/10.1001/jama.2016.0275; and Daniella Meeker et al., "Nudging Guideline-Concordant Antibiotic Prescribing," *JAMA Internal Medicine* 174, no. 3(2014): 425, https://doi.org/10.1001/jamainternmed.2013.14191.

19. Michael Hallsworth et al., "Provision of Social Norm Feedback to High Prescribers of Antibiotics in General Practice: A Pragmatic National Randomised Controlled Trial," *The Lancet* 387, no. 10029(2016): 1743-52, https://doi.org/10.1016/s0140-6736(16)00215-4.

20. April Dembosky, "New California Database to Help Doctors Spot Prescription Drug Abuse," KQED Science, December 30, 2015, https://www.kqed.org/stateofhealth/132232/new-california-database-to-help-doctors-spot-prescription-drug-abuse.

21. 벤저민 프랭클린의 인생에서 일어난 사건들을 설명하는 내용은 주로 그가 남긴 공식적인 글 특히 그의 자서전을 근거로 했다. 나는 존 비글로우(John Bigelow)가 편집한 판본을 읽었다.

22. Fox Butterfield, "From Ben Franklin, a Gift That's Worth Two Fights," *The New York Times*, April 21, 1990, https://www.nytimes.com/1990/04/21/us/from-ben-franklin-a-gift-that-s-worth-two-fights.html.

23. 벤저민 프랭클린이 편집자에게 보낸 편지. *The Journal of Paris*, 1784, accessed at http://www.webexhibits.org/daylightsaving/franklin3.html. 이는 다음 책에서도 볼 수 있다. *The Ingenious Dr. Franklin. Selected Scientific Letters*, ed. Nathan G. Goodman(Philadelphia: University of Pennsylvania Press, 1931), pp. 17-22. 이 아이디어는 누군가가 말했던 것처럼 프랭클린에게 단지 농담만은 아니었다. 이와 똑같은 발상이 그가 오전 7시에 런던의 어느 거리를 어슬렁거리며 걸어갈 때 그의 머리에 떠올랐다. 문이 닫힌 상점들의 상인들이 양초에 매겨진 세금을 놓고 불평하는 것을 봤는데, 그때 그는 왜 사람들이 해가 뜨고 지는 시간에 맞춰서 생활하지 않을까 하고 생각했다. 그는 자신의 제안이 후손에게 받아들여지리라고 확신했기에 이 내용을 자서전에 넣었던 것이 분명하다.

24. Matt Schiavenza, "Time to Kill Daylight Saving," *The Atlantic*, March 8, 2015, https://www.theatlantic.com/national/archive/2015/03/time-to-kill-daylight-saving/387175/.

25. 몬테소리에 대한 묘사와 설명은 그녀의 일생을 정리한 2권의 전기와 그녀의 교육법을 전공한 전문가들과의 인터뷰에 근거했다. 2권의 전기 중 더 나은 쪽은 다음의 책이다. E. M. Standing, *Maria Montessori: Her Life and Work*(London: Hollis & Carter, 1957). 위인전에 가까운 형식의 다른 전기는 비어 있는 공백들을 메워준다. Rita Kramer, *Maria Montessori: A Biography*(New York: Da Capo Press, 1988).

26. 그레거슨은 처음에 자신의 결과를 다음 인터뷰에서 묘사했다. Bronwyn Fryer, "How Do Innovators Think?" *Harvard Business Review*, September 28, 2009, https://hbr.org/2009/09/how-do-innovators-think. 또한 다음을 참조할 것. Jeffrey Dyer, Hal Gregersen, and Clayton M. Christensen, *The Innovator's DNA: Mastering the Five Skills of Disruptive Innovators*(Boston: Harvard Business Review Press, 2011). 몬테소리 학생들에 대한 논문들은 범위와 표본의 크기에서 제약이 있다. 그러나 2006년 〈사이언스〉에 발표된 논문은 밀워키의 저소득층 출신 3세 아이들로 공립 몬테소리학교에서 추첨 방식을 통해 뽑힌 아이들을 비슷한 조건과 환경 출신이지만 상대적으로 전통적인 방식의 교육이 이뤄지는 다른 공립 유치원에 다니는 아이들과 비교했다. 그 결과 5세와 12세 때 몬테소리 출신 학생들은 공립학교 출신 학생들에 비해 훨씬 높은 수준의 문제 해결 능력을 발휘했으며, 갈등 성향은 한결 낮고 창의

성은 훨씬 높아 표준화된 시험에서 더 나은 성적을 기록했다. 몬테소리 학생들에게서는 5세 때 뚜렷한 차별성이 드러났다. 실행 능력이 더 높았고, 충동을 억제하면서 다른 아이를 도왔으며, 의사결정을 할 때 미래의 가치를 보다 높게 평가했다. 미래에 대한 통찰력이 더 높았다는 얘기다. 이 발견 내용이 결정적인 증거라고 할 수는 없지만 몬테소리 접근법을 면밀하게 살펴볼 필요가 있음을 일러주기에는 충분하다고 생각한다.

27. 나는 이탈리아의 시골 마을의 우체국에서도 이와 똑같은 줄서기가 이뤄지는 것을 봤다. 그리고 또 다른 버전을 사우스웨스트항공이 채택했는데, 이 항공사는 탑승을 기다리는 승객들에게 지정된 좌석에 앉게 함으로써 지루하게 기다리지 않아도 되게 했다.

28. Ana Swanson, "What Really Drives You Crazy About Waiting in Line(It Actually Isn't the Wait at All)," *The Washington Post*, November 27, 2015, https://www.washingtonpost.com/news/wonk/wp/2015/11/27/what-you-hate-about-waiting-in-line-isnt-the-wait-at-all/? postshare= 2761449015328760&utm_term=.032ca55984a0.

29. Richard H. Thaler and Cass R. Sunstein, *Nudge: Improving Decisions About Health, Wealth and Happiness*(New York: Penguin, 2009).

30. 나는 그의 작업과 관련된 정보를 그의 웹사이트 http://www.tristanharris.com에서 발견했다.

31. D. Pichert and K. V. Katsikopoulos, "Green Defaults: Information Presentation and Pro-Environmental Behaviour," *Journal of Environmental Psychology* 28, no. 1(2008): 63-73, https://doi.org/10.1016/j.jenvp.2007.09.004. 기후 변화에 대응하는 차원에서 선택 설계를 사용하는 또 다른 방법은 한 나라의 경제나 국내총생산(GDP) 증가와 연동시켜 단계적으로 미래의 화석연료 가격 상승을 미리 앞당겨 실시한다거나 에너지 사용량을 줄여나간다거나 하는 것이 될 수 있다. 이는 기업에서 직원의 임금이 올라갈 때마다 그 직원이 정기적으로 저축하는 금액을 자동적으로 상향 조정하는 것과 비슷하다. 여러 자원이 전반적으로 상승함에 따라 일정 수준의 희생을 연동시키는 것이다. 이렇게 하면 희생이 손실로 체감되지 않는다. 이는 또한 유혹을 받고 있는 현재 시점에서 보다 먼 시간 지평으로 희생을 이동시키는 것이기도 하다. 연구 결과에 따르면 사람들은 이런 희생을 상대적으로 더 기꺼이 감수할 준비가 돼 있다. 스위스 취리히 시민들은 2008년 투표에서 '2,000와트 사회'라는 정책에 압도적인 찬성표를 던짐으로써 이런 종류의 정책이 정치적으로 매력적일 수 있음을 보여줬다. 취리히 시민들은 장기적으로 도시의 에너지 사용량을 제한해서 2050년까지 1960년대 수준으로 줄여나가는 데 동의했다. 상대적으로 작은 규모의 도시에서 구성원들이 동의하는 구체적인 목표는 시민이 갖는 자부심의 원천이 됐다. 경제학자 헬가 페르-두다와 에른스트 페르는 2016년을 기준으로 취리히의 주민들이 사용한 에너지는 대부분의 미국인이 소비하는 에너지의 절반에도 미치지 않았다고 지적했다. 이 노력이 성공할 수 있었던 것은 부분적으로는 나중에 실천할 에너지 사용 절감, 즉 나중으로 미뤘던 고통을 자발적으로 앞당겨서 당했다는 점이다. 다음을 참조할 것. Helga Fehr-Duda and Ernst Fehr, "Sustainability: Game Human Nature," *Nature* 530, no. 7591(2016): 413-15, https://doi.org/10.1038/530413a.

32. 다음을 참조할 것. Mullainathan and Shafir, *Scarcity*.

33. 다음을 참조할 것. Bohn, "Stop Fighting Fires."

34. 다음의 여러 논문들이 이 방법의 효과가 있음을 지적한다. E. Avdic et al., "Impact of an Antimicrobial Stewardship Intervention on Shortening the Duration of Therapy for Community-Acquired Pneumonia," *Clinical Infectious Diseases* 54, no. 11(2012):1581-87; D. X. Li et al., "Sustained Impact of an Antibiotic Stewardship Intervention for Community-Acquired Pneumonia," *Infection Control & Hospital Epidemiology* 37, no. 10(2016): 1243-46; P. D. Tamma et al., "What Is the More Effective Antibiotic Stewardship Intervention: Preprescription Authorization or Postprescription Review with Feedback?"

Clinical Infectious Diseases 64(2017): 537-43, http://dx.doi.org/10.1093/cid/ciw780. 펜실베이니아대학교 의과대학교에서 이와 비슷한 프로그램에 채택돼 성공을 거뒀는데, 이 사실을 나는 이 병원의 관리책임자이자 전염병 전문가인 닐 피시먼과 인터뷰를 하는 과정에서 알게 됐다.

제5장: 어떤 조감도

1. 나는 이글캐피털 팀과 여러 차례에 걸친 광범위한 인터뷰 그리고 이 회사의 고객들과의 대화 등을 토대로 이 이야기를 구성했다. 여기에 등장하는 세부적인 수치들은 이 회사가 제공해준 내부 문건들을 참조했다. 라베넬 커리와 베스 커리 부부의 아들인 보이킨 커리(보이킨은 이 장의 뒷부분에서 등장한다)는 2015년에 내게 연구비 명목의 장학금을 줬던 비영리단체 뉴아메리카(New America)의 이사로 재직했다. 나는 그 장학금을 받고 1년 가까이 지나서 그를 만났다. 분명히 말해두지만 내가 장학금을 받는 과정에서 그가 영향력을 행사한 것은 없다. 아울러 뉴아메리카의 그 누구도 내게 이글캐피털이나 커리 가족에 대해 글을 쓰라고 제안한 적도 없음을 밝혀둔다. 또한 뉴아메리카의 직원이나 이사회 구성원 그 누구도 이 책의 내용에 대해 어떠한 영향력을 행사하려 한 적이 없음도 밝힌다.

2. 나는 라베넬 커리가 내게 해줬던 이야기를 확인하려고 로스차일드와 2017년 4월에 인터뷰했다.

3. 이 이야기에 대한 정보는 다음에서 확인하면 된다. Jerry Z. Muller, *The Tyranny of Metrics*(Princeton, NJ: Princeton University Press, 2018). 아울러 다음을 참조할 것. Dan Honig, *Navigation by Judgment: Why and When Top Down Management of Foreign Aid Doesn't Work*(New York: Oxford University Press, 2018).

4. 다음을 참조할 것. S. Mullainathan and E. Shafir, *Scarcity: The New Science of Having Less and How It Defines Our Lives*(New York: Picador Books, 2014).

5. David J. Deming et al., "When Does Accountability Work? Texas System Had Mixed Effects on College Graduation Rates and Future Earnings," *Education Next* 16, no. 1(2016): 71-76. 아울러 다음의 자료도 참조할 것. Liz Mineo, "School Testing a Mixed Bag, Study Says," *The Harvard Gazette*, October 30, 2015, https://news.harvard.edu/gazette/story/2015/10/school-testing-a-mixed-bag-study-says/.

6. 이 내용을 위해 나는 여러 보고서들과 논문들을 참조했으며 또한 수십 명의 투자자들, 기업의 이사회 구성원들, 학계 종사자들과 인터뷰했다. 미래 목표를 희생하면서 분기별 목표에 초점을 맞추는 것, 연구개발을 포기하는 것, 단기적인 결과를 내기 위해 압력을 가하는 것, 주식 환매 등과 관련해서는 다음을 참조할 것. Jonathan Bailey and Jonathan Godsall, "Short-Termism: Insights from Business Leaders: Findings from a Global Survey of Business Leaders Commissioned by McKinsey & Company and CPP Investment Board," CPPIB and McKinsey & Company, 2013, http://www.shareholderforum.com/access/Library/20131226_McKinsey.pdf; Dominic Barton, "Capitalism for the Long Term," *Harvard Business Review*, March 2011, https://hbr.org/2011/03/capitalism-for-the-long-term; Dominic Barton, Jonathan Bailey, and Joshua Zoffer, "Rising to the Challenge of Short-Termism," FCLT Global, 2016, https://www.fcltglobal.org/docs/default-source/default-document-library/fclt-global-rising-to-the-challenge.pdf; Joseph L. Bower and Lynn S. Paine, "The Error at the Heart of Corporate Leadership," *Harvard Business Review*, May 25, 2017, https://hbr.org/2017/05/managing-for-the-long-term; Rebecca Darr and Tim Koller, "How to Build an Alliance Against Corporate Short-Termism," McKinsey & Company, 2017, https://www.mckinsey.com/business-functions/strategy-and-corporate-finance/our-insights/how-to-build-an-alliance-against-corporate-

short-termism; Alex Edmans, "Study: When CEOs' Equity Is About to Vest, They Cut Investment to Boost the Stock Price," *Harvard Business Review*, February 28, 2018, https://hbr.org/2018/02/study-when-ceos-equity-is-about-to-vest-they-cut-investment-to-boost-the-stock-price; John R. Graham, Campbell A. Harvey, and Shiva Rajgopal, "The Economic Implications of Corporate Financial Reporting," *Journal of Accounting and Economics* 40(2005): 3-73; John R. Graham, Campbell R. Harvey, and Shiva Rajgopal, "Value Destruction and Financial Reporting Decisions," *Financial Analysts Journal* 62, no. 6(2006): 27-39, https://doi.org/10.2469/faj.v62.n6.4351; William Lazonick, "Profits Without Prosperity," *Harvard Business Review*, September 2014, https://hbr.org/2014/09/profits-without-prosperity; Robert N. Palter, Werner Rehm, and Jonathan Shih, "Communicating with the Right Investors," *McKinsey Quarterly*, April 2008, https://www.mckinsey.com/business-functions/strategy-and-corporate-finance/our-insights/communicating-with-the-right-investors.

7. 다음을 참조할 것. Graham, Harvey, and Rajgopal, "Value Destruction and Financial Reporting Decisions."

8. 아래에서 전개되는 내 설명은 윌리엄슨 및 그녀의 팀과 진행한 여러 차례의 인터뷰를 토대로 한 것이다. 아래에서 언급되는 615개 회사를 대상으로 한 논문은 다음과 같다. Dominic Barton et al., "Measuring the Economic Impact of Short-Termism," McKinsey Global Institute, 2017, https://www.mckinsey.com/~/media/mckinsey/featured%20insights/long%20term%20capitalism/where%20companies%20with%20a%20long%20term%20view%20outperform%20their%20peers/mgi-measuring-the-economic-impact-of-short-termism.ashx. 이 논문은 또한 장기적인 목표를 추구하는 기업들의 누적수익은 단기적인 목표를 추구하는 기업들의 누적수익보다 평균 36퍼센트 높다는 사실을 입증했다. 미국 기업계에서 단기적인 사고가 문제라는 사실에 반박하는 사람들의 견해를 나는 지금까지 줄곧 정밀하게 살펴보고 있는데, 적어도 미국의 몇몇 기업들은 여전히 높은 수익을 기록하고 있다는 그들의 주장보다 위의 논문이 제시하는 데이터들이 훨씬 더 설득력이 있다. 그들이 하는 주장은 멸망의 순간을 눈앞에 두고 있던 이스터섬 주민들이 두 손으로 머리를 감싸고 최상의 결과가 나타나기를 기도했던 것과 다르지 않다.

9. Eric Ries, "Vanity Metrics vs. Actionable Metrics-Guest Post by Eric Ries," the blog of author Tim Ferriss, May 19, 2009, https://tim.blog/2009/05/19/vanity-metrics-vs-actionable-metrics/.

10. 벤처 투자사인 안드레센호로위츠(Andreessen Horowitz)가 내놓은 다음 분석을 추천한다. Benedict Evans, "Why Amazon Has No Profits(and Why It Works)," Andreessen Horowitz, May 22, 2018, https://a16z.com/2014/09/05/why-amazon-has-no-profits-and-why-it-works/.

11. 버핏이 2018년 2월에 주주들에게 보낸 다음 연례서한을 참조할 것. http://www.berkshirehathaway.com/letters/2017ltr.pdf. 여기에서 그는 그 투자에서 얻은 몇 가지 교훈을 이야기한다. 내기 금액은 애초에 100만 달러였지만, 양측이 결국에는 모두 버크셔해서웨이 주식에 투자를 했기 때문에 기부된 금액은 200만 달러가 넘었다.

12. 클라먼의 투자 저서의 가격은 새 책과 중고 책이 매우 다르다. 중고 책은 795달러부터 있지만 새 책은 3,000달러나 된다. 다음을 참조할 것. Brad Tuttle, "Meet the Billionaire Investing Guru Whose 27-Year-Old Book Is Now Selling for $3,000" *Time*, July 16, 2018, http://time.com/money/5338595/seth-klarman-margin-of-safety-author-value-investing/; and Andrew Ross Sorkin, "A Quiet Giant of Investing Weighs In on Trump," *The New York*

Times, February 7, 2017, https://www.nytimes.com/2017/02/06/business/dealbook/sorkin-seth-klarman-trump-investors.html.

13. Astro Teller, "The Head of 'X' Explains How to Make Audacity the Path of Least Resistance," *Wired*, April 15, 2016, https://www.wired.com/2016/04/the-head-of-x-explains-how-to-make-audacity-the-path-of-least-resistance/.

14. Deborah J. Mitchell, J. Edward Russo, and Nancy Pennington, "Back to the Future: Temporal Perspective in the Explanation of Events," *Journal of Behavioral Decision Making* 2, no. 1(1989): 25-38, https://doi.org/10.1002/bdm.3960020103. See also Gary Klein, "Performing a Project Premortem," *Harvard Business Review*, September 2007, https://hbr.org/2007/09/performing-a-project-premortem.

15. 이 데이터들은 다음에서 분석됐다. Dominic Barton and Mark Wiseman, "Focusing Capital on the Long Term," *Harvard Business Review*, January-February 2014, https://hbr.org/2014/01/focusing-capital-on-the-long-term.

16. 나는 호니그와 2018년에 인터뷰했다.

17. 폴먼이 유니레버를 인수했을 때 이 회사의 본부는 런던과 로테르담 두 곳에 있었는데, 인수 이후 그는 네덜란드에서의 사업을 지속적으로 강화해왔다. 나는 유니레버의 최고지속 가능성책임자 제프 시브라이트(Jeff Seabright)와 2017년 4월에 인터뷰를 진행했다. 폴 폴먼과 유니레버에 대해 더 자세히 알고 싶다면 다음을 참조할 것. Matthew Boyle, "Unilever Hands CEO Polman $722,000 Bonus for Sustainability Work," Bloomberg.com, March 7, 2014, https://www.bloomberg.com/news/articles/2014-03-07/unilever-hands-ceo-polman-722-000-bonus-for-sustainability-work, Michael Skapinker, "Can Unilever's Paul Polman Change the Way We Do Business?" *Financial Times*, September 29, 2016, https://www.ft.com/content/e6696b4a-8505-11e6-8897-2359a58ac7a5. 2018년 봄에 폴먼은 고위 경영진에게 주어지는 보상과 관련해 주주들이 갖고 있던 불만(이 불만은 지속 가능성의 문제와는 관련이 없다)과 맞닥뜨리기 시작했다.

18. Hugh Welsh, "An Insider's View: Why More Companies Should Tie Bonuses to Sustainability," *The Guardian*, August 11, 2014, https://www.theguardian.com/sustainable-business/2014/aug/11/executive-compensation-bonuses-sustainability-goals-energy-water-carbon-dsm.

19. 나는 베조스가 1997년에 주주들에게 보낸 이 편지를 미국 증권거래위원회 웹사이트 https://www.sec.gov/Archives/edgar/data/1018724/000119312516530910/d168744dex991.htm에서 봤지만, 여기 말고도 다른 데서 쉽게 찾아볼 수 있을 것이다. 아울러 위에서 언급한 다음 저작도 참조할 것. Evans, "Why Amazon Has No Profits(and Why It Works)".

20. 이 다른 지표들로 맥킨지의 글로벌 매니징 파트너였던 도미니크 바튼은 10년 단위 경제적 부가가치, 연구개발 효율성, 확보한 특허권의 수, 여러 해에 걸친 자본투자수익률 등을 보라고 제안한다. 바튼의 이 같은 제안은 다음을 참조할 것. Barton and Wiseman, "Focusing Capital on the Long Term".

21. 나는 하사비스를 2015년에 만났다. 그때 나는 맨 먼저 인공지능에 대해 물었다. 그리고 2016년에도 그와 전화로 인터뷰했다.

22. Kevin Maney, "Goldman Sacked: How Artificial Intelligence Will Transform Wall Street," *Newsweek*, February 26, 2017, https://www.newsweek.com/2017/03/10/how-artificial-intelligence-transform-wall-street-560637.html.

23. Howard Marks, *The Most Important Thing: Uncommon Sense for the Thoughtful Investor*(New York: Columbia Business School Publishing, 2011).

24. 유명한 회사들에서 컴퓨터로 이뤄지는 초단타 매매의 위험은 최근 들어 한층 명확해졌다. 인공지능 전문가이자 저술가인 데이비드 아우어바흐(David Auerbach)는 다음과 같이 썼다. "2012년에 나이트캐피털그룹(Knight Capital Group)은 인간이 감독할 수 있는 속도를 뛰어넘는 빠른 속도로 자동적으로 주식 거래를 하는 초단타 매매 알고리듬을 도입했다. 그런데 버그 때문에 이 시스템은 거래가 종료된 것으로 기록하지 않아서 거래가 계속 반복해 이뤄졌으며, 그 바람에 불과 1시간도 되지 않는 시간 만에 3억 달러 규모의 이 회사는 파산하고 말았다. 그로부터 1개월 뒤 피츠커피(Peet's Coffee)의 주가는 나스닥이 영업을 시작한 지 2분 만에 5퍼센트 뛰었고, 나스닥은 그 시간 동안 이뤄졌던 많은 거래를 취소했다. 그러나 허수 주문으로 주가를 조작한 범인은 끝내 드러나지 않았다. 2010년에 있었던 이른바 플래시크래시(flash crash, 주가의 일시 급락)는 펀드 트레이더 회사 워델앤리드(Waddell and Reed)가 규제받지 않는 초단타 매매를 한 결과였다(이때 다우존스 30 산업평균지수가 약 15분 만에 9퍼센트 이상 폭락했다-옮긴이). 이 초단타 매매가 순식간에 시장 전체를 뒤덮어 수천수만 건의 거래를 되돌려놓아야 했다. 2018년 2월 5일에 있었던 플래시크래시도 초단타 매매 때문이었는데, 이때 다우지수는 10분 만에 800포인트나 떨어졌다. 파생상품에서의 변동성이 증가함에 따라서 자동화된 거래가 여기에 대응하면서 일어난 일이다."

25. 내 설명은 버디 긴든을 비롯한 멕시코만 어부들과의 인터뷰 및 환경보호단체 환경보호펀드(Environmental Defense Fund) 소속으로 어장 전문가들이자 과학자 더그 랜드(Doug Rand)와 로버트 존스(Robert Jones)와의 인터뷰를 토대로 한 것이다. 시간을 내어준 이들에게 고맙다는 인사를 전한다. 또한 미국 해양대기국(National Oceanic and Atmospheric Administration)의 데이터와 어장 관리 정책을 다룬 여러 논문들을 참조했음을 밝힌다.

26. Garrett Hardin, "The Tragedy of the Commons," *Science* 162, no. 3859(1968): 1243-48, https://doi.org/10.1126/science.162.3859.1243, http://science.sciencemag.org/content/162/3859/1243; Elinor Ostrom, *Governing the Commons: The Evolution of Institutions for Collective Action*(Cambridge, England: Cambridge University Press, 1990).

27. 뉴욕대학교 스턴경영대학원의 대니얼 앨트먼(Daniel Altman)과 버먼어소시에이츠(Berman Associates)의 조너선 버먼(Jonathan Berman)이 일반적으로 '기업의 사회적 책임'으로 알려진 개념에 대한 자신들의 주장을 내놓았다. 기업의 사회적 책임이란 기업이 근거지로 삼고 있는 공동체가 맞닥뜨리는 여러 가지 문제들을 개선하기 위해 또는 자연자원을 보존하기 위해 기울이는 노력을 가리킨다. 그런데 박애주의적인 '선행'의 노력을 기울이는 많은 기업들이 이런 노력을 하위 관리자들이 해야 할 일로 규정함으로써 이런 일의 무게감을 낮춰 사회적 책임을 적은 예산을 투입해 눈 가리고 아웅 하는 식으로만 하려고 한다. 기업이 장기간에 걸쳐 성장하고 수익을 내려면 이 문제를 반드시 기업의 핵심적인 과제로 삼아야 하는데 그렇게 하지 않는다는 말이다. 앨트먼과 버먼은 장기적인 시간 지평이 근본적인 문제를 해결해줄 것이라고 믿는다. 다시 말해 기업이 사회적 책임을 다하는 데 투자할 때는 단기적인 수익을 바라지 않는다는 얘기다. 기업이 도로를 건설할 때 공동체의 위생 관련 사업에 투자하는 회사는 나중에 다른 도로를 건설할 계약을 따낼 가능성이 더 높을 수밖에 없으며, 따라서 기업의 의사결정에서 사회적 기여에 뒤따르는 장기적 이득을 고려하는 게 마땅하다고 두 사람은 주장한다. 두 사람은 또한 나이키나 타타와 같은 기업들은 자신이 속한 공동체에 기여를 함으로써 결국에는 이득을 본다는 것을 알고 있기 때문에 자신들의 공동체에 지속적으로 대규모의 투자를 한다고 바라본다. 물론 예외는 있다. 장기적인 관점을 가지고 있긴 하지만 자기 회사의 이익을 위해서 특정 지역의 수리권(水利權)을 몽땅 사버린다거나 기후 변화의 과학을 부정하는 운동을 벌이는 기업들이 그런 예외다. 장기적인 관점이 어떤 잠재성을 제시하긴 하지만, 그렇다고 해서 기업이 언제나 사회에 도움이 되는 올바른 일을 할 것이라는 보장은 없다.

다음을 참조할 것. Daniel Altman and Jonathan Berman, "The Single Bottom Line," 2011, http://library.businessethicsworkshop.com/images/Library/sblfinal%20corporate%20

citizen%20and%20profit.pdf; and Daniel Altman and Jonathan Berman, "Explaining the Long-Term Single Bottom Line(SSIR)," *Stanford Social Innovation Review*, June 24, 2011, https://ssir.org/articles/entry/explaining_the_long-term_single_bottom_line.

28. 어장의 회복은 연방 정부의 어장 프로그램으로 입증됐다. 이 프로그램은 미국 국립해양대기국의 감독을 받으며 환경보호펀드 소속 과학 전문가들과 정책 전문가들의 확인을 받고 또한 내가 인터뷰했던 어부들과 협력한다. 그럼에도 불구하고 상업적인 용도의 어획량 할당 제도의 성공은 지금 여가 활동으로 이뤄지는 붉돔 낚시가 지나치게 늘어나면서 위협을 받고 있다. 붉돔 낚시의 경우에는 어획량 할당 제도와 같은 규제 장치가 없기 때문이다.

29. Anna M. Birkenbach, David J. Kaczan, and Martin D. Smith, "Catch Shares Slow the Race to Fish," *Nature* 544, no. 7649(2017): 223-26, https://doi.org/10.1038/nature21728.

30. 맥킨지가 전세계의 1,000명이 넘는 이사회 구성원들 및 최고경영진을 대상으로 실시한 어떤 조사는 이들 가운데 86퍼센트가 장기적인 관점의 의사결정이 회사의 경영 성과를 개선해 강력한 수익과 혁신을 가져다줄 것으로 생각한다는 사실을 확인했다. 2013년 맥킨지와 캐나다의 한 기관이 공동으로 진행한 이 조사의 내용은 다음을 참조할 것. Dominic Barton and Mark Wiseman, "Investing for the Long Term," McKinsey & Company, December 2014, https://www.mckinsey.com/industries/private-equity-and-principal-investors/our-insights/investing-for-the-long-term.

31. 내가 여기에 쓴 내용은 샤이크와 했던 인터뷰를 토대로 한 것이다. 다음 논문은 이와 관련된 내용을 상세히 설명해준다. Craig Giammona, "Panera CEO Knocks Wall Street Culture That Celebrates Activists," Bloomberg.com, August 22, 2017, https://www.bloomberg.com/news/articles/2017-08-22/panera-ceo-knocks-wall-street-culture-that-celebrates-activists.

내가 알고 있는 패스트캐주얼 프랜차이즈의 또 다른 CEO인 플린홀딩스(Flynn Holdings)의 그렉 플린(Greg Flynn)은 기업을 공개해 주식시장에 상장하지 않고 개인 소유로 계속 붙들고 있다. 주식시장에 상장할 경우에는 분기별 수익에 따라서 주주들이 경영진에 압박을 가할 것이며, 결국에는 기업의 장기적인 목표와 어긋나는 방향으로 회사가 운영될 수밖에 없을 것이라고 판단했기 때문이다. 그런데 사모펀드에 대한 플린의 경험 역시 좋지 않았다. 사모펀드가 비록 주식시장에서처럼 분기별 성적에 매여 있지 않긴 하지만 그래도 역시 단기적인 관점을 가지고 있기 때문이다. 2001년에 그는 기업의 덩치를 키워서 보다 많은 식당을 인수하려고 그런 투자자들을 받아들였다. 하지만 몇 년 지나지 않아서 그 투자자들은 높은 수익을 챙긴 다음 빠져나갈 생각만 했다. 플린은 규모가 한층 더 큰 사모펀드를 동원해 기존의 투자를 인수해버릴까 하는 생각도 했지만 결국 포기했다. 그리고 보다 더 장기적인 투자자인 온타리오교사연금계획(Ontario Teachers' Pension Plan)과 손을 잡기로 했다. 그는 어떤 친구를 통해 캐나다의 기관투자자들이 장기적인 성장 전망을 가지고 있는 기업들을 대상으로 직접투자를 한다는 말을 들었으며, 훗날 그들이 플린홀딩스에 3억 달러를 기꺼이 투자하려 한다는 사실이 드러났던 것이다.

플린에 대해 보다 더 많은 것을 알고 싶다면 다음을 참조할 것. Amy Feldman, "The Super Sizer: How Greg Flynn Became America's Largest Restaurant Franchisee with $1.9B Revenues," *Forbes*, August 24, 2016, https://www.forbes.com/sites/amyfeldman/2016/08/24/the-super-sizer-how-greg-flynn-became-americas-largest-restaurant-franchisee-with-1-9b-revenues/#1639d56624b9. 플린과 샤이크가 추구했던 전략에 대해 보다 더 많은 것을 알고 싶다면 다음을 참조할 것. Joseph Cotterill, "'Direct Investors' a Growing Force in Private Markets," *Financial Times*, June 16, 2015, https://www.ft.com/content/5b002968-1404-11e5-9bc5-00144feabdc0.

32. 현재 JAB홀딩컴퍼니를 이끌고 있는 지도자들은 인종차별주의적인 과거 및 나치와 관련된 것

들을 떨쳐내려 노력하고 있다. 다음을 참조할 것. Katrin Bennhold, "Nazis Killed Her Father. Then She Fell in Love with One," *The New York Times*, June 14, 2019, https://www.nytimes.com/2019/06/14/business/reimann-jab-nazi-keurig-krispy-kreme.html.

33. 다음을 참조할 것. Tara Lachapelle, "Jamie Dimon Forgot to Mention Mergers Are Part of the Problem," Bloomberg.com, April 5, 2017, https://www.bloomberg.com/gadfly/articles/2017-04-05/jamie-dimon-forgot-to-mention-mergers-are-part-of-the-problem. 아울러 다음을 참조할 것. Dimon's 2016 annual shareholder letter to JPMorgan Chase: https://www.jpmorganchase.com/corporate/investor-relations/document/ar2016-ceolettershareholders.pdf.

34. 이런 기업들에 대해 보다 많은 정보는 http://benefitcorp.net에서 볼 수 있다.

35. Robert D. Atkinson and Luke A. Stewart, "University Research Funding: The U.S. Is Behind and Falling," Information Technology & Innovation Foundation, 2011, https://itif.org/publications/2011/05/19/university-research-funding-united-states-behind-and-falling; OECD, OECD *Science, Technology and Industry Outlook 2014*(Paris: OECD Publishing, 2014), https://doi.org/10.1787/sti_outlook-2014-en; President's Council of Advisors on Science and Technology(PCAST), "Report to the President. Transformation and Opportunity: The Future of the U.S. Research Enterprise," Executive Office of the President, 2012, https://obamawhitehouse.archives.gov/sites/default/files/microsites/ostp/pcast_future_research_enter prise_20121130.pdf.

36. Lynn A. Stout, "The Corporation as Time Machine: Intergenerational Equity, Intergenerational Efficiency, and the Corporate Form," *Seattle University Law Review* 38, no. 2(2015), https://digitalcommons.law.seattleu.edu/sulr/vol38/iss2/18/.

37. 이 잦은 손 바뀜 현상은 다음의 자료가 잘 입증하며 뉴욕증권거래소의 데이터도 이런 사실을 지지한다. Stout, "The Corporation as Time Machine".

38. 홀데인은 이 원고를 쓰고 있는 시점 기준으로 잉글랜드은행의 재정건전성 담당 이사였다. 다음을 참조할 것. Andrew Haldane, "Patience and Finance," Oxford China Business Forum speech, September 9, 2010, https://www.bis.org/review/r100909e.pdf; and Andrew Haldane and Richard Davies, "The Short Long," in *New Paradigms in Money and Finance?* 29th Société Universitaire Européene de Recherches Financières Colloquium, May 2011, https://www.bankofengland.co.uk/-/media/boe/files/speech/2011/the-short-long-speech-by-andrew-haldane.

39. American Prosperity Project, "A Nonpartisan Framework for Long-Term Investment," Aspen Institute report, 2016, https://www.aspeninstitute.org/programs/business-and-society-program/american-prosperity-project/. 또 다른 선택은 진정한 장기 투자에 대한 보상을 해주는 방향으로 양도소득세의 징수 체계를 바꾸는 것이다. 현재 양도소득세는 2가지 경우로만 나뉘어 부과된다. 즉, 1년 미만의 기간 동안 투자하는 사람들에게는 상대적으로 높은 세금을 매기고 1년 이상 투자하는 사람들에게는 상대적으로 낮은 세금을 매기게 돼 있다. 하지만 이런 기준으로는 주식을 5년 또는 그보다 더 길게 갖고 있는 사람들에게 보다 큰 보상이 돌아가지 않는다. 국세청의 조세 규정을 바꿈으로써 장기 투자를 하는 사람들에게, 특히 작은 기업에 장기 투자를 하는 사람들에게 더 많은 보상이 돌아가게 하는 한편, 1년 이내에 주식을 파는 사람들은 벌칙을 받을 수 있게 할 수 있다.

40. 다음을 참조할 것. Dominic Barton, "Capitalism for the Long Term," *Harvard Business Review*, March 2011, https://hbr.org/2011/03/capitalism-for-the-long-term.

41. Alexander Osipovich and Dennis K. Berman, "Silicon Valley vs. Wall Street: Can the

New Long-Term Stock Exchange Disrupt Capitalism?" *The Wall Street Journal*, October 16, 2017, https://www.wsj.com/articles/silicon-valley-vs-wall-street-can-the-new-long-term-stock-exchange-disrupt-capitalism-1508151600?mod=e2tw.

제6장: 반짝이 폭탄

1. 내가 하는 설명은 다수의 과학자들과 농부들과의 인터뷰 및 2016년에 랜드연구소를 여러 차례 방문했던 경험을 근거로 한 것이다. 다음에 소개하는 저작들은 다년생 곡물에 대해 보다 많은 사실을 알려주는데, 내가 수행한 연구조사에 기본 지식을 제공했다. J. D. Glover et al., "Increased Food and Ecosystem Security via Perennial Grains," *Science* 328, no. 5986(2010): 1638-39, https://doi.org/10.1126/science.1188761; Stan Cox, "Ending 10000 Years of Conflict Between Agriculture and Nature," 2008, Science in Society Archive, http://www.i-sis.org.uk/Ending10000YearsOfConflict.php; Timothy E. Crews et al., "Going Where No Grains Have Gone Before: From Early to Mid-Succession," *Agriculture, Ecosystems & Environment* 223(2016): 223-38, https://doi.org/10.1016/j.agee.2016.03.012; Jerry D. Glover, Cindy M. Cox, and John P. Reganold, "Future Farming: A Return to Roots?" *Scientific American* 297, no. 2(2007): 82-89, https://doi.org/10.1038/scientificamerican0807-82; Daniel A. Kane, Paul Rogé, and Sieglinde S. Snapp, "A Systematic Review of Perennial Staple Crops Literature Using Topic Modeling and Bibliometric Analysis," *PLOS One* 11, no. 5(2016), https://doi.org/10.1371/journal.pone.0155788; I. Lewandowski, "The Role of Perennial Biomass Crops in a Growing Bioeconomy," in *Perennial Biomass Crops for a Resource Constrained World*, ed. Susanne Barth et al.(Cham, Switzerland: Springer Nature, 2016), pp. 3-13, https://doi.org/10.1007/978-3-319-44530-4_1.

2. 그 시대의 역사에 대해 보다 더 많은 것을 알고 싶은 사람에게는 다음 책을 추천한다. Timothy Egan, *The Worst Hard Time: The Untold Story of Those Who Survived the Great American Dust Bowl*(Boston: Houghton Mifflin, 2013).

3. 앞에서 언급한 힐리스와의 인터뷰 및 스튜어트 브랜드와의 인터뷰를 토대로 했다. 또한 다음을 참조할 것. Stewart Brand, *The Clock of the Long Now: Time and Responsibility: The Ideas Behind the World's Slowest Computer*(New York: Basic Books, 2008).

4. Rachel Sussman, *The Oldest Living Things in the World*(Chicago: University of Chicago Press, 2014).

5. 나는 로젠탈과 여러 차례 인터뷰를 했다. 그 가운데는 내가 다음 글을 쓸 때 했던 인터뷰도 포함돼 있다. "The Race to Preserve Disappearing Data," *The Boston Globe*, May 17, 2015, https://www.bostonglobe.com/ideas/2015/05/16/the-race-preserve-disappearing-data/0KPHAx5iK6jaLIvWQqIl4O/story.html.

6. 이 부분의 묘사는 포프 감독의 과거 동료였던 사람과의 인터뷰 및 다음 기사들을 참조했다. NBA 문화에 대해 보다 더 많은 것을 알고 싶다면 다음을 참조할 것. Sam Hinkie's resignation letter at https://www.espn.com/pdf/2016/0406/nba_hinkie_redact.pdf. 아울러 다음을 참조할 것. Todd Whitehead, "NBA Teams Are Resting Players Earlier and Earlier," FiveThirtyEight, March 31, 2017, https://fivethirtyeight.com/features/nba-teams-are-resting-players-earlier-and-earlier/; Kevin Arnovitz, "The NBA's Culture Warriors," ESPN Internet Ventures, May 23, 2017, http://www.espn.com/nba/story/_/page/presents19431278/the-warriors-spurs-fighting-soul-game; Chris Herring, "The Spurs Have Evolved Their Way

to Greatness," FiveThirtyEight, May 12, 2017, https://fivethirtyeight.com/features/the-spurs-have-evolved-their-way-to-greatness/, Ramona Shelburne, "Adam Silver: Resting Star Players 'a Significant Issue for the League,' " ESPN Internet Ventures, March 20, 2017, http://www.espn.com/nba/story/_/id/18962901/resting-star-players-significant-issue-league; and Mark C. Drakos et al., "Injury in the National Basketball Association: A 17-Year Overview," *Sports Health: A Multidisciplinary Approach* 2, no. 4(2010): 284-90, https://doi.org/10.1177/1941738109357303.

7. 이 곡물들의 포장지에는 랜드연구소 표식이 찍혔으며, 이 곡물들은 '컨자(Kernza)'라고 불렸다.

8. Jared Diamond, *Collapse: How Societies Choose to Fail or Succeed*(New York: Penguin, 2011).

9. 이 만남은 2017년 3월 도쿄에서 이뤄졌다. 나는 본문에서 묘사하는 현상을 입증하는 회사 기밀 프레젠테이션을 봤다.

10. A. V. Banerjee et al., "Improving Immunisation Coverage in Rural India: Clustered Randomised Controlled Evaluation of Immunisation Campaigns with and Without Incentives," *The BMJ* 340(2010): c2220, https://doi.org/10.1136/bmj.c2220.

11. 내가 묘사하는 내용은 2017년에 로와 했던 인터뷰와 다음을 토대로 한 것이다. Jose-Maria Fernandez, Roger M. Stein, and Andrew W. Lo, "Commercializing Biomedical Research Through Securitization Techniques," *Nature Biotechnology* 30, no. 10(2012): 964-75, https://doi.org/10.1038/nbt.2374.

12. Tim Brady, "The Orteig Prize," *Journal of Aviation/Aerospace Education & Research* 12, no. 1(2002), https://doi.org/10.15394/jaaer.2002.1595.

13. Dava Sobel, *Longitude: The True Story of a Lone Genius Who Solved the Greatest Scientific Problem of His Time*(New York: Bloomsbury, 2007).

14. Alex Davies, "An Oral History of the Darpa Grand Challenge, the Grueling Robot Race That Launched the Self-Driving Car," *Wired*, August 3, 2017, https://www.wired.com/story/darpa-grand-challenge-2004-oral-history/.

15. 상금을 내거는 행위는 달성돼야 할 어떤 위업을 이상적으로 상상한다. 그러나 예컨대 자율주행 자동차로 사막을 빠르고 안전하게 횡단한다거나 루게릭병의 치료제를 개발한다거나 하는 것처럼 그 위업을 실행하는 방식이 아니며, 특별한 기술을 개발하거나 특수한 치료 유형을 만드는 것이 아니다. "상금이 걸린 경쟁은 문제를 해결할 여러 가지 가능한 방법들을 미해결 상태로 남겨둘 수 있다"고, 오늘날의 혁신상을 연구해오고 있는 하버드대학교 경영대학원 교수 카림 라크하니(Karim Lakhani)는 말한다. 어떤 상을 이런 식으로 설계하는 것은 해당 분야에서 멀리 떨어져 있는 사람들의 발상을 이끌어낸다. 예컨대 1774년에 아이작 뉴턴과 영국 왕실이 제정했던 경도상 수상자가 뉴턴이 예상했던 것처럼 천문학자가 아니라 시계 제조공이었던 것처럼 말이다. 혁신상이 유행하는 것에 대해서는 점점 더 많은 연구 저작들이 나오는데, 두드러진 것들만 제시하면 다음과 같다. "And the Winner Is...: Capturing the Promise of Philanthropic Prizes," McKinsey & Company, July 2009, accessed at https://www.mckinsey.com/~/media/mckinsey/industries/social%20sector/our%20insights/and%20the%20winner%20is%20philanthropists%20and%20governments%20make%20prizes%20count/and-the-winner-is-philanthropists-and-governments-make-prizes-count.ashx; and Fiona Murray et al., "Grand Innovation Prizes: A Theoretical, Normative, and Empirical Evaluation," *Research Policy* 41, no. 10(2012): 1779-92, https://doi.org/10.1016/j.respol.2012.06.013.
상금이 현재의 편견을 극복하는 데 도움이 되는 한 가지 이유는, 상금을 두고 다른 사람들과 벌이는 경쟁이 경우에 따라서는 사람들도 하여금 찬사와 경의의 대상이 되는 보상을 보다 높게 평가하도록 유도하기 때문이다. 캘리포니아대학교 샌디에이고 캠퍼스 심리학과 교수인 니콜라스 크리스텐펠드(Nicholas Christenfeld)는 짝 맺기 경쟁을 다룬 여러 논문들을 통해 이 현상을 입증해오고 있다. 그의 견해에 따르면 사회적인 경쟁은 사람들로 하여금 평소에는 중요하게 여기지 않을 것을 중요하게 여기도록 동기를 부여해 오랜 시간에 걸쳐 계속해서 그 욕망의 대상으로 붙잡으려 하게 만든다. 이런 종류의 경쟁은 만약 그 욕망의 대상이 본인이 실제로 좋아하지 않는 사람과 짝이 맺어지는 것일 경우에는 해로울 수 있지만, 사회적인 문제나 과학적인 문제를 해결하고자 하는 것일 경우에는 긍정적일 수 있다. 그렇지만 상금 액수는 후보자들이 들여야 하는 노력에 비추어서 적절할 필요가 있다. 예를 들어 2,000달러 상금은 민간업자가 우주선을 우주 궤도에 쏘아 올리도록 유도하기에는 상금 규모가 너무 적다. 몇몇 경우에는 혁신상 경쟁에서 이겨서 상금을 받을 때 누릴 수 있는 혜택, 즉 그 상금에서 비롯되는 상업적 기회의 가치는 실제 상금의 가치를 훌쩍 뛰어넘기도 한다. 왜냐하면 해당 위업을 달성하는 데 동원된 기술과 관련된 시장이 활짝 열리기 때문이다. 투자 회사 센터뷰파트너스(Centerview Partners)의 부회장인 블레어 에프론(Blair Effron)은 이런 상들은 많은 경우에 특허권을 확보할 수 있다고 주장한다. 곧바로 발명과 발견을 보상으로 받을 수 있을뿐더러 보다 많은 사람들이 공유하고 사용하도록 만드는 분위기가 조성되기 때문이다. 그래서 이 상금은 미래의 혁신에 대한 효과적인 계약금이 된다.

상금이 걸린 경쟁이 뜨거워지면 사람들의 상상력을 사로잡아 터무니없을 수도 있는 어떤 위업이 충분히 가능하게 보이도록 만든다. 사람들로 하여금 머지않은 미래에 그 문제(또는 프로젝트)가 해결될 것이라 상상하게 만들고 그 일에 도전하게 만든다. 1961년 존 F. 케네디 대통령이 10년 안에 인간을 달에 착륙시키겠다고 했던 약속은 상금을 건 경쟁이 아니었다. 그러나 상금을 건 경쟁과 비슷하게 담대한 결과를 상상하게 만들었다. 그래서 당대 사람들을 사로잡았을 뿐만 아니라 미래 과학자들과 엔지니어들이 그 일에 도전하도록 고무시켰다. 그것은 또한 소련의 우주 계획을 상대로 한 경쟁이기도 했는데, 소련은 이미 그 몇 해 전에 우주선 스푸트니크호를 발사했고 이 일이 인간의 달 착륙이라는 위업을 고무시켰다. 치열한 경쟁 덕분에 사람들이 현재의 여러 걸림돌을 극복하는 경우가 자주 일어난다. 1990년대에 과학자들이 인간의 유전자 배열을 두고 벌이던 경쟁에서 실제로 그랬다. 한 집단이 해당 정보를 누구든 사용할 수 있도록 공유할 때 다른 집단은 이를 민간 기업의 소유물로 만들곤 했다.

한 사회가 필요로 하는 모든 탐구와 조사에 상금이 만병통치약은 아니라는 점은 지적해둘 필요가 있을 것 같다. 모든 발견이 다 우리가 상상할 수 있는 어떤 것은 아니다. 사실 삶을 바꿔놓은 많은 기술들이 열띤 탐구가 아니라 순전히 호기심을 즐기는 과정에서 발생했는데, 이런 일은 역사 속에서 늘 있었다. 상하이와 뉴욕의 반짝이는 스카이라인, 사막을 가로지르는 야간열차, 전기드릴, 컴퓨터, 수없이 많은 편의용품과 기술들이 마이클 패러데이(Michael Faraday)가 1930년대에 전기장을 이용해 실시한 온갖 실험을 토대로 한 것인데, 당시 이런 실험은 경박하고 하찮게만 여겨졌다. 아인슈타인의 상대성 이론에 의존한 물리학자들이 없었더라면 GPS도 우리를 엉뚱한 장소로 안내할 것이다. 그러나 아인슈타인은 상대성 이론을 연구할 때 미래의 내비게이션 기능을 염두에 뒀던 게 아니라 순전히 우주와 시간에 대한 호기심 때문에 그 이론에 몰두했다. 혁신이라는 위업들을 아무것도 없이 상상할 수는 없다. 아직 알려지지 않은 어떤 것에 대한 호기심을 가지고 거기에 푹 빠져야 한다. 미래에 놓여 있는 것들 가운데 정말 많은 것들은 아직 상상하기 어려울지 모른다. 상상이 불가능한 것들도 있을 것이다. 하지만 그런 것들이 세상을 바꿀 수 있다. 새로운 발견이 되든 재앙이 되든 간에 말이다.

제7장: 지옥 또는 최고 수위

1. 다음을 참조할 것. Jared Diamond, *Collapse: How Societies Choose to Fail or Succeed*(New York: Penguin, 2011).

2. 그린 다이아몬드 사업을 둘러싸고 벌어졌던 싸움을 재구성하면서 나는 다양한 자료들을 토대로 삼았다. 재판과 관련된 온갖 문건과 서류들, 분쟁 당사자들 및 외부의 전문가들, 처음 문제가 된 이후로 지역 및 전국 차원의 미디어가 작성한 기사들, 정부의 지도들, 내가 직접 작성한 보고서와 방문했던 웹사이트들이 그런 자료들이며 내가 획득한 지식의 출처다. 이 사건과 관련된 지식과 정보를 일부러 자기 시간을 들여 내게 전해주고 가르쳐준 많은 이들에게 고마운 마음을 전한다. 엄청나게 많은 시간과 노력을 투자해 나를 도와 재판 관련 문서들을 발굴하고 핵심 쟁점들을 정리해준 뮬런 테일러가 특히 고맙다. 또한 리치랜드 카운티에서 일어났던 일에 처음 관심을 갖게 해준 사만다 메드록에게도 감사의 인사를 전하고 싶다.

3. Michael Grunwald, "For S.C. Project, a Torrent of Pressure; Developer Wins Reprieve from FEMA on $4 Billion Project in Columbia Flood Plain," *The Washington Post*, July 13, 2001, http://www.highbeam.com/doc/1P2-469170.html?refid=easy_hf.

4. *GAO's 2017 High Risk Report: 34 Programs in Peril: Hearing Before the Committee on Oversight and Government Reform, House of Representatives, One Hundred Fifteenth Congress, First Session, February 15, 2017*, https://oversight.house.gov/hearing/gaos-2017-high-risk-report-34-programs-peril/.

5. Mary Williams Walsh, "A Broke, and Broken, Flood Insurance Program," *The New York Times*, November 4, 2017, https://www.nytimes.com/2017/11/04/business/a-broke-and-broken-flood-insurance-program.html?smid=tw-share.

6. 이와 관련한 논의의 출처는 정부 자료와 미국 연방재난관리청의 자치단체 등급체계(Community Rating System)다. https://www.fema.gov/community-rating-system.

7. Howard Kunreuther, Robert Meyer, and Erwann Michel-Kerjan, "Overcoming Decision Biases to Reduce Losses from Natural Catastrophes," Risk Management and Decision Processes Center, The Wharton School, University of Pennsylvania, 2009, http://opim.wharton.upenn.edu/risk/library/C2009_HK,RJM,EMK.pdf.

8. Multihazard Mitigation Council(K. Porter, principal investigator), *Natural Hazard Mitigation Saves 2017 Interim Report: An Independent Study*(Washington, DC: National Institute of Building Sciences, 2017).

9. Joseph E. Stiglitz, Amartya Sen, and Jean-Paul Fitoussi, *Mismeasuring Our Lives: Why GDP Doesn't Add Up*(New York: New Press, 2010).

10. 다음을 참조할 것. Diamond, *Collapse*.

11. Tyler Cowen, *Stubborn Attachments: A Vision for a Society of Free, Prosperous, and Responsible Individuals*(San Francisco: Stripe Press, 2018).

12. Maria Cheng and Raphael Satter(Associated Press), "Emails Show the World Health Organization Intentionally Delayed Calling Ebola a Public Health Emergency," Business Insider, March 20, 2015, https://www.businessinsider.com/report-the-world-health-organization-resisted-declaring-ebola-an-international-emergency-for-economic-reasons-2015-3.

13. 위의 자료.

14. Barbara W. Tuchman, *The March of Folly: From Troy to Vietnam*(New York: RanＷ-dom House Trade Paperbacks, 2014).

15. 내 설명은 인터뷰 자료와 재판 관련 문서들 그리고 미틀비치의 역사를 다룬 다음 책을 토대로 한 것이다. Susan Hoffer McMillan, *Myrtle Beach and the Grand Strand*(Charleston, SC: Arcadia, 2004).

16. Barbara W. Tuchman, *The March of Folly: From Troy to Vietnam*(New York: Random

House Trade Paperbacks, 2014).

17. My account was informed by interviews, court documents, and Susan Hoffer McMillan's history of Myrtle Beach, *Myrtle Beach and the Grand Strand*(Charleston, SC: Arcadia, 2004).

18. 다음을 참조할 것. Tuchman, *The March of Folly*.

19. 다음을 참조할 것. http://mo.ibrahim.foundation/prize/.

20. *Citizens United v. Federal Election Commission*, U.S. Supreme Court, 2010, https://www.supremecourt.gov/opinions/09pdf/08-205.pdf.

21. Ashley Balcerzak, "Statehouses, Not Congress, Hosting Biggest Political Money Fights," *Time*, August 31, 2017, http://time.com/4922560/statehouses-congress-money-fights-campaign-finance/.

22. Debra Hamel, *Reading Herodotus: A Guided Tour through the Wild Boars, Dancing Suitors, and Crazy Tyrants of The History*(Baltimore: Johns Hopkins University Press, 2012).

23. Robert O'Neill, "Teaching in Time: Using History to Teach Future Public Policy Practitioners," *Harvard Kennedy School Magazine*, 2017, https://www.hks.harvard.edu/more/alumni/hks-magazine/teaching-time-using-history-teach-future-public-policy-practitioners.

24. Amanda H. Lynch and Siri Veland, *Urgency in the Anthropocene*(Cambridge, MA: MIT Press, 2018).

25. Vincent Scully, *American Architecture and Urbanism*(New York: Frederick A. Praeger, 1969), p. 143.

26. J. D. Echeverria, "Making Sense of Penn Central," *UCLA Journal of Environmental Law and Policy* 23, no. 2(2005), https://escholarship.org/uc/item/0vz8057f.

27. Penn Central Transportation Co. et al. v. New York City et al., Supreme Court of the United States, 438 U.S. 104(decided June 26, 1978), accessed at http://law2.umkc.edu/faculty/projects/ftrials/conlaw/penncentral.html.

28. U.S. Department of Commerce and NOAA, "Historic Flooding— October 1-5, 2015," National Weather Service, October 29, 2015, https://www.weather.gov/chs/HistoricFlooding-Oct2015.

제8장: 역사의 교훈

1. 이 사건들에 대한 설명은 신문 기사, 책, 그리고 새라 모리스(Sarah Morris)의 탁월한 다큐멘터리 단편영화 〈1972〉를 토대로 했다. 이 책에 등장하는 사람들 대부분을 인터뷰했지만, 불행하게도 지버는 인터뷰하지 못했다. 그래도 모리스가 완성한 인터뷰로 간접적으로나마 지버를 관찰할 수 있어서 무척 다행이었고, 이 부분은 모리스에게 고마울 따름이다. 또한 알렉산더 볼프가 뮌헨올 림픽 및 지버의 역할에 재구성한 글은 큰 도움이 됐다. 핵심적인 자료를 열거하면 다음과 같다. Aaron J. Klein and Mitch Ginsburg, *Striking Back: The 1972 Munich Olympics Massacre and Israel's Deadly Response*(New York: Random House Trade Paperbacks, 2007); Sarah Morris, dir., *1972*(Germany, 2008); "Horror and Death at the Olympics," *Time*, September 18, 1972; Alexander Wolff, "When the Terror Began," *Time*, August 25, 2002; Alexander Wolff, "In Reconstructing Munich Massacre, I Learned History Is Ever-Present," SI.com, July 26, 2012, https://www.si.com/more-sports/2012/07/26/munich-massacre-40-years-later.

2. Robert J. Meyer and Howard Kunreuther, *The Ostrich Paradox: Why We Underprepare for Disasters*(Philadelphia: Wharton Digital Press, 2017).

3. James M. Acton and Mark Hibbs, "Why Fukushima Was Preventable," Carnegie Endowment for International Peace, 2012, https://carnegieendowment.org/files/fukushima.pdf.

4. 오나가와에는 문화적 규범이 설정돼 있었다. 야노스케 히라이가 큰 역할을 함으로써 마련된 이 규범은 2011년 사건 때 마을이 보다 더 안전할 수 있었다. 다음을 참조할 것. Airi Ryu and Najmedin Meshkati, "Culture of Safety Can Make or Break Nuclear Power Plants," *The Japan Times*, March 11, 2014, https://www.japantimes.co.jp/opinion/2014/03/14/commentary/japan-commentary/culture-of-safety-can-make-or-break-nuclear-power-plants/#.W3wv8dhKiso.

5. Lucius Annaeus Seneca, *Naturales Quaestiones*, trans. Thomas H. Corcoran(Cambridge, MA: Harvard University Press, 1971).

6. D. S. Saint-Victor and S. B. Omer, "Vaccine Refusal and the Endgame: Walking the Last Mile First," *Philosophical Transactions of the Royal Society B: Biological Sciences* 368, no. 1623(2013), https://doi.org/10.1098/rstb.2012.0148.

7. 다음을 참조할 것. Meyer and Kunreuther, *The Ostrich Paradox*.

8. 다음을 참조할 것. Nate Silver, *The Signal and the Noise: The Art and Science of Prediction*(New York: Penguin, 2012); and *The Financial Crisis Inquiry Report: Final Report of the National Commission on the Causes of the Financial and Economic Crisis in the United States*(Washington, DC: Government Printing Office, 2011), pp. 147-48, https://www.gpo.gov/fdsys/pkg/GPO-FCIC/pdf/GPO-FCIC.pdf.

9. 이 내용의 원고를 쓰기 위해 나는 매티스를 인터뷰했으며 그의 철학을 다룬 미디어의 여러 글들을 참조했다. 적을 주제로 한 매티스의 여러 연구들은 역사의 진행에 따라서 이뤄졌다. 오사마 빈 라덴, 보다 최근에는 ISIS가 히틀러처럼 공포(비록 공포가 그때와는 다른 형태로 드러나긴 했지만)를 사용했다고 매티스는 말했다. "자신이 원하는 것을 손에 넣고 달성하는 데서 공포가 얼마나 소중한 가치가 있는지 그들은 잘 알고 있다."

10. Richard E. Neustadt and Ernest R. May, *Thinking in Time: The Uses of History for Decision Makers*(New York: Free Press, 1988).

11. OECD, "Preservation of Records, Knowledge and Memory Across Generations(RK and M): Markers— Reflections on Intergenerational Warnings in the Form of Japanese Tsunami Stones," Nuclear Energy Agency of the OECD(NEA), 2014, https://www.oecd-nea.org/rwm/docs/2014/rwm-r2014-4.pdf.

12. 이 설명은 직접적인 인터뷰들과 여러 차례의 현장 방문, 미국 환경보호국(Environmental Protection Agency)의 문서들 그리고 메타포이세트역사사회박물관(Mattapoisett Historical Society Museum)의 자료를 토대로 했다. 이 자치단체가 이토록 노력을 기울이고 있음을 가르쳐준 데 대해 제리 바이스에게 고마운 마음을 전한다.

13. Nassim Nicholas Taleb, *The Black Swan: The Impact of the Highly Improbable*(New York: Penguin, 2008).

14. Katharine Mach and Miyuki Hino, "What Climate Scientists Want You to See in the Floodwaters," *The New York Times*, September 2, 2017, https://www.nytimes.com/2017/09/02/opinion/climate-hurricanes-flooding-harvey.html.

15. Peter Schwartz, *The Art of the Long View: Planning for the Future in an Uncertain World*, 2nd ed.(New York: Doubleday Currency, 1996).

16. 나는 레일턴과 2017년 9월에 인터뷰했다. 그의 관점은 허리케인 예측에서의 '불확실성의 원뿔'에 대한 대응 연구들에 의해서 정당성이 입증됐다. 불확실성의 원뿔에 관해서는 제1장의 주에서 다뤘다. 아울러 다음을 참조할 것. Martin E. P. Seligman et al., *Homo Prospectus*(Oxford: Oxford University Press, 2017).

17. 제1장에서 언급했던 서던도프와의 인터뷰에서 그는 사람들에게 생생하면서도 부정적인 미래 시나리오를 제시할 때는 조심해야 한다고 믿었다. 만일 미래가 지나치게 암울하면 현재의 여러 선택이 무의미해져버리기 때문이다. 예를 들어 어떤 연구 결과에 따르면 조기 사망의 위험이 매우 높다는 말을 흡연자에게 했을 때 이 흡연자는 그 직후에 담배를 예전보다 더 많이 피웠다. 다른 한편으로 미래를 어렵지 않게 바꿀 수 있는 것처럼 보일 경우(그리고 한층 나쁜 결과를 피하는 게 가능하게 보일 경우)에 사람들은 대담해져서 미래에 보다 많은 가치를 부여한다. 서던도프는 이렇게 말했다. "낙관주의는 미래를 보다 낫게 만들 수 있는 전략입니다. 왜냐하면 사람들로 하여금 미래를 그렇게 만들고 싶도록 마음을 돌려놓기 때문이죠."

18. Robert J. Meyer and Howard Kunreuther, *The Ostrich Paradox: Why We Underprepare for Disasters*(Philadelphia: Wharton Digital Press, 2017).

19. 나는 수아레스와 2014년부터 2017년까지 여러 차례 인터뷰했다. 또한 그가 만든 게임들을 사람들이 플레이하는 모습을 지켜봤고 내가 직접 그 게임들을 해보기도 했다. 또한 다음을 참조할 것. Pablo Suarez, "Rethinking Engagement: Innovations in How Humanitarians Explore Geoinformation," *ISPRS International Journal of Geo-Information* 4, no. 3(2015): 1729-49, https://doi.org/10.3390/ijgi4031729.

20. 페를라와 인터뷰했고 또한 이 주제로 그가 썼던 글을 참조했다. 특히 다음 책에 나오는 것을 참조했는데, 이 부분에는 미국 해군대학의 워게임들이 포함돼 있다. Peter P. Perla, *The Art of Wargaming: A Guide for Professionals and Hobbyists*(Annapolis, MD: Naval Institute Press, 1990).

21. Steven A. Sloman and Philip Fernbach, *The Knowledge Illusion: Why We Never Think Alone*(New York: Riverhead Books, 2017).

22. 프로스트와 맥카운과 인터뷰를 진행했으며, 믿을 만한 출처의 여러 인터뷰로 그 내용을 확인했다.

23. Thomas Schelling, "The Role of Wargames and Exercises," in *Managing Nuclear Operations*, ed. Ashton B. Carter, John D. Steinbruner, and Charles A. Zraket(Washington, DC: Brookings Institution Press, 1987), pp. 426-44.

24. Jane Mayer, *The Dark Side: The Inside Story of How the War on Terror Turned into a War on American Ideals*(New York: Doubleday, 2008).

25. 일부러 시간을 내어 기후 게임의 세부적인 사항들을 가르쳐주고 또 게임으로 얻을 수 있는 것에 대한 내 인식의 지평을 넓혀준 다냐 루모어(Danya Rumore)에게 감사한다. 연구를 통해 발견한 사실을 알고 싶으면 다음을 참조할 것. Danya Rumore, Todd Schenk, and Lawrence Susskind, "Role-Play Simulations for Climate Change Adaptation Education and Engagement," *Nature Climate Change* 6, no. 8(2016): 745-50, https://doi.org/10.1038/nclimate3084.

26. Jane McGonigal's 2010 TED talk "Gaming Can Make a Better World," for this quotation, and her book: *Reality Is Broken: Why Games Make Us Better and How They Can Change the World*(New York: Penguin Press, 2011).

제9장: 살아있는 군중

1. 버펄로의 그 모임 및 모린 카플란의 연구에 대한 설명은 카플란과의 인터뷰, 그 모임의 과정과 발

견 사실들을 상세하게 설명해주는 보고서(이 보고서는 1990년대 초에 나왔다), 그리고 그때 이후로 나왔던 여러 건의 뉴스 기사들을 근거로 했다. 이 기사들 가운데 두드러진 것을 몇 가지 제시하면 다음과 같다. Kathleen M. Trauth, Stephen C. Hora, and Robert V. Guzowski, *Expert Judgment on Markers to Deter Inadvertent Human Intrusion into the Waste Isolation Pilot Plant*, Sandia Report(Washington, DC: United States Department of Energy, 1993), https://prod.sandia.gov/techlib-noauth/access-control.cgi/1992/921382.pdf; and Maureen F. Kaplan and Mel Adams, "Using the Past to Protect the Future: Marking Nuclear Waste Disposal Sites," *Archaeology* 39, no. 5(1986): 51-54, http://www.jstor.org/stable/41731805.

2. 나는 이 주제를 놓고 다음의 글을 썼다. "Should We Engineer Future Humans?" *New America Weekly*, December 17, 2015, https://www.newamerica.org/weekly/104/should-we-engineer-future-humans/.

3. 이런 모임들 및 여기에서 나온 보고서들은 다음에 정리돼 있다. Battelle Memorial Institute and U.S. Department of Energy, *Reducing the Likelihood of Future Human Activities That Could Affect Geologic High-Level Waste Repositories: Technical Report*(Columbus, OH: Office of Nuclear Waste Isolation, Battelle Memorial Institute, 1984). See also Scott Beauchamp, "How to Send a Message 1,000 Years to the Future," *The Atlantic*, February 24, 2015, https://www.theatlantic.com/technology/archive/2015/02/how-to-send-a-message-1000-years-to-the-future/385720/; and Juliet Lapidos, "Atomic Priesthoods, Thorn Landscapes, and Munchian Pictograms: How to Communicate the Dangers of Nuclear Waste to Future Civilizations," *Slate*, November 16, 2009, http://www.slate.com/articles/health_and_science/green_room/2009/11/atomic_priesthoods_thorn_landscapes_and_munchian_pictograms.html.

4. 바텔(Battelle, 비영리 연구개발 기구-옮긴이)의 보고서 및 다음을 참조할 것. Lapidos, "Atomic Priesthoods, Thorn Landscapes, and Munchian Pictograms," both cited in the preceding note.

5. Organisation for Economic Co-operation and Development, *Radioactive Waste Management and Constructing Memory for Future Generations: Proceedings of the International Conference and Debate: 15-17 September 2014*, 2015, https://www.oecd-nea.org/rwm/pubs/2015/7259-constructing-memory-2015.pdf.

6. Andrew Curry, "What Lies Beneath," *The Atlantic*, October 2017, https://www.theatlantic.com/magazine/archive/2017/10/what-lies-beneath/537894/.

7. 이 역사에 대해 보다 많은 것을 알고 싶으면 다음을 참조할 것. William M. Alley and Rosemarie Alley, *Too Hot to Touch: The Problem of High-Level Nuclear Waste*(Cambridge, England: Cambridge University Press, 2013).

8. 과학 칼럼니스트이자 자칭 회의론자인 셔머는 문명의 평균 수명을 계산했다. 이 수명에 대한 추정치는 학자들마다 각 문명의 시작점과 끝점을 지정하는 것에 따라서 제각기 달라진다. Michael Shermer, "Why ET Hasn't Called," *Scientific American*, August 2002, available at https://michaelshermer.com/2002/08/why-et-hasnt-called/.

9. Ray Kurzweil, "The Law of Accelerating Returns," in *Alan Turing: Life and Legacy of a Great Thinker*, ed. Christof Teuscher(Berlin, Heidelberg, and New York: Springer, 2004).

10. Alvin Toffler, *Future Shock*(New York: Random House, 1970).

11. John Maynard Keynes, *A Tract on Monetary Reform*(London: Macmillan, 1923).

12. 이런 추정에 대해 보다 더 많은 것을 알고 싶다면 다음을 참조할 것. Tyler Cowen, *Stubborn Attachments: A Vision for a Society of Free, Prosperous, and Responsible Individuals*(San

Francisco: Stripe Press, 2018).

13. 보다 더 진전된 논의에 관해서는 다음을 참조할 것. Will Oremus, "How Much Is the Future Worth? The Arcane, Fascinating Academic Debate That Helps Explain Why We Didn't Prepare for Hurricane Harvey," Slate, September 1, 2017, http://www.slate.com/articles/technology/future_tense/2017/09/how_social_discounting_helps_explain_why_we_don_t_prepare_for_disasters.html; Talbot Page, "Discounting and Intergenerational Equity," Futures 9, no. 5(1977): 377-82, https://doi.org/10.1016/0016-3287(77)90019-2; Hal R. Varian, "Recalculating the Costs of Global Climate Change," The New York Times, December 14, 2006, https://www.nytimes.com/2006/12/14/business/14scene.html; Jonathan Orlando Zaddach, "Consumer Sovereignty vs. Intergenerational Equity: An Overview of the Stern-Nordhaus Debate," in Climate Policy Under Intergenerational Discounting(Wiesbaden, Germany: Springer Gabler, 2015), pp. 11-16, https://doi.org/10.1007/978-3-658-12134-1_3.

14. 다음을 참조할 것. Cowen, Stubborn Attachments.

15. 이 주제에 관한 철저한 논의를 다음 자료에서 찾아볼 수 있다. Edith Brown Weiss, In Fairness to Future Generations: International Law, Common Patrimony, and Intergenerational Equity(Tokyo: United Nations University, 1989), Mary Christina Wood, Nature's Trust: Environmental Law for a New Ecological Age(New York: Cambridge University Press, 2014).

16. Edmund Burke, Reflections on the Revolution in France(1790), in Select Works of Edmund Burke: A New Imprint of the Payne Edition, foreword by Francis Canavan(Indianapolis: Liberty Fund, 1999).

17. 나는 2017년에 바이스와 인터뷰했다. 아울러 다음을 참조할 것. Weiss, In Fairness to Future Generations.

18. 다음을 참조할 것. Wood, Nature's Trust, p. 264.

19. Michael C. Blumm and Rachel D. Guthrie, "Internationalizing the Public Trust Doctrine: Natural Law and Constitutional and Statutory Approaches to Fulfilling the Saxion Vision"(April 20, 2011), University of California Davis Law Review 44(2012); Lewis & Clark Law School Legal Studies Research Paper No. 2011-12, available at https://ssrn.com/abstract=1816628.

20. 토론을 위해서는 다음을 참조할 것. Weiss, In Fairness to Future Generations, p. 20.

21. Wood, Nature's Trust, p. 265, and Weiss, In Fairness to Future Generations, pp. 18-19.

22. 내 증조할아버지 K. V. 라마찬드란과 작곡가이자 음악인류학자 콜린 맥피가 주고받았던 편지는 캘리포니아대학교 로스앤젤레스 캠퍼스의 음악인류학 아카이브(Ethnomusicology Archive) 내 콜린맥피컬렉션(Colin McPhee Collection)에서 열람할 수 있다. https://oac.cdlib.org/findaid/ark:/13030/kt9c6029pt/entire_text/.

23. 나는 2017년에 우드와 인터뷰했다. 아울러 그녀의 책을 참조할 것. Nature's Trust: Environmental Law For A New Ecological Age.

24. 나는 젝하우저와 인터뷰를 진행했으며 서머스와 함께 이 문제를 놓고 간략하게 대화를 나눴다. 또한 다음을 참조할 것. Lawrence Summers and Richard Zeckhauser, "Policymaking for Posterity," Journal of Risk and Uncertainty 37, no. 2/3(2008): 115-40, http://www.jstor.org/stable/41761455.

25. 내 설명은 내가 하버드대학교 케네디스쿨에 다니던 대학원생 시절인 2007년과 2008년에 바하칼리포르니아수르에서 멕시코 어장 관리자들 및 과학자들과 광범위하게 했던 인터뷰를 토대로 했다. 이 인터뷰 내용 가운데 일부는 안드레스 샤벨먼(Andres Schabelman)과 함께 썼던 다

음 연구 논문에 실려 있다. "The Political Implications of Fisheries Certification: Lessons from Baja California Sur"(April 1, 2008). My account here was also informed by Bonnie J. McCay et al., "Cooperatives, Concessions, and Co-Management on the Pacific Coast of Mexico," *Marine Policy* 44(2014): 49-59, https://doi.org/10.1016/j.marpol.2013.08.001.

어장을 공동체가 공유하는 가보로 바라볼 수 있다는 발상은 보다 최근에 있었다. 다른 여러 사회들 및 연구 저작들을 공부한 뒤에 바하칼리포르니아수르의 랍스터 어촌 마을들이 그랬듯이 자원을 관리하기 위해서 사회를 총체적으로 조직할 수 있지 않겠는가 하는 내 이런 견해는 더욱 확고해졌다. 재레드 다이아몬드는 《문명의 붕괴(Collapse)》에서 심각한 자원 부족 문제에도 불구하고 일본에서 250년 동안 번성했던 에도 막부를 분석했다. 그는 17세기 초부터 1867년까지 문명의 꽃을 피우며 성공했던 이 사회를 삼림 파괴 등과 같은 비슷한 존재론적인 여러 위협 앞에서 붕괴했던 다른 사회들과 비교해 살핀다. 에도 막부가 했던 선택들 가운데는 내가 사회 공동의 가보라고 부르고 싶은 방식들이 있다고 다이아몬드는 설명한다. 정부는 주민들 및 상인들과 장기 계약을 맺어 숲을 관리하게 함으로써 그들에게 그 숲에서 발생할 미래의 이득을 나눠가질 수 있게 했다. 이는 멕시코만의 붉돔 어장에서 어부들이 도입했던 어획량 할당제와 비슷한 개념이다. 도쿠가와 사회를 살았던 마을 사람들은 자신들이 경작하던 땅을 후손에 물려받아 자신들처럼 그 땅을 경작하게 되기를 희망했다. 마치 바하칼리포르니아수르의 랍스터잡이 어민들이 그랬듯이. 한편 도쿠가와 사회의 지배층도 멀리 미래를 바라봄으로써 자기 집단의 이득을 챙길 수 있었다. 자기 가족들이 대를 이어 일본 사회를 지배하길 바랐기 때문이다.

26. 나는 브랜드를 2016년에 인터뷰했다. 아울러 그의 책을 참조할 것. *The Clock of the Long Now: Time and Responsibility: The Ideas Behind the World's Slowest Computer*(New York: Basic Books, 2008).

27. Christopher Livesay, "In the Italian Alps, Stradivari's Trees Live On," NPR, December 6, 2014, https://www.npr.org/sections/deceptivecadence/2014/12/05/368718313/in-the-italian-alps-stradivaris-trees-live-on.

28. Edith Brown Weiss, "Ensuring Fairness to Future Generations," in *Intergenerational Equity in Sustainable Development Treaty Implementation*, ed. Marcel Szabó and Marie-Claire Cordonier Segger(New York: Cambridge University Press, 2019).

29. 이 소송은 오리건의 어떤 단체(Our Children's Trust)가 제기한 것이다. 이들의 웹사이트는 https://www.ourchildrenstrust.org이다. 또한 다음을 참조할 것. Wood, *Nature's Trust*, p. 228.

30. Weiss, "Ensuring Fairness to Future Generations."

31. 다음을 참조할 것. Lapidos, "How to Communicate the Dangers of Nuclear Waste to Future Civilizations."

32. 이 노력은 '아이들에게 하는 부모의 약속(Parents Promise to Kids)'이라는 이름으로 알려져 있는데, 자세한 사항은 웹사이트 https://www.parentspromisetokids.org를 참조할 것.

결론: 낙관주의자의 망원경이 필요한 시대

1. 본문에서도 언급했듯이 나는 이 논문을 약간 에누리해서 받아들인다. 그럼에도 불구하고 미래를 상상하는 것이 가져다주는 힘 그리고 지나치게 암울한 시나리오는 사람들로 하여금 미래에 대한 통찰, 포사이트를 사용하지 못하도록 기를 꺾어놓는 사실에 대한 증거(여기에 대해서는 제1장과 제8장 및 각각의 주에서 설명했다)는 이 연구의 결론을 지지한다. 피터 레일턴, 트레이시 글리슨, 토머스 서든도프 및 그 밖의 여러 사람들과 했던 인터뷰도 마찬가지다. 베인의 구체적인 논문들은 다음과 같다. Paul G. Bain et al., "Collective Futures: How Projections

About the Future of Society Are Related to Actions and Attitudes Supporting Social Change," *Personality and Social Psychology Bulletin* 39, no. 4(2013): 523-39, https://doi.org/10.1177/0146167213478200, Paul G. Bain et al., "Promoting Pro-Environmental Action in Climate Change Deniers," *Nature Climate Change* 2, no. 8(2012): 600-603, https://doi.org/10.1038/nclimate1532.

2. 이 부분과 관련해서는 내가 쓴 다음 글을 참조할 것. "We Are the Future," *Slate*, September 14, 2017, http://www.slate.com/articles/technology/future_tense/2017/09/how_to_create_a_future_where_people_fight_climate_change.html.

찾아보기

■ ■ ■ ■ ■ ■ ■ ■ ■ ■

ㄱ

가능한 한 느리게: 84
가상인간상호작용연구소: 73
가용성 편향: 62, 104
가이던스 발표: 219
가족계획연맹: 317
개념 증명: 285
개릿 하딘: 250, 254
거울나라의 앨리스: 66
걸스 오브 오마하: 227
검은 9월단: 340, 361
게오르그 지버: 338~341, 361~364, 366
결심 지점: 138
결핍의 경제학: 130
겸상 적혈구 빈혈: 384
경도상: 288
공공신탁 이론: 397
공유지의 비극: 183, 250~251
과학과 상상력 센터: 143
국가 홍수 보험 프로그램: 299~300
국경 없는 의사회: 308

그랜드 센트럴 터미널: 330~332, 334
그레이엄 앨리슨: 325
그렉 포포비치: 275, 277
그린 다이아몬드: 296~298, 301~302, 311~312,
    318~319, 326, 328~330, 333~337
글로벌비즈니스네트워크: 363
기념건축물보존위원회: 332
기다림에 관하여: 144
기억 건축하기 컨퍼런스: 386

ㄴ

나심 탈레브: 360~361
나타샤 슐: 141~142
내장 감각: 364
넛지: 203
네이트 실버: 276, 347
농장노동자조합: 70
니콜라 아페르: 289
닐 파스리차: 151

ㄷ

다니엘라 미커: 188, 190, 205
다이앤 세인트-빅터: 346
다크 윈터: 375
달 사냥: 229
대 플리니우스: 44~46, 61
대니 힐리스: 81, 269
대니얼 길버트: 34
대니얼 로자스: 108~111, 237
대니얼 샥터: 66
대니얼 카너먼: 33, 62, 106~107
댄 폴크: 88
댄 호니그: 237
더스트볼: 17, 27, 264~267, 422
더치 보이드: 148
데니스 밀레티: 57
데미스 하사비스: 244~246
데보라 미첼: 230
데이비드 데밍: 217~218
데이비드 로젠탈: 272
도덕성 없는 상거래: 90
도미니크 바튼: 261
도요타: 280~282
드바라트러스트: 131
들불병: 12, 33
디렉터스 칼리지: 233
디어투모로우: 79
딕 체니: 375
딘 애치슨: 352
딜루바: 399~401
딥마인드: 244

ㄹ

라마찬드라 자이쿠마르: 182
라베넬 커리: 210~216, 225, 227
라임병: 11
랜드연구소: 264, 268, 277~278
럼 다스: 141
레이 커즈와일: 388
레이먼드 오티그: 288
레이첼 서스먼: 271, 273
로니 바르다: 148
로렌스 서머스: 404

로렌스 서스킨드: 376
로버트 마이어: 56, 60, 347
로버트 맥나마라: 403
로저 던바: 233~234
로저 본: 182
로제타 디스크: 83
롱나우 재단: 84, 271
루돌프 줄리아니: 306
리사 샤라드: 302~303
리처드 노이스타트: 351~353
리처드 라슨: 202
리처드 에슬린: 125
리처드 젝하우저: 403~404
리처드 탈러: 203~204
리처드 프레스턴: 371
린 스타우트: 257~258
린든 존슨: 352

ㅁ

마거릿 맥카운: 372
마르타 토렌스: 200
마리아 몬테소리: 196~198, 200, 203
마샬 간즈: 69~70, 149
마스 클라이밋 오비터: 220
마시멜로 테스트: 123~129, 148
마음의 시간여행: 64~65, 67~68
마음챙김: 141
마의 산: 114
마이크 가니에: 357, 359
마이클 블림: 397
마이클 셔머: 388~389
마이클 오스티움: 308
마이클 헵: 80
마크 트웨인: 329, 348
마틴 루터 킹 주니어: 71, 149, 420
마하트마 간디: 90, 92, 95, 120
매트 매트로스: 154~157
맥킨지글로벌연구소: 223
메를 봄바르디에리: 55
메리 우드: 402, 417
모 이브라힘: 321
모린 카플란: 379, 381~382, 384~385
모이브라힘상: 321

모자브 에어로 스페이스 벤처스: 290
무로하마 어촌: 354~355
무하마드 유누스: 96, 102
뮌헨올림픽: 27, 338~341, 362, 364
미국국제개발처: 103
미국번영프로젝트: 260
미래 세대들에게도 공정하게: 411
미래의 충격: 32, 389
미시간신용조합리그: 132
미유키 히노: 361
미하일 고르바초프: 366
민주사회를 위한 학생들: 339

ㅂ
바드: 88
바버라 터크먼: 308~309, 321
바스크 조국과 자유: 339
반짝이 폭탄: 136~139, 263, 280, 282, 286, 289
버디 긴든: 248~251, 253
버로스앤채펀: 309~311, 334
버웰 매닝: 328
버크민스터 풀러: 42
버크셔해서웨이: 247
베네피트 기업: 257
베수비우스 화산: 44~47, 72
베스 커리: 210, 213, 228
베티나 램: 126
벤저민 베어드: 68
벤저민 프랭클린: 192~196, 203
별이 빛나는 밤: 393
보스코 체 수오나: 408
보이킨 커리: 228, 232~233, 235, 244
부 이상의 것: 306
부단 운동: 95
붉은 초승달 기후 센터: 368
브라이언 이노: 84, 270
브랜드 바버: 116
브랜 페렌: 75, 81
블랙스완: 360
블레어 에프론: 219
비옥한 초승달 지대: 266
비제이 마하잔: 89~97, 101, 118~121, 209
비크람 아쿨라: 100~102, 110~112

빈두 아난스: 131
빈센트 스컬리: 332
빔 벤더스: 62

ㅅ
사드 오메르: 346
사적증권소송개혁법: 219
사전 부검: 229
사회적 할인: 391, 393~395, 416
상황 21: 340~341
새라 코스그로브: 170~172, 175, 177~178, 183,
    185~186, 189, 205~207
새라 코헤인 윌리엄슨: 222, 232, 235
생각에 관한 생각: 107
서브프라임 모기지 사태: 16
선택 설계: 203~204
성 부차르디 성당: 84
세네카: 46,~47, 61, 151, 346
세대 사이의 평등한 권리: 402
세바 만디르: 282
세바그람 아쉬람: 90
세스 클라먼: 227
세자르 차베스: 70
센딜 멀레이너선: 130, 163, 205
센터뷰파트너스: 219
셀레스트 키드: 125
소액금융위기: 209, 237
솔론: 113~114, 121
쇼드야트라: 92
수도승 전사: 349
수용 조항: 313, 330, 333
수전 호퍼 맥밀란: 311
수확 가속의 법칙: 388
슈터 태스크: 159
슈퍼플럭스: 77
스미스 다르마사로자: 365
스튜어트 브랜드: 84, 271, 408
스티븐 슬로먼: 371
스티븐 존슨: 36~37
스페이스쉽원: 290
스피릿 오브 세인트루이스: 288
시간 지평의 비극: 250
시간 차익 거래: 226

시리 벨랜드: 326
시릴 코널리: 87, 220
시배스천 스런: 290
시어도어 루즈벨트: 397
식년천궁: 408
신성 현시: 268
실행 기능: 199
심리적 지름길: 61

ㅇ

아납 제인: 77~78
아네요시 마을: 354
아리스토텔레스: 32, 114, 250
아마르티아 센: 304, 306
아만다 린치: 326
아시네토박터: 183, 184
아크라시아: 32
악시온: 103
안사리X상: 289
안토니오 스트라디바디: 408
암묵적 편견: 160
압둘 라티프 자밀 빈곤퇴치 연구소: 282
애덤 프로스트: 372~373
애스트로 텔러: 229
앤 디아스: 115~117
앤드루 로: 282
앤드류 홀데인: 259
앨빈 토플러: 32, 389
어니스트 메이: 351~353
어획량 할당: 252~254, 336, 431
에너지디엔스트: 205
에드먼드 버크: 396
에디스 브라운 바이스: 396, 402, 411
에른스트 페르: 62
에릭 거반: 162, 164
에릭 리스: 223~224, 261
에볼라 바이러스: 31, 307
에이징 슈트: 75
엑스콤: 353
엘다 샤퍼: 130, 162~163, 180, 181
엘리너 오스트롬: 250~251
엘리자베스 라인: 435
엘크 웨버: 78

역사 활용의 기술: 352
역스트레스 테스트: 228~229, 244
연극적 실행: 366
예기적 사후 가정: 230, 429
오나가와 원자력발전소: 344
오디세우스: 186~187, 324
오디세이아: 324
오즈의 마법사: 358
오피오이드: 15, 182, 191~192
온콜로지 임팩트 펀드: 286
워런 버핏: 116, 226
월스트리트: 17, 102, 109, 211, 219, 227, 231,
    240, 252, 255~256
월터 미셸: 31, 124~126, 128
월터 크롱카이트: 399
웨스 잭슨: 263, 267, 273
웨스트나일 바이러스: 383
위대한 생존: 271
위스틴 오든: 93
위험 인지: 60
윌리엄 브레넌: 333
윌리엄 예이츠: 93
윌리엄 파워스: 151
유니레버: 238, 239
율리우스 바그너 야우레크: 174
이글캐피털 212~216, 224, 226~228, 231~232,
    234, 236, 243, 244~247, 259
이세신궁: 408
인류세: 326
인터넷 아카이브: 272
인터넷 안식일: 151

ㅈ

자기태만: 294
자연스러운 질문들: 346
자유도: 363
자유로 가는 길: 94
자이드 멘도자: 159
자조 모임: 98~100, 118
자크 쿠스토: 412
재레드 다이아몬드: 37, 280, 295, 305
재레드 왓슨: 358~359
저녁식사와 함께하는 죽음: 80

전미유색인종촉진운동: 171
제러미 베일런슨: 72, 75, 77
제이 세가라: 58~60
제이미 다이먼: 256
제인 맥고니걸: 377
제인 메이어: 375
제임스 매티스: 349~351
제임스 메디슨: 397
제프 베조스: 82, 198, 239~243, 271
조건 전술: 154~160, 164
조디 바우어: 358~359
조지 H. W. 부시: 351
조지 W. 부시: 298
조지프 스티글리츠: 304, 306
존 그레이엄: 169
존 로크: 396
존 메이너드 케인스: 389
존 카밧-진: 141
존 케이지: 84
존 콜린스: 193
존 해리슨: 288~289
존 헨리: 242
주주행동주의자들: 255
줄리아 심차크: 180, 435
줄리엣 래피도스: 414
지구공학: 383
지도 이끼: 273
질 쿠비트: 79

ㅊ

찰스 굿하트: 216, 217
찰스 디킨스: 72
찰스 린드버그: 288
초서: 89
촉감 피드백: 74
총, 균, 쇠: 37
취약한 의사결정 순간들: 162~163
칙술루브 운석: 15

ㅋ

카렌 백위스: 149
카오스 이론: 389

칼 세이건: 85
캐서린 마호: 361
캐스 선스타인: 203~204
캐시 모질너: 151
커넥션 머신: 81
커먼웰스: 129, 132~133
케타키 고칼레: 107~108
켄트 매킨토시: 162
코브라 이벤트: 371
코코아넛 그로브 화재: 173~174
쿠트알아마라 포위작전: 351
쿰바야: 427
크로노미터: 289
크로소스: 113, 120
크리스 머니메이커: 155
크리스마스 캐럴: 72
크리스토퍼 콜럼버스: 55
키트 스미스: 295, 297~298, 302, 312, 317~318,
    323, 326~327, 329, 334

ㅌ

타일러 코웬: 305~306, 394
타임머신으로서의 기업: 258
터널 시야: 131
테런스 오딘: 116
텔루스: 113
토드 화이트헤드: 276
토마스 만: 114
토머스 서든도프: 64, 364
토머스 셰벅: 385
토머스 셸링: 374
토머스 제퍼슨: 397, 313
투키디데스: 348, 350
트레이시 글리슨: 67, 156, 158
트리샤 슈럼: 79
티모시 플레이크: 128, 132, 287

ㅍ

파네라브레드: 254~256
파디 센터: 367
파블로 수아레스: 366~369
파이브서티에이트: 276

파타고니아: 257
판도: 272
팔메토클럽: 328
패배의 내러티브: 149
패스트캐주얼: 255
패시브 펀드: 211, 226
페이데이론: 130
포켓 센추리: 373
폴 베인: 425~426
폴 폴먼: 238~239, 241
프랭클린 루즈벨트: 371
프로젝트 룬: 229
프로타고라스: 33
프로테제파트너스: 226
프리덤 서머: 70
플라톤: 18, 33, 151
피터 골위처: 156~157, 159, 160
피터 레일턴: 363~364
피터 로스차일드: 215~216
피터 슈와츠: 363, 366
피터 와이브로우: 144
피터 투파노: 133, 135
피터 페를라: 369~370, 374
필립 페른백: 371

ㅎ

하워드 막스: 245
하워드 쿤로이더: 56, 303, 347
할 그레거슨: 198~199
할 허시필드: 53~55, 72
합의구축연구소: 376
항생제처방 중재 프로그램: 170
해럴드 슈바이처: 144
해리 리드: 386
해리 트루먼: 352
해리어트 햄프턴 퍼세트: 329
허버트 조지 웰스: 370
허영 지표: 223~224
허클베리 핀의 모험: 329
헤로도토스: 113
헬가 페르-두다: 62
현재 중시 편향: 34
환경보호펀드: 252

환경시민권: 426
후쿠시마 제1원자력발전소: 342~343, 347

기타

BASIX: 92, 96~97, 99
SKS: 100~101

미래를 꿰뚫어보는 힘

포사이트

초판 1쇄 발행 2019년 12월 6일
초판 3쇄 발행 2020년 3월 2일

지은이 비나 벤카타라만
옮긴이 이경식
펴낸이 신경렬

편집장 유승현 **편집** 김정주 · 황인화
마케팅 장현기 · 정우연 · 정혜민
디자인 이승욱
경영기획 김정숙 · 김태희 · 조수진
제작 유수경

펴낸곳 (주)더난콘텐츠그룹
출판등록 2011년 6월 2일 제2011-000158호
주소 04043 서울시 마포구 양화로12길 16, 7층(서교동, 더난빌딩)
전화 (02)325-2525 | **팩스** (02)325-9007
이메일 book@thenanbiz.com | **홈페이지** www.thenanbiz.com

ISBN 978-89-8405-977-1 03320

이 도서의 국립중앙도서관 출판예정도서목록(CIP)은 서지정보유통지원시스템 홈페이지(http://seoji.
nl.go.kr)와 국가자료공동목록시스템(http://www.nl.go.kr/kolisnet)에서 이용하실 수 있습니다.
(CIP 제어번호:2019044983)